至孝至诚　图强图新

孝感年鉴

2023

中共孝感市委
孝感市人民政府　主管
孝感市史志研究中心　编

方志出版社
Publishing House of Local Records

图书在版编目（CIP）数据

孝感年鉴. 2023 / 孝感市史志研究中心编. --北京:
方志出版社, 2023.12
ISBN 978-7-5144-6120-6

Ⅰ. ①孝… Ⅱ. ①孝… Ⅲ. ①孝感－2023－年鉴
Ⅳ. ①Z526.33

中国国家版本馆CIP数据核字(2023)第253293号

责任编辑：高孟君
责任校对：张玉霞
责任印制：梅中英
出 版 者：方志出版社
地　　址：北京市朝阳区潘家园东里9号（国家方志馆4层）
邮　　编：100021
网　　址：http://www.zgfzcb.cn
发　　行：方志出版社图书营销中心（010-67110500）
印　　刷：孝感朗亿印务有限公司
开　　本：889毫米×1194毫米　1/16
印　　张：30
字　　数：1019千字
版　　次：2023年12月第1版
印　　次：2023年12月第1次印刷
定　　价：198.00元

编辑说明

一、《孝感年鉴》由中共孝感市委、市人民政府主管，孝感市史志研究中心编，全市各部门及中央、省驻孝感有关单位共同参与撰稿，是系统记述全市自然、政治、经济、文化、社会、生态环境建设等方面情况的年度资料性文献，于1997年首次出版。

二、《孝感年鉴(2023)》以马克思列宁主义、毛泽东思想、邓小平理论、“三个代表”重要思想、科学发展观、习近平新时代中国特色社会主义思想为指导，坚持辩证唯物主义和历史唯物主义的立场、观点和方法，全面贯彻党的二十大和二十届历次全会精神，紧紧围绕市委、市政府中心工作，突出时代特征和地方特色，全面、客观、系统地记述2022年度全市各地、各部门、各行业的基本情况和各项事业发展现状,为促进孝感经济社会高质量发展提供基本资料和历史借鉴。

三、本卷年鉴除年度关注、专记、大事记外，基本内容采用分类编辑法，以类目、分目、条目组成框架结构的主体部分，条目构成资料信息的基本单元。本卷共设有：年度关注、专记、大事记、市情概览、中国共产党孝感市委员会、孝感市人民代表大会、孝感市人民政府、政协孝感市委员会、孝感市纪委监委、民主党派•工商联、群众团体、法治、军事、经济管理、开放型经济、孝汉同城化发展、园区建设、农业、工业、建筑业、商贸服务业、金融、房地产业、交通•邮政•通信、城乡建设与管理、乡村振兴、科学技术、教育、文化•旅游•体育、卫生健康、社会民生、应急管理、生态环境建设、县(市、区)概况、人物、附录。卷首设“孝感市地图”“学习宣传贯彻党的二十大精神”“共同缔造”“美丽主城”“工业挺脊赋能”“孝汉同城化发展”“乡村振兴”“社会民生”“生态环境”等专题彩页，图文并茂展示2022年度孝感经济社会发展所取得的重大成就。

四、本卷年鉴记述的空间范围为孝感市，时间范围为2022年，凡未标注具体年份的记述，均为2022年的内容。

五、本卷年鉴收录的各单位领导成员原则上为2022年12月31日在任的副县级以上实职领导。

六、本卷年鉴所刊载的综合性资料、数据和图片，分别为市直各部门、各县(市、区)和中央、省驻孝有关单位提供，并经各撰稿单位审定。凡涉及全市经济与社会发展全局的数据均以市统计局提供的数据为准。凡市统计局未予统计和未予提供的，则以各撰稿单位提供的数据为准，因资料来源、统计口径等因素，各分项数据可能与总数据不尽一致。本卷原则上使用法定计量单位。考虑到实际工作需要和方便读者实际使用，有些记述中计量单位仍保留少量市制。

七、数字用法、标点符号分别采用国家标准《出版物上数字用法》(GB/T15835-2011)、《标点符号用法》(GB/T15834-2011)，计量单位采用国家技术监督局1993年12月发布的《量和单位》系列国家标准。考虑到社会使用习惯，全书中亩不统一换算。

八、本卷年鉴封面、封底图片系孝感市非物质文化遗产雕花剪纸作品，由孝感雕花剪纸研究所提供。封面《文昌阁》作者为孝感市“非遗”传承人钟鸣，封底《董永与七仙女》作者为孝感市“非遗”传承人胡龙章(已故)、池福新。

孝感市地图

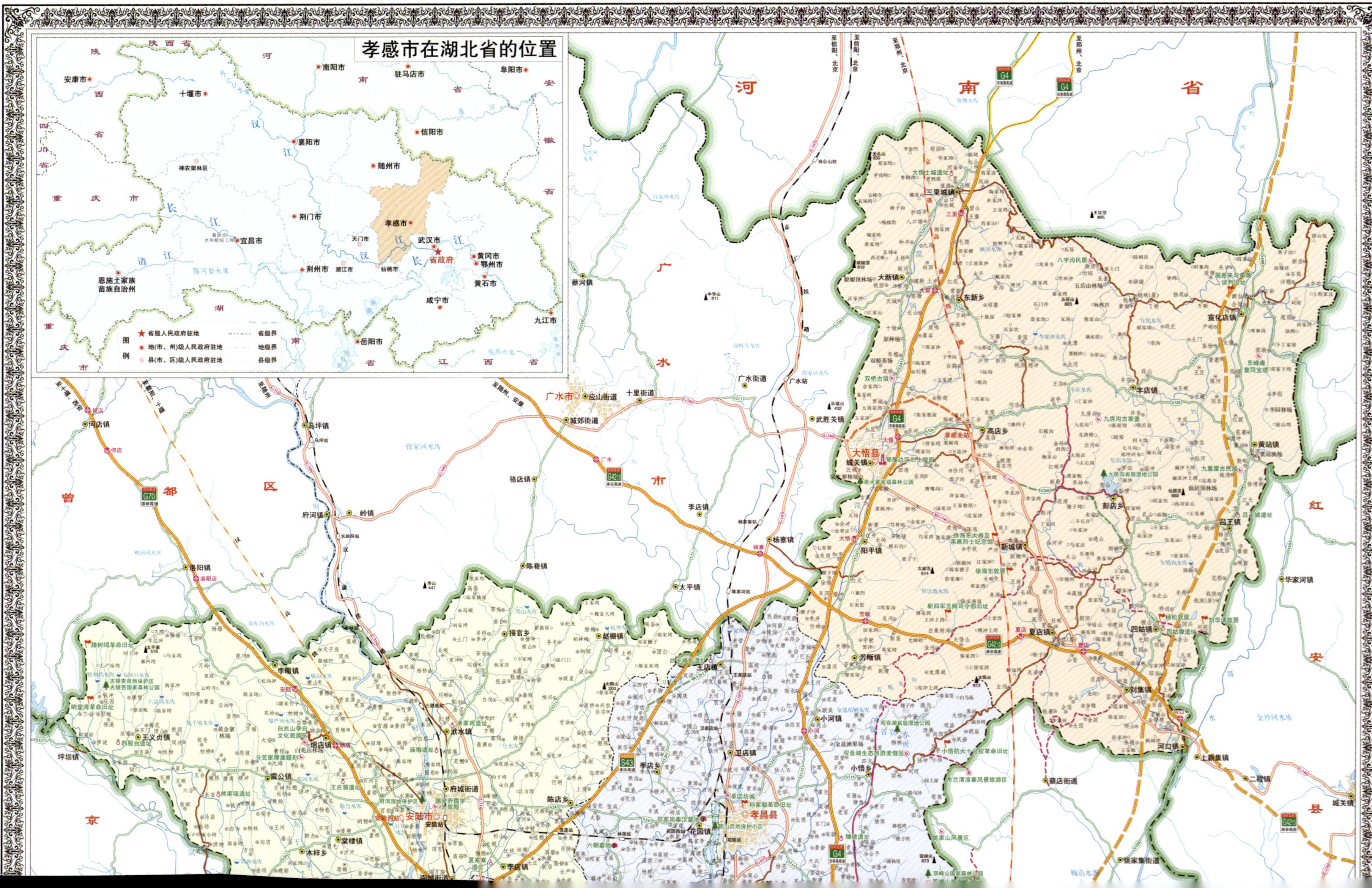
孝感市在湖北省的位置
省级人民政府驻地
地(市、州)级人民政府驻地
县(市、区)级人民政府驻地
省级界
地级界
县级界
图例
孝感市
武汉市
省政府
十堰市
襄阳市
随州市
荆门市
宜昌市
天门市
仙桃市
潜江市
荆州市
黄冈市
鄂州市
黄石市
咸宁市
岳阳市
九江市
信阳市
驻马店市
南阳市
阜阳市
安康市
神农架林区
恩施土家族苗族自治州
河南省
广水市
随州市曾都区
红安县
大悟县
孝昌县
安陆市
应山街道
十里街道
广水街道
城郊街道
马坪镇
何店镇
洛阳镇
府河镇
岭镇
骆店镇
李店镇
杨寨镇
陈巷镇
太平镇
蔡河镇
武胜关镇
三里城镇
大新镇
东新乡
宣化店镇
丰店镇
高店乡
黄站镇
城关镇
彭店乡
吕王镇
阳平镇
新城镇
夏店镇
四姑镇
芳畈镇
刘集镇
河口镇
上新集镇
二程镇
华家河镇
王店镇
小河镇
卫店镇
小悟乡
季店乡
花园镇
陈店乡
府城街道
赵棚镇
接官乡
李店镇
洑水镇
烟店镇
雷公镇
王义贞镇
坪坝镇
木梓乡
棠棣镇
孛畈镇
孝感北站
大悟站
广水站
G4
G70
G42
S43

编制单位：孝感市自然资源和规划局　中晟地理信息有限公司　　编制时间：2021年7月　审图号：孝感市S（2021）001号

学习宣传贯彻党的二十大精神

11月16日—12月2日，孝感市举办庆祝二十大“心中的歌儿唱给党”云传唱活动

11月18日，学习贯彻党的二十大精神湖北省委宣讲团孝感报告会暨市委理论学习中心组（扩大）会议举行

◀ 11月23日，二十大代表孝感市委书记吴海涛深入东市高新区东苑社区宣讲党的二十大精神

▶ 11月10日，汉川市刘家隔镇逼驾台村新时代文明实践站副站长刘海霞，与村里党员、乡贤、志愿者代表围坐在一起，用朗朗上口的顺口溜宣讲党的二十大精神

◀ 11月18日，云梦县楚剧团"红色文艺轻骑兵"赴吴铺镇杨店村宣讲党的二十大精神

图① 孝昌县建成31家幸福食堂有效解决900多位老人的吃饭养老问题，为推动弘扬孝文化与康养产业融合发展提供了新路径

图② 云梦县曾店镇朱桥村召开屋场院子会共谋村级发展建设

图③ 汉川市华严农场蚌湖社区休闲广场

图④ 应城市杨岭镇新四村共同缔造示范点全景

（市委组织部 供图）

环境与幸福生活共同缔造活动群众会
耕读传家
2

3

4

美丽主城

孝感主城不断补齐设施短板，织密城市路网，提升品质、完善功能，城市面貌焕然一新。老澴河综合治理工程，让母亲河重现一河碧水；槐荫公园等六大主题公园，形成了以孝文化为底蕴，人水城和谐共融的秀美画卷；孝云大道长兴三路延伸工程（北外环）、新107国道（东外环）、新316国道（南外环）、新419省道（西外环）等一批交通路网建成通车，让城区步入“环”时代；“见缝插绿”“拆违见绿”“留白增绿”“立体布绿”“拆墙透绿”，在街头、社区周边建起32个口袋公园，让市民推窗见景；全面推进小区、公园绿地、市政道路等海绵化建设，让城市有弹性会“呼吸”。2022年，孝感城区建成区面积75平方公里，城区常住人口60.9万人。

（市政府办公室 供图）

改造后的西湖桥

孝感中心城区夜景

改造后的城西社区

新华路口袋公园

改造后的星火社区

云梦县盐化工产业园

（云梦县史志研究中心 供图）

12月28日，孝南区宾堡项目开工仪式　　（孝南区史志研究中心 供图）

湖北恒晟电线电缆生产车间
（孝昌县史志研究中心 供图）

应城300兆瓦级非补燃压缩空气储能电站示范工程开工现场
（市汉孝同城办 供图）

5月8日，楚能新能源锂电池产业园项目在孝感市临空经济区开工　（湖北日报孝感分社 供图）

武汉至大悟高速公路大悟段

孝感高创智造产业园项目（原武汉光谷产业园孝感园区）

9月，汉川市天屿湖成功创建AAAA级景区

首衡城

（孝感市文化和旅游局 供图）

G107国道孝感市肖港至张公堤段改建工程

（市汉孝同城办 供图）

图①安陆市雷公镇白兆村春耕忙（摄影：王代金）

图②安陆市木梓乡金港村三组“小手拉大手”共同缔造美丽村湾文艺演出（市委组织部 供图）

图③汉川市第五届河蟹丰收节在天屿湖举行，24家当地的水产专业合作社进场参展，首次评出超过1斤的“蟹王”（摄影：杨太元）

图④安陆市烟店镇碧山村（摄影：王代金）

②

③

④

孝南区杨店镇老人们在开心地掰手腕

（摄影：杨 红）

安陆市王义贞人社中心开展护工（育婴师）培训

（摄影：王代金）

孝感市槐荫公园

湖北孝感云梦县供电公司带电作业人员在10千伏梦65程垸线东城支线28号杆开展带电作业，为线路迁改的湖北兴泰莱锌有限公司提供安全稳定的用电

（摄影：张 熊）

（市城管委 供图）

孝感市城管执法委开展垃圾分类指导

（市城管委 供图）

东西汉湖 夕照梦景　　　　（摄影：杨太元）

梦泽湖鸟瞰

（摄影：王代金）

安陆市王义贞镇风光

（摄影：王代金）

孝南区朋兴乡怡荷园内小朋友们在写生

（摄影：杨 红）

十 件 大 事

1.云梦郑家湖墓地入选“全国十大考古新发现”

3月31日，2021年度“全国十大考古新发现”揭晓，云梦郑家湖墓地入选。郑家湖墓地位于湖北省云梦县城关镇，楚王城城址的东南郊，总面积约15万平方米，西距睡虎地墓地约3000米。中国考古学会理事长王巍点评湖北云梦郑家湖墓地说，云梦郑家湖墓地的考古成果是秦大一统的真实例证。始于1990年的“全国十大考古新发现”，是中国考古界最高奖项。32年来，湖北获此殊荣的考古项目共有13个。

2.境外经济贸易合作区实现“零”的突破

3月，湖北省商务厅首次认定6家境外经济贸易合作区为2022—2023年湖北省境外经济贸易合作区。其中，孝感市湖北禾丰粮油集团有限公司在莫桑比克设立的“中国—莫桑比克联禾境外经贸合作区”上榜。这是孝感市首家获认定的境外经济贸易合作区，实现了历史上“零”的突破，走在全省各市州前列。这是孝感市扩大对外开放、发展外向型经济的又一成功标志，对于全市企业“走出去”开拓国际市场具有重大示范引领作用。

3.楚能新能源锂电池产业园项目在临空经济区正式开建

5月8日，楚能新能源锂电池产业园项目在孝感市临空经济区正式开工建设。这是孝感引进的规模最大的工业项目，规划用地3500亩。楚能新能源锂电池产业园项目总投资675亿元，规划建设150GWh锂电池产能，分五期建设。项目全部建成投产后，将集动力电池、储能电池和能源管理系统的研发、制造、销售于一体，成为年工业产值过千亿元的大型新能源产业基地。

4.孝感市最大体育工程项目——奥林匹克体育中心项目开工

6月6日，孝感市奥林匹克体育中心项目开工活动举行。孝感奥体中心作为省第十七届运动会主场馆工程，是孝感市“十四五”重大公共服务项目、建市三十周年重大工程项目。项目占地1000亩，按照承接全国单项体育赛事、省级综合性运动会及全市大型体育赛事、文艺演出的标准定位，一次规划、分期实施，一期建设体育场、体育馆和游泳馆。

5.孝感成功入选全国农村黑臭水体治理试点支持城市名单

6月，孝感市从全国21个申报城市中脱颖而出，成功入选2022年全国农村黑臭水体治理试点支持城市名单。孝感市作为全省唯一代表城市入围全国评审，成功入选并成为全国15个农村黑臭水体治理试点城市之一。按照试点方案，未来两年内，孝感市将投资4.47亿元，对全市44条农村黑臭水体进行系统治理，中央财政将给予2亿元资金补助。

6.汉川市前移6位连续三年跻身全国县域经济百强

7月20日 赛迪顾问县域经济研究中心发布2022年百强县榜单，汉川市居第91位，比上一年度前进6位，连续三年跻身全国县域经济百强。2021年，汉川完成地区生产总值753.12亿元，增长14.8%；连续4年进入湖北省县域经济综合评价一类县市区十强，2021年居第6位。汉川市先后获评全国县域营商环境百强、中国工业百强县市、全国新型城镇化质量百强县市、全国GDP百强县、全国治理能力百强县、全国投资潜力百强县市。新河镇、马口镇、沉湖镇、分水镇获评全国千强乡镇。

7.孝感市迅速掀起学习宣传贯彻党的二十大精神热潮

10月16—22日，党的二十大在北京召开，孝感市迅速掀起学习宣传贯彻党的二十大精神热潮，在思想上政治上行动上与党中央保持一致。10月24日，《湖北日报》和《孝感日报》记者连线党的二十大代表、孝感市委书记吴海涛，刊发题为《打造武汉都市圈重要节点城市》的专访报道。

8.孝感市完成首批排污权收储

11月，孝感市顺利完成首批排污权收储。这是孝感积极探索推进排污权改革的重大举措。孝感市生态环境局依规委托澴川国投集团子公司湖北方舟自然资源有限公司作为市级排污权储备机构。首批排污权收储以无偿收回的方式将应城市和云梦县的6家企业闲置排污权纳入方舟自然资源有限公司储备库管理。该公司将适时把储备排污权投放市场，实施建设项目的排污单位可按省级相关规定在交易机构通过市场公开方式购买排污权，获取污染物排放总量指标。

9.孝感城区南北主轴实现贯通

12月31日，随着董永北路立交桥和长兴三路延伸工程正式建成通车，孝感城区南北主轴实现贯通，孝感城市外环路网实现闭环。

10.孝感市老旧小区改造完工率全省第一

2022年，孝感市将240个老旧小区列入改造项目，涉及居民40275户，合计2364栋楼，面积达426万平方米，计划投资额11.57亿元。截至年底，孝感市累计完成投资10.08亿元，240个老旧小区改造基本完工，惠及居民36936户，完工率居全省第一。

地理标志产品

孝感资源丰富，物产丰饶。南部湖区盛产稻、棉、鱼、虾，北部低山丘陵区盛产林、果、药、茶。智慧勤劳的孝感人民在数千年的生产生活实践中，将丰富的资源物产发展积淀形成品类繁盛、闻名遐迩的地方名优特产，把资源优势转化为市场优势。从传说故事到口口相传的赞誉，从中国国际食品博览会到地理标志产品的认定，孝感名优特产在精心培育下不断创新发展。2022年，孝感市坚持将地理标志品牌建设及运用作为推进市域经济高质量发展、推动乡村振兴的重要抓手，坚持“三抓三促”，在地理标志培育及运用上下功夫、出实招，促进农业转型升级，助力乡村振兴。全市新申报地理标志产品1件（云梦倒店西瓜），地理标志总量达到40件，申请使用地理标志专用标志产品数23件，获批21件，地理标志合法使用企业105家，产值15亿元。孝感特色传统美食“孝感佬米酒”和特色农产品“孝感糯米”计划申报地理标志产品。孝感香米、朱湖糯米、汉川河蟹、云梦鱼面获得湖北省第四届地理标志培育暨创新大赛银奖，太子米、大悟绿茶获得优秀奖。

倒店西瓜

注 册 号：57575904

注册时间：2022年

倒店乡具有独特的气候和土壤条件、水文条件，“倒店西瓜”因在岗地黏土地上种植，具有个大、皮薄、瓢红、汁甜，含有矿物盐和 多种维生素等特点。

孝感香米

注册号：31792338

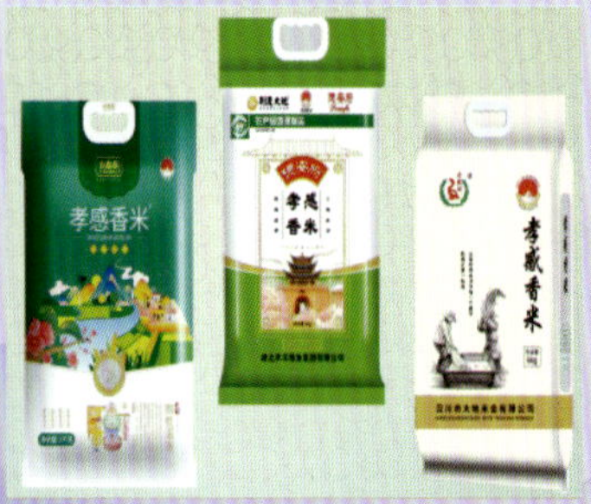

注册时间：2020年

孝感香米是一种具有诱人特殊茉莉芳香的优质稻种。生长在气温、水温相对较低的平原湖区，在灌浆阶段昼夜温差大，营养物质积累多，其外观谷粒大、扁长、饱满，腹白小，半透明，颗粒晶莹，光滑油润。食后口留香味，回味无穷，有“一家烧饭万家香”之美称。

朱湖糯米

保护公告号：2009年第127号

认定时间：2009年

“朱湖糯米”米粒呈乳白色，无背沟、无斑点，出糙米率78%，精米率70%，整精米率65%，支链淀粉含量99%，胶稠度大于95mm，糯性特强，极为适宜于孝感麻糖、米酒生产。

汉川河蟹

注册号：37483895

注册时间：2021年

汉川市境内河渠纵横，湖泊罗布，水土纯正，水体呈弱碱性，孕育了较为丰富的水生生物，这也成就了以鲜活的水生生物为饵料的“汉川河蟹”青壳白底金毛爪，个大肉鲜味道美的特定品质。“汉川河蟹”上壳呈平滑有光泽的青灰色，底壳呈平滑的白色，蟹爪坚挺有力，带金色蟹毛；富含蛋白质、维生素、钙、磷、铁和多种游离氨基酸营养成分，尤以天门冬氨酸、谷氨酸、精氨酸、赖氨酸最为突出，其肉质细嫩，味道鲜美，营养丰富。

云梦鱼面

保护公告号/注册号：2010年第165号/11576678

认定/注册时间：2010年/2013年

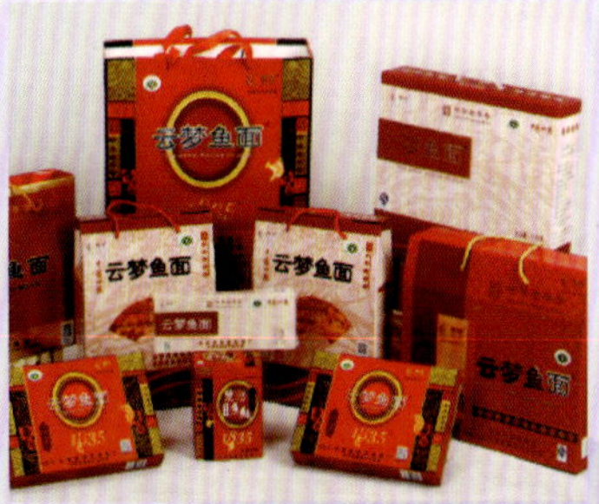

“云梦鱼面”是经传统工艺生产，纯手工擀制而成的鱼制特色食品。鱼面形状为独特的均匀折叠状制，味道鲜美，营养丰富且制作讲究，精选新鲜鱼肉和优质面粉、玉米粉、细盐，经过揉面、手擀、蒸面、切丝、晒干等工序精制而成。食法多样化，可炸可煮，可炒可烩，下火锅风味更独特，是展示云梦特色、走亲访友馈赠佳品。

孝昌太子米

保护公告号/注册号：2009年第128号/11774305

认定/注册时间：2009年/2014年

据《孝感县志》载:“自初唐以来，太子米一直被列为皇朝贡米，岁岁上供，普通人不得食。”太子米颗粒均匀，晶莹透明，富含多种人体必需微量元素，特别是被誉为人体“生命之花”的锌元素（在土壤中的含量）高于其他大米的3～5倍，适合儿童、妇女食用。

大悟绿茶

保护公告号/注册号：2012年第209号/4237408

认定/注册时间：2009年/2007年

湖北省大悟县特产，“大悟绿茶”烘焙极其讲究，以生长在大悟县境内特殊气候条件下茶树新梢的芽叶，经过摊青、杀青、做形、干燥、精选等工艺加工而成的保持绿茶品质特征，香气嫩香持久，滋味鲜嫩爽口，汤色嫩绿明亮。

孝感佬米酒

是孝感米酒的地方俗称，意指传统手工艺米酒。“佬”通常指成年男子，但“孝感佬米酒”中的“佬”指传统手工艺人。清末的孝感，人们对传统手工艺人一般统称为“佬”或“匠”，素有“九佬十八匠”之说，这既是孝感的地域特色，也是手工业兴盛的历史印记。

孝感是荆楚文化和孝文化的重要发祥地，自从有了米酒以来，为老人、为亲人做一碗佬米酒，是孝亲敬老的重要表现形式，因而孝感米酒制作工艺代代相传。孝感佬米酒的传承可上溯至宋代，迄今有1000多年历史。现今的孝感，仍有传统手工“佬米酒”售卖，有的沿街过户挑担推车叫卖，或在集市售卖。1991年，孝感第一家工业化米酒生产企业

在朱湖诞生，生产饮料型米酒。1997年，孝感大大小小的米酒饮料生产企业如雨后春笋般出现。1998—1999年，孝感米酒产业狂飙发展，畅销全国，产品供不应求。2000年，由于孝感米酒饮料的保质期很短，以及蜂拥而上的小企业，产品质量参差不齐，孝感米酒销量出现断崖式下跌。

2001年，针对饮料性米酒出现的一系列问题，孝感市委、市政府对米酒行业进行整顿，规范质量标准。同时，孝感重点米酒生产企业生龙、米婆婆等开展技术革新，在选材、发酵和封装等技术方面大胆革新。选材：原材料选用朱湖珍珠糯米，酒曲选用孝感传统特色之乳白色蜂窝酒曲；发酵：在传统发酵工艺基础上，对糯米和酒曲的配比，以及发酵的温度、湿度、时长等进行反复试验对比优化，研制出最佳口感的原汁原味米酒，然后对发酵过程智能化。灌装：借鉴罐头生产工艺，将传统工艺与现代罐头生产工艺结合，采取杀菌灭活技术，不添加任何添加剂，生产出罐头工艺包装原味孝感佬米酒，既保留了独有的孝感佬米酒风味，又极大地延长了产品的保质期。

从饮料型米酒到原汁原味佬米酒的回归，孝感佬米酒产业再次腾飞，走得更稳更长更远。几年来，在孝感麻糖米酒行业协会的带领下，产业发展迅猛，地方直接就业人员3000余人，带动就业3万人以上。2022年，孝感米酒综合产值已突破40亿元，实现销售收入近27亿元，产量占国内米酒市场的85%以上。出口额为1000万美元，远销美国、加拿大、澳大利亚、英国、南非等全球数十个国家和地区。无任何添加剂的罐头装孝感佬米酒的生产，推动了米酒产业链绿色健康发展，为孝感农业产业高质量发展做出了突出贡献。

（撰稿：市麻糖米酒协会孙俊）

孝感糯米

孝感素有种植和食用糯稻的悠久历史和传统习惯，形成了独特的糯食文化。世人常把孝感与麻糖米酒联系在一起，麻糖米酒几乎成了孝感的代名词，麻糖米酒的主要原料是糯米，糯与孝便形成了孝感的人文历史的典型特征。千百年来，本地农民一直以糯米制作麻糖、米酒、元宵、糍粑、阴米等具有浓厚地方特色的副食品，

代代相传，从未间断。

孝感糯米产于湖北省孝感市所辖的汉川、应城、孝南、云梦、安陆、孝昌等县（市、区）。地域范围：东经 113° 19’~114° 06’，北纬 30° 42’~31° 29’，属亚热带季风气候，阳光充足，雨量充沛，气候温暖湿润，土壤以潴育型水稻土类为主，土层厚度≥30厘米，土壤有机质含量≥2.5%，pH值为5.5 ~ 7.0，且富含多种微量元素。孝感糯米外观谷粒大、扁长、饱满，其粒长7 ~ 8毫米，宽为2.5 ~ 3毫米，厚为2毫米，千粒重29克；颜色乳白鲜嫩，形似珍珠、柔和逗人；气味独特，鲜米芬芳，饭米香醇；口感甜绵，稠腻滑润。孝感糯米胶稠度≥95毫米，蛋白质≥6.4%，直链淀粉（干基）≤1.8%，碱消值6级。孝感糯稻种植面积近80万亩，总产量40多万吨，居全省第一，约占全国糯稻产量的10%。目前种植的糯稻品种达20多个。早糯品种主要包含华早糯1003、孝早糯08；中糯品种主要包含鄂荆糯6号、地方品种珍珠糯、鄂糯7号、鄂糯9号、特糯2072、红糯1号、糯两优561等；晚糯品种主要包含鄂荆糯6号等。

孝感注重糯稻全程标准化生产，制定并发布《地理标志产品 应城糯米》（湖北省地方标准）、《地理标志产品 朱湖糯米》（孝感市地方标准）等，以“全国绿色食品原料标准化生产基地”创建等活动为契机，积极推动标准化、规模化和智能化生产，进一步提高产品产出标准。“孝感糯米”获得农业部农产品地理标志登记，“应城糯米”获国家地理证明商标，“朱湖糯米”获国家地理标志专用标志，“富水河+图形”珍珠糯米、“渔子河+图形”珍珠糯米获“绿色食品A级标准”。湖北瑞琪粮食股份有限公司300亩糯稻基地获“有机转换认证证书”，湖北富水河粮油有限公司于2018年进行“对外贸易经营备案登记”。“优质籼型糯稻新品种及配套技术推广应用”项目获湖北省科学技术奖励成果推广奖三等奖。

（市农业农村局 供稿）

孝感荣誉

国家级荣誉

2022年全国农村黑臭水体治理试点支持城市
孝感市

2022—2025年国家知识产权强市建设试点城市
孝感市

“全国民主法治示范村（社区）”称号
孝南区新铺镇远大社区
孝南区陡岗镇袁湖村
汉川市仙女山街道福星社区
汉川市杨林沟镇柏枝村
应城市四里棚街道刘杨社区
安陆市烟店镇袁畈村
大悟县宣化店镇杏冲村
大悟县三里城镇望山村
孝昌县王店镇新岗村
孝昌县花园镇桃源社区
孝昌县花园镇冯山社区

第十二批全国“一村一品”示范村镇
大悟县河口镇金墩村（抹茶）
云梦县下辛店镇白水湖村（藜蒿）

全国绿化先进集体
大悟县林业局

全国工人先锋号集体
湖北爱仕达电器有限公司物控科
湖北五一劳动奖状
湖北龙腾电子科技股份有限公司
湖北富思特材料科技集团有限公司

第二届全国高速公路旅游特色服务区
福州至银川高速安陆服务区

第三次全国国土调查先进集体
孝感市自然资源和规划局
全国和谐劳动关系创建示范企业
湖北澴川国投集团
全国青少年普法教育先进单位
孝感市关工委

全国优秀公安基层单位
孝昌县公安局禁毒大队

全国公安机关爱民模范集体
大悟县公安局出入境管理科

第四批全国法治宣传教育基地
云梦县博物馆

中国康复医学会科普教育基地
孝感市中心医院
全国红十字模范单位
孝感市湖北职业技术学院团委

全国“四好”商会
应城市电子商务行业商会

2021年度全省服务业发展贡献市
孝感市

省级荣誉

被省委、省政府授予第四届湖北省“人民满意的公务员集体”

汉川市人力资源和社会保障局
安陆市应急管理局

“2021年度湖北省金融信用市州”

孝感市

“2021年度湖北省金融信用县（市、区）”

孝南区 汉川市 应城市 云梦县
安陆市 大悟县 孝昌县

2022—2023年湖北省境外经济贸易合作区

孝感市湖北禾丰粮油集团有限公司在莫桑比克设立的“中国—莫桑比克联禾境外经贸合作区”

2019—2021年湖北省女职工建功立业先进集体

孝感市财贸幼儿园教学班组
孝感市中心医院健康管理与对外联络部

“湖北省三八红旗集体”称号

市第一人民医院
国网孝昌县供电公司供电服务指挥分中心
孝感高新技术产业开发区严桥小学
孝感广播电视台广播电视节目制作部

湖北省工人先锋号

中交二航局孝感107国道改建工程项目经理部
湖北富邦科技股份有限公司客户服务部
大悟县吉丰实业有限公司吉丰布草车间
东电化电子（孝感）有限公司自动焊引线工段

湖北省2021年度先进红十字志愿服务组织

孝感市红十字无偿献血志愿服务队

湖北青年五四奖章集体

孝感市第一人民医院青年战疫突击队

2022—2023年度上市后备“金种子”企业

湖北龙腾电子科技股份有限公司
湖北神丹健康食品有限公司
湖北午时药业股份有限公司
大禹电气科技股份有限公司
湖北天基生物能源科技发展有限公司
湖北迪美科技有限公司
湖北福星生物科技有限公司
湖北安心智能科技有限公司
湖北凯瑞知行智能装备有限公司
湖北金德包装有限公司
应城市恒天药业包装有限公司
应城市武瀚有机材料有限公司
湖北宇阳药业有限公司

全省百佳村民委员会

孝南区肖港镇金神村
孝昌县邹岗镇卢管村
大悟县三里城镇水城村
大悟县新城镇毛集村
大悟县河口镇金墩村
云梦县倒店乡六李村
应城市四里棚街道栗树村
应城市天鹅镇江河村

安陆市王义贞镇朱桥村

全省百佳社区居民委员会

孝南区广场街道三里社区
孝昌县花园镇冯山社区
云梦县城关镇肖李社区
应城市经济开发区彭吕社区
汉川市仙女山街道福星社区

全国农作物病虫害绿色防控整建制推进县

云梦县

省级企业技术中心

孝南区舒氏集团
维达护理用品

湖北省建设优质工程（楚天杯）奖

孝感市中医医院城西院区一期门诊住院楼
红林公司总装厂房（一期）建设项目

第二批湖北省科普教育基地（2022—2026年度）名单

应城市青少年校外活动中心实训基地
湖北安陆府河国家湿地公园
应城市龙池农业生态园
湖北番茄公社数字农场

第三批国家农业绿色发展先行区创建名单

安陆市

湖北省农药包装废弃物回收试点县

云梦县

湖北省食品安全县

孝南区

2021年度湖北省水利工程优质奖（江汉杯）

汉川市汈汉湖湖堤加固整治工程
汉川市大沙二站工程
汉川经济开发区黑臭水体综合整治工程
孝感市府澴河防洪治理二期工程（孝昌段）

2022年畜禽养殖标准化示范场

孝感市安陆绿色巨农农牧食品有限公司（木梓乡群力养殖场）
湖北鸟王种禽有限责任公司（蛋鸡场）

2022年全国最美工会户外劳动者服务站点

孝感市应城市宇洋互联网双创园户外职工“爱心驿站”

湖北省第二批“全程机械化+综合农事”服务中心典型案例

孝感市孝南区振西农机专业合作社
应城市水生农机专业合作社

2022年度银行外汇合规与审慎经营评价“A类银行”称号

中行孝感分行

数字孝感

地区生产总值：2776.97 亿元

城镇常住居民人均可支配收入：41596元

农村常住居民人均可支配收入：20913元

农林牧渔业增加值：428.67亿元

粮食种植面积353.53千公顷，产量234.80万吨

油料总产量：30.97万吨，增长8.8%

蔬菜总产量：471.68万吨，增长2.4%

生猪出栏：299.45万头，比上年增长4.2%

家禽出笼：8573.60万只，增长2.3%

禽蛋产量：28.97万吨，增长6.3%

水产品产量：44.82万吨，增长3.6%

工业增加值：1055.33 亿元

规模以上工业企业：1292家，增加值同比增长11.9%

高技术制造业增加值同比增长25.9%

高新技术产业实现增加值：491.56亿元

高新技术企业：603家

固定资产投资(不含农户)：比上年增长18.3%

省级以上创新平台：51个

社会消费品零售总额：1241.05 亿元

外贸进出口总额：173.8亿元

公路总里程：18357千米

财政总收入：227.37亿元

社会民生

幼儿园：713所，在园幼儿11.82万人

普通小学：438所，在校生28.02万人

初中招生：4.59万人，在校生13.69万人

普通高中：招生2.59万人，在校生7.34万人

中等职业教育招生：1.01万人，在校生3.04万人

医疗卫生机构（不含村卫生室）：494个

旅游综合收入：181.05亿元

（市统计局、市政务服务和大数据管理局）

目　　录

专　记

大事记

市情概览

中国共产党孝感市委员会

孝感市人民代表大会

孝感市人民政府

政协孝感市委员会

孝感市纪委监委

民主党派·工商联

群众团体

法 治

军 事

经济管理

开放型经济

孝汉同城化发展

园区建设

农 业

工 业

建筑业

商贸服务业

金 融

房地产业

交通 · 邮政 · 通信

城市建设与管理

乡村振兴

科学技术

教 育

文化·旅游·体育

卫生健康

社会民生

应急管理

生态环境建设

县（市、区）概况

人 物

附 录

专　记

专　记

喜迎二十大

2022年,孝感宣传系统统筹理论舆论、文化文艺、内宣外宣、网上网下,坚持系统化谋划、专题化学习、多样化宣讲、立体化宣传、分众化传播,守正创新、形成特色、打造亮点,大力做好党的二十大精神的学习宣传工作,不断用党的最新创新理论成果武装全党、指导实践、推动工作。以高度的文化自觉、坚定的文化自信,推进中华传统楚文化、孝文化、红色文化创造性转化、创新性发展,形成了学习宣传贯彻落实党的二十大精神的浓厚氛围。

一、系统化谋划,把握正确方向

孝感市委第一时间传达、第一时间部署学习党的二十大精神,召开市委常委会会议、市委全会作出全面安排。

出台学习《决定》。在10月25日孝感市委传达学习的基础上,11月10日,召开市委常委会会议专题研究学习贯彻工作。11月21日,召开市委七届五次全会通过《中共孝感市委关于认真学习宣传贯彻党的二十大精神的决定》及《中国共产党孝感市第七届委员会第五次全体会议决议》,并配套出台1个工作安排和4个子方案,形成"1+1+4"宣传宣讲、贯彻落实体系。

实行清单推进。将学习培训、集中宣讲、宣传报道、研究阐释、贯彻落实等具体任务进行细化,分解为20个项目清单,分别指定相应责任单位牵头落实。各牵头单位制定具体的细化方案,孝感市委办公室、市委组织部、市委宣传部等部门,按照市委要求,进行跟踪督办,确保责任单位各司其职、同向发力、一体落实。

搞好阶段衔接。2022年年初把迎接宣传贯彻党的二十大精神作为全年工作主线,纳入孝感市委工作总体安排和宣传思想工作年度任务。二十大召开前,组织新闻媒体开展"我的这十年""我和我的时代"等报道,充分宣传新时代十年孝感坚持和发展中国特色社会主义取得的重大成就和宝贵经验。二十大召开期间,围绕大会盛况开展集中宣传报道,形成浓厚氛围。二十大召开后,做好反响报道和学习贯彻动态宣传。三个阶段有效衔接,环环相扣,市县联动、省市媒体联动、宣传系统联动,报网端微屏、"村村响"小喇叭、宣讲小分队、文明志愿者等同频共振、聚焦聚力,奏响了礼赞新时代最强音,让浓浓的学习贯彻氛围,激发喷涌流淌的社会正能量。

二、专题化学习,发挥示范作用

孝感市围绕"八个聚焦",抓好领导干部带头学、多形式学习培训、深层交流研讨,推动学习往深里走、往心里走、往实里走。

抓好市委理论中心组学习。孝感市委常委会审定《全市各级党委(党组)理论学习中心组学习党的二十大精神方案》。市委理论学习中心组率先垂范,先后5次召开中心组(扩大)学习会、研讨会、辅导报告会,专题学习党的二十大精神,带动各级中心组先学先悟。

抓好关键少数。11月27日至12月1日,孝感市委举办为期5天的县处级领导干部学习贯彻党的二十大精神集中培训班,全市1100多名县处级干部及乡镇党委书记参加学习,市委、市政府主要领导作开、结业报告,市委常委分别作专题辅导报告，参训学员白天收看有关专家视频报告，晚上集中听取专题辅导。各地各单位压茬举办科级干部培训班，对各级党员领导干部进行集中培训。组织10个县（市、区）委书记和市直“三区”党工委书记、10个市直重点部门党组（党委）书记、10个社区（村）党组织书记，围绕二十大精神在孝感落地落细，开展“三个十”访谈活动。

抓好全覆盖学习。印发中心组学习通知，督促各级党委（党组）理论学习中心组把学习党的二十大精神作为重点内容，制定系统学习计划，开展集体学习。市、县两级党校（行政学院、校）将党的二十大精神作为重点教学内容，对在校学员进行系统培训。全市各级党组织依托“三会一课”、支部主题党日、读书班、报告会等，及时把党的二十大精神传达到每一个支部、每一名党员。

深化交流研讨。孝感市委理论学习中心组12月27日开展了集体学习研讨活动，并计划分专题继续深入研讨。各级中心组把交流研讨作为检验学习实效的重要方式，纷纷组织研讨会、分享会，带着目标、带着问题深入交流，畅谈学习体会。在集中培训期间，全市各级党组织均开展了2次交流研讨，党员干部以参加媒体专访、交流发言、撰写心得体会文章等形式，进一步精学深悟，凝聚了思想共识、开阔了视野格局、坚定了发展信心。

三、多样化宣讲，增强广泛认同

发挥多样宣讲团队作用，贴近基层宣讲，力求入脑入心，增强广大干部群众对二十大精神的高度认同，全市宣讲达4000余场。

讲出党味。把握高度，主要领导干部带头讲。11月23日，党的二十大代表、市委书记吴海涛深入市高新区东苑社区，市委副书记、市长胡玖明到大悟县农村基层，为社区工作者、下沉干部、志愿者、村民等宣讲党的二十大精神。突出深度，党委宣讲团示范讲。市县两级200多人、以党校（高校）教授、领导干部、党代表为主体的9支高质量宣讲团，面向县（市、区）、市直机关、乡镇（街道）层层辅导宣讲。市委宣讲团由22名正县级干部组成，实现县（市、区）、市直机关宣讲全覆盖。体现温度，各地各单位主要负责同志及时在所在党支部、分管领域、下沉社区、驻村联系点开展宣讲。

讲出民味。着眼夯实基层基础，推动“五路大军”进基层，把党的二十大精神宣讲活动送到群众身边，覆盖受众40多万人次。孝感市委组织部、市乡村振兴局组织1013支乡村振兴工作队、300余名驻村第一书记、2万余名下沉社区党员干部，进村入户开展面对面宣讲。团市委精心挑选，吸纳青年理论工作者、青年模范等，组建10支青年宣讲团，开展150多场面向青年群体的定向宣讲。依托“新时代·槐荫讲堂”“涢水大讲堂”等宣讲品牌，以理论专家、青年教师为主体，组建宣讲小分队深入社区、农村开展宣讲。孝感市文旅局、文联以群众喜爱的“红色文艺轻骑兵”为载体开展“礼赞新时代、奋进新征程”文艺宣讲活动，安陆市专门设计“二十大代表+文艺宣讲”套餐，将代表体会式宣讲与文艺演出融为一体，让群众愿意听、听得懂、能吸收。工会、妇联、老干局等系统，组建“巾帼红宣讲队”“火炬宣讲队”“劳模宣讲队”等，开展分众化、下沉式宣讲3000多场次。

讲出韵味。组织广大文艺工作者联系群众身边事例，创作漫画、善书、楚剧、湖北大鼓、连响快板、三句半等特色文艺作品，送到社区广场、田间地头，让宣讲沾泥土、带鲜味。安陆市依托“漫画之乡”资源优势，组织15名漫画家创作二十大主题漫画100余幅进行展览、展播；汉川市组织善书传承人创作《李乡长的故事》等作品，在各乡镇、社区开展宣讲；云梦县创作湖北大鼓《二十大报告振奋人心》、连响快板《二十大报告暖民心》等多个文艺宣讲作品，以“小节目”讲“大道理”，用“家常味”对“百姓胃”，增强宣讲针对性和感染力。

四、立体化宣传，营造浓厚氛围

孝感市全方位、大力度、多层面宣传阐释二十大精神的精髓要义、

齐唱赞歌给党听 同心庆祝二十大

（市机关事务服务中心 供图）

展示热烈反响、反映落实举措，营造浓厚社会氛围。

做强主流舆论。主流媒体统一开设“深入学习贯彻党的二十大精神”专题专栏，统领新闻宣传。同步开设“宣讲进行时”“学习二十大 一线看落实”“奔跑新征程 建功新时代”等子栏目，从不同层面、不同角度持续宣传孝感市各地各部门各行业学习贯彻党的二十大精神的积极行动和进展成效。策划开展百名记者下基层蹲点采访、“走进企业看发展”“我为群众办实事”“共同缔造”“重大建设项目巡礼”等专题报道，宣传50家规上企业、21个市级重点实事项目、80个“共同缔造”试点建设推进情况，展现孝感贯彻落实二十大精神的强大发展气场。

做大网络宣传。定期召开宣传策划会，精准策划选题，专栏专题专页一体推进，组织省市县传统媒体与新媒体联合采访、中央、省市网络媒体集中推送，《孝感：夫妻党员党龄相加130年 信仰从未变 学习从不停》《湖北安陆：“普通话”译成“地方话” 党的声音入民心》等一批精品力作频繁在各大网络平台传播，浏览量突破百万次。市级媒体所属新媒体通过短视频、海报、微信推文等做好可视化、互动化传播，《孝感日报》制作“学习宣传党的二十大”长图海报，系统性、全方位解读大会报告，“微孝天下”推送《学习金句：党的二十大报告新表述新概括新论断》短视频16条和微课堂答题H5，“孝感网宣”抖音号开设《时习之：二十大报告 这些话鼓舞人心》专辑。自媒体共同唱响学习贯彻主旋律，大悟网络大V三句半《说说这十年》短视频，抖音阅读量超过10万次。各地各单位开展线上书画美术展、诵读经典、讲故事和演出直播等活动，真正让党的二十大精神“飞入”寻常百姓家。

做实社会宣传。持续开展“强国复兴有我”群众性主题教育活动，组织“中国梦·劳动美——建功新时代”“书香诵孝廉 清风润万家”“感党恩、跟党走”等主题宣讲和图片展、摄影展。组织开展党的二十大精神文艺作品征集、宣讲大赛暨荆楚红色文艺轻骑兵展演活动。以新时代文明实践中心(所、站)为阵地，组织发动志愿者、村“五老”人员等广泛开展“学习二十大 我与‘理’有约”活动。开展“贯彻党的二十大精神 共同缔造美好环境和幸福生活”——“五城同创”文艺宣讲文明礼仪进社区活动。督促行业主管单位宣传阵地应上尽上，各地各单位通过“千媒万屏”、乡村墙面宣教工程、标语展牌等阵地，实现党的二十大精神随处可见。

五、分众化传播，创造亮点特色

依托网络传播平台，不断创新推出新媒体产品，把党的二十大精神宣讲搬上“云”端，放大宣传效应。

云合唱参与广泛。组织开展“心中的歌儿唱给党”——孝感市庆祝二十大云传唱活动，31支代表队近1500名职工用歌声抒发对党炙热情怀、传扬党的二十大精神，通过《孝感日报》、孝感广电台、孝感门户网所属微信公众号、客户端、视频号等全媒体平台进行展播，收听收视人群达到210多万人次，网络平台浏览量达30余万次。

云宣讲画龙点睛。开展系列线上宣讲。“三分钟讲政策”——紧密联系群众所需，组织市直部门业务骨干开展“三分钟讲政策”短视频宣讲72期，有效服务市场主体及广大市民。“三分钟讲理论”——组织高校、党校理论骨干，围绕习近平新时代中国特色社会主义思想和重大创新理论，开展视频微宣讲，让理论可听、可记、可信。“三分钟讲亮点”——围绕“共同缔造”试点建设推进情况，采取背景介绍+试点案例+专家点评形式，策划推出6期短视频，展示孝感“共同缔造”作法。“三分钟讲金句”——发动党校、高校青年教师开展“新时代·槐荫讲堂之学习贯彻党的二十大精神云宣讲”，录制短视频10期，分专题对党的二十大报告金句进行全面解读、宣讲。

(市委宣传部)

“五城同创”

2022年，孝感市委宣传部（创建办）在市委、市政府的带领下，紧紧围绕创建目标，坚持从一抓起、从实起步，持续发力、共同努力，创建工作声势大、节奏快、落点紧，基本实现城市有实在变化、市民有实际感受、目标有实质进展、各界有实心点赞。

一、统筹协调，实现预期目标

充实了工作机构。适时调整指挥部人员组成，充实办公室工作力量，创卫专班与创建办合署办公。建立了各创建专班常态联系网络。

建立了联席会议制度。制定创建办管理办法，建立主任会、联席会制度，全面落实主导责任，有效将各级创建力量拧成一股绳。

加强了迎检调度。紧紧围绕创建目标任务，密集召开协调会，协助各主创单位做好创建迎检工作。孝感市再次获评省级卫生城市，创成省级生态文明示范市，国家森林城市迎检资料已上报国家林草局，国家卫生城市已向湖北省爱卫会提交申报报告，实现年度既定目标任务。同时，《孝感市创新“同题共答”机制推动“五城同创”成势见效》分别在省“一下三民”活动简报、省委办公厅工作简报刊载。

二、系统推进，压实创建责任

坚持月度会议。按照一月一推进、一月一部署要求，每月召开一场高规格推进会，会议现场“随机抽签+自愿申报”，会议形式“会场+现场”召开，会议程序“表扬+表态”，用正反两方面激励措施，推动创建工作比学赶超。目前，已经召开11次现场推进会。

突出整体谋划。研究制定1+5+10+N行动方案，形成了创建工作时间表和路线图，做到谋定快动。

实施五化管理。全面对照创建标准体系，把测评体系目标月度化、清单化，把任务工程化、项目化，把责任明细化、具体化。持续推进省委营造“三个环境”专项巡视整改工作，“五城同创”整改工作进展达到预期。

三、广泛发动，形成浓厚氛围

建立宣传机制。印发创建宣传工作方案，建立微信群，建立阶段性重点宣传工作提示机制，共发送宣传提示20多期。

媒体宣传有力。先后推出了推进会专题报道、“回头看”系列报道。设置“五城同创 共建大美孝感”专题专栏，报道2000余篇次，“曝光栏”和“回音壁”栏目100余期，获得市委主要领导批示肯定3次，编发手机宣传短信15期。

社会宣传扎实。策划开展短视频、摄影、知识测试比赛、有奖征文以及城市创建大家谈、水墨漫画公益广告创作、“小手牵大手、创建齐步走”、文明礼仪进社区巡演等活动，重点在市区主干道、公园、广场、车站、高速路出入口等重要位置增设1万多处户外广告，新建绿色公益围挡4500余平方米，特别是把社会主义核心价值观融入公园、广场、街区整体环境建设，确保创建公益广告“抬眼可见、驻足即观”，形成全媒介、全时段、全覆盖的大宣传格局。

四、向内拓展，厚植文明底色

实施十大行动。制定印发《孝感主城区向内圈层拓展实施方案》，组织开展文明单位、文明社区、文明小区等十项创建行动，从而推进创建工作迈入创建新阶段。

精准对标对表。组织开展多轮文明指数测评培训、第三方模拟测评等活动，推进对标达标。开展示范点位创建工作，着力打造35类创建示范点。

开展文明培育。推进文明行为和控烟立法，完成《孝感市文明行为促进条例》征求意见和立法审查。常态化组织志愿者开展清洁家园、

5月13日，孝感军分区机关人员参与地方“五城同创”活动

（孝感军分区 供图）

交通劝导等志愿服务活动，广泛开展文明餐桌示范店、孝感好司机、最美澴川骑手等评选活动，深入开展文明餐桌、文明交通、文明旅游、文明上网专项行动，制作10部文明行为宣传教育短视频全网推送，倡导文明健康的生活方式。

五、集中整治，改善城市形象

实施改造升级。完成孝感市区槐荫大道立面整治，建设路改造升级，全面启动董永公园提升AAAA级景区等公园改造项目，新建9个城市口袋公园，完成城区11个市场改造升级。

强力执法整治。开展迎新春集中整治行动、先进片区创建行动、十乱整治行动等集中整治行动，形成一波接一波、一浪高一浪整治态势，城区主干道沿线存量违建基本清零，城市道路沿线大型广告基本清零，常态化开展路侧停车巡查执法，查处违法停车行为400余起，在主干道施划路内停车泊位5598个，共拆除违建2万余平方米，拆除旱厕639座，改造旱厕312座，规范414家夜市摊档入店经营。

破解老难题。聚焦民生实事，积极回应群众普遍关切，相继推进室外晾晒，空中网线，公共厕所，宇济片区、中心医院交通拥堵，肉联厂、严管街违停等专项整治工作，城市面貌明显改善。

六、机制保障，确保常抓常新

建立包保机制。完善了市区领导联系包保片区和道路机制，并根据实际工作情况，调整了部分路段包保领导和包保责任单位，落实了路段包保执法部门联系下沉力量。

建立"门前四包"工作责任制。制定印发"门前四包"责任清单，组织街道、社区与临街门店、住户等签订承诺书，动员社会主体自觉履行门前包保义务，鼓励市民主动参与城市管理。

建立督查机制。建立检查督办机制，实行定期督办、专题督办、随机督办、跟踪督办相结合，做到问题及时发现、及时反馈、及时解决，全年累计编发30期周通报，交办单11份，专题督办9轮次，涉及438个场所2031个问题(点位)，印发考评通报9期，对35家督办考评评价较差的单位进行了跟踪督办，实现"以考促创、以考促管"。

七、凝心聚力，引领文明风尚

道德引领，推进核心价值观入脑入心。全面落实《孝感市新时代公民思想道德建设十项行动》，探索新时代公民思想道德建设孝感经验。建立道德模范、身边好人村、乡、县、市四级推荐评选工作机制，设置好人数据库。2022年获评"湖北好人"3人和"中国好人"1人，筹措慰问金6万多元对29名市级以上道德模范及"中国好人"看望慰问。坚持新闻宣传和社会宣传相结合，组织召开学习习近平总书记给"中国好人"回信座谈会，建成新时代好人馆、道德模范馆，引导人们向道德模范学习。

融合创建，推进城乡文明建设有声有色。充分发挥"一约四会"作用，推动陈规陋习专项治理，全市全年评选"十星级文明户""好婆媳"等近21万户，评选文明县城6个、文明乡镇41个、文明村社303个、文明社区32个，县级以上文明村镇分别达到57%、70%。文明单位动态管理，组织766家市级以上文明单位开展"五比五看"常态化创建，实施一年一评比。文明校园全面参与，组织全市1417所各类学校全覆盖开展文明校园创建活动。文明家庭积极参与，开展"孝善传美德 爱蕴幸福家"家庭家教家风故事宣讲赛活动，活动吸引了近10万个家庭参与；组织评选100户第二届孝感市文明家庭。

志愿赋能，推进文明实践走深做实。完成孝感市志愿者协会换届工作，组织召开孝感市志愿者协会第二届理事会员大会，制定《孝感市志愿服务激励嘉许办法(试行)》《志愿服务工作联席会议制度》等文件，为志愿服务工作提供了制度保障。组织召开全市新时代文明实践中心建设现场推进会，全市7个县(市、区)新时代文明实践中心做实，新时代文明实践所127个、站2324个应建尽建，建成106个街道社工站，新建20家老年食堂，让"干部职工方便做志愿、广大群众便捷享服务"成为现实。全市注册志愿者78万人，组建了"党员先锋""孝小青"等特色志愿服务队，打造了一批群众身边不走的志愿服务队伍。结合群众所需所盼所想，开展送理论、送政策、送文艺、送科技、送温暖等"五送"文明实践活动2.6万多次，服务群众近20万人次，确保中心所站大门常开、活动常有、群众常来。全市涌现出大别山支教团、绿色梦想、爱心大哥哥、德育银行、"五服临门"等一批具有本土特色的服务品牌。

立德树人，推进未成年人工作见行见效。印发《关于调整孝感市未成年人保护工作领导小组的通知》，在全省率先实现市县两级未成年人保护工作协调机制全覆盖。刘春华入选湖北省未成年人心理健康专家库第一批入库专家。开展"新时代好少年"评选和发布活动，全市现有湖北"新时代好少年"1人，孝感市"新时代好少年"20人，引导广大未成年人见贤思齐、知行合一。过去的一年，围绕搭建创建"四梁八柱"、创先争优、提质进位，取得了一些成效。创建办4人、1个集体获市委、市政府通报表扬，7人年度考核为优秀等次；信息工作全省第四名，典型推荐全省第五名，获得省里3个活动优秀组织奖，17个项目或个人获省表彰，周末快乐托管班获全国总工会表彰。

(市委宣传部)

“下基层、察民情、解民忧、暖民心”实践活动

2022年5月以来，孝感市委认真贯彻落实湖北省委决策部署，紧紧围绕“下基层、察民情、解民忧、暖民心”实践活动“动员部署、全面开展、持续深化、巩固提升”四个阶段任务和共同缔造试点工作“培养一批骨干、建强一批组织、实施一批项目、探索一批经验”目标任务，聚焦主题不偏向、高标定位抓落实，有力服务了全市经济社会发展大局，为党的二十大胜利召开和湖北省第十二次党代会圆满召开营造了良好环境。

一、加强组织领导，系统谋划、高位推进

扛牢政治责任。孝感市委把实践活动作为重要政治任务，摆上重要议事日程，第一时间传达学习、第一时间研究部署、第一时间推动落实。5月22日，孝感市委常委会传达学习全省动员会议精神。5月26日，孝感市委召开动员会议，要求把实践活动作为推动党史学习教育常态化长效化的务实之举、应对经济下行压力的现实之需、营造“三个环境”的必要之策抓紧抓好。孝感市委常委会先后召开8次会议，听取有关情况汇报、研究具体落实措施。各地各部门迅速行动、精心组织，切实把实践活动扛在肩上、抓在手上，层层推动责任落实、工作落实。

健全推进体系。制定“1+5”方案体系（1个实践活动总方案、“联企业送政策解难题稳主体”帮扶活动方案、“进社区促共治美家园”活动方案、市级重点民生实事项目清单、推动资源服务平台下沉实施方案和共同缔造试点工作方案等5个子方案），形成“1+7”推进机制（市委党史学习教育领导小组办公室牵头抓总，综合协调、指导考核、作风监督、简报信息、宣传报道、联企帮扶、下沉社区等7个工作小组各负其责），孝感市财政安排46万元作为实践活动办公室专项工作经费。先后召开3次领导小组办公室会议、4次工作推进会、6次工作调度会，印发实践活动工作提示25期，形成上下联动、协同推进的工作格局。

强化指导督导。孝感市本级抽调36人组建9个巡回指导组，开展4轮次全覆盖巡回指导，严把“方案审核关、基层察访关、清单制定关、问题销号关、建章立制关”。成立6个作风督查督导组，扎实开展“察实情、找问题、谋对策、督责任”活动，同步建立“监督清单”，开展监督检查756次，发现问题557个、下发问题通报19期、督促整改问题531个，批评教育262人，发出纪检监察建议书6件、推动完善制度32个。

营造浓厚氛围。《孝感日报》、孝感电视台等媒体开设“下基层察民情解民忧暖民心”“共同缔造”专栏和“我为群众办实事”“助企纾困在行动”“共建美好家园”“民情日记”“民生热线”等5个子栏目，开展百名记者下基层“蹲点采访”活动，用群众身边人、身边事讲好“孝感故事”。全市主流媒体刊播新闻11300多篇（条），中省主流媒体转发1260条，孝感市运用共同缔造理念全域缔造和美城乡的经验做法被《农民日报》推广。市县累计编发实践活动《工作简报》284期，及时总结推广好典型、好做法。

二、统筹贯通融合，分类施策、务求实效

以“三张清单”为抓手，身到心入解决问题。一是领导率先垂范。孝感市“四大家”领导以上率下，市委书记吴海涛、市长胡玖明带头深入包保企业和基层联系点走访调研，帮助解决困难和问题。市委常委会先后6次研究并动态更新《市委常委班子实践活动“三张清单”》，内部公示6次、《孝感日报》公示1次。240名市县两级“四大家”领导班子成员深入企业、农村、社区走访调研4792次，收集问题2987个、解决问题2987个。二是部门班子带头。市县两级569个部门2619名班子成员立足部门实际和职责，走访联系点57003次，收集问题15656个、解决问题14997个。10月中下旬，市直单位“一把手”带队包保主城区99个社区，摸底数、问需求、解难题，有力维护了党的二十大期间基层平安稳定。三是党员全部覆盖。5万余名党员干部认真落实“双报到双报告”要求，下沉村（社区），积极参与疫情防控、“五城同创”、乡村振兴、社区治理等工作，走访联系基层单位和群众21万次，收集问题29105个、解决问题28195个。

以“四上”培植为重点，真帮实扶助企纾困。一是早谋划、快行动。按照全省“解难题、稳增长、促发展”企业帮扶活动总体要求，结合孝感市招引培植“四上”企业工作，5月20日，孝感市委书记吴海涛召开全市帮扶活动动员部署视频会议和惠企政策宣讲会议，在全省率先部署开展“联企业、送政策、解难题、稳

主体”帮扶活动。市本级按照“2+1+N”模式(每个专班由2名市级领导带队、1名二级巡视员协助、6~7家市直部门参与),31位市级领导领衔14个专班,分别联系帮扶15个市场主体,实现省定252家企业包保帮扶全覆盖。二是压责任、建机制。建立“1+6”责任体系,由孝感市营商办牵头,经信、发改、住建、商务、农业农村、市场监管等6个部门分别负责主管行业领域市场主体纾困发展,建立多层级联席会议机制、问题闭环管理机制、督办问责联动机制、信息报送宣传机制,形成整体联动、齐抓共管工作合力。三是解难题、促发展。编制“惠企单”、开展“大宣讲”、出台“政策包”,推动“免申即享”“直达快享”“应享尽享”,打通政策落实“最后一米”。全市共走访企业(个体工商户)2317家,收集问题2454个、解决问题2419个;落实留抵退税17.7亿元,开展银企对接活动15场,帮助企业融资126.3亿元;拨付失业保险稳岗返还资金5244.6万元、惠企3895家;缓缴企业三项社保费5428.3万元、惠企214家。孝南区联企纾困稳主体、凝心聚力促发展,被命名为“2022年度中国营商环境百佳试点县市”。

*以民生“双保”为导向,扩面提质办好实事。*一是精准对接定项目。聚焦群众急难愁盼问题,全面对接19项省级重点实事项目,完成21项市级重点实事项目。二是协调联动抓推进。推动26家市直责任单位将重点实事项目纳入“五化”管理平台,一体调度推进,定期督办通报,确保群众早受益、真受益。其中,农村公路建设及公路危桥改造等10个项目超额完成。云梦县破解不动产“登记难”“云都经验”被自然资源部推广。三是补短提质惠民生。结合“五城同创”、乡村振兴“三项行动”等,推动城市更新、乡村建设向“内圈层”拓展。主城区改造完成主次干道30多条,“扩清疏连”城区重点区域管网8个,开工建设国家海绵城市试点项目73个;全市改造老旧小区212个,新增停车场泊位9248个,建成“口袋公园”20个,启动建设功能镇区21个、和美乡村示范村359个,筹集从事基本公共服务人员住房2111套。应城市老旧小区改造做法被湖北省住建厅推广。

*以“三个下沉”为载体,上下联动赋能基层。*一是高效推动服务下沉。全面完成省级第一批7大项、31小项高频服务事项下沉,压茬推进省级第二批6大项12小项高频政务服务事项下沉,市县乡村四级政务服务大厅实现“一网通办”;推动志愿服务进社区,建成新时代文明实践站(所)2451个;拓展延伸市场化服务,发展托育、养老服务机构272家,新增托位12939个,实现乡镇快递网点全覆盖,建成快递村级服务点916个,快递服务进村1622个。二是全面推动资源下沉。深化街道管理体制改革,市县两级调剂行政编制132名,各县(市、区)向街道调剂划转事业编制189名。推进城管综合执法改革,市直划拨孝南区事业编制92名,下沉执法人员104人。在孝昌县整县推进乡镇综合执法改革,委托下放执法权限326项。全市共转隶125人、下沉397人充实乡镇执法力量。完善物业管理等8个行业党(工)委、13个街道“大工委”、209个城市社区“大党委”运行机制,推动党的组织覆盖到2809个小区、1.2万余个楼栋,充实社区“五个一”工作力量,基层党组织统筹资源能力明显增强。三是大力推动平台下沉。以“数智孝感”建设推进“一网通办、一网统管、一网智用”,建成党建引领基层治理示范带3条、24小时综合自助政务服务大厅18处、“24小时自助车管所”10处、党员群众服务中心示范点123个、乡镇“五小”(小食堂、小厕所、小澡堂、小图书室、小文体活动室)266处、周转房3864套、乡镇(街道)社工站120家、“红色驿站”247个、“零工驿站”15个。孝感“五小”及周转房建设做法列入中组部典型案例备选。

*以“五共”方法为路径,共同缔造先行先试。*一是优化试点布局。围绕“城区、城郊、乡村”三种类型,“乡村振兴、城市更新、基层治理、产业发展”四大领域,“基础好、覆盖面、结合度、代表性、说服力”五个维度,确定共同缔造试点湾组、小区81个(乡村类55个、城区类15个、城郊类11个),形成“1+10+81”试点方案体系和工作布局。湖北省委副秘书长、省委办公厅主任、省委党史学习教育领导小组办公室常务副主任王兴於在听取孝感市共同缔造试点工作方案汇报时给予肯定。二是强化指导调度。克服疫情影响,先后召开全市共同缔造试点工作动员暨培训会、“以奖代补”项目政策专题培训会,省委党史学习教育领导小组办公室综合协调组副组长陆建义应邀来孝感市授课。实行20名市级领导重点联系、79名县级领导挂帅包保、75个责任单位支持保障的工作机制,分层分类培训业务骨干384场10936人,抓好各试点宣传发动、培训指导、活动策划、项目实施、组织培育等重点工作落实。孝感市以共同缔造为主题,探索开展“书记论坛”做法被湖北省委组织部在全省推荐。三是做实支撑体系。选派341名干部,组建81个专班脱产蹲点主抓,全程推进试点工作,孝感市委办公室《专班蹲点携手干发动群众美家园》做法被《湖北日报》推广。协调16家市直部门对接省级30个“以奖代补”项目,建立“1+12+3”支持配套政策体系,启动

实施群众参与的共建共管项目564个，争取省级“以奖代补”项目15个、资金6507万元。大悟县《“众筹倍奖”聚合力、共同缔造促振兴》入选全省共同缔造典型案例。建强做实“村(社区)党组织+网格(小区)党支部+湾组（楼栋）党小组+党员中心户”四级基层党组织体系，各试点调整优化村湾党小组125个、小区党支部44个、楼栋党小组137个，培育新增各类社区社会组织326个。四是创新体制机制。围绕疫情防控、文明创建、平安建设、强县工程、增强基层服务能力等重点，以体制机制创新深化推进共同缔造。选择孝感市高新区东苑社区运用共同缔造理念和方法开展常态化疫情防控试点工作，构建群防群控新格局。11月3日，召开全市“五城同创”现场推进会，以共同缔造深化“五城同创”。孝感市运用“共同缔造”理念和方法推动“五城同创”做法，被湖北省委实践活动简报推广；孝昌县创新乡村振兴产业发展利益联结体制机制，被列为全省运用共同缔造理念和方法推进基层治理体制机制创新试点。

（市委办公室）

美好环境与幸福生活共同缔造

2022年8月以来，按照湖北省委统一部署，孝感市共确定81个城乡社区(农村自然湾组、城市居民小区)开展共同缔造试点，以“五共”(决策共谋、发展共建、建设共管、效果共评、成果共享)理念和方法推进基层治理创新，取得了明显成效。

上下联动、一体推进。孝感市认真领会湖北省委书记王蒙徽关于共同缔造重要讲话和红安专题培训班精神，准确把握共同缔造的精神实质、核心要义和方法路径，结合实际制定试点工作实施方案，形成“1+10+81”试点方案体系和工作布局。市、县党委书记领办共同缔造样板点8个，20名市级领导重点联系、79名县级领导挂点包保、75个责任单位支持保障、81个专班蹲点主抓，财政、发改、民政、住建等16家市直部门出台“以奖代补”支持配套措施，为试点工作“加油赋能”。

外学内比、培养骨干。召开全市共同缔造试点工作动员暨培训会，邀请湖北省委办公厅陆建义同志来孝感市授课；分批分期组织党员干部到红安、麻城等地实地学习，现场看变化、对标找差距，推动干部群众转变思想观念、树立共同缔造理念。全市分层分类培训业务骨干384场10936人。孝感市委宣传部、市委党校联合制作“共同缔造微宣讲”短视频4期，用群众身边人、身边事讲好“共同缔造故事”。孝感市运用共同缔造理念全域缔造和美城乡被《农民日报》推介。

到底到边、协商共治。推动基层党组织“纵向到底”，调整优化试点村湾(楼栋)党小组234个、小区党支部71个，健全做实“村(社区)党组织—网格(小区)党支部—湾组(楼栋)党小组—党员中心户”的基层党组织体系，让党员“联户连心、贴近服务”。推进群众自治组织“横向到边”，引导群众“进队”“入会”，培育成立公益性、服务性、互助性社区社会组织570个，让群众“找到舞台、发挥作用”。推进多元主体“协商共治”，完善社区大党委联席会议、社区居委会和小区业委会、物业公司“三方联动”等机制，畅通沟通渠道，拓宽参与平台，让大家的事“大家商量着办”。孝南区广场街道以小区为单元定期召开居民议事恳谈会，居民参与积极性、主动性明显增强。

群众主体、共建共管。发动群众深入谋，通过入户走访、屋场院子会等方式，听取群众意见、找准真实需求，引导群众从“旁观者”转变为“参与者”。汉川市华严农场景湾社区引导群众找问题、提建议、出点子，共同缔造“美好幸福景湾”。组织群众一起干，有钱出钱、有力出力，“自己的事自己办”，筹资2.1亿元兴办共建实事项目467个，投工投劳1.8万余人次，争取省级“以奖代补”项目15个、资金6507万元。云梦县吴铺镇杨店社区杨店湾探索推行“工分制”，组织群众以工代赈，全程参与小微项目改造；大悟县河口镇顺山村“众筹倍奖”做法入选全省共同缔造典型案例；孝昌县王店镇敦厚村槽门湾成立“共同缔造”基金，民用民管民受益。激发群众持久管，修订完善村规民约、居民公约、公益积分制等行为规范，开展“好媳妇、好婆婆、最美庭院、最美志愿者”等评比活动，激励先进，选树典型。云梦县以小积分撬动大治理，建成“德育银行”49家、吸纳“文明储户”1.4万余户。

创新机制、拓展深化。孝感市本级以“共同缔造”理念和方法深化“五城同创”，创新“同题共答”机制，被湖北省委实践活动简报和省委办公厅工作简报推介；孝昌县创新乡村振兴产业发展利益联结体制机制，被列为全省运用共同缔造理念和方法推进基层治理体制机制创新试点；应城市创新老旧小区改造模式、打造完整社区的做法被湖北省住建厅推广；市高新区东苑社区运用共同缔造理念和方法开展常态化疫情防控试点工作，受到有关领导肯定。

(市委办公室)

“三学三立”活动

2022年7月份以来，孝感市委决定在全市开展“三学三立”活动，进一步加强干部能力作风建设，为打造武汉都市圈重要节点城市提供坚强保障。活动开展以来，全市各地各单位立足实际、精心谋划、创新载体、拓展方式，开展了一系列特色鲜明、形式多样的活动。

一、精心组织、周密部署

孝感市坚持市委领、专班统、牵头促、部门抓，一体联动、整体发力，有效推动全市“三学三立”活动深入开展。

一是市委主导、高标引领。孝感市委高度重视“三学三立”活动开展，将其作为深入学习贯彻习近平总书记视察湖北重要讲话精神、作为推进落实省第十二次党代会决策部署、作为加强干部能力作风建设、作为推动全市上下奋发有为的一项重要举措。7月中下旬，市委主要领导先后会同相关同志谋划起草活动方案、主持召开市委常委会专题研究活动安排，成立活动领导小组。7月20日，市委印发《关于开展“三学三立”活动加强干部能力作风建设的工作方案》，明确活动总体要求、主要内容、重点措施及七项具体活动安排。7月24日，市委召开“三学三立”动员会，以坚定不移加强干部能力作风建设的鲜明态度，引领全市上下扎实开展“三学三立”活动。市委书记吴海涛同志逢会必讲，在7月25日市政协七届第二次常委会会议、7月27日海绵城市建设工作专题会、8月2日全市“五城同创”工作现场推进会、8月16日全省优化营商环境暨提升公共服务质量工作推进电视电话会议，8月17日全市县处级主要领导干部专题培训班暨市委理论学习中心组集体（扩大）学习会等会议上专门强调开展好“三学三立”活动，切实做到全面发动、高位推动、狠抓落实。

二是专班主推、精细统筹。工作专班全面对接市委要求，深入思考任务怎么干、活动怎么统、工作怎么抓等问题。8月18日，全市“三学三立”活动领导小组会议听取牵头单位工作情况汇报，进一步明确职责，推动工作任务落实。孝感市委常委、市纪委书记、市监委主任江浩同志多次组织专班人员集中讨论、研究谋划，确定“把专班搭起来、把机制建起来、把工作统起来、把氛围浓起来、把活动动起来”的基本思路。围绕搭专班，及时成立由9名同志分工负责的工作专班，专班下设综合组、材料组、宣传组、督导组等四个小组，明确分工，责任到人，分块推进。围绕建机制，建立日常联系、集中会商、协调联动、督办指导等四项机制，强化组织保障、统筹功能和推动作用。7月28日，江浩同志主持召开牵头单位碰头会，集中研究起草大学习、大讨论、大宣讲、大比武4个子方案，推动活动落细落小、落地落实。围绕抓统筹，会同市委组织部、宣传部、市委直属机关工委研究出台开展“大学习、大讨论、大宣讲、大比武”子方案，建立《全市“三学三立”活动日程一览表》，将15项重点任务明确时间节点，倒排工期、挂图作战。围绕造氛围，协调市委宣传部第一时间在《孝感日报》开辟“三学三立”促发展和政策小贴士专栏，推出“三学三立”活动动态简报，加大宣传推动力度，引导各地各单位真学真立，营造比学赶超良好氛围。截至年底，刊发各部门工作信息610余条，张贴政策小贴士27个，编发“三学三立”活动动态16期，在中央和省级主流媒体刊发消息70多篇。围绕动起来，定期梳理汇总各地各单位活动开展情况，及时掌握工作情况、分析研究问题、跟进提醒提示。下发工作提示，推动不同时期不同阶段工作重点落实，形成以专班促牵头、以牵头促部门的良好局面。

三是牵头主抓、合力共促。各牵头单位坚持走在前、当主力，围绕市委安排部署，充分发挥牵头抓总作用，及时结合实际制定细化方案，推动市直部门活动有平台、落实有行动、报纸有专栏、电视有专访、展示有动，确保活动走深走实。4家牵头单位结合牵头任务制定各类细化方案。孝感市委组织部充分发挥组织部门党员之家、干部之家、人才之家的作用，印发《关于深入开展公务员实绩考核的通知》《孝感市关于实行重大专项工作揭榜挂帅的实施方案》及操作细则。市委宣传部快速反应，按照内宣有声势、接地气、点赞多，外宣有特色、有影响、传播广的要求，跟进制定《“三学三立”宣传宣讲方案》《业务骨干政策大宣讲实施方案》，同步推进业务骨干“三分钟讲政策”、“一把手”“城市创建大家谈”和相关负责人“说政事”三个线上宣讲活动，推出“三分钟讲政策”短视频27条，“一把手”“城市创建大家谈”和相关负责人“说政事”

17场次,社会反响良好。市委直属机关工委制定知识竞赛活动方案,联合市纪委监委机关举办“学党纪法规、创清廉机关”初赛,市直机关69家单位207人参加测试。把“岗位职责是什么、工作出彩靠什么、我为孝感做什么”主题讨论纳入8月份支部主题党日活动计划,推动1.2万名党员干部下沉社区参,坚持在实践中检验活动成效。市纪委监委机关各监督检查室和派驻(出)机构围绕传达学习贯彻全市动员会精神、创新组织开展活动情况、“三分钟讲政策”短视频录制情况等五个方面,对7个县(市、区)和市直部门情况开展督导检查,共发现并督改问题32个,确保全市上下与市委、市政府思想同心、目标同向、行动同行。

四是单位主责、创新落实。各地各部门把开展“三学三立”活动作为重要政治任务,对标对表,结合实际创新活动方式、探索活动载体,形成一批切口小、特色明的亮点活动。孝感市政府办公室开展中层干部业务比武,督促中层干部在比较中找位置、在差距中知不足、在奋进中增动力。市市场监管局以实绩考核为抓手,优化体系内容、规范考核方式,实行科室排名、干部序位排名,激活了干部队伍、提升了工作质效。市水利和湖泊局党组领学作示范、课堂送学提素养、干部比学当标兵、严纪督学转作风、抗旱用学促增收,做到以学促立、学立贯通,推动了干部转作风、工作上台阶。应城市把理论讲实讲活,把政策讲透讲“薄”,营造了“三学三立”的浓厚氛围,搭起了干部和群众的“连心桥”。孝昌县突出宣讲活动的针对性、互动性、实效性,形成叠加放大效应,让“三学三立”活动更接地气、更聚人气。

二、强化载体、久久为功

孝感市委集中安排部署了七项措施,推动能力作风建设向关键层、内圈层拓展,向骨干层、基础层覆盖,打造与孝感在全省发展位次相匹配的过硬作风和支撑体系。

一是围绕学习常态化,创新形式活学深学确保倡导性要求做扎实。全市各地各单位依托晨读、夜学、读书会、干部讲堂、培训研讨、导师带徒等有效载体,组织开展“学理论、学政策、学业务”常态化,倡导形成读书学习、调查研究、求真务实的浓厚风气。市委办公室搭建年轻干部交流学习平台,市委办领导与29名年轻干部分别结对,以“师带徒、老带新”的模式提升年轻干部“以文辅政”的能力。市委宣传部健全每周一次青年干部讲堂、每周一次党支部夜学、每周一次干部宣讲“三个一”常态化学习机制,提升干部在一线学习、去一线历练、到一线服务的能力。市自然资源和规划局坚持“晨读”充电、“夜学”提能,每周固定一天,利用岗前半小时开展晨读;每月利用支部主题党日集中夜学。各地各单位把学习融入日常、抓在经常,注重解决学习知识碎片化问题,注重把学习成果转变成工作思路、把工作思路转换成解决问题的本领,革除工作中“不会干、干不了”的思想积弊,摈弃工作中“甩手掌柜”工作陋习,以理念革新促进作风转变,以业务精湛促进工作提质。

二是围绕业务大提升,学以致用惠及民生确保规定性动作做到位。各地各单位围绕转作风、提能力,组织开展“立目标、立标准、立规矩”大讨论,业务骨干政策大宣讲和业务技能大比武等三项规定性动作,做到学以致用、学用贯通、以学促干。市税务局举办“交流动力·说出你的好办法”主题沙龙活动,让大家畅谈工作生活中的问题与困惑,相互支招,解决好如何保持进取心,如何处理好家庭和工作关系,正确看待躺平心态、佛系干部。市卫健委机关各科室主要负责人围绕干部群众重点关注的疫情防控、母婴安全、老年健康、感染防控等精选宣讲主题36个。市商务局举办“商务政策大讲堂”,梳理学习支持零售餐饮企业发放消费券、支持市场体系建设、促进消费等商贸领域助企纾困政策。市公安局依托数据建模大赛和刑事技术职业技能大赛开展民警技能大比武,承办全省公安数据建模大赛,培养智慧型、复合型技术人才,产生务实、管用、见效的大数据应用模型,破解一批制约公安工作发展的痛点、难点、堵点,有效服务了公安实战。各地各单位对接群众需求,精准发力,确定宣讲重点,确保学以致用,惠及群众。

三是围绕担当有作为,以立正风聚力笃行确保保障性举措做深入。全市上下围绕忠诚干净担当,组织开展实绩大考核和深化作风问题大整治。市生态环境局对照岗位职责(履职清单)和党内职务所承担的工作任务严格制定考核标准,在全市生态环境系统建立工作目标责任分解体系,实行月初制定计划、月底述职考核,分层次对县级领导干部、机关科室负责人、局属单位和分局班子成员开展干部实绩考核评价,考核按月排名,按季通报。结果作为干部选拔任用、评先表优、管理监督、激励约束的重要依据,实绩考核排名靠后的原则上不提名,每季度对于排名靠后的干部由分管领导对其谈心谈话,帮扶强弱项、补短板,提能力。市纪委监委机关聚焦党员干部作风,围绕“大官好见,小鬼难缠”政令不通、执行不力、效能低下等问题,联合市广播电视台开展电视问政,共问政8个地方和单位23名领导干部;播出《党风政风热线》节目19期,反馈问题60余个。

四是围绕赛场出黑马,大胆探

索揭榜挂帅确保探索性内容做出彩。市委及组织部树立以实干论实绩、从实绩看德才、凭德才用干部的鲜明导向，加大在“赛场”识别使用干部力度，探索项目任务揭榜挂帅，给想干事、能干成事的党员干部提供平台、创造机会，确保将探索性内容做出彩。各级组织部门坚持跟踪问效，凡提拔使用干部，无实绩考核不动议，实绩考核排名靠后的原则上不提名。各地各单位党委（党组）根据重大专项工作、急难险重任务需要，研究确定张榜事项，鼓励引导党员干部揭榜。汉川市聚焦招商引资、项目建设、征地拆迁、乡村振兴、民生保障、基层治理等重大专项工作，通过设擂台、定目标、立规矩、明奖惩，大力探索推行“揭榜挂帅”，引导广大党员干部踊跃揭榜、奋力担当。截至年底，共确定奥体中心建设、汉江城市更新改造和广东、福建、江浙沪、武汉等四个方向驻点招商榜单任务14个，286名党员参与“揭榜挂帅”，其中116名党员干部受领首批榜单任务，分别奔赴项目建设和招商引资等工作主战场。市委组织部对市政府办公室具体负责疫情防控工作的副主任岗位开展张榜，市委办、市政府办、市委宣传部、市卫健委等单位14人揭榜，1人被委以重任奋战在全市抗疫主战场。各地各单位既给广大党员干部提供成长进步平台，同时也传导责任压力，在全市营造真抓实干、奋勇争先的浓厚氛围，形成能者上、优者奖、庸者下、劣者汰的正确导向。

三、学立贯通、注重实效

孝感市强化贯通思维、树立实践标准，注重实践效果，努力实现最美过程和最好效果融合贯通。

一是对照形势要求找差距，推动标准高起来。紧扣打造武汉都市圈重要节点城市这一必答题，紧盯争当全省第二方阵排头兵的奋斗目标，引导全市党员干部全面工作创一流、单项工作争第一。市自然资源和规划局以全市系统优化营商环境跃进全省系统第一方阵目标为动力，每半年组织一次县（市、区）局和市局各直属分局特色亮点工作“四比四看”拉练式督查活动，推进“一地创新、全市共享”示范试点建设，“深化‘多测合一’改革”，提升“五证同发”创新成果，出台服务经济稳增长15条有针对性具体措施，自我加压奋进、真抓实干，推动经济社会高质量发展。市劳动就业局领导干部走访孝棉集团，通过解读失业保险稳岗返还政策，帮助企业分析查找无法享受此项政策的原因，积极争取到省就业服务中心支持，使企业顺利享受到稳岗返还政策资金13.2万元。

二是对照岗位需求补短板，推动能力强起来。市委直属机关工委组织全市党员干部带着问题学、针对问题立，抓好“四大家领导”和部门主职关键层、科所站组队负责人骨干层、广大党员干部基础层深学理论、细学政策、读薄文件，不断提高“八项本领”“七种能力”。S115京珠李集互通至黄陂区段改扩建工程作为省“硬联通”项目，按要求2022年年底前必须开工，但因土地手续无法办理，项目“卡壳”。市交通运输局与市自然资源与规划局认真研学政策文件，在自然资源部、农业农村部《关于加强和改进永久基本农田保护工作的通知》第七条中找到了破解问题的条款。经与省、市国土部门对接核实，本项目可以申请办理项目用地手续，问题得以解决。该项目得以顺利开工建设。市委宣传部锚定宣传工作考核排名全省前五目标，制定宣传业务全员培训计划，着重提升公文写作、理论宣讲、激情演讲、短视频拍摄与制作、新媒体账号的运营技巧、舆情处理和应急新闻发布等能力水平。3名干部荣获省市演讲比赛一等奖，2名干部在省市各类短视频制作大赛中获奖，孝感宣传信息在省上稿量达到历史最高水平，获得省委宣传部领导高度肯定，《关于包保培植“四上”企业的调研报告》得到了市委主要领导批示并转发“四大家”领导参阅。

三是对照既有问题抓整治，推动作风实起来。问题是时代的声音，创新的起点。各地各单位坚持问题导向，在围绕中心、服务大局中整饬学习不深、目标不明、标准不高、规矩不严，执行落实中“起步不快、跟车不紧、行车不畅、刹车不灵”等问题，重塑能力作风，补齐短板弱项，不断增强凝聚力、战斗力。市委围绕党中央重大决策部署和省委工作要求，把优化营商环境和“稳增长”作为当前重点政治任务，争取对接中央稳经济一揽子政策、重大项目投资建设、市场主体纾困解难等重点任务，补短板，强弱项，推动作风转变，强化工作落地。对应城市市场监管局某干部在行政审批中刁难管理服务对象等8个典型问题公开通报曝光。汉川市深入30个重大基础设施和民生项目以及湖北祉星纸业等35个招商引资重大项目建设现场，扎实开展174条惠企政策落实、“新官不理旧账”、涉企案件评查等专项治理，对“庸懒散拖”“吃拿卡要”等德不配位、才不堪用的行为“零容忍”。截至年底，汉川市已查处干部队伍中贻误工作、影响发展、损害形象的案事件19起，追责问责29人，其中给予党纪政务处分20人。

四是对照发展定位督落实，推动发展快起来。紧紧围绕打造武汉都市圈重要节点城市这一目标，督导各地各单位积极融入湖北省建设全国构建新发展格局先行区大局，努力营造平稳健康的经济环境、国

湖北银行孝感分行负责人到企业调研，了解生产经营中的困难和需求
（湖北银行孝感分行 供图）

泰民安的社会环境、风清气正的政治环境。8月22—24日，孝感市委党史学习教育领导小组办公室作风监督组利用三天时间，抽调8名业务骨干、组建2个工作小组，深入安陆、孝昌两个地方，走访乡镇17个、社区村庄34个，查看项目现场29个、询问当地村干部群众80余人次、个别座谈13人次，对党员干部作风建设等问题开展督导，确保全市党员干部围绕中心、服务大局，在基层一线转作风、提能力，促进经济社会发展。市纪委监委召开书记专题会7次、重点督办会7次，及时研究解决优化营商环境和稳增长工作落实中的问题，推动工作加快落地；先后3次通报优化营商环境和稳增长专项监督推进情况，对10个地方和单位“一把手”落实全面从严治党不力等问题进行约谈，推动转作风促发展。

（市纪委监委）

栏目编辑：秦荣

大事记

大事记

1月

6日 孝感市第一季度重大项目集中开工活动推进会召开。市委副书记、市长熊征宇出席会议并强调,要认真贯彻市第七次党代会和市委经济工作会议精神,深化前期工作,强化要素保障,奋力夺取项目投资“开门红”,为“开局企稳、复元打平、再续精彩”打牢基础。

7日 政协孝感市七届一次会议胜利闭幕。会议选举产生了政协孝感市第七届委员会主席、副主席、秘书长、常务委员,张汉平当选为市政协主席。

8日 市第七届人民代表大会第一次会议胜利闭幕。会议选举产生了第七届人大常委会委员和主任、副主任、秘书长,选举产生市人民政府市长、副市长,选举产生市监察委员会主任、市人民法院院长、市人民检察院检察长。邓道伟当选为市七届人大常委会主任,熊征宇当选为市人民政府市长。

同日 市政府七届一次全体(扩大)会议召开。会上,市委副书记、市长熊征宇动员全市政府系统牢记嘱托、不辱使命,顶压奋进、攻坚克难,把思想和精力统一到落实市党代会、市“两会”精神上来,以新风貌跑好新征程,以新作为奋斗开新局。

12日 全市国土空间总体规划编制情况汇报会召开。市委书记吴海涛出席会议并强调,要深入贯彻习近平总书记关于国土空间规划工作的重要论述,优化提升规划,完善空间布局,强化责任担当,推进空间治理体系和治理能力现代化,为永续发展、高质量发展提供坚实的空间保障。市委副书记、市长熊征宇主持会议并讲话。

13日 中共孝感市第七届委员会第三次全体会议召开。市委书记吴海涛出席并讲话。全会讨论并表决通过了孝感市推荐提名湖北省出席党的二十大代表候选人名单。

同日 全市党史学习教育总结会议举行。市委书记吴海涛出席会议并讲话,强调要深入学习贯彻党的十九届六中全会精神,贯彻落实中央和全省党史学习教育总结会议精神,把学好党史、用好党史作为一项长期任务,在学而思、学而悟、学而行上持续用力、久久为功,巩固拓展党史学习教育成果,在新的赶考路上埋头苦干、真抓实干,为“打造副中心、争当排头兵”不懈奋斗。市委副书记、市长熊征宇主持会议。

同日 孝感市2021年第四季度招商引资项目集中签约活动举行。共签约项目34个,总投资439.5亿元。

20日 市委书记、代表团团长吴海涛召集参加省十三届人大常委会的孝感代表团代表,审议2022年省政府工作报告。省人大常委会党组副书记、副主任梁伟年,省人大常委会副主任万勇在参加省十三届人大七次会议孝感代表团审议时提出,要深入学习贯彻习近平新时代中国特色社会主义思想,落实省委工作要求和政府工作报告部署,铆足干劲,优化环境,突破性发展县域经济,为湖北再续精彩贡献孝感力量。市委副书记、市长、代表团副团长熊征宇参加审议。

25日 市委书记吴海涛,市委副书记、市长熊征宇,市人大常委会主任邓道伟,市政协主席张汉平,市委副书记、政法委书记陈惠霞等市“四大家”领导走访慰问驻孝部队官兵,感谢驻孝部队长期以来为孝感经济社会发展做出的贡献,向部队官兵致以新春祝福和诚挚问候,共叙鱼水深情、共话军地发展。

28日 市委副书记、市长熊征宇到武汉轻工大学、恒信楚能新能源锂电、优传保税物流中心、清控科创产业园等项目现场调研市临空区重点项目建设,强调要精准调度,强化保障,全力打好项目建设攻坚战,抓项目、扩投资、稳增长,跑出重振“加速度”,筑牢高质量发展硬底盘。

2 月

8 日 全市三级干部大会暨深入优化营商环境大会召开。市委书记吴海涛在讲话时强调，要深入学习贯彻习近平总书记关于优化营商环境的重要论述，贯彻落实全省深入优化营商环境大会精神，坚定不移推进营商环境革命走深走实，为实现"开局企稳、复元打平、再续精彩"，加快"打造副中心、争当排头兵"提供一流的环境保障，以营商环境之"优"，促一季度"开门"之"红"，保全年经济之"稳"，以优异成绩迎接党的二十大和省第十二次党代会胜利召开。市委副书记、市长熊征宇主持会议并讲话。省自然资源厅总工程师田五红应邀出席会议。

9 日 市纪委七届二次全会暨"以案为鉴"教育大会召开。市委书记吴海涛出席会议并讲话。市委、市人大常委会、市政府、市政协领导，市中级人民法院院长、市人民检察院检察长出席会议。会议总结2021年全市党风廉政建设和反腐败工作，部署2022年任务，就有关案件开展"以案为鉴"警示教育，审议通过了市委常委、市纪委书记、市监委主任江浩代表市纪委常委会所作的《以自我革命精神推动纪检监察工作高质量发展》工作报告。

10 日 市招商引资暨"四上"企业招引培植第一专班专题推进会召开。市委书记吴海涛主持会议并讲话，强调要站位发展全局，聚焦发展中心，强化示范引领，抓紧抓实项目"招培增"各项工作，持续优化营商环境，夯实孝感高质量发展基础。会议听取了第一专班各成员单位招商引资信息、项目跟踪洽谈等情况汇报，相关市领导与专班成员开展研讨。

15 日 省人大常委会党组书记、常务副主任王玲带领调研组到孝感开展磷石膏污染防治工作视察及相关立法调研。省人大常委会副主任刘雪荣、胡志强，秘书长张爱国；市委书记吴海涛，市委副书记、市长熊征宇，市人大常委会主任邓道伟参加调研。

16 日 市委农村工作会议召开。市委书记吴海涛主持会议并讲话，强调要深入学习贯彻习近平总书记关于"三农"工作的重要论述，落实中央、省委农村工作会议精神，坚决扛起维护粮食安全的政治责任，巩固拓展"三项行动"成果，推动"三农"工作再上新水平。市委副书记、市长熊征宇等市领导出席会议。

同日 市委政法工作会议暨信访工作、平安孝感建设领导小组（扩大）会议召开。市委书记吴海涛主持会议并讲话，强调要紧扣2022年平安稳定工作主线，坚持价值、问题、规律导向，锚定目标，压实责任，同向发力，使命必达，为党的二十大和省第十二次党代会营造安全稳定的政治社会环境。市委副书记、市长熊征宇出席会议。市委副书记、政法委书记陈惠霞作工作报告。

18—19 日 孝感市举行2021年四季度"三区"项目"四看四比"活动，并召开总结会暨全市招商引资工作会议。市委书记吴海涛主持会议并强调，要深入贯彻落实中央和省委经济工作会议精神，增强主人翁精神，坚持领导干部率先垂范，坚决扛起加快孝感高质量发展的使命担当，进一步聚焦发展中心，推进"三资一促"，强化调度管理，树立实干导向，加快"打造副中心、争当排头兵"，以优异成绩迎接党的二十大和省第十二次党代会胜利召开。市委副书记、市长熊征宇出席会议并讲话。

24 日 全市"五城同创"工作现场推进会召开。市委书记吴海涛出席会议并讲话，强调要进一步增强"坐不住、等不起"的责任感，锚定目标、坚定信心、硬化措施、接续创建、不胜不休，确保完成目标任务。市委副书记、市长熊征宇主持会议并讲话。

本月 全市2022年一季度重大项目集中开工活动举行，共开工亿元以上项目174个，总投资1302亿元，年度计划投资382.7亿元。

3 月

10 日 全市一季度项目策划储备暨经济运行工作会议召开。市委副书记、市长熊征宇主持会议并讲话，强调要深入贯彻中央、省委经济工作会议精神，落实全省一季度"开门红"视频调度会议部署，保持拼抢实的状态和作风，强化担当，拼搏赶超，奋力冲刺一季度"开门红"，为实现全年"再续精彩"奠定坚实基础。市委常委、常务副市长刘敏安排部署一季度"开门红"、项目策划储备等工作。

13 日 市委书记吴海涛在湖北工程学院、湖北职业技术学院调研疫情防控工作时指出，要深入贯彻落实习近平总书记关于疫情防控工作的重要指示批示精神，落实全国全省疫情防控工作电视电话会议部署要求，强化防疫底板意识，把高校疫情防控作为当前防疫工作重要一环，时刻保持高度警醒，压紧压实各方责任，织密扎牢防线，确保各项措施落地落实、执行到位，守护好师生健康和校园安全。

15 日 市委网络安全和信息化委员会第四次会议召开。市委书记、市委网信委主任吴海涛主持会议并讲话，强调要深入学习贯彻习近平总书记关于网络强国的重要思想，唱响主旋律，守牢主阵地，打好主动仗，过好网信关，为"打造副中心、争当排头兵”提供强大网上舆论支持、可靠网络安全保障、有力信息化支撑、赋能高质量发展,以优异成绩迎接党的二十大和省第十二次党代会胜利召开。市委副书记、市长、市委网信委副主任熊征宇出席会议。

16日 市委书记吴海涛深入社区、企业和乡村,调研基层治理、企业经营、乡村振兴工作时强调,要认真学习贯彻习近平总书记关于基层治理和“三农”工作重要论述,加强党对基层治理的全面领导,夯实党执政的群众基础;聚焦发展中心,对接政策、释放红利,以高质量产业支撑高质量发展;巩固拓展脱贫攻坚成果,抓实“三项行动”,推进乡村全面振兴。

17—18日 省政协副主席张维国一行到汉川市名仁纺织集团、马口陶文化传承基地、黄龙湖茶文化博物馆,应城市回盛生物、应城通、富邦科技、云图控股、城北办事处,云梦县佰智昂公司、县文旅局、祥云湾,以及孝南区老澴河综合治理现场,就加强和改进人民政协工作进行调研。市委书记吴海涛等市领导参加调研或座谈。

19日 全国全省疫情防控电视电话会议结束后,市疫情防控指挥部接着召开会议。市委副书记、市长、市疫情防控指挥部指挥长熊征宇出席会议并讲话,强调要坚决贯彻习近平总书记在中央政治局常委会会议上的重要讲话精神,认真落实全国全省疫情防控电视电话会议精神,始终坚持人民至上、生命至上,树牢持久战思想,作好歼灭战准备,算大账,抓落实,严督查,坚决守住不出现疫情规模性反弹的底线。

21日 全市县处级主要领导干部学习贯彻党的十九届六中全会精神专题研讨班开班式暨市委理论学习中心组集体(扩大)学习举行。市委书记吴海涛出席并作辅导报告,强调要深入学习领会习近平总书记在省部级主要领导干部学习贯彻党的十九届六中全会精神专题研讨班开班式上的重要讲话精神,深刻领会党的十九届六中全会的精神实质、核心内涵、重大意义和实践要求,围绕“打造副中心、争当排头兵、作出新贡献”,进一步从百年党史中汲取智慧和力量,走好新的赶考之路,以优异成绩迎接党的二十大胜利召开。市委副书记、市长熊征宇主持开班式。

23日 水利部副部长陆桂华一行到大悟三里茶叶公园、三塔寺水库、新城镇金岭村调研水土保持工作时强调,要深入贯彻习近平生态文明思想,自觉践行“绿水青山就是金山银山”理念,坚持生态优先、绿色发展,持之以恒推进水土保持和水生态治理,促进经济社会高质量发展。水利部水土保持司一级巡视员张新玉,市委书记吴海涛,市委副书记、市长熊征宇参加调研。长江委员会党组成员、副主任吴道喜,省水利厅副厅长唐俊,副市长石必成陪同调研。

25日 孝感“城市大脑”建设百日攻坚动员大会召开。市委副书记、市长熊征宇出席会议并讲话,强调全市上下要锚定目标,一鼓作气、一抓到底,打好总体战、攻坚战,积小胜为大胜,高质量建设“城市大脑”,推动城市运行管理全方位变革,为“打造副中心、争当排头兵”注入强劲动能。市委常委、常务副市长刘敏主持会议。

3月25日至4月5日 全市109家市直机关企事业单位(含中央、省在孝单位)近5000名党员干部下沉主城区社区参与防控政策宣传、重点地区来(返)孝人员摸排、重点场所卡口值守等疫情防控工作。市直联系社区工作队协助社区统筹下沉党员等各方面力量入户摸排7.16万户、16.89万人,摸排出重点地区来(返)孝人员9000余人;加强农贸市场、旅店宾馆、公墓等882个重点场所管理,制定应急预案72个。

27日 省委常委、武汉市委书记郭元强,武汉市委副书记、市长程用文率队到孝感调研武汉城市圈同城化发展情况,实地考察陈天大道以及华工高理电子有限公司等。市委书记吴海涛,市委副书记、市长熊征宇参加相关活动及座谈。会上,武汉与孝感签订《汉孝自然资源和规划同城化高质量发展战略合作框架协议》等10项协议。

28日 市委民族工作会议暨全市宗教工作会议召开。市委书记吴海涛出席会议并讲话,强调要深入学习贯彻习近平总书记关于加强和改进民族工作的重要思想、关于宗教工作的重要论述,认真落实中央、省委民族工作会议和全国、全省宗教工作会议精神,铸牢中华民族共同体意识,坚持我国宗教中国化方向,促进民族团结、宗教和顺,为“打造副中心、争当排头兵”汇聚强大力量。市委副书记、市长熊征宇主持会议。

同日 市委理论学习中心组集体学习(扩大)报告会举行,中国城市科学规划设计研究院院长方明围绕推进新型城镇化建设作专题辅导报告。市委书记吴海涛,市委副书记、市长熊征宇,市政协主席张汉平,市委副书记、政法委书记陈惠霞等市“四大家”领导出席会议。市委常委、副市长程涛主持会议。

本月 云梦县郑家湖战国秦汉墓地入选2021年中国考古新发现。

本月 省商务厅首次认定6家境外经济贸易合作区为2022—2023年湖北省境外经济贸易合作区,其中孝感市湖北禾丰粮油集团有限公司在莫桑比克设立的“中国—莫桑比克联禾境外经贸合作区”上榜。

这是孝感市首家获认定的境外经济贸易合作区，实现历史上“零”的突破，走在全省各市州前列。

4 月

1 日　孝感市“交房即办证”改革工作正式实施，房地产开发企业在项目建成后，向购房户交房时，为提出申请的购房业主办理不动产登记，做到住权与产权同步实现。

10 日　孝汉应高速公路首片梁板架设成功，拉开了全线梁板暗转的序幕。该项目全长 34.4 千米，预计建设工期 36 个月，总投资 78.44 亿元。

15 日　全市“五城同创”工作现场推进会召开。市委书记吴海涛主持会议并讲话，强调要坚持以人民为中心，强化系统观念、问题导向，聚焦群众关切，紧盯创建目标，以点促面、查漏补缺，推动全市“五城同创”工作质效全面提升。市委副书记、市长熊征宇出席会议并讲话。

20 日　湖北省“两红两优”评选结果揭晓，孝感市 2 个集体和 3 名个人光荣上榜。湖北职业技术学院团委获评全省五四红旗团委，孝昌县融媒体中心团支部获评全省五四红旗团支部，汉川市实验小学少先队大队辅导员邓涵获评全省优秀共青团员，应城市蒲阳小学少先队大队辅导员程盼和团孝感市委组宣部副部长刘畅获评全省优秀共青团干部。

21 日　湖北中一科技股份有限公司以“云敲钟”的方式，正式登陆深交所创业板，证券代码 301150。至此，孝感市上市公司增至 5 家，分别为湖北祥源新材科技有限公司、湖北富邦科技股份有限公司、湖北福星科技股份有限公司、湖北双环科技股份有限公司、湖北中一科技股份有限公司。

22 日　湖北省委、省政府下发《关于 2021 年度市县科技创新综合考评结果的通报》，孝感市以及孝南区、安陆市获评科技创新优秀单位，汉川市、应城市获评科技创新考评进位显著单位。孝感市连续两年位列全省优秀等次。

5 月

7 日　市减灾委和市应急局、市消防救援支队、市科技局等 30 多家成员单位在桂桥社区共同举办第 14 个全国防灾减灾宣传周、第 11 个全省防震减灾宣传周系列活动启动仪式，本次活动主题是“减轻灾害风险、守护美好家园”。截至 5 月，全市已成功创建国家、省级综合减灾示范社区（村）151 个；已建成应急避难场所 92 个、防灾减灾宣教中心 2 个、地震科普馆 1 个、应急物资储备中心 7 个；与 12 支危化、矿山、水上、森林防火等领域的社会救援队伍签订了合作协议。

8 日　省委副书记、省长王忠林来孝感调研经济稳增长、孝汉同城发展、项目建设等工作。他强调，落实省委、省政府一系列工作部署，咬定全年预期目标不放松，高效统筹经济社会发展，扛实稳定经济基本盘的政治责任，以实际行动迎接党的二十大胜利召开。副省长赵海山，市委书记吴海涛、市长熊征宇等市领导参加调研。

同日　孝感临空经济区楚能新能源锂电池产业园项目正式开工。省委副书记、省长王忠林出席活动并宣布项目开工；副省长赵海山和楚能新能源股份有限公司董事长代明德分别致辞。该项目总投资 675 亿元，规划用地 3500 亩，设计产能 150GWh（1GWh=100 万千瓦时）。

9 日　省军区联合省应急管理厅在孝昌县组织山林灭火军地联合应急救援研究性演练。省委常委、省军区政委谢东辉现场观摩演练并讲话。市委书记、孝感军分区党委第一书记吴海涛致辞。省委军民融合办、省应急管理厅领导，市委副书记、市长熊征宇，市委常委、孝感军分区政委刘红兵，市委常委、常务副市长刘敏，孝感军分区司令员周泓冰参加演练活动。

17 日　孝感市学习贯彻习近平总书记在庆祝中国共产主义青年团成立 100 周年大会上的重要讲话精神座谈会举行，市委书记吴海涛出席会议并强调，要深入学习贯彻习近平总书记重要讲话精神，认真贯彻落实全省庆祝中国共产主义青年团成立 100 周年座谈会精神，动员引领全市广大青年自觉听从党和人民召唤，勇做新时代的弄潮儿，积极投身孝感经济社会发展火热实践，为“打造副中心、争当排头兵”贡献青春力量。市委副书记、市长熊征宇主持会议。

同日　全市“三区三线”划定暨耕地保护工作会议召开。市委副书记、市长熊征宇出席会议并讲话，强调要深入贯彻习近平总书记关于国土空间规划、耕地保护和粮食安全工作的重要讲话和指示批示精神，认真落实全国、全省会议精神，高标准高质量做好孝感市“三区三线”划定工作，守牢耕地保护红线，为全市经济社会高质量发展提供坚实支撑。

18 日　省人大常委会副主任刘雪荣率执法检查组来孝，对《中华人民共和国环境保护法》实施情况开展执法检查。部分全国人大代表参加此次执法检查活动。市委书记吴海涛等市领导分别参加相关活动。

18—19 日　孝感市举办以“共叙桑梓情、共商发展计”为主题的“侨商荆楚行 · 走进孝感”活动。侨商荆楚行投资考察团先后深入市临空区、市高新区、汉川市、大悟县部分企业和项目现场参观考察，寻找合作商机。省侨联党组书记、主席施政参加投资考察，出席座谈会并讲话。市委副书记、市长熊征宇参加考察座谈并作招商推介。

19日　全市旅游发展大会召开。会议深入学习贯彻习近平总书记关于文化和旅游工作重要论述,总结孝感市旅游业发展成效,谋划和部署"十四五"乃至更长一段时期全市旅游业发展工作,进一步明辨形势、明晰路径、明确责任,加快建设中华孝文化名城和华中地区生态康养型旅游目的地,以旅游业高质量发展助推全市经济社会高质量发展,不断满足人民日益增长的美好生活需要。省文化和旅游厅厅长李述永,市委书记吴海涛出席会议并讲话。市委副书记、市长熊征宇主持会议。

20日　全市"联企业、送政策、解难题、稳主体"帮扶活动动员会召开。市委书记吴海涛主持会议并强调,要深入贯彻落实党中央、国务院决策部署,落实全省党员干部下基层察民情解民忧暖民心实践活动动员大会精神,紧扣助企纾困,在全市开展"联企业、送政策、解难题、稳主体"帮扶活动,推动各项助企纾困政策落地见效,稳住市场主体,稳住经济基本盘,确保经济持续健康发展。市委副书记、市长熊征宇作主题报告。

24日　省政协主席孙伟一行到孝感名仁纺织、祥源新材、维达纸业、福良山农业综合开发有限公司、黄龙湖茶文化博物馆,以及老澴河综合治理现场分别就助企纾困、茶产业链建设、流域综合治理等工作进行调研。市委书记吴海涛,市政协主席张汉平等市领导分别参加调研。

同日　武汉市人大常委会主任胡立山率调研组到孝感,就武汉城市圈公共交通协同立法工作开展调研。市委副书记、市长熊征宇主持调研座谈会。

26日　全市党员干部下基层察民情解民忧暖民心实践活动动员部署会召开。市委书记吴海涛出席会议并强调,坚持以习近平新时代中国特色社会主义思想为指导,衷心拥护"两个确立",忠诚践行"两个维护",树牢以人民为中心的发展思想,深入基层一线倾听群众呼声,发现问题、解决问题、促进发展,保持平稳健康的经济环境、国泰民安的社会环境、风清气正的政治环境,以优异成绩迎接党的二十大和省第十二次党代会胜利召开。

27日　全市"五城同创"工作现场推进会召开。市委书记吴海涛出席会议并强调,贯彻落实党中央和省委党史学习教育常态化、长效化决策部署,深入落实全省党员干部"下基层、察民情、解民忧、暖民心"实践活动部署要求,坚持价值导向、问题导向、规律导向,加快补齐短板,发挥群众主体作用,开展"美好环境与幸福生活共同缔造"活动,凝心聚力推动"五城同创"向内圈层拓展,形成共建共治共享良好局面,不断提升群众获得感幸福感。

26—28日　市委副书记、市长熊征宇带队赴广东省广州市、深圳市开展招商活动。熊征宇一行先后考察了奥特莱斯集团广州总部、深圳市格林晟科技有限公司、深圳华强方特集团总部、深投控集团、深圳湾科技生态园等企业,拜访深圳市国资委,深入对接洽谈项目,积极拓展合作空间,为孝感高质量发展蓄势赋能。

28—29日　省委常委、政法委书记王艳玲带队到孝感检查防汛抗旱工作时强调,要深入贯彻落实习近平总书记关于防灾减灾救灾工作重要指示精神,坚决贯彻落实全国和全省防汛抗旱工作会议部署,树立底线思维,狠抓工作落实,扎实做好防汛抗旱各项工作。市委书记吴海涛等市领导分别参加调研或座谈。

31日　省委常委、统战部部长尔肯江·吐拉洪在孝感市深入联系服务企业走访调研。他强调,要深入学习贯彻习近平总书记重要讲话和指示批示精神,更好统筹疫情防控和经济社会发展,按照省委统一部署,深入扎实开展"下基层、察民情、解民忧、暖民心"实践活动,用心用情助企纾困解难,保持经济平稳健康发展,以实际行动迎接党的二十大和省第十二次党代会胜利召开。省委统战部副部长、省工商联党组书记胡勇政,市委书记吴海涛,市委副书记、市长熊征宇等市领导分别参加调研活动。

6月

1日　全市稳住经济大盘工作电视电话会议召开。市委书记吴海涛主持会议,全面落实全国全省稳住经济大盘电视电话会、全省市州党委书记座谈会、省委基础设施建设专题会等系列会议精神,加快推进中央和省、市一揽子助企纾困政策措施快速落地落实,咬定全年目标不动摇,稳住经济基本盘,奋力实现"双过半",为完成全年目标奠定坚实基础。市委副书记、市长熊征宇出席会议并讲话。

同日　市委书记吴海涛,市委副书记、市长熊征宇在孝感主城区和汉川市调研重点片区建设工作,强调要切实增强责任感紧迫感,着眼空间布局,进一步压实责任,健全机制,合力攻坚,把四大重点片区建设作为应对经济下行硬支撑,筑牢发展底盘。

2日　市委书记吴海涛先后到壹加壹餐厅、湖北优洁保洁服务有限公司、湖北华中长江光电科技有限公司等联系服务的企业走访调研。他强调,要扎实开展"下基层、察民情、解民忧、暖民心"实践活动和"联企业、送政策、解难题、稳主体"帮扶活动,深入基层一线,紧扣市场主体,全力助企纾困,稳定市场预期,营造良好环境,促进经济平稳健康发展。

6日　孝感市奥林匹克体育中心项目开工活动举行。奥体中心作为孝感成功申办省第十七届运动会主场馆，是孝感市“十四五”重大公共服务项目、建市三十周年重大工程项目。该项目占地面积1000亩，按照承接全国单项体育赛事、省级综合性运动会及全市大型体育赛事、文艺演出的标准定位，一次规划、分期实施，一期建设体育场、体育馆和游泳馆。

8—9日　省妇联党组书记、主席邓长青一行到孝感市深入大悟县、孝南区、汉川市的部分村（社区）、企业、基层单位开展“下基层、察民情、解民忧、暖民心”实践活动，市委书记吴海涛参加调研。

9日　在孝感召开全省招商引资暨利用外资工作现场会，传达贯彻中共中央、国务院“两稳一保”决策部署和全国稳住经济大盘电视电话会议精神，认真落实全省市州党委书记座谈会精神，交流总结并统筹推进全省招商引资和利用外资工作。副省长赵海山出席会议并讲话。省政府副秘书长赵俊，省商务厅厅长王济民，商务部驻武汉特派员办事处副特派员宋惠勤，省直部门有关负责人出席会议。市委书记吴海涛致辞，市委副书记、市长熊征宇代表孝感作交流发言。

10日　市委理论学习中心组集体学习（扩大）报告会举行，省生态环境科学研究院院长蔡俊雄作专题辅导报告。市委书记吴海涛，市委副书记、市长熊征宇等市“四大家”领导出席会议。

14日　市委书记吴海涛到对口联系的市高新区丹阳办事处东苑社区，实地调研老旧小区改造和环境整治情况，认真听取社区干部、党员群众代表、网格员的意见建议。调研中他强调，要坚持以人民为中心的发展思想，按照省委、市委统一部署，深入开展“下基层、察民情、解民忧、暖民心”实践活动，强化规划引领，加强基层治理，密切党群关系，提高群众获得感幸福感安全感。

22日　省委实践活动第八巡回指导组组长、省政府国资委一级巡视员牟秉夔率指导组调研指导孝感市党员干部“下基层、察民情、解民忧、暖民心”实践活动。市委书记吴海涛出席座谈会并汇报孝感市党员干部实践活动开展情况。省委实践活动第八巡回指导组副组长、省生态环境厅二级巡视员唐必武等参加调研指导活动。市委副书记、政法委书记隋春龙参加活动并主持座谈会。

30日　孝感市百名记者下基层蹲点采访活动在孝感日报社启动。市委常委、宣传部部长吴琼出席动员大会并向孝感日报社、孝感广电台授旗。会议对“下基层、察民情、解民忧、暖民心”实践活动宣传报道工作作部署；湖北日报孝感分社记者分享蹲点采访的收获和体会；市、县媒体记者代表作交流发言。百名记者下基层蹲点采访活动将组织市县两级主流媒体100名记者开展调研式、沉浸式采访，每月蹲点采访不少于一周，活动持续至年底。

本月　孝感市成功入选2022年全国农村黑臭水体治理试点支持城市名单。

7月

1日　市委书记吴海涛深入城西片区，实地调研了宝成南路桥建设、宝成路改造、航空公园建设和河口泵站提升、城西泵站扩能、籍湖河新河综合治理、后湖片区雨污分流等项目进展情况。他要求，要深入贯彻落实省第十二次党代会精神，切实强化系统观念，推进流域综合治理，优化生产、生活、生态三大空间，聚焦聚力推动重大基础设施和民生项目建设，完善城市功能，提升城市品位，不断增强群众获得感幸福感。

同日　“九城同心向未来”武汉都市圈网络媒体行走进孝感。来自人民网、新华网、中国网、上游新闻、极目新闻、《齐鲁晚报》等媒体的记者和网络大V共39人参加此次活动。采访团一行每到一处，都认真采访记录，通过笔和镜头展示孝感经济社会快速发展和人民群众幸福生活的美丽画卷。

2日　孝南区举行重点项目集中拉练、夏季招商引资项目集中签约暨第二批“五证齐发”活动，实地观摩、集中点评项目17个；现场签约项目36个，合同引资额222.8亿元；“五证齐发”项目21个，总投资78.9亿元。美团、白贝壳、美宜佳等6个商贸服务业项目是该次招商引资项目的亮点。

3日　新疆博尔塔拉蒙古自治州（简称博州）党委书记兼人大常委会党组书记何永慧、博州政协主席刘自重、湖北省援疆工作前方指挥部总指挥兼博州党委副书记方向荣率党政代表团一行到孝感对接援疆工作，实地考察调研孝棉集团、维达纸业等重点项目。湖北省发展改革委副主任崔永红、孝感市委书记吴海涛、市委副书记兼市委政法委书记隋春龙、市人大常委会主任邓道伟陪同考察。

4日　云梦县被列为湖北省农药包装废弃物回收试点县。

7日　省自然资源厅组织召开不动产登记“一事联办”定标会，审定了“企业不动产登记一件事”“二手房过户一件事（含水电气）”两个主题事项的业务流程规范标准草案，其中包含孝感开展的“企业不动产登记一件事”试点工作。此次定标会实现了不动产登记“一事联办”的流程、标准和规范统一，正式确定为标准规范，将在全省推广实施。

8日 孝感市"新时代·槐荫讲堂"首期开讲。华中科技大学马克思主义学院院长、教授岳奎以"百年党史中的湖北征程"为主题为党员干部授课。市委常委、市委宣传部部长吴琼与党员干部一同聆听宣讲。

10日 "学习贯彻习近平总书记考察湖北重要讲话精神,推进落实省第十二次党代会决策部署"省委宣讲团孝感报告会暨市委理论学习中心组(扩大)会议举行。省委宣讲团成员、省经信厅厅长刘海军以"牢记嘱托、感恩奋进、加快建设全国构建新发展格局先行区"为主题作辅导报告。市委书记吴海涛主持会议并讲话。

18日 省财政厅、省住建厅下达2022年以奖代补资金,孝感市获得乡镇生活污水治理奖补资金5226万元。其中,第一批下达2535万元,第二批下达2691万元,资金总额位列全省第三。截至7月,孝感市高标准新改建污水处理项目96个,其中厂网一体项目92个,接入城市污水厂管网项目4个,建成主支管网1000余千米,已全部转入商业运营,全年处理乡镇生活污水5500万吨左右,服务人口近80万人。孝感市乡镇生活污水厂管网已延伸至172个村庄,覆盖4.45万户、13.17万人,乡镇生活污水厂的效能不断增强,污水厂运行指标持续稳定达标。

同日 市委书记吴海涛到市高新区宣讲省第十二次党代会精神,调研党建工作和经济社会发展情况。他强调,要坚持稳中求进工作总基调,聚焦发展,锚定目标,健全机制,合力攻坚,促进市高新区高质量发展,为打造武汉都市圈重要节点城市贡献力量。

20日 赛迪顾问县域经济研究中心发布2022年百强县榜单,汉川市居第91位,比上一年度前进6位,连续三年跻身全国县域经济百强。2021年,汉川完成地区生产总值753.12亿元,增长14.8%。连续4年进入湖北省县域经济综合评价一类县(市、区)十强,2021年居第6位。汉川市先后获评全国县域营商环境百强、中国工业百强县市、全国新型城镇化质量百强县市、全国GDP百强县、全国治理能力百强县、全国投资潜力百强县市。新河镇、马口镇、沉湖镇、分水镇获评全国千强乡镇。

22日 国家知识产权局正式公布《关于第二十三届中国专利奖授奖的决定》,航天三江万山公司的发明专利《可拆分式无轨移动车台和其转运方法》(专利号ZL201711007778.5)荣获"中国专利优秀奖"。

22—24日 孝感市举行2022年二季度全市"三区"项目"四看四比"活动,并召开总结会和"学理论、学政策、学业务,立目标、立标准、立规矩"(简称"三学三立")活动动员会。市委书记吴海涛出席会议并强调,要深入贯彻习近平总书记考察湖北重要讲话精神,落实省第十二次党代会部署,坚决扛起稳增长的政治责任,总结上半年、大战下半年,锚定目标、笃行不怠,抓党建、提能力、强作风,引领发展,强力保障,全力打造武汉都市圈重要节点城市,努力交出年度高质量发展圆满答卷,以优异成绩迎接党的二十大胜利召开。市委常委、市纪委书记江浩就开展"三学三立"活动、加强能力作风建设作动员部署。

24日 央视《寻古中国·云梦记》创作研讨会在云梦县举行。央视导演团队及历史专家和云梦县在文史研究领域具有影响力的专家学者,共同探讨《寻古中国·云梦记》创作问题,为高质量完成创作录制任务做好准备。《寻古中国·云梦记》暂定分为五集,分别为烽烟云梦、楚脉千秋、王朝一统、千年秦制、走向融合。

27日 孝感市党史宣讲团成立大会召开,46名专家学者受聘为首批特约宣讲员。市党史宣讲团的成立标志着孝感市党史宣讲工作机制正式建立,推动孝感在党史学习教育常态化长效化上走在前列。

29日 "三区"协同发展工作推进会议召开。市委书记吴海涛出席会议并强调,主城崛起在全市区域发展布局中地位重要,要认真贯彻落实省第十二次党代会和市第七次党代会精神,以"三区"协同签约为新起点,牢记使命、主动作为,努力在推进主城崛起中唱主角、勇担当,不断放大协同效应,提升主城能级,加快打造全市高质量发展主引擎和核心增长极,建设"双百"综合型区域中心城市。会议解读了《关于加快"三区"协同发展、推动"主城崛起"的行动纲要》,市领导见证孝南区、市高新区、市临空区三方合作签约。

30日 陈孝平院士专家工作室签约暨孝感高新区医院揭牌仪式在湖北航天医院举行。市委书记吴海涛,中国科学院院士、华中科技大学同济医学院附属同济医院外科学系主任陈孝平,中国通用技术集团航天医科总经理杜继臣,中国航天三江集团副总经理高辉文出席活动。陈孝平院士专家工作室的成立对湖北航天医院具有划时代的意义,孝感高新区医院挂牌将为央企医院融入驻地卫生健康事业的实践提供典范,为打造"高层次专家、高水平医疗、高品质服务"医院提供重要支撑。

31日 贵州省黔西南布依族苗族自治州委书记陈昌旭一行到云梦县考察文化旅游情况,加强文化交流,汲取先进经验,促进地方发展。

本月 孝感市发布2022年市河湖长1号令《关于开展碧水保卫战"八大攻坚行动"的命令》,要求各级河湖长、河湖长制办公室和各有关单位深入贯彻习近平生态文明思想,坚决执行第6号省河湖长令,通过实施河湖管理“四制”即“述职考核制度、明察暗访制度、巡回拉练制度、督办通报制度”，重点推进碧水保卫战“八大攻坚行动”，打造“河畅、水清、岸绿、景美、人和”的幸福河湖。

上半年 孝南区共招引项目50个，其中过亿元31个、过10亿元4个、过50亿元1个，总引资额243.7亿元，占市定全年目标任务的81.23%。“五证齐发”项目66个，总投资509.4亿元，供地4932亩；新增“四上”企业69家，总量位居孝感市第一。

上半年 孝感市实现地区生产总值（GDP）1280.74亿元。按不变价格计算，同比增长4.8%，高于全省0.3个百分点，总量居全省第5位。全市引进十大重点产业链“强链、补链、延链”项目195个，总投资1980.58亿元，分别占引进亿元以上项目总数和投资额的77.69%、66.79%。共引进汉商、汉企项目81个，总投资1075.9亿元，汉孝产业同兴趋势不断加快。全市累计新增退税减税降费14.4亿元，其中，新增退税10.2亿元；办理制造业中小微企业缓税6.1亿元；办理阶段性缓缴社保费582.9万元。全市专利授权2557件，同比增长4.41%；其中发明专利授权248件，同比增长24.62%；全市有效发明专利2565件，万人发明拥有量达到6.01件。全市地理标志总量达到39件，其中地理标志商标23件，地理标志保护产品14件，居全省第4位。

8月

4日 市委理论学习中心组集体学习（扩大）报告会举行。省民宗委党组成员、副主任朱思林以“铸牢中华民族共同体意识，坚持我国宗教中国化方向，做好新时代党的民族宗教工作”为主题作专题辅导报告。市委书记吴海涛等市领导出席会议。

同日 孝感市领导干部警示教育大会举行。会议以电视电话会形式召开，各县（市、区）设分会场。会议集中观看了警示教育片。市委书记吴海涛出席并讲廉政党课，他强调要以案为鉴、警钟长鸣，居安思危、干好当前，纵深推进清廉孝感建设，努力营造风清气正、干事创业的良好政治生态，为打造武汉都市圈重要节点城市提供强力保障。

5日 市一医院东城新院大门南侧，澴川路地下通道放行通车，这标志着澴川路全线贯通，东城交通路网再次升级。

8日 孝感市清廉文化主题书画展在市图书馆开幕。本次书画展由市纪委监委机关、市委宣传部、市委直属机关工委、市文旅局、市文联联合主办，旨在充分发挥书画艺术在清廉孝感建设中的独特作用，在全社会厚植爱廉尚廉、崇廉思廉、守廉促廉、倡廉润廉的文化土壤，以清廉文化涵养新风正气，推动清廉孝感建设走深走实。

同日 湖北省工业和信息化厅对第四批专精特新“小巨人”企业名单进行公示，湖北省306家企业入选。其中，孝感市湖北三江航天险峰电子信息有限公司、航天重型工程装备有限公司、湖北中一科技股份有限公司等18家企业入围，位次居“一主两副”之后，全省排名第四。至此，孝感专精特新“小巨人”总量达到25家，全省排名第四，市高新区和七县（市、区）全部实现破零。

9日 孝感市老旧小区改造暨自建房排查整治工作现场推进会召开。会议通报了全市老旧小区改造和自建房排查整治工作进展情况。孝昌、孝南、云梦、安陆作经验交流。省住建厅、市发改委有关负责人分别作政策指导。会前，全体与会人员深入孝南、云梦、安陆、孝昌的8个现场，观摩各地老旧小区改造和自建房排查整治成果和经验做法。

10日 江西省宜春市政协副主席、工商联主席姚世贵带领考察组到孝感，对孝南区杨店镇、肖港镇完善乡镇食品安全应急体系进行考察，实地查看了市场监管所、农贸市场建设、食品快速检测等情况。

同日 孝感市气象灾害（高温）应急响应调度会召开。会议传达了省政府关于应对持续高温天气的通知和市委、市政府领导的批示精神，通报了孝感市近期天气趋势；市应急管理局、市住建局、市农业农村局、孝感供电公司就有关工作作交流发言。

11日 国家知识产权局公布首批国家知识产权强市建设示范城市和试点城市名单。孝感入选国家知识产权强市建设试点城市，试点示范时限自2022年7月至2025年6月。

12日 市委书记吴海涛主持召开孝感市抗旱工作会议，强调要深入贯彻习近平总书记关于防汛抗旱和防灾减灾救灾工作的重要指示精神，认真落实全省抗旱工作电视电话会议要求，坚持以人民为中心的发展思想，统筹发展和安全，聚焦“保、防、减、救”四大任务，确保各项举措落地落实，严防高温次生灾害，坚决打赢抗旱保安硬仗。

同日 2022年三季度全省重大项目集中开工活动举行。开工活动在黄石市设主会场，各市州设分会场，以视频连线形式进行。在孝感市临空区光通信科技产业园项目现场，市委书记吴海涛宣布孝感市三季度重大项目集中开工。孝感市三季度新开工亿元以上项目114个，总投资615.4亿元，年度计划投资102.6亿元。

13日 孝感市抗旱紧急工作会议后，市农业农村局联合市农业技术推广中心派出8个联合调研指导组到7个县（市、区）、16个乡镇30多个村，到受灾最严重的田块，实地了解受灾情况，并与当地农业农村部门共同研究应对办法。各地组织农技人员组建技术指导专班90多个,派出技术人员1550人次,分赴各乡镇、村,根据实际受灾情况,指导种植户采取适当措施,尽力挽回损失。截至8月16日,孝感市累计投入抗旱资金8346万元,派出抗旱救灾工作组116个,投入人力47053人次,组织抗旱机械11401台套,库塘调水13402万方,灌溉面积499.2万亩次,实施人工降雨3次,开展病虫害防治351.4万亩。

17日 孝感市县处级主要领导干部"深入学习贯彻习近平总书记考察湖北重要讲话精神,推进落实省第十二次党代会决策部署"专题培训班暨市委理论学习中心组集体(扩大)学习举行。市委书记吴海涛出席开班式并作专题辅导,强调要完整、准确、全面贯彻习近平总书记关于湖北工作的重要讲话和指示批示精神,一丝不苟推进省第十二次党代会决策部署落实落地,进一步统一思想、提高站位、精准发力、奋发有为,加快打造武汉都市圈重要节点城市,以实际行动迎接党的二十大胜利召开。省委直属机关工委副书记邹德文、省委政研室(省委改革办、省委财经办)一级巡视员江国志、省民政厅副厅长赵显富分别围绕建设先行区、学懂弄通做实习近平总书记考察湖北重要讲话精神和省党代会精神、基层治理共同缔造作了辅导报告。

18日 省自然资源厅厅长张文彤到孝感市调研自然资源管理、全域国土综合整治、生态保护修复等工作。市委书记吴海涛等市领导参加调研。

20日 省委副书记李荣灿到大悟县、汉川市调研抗旱保粮工作。他强调,要深入学习贯彻习近平总书记关于粮食安全和防灾减灾救灾工作的重要论述,把抗旱保粮工作作为当前农业生产的头等大事,加强科学调度,精准施策抗大旱、防大灾,全力以赴打赢抗旱保粮硬仗,确保秋粮稳产稳收。市委书记吴海涛等市领导参加调研。

23日 孝感市科技创新工作推进会召开。会议通报了2022年以来孝感市科技创新工作情况。1—7月,孝感市申报注册高新技术企业302家,同比增长158%,注册企业数量居全省第5位;入库科技型中小企业960家,总数超过上年全年,同比增长296%;上半年孝感市完成高新技术产业增加值221.6亿元,居全省第5位,比一季度上升一位,同比增长12.7%,居全省第5位。

24日 市委书记吴海涛在孝南区开展带案调研下访活动。他强调,要深入贯彻落实习近平总书记关于加强和改进人民信访工作的重要思想,落实《信访工作条例》和省第十二次党代会要求,坚持以人民为中心,坚持底线思维、法治思维、贯通思维,广泛开展带案下访活动,全力化解信访突出问题,维护群众合法权益,促进社会和谐稳定。

同日 孝感市质量强市工作委员会办公室发布《2021年孝感质量状况》白皮书,对2021年孝感市产品质量、工程质量、服务质量、环境质量等状况进行综合评价。白皮书显示,2021年孝感市未发生影响恶劣的假冒伪劣商品事件、未发生重大食品药品特种设备及重大质量安全事故、未出现市域性质量问题。在市州政绩目标考核中,孝感人均GDP增幅、服务业增加值增速指标分居全省第1位、第2位,受到省委组织部通报表扬。

25日 孝感市召开市级领导干部会议。省委组织部常务副部长雷文洁出席会议,并宣布省委决定:胡玖明同志任孝感市委委员、常委、副书记。

25—26日 孝感市出动人影作业设备6套,布设BL—1火箭弹96枚,抢抓时机,开展人工增雨作业,一定程度上缓解了局部旱情。据统计,8月26日7时至8时,孝感市共有37站出现了降水,其中1站大雨、6站中雨、30站小雨,最大降水27.1毫米,出现在孝南区杨店镇。

26日 市七届人大常委会第五次会议召开。会议决定任命胡玖明为市人民政府副市长、代理市长,表决通过《武汉城市圈公共交通一体化促进条例》,批准2021年市本级财政决算。市人大常委会主任邓道伟主持会议并讲话,市委常委、市委组织部部长杭莺到会作有关人事任免事项说明。会后举行常委会专题讲座,省人大常委会法工委主任付正中围绕"地方立法工作格局与实务"作了专题辅导。市委常委、市纪委书记江浩,市委常委、常务副市长刘敏,市中级人民法院院长王秋隆,市人民检察院检察长匡茂华等列席会议。

同日 孝感市首届新时代文明实践志愿服务项目大赛(决赛)举行。经专家评委现场打分决出金奖2名、银奖4名、铜奖6名、优秀奖9名。市委常委、宣传部部长吴琼出席活动并为获奖选手颁奖。

同日 湖北茶叶出口俄罗斯专列在汉首发。全国政协常委、省政协副主席郭跃进出席并宣布专列发车。省委农办主任、省农业农村厅厅长吴祖云主持首发活动。俄罗斯驻华大使馆商务代表阿列克谢·达赫诺夫斯基作视频讲话。农业农村部农业贸易促进中心副主任吕向东,孝感市委书记吴海涛出席并讲话。此次专列出口俄罗斯50个货柜、约1000吨茶叶,货值6000多万元,其中孝感40个货柜、约800吨茶叶,货值近5000万元,是孝感国际陆港首次茶叶货运专列,是孝感茶对外出口的新起点。

同日 教育部会同有关部门联合公布首批453家"大思政课"实践教学基地。其中,大悟县中原突围纪念馆喜获由教育部办公厅会同中国关心下一代工作委员会联合设立的“党史新中国史教育专题实践教学基地”称号，是湖北省3家获评该专题实践基地的单位之一。

26—27日 市委副书记、代市长胡玖明先后到市疫情防控指挥部、市发改委、市应急管理局调研，强调要深入学习贯彻落实习近平总书记考察湖北重要讲话和重要指示批示精神，全面落实“疫情要防住、经济要稳住、发展要安全”重要要求，以一丝不苟的作风落实时时放心不下的责任感，以最大努力争取最好结果，奋力打造武汉都市圈重要节点城市，以优异成绩迎接党的二十大胜利召开。

同日 省委第二巡视组对孝感开展营造“三个环境”专项巡视进驻动员会召开。巡视组组长聂天元出席会议并讲话，市委书记吴海涛主持会议并作表态发言。省委第二巡视组副组长林长军及有关同志，市委副书记、代市长胡玖明等市领导参加会议。

30日 省人大常委会党组副书记、副主任梁伟年率调研组到孝感，就《湖北省人民代表大会常务委员会关于充分发挥人民法庭作用促进基层社会治理的决定》贯彻实施情况开展调研。省高级人民法院院长游劝荣，省人大监察和司法委员会主任委员喻春祥，市人大常委会主任邓道伟等市领导参加调研。

同日 孝感市新型研发机构已发展形成两种类型，分别为产业技术研究院、企校联合创新中心。其中产业技术研究院1家，省级企校联合创新中心17家，市级企校联合创新中心79家，主要涉及孝感市十大主导产业领域。孝感市企校联合创新中心在孝集聚各类人才1200余名，年创造专利成果300余件，年攻克技术难题过百件。

本月 2022年以来，孝感市委统战部系统开展“基层统战组织建设年”活动，重点推进乡贤联谊组织在内的基层统战组织建设。截至8月中旬，孝感市1936个村（社区）共成立乡贤联谊组织1360个，覆盖率达到70.2%，提前完成2022年年底前村级乡贤联谊组织覆盖率达70%的省定目标任务。

本月 大悟、孝昌、安陆和双峰山发布2022年最严森林防火戒严令。戒严令期间，对违反戒严令相关规定的单位和个人，将依照相关法律法规进行处置，涉嫌犯罪的，移送司法机关依法处理。

本月 湖北省下达保障性安居工程2022年奖励项目中央预算内投资计划、城市燃气管道等老化更新改造2022年中央预算内投资计划和保障性安居工程2022年第三批（城市燃气管道等老化更新改造）中央预算内投资计划。孝感市共获得中央预算内资金3.5477亿元，将用于支持2022年老旧小区项目改造和老旧管网项目改造。其中，孝南、应城、云梦三地共获保障性安居工程2022年奖励项目中央预算内投资计划资金8677万元，奖励额度居全省第三位。

9月

1日 13点至19点，孝南防区组织开展首轮区域核酸筛查。此次筛查范围包括市高新区、临空区，孝南区新华街、书院街、广场街、车站街、孝南开发区和孝南区各乡镇范围内的所有人员。孝南防区合理布设438个采样点。109家市直单位每天派遣950名党员干部组建突击队分赴99个社区支援全员核酸筛查工作；1.2万名党员干部闻令而动，纷纷下沉；59支联系社区工作队全员驻守，协助社区统筹疫情防控工作。

2日 中国作家协会2022年新会员名单正式公布，孝感市知名诗人汤秀英上榜。截至8月底，孝感本土作家共有中国作家协会会员8人。

5日 副省长杨云彦到孝感调研疫情防控工作，市委书记吴海涛作工作汇报，省指挥部前方工作组领导张险峰，市委副书记、代市长胡玖明参加调研。

同日 孝感市与武汉市签署《武汉市城市管理执法委员会孝感市城市管理执法委员会关于推动城市管理交流合作备忘录》，加强两地城市管理交流合作。

同日 航天重工氢燃料电池无人驾驶重型矿用自卸卡车研制与应用、防爆多功能车发动机国Ⅱ升级国Ⅲ两个项目，分别中标国家能源集团下属单位，中标总额超过3000万元。通过该项目的研制与应用，将促进矿山露天开采智能化核心技术体系的形成，对矿山装备零碳化、无人化、智能化发展和矿山开采绿色、智能、安全、可持续发展具有重要意义，也是推动国家“碳达峰、碳中和”战略目标达成的重要组成部分。

9日 孝感市新冠肺炎疫情防控工作电视电话会议召开。市委书记吴海涛主持会议并讲话，要求高效统筹疫情防控和经济社会发展，进一步统一思想、硬化措施、压实责任，坚决打赢疫情防控这场硬仗。市委副书记、代市长胡玖明出席并讲话。

同日 湖北省农业产业化经营领导小组公布2022年度最新一批农业产业化省级重点龙头企业名单，孝感市有湖北楚水荷乡生态农业有限公司、湖北香灿灿食品有限公司等18家企业上榜。至此，孝感市农业产业化省级重点龙头企业达101家。

同日 以“营商环境与高质量发

展”为主题的2022世界浙商论坛城市投资峰会在杭州举行，孝感市荣登“2022浙商最佳投资城市”榜单。其余入选的5地为浙江省诸暨市、甘肃省张掖市、广西壮族自治区玉林市、安徽省宁国市、江西省玉山县。

14日 2021—2022年度第二批湖北省建设优质工程(楚天杯)获奖名单公布，全省共109项工程获奖，其中孝感市中医医院城西院区一期门诊住院楼等10项工程获此殊荣，获奖工程数量位列全省第三。这是孝感市着力打造精品工程，实行建设建筑业强市战略结出的又一硕果。2021年以来，孝感市已有1项工程获得“鲁班奖”，27项工程获得省建筑结构优质工程称号，15项工程获得省建设优质工程“楚天杯”。

15日 孝感市召开全市美好环境与幸福生活共同缔造活动试点工作动员会暨专题培训会。市委副书记、政法委书记隋春龙出席会议并讲话。会上，省委办公厅二级巡视员陆建义受邀以《扎实开展美好环境与幸福生活共同缔造活动 走好新时代党的群众路线》为题，就“美好环境与幸福生活共同缔造”的理念、方法和路径作了专题辅导。

同日 云梦县人民政府与中科院武汉植物园签约暨授牌仪式在下辛店镇梦南花海田园综合体项目现场举行。中国科学院武汉植物园主任王青锋、云梦县委书记高文峰等参加签约暨授牌活动。

17日 孝感市第七届人民代表大会第二次会议在市会议中心礼堂隆重举行。大会选举胡玖明为市人民政府市长。

同日 市委副书记、市长胡玖明主持召开孝感市稳增长经济运行月调度会议，听取经济运行情况汇报，分析研判经济形势，安排部署重点工作，强调要锚定目标、加压奋进、勇挑重担，确保经济运行在合理区间，为全省稳增长大局贡献孝感力量。

21日 湖北省重大水利项目集中开工活动举行。省委书记王蒙徽出席并宣布开工，省委副书记、省长王忠林讲话，水利部副部长刘伟平视频连线讲话。活动主会场设在孝感市孝昌县鄂北地区水资源配置二期工程现场，相关市设分会场。省领导王祺扬、陈新武、杨云彦、王立，水利部总工程师仲志余参加活动。孝感市委书记吴海涛在活动主会场汇报了孝感市重大水利项目集中开工情况，市委副书记、市长胡玖明等参加活动。本次集中开工的19个项目总投资274.8亿元，涉及防洪排涝、供水灌溉、河湖治理等多方面。

同日 省委书记王蒙徽在孝感市调研产业发展、城市建设。他强调，孝感要加快产业转型升级，推动城市高质量发展，努力打造武汉都市圈重要节点城市，为建设全国构建新发展格局先行区作出应有贡献，以实际行动迎接党的二十大胜利召开。省委常委、秘书长陈新武，市委书记吴海涛，市委副书记、市长胡玖明等参加调研。

27日 湖北日报客户端孝南频道、云梦频道、安陆频道、大悟频道、孝昌频道共建集中签约暨编辑中心揭牌仪式举行。湖北日报传媒集团副总编辑张晓峰，市委常委、宣传部部长吴琼为编辑中心揭牌；各县(市、区)委宣传部部长、融媒体中心主任出席揭牌仪式。

同日 湖北省北斗农用应用场景及机具配置现场演示活动在胡金店镇万亩油菜高质高效示范区举行，湖北省北斗农用工作部署会议在云梦县同期举办。

29日 市委召开市委理论学习中心组(扩大)纪法学习专题会议暨清廉孝感建设推进会议。市委书记吴海涛出席并讲话，强调要纵深推进全面从严治党，持续深化清廉孝感建设，为打造武汉都市圈重要节点城市提供坚强保障。市委副书记、市长胡玖明等市领导参加会议。市委常委、市纪委书记江浩主持会议并通报清廉孝感建设有关情况，武汉大学法学院副院长、教授祝捷就《中华人民共和国监察法实施条例》作了深入讲解。

同日 孝感城区供水系统原水迁改工程开工活动在汉川市城隍镇举行。市委书记吴海涛出席并宣布开工，市委副书记、市长胡玖明讲话，市人大常委会主任邓道伟出席活动。孝感城区供水系统原水迁改工程总投资13.17亿元，是完善城市基础设施的补短工程，是保障孝感、云梦百万城乡居民饮水安全的民生工程，也是破解祉星纸业项目建设瓶颈的发展工程。项目建成后，孝感市汉江供水源取水能力将由每日23万吨增加至46万吨，实现城市供水安全保障能力倍增。

30日 孝感市在孝感烈士陵园后湖园区隆重举行向烈士敬献花篮仪式，缅怀革命先烈的丰功伟绩，弘扬他们不畏艰险、不惧牺牲、敢于斗争的伟大精神，树立崇尚英雄、学习英雄、争当英雄的鲜明导向，凝聚全市干部群众团结一心、加快打造武汉都市圈重要节点城市的奋进力量。市委书记吴海涛、市长胡玖明等市领导和离退休老同志代表等出席仪式。

同日 湖北省秋冬农业生产、秋粮收购暨北斗农业应用电视电话会召开，孝感市持续实施乡村振兴“三项行动”，实现粮丰农稳的“三农”工作经验在会上进行了交流推介。

前三季度 孝感市新登记市场主体7.77万户，增速居全省第3位。

截至三季度末，孝感市实有市场主体41.03万户，总量居全省第7位，增速居全省第1位。

10月

9日　孝感市举行县处级主要领导干部培训班，集中学习全省市厅级主要领导干部培训班辅导内容。市委副书记、市长胡玖明出席并作辅导报告，强调要勇担先行使命，打造重要节点，为湖北建设全国构建新发展格局先行区贡献孝感力量。省委督导组组长尹先国出席开班式。

同日　汉川市刘家隔镇蓝天希望小学举行“八一爱民学校”揭牌仪式，该校成为孝感市第一所“八一爱民学校”。

同日　由中国电建中南院、大悟县兴新能源投资有限公司合资开发的湖北大悟抽水蓄能电站项目获得湖北省发展改革委能源局核准批复，标志着总投资达28.13亿元的孝感市首座抽水蓄能电站正式落地。

11日　市长胡玖明实地调研市高新区、孝南区部分重点工业企业，强调要坚持“工业强市”战略不动摇，牢固树立“大抓工业、抓大工业、把工业抓大”的工作导向，加快推动工业经济高质量发展，为打造武汉都市圈重要节点城市提供硬支撑。

12日　华中农业大学博士生导师、教授王树才等45名省级科技特派员，分别通过揭榜、委任或留任制的方式，与孝感市的湖北神丹公司等45家农企签订技术服务协议，本届服务期限两年。至此，孝感市通过引进和选派的省、市、县三级科技特派员队伍总人数达到943人，成为科技助力乡村振兴新的主力军。

同日　市博物馆“小小讲解员暨小小志愿者”项目获评全省优秀志愿服务项目。

13日　孝感市电力负荷管理中心挂牌成立。该机构由孝感市发改委能源科与国网孝感供电公司联合组建，主要负责开展孝感市负荷管理系统建设、需求响应和方案编制、演练、执行工作。

15日　市委副书记、市长胡玖明，中建三局党委书记、董事长陈卫国一行调研孝感奥体中心建设，并就项目建设、深化合作进行了深入交流。

同日　市委副书记、市长胡玖明深入孝感城区部分社区，调研督导社区疫情防控、党员干部下沉、矛盾纠纷排查和基层社会治理等工作，强调要筑牢城市社区基础，打通服务群众“最后一米”。

16日　举世瞩目的中国共产党第二十次全国代表大会在京开幕。孝感市广大党员干部群众收听收看党的二十大开幕盛况，聆听习近平总书记代表第十九届中央委员会向大会作报告。胡玖明等市领导分别与机关干部一起收听收看。

17日　市委副书记、市长胡玖明与湖北银行党委书记、董事长刘志高一行座谈，双方围绕进一步深化政银合作、实现地企双赢进行了深入交流。

18日　市委副书记、市长胡玖明到市民之家调研营商环境、政务服务工作。强调要牢固树立以人民为中心的发展思想，强化服务意识，主动担当作为，多出实招硬招，全力打造与武汉都市圈重要节点城市定位相适应的营商环境，助推孝感经济社会高质量发展。

同日　省市场监管局揭晓湖北省第十六届（2020—2021年度）“守合同重信用”企业名单，孝感市的湖北新禹江河建设有限公司等212家企业上榜。

19日　市委副书记、市长胡玖明到汉川市调研“美好环境与幸福生活共同缔造”试点工作。强调要用好“共同缔造”方法论，连线连片统筹推进和美乡村建设。

25日　孝感市举行传达学习党的二十大精神会议。市委书记吴海涛主持会议并讲话，强调要认真学习宣传贯彻党的二十大精神，深刻领悟“两个确立”的决定性意义，切实增强“四个意识”、坚定“四个自信”、做到“两个维护”，在学懂弄通做实党的二十大精神上下功夫，坚定信心，同心同德，真抓实干，全力打造武汉都市圈重要节点城市，助力湖北加快建设全国构建新发展格局先行区，在服从服务党和国家、全省工作大局中展现孝感担当。市委副书记、市长胡玖明等市领导出席会议。

同日　省科技厅揭晓2022年入库湖北省科创“新物种”企业名单。孝感市航天重型工程装备有限公司等22家企业入选。截至10月，孝感市共有39家企业入选，均为“瞪羚”企业。

26日　为期6天的关爱失能失智老人志愿服务“澴川敬老行”活动正式启动。活动首日，市红十字会联合孝感现代俪人医院、孝南区益邦社会工作服务中心，为孝南区广场街道办事处大院社区等10个社区的46位失能老人送去了护理垫、食用油、牛奶、大米等慰问物资，并由医护志愿者提供上门义诊服务。

同日　市高新区推出的孝感市首宗“带方案出让”工业用地在孝感市国有建设用地使用权网上交易系统正式挂牌。

27日　市委副书记、市长胡玖明调研中心城区重点城建项目，实地查看澴川路、董湖公园、长兴泵站扩容改造等工程施工情况。强调要深刻领会中国式现代化的丰富内涵和本质要求，突出推进以人为核心的新型城镇化，着力提升城建项目规划设计水平，坚持协调协同，创新治理方式，打造高品质现代化城区。

28日　“孝感市‘下基层、察民

情、解民忧、暖民心'孝感好物·公益助企"直播带货活动在京东直播平台正式启动,10家本土知名企业携50余款产品以最优惠的价格引爆直播间,全网累计观看超1000万人次。

30日　砑孝高速公路二期工程跨府河桥成功贯通。

本月　孝感市自然资源和规划局、荆门市自然资源和规划局联合印发了《关于建立荆门和孝感森林防火、重大林业有害生物联防联治机制的通知》,标志着两地正式建立了林业联防协作机制,将在林业方面实现林火共防、林虫(病)共治、资源共管、设施共建、信息共享。

本月　孝感市5个项目获得中央引导地方科技发展资金专项支持,分别为孝感"七仙红"桃科技创新基地建设项目、现代纸卫品制造关键技术创新平台、孝南区香稻产业科技创新服务平台建设、云上梦品创新数字化助农综合服务平台建设项目、应城市海山科技创新创业服务平台。

11月

1日　市委书记吴海涛,市委副书记、市长胡玖明在孝感主城区调研重点片区建设时要求,要咬定目标强化举措加快片区建设,扛牢责任优化环境助力主城崛起。

3日　孝感市"五城同创"工作现场推进会召开。市委书记吴海涛出席并强调,要深入贯彻落实党的二十大精神,认真落实省党代会部署要求,锚定"五城同创"奋斗目标,进一步增强信心决心,以共同缔造的理念和方法深化"五城同创",持续激发群众热情,共建美好城市,促进主城崛起。市委副书记、市长胡玖明主持会议并讲话。

4日　2022年四季度全省重大项目集中开工活动举行。孝感市开工亿元以上重大项目160个,总投资742亿元,项目个数和总投资均超上年同期一倍以上。2022年,孝感市累计集中开工亿元以上项目600个,总投资3705亿元、居全省第6位。楚能锂电池、祉星纸业、京港澳高速改扩建、武天高速等一批过百亿元重大项目开工建设,为孝感市稳增长注入强大动力。

7日　省优化营商环境领导小组公布2022年全省优化营商环境改革先行区名单,孝感市7个县(市、区)和高新区的27个先行试点改革事项、30个改革先行区榜上有名。

12—13日　中央农办副主任、国家乡村振兴局局长刘焕鑫到孝感调研巩固拓展脱贫攻坚成果同乡村振兴有效衔接工作,副省长杨云彦参加调研。省委农办主任、省农业农村厅厅长、省乡村振兴局党组书记吴祖云,省乡村振兴局局长蒋星华,市委书记吴海涛等市领导分别参加有关调研。

同日　市生态环境保护委员会2022年度第二次全体(扩大)会议召开。市长胡玖明出席会议并讲话,强调要持续加力推进生态环境保护,加快建设人与自然和谐共生的美丽孝感。

15日　宏达花园小区改造完成。2022年,孝感市将包括宏达花园小区在内的240个老旧小区列入改造项目,涉及居民40275户,合计2364栋楼,面积达426万平方米,计划投资额11.57亿元。截至11月,孝感市累计完成投资10.08亿元,240个老旧小区改造基本完工,惠及居民36936户,完工率居全省第一。

同日　孝感市首家湖北科技特派员工作站在云梦县沙河乡湖北梦辰泽生态农业股份有限公司挂牌。截至11月,孝感市7个县(市、区)首批共25家湖北科技特派员工作站正式宣布成立。

18日　学习贯彻党的二十大精神湖北省委宣讲团孝感报告会暨市委理论学习中心组(扩大)会议举行。省委宣讲团成员、江汉大学党委书记、省社科联副主席覃道明围绕"光荣使命彰显历史主动,共赴全面建设社会主义现代化国家新征程"作辅导报告。市委书记吴海涛主持并讲话,强调要不折不扣贯彻落实以习近平同志为核心的党中央关于学习宣传贯彻党的二十大精神的决策部署,全面准确把握党的二十大核心要义、精神实质,掀起学习宣传贯彻党的二十大精神的高潮。

21日　中国共产党孝感市第七届委员会第五次全体会议召开。全会审议通过《中共孝感市委关于认真学习宣传贯彻党的二十大精神的决定》《中国共产党孝感市第七届委员会第五次全体会议决议》,推动孝感市党员干部群众全面学习宣传贯彻党的二十大精神,全力打造武汉都市圈重要节点城市,奋力谱写中国式现代化的孝感篇章。全会由市委常委会主持。受市委常委会委托,市委书记吴海涛就决定(讨论稿)起草情况作了说明并讲话。市委副书记、市长胡玖明出席会议。

22日　安陆市有史以来首个投资过百亿元的招商项目——人民控股集团科创产业园项目签约仪式在该市举行。该项目总投资122亿元,预计年产值可达180亿元,年税收3.6亿元,可吸纳就业1万人左右。

同日　孝感市国家无性系茶树良种繁育标准化示范区以综合评分93.5分的高分顺利通过上级考核验收。至此,孝感市已通过验收的国家级农业标准化示范区达16个、省级农业标准化示范区达22个,总数位居全省地市州前列。

23日　市委副书记、市长胡玖明到大悟县农村基层宣讲党的二十大精神,调研乡村振兴、林长制等工作。强调要深入学习贯彻党的二十大关于全面推进乡村振兴的战略部署，坚持农业农村优先发展，坚持城乡融合发展，加快构建一二三产业融合的发展体系，不断增强脱贫地区和脱贫群众内生发展动力。

24日 市委副书记、市长胡玖明与中信银行武汉分行行长单国民、中信证券湖北分公司总经理孙洪涛、中信建投证券湖北分公司总经理闻富民座谈，交流深化政银合作事宜，共同见证有关战略合作协议签约。签约仪式上，中信银行武汉分行与澴川国投签订战略合作协议，双方将围绕产业新城、城市更新、基础设施、数字产业等领域开展深度合作。

27日 孝感市举行县处级领导干部学习贯彻党的二十大精神集中培训班。市委书记吴海涛出席开班式并作专题辅导，强调要学深悟透精神实质，对标对表抓好落实，突出实干实绩全力打造武汉都市圈重要节点城市。市委副书记、市长胡玖明主持开班式，市委常委、组织部部长杭莺出席开班式。这次培训班历时5天，采取专题辅导、学习视频课程、集中研讨和学员交流相结合的方式进行。

1—10月 孝感市新签约亿元以上项目340个，同比增长4.62%，占全年目标任务的103.03%；引进亿元以上项目总投资额同比增长68.48%，占全年目标任务的155.24%。其中，总投资10亿元以上项目52个。纳统开工项目中，计划总投资1亿~10亿元项目167个，10亿~50亿元项目11个，100亿元以上项目2个。

本月 工信部公布第四批国家级专精特新“小巨人”企业名单，孝感市18家“小巨人”入列，至此，孝感市国家专精特新“小巨人”共达25家，总量居全省第四。2020年至2022年，孝感市获评“专精特新”中小企业个数分别是13家、60家、72家；获评国家专精特新“小巨人”企业个数分别是3家、4家、18家，“专精特新”中小企业、国家专精特新“小巨人”数量呈逐年递增趋势。

本月 孝感市顺利完成首批排污权收储，这是孝感积极探索推进排污权改革的重大举措。

本月 孝南区在全省率先探索实施的涉企行政执法案件经济影响评估制度，被湖北省优化营商环境领导小组确立为全省优化营商环境改革先行区试点项目。

本月 汉川上榜“2022年中国工业百强县（市）”。

12月

1日 省科技厅公布2022年度72家省级星创天地认定备案名单，孝南“湖北天圆金果”“华远果业”、汉川“瑞宏生态园”、安陆“亿人农业”、云梦“时锦鲜”、孝昌“韵鹤生态农业”6家星创天地在列。截至11月底，全市获得认定的各级星创天地总数共达191家，其中国家级4家、省级35家、市级152家，标志着孝感市现代农业科技创新服务体系建设取得重大进步。

1—2日 华强方特集团总裁刘道强、执行总裁顿忠杰一行到孝感市考察，洽谈合作事宜。市委书记吴海涛，市委副书记、市长胡玖明，市委副书记、政法委书记隋春龙参加座谈或陪同考察。双方就发挥各自优势、探索合作模式、深化文旅合作等方面进行了深入交流。

5日 全市召开县（市、区）委书记座谈会，贯彻落实12月1日省委专题会议精神，安排部署年底结账、平安稳定和2023年开局工作。市委书记吴海涛主持会议并强调，要深入学习贯彻党的二十大精神，落实省委工作要求，进一步坚定信心，扛牢责任，统筹贯通，奋力冲刺四季度，守牢平安稳定底线，全力以赴争先进位，确保高质量完成全年目标任务。市委副书记、市长胡玖明出席并讲话。

6日 江泽民同志追悼大会在北京人民大会堂隆重举行。孝感市广大党员、干部、群众认真收听收看追悼大会现场直播，深切缅怀江泽民同志的丰功伟绩和崇高风范。市委书记吴海涛，市委副书记、市长胡玖明等市领导，在孝感市行政中心会议中心集中收听收看江泽民同志追悼大会。

7日 赛迪顾问县域经济研究中心发布“2022赛迪中部百强县”，孝感市汉川市、应城市再次入选，分列第20位、第65位，较上年分别进1位、3位。

同日 市长胡玖明主持召开专题会议，研究部署财政预算编制工作。他强调，要深入学习贯彻12月6日中央政治局会议精神，继续落实落细积极的财政政策，树牢长期过紧日子思想，科学编制好2023年度财政预算，切实提升资金效益和政策效能，确保“三保”底线兜牢、财政平稳运行，为打造武汉都市圈重要节点城市提供坚实财力支撑。

8日 “湖北名品走进巴西活动”在巴西圣保罗开幕，孝感市湖北永怡护理用品有限公司、武汉吉冈精密科技有限公司、湖北联立塑胶科技有限公司、武汉胜峰纸塑4家企业赴巴西参展，展品涉及童车、婴儿护理品、汽车配件等品类。

同日 “李渔杯”首届全国清廉戏曲优秀作品展演活动评选结果揭晓，应城现代楚戏《红嫁衣》获评“李渔杯”首届全国清廉戏曲“十佳剧目”。

9日 孝感市选手叶志明、梁亮在“灵秀湖北欢迎您”——首届万名司机讲家乡故事大赛中分获金牌、银牌“家乡宣传员”称号。

同日 市政府与市总工会举行联席会议。市委副书记、市长胡玖明主持会议并强调，要强化政治引领，提升服务水平，为孝感高质量发展凝聚职工群众力量。

同日 中国纺织工业联合会公布2022年度中国纺织产业集群试点地区优质服务竞赛优胜者名单，汉川市经信局荣获先进推进机构优胜者，马口纺织行业商会荣获先进服务机构优胜者。

11日 全省9—10月工程建设项目审批制度改革工作进展情况公布，17个市州从审批办件、事项覆盖、审批数据质量、新开工项目数量和审批时间等方面进行评比，孝感市荣获全省第一。

13日 武汉都市圈住房公积金同城化业务服务平台正式上线运行。这标志着即日起，武汉都市圈缴存职工可以使用本地缴存的住房公积金，以委托扣划方式直接偿还在武汉都市圈内其他城市的住房公积金贷款，即实现不同城市的住房公积金"打通用"。武汉都市圈内实现住房公积金"打通用"，系全国首创，破解了住房公积金不能跨城市直接偿还异地贷款的全国性难题。

16日 汉川市通过"中国最佳楹联文化城市"复查。

19日 2022年湖北省"科技创新团队"项目拟立项项目清单公示结束。孝感市半球谐振陀螺研制及产业化科技创新团队新遴选为省"科技创新团队"项目，将获30万元经费支持。

20—21日 第四批3.8万片布洛芬到达孝感城区83家连锁药店，其中部分药店免费发放布洛芬片。孝感市各级市场监管部门将继续做好第五批省级收储药品39万片布洛芬片、0.11万瓶布洛芬混悬液和0.35万盒小儿清肺颗粒的分配发放任务，市市场监管局将积极争取省级第六、七批药品调拨分配计划重点向单体零售药店倾斜。

22—25日 第十九届中国国际农产品交易会在四川省成都市中国西部国际博览城举办，孝感市20余家企业100多个产品集中参展。

25日 孝感市在疫情防控"敲门行动"中，为孝感市7个县（市、区）及高新区、临空区、双峰山共计181740名7类重点人群送去"健康爱心包"，携手共筑健康防线。

31日 孝感市云孝大道、澴川路、孝汉大道等三条路正式建成通车，孝感城区航空公园、理丝公园（二期）、董湖公园、槐荫体育公园、东西杨路绿廊公园等五个公园正式建成开园，董永北路立交桥、滚子河一桥、宝成南路桥等三座桥正式建成通车。

本月 湖北省人社厅发文通报了对全省2022年劳动保障守法诚信红名单用人单位的认定确认结果，孝感市湖北汉光科技股份有限公司、益盐堂（应城）健康盐制盐有限公司等12家用人单位上榜。

本月 国家林业和草原局公布2022年国家湿地公园试点验收结果，孝感市汉川汈汊湖国家湿地公园、孝感老观湖国家湿地公园等5个湿地"国家队"成员全部通过"国家级"验收。

本月 孝南区获批4个省新全民健身示范项目，项目资金达170万元。4个项目分别是乡镇运动健身中心项目1个（西河镇）、社区智慧共享健身中心项目1个（书院街光明社区）、美丽乡村健身长廊项目1个（广场街文昌社区）、美丽乡村文体广场项目1个（新铺镇郝庙村）。

本月 孝感城际交通新能源智慧出行一体化项目正式获批立项，项目计划总投资1.6亿元，由孝感汽车客运集团有限公司负责建设。建设内容包括城际交通智能信息化平台建设、客运站场转型升级改造及城际公交停车场站建设、新能源光伏发电站及充电站建设、新能源城际公交及客运车辆购置等，项目实施后孝感市城际客运交通将迈出智能高效、绿色环保的一大步。

本月 省文旅厅核定公布全省第二批革命文物名录，名录共包括不可移动文物579处，可移动文物537件（套）。孝感市4处革命文物入选市县级文物保护单位，11处入选未定级不可移动文物。

本月 孝感市28家企业入选2022年湖北省信息化和工业化融合试点示范企业名单，居全省第4位。至此，孝感市已有121家企业入选省"两化融合"试点示范企业。

本月 孝南区的金红叶纸业（湖北）有限公司等41家企业被认定为国家级高新技术企业。至此，孝南区有效期内国家高新技术企业达到104家。

（市史志研究中心）

栏目编辑：秦荣

市情概览

市情概览

自然条件

【地理位置与面积】 孝感市位于湖北省东北部,地处桐柏山、大别山之南,长江以北,汉江以东,南与武汉市东西湖区及仙桃市毗邻,北与河南省信阳市交界,西接随州、荆门、天门,东连黄冈市的红安县与武汉市的黄陂区。市境南北长约163千米,东西宽约122千米。全市国土资源面积为8904平方千米。

孝感市紧邻武汉,区位优越,交通便捷,中心城区距武汉市中心50千米,距武汉天河国际机场30千米,武孝城际铁路直达武汉。京广、汉丹、长荆铁路以及京广、汉宜、汉十高铁穿境而过,京港澳、福银、沪蓉、沪渝、麻安高速公路与107、316国道境内纵横交错,汉江、府河、澴河、汉北河等连通长江。方圆500千米内,可以辐射长沙、郑州、南京、重庆等华中地区大城市;方圆1000千米内,可以辐射到北京、广州、上海、成都、西安等国内大城市。

【地形地貌】 境内地势北高南低,由大别山、桐柏山向江汉平原过渡呈坡状地貌。山地面积占全市面积的21%,丘陵面积占全市总面积的41%,平原湖区面积占全市总面积的38%。市域北部为低山区,主要分布在大悟、孝昌和安陆北部,山峰高度一般在400~800米,最高山峰为位于孝昌县与武汉市黄陂区交界的双峰山,海拔高程873.7米。中部为丘陵地带,主要分布在安陆、孝昌南部及孝南、应城、云梦北部,地面高程在海拔50~150米。南部为平原湖区,主要分布在汉川及孝南、应城、云梦南部,地面高程在海拔50米以下,最低点(河床底部未统计)为孝南区的童家湖,海拔17.5米。

【地质构造】 孝感地质构造跨越秦岭褶皱系和扬子准地台两个I级大地构造单元。市域出露地层由老至新共计有12个系,包括5个相当于系或统的岩群或群、22个组级地层单位。前震旦系主要分布于大悟境内,孝昌北部以及安陆北部地区,均属秦岭区,分别划归桐柏山变质杂岩、红安岩群、随县群等地层单位,均属区域变质岩系。境域内岩浆岩主要出露于北部地区,南部的应城、汉川、云梦及孝南等地基本未见岩浆岩出露,其形成时代大致分为大别期、晋宁期、燕山期及喜马拉雅期4个时期。

【气候】 孝感市地处中纬度地带,属亚热带季风气候。境内四季分明,冬季盛行偏北风,夏季盛行偏南风,严寒酷暑时间短,春、秋、初夏气候温和时间长。雨量充沛,年平均降水量为1133.8毫米;光热充足,年平均日照时数为1996.7小时,年平均气温为16.0℃,有利于农作物发育、生长,是我国光、热、水自然条件配合较好的地带。

气温。2022年全市年平均气温为17.9℃,总体气温异常偏高,与常年同期相比偏高1.2℃,平均气温排历史最高第一位。各站年平均气温在16.7℃(大悟)~ 18.4℃(汉川),较常年同期偏高0.6℃ ~ 1.4℃,2022年各站平均气温多站列历史同期最高第一位。2月27日入春(提前12天),5月22日入夏(推迟4天),10月4日入秋(推迟12天),11月29日入冬(推迟5天)。

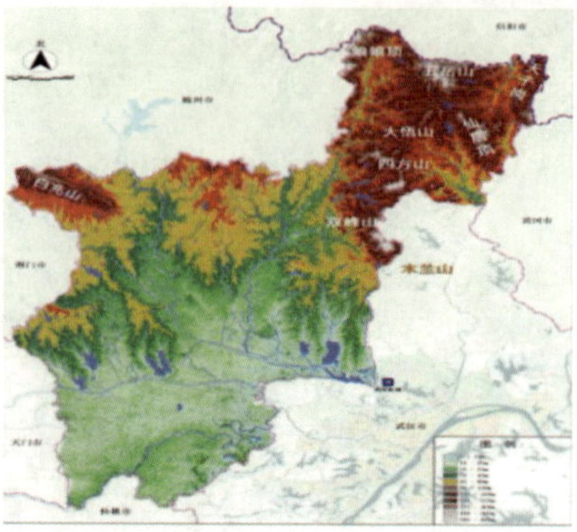

孝感市自然地理格局

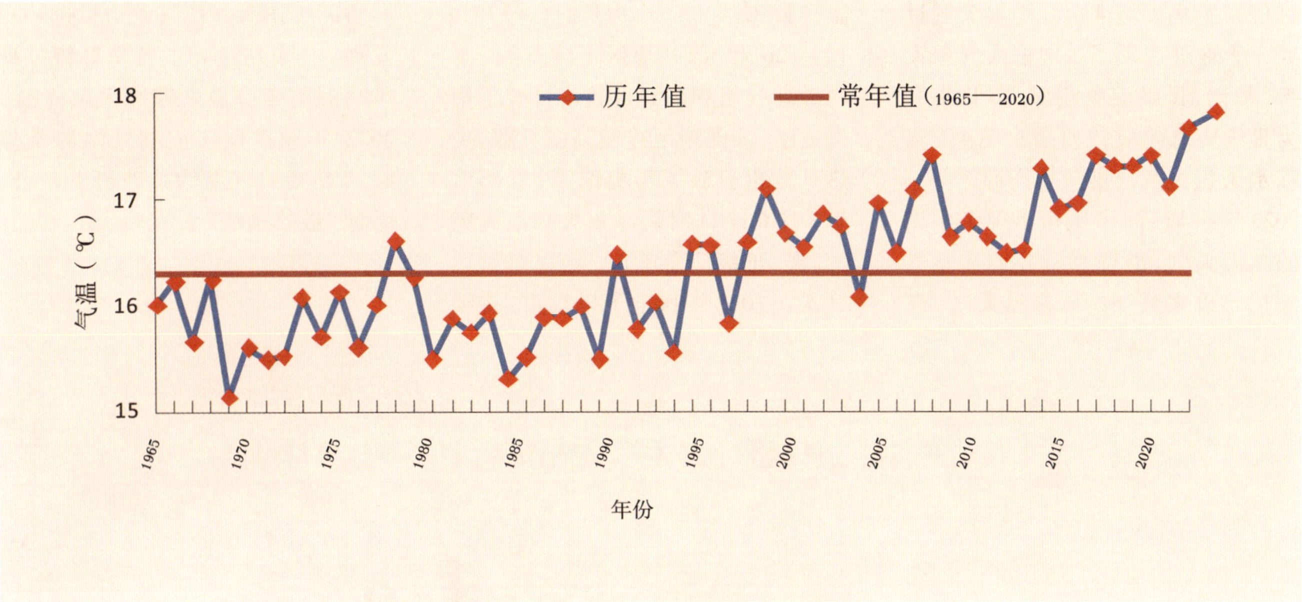

图 1　孝感市年平均气温逐年变化图

降水。2022 年全市年平均降水量为 1002.1 毫米，与历年平均相比，偏少 12%。2022 年各站年降水量在 881.5（应城）～ 1229.8（汉川）毫米，与历年平均相比，汉川持平，其他地区偏少 1% ～ 22%。

日照。2022 年全市年平均日照时数为 1961.6 小时，与历年平均相比偏多 9%。2022 年全市各站总日照时数在 1861.7（云梦）～ 2044.2（安陆）小时，与历年平均相比，各站偏多 6% ～ 13%。

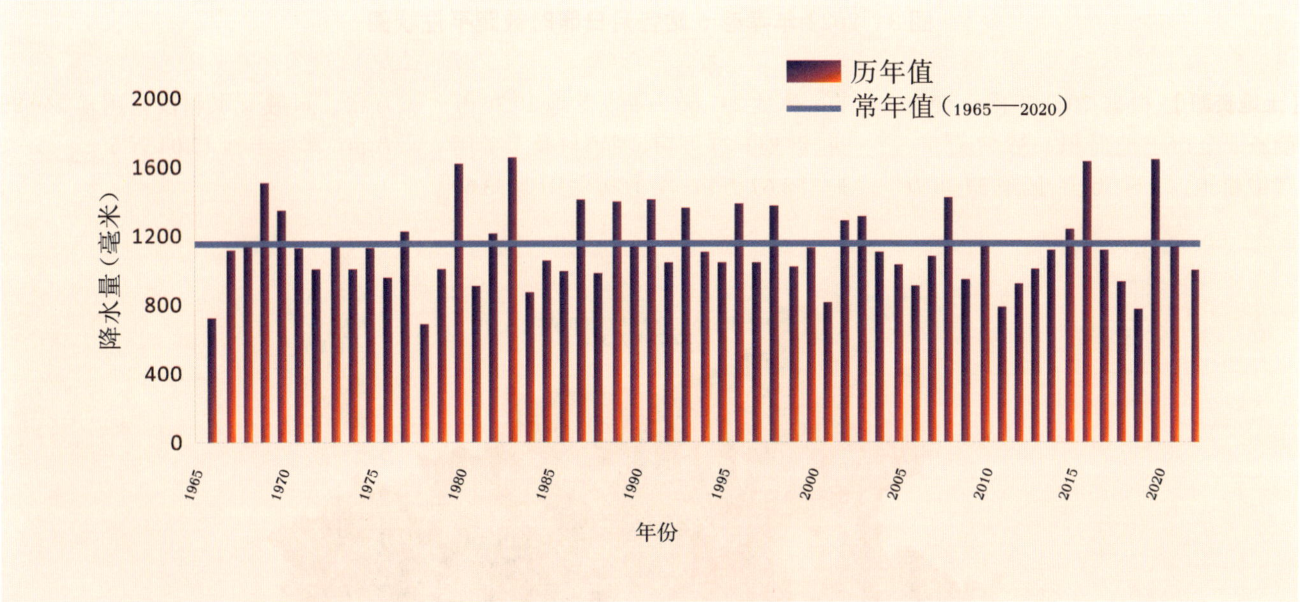

图 2　孝感市 6 站年平均降水量逐年变化图

气候事件。冷空气大风与低温雨雪天气。2021/2022 年冬季孝感市冷空气活动频繁，主要出现在 2021 年 12 月和 2022 年 1 月。冬季共出现 4 场低温雨雪天气过程，1 月 21—29 日孝感市出现了连阴雨雪天气，2 月 6—7 日孝感市还出现了暴雪天气，并伴有明显的积雪。春季冷空气和倒春寒。春季孝感市冷空气活动频繁，3 月出现轻至中度倒春寒天气。春夏季强降水。2022 年春夏季强降水频发，主要出现在 3 月、4 月、6 月和 7 月。3 月 16—17 日受高空槽和地面气旋共同影响，孝感市出现 2022 年首场大范围暴雨过程；6

月份孝感主要有4次强降水天气过程，孝感市启动了3次重大气象灾害(暴雨)Ⅳ级应急响应，26日提升为Ⅲ级应急响应，7月份出现4次强降水天气过程。夏秋季高温干旱。2022年出梅后，孝感市出现了罕见的高温天气，出现1961年有完整气象记录以来最强持续高温天气，高温日数32～38天，炎热日(≥37℃)12～20天，部分地区平均气温、平均最高气温和高温日数均打破了历史纪录，大部地区连续高温日数、炎热日数也打破了历史纪录，孝感市于8月6日11时启动重大气象灾害(高温)Ⅲ级应急响应，响应时长达21天。2022年秋季干旱较重，持续的晴朗少雨天气使气象干旱进一步发展，全市均达到了特旱等级。秋季高温与强降温及寒潮大风降温。2022年秋季国庆前期气温异常偏高，7站最高气温均打破历史纪录，堪称“最热国庆”。

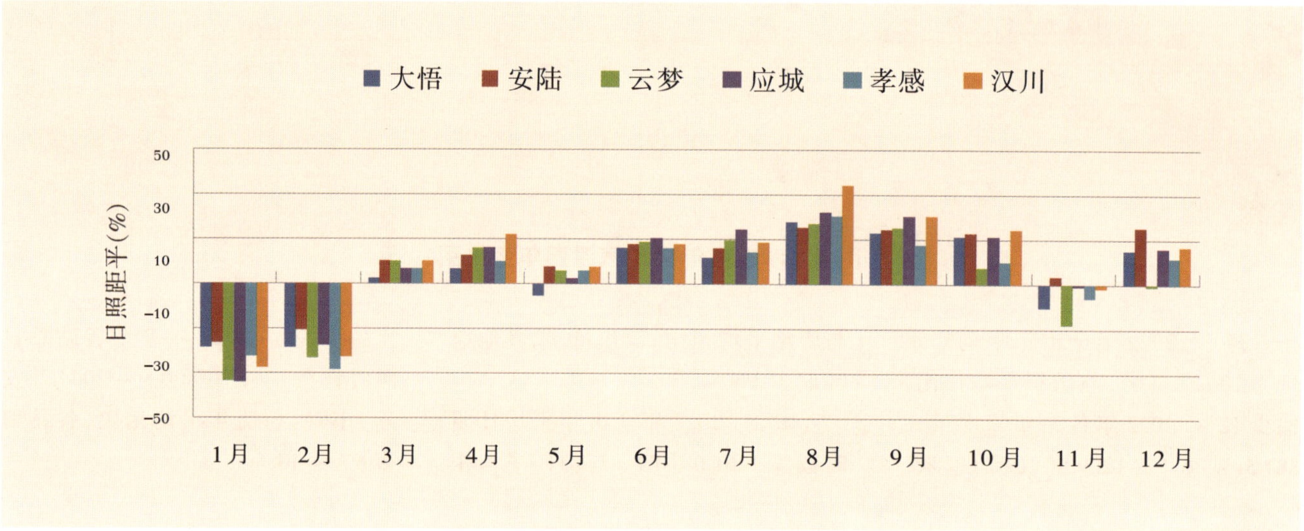

图3　2022年孝感6站各月日照时数距平柱状图

【土地资源】 根据2021年国土变更调查，全市土地面积1335.67万亩，其中耕地579.64万亩，园地37.30万亩，林地242.66万亩，草地10.70万亩，湿地6.21万亩，城镇村及工矿用地158.67万亩，交通运输用地33.60万亩，水域及水利设施用地249.86万亩，其他土地17.04万亩。

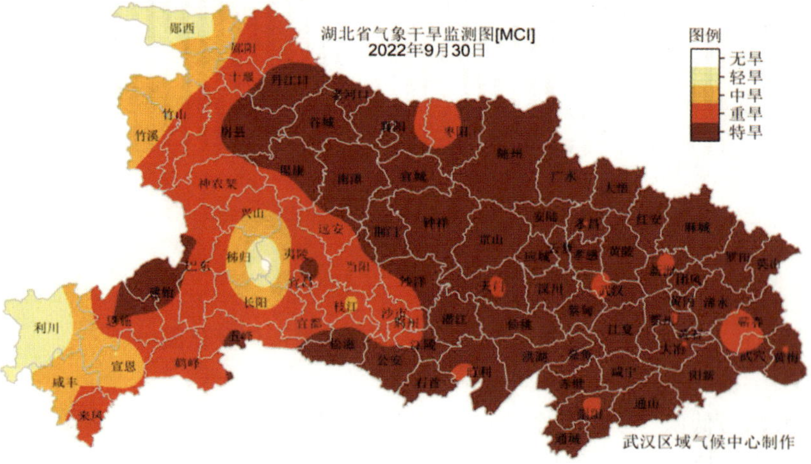

图4　根据9月30日湖北省干旱监测图，孝感市达到特旱等级

表 1 **2022 年孝感市土地资源状况分类表** 单位:万亩

土地资源状况分类	面积
耕地	579.64
园地	37.30
林地	242.66
草地	10.70
湿地	10.70
城镇村及工矿用地	158.67
交通运输用地	33.60
水域及水利设施用地	249.86
其他土地	17.04
合计	1340.17

【水资源】 2022 年,孝感市平均降水量为 977.2 毫米,折合降水总量 86.99 亿立方米,比多年平均减少 129.9 毫米,比上一年减少 131.3 毫米,属枯水年份。

2022 年,孝感市水资源总量 29.98 亿立方米,其中地表水资源量 28.39 亿立方米,地下水资源量 10.11 亿立方米,地表与地下水资源不重复计算量 1.59 亿立方米,水资源总量比多年平均减少 9.07 亿立方米,比上一年减少 11.62 亿立方米。人均水资源占有量 714 立方米,全省排名 14;亩均水资源占有量 518 立方米,全省排名第 13。

2022 年,孝感市总用水量 33.67 亿立方米,其中地表水 33.39 亿立方米,地下水 0.21 亿立方米,其他水源 0.07 亿立方米。

【矿产资源】 根据《孝感市矿产资源总体规划(2021—2025 年)》,截至 2022 年年底,全市共发现各类矿产 40 种,占全国已发现矿产总数的 23%;其中,查明资源储量矿产 23 种,占全国已查明资源储量矿产总数的 14%。岩盐、芒硝矿产资源储量居全省第一位,石膏、磷矿等矿产资源储量分别居全省第三、第六位。全市规划探矿权不超过 31 宗,规划采矿权不超过 51 个;现有探矿权 18 个,面积 163.14 平方千米;采矿权 47 个,面积 66.84 平方千米。

表 2 **2022 年孝感市主要矿产资源表**

行政区	矿种	探矿权数量
大悟县	钼矿	1
	铅锌多金属矿	1
	金矿	2
	铁、金多金属矿	1
	磷矿	2
	饰面用花岗岩	1
孝昌县	铜矿	2
安陆市	钒矿	2
	铜矿	1
	银、铜	1
应城市	盐矿	4
总计		18

【林业资源】 根据与国土“三调”对接前的森林资源“一张图”数据，全市森林面积280.95万亩，2021年全市森林覆盖率21.21%、森林蓄积量1122.96万立方米，分别居全省第11位、第10位。全市现有国家一级重点保护树种4种、二级重点保护树种6种，省级珍贵树种31种；国家一级保护动物1种，二级保护动物13种，省重点保护动物38种。

表3　　2022年孝感市重要动植物资源保护统计表　　单位：种

类别	保护种类	数量
植物	国家一级重点保护树种	4
	国家二级重点保护树种	6
	省级珍贵重点保护树种	31
动物	国家一级重点保护动物	1
	国家二级重点保护动物	13
	省级重点重点保护动物	38

历史人文

【概况】 孝感市位于湖北省东北部，地跨长江、淮河两大流域。北枕桐柏山、大别山余脉，与河南省信阳接壤；南临汉水、长江，与武汉相连；东与红安、黄陂交界，西与随州、京山、天门、仙桃等地毗邻。辖孝南区、云梦县、大悟县、孝昌县，代管汉川、应城、安陆三市，南北长163千米，东西宽122千米，总面积8910平方千米。

孝感是华夏文明发祥地之一，早在5500年前，先民就在此繁衍生息。域内(孝感市域范围，下同)有新石器时代遗址120余处，主要分布在涢水和澴水流域，如门板湾遗址、叶家庙古城遗址、草店坊城遗址等。

《禹贡》载：天下分九州。域内属荆州。商周时期，孝感北部是古“荆山”，南部是古“云梦泽”。《舆地纪事》载：“荆山苍苍、楚水汤汤。”随着古“云梦泽”周边水位逐渐退去，荆山南部低岗之地以及长江、汉水、涢水、澴水流域冲积平原显现。周文王将荆山之南至汉水两岸分封给郧子，史称郧国，是域内最早的行政区。春秋时期，楚武王向东南征伐，与郧国大战于“蒲骚”(位于应城西北)，史称“蒲骚之战”，灭掉郧国，随后又灭掉位于域内的“贰”“轸”等小诸侯国，继续南征，并迁都于郢(今荆州市江陵县)。至此，楚国定都于郢800余载，强大的荆楚部落形成，域内处在“楚文化中心圈”。云梦睡虎地、楚王城遗址出土的大批漆器、青铜器均见证昔日楚文化之辉煌。出生在郧地的斗穀於菟(斗子文)任楚国令尹(最高军政长官)，他在楚国最困难时期带头毁家纾难，为楚国的发展壮大作出了巨大贡献；郧公(郧地行政长官)钟仪，在楚郑战争中被俘，他心怀故国，不忘乡梓，在囚牢中南冠而絷、面壁而泣，“四德”远扬。

春秋后期，吴国伐楚，孙武率兵夺取鄂北“三关”，吴楚战于“清水”(清水即涢水，今府河)，吴王阖闾大败楚军，攻破楚都“郢”。战国晚期，因安陆地处与强秦对抗的前沿，楚在原被灭的郧、贰、轸等诸侯国区域设置安陆县以抗秦，安陆县成为中华民族历史上最早的“县郡”之一。秦一统，安陆属南郡辖县。云梦睡虎地、郑家湖出土的众多秦楚文物，呈现着秦人对楚文化的兼容吸纳，以及国家大一统和多民族逐渐融合的缩影。

两汉，域内涌现众多孝子，有载入史册的董黯、董永、孟宗、黄香等闻名遐迩的孝子代表，他们的至孝事迹和传说故事，在域内广泛流传弘扬，积淀成孝风孝俗，形成了孝文化发展的历史基础。南北朝时期，国家分裂，政权交替频繁，战乱不断。南朝宋孝武帝为了收揽民心，巩固皇权，于孝建元年(454)分江夏郡立安陆郡(治所在今安陆市)，析安陆县东境、鄳县之南(大部分在今河南省罗山县)置孝昌县(今孝南区、孝昌县和大悟县部分区域)，析安陆南境置应城县；梁武帝天监元年(502)，在安陆南境汉江之滨置甑山县(今汉川市)；西魏大统十六年(550)，析安陆南境置云梦县。

盛唐，域内青山碧水，钟灵毓秀。大诗人李白在安陆白兆山隐居十年，留下“桃花流水窅然去，别有天地非人间”，在应城写下“神女殁幽境，汤池流大川”等不朽诗篇。许多著名文人骚客慕名而来，如韩愈、刘长卿、杜牧等大家，游览灵山秀水，意兴吟诗题跋。秉承李白遗风，域内吟诗作画蔚为大观，安陆被评为中国民间文化（水墨漫画）之乡、中华诗词之乡。

五代十国，公元924年，后唐庄宗李存勖为避其祖父李国昌名讳，改孝昌为“孝感”，意指孝亲之情感动天地。1933年，民国政府析孝感、黄陂、黄安、罗山部分交错区域设置礼山县（现大悟县），自此，孝感所辖区域行政建置基本成型。

北宋，域内经济社会空前繁盛，物阜民丰、社会安定、文化昌盛、名人辈出。有宋庠、宋祁、郑獬三状元，有程颢、程颐两大儒。宋庠、宋祁系同胞兄弟，有兄弟“双状元”之称。宋庠在乡试、会试、殿试中连中三元，曾任北宋宰相；宋祁是北宋著名的史学家、文学家，因其所作《玉楼春》词中一句“红杏枝头春意闹”，而有“红杏尚书”美誉。程颢、程颐是北宋著名理学家、教育家，出生在黄陂，其舅家在孝感县凤凰台旁，“二程”幼时常在舅家旁的凤凰台上读书，留下了“程台夜月”的佳话。南宋抗金时期，孝感是北进中原的战略要地。北部是绵延崇山峻岭，“三山”环峙，北控“三关”，又有涢水、澴水纵横，交通便利。绍兴四年七月，名将岳飞收复郢、襄等六郡后，移镇德安抗击金兵。

元末，域内因战乱兵燹，社会凋敝，人口锐减。明初洪武年间，朝廷从江西组织大规模移民到湖广，民间俗称“江西填湖广”。先民们在迁徙过程中，在麻城短暂歇脚，同时江西户籍被转移过户到湖北，因此也就有了“麻城过籍”之说。域内除少数原居民外，多数都是江西移民，他们立草为标、赋税为营，逐渐在孝感生根繁衍。明末，李自成率农民起义军转战孝感，攻破安陆县城、孝感县城和战略要塞白云山，文昌阁在战乱中被乡民拆毁。

清末，域内经济社会发展中心逐渐转移。随着“一江两河”沿岸的开发，政治文化中心虽然依旧在安陆县，但经济中心却向交通更加便利的孝感县转移，尤其是清末汉口开埠和平汉铁路修建，孝感县的区域经济中心地位更加稳固，城内有繁华的“六城四码头”“九街十八巷”。在澴河故道蜿蜒曲折流经文昌阁前不远的地方，逐渐聚集发展成为水运码头，码头开阔，往来货船都在此卸货、装货、囤货，其繁荣景象用“日有千人拱手，夜有万盏明灯”来形容。

民国，革命红旗二十八年不倒。在中国共产党创立之初，孝感一批在武汉读书和谋生的进步青年在董必武、陈潭秋培养下成长为早期中共党员。他们纷纷回孝感传播马列主义，秘密组建党的基层组织，使孝感成为中国民主革命策源地。国民大革命时期，孝感是国民革命军北伐前进基地。彭德怀率军进驻孝感县招募新兵；北伐军在孝感大败军阀吴佩孚。土地革命时期，孝感各地举行农民暴动30余次，成为鄂豫皖和湘鄂西苏区的重要组成部分；贺龙、徐向前指挥红军在此进行过龙王集、双桥镇等著名战斗。抗日战争时期，陶铸在应城汤池培训大批抗日骨干，新四军第五师在安陆彭家祠堂通电宣布成立，使孝感成为鄂豫边区敌后抗日战略支撑点之一。孝感人民和地方抗日武装配合新四军第五师展开三战平坝、奇袭孝感城、保卫大小悟山等著名战斗。抗战胜利后，周恩来在大悟宣化店同美蒋代表谈判；李先念、郑位三、王震、王树声率领中原主力部队从宣化店一带开始，举行震惊中外的中原突围，拉开全国解放战争序幕。1947年秋，刘邓大军千里跃进大别山，开展对国民党军队的战略反攻，孝感人民配合刘邓大军南下，积极支前，参军参战，为解放全中国作出重要贡献。

1949年4月4日，鄂北重镇花园（今孝昌县县城）获得解放。5月，根据中共中央中原局的决定，江汉、桐柏、鄂豫三个行政区和晋南干部队军政领导会集花园，在孙家畈组建成立湖北省委、省政府、湖北军区，李先念任湖北省委书记、省政府主席、湖北军区司令员兼政委，王宏坤任省委第一副书记兼湖北军区第一副司令员，刘建勋任省委副书记，王任重任省政府副主席，王树声任湖北军区第二副司令员。同月，地级行政区孝感行政专员公署在礼山县（今大悟县）河口镇正式建制，辖孝感、黄陂、应城、安陆、云梦、礼山、黄安、应山、随县共9县。二十八年中，孝感先后有20多万名共产党员和革命群众献出生命。其中，在册革命烈士约2万人，位居全国300多个地市前列。

1949年10月1日中华人民共和国成立后，在中国共产党的领导下，孝感人民开启了社会主义建设新征程。

【建置沿革与区划】 夏商时，域内属古荆州之域；周时，属郧国地；春秋时，属楚地；战国时，楚置安陆县。

秦一统，分楚为4郡，安陆县属南郡。

两汉时分南郡置江夏郡（治所在今云梦县东南），辖安陆、西陵等14县；三国时为魏吴边邑，初属魏，后属吴江夏郡。

南朝宋孝建元年（454），分江夏郡立安陆郡（治所在今安陆市），析安陆东境、鄳县南境置孝昌县（今孝南区、孝昌县），析安陆南境置应城县;南朝梁天监元年(502),在南境汉江之滨置甑山县(今汉川市);西魏大统十六年(550),析安陆南境置云梦县。

隋初废诸郡,改安陆郡为安州,孝昌属荆州。炀帝初废安州,置荆州安陆郡,安陆、孝昌、应阳(605年改应城为应阳县)、云梦、应山等县属之。甑山县属沔阳郡。

唐武德四年(621),改孝昌县置澴州及澴阳县,属安州。改甑山县为汉川县。贞观元年(627),以安州属淮南道,安陆、孝昌、应阳、云梦、应山等县属之。元和三年(808),省孝昌入云梦,汉川县属江南西道鄂州江夏郡。咸通年间(860—873),复置孝昌县。

五代后唐同光二年(924),改孝昌县为孝感县,改应阳县为应城县;汉川、孝感、应城等县均属安远军安州。

北宋建隆元年(960),孝感、安陆、应山、应城、云梦等县属荆湖北路德安府;改汉川县为义川县(977年又改义川县为汉川县),属荆湖北路汉阳军。

元至元十六年(1279),孝感、安陆、应城、云梦、应山等县属荆湖北路宣慰司德安府;汉川县属湖广行中书省汉阳府。

明洪武十三年(1380),孝感、安陆、应城、云梦、应山等县属湖广布政使司德安府;汉川县属湖广布政使司汉阳府。

清康熙三年(1664),分湖广为湖北、湖南二省,孝感、安陆、应城、云梦、应山等县属湖北布政使司汉黄南道德安府;汉川县属湖北布政使司汉阳府;雍正七年(1729),孝感县改属湖北布政使司汉黄南道汉阳府。

民国元年(1912),废府设道。孝感、汉川隶湖北省江汉道,应城、云梦、安陆属鄂东道。1913年,孝感改属鄂东道。1927年,废道。1932年,设行政督察区,孝感、安陆、云梦、应城、应山等县属湖北省第五行政督察区(1936年改属第三行政督察区)。汉川县属第六行政督察区(后改属第三、第四行政督察区)。1933年1月,析湖北省孝感县、黄陂县、黄安县以及河南省罗山县4县接壤区域设置礼山县(今大悟县),属第四行政督察区(后改称第二行政督察区)。

1931年,共产党领导下的鄂豫皖特区(省)苏维埃政府成立,陂孝北县、安应县、云孝县、汉孝陂县、礼山县苏维埃政府相继建置。

1949年5月,湖北省委、省政府、湖北军区在孝感县花园镇成立;孝感行政区专员公署(简称孝感专署)在礼山县河口镇成立,辖孝感(今孝南区、孝昌县)、礼山(今大悟县)、应山(今随州市广水市)、安陆、云梦、应城、黄陂(今武汉市黄陂区)、黄安(今黄冈市红安县)、随县(今随州市曾都区)9个县,辖区面积20971平方千米。

1949年10月1日中华人民共和国成立后,孝感行政区专员公署属湖北省人民政府派出机构。

1951年7月,沔阳专署所辖的汉川、汉阳两县划属孝感专署,同时设立应城矿区人民政府(县级),辖区面积23728平方千米。1952年1月,大冶专署所辖的咸宁、武昌、蒲圻、嘉鱼、崇阳、通山、通城7个县划属孝感专署。同年6月,随县划属襄阳专署。8月,撤销应城矿区人民政府。9月,黄安县更名为红安县划属黄冈专署;同时,经中南军政委员会批准,礼山县更名为大悟县。孝感专署辖咸宁、武昌、蒲圻、嘉鱼、崇阳、通山、通城、孝感、云梦、应城、安陆、应山、汉川、大悟、黄陂、汉阳共16个县,俗称“江南7县江北9县”,辖区面积26977平方千米。

1955年5月,孝感行政区专员公署更名为孝感专员公署。1959年11月,孝感专署撤销,所辖16个县并入武汉市。1961年4月,地市分治,恢复孝感专署。1965年7月,咸宁、武昌、蒲圻、嘉鱼、崇阳、通山、通城7县划属新设置的咸宁专署,孝感辖区面积14943平方千米。1966年8月,孝感专员公署更名东风专员公署。1968年1月,成立东风地区“革命委员会”。1969年3月,更名为孝感地区“革命委员会”。1970年5月,孝感专署改称孝感地区。1975年12月,汉阳县划属武汉市。1978年11月,撤销孝感地区革命委员会,建立孝感地区行政公署(简称孝感行署)。

1983年8月,黄陂县划属武汉市。同时,撤销孝感县,设县级孝感市。1986年5月,撤销应城县,设应城市。1987年9月,撤销安陆县,设安陆市。1988年10月,撤销应山县,设广水市。

1993年4月10日,国务院批准撤销孝感地区,设立地级孝感市,同时撤销县级孝感市,分设孝昌县和孝南区。1997年3月,撤销汉川县,设汉川市。2000年7月,广水市划属随州市。至2020年,孝感市辖孝南区,领导大悟、云梦、孝昌3个县,代管汉川、应城、安陆3个市,全市面积8910平方千米,约占湖北省总面积的4.8%。

2022年年末,孝感市辖孝南区和云梦、大悟、孝昌3个县,代管应城、安陆、汉川3个市,下辖市高新技术开发区、双峰山旅游度假区、市临空经济区。全市设有13个街道、72个镇、23个乡,共108个乡级政区;设有社区居民委员会379个、村民委员会1639个。社区(村)设有居民小组3419个、村民小组18680个。孝南区辖8个镇、4个街道、2个乡、2个办事处及1个省级开发区。

汉川市辖2个街道办事处、1个经济开发区（新河镇）、6个乡、14个镇、4个国营农（养殖）场。应城市辖5个街道办事处、10个镇、1个良种场、1个经济开发区。云梦县辖3个乡、9个镇、2个经济开发区。安陆市辖9个镇、4个乡、2个街道和1个省级开发区。大悟县辖3个乡、14个镇、1个经济开发区、1个高铁新区、1个生态文化旅游度假区。孝昌县辖8个镇、4个乡、1个省管经济开发区和1个国家AAAA级生态旅游区。

（市史志研究中心、市民政局）

表4 **2022年孝感市行政区划一览表**

县（市、区）	个数	乡镇（街道、场、开发区）名称
孝南区	17个（4个街道、8个镇、2个乡、2个办事处、1个开发区）	广场街道、书院街道、新华街道、车站街道、朋兴乡、新铺镇、西河镇、杨店镇、肖港镇、陡岗镇、卧龙乡、毛陈镇、三汊镇、祝站镇、经济开发区、东山头办事处、朱湖办事处
汉川市	27个（2个街道、14个镇、6个乡、4个农场、1个开发区）	仙女山街道、汈东街道、开发区（新河镇）、马口镇、脉旺镇、分水镇（含三星垸水稻原种场）、城隍镇、庙头镇、杨林沟镇、田二河镇、回龙镇、沉湖镇、垌塚镇、新堰镇、刘家隔镇、麻河镇、马鞍乡、南河乡、西江乡、湾潭乡、里潭乡、韩集乡、汈汊湖养殖场、华严农场、中洲农场
应城市	17个（5个街道、10个镇、1个良种场、1个开发区）	开发区、城中办事处、城北办事处、四里棚办事处、东马坊办事处、长江埠办事处、田店镇、杨河镇、三合镇、郎君镇、黄滩镇、天鹅镇、陈河镇、义和镇、杨岭镇、汤池镇、南垸良种场
云梦县	13个（9个镇、3个乡、1个开发区）	城关镇、义堂镇、倒店乡、曾店镇、吴铺镇、伍洛镇、沙河乡、下辛店镇、道桥镇、隔蒲潭镇、胡金店镇、清明河乡、开发区
安陆市	16个（2个街道、9个镇、4个乡、1个开发区）	赵棚镇、陈店乡、李店镇、巡店镇、辛榨乡、棠棣镇、木梓乡、雷公镇、王义贞镇、烟店镇、孛畈镇、洑水镇、接官乡、府城街道、南城街道、开发区
大悟县	20个（14个镇、3个乡、1个开发区、2个管委会）	城关镇、阳平镇、芳畈镇、新城镇、夏店镇、刘集镇、河口镇、四姑镇、吕王镇、黄站镇、宣化店镇、丰店镇、大新镇、三里城镇、东新乡、高店乡、彭店乡、县开发区、高铁试验区、悟峰山度假区
孝昌县	14个(8个镇、4个乡、1个开发区、1个管委会)	花园镇、卫店镇、王店镇、小河镇、周巷镇、丰山镇、邹岗镇、白沙镇、花西乡、季店乡、小悟乡、陡山乡、开发区、观音湖
市高新区	3个办事处	孝天办事处、丹阳办事处、槐荫办事处
市临空区	1个乡	闵集乡
市双峰山	0	
合计	128个[108个街道、乡镇（13个街道、72个镇、23个乡），7个农场（5个农场、1个原种场、1个良种场），7个开发区，3个管委会，市高新区3个办事处]。	

【人口】 2022年，全市总户数为1626825户，总人口为5003017人，其中男性为2645576人，女性为2357441人；其中城镇人口1951403人，农村人口3051614人。全市户籍人口城镇化率为39.00%。全年出生人口2.6万人，出生率5.19‰，死亡人口3.19万人，死亡率6.35‰，人口自然增长率-1.16‰，迁入人口4898人，迁出人口33047人，人口机械负增长28149人。

【民族】 孝感属于少数民族散杂居地区，现有42个少数民族，散居少数民族人口1万余人，占全市总人口的0.26%，没有民族村、民族乡等聚集少数民族区域，超过千人的少数民族有土家族、回族和壮族，百人以上的有蒙古族、苗族、满族、侗族等。从甘肃、青海、新疆等地来孝感务工经商求学少数民族流动人口

6000余人，有35个民族，主要是回族、维吾尔族和土家族，其中务工经商人员3400余人。

全市有新疆籍少数民族集中务工经商求学人员434人，其中集中务工企业4家157人；零散经商人员238人，主要从事烧烤、卖干果；学生39人。

【宗教】 全市有佛教、道教、伊斯兰教、天主教、基督教，现有信教人数8.4万余人，其中佛教5万人、道教1.2万人、天主教1.1万人、基督教0.8万人、伊斯兰教0.3万人；登记宗教活动场所171处，其中佛教133处、道教7处、天主教15处、基督教15处、伊斯兰教1处；备案宗教教职人员184人，其中佛教154人、道教4人、天主教10人、基督教14人、伊斯兰教1人；宗教团体15个，其中市级3个(市佛协、市基督教协会、市基督教“三自”爱国运动委员会)，县级宗教团体12个(孝南区佛协、孝南区道协、孝南区伊协、汉川市基督教协会、汉川市佛协、云梦县基督教协会、云梦县佛协、安陆市道协、安陆市基督教协会、大悟县基督教协会、大悟县基督教“三自”爱国运动委员会、孝昌县佛协)。

【遗址】 根据第三次全国文物普查的统计，孝感市目前有古遗址857处。其中全国重点文物保护单位4处：分别是应城门板湾遗址、应城陶家湖遗址、孝南叶家庙遗址和孝昌草店坊城遗址。

门板湾遗址。应城市城北街道办事处星光村门板湾，新石器时代，全国重点文物保护单位。是一处以城址为中心聚落，城外分布有数个半从属聚落的新石器时代大型聚落遗址，遗址规模约110万平方米，城址在大遗址的中部，城址略呈方形，面积约20万平方米。其中西垣保存最好，至今高出地面3~4米，城内东北部和西北部各有一个面积较大的高台地；城垣外有壕沟，西城壕最明显。

在门板湾遗址上发现大型房屋建筑，面阔16.5米，进深7米，建筑总面积为115.5平方米，由土坯砖砌成，墙体保存高度平均约1.5米，最高处达2.2米。大型房屋内分四室，外有走廊，门窗结构、火膛等皆保存较好，为迄今新石器时代考古发现之最，对研究中国古代建筑，以及探讨家庭、私有制起源等都有着很高的价值。房子周围有由围墙构成的面积达450平方米的大型院落。

门板湾遗址群是5000年中华文明史的象征之一，也是长江中游文明史上具有代表性的一处文化遗产。一方面，它是长江中游地区新石器时代文化中等级较高的一处聚落群，突出表现了长江中游地区新石器时代文化鼎盛期人地关系、文化发展、社会分化等方面的特征，在研究新石器时代晚期的社会演进、文明的起源、文化交流中具有突出地位。另一方面，城址及半从属聚落，对研究当时的防卫设施、中心聚落与半从属聚落的关系，社会组织结构有重要意义。(见《江汉考古》1980年第2期、1989年第2期、1999年第1期,《考古》1986年第7期,《中国文物报》1999年4月4日,《江汉考古》2000年第1期)

门板湾遗址一号房址

陶家湖遗址

陶家湖遗址。应城市汤池镇方集村，四龙河与陶家河交汇处，全国重点文物保护单位。据应城光绪志载，“县西南汤池团陶家湖有古城，城址尚存，故老尤能指其处。但城名无考，不知何代置”。经调查，原有陶家湖，今尚能观其遗迹。陶家湖古城遗址地处平缓的丘陵地带，平面呈椭圆形。南北长约1000米，东西最宽约850米，总面积约67万平方米，整个城址为土筑城垣，高出地面1~4米，西城垣保存最好，城垣外有壕沟环绕。现代村落陶东、陶西湾坐落在城内南部台地上，在台地东侧河沟断面上，有大量红烧土和完整的陶器，似与建筑有关；在城内采集标本多为陶器，器形有鼎、碗、圈足盘、豆、盆、瓮、红陶杯等，其年代应为屈家岭文化至石家河文化时期。陶家湖古城遗址的发现，对长江中游地区新石器时代的考古提供了新的资料，对研究两湖地区古城址出现的历史背景、社会属性具有较高价值。

叶家庙遗址。孝感市朋兴乡叶家庙村和七份村(包含叶上湾、叶下湾、陈家塘、何家埠和杨家咀5个自然村），新石器时代、周，市级文物保护单位。遗址东南距孝感市区6千米，孝感至白沙公路从遗址东面通过，西面和西北角为澴水故道。海拔高度28~30米。中心地理坐标为东经113°54′、纬度34°30′，面积约6000平方米，文化层厚1.5米左右。采集新石器时代陶片以夹砂橙黄陶为主，有少量泥质黑、灰陶，纹饰有篮纹，器形有鼎、罐、器座等；周代陶片以泥质灰陶为主，有少量夹砂红陶，纹饰有绳纹、指甲纹，器形有鬲、甗等。2008年发掘，发现有新石器时代城垣，东西长550米，南北宽650米，面积约30万平方米，有城门和环濠；城内发现生活区，城外发现墓葬区，是一座大型新石器时代城址；在城址周边5千米范围内至少11个同一时期的遗址，证明该区域是一个大型新石器时代聚落群。

草店坊城遗址。又名百灵王城遗址，孝昌县花园镇中心村草店陈湾东40米，战国、汉、六朝，省级文物保护单位，面积约15万平方米。城址平面呈不规则方形，东、南、西、北垣分别长420米、260米、257米、340米。城垣基宽10~40米，残高2~3.5米。城外有护城河遗迹。1989年勘探，城内文化层厚1.2米左右。采集战国陶片以泥质灰陶为主，有少量夹砂红陶，纹饰有绳纹、附加堆纹，器形有鬲、豆、罐、盆、瓮等；汉代陶片均为泥质灰陶，纹饰有绳纹、瓦楞纹，器形有罐、盆及筒瓦、板瓦等；六朝陶片以泥质灰陶为主，泥质灰黄陶次之，纹饰有卷云纹、乳点纹，器形有碗及建筑装饰部件等。（见《江汉考古》1990年第2期、《考古》1991年第1期）

经济社会发展

【概况】 初步核算，全年全市实现地区生产总值2776.97亿元，比上年增长5.2%。其中，第一产业增加值398.00亿元，比上年增长3.5%；第二产业增加值1151.82亿元，增长9.0%；第三产业增加值1227.16亿元，增长2.4%。三次产业结构由上年的14.9:39.4:45.7调整为14.3:41.5:44.2。人均地区生产总值为66299元，比上年增长6.2%。

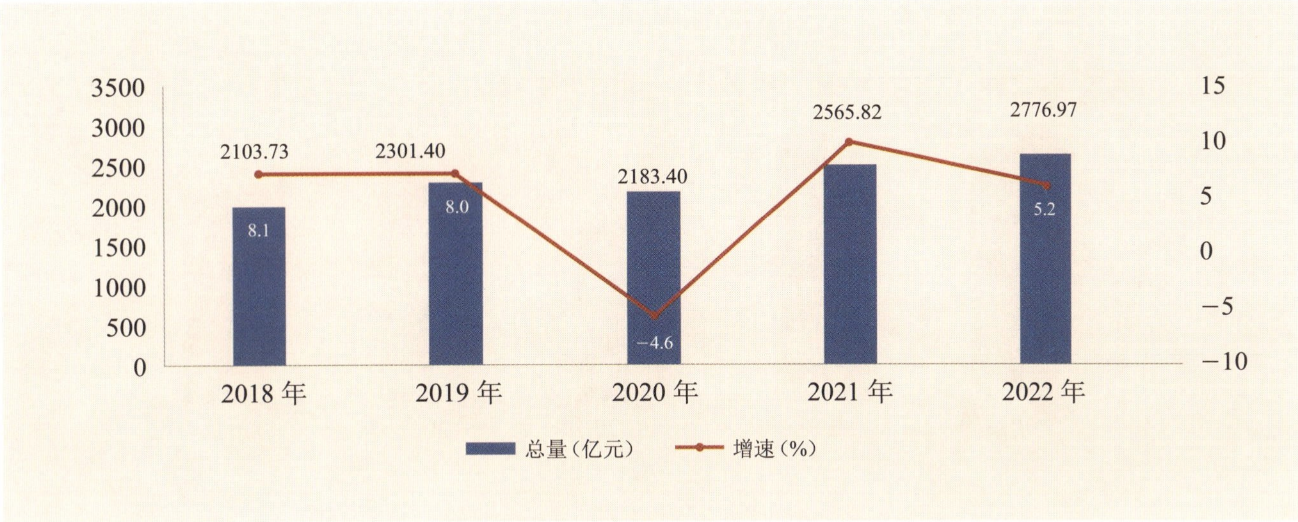

图5　2018—2022年孝感地区生产总值及其增速

价格运行略有上涨。全年全市居民消费价格指数同比上涨1.6%。分类别看，八大类的商品价格指数呈“五升三降”的态势。其中，交通和通信、食品烟酒、教育文化和娱乐、其他用品和服务、生活用品及服务类商品价格环比分别上涨4.3%、3.1%、1.4%、1.3%、1.0%；医疗保健、居住、衣着类商品价格环比分别下降0.3%、0.2%、0.1%。

市场主体不断发展。全市各类市场主体总数达41.77万户，全年新登记市场主体9.11万户，其中新登记私营企业1.21万户，新登记个体工商户7.78万户。

就业形势基本稳定。全年全市城镇新增就业5.18万人，年末全市城镇登记失业率为3.07%。

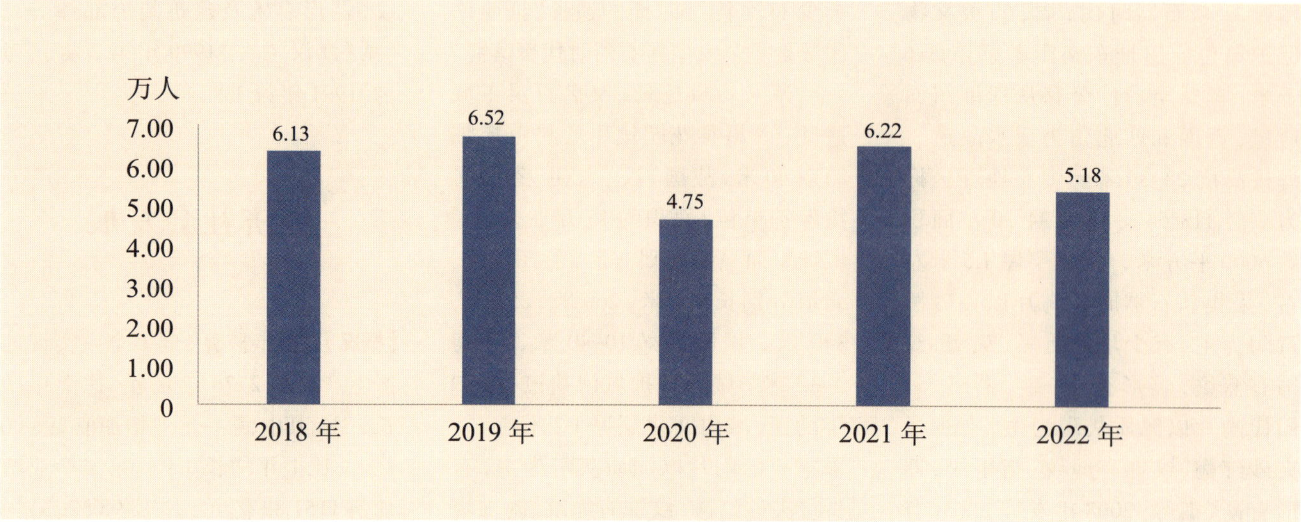

图 6　2018— 2022 年孝感城镇新增就业人员

【农业】 全年全市实现农林牧渔业增加值428.67亿元,比上年增长4.1%。

全年全市粮食总产量234.80万吨，比上年下降0.6%，连续10年稳定在200万吨以上，产量和增幅均居全省第5位；种植面积353.53千公顷，增长0.03%。

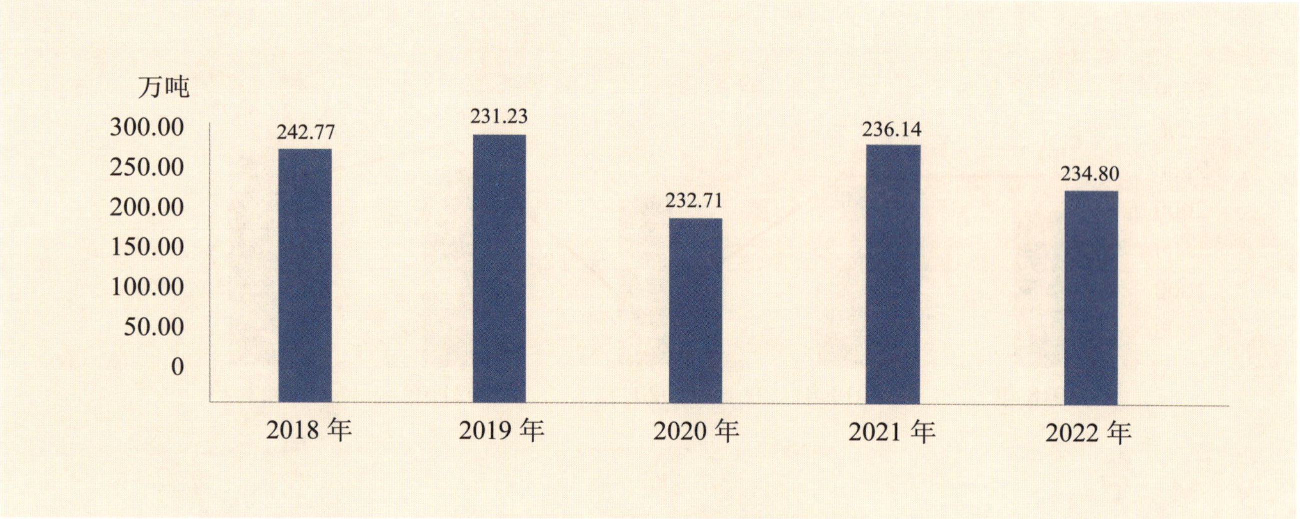

图 7　2018— 2022 年孝感粮食产量

全年全市棉花总产量0.78万吨，比上年下降2.0%；油料总产量30.97万吨，增长8.8%；蔬菜总产量471.68万吨，增长2.4%；水果总产量51.85万吨，增长0.1%。

全年全市生猪出栏299.45万头，比上年增长4.2%；家禽出笼8573.60万只，增长2.3%；禽蛋产量28.97万吨，增长6.3%。

全市水产品产量44.82万吨，比上年增长3.6%。

表 5

2022 年全市主要农产品产量

主要产品	单位	产量	比上年增长(%)
粮 食	万吨	234.80	−0.6
棉 花	万吨	0.78	−2.0
油 料	万吨	30.97	8.8
蔬 菜	万吨	471.68	2.4
水 果	万吨	51.85	0.1
生猪出栏	万头	299.45	4.2
家禽出笼	万只	8573.60	−2.3
禽 蛋	万吨	28.97	6.3
水产品	万吨	44.82	3.6

【工业和建筑业】 全年全市全部工业增加值1055.33亿元,同比增长8.7%。全市 1292 家规模以上工业企业增加值同比增长 11.9%。其中,国有企业下降 5.1%;股份制企业增长 12.7%;外商及港澳台投资企业增长 5.0%;其他经济类型企业增长 4.9%。轻工业增长 9.5%;重工业增长 14.3%。分门类看,采矿业下降 3.1%,制造业增长 11.5%,电力、热力、燃气及水生产和供应业增长 20.1%。

全年全市高技术制造业增加值同比增长 25.9%,占规模以上工业增加值的比例为 5.5%。

全年全市规模以上工业销售产值同比增长 16.1%,产品销售率为 96.1%,出口交货值比上年下降 17.5%。全市食品饮料、纺织服装、盐磷化工、纸塑包装、建材、高端装备制造、新能源汽车及零部件、光电子信息、大健康、新材料等十大重点产业实现增加值同比增长 6.8%,占规模以上工业增加值比例的 80.1%。

表 6

2022 年全市主要工业产品产量

主要产品	单位	产 量	比上年增长(%)
原 盐	万吨	566.4	3.9
饮 料	万吨	76.7	2
纱	万吨	109.5	29.1
服 装	万件	13392.3	16.9
纸制品	万吨	293.3	17.5
纯 碱	万吨	174.3	−0.1
大 米	万吨	178.3	−1.8
化 肥	万吨	115.4	−2.3
塑料制品	万吨	60.8	0.5
中成药	万吨	6.3	−17.1
水 泥	万吨	251.9	−11.1
钢 丝	万吨	14.0	22.8
粗 钢	万吨	41.9	−24.6
钢 材	万吨	12.8	−49.6
商品混凝土	万立方米	734.0	10.3
灯具及照明装置	万套(台、个)	1387.1	21.1
发电量	亿千瓦时	230.2	9.7

全年全市规模以上工业企业实现营业收入3591.05亿元,比上年增长19.4%;实现利润150.33亿元,增长20.3%。营业收入过10亿元企业81家,过20亿元企业29家,过50亿元企业2家。

全年全市具有总承包和专业承包资质建筑企业完成总产值453.06亿元,比上年增长13.1%;全年签订合同额708.20亿元,增长7.7%。

【固定资产投资】 全年全市完成固定资产投资(不含农户)比上年增长18.3%。按产业划分,全市一、二、三次产业投资分别增长−7.7%、26.6%和13.6%。分领域看,基础设施投资、工业投资和房地产开发投资分别增长48.6%、26.8%和−4.1%。民间投资增长10.3%。补短板强功能建设加快推进,工业技术改造投资增长14.5%,高技术制造业投资增长44.1%。

全年全市商品房销售面积301.44万平方米,比上年下降33.8%;商品房销售额156.97亿元,下降36.6%。

全年全市500万元以上在库投资项目1838个,其中新开工项目1127个。

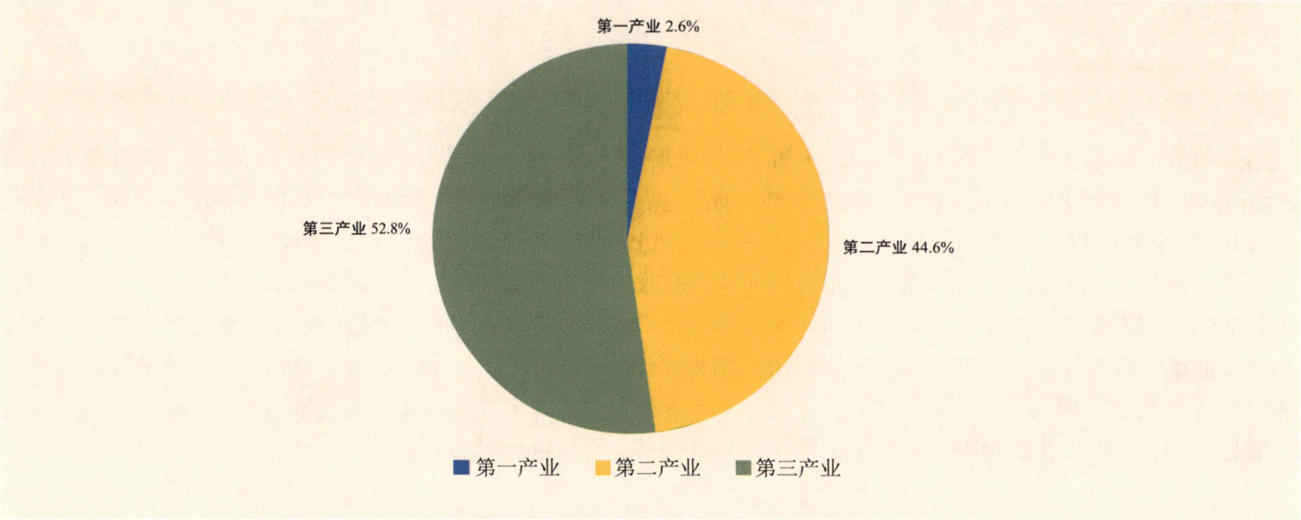

图8 2022年孝感三次产业投资占固定资产投资(不含农户)比重

【国内贸易】 全年全市实现社会消费品零售总额1241.05亿元,比上年增长3.6%。按经营地分,城镇消费品零售额943.82亿元,同比增长3.5%;乡村消费品零售额297.23亿元,同比增长4.1%。按消费类型分,商品零售1097.24亿元,同比增长3.7%;餐饮收入143.81亿元,同比增长3.1%。

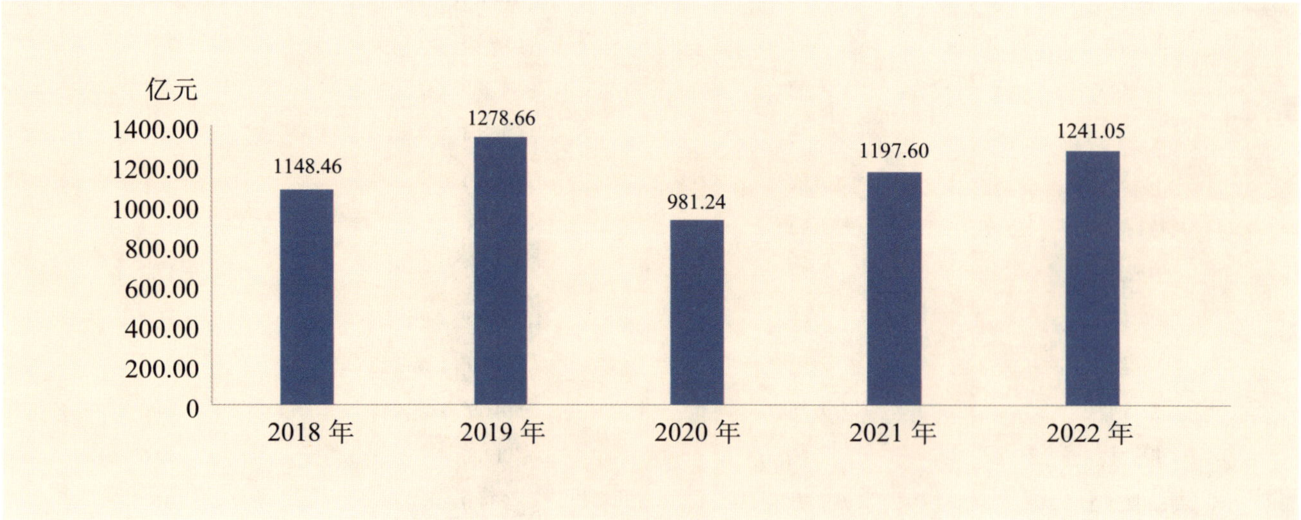

图9 2018—2022年孝感社会消费品零售总额

【对外经济】 全年全市外贸进出口总额173.8亿元,比上年增长28.7%。其中,出口总额148.5亿元,增长29.1%,进口总额25.3亿元,增长26.5%。外商直接投资(FDI)16359万美元。

【交通运输和邮电通信】 年末全市公路总里程18357千米,比上年增长1.6%。其中高速公路475千米,一级公路446千米,二级公路1416千米,三级公路863千米,四级公路15157千米。全年新(改)建等级公路283千米。

全年全市邮政行业业务收入(不包括邮政储蓄银行直接营业收入)累计完成26.24亿元,同比增长13.0%。其中,快递业务量2.31亿件,快递业务收入14.26亿元。全市电信业营业收入30.38亿元,增长6.5%。

【财政、金融和保险】 全年全市实现财政总收入227.37亿元,比上年增长2.5%。地方一般公共预算收入137.21亿元,可比增长11.3%。其中,税收收入112.23亿元,增长17.4%。地方一般公共预算支出428.37亿元,增长5.7%。

年末全市金融机构本外币各项存款余额3506.16亿元,比年初增加389.15亿元。其中,住户存款2773.63亿元,比年初增加417.77亿元。金融机构本外币各项贷款余额2090.53亿元,比年初增加240.03亿元。

全年全市保险行业实现保费收入84.39亿元,比上年增长1.12%。其中,财产险保费收入20.95亿元,增长2.43%;人身险保费收入63.44亿元,增长0.69%;支付各类赔款及给付26.10亿元,增长5.59%;其中,财产险赔款支出14.32亿元,增长1.32%;人身险赔付支出11.78亿元,增长11.28%。

【教育和科学技术】 全市共有幼儿园713所,在园幼儿11.82万人;普通小学438所,招生4.43万人,在校生28.02万人,毕业生4.68万人;初中招生4.59万人,在校生13.69万人,毕业生4.05万人;普通高中招生2.59万人,在校生7.34万人,毕业生2.19万人;中等职业教育招生1.01万人,在校生3.04万人,毕业生0.94万人。九年义务教育巩固率为99.2%,高中阶段毛入学率为98.3%。

年末全市共有“两心一室”(企业技术中心、工程研究中心,工程实验室)省级以上创新平台51个。其中,省级以上工程研究中心(工程实验室)共11家,含国家级工程研究中心(工程实验室)2家;省级以上企业技术中心共34家,含国家级企业技术(分)中心4家。

全市共有检验检测机构78个,省级以上质检中心2个。颁发有效认证证书4077张。建立社会公用计量标准156项,全年强制检定计量器具4.58万台件。

全市地震基本站6个,地震烈度仪(一般站)26套。

全年全市高新技术产业实现增加值491.56亿元。全年共登记科技成果55项。全年共签订技术合同2609项,技术合同成交金额97.37亿元,合同金额比上年增长176.3%。认定高新技术企业267家,高新技术企业总数达到603家,科技型中小企业评价入库1505家。

【文化旅游、卫生和体育】 全市共有8个图书馆、8个文化馆(群艺馆)、14个博物馆;有119个乡镇级综合文化服务中心,2058个村级综合文化服务中心。全年送戏下乡781场,戏曲进校园303场,公益电影放映3.1万场。累计建成开放城市书房29座,建成省级新全民健身工程18个,新增(改造)健身场地10万平方米以上。

全年全市共接待游客2925.27万人次,比上年增长1.8%,旅游综合收入181.05亿元,增长1.6%。

全市共有医疗卫生机构(不含村卫生室)494个。其中,医院78个,社区卫生服务中心(站)46个,乡镇卫生院113个,门诊部23个,诊所、卫生所、医务室190个,其他卫生机构44个。全市共有卫生机构人员3.58万人,其中卫生技术人员2.82万人、执业(助理)医师0.99万人,注册护士1.24万人。全市共有卫生机构床位2.97万张,其中医院2.02万张。全年总诊疗人次2025.00万人次,出院人数74.25万人。

全市共有6个公共体育场、7个公共体育馆。全市社会体育指导员14867人,其中国家级122人。全年全市运动员在各类全国比赛中,获冠军4项次、亚军8项次、季军12项次;在各类全省比赛中获冠军41项次、亚军53项次、季军50项次。

【人口、居民生活和社会保障】 年末全市常住人口418.58万人,其中城镇人口259.23万人,城镇化率达到61.93‰。年末全市户籍总人口500.30万人。全年出生人口2.60万人,出生率5.21‰;死亡人口3.19万人,死亡率6.37‰,人口自然增长率为-1.16‰。

全年全市城镇常住居民人均可支配收入41596元,比上年增长6.9%;农村常住居民人均可支配收入20913元,增长8.1%。

全年全市参加城镇职工基本养老保险92.97万人,其中在职职工61.13万人,离退休人员31.84万人;参加城乡居民养老保险265.99万人;参加职工基本医疗保险43.88万人;参加城乡居民基本医疗保险383.55万人;参加工伤保险35.09万人;参加生育保险28.36万人;参加失业保险人数26.28万人,年末领取失业保险金人数0.19万人。

全年全市城镇居民最低生活保障对象2.59万人,农村居民最低生活保障人数13.87万人。国家抚恤、补助各类优抚对象4.2万人,年末全市养老机构143家(不含军休所),城乡社区养老服务设施覆盖率分别达到94.3%和83.3%。

【资源、环境和应急管理】 全年全市国有建设用地供应总量4.94万亩,比上年增长70.8%。其中,工矿仓储用地1.87万亩,房地产用地0.42万亩,基础设施用地2.65万亩。

全年全市万元地区生产总值用水量为88.1立方米,比上年下降9.8%。万元工业增加值用水量为31立方米,下降23.8%。

全年全市完成造林面积22.16万亩,其中人工造林面积7.76万亩,占全部造林面积的35.0%。森林抚育面积6.84万亩。

全年全市孝感市中心城区PM_{10}年均浓度67微克/立方米,$PM_{2.5}$年均浓度41微克/立方米,空气质量优良率达到80.8%。全市纳入国家和省"十四五"考核的13个地表水断面累计全部达标,水质优良比例达100%。

全年全市平均气温为17.9℃,比上年偏高0.2℃。

全年全市共发生各类生产经营性事故95起,比上年下降22.8%,其中交通事故84起,工矿商贸企业事故11起。死亡99人,比上年下降19.5%,其中交通事故死亡人数84人,工矿商贸企业事故死亡15人。受伤35人,下降20.5%。直接经济损失1376.42万元,下降20.1%。

(市统计局)

中国共产党孝感市委员会

中国共产党孝感市委员会

综　述

【概况】 2022年,中共孝感市委坚持以习近平新时代中国特色社会主义思想为指导,深入贯彻党的二十大和习近平总书记关于湖北工作重要讲话精神,全面落实省第十二次党代会决策部署,按照“疫情要防住、经济要稳住、发展要安全”重要要求,统筹疫情防控和经济社会发展,统筹发展和安全,一体推进改革发展稳定民生保障工作,一体推进政治经济社会组织建设,一体推进党风政风民风优化,全市经济承压前行,稳住了经济大盘,保持了社会和谐稳定,全市地区生产总值、规上工业增加值、固定资产投资、社会消费品零售总额、地方一般公共预算收入,全年同比分别增长5.2%、11.9%、18.3%、3.6%和11.3%,交出了一份稳中有进、殊为不易的答卷。

【学习贯彻党的二十大精神】 坚持“思想引领、学习在先”,把学习贯彻党的二十大和习近平总书记考察湖北重要讲话精神与贯彻落实省第十二次党代会精神结合起来,市委理论学习中心组组织专题学习17次、集中研讨5次。认真贯彻落实党的二十大精神,积极参加省委举办市厅级领导干部学习贯彻党的二十大精神培训班,组织市、县两级集中收听收看省委书记王蒙徽同志的辅导报告。召开市委七届五次全会,出台《中共孝感市委关于认真学习宣传贯彻党的二十大精神的决定》,形成1个决定、1个工作安排、4个子方案的“1+1+4”宣传宣讲、贯彻落实体系,对全市全面学习、全面掌握、全面落实党的二十大精神作出系统部署。举办全市县处级领导干部学习贯彻党的二十大精神集中培训班,组织开展全覆盖、深层次、多形式的宣传宣讲,在全市掀起学习传达贯彻党的二十大精神的热潮。多层面开展省第十二次党代会精神学习研讨,深化落实省第十二次党代会和省委书记王蒙徽在孝感调研讲话精神,出台《孝感市贯彻省第十二次党代会精神全力打造武汉都市圈重要节点城市的落实方案》,完成《孝感市流域综合治理和统筹发展规划》编制工作,围绕“武汉都市圈重要节点城市”战略定位,进一步深化市情认识,认真研究孝感与武汉的关系、主城区集聚发展不够等问题,深化孝汉同城、推动主城崛起、实施强县工程、做强多元支撑,加快建设“两城三基地”(中华孝文化康养名城、全国先进制造业强市,武汉都市圈产业协作配套基地、农产品保供与物流基地、农文旅融合发展基地),努力把孝感打造成武汉都市圈生态安全和产业集聚的重要节点,为湖北建设全国构建新发展格局先行区贡献力量。

【经济态势企稳向好】 市委因时因势加强调度,定期研究经济工作,政府每月分析调度,先后出台落实党中央和省委稳经济大盘一揽子政策的124条清单、接续政策“94条”和稳增长“20条”,在全省率先开展“联企业、送政策、解难题、稳主体”帮扶活动,迅速把党中央和省委助企纾困政策直达市场主体。全市新增“四上”企业279家,其中规上工业企业173家、总数达1292家;累计新增退税减税降费34.4亿元,减征企业社保费1.7亿元,缓缴企业社保6215万元,对企业贷款延期还本、延期付息、“无还本续贷”共94.24亿元。全市新登记市场主体899万户,同比增长57.84%,增速居全省第3位。

【项目质效持续提升】 坚持“三资一促”,持之以恒招商引资,构建两名“四大家”班子成员、一名二级巡视员、N名市直单位负责人的“2+1+N”招商体系,全市新签约亿元以上项目367个、总投资3495.7亿元,引进百亿元以上项目6个。抢抓机遇立项争资，共争取上级竞争性资金近100亿元，重大事项和试点示范37个。发行政府专项债券项目120个、转贷资金78.3亿元，转贷额度增加52.8亿元，增幅208%。锲而不舍筑台融资，全市金融机构各项贷款余额2062.92亿元，同比增长13.8%。澴川国投首次成功获批3亿美元境外债，中一科技创业板上市，新增13家省级上市后备“金种子”企业。全面推动项目建设，坚持开展“三区”项目“四看四比”拉练，全年集中开工亿元以上项目600个，总投资3705亿元。23个省级重点项目完成投资92.9亿元，进度超出预计39%。楚能新能源锂电池、祉星纸业、京港澳高速改扩建孝感段、武天高速汉川段等一批投资过百亿元的重大项目顺利推进。

【发展动能积蓄壮大】强化科技创新，全面对标“三高地、两基地”，积极融入光谷科创大走廊，积极对接全省五大优势产业，统筹推进传统产业转型升级，推动战略性新兴产业和高新技术制造业倍增发展，突破性发展光电子信息、新能源汽车及零部件产业。孝感在电动汽车及零部件领域跟跑抢跑，楚能锂电池产业园由省委书记、省长亲自见证签约落户，正日夜兼程、加快建设。完成制氢、储氢、氢燃料电池汽车整车及零部件的布局和起步工作，湖北葛化中极氢能源公司是省内规模最大的高纯氢充装工厂，承担省内大多数加氢站的供氢任务；三江江北公司已完成氢气瓶高压容器生产资格许可取证工作，具备车用储氢瓶批量生产条件；三江万山与清华大学车辆与运载学院合作研发的两型液氢重型货车样车已总装下线，自主研发的18吨级气态氢能源重卡下线、年底可获得整车生产资质。2022年，全市新认定高新技术企业267家，高新技术企业总数达到597家，高新技术产业实现增加值491.6亿元，居全省第5位，增长13.5%，增幅居全省第5位，高新技术产业增加值占GDP的比重达到17.7%。发挥改革的突破和先导作用，主城区城市管理综合执法“市级统筹、区级主责、街道主战”机制正式运行，国企改革三年行动工作任务全面完成，市域社会治理现代化试点、“互联网+监管”改革等重大改革事项顺利推进。促进对外开放，全市外贸进出口173.8亿元，同比增长28.7%，高于全省平均水平12个百分点；实际利用外资1.6亿美元，总量居全省第2位，全省招商引资暨利用外资工作现场会在本市召开。积极优化营商环境，“一门进驻”“一网通办”全面落地，全市上线“高效办成一件事”主题事项37项，“12345”热线“一号对外”，政务服务“好差评”全覆盖，首批19个行业“一业一证”改革全面落地，工业项目“五证同发”数量和面积全省第一。

【城乡一体融合发展】坚持区域协调，孝汉同城不断深化，67个重大项目、38个重大事项滚动推进，新签约亿元以上项目124个、总金额1207.7亿元。主城“三区”协同发展，“四大片区”提速扩面，“五城同创”向内圈层拓展，谋划市政基础设施项目383个，开工城区基础设施补短板三年攻坚行动项目81个，实施老旧小区改造240个，建成停车场（楼）20个，海绵城市试点建设通过国家三部委绩效评价，主城能级加快提升。强县工程全面推进，115项扩权赋能强县改革权限下放，135项“双直达”事项顺利推进，汉川市“全国百强县”中进6位、居第91位，应城市在“中部百强县”中进3位、居第65位，孝南区获评中国生活卫生用纸产业之都和中国营商环境百佳试点，云梦获评全省“两业”融合试点县，孝昌获批省级全域旅游示范区。乡村振兴有序实施，统筹县城、乡镇、村庄三级服务体系，实施“功能镇区”年度项目334个，已开工建设297个。编制完成177个和美乡村示范村规划，推动56个村湾开展共同缔造试点建设。新增“三品一标”企业86家、产品305个，创建全国“一村一品”示范村镇2个、全省“百县千乡万村”乡村振兴示范村镇48个。

【民生福祉不断提升】坚持人民至上，建成零工驿站15家，全市城镇新增就业5.9万人，城镇登记失业率控制在3%以下。科学编制流域综合治理和统筹发展规划，“三区三线”划定顺利完成，全省重大水利项目集中开工活动在孝感举行，河湖长制、林长制深入实施。深入打好污染防治攻坚战，国控断面水质达标率、优良率100%，空气优良率80.3%，获批全国农村黑臭水体整县推进治理试点城市，孝感、安陆、应城、云梦获评省级生态文明建设示范市（县）。成功获得省第十七届运动会承办权，奥体中心开工建设。落实落细常态化防控措施，及时处置输入性疫情。分级分类化解矛盾纠纷，孝感市信访局获评全国信访系统先进集体。严格落实安全生产责任制，国务院安委会考核巡查获得优秀等次。“情指勤舆”一体化实战化，“六大攻坚战”“十大专项行动”成效明显，平安孝感建设扎实推进，人民群众的获得感、幸福感、安全感不断提升。

【干部作风更加务实】坚持党建引领，采取“1+1+5”模式深入推进党史学习教育常态化长效化，扎实开展“下基层察民情解民忧暖民心”实践活动。市县两级“四大家”领导班子成员深入企业、社区、村走访调研8470次，收集问题2987个，已解决2846个。坚持“五共”理念和方法，确定市县两级共同缔造试点81个。聚焦“五问”开展支部巡整和突出问题专项整治，乡镇“五小”场所和周转房建设被中组部作为典型案例备选。组织开展学理论、学政策、学业务，立目标、立标准、立规矩“三学三立”活动，推动干部能力作风建设向关键层、内圈层拓展，向骨干层、基础层覆盖。公开全市目标考核序位化排名，及时开展换届后班子运行评估，树牢实干实绩导向，及时奖励做法被全省推介。

（撰稿：褚明）

重要会议

【中共孝感市第七届委员会第二次全体(扩大)会议暨市委经济工作会议】 1月4日，市委七届二次全体(扩大)会议暨市委经济工作会议召开，深入学习贯彻党的十九届六中全会和中央经济工作会议精神，认真贯彻落实省委十一届十次全会和省委经济工作会议精神，审议通过《中共孝感市委贯彻落实〈中共湖北省委关于进一步加强党的政治建设坚持“两个确立”做到“两个维护”的决定〉责任分解方案》，进一步加强党的政治建设，增强“四个意识”、坚定“四个自信”、做到“两个维护”，客观总结2021年经济工作，科学分析当前形势，研究部署2022年经济工作。市委书记吴海涛主持会议并讲话。市委副书记、市长熊征宇安排部署经济工作。

【中共孝感市第七届委员会第三次全体会议】 中国共产党孝感市第七届委员会第三次全体会议于2022年1月13日召开。全会由市委常委会主持，市委书记吴海涛出席并讲话。全会听取了市委常委、组织部部长杭莺向全会作的《关于孝感市推荐提名湖北省出席党的二十大代表候选人情况的说明》，与会同志讨论并表决通过了孝感市推荐提名湖北省出席党的二十大代表候选人名单。

【中共孝感市第七届委员会第四次全体会议】 4月23日，中国共产党孝感市第七届委员会第四次全体会议举行，投票表决确定孝感市出席中国共产党湖北省第十二次代表大会代表候选人预备人选，表决通过《关于召开中国共产党孝感市代表会议的决议》。全会由市委常委会主持。市委书记吴海涛出席并讲话。全会听取了市委常委、组织部部长杭莺关于推荐提名孝感市出席省第十二次党代会代表候选人预备人选情况的说明。全会指出，即将召开的中国共产党湖北省第十二次代表大会，是我省在加快“建成支点、走在前列、谱写新篇”的关键时期召开的一次重要会议，是全省人民政治生活中的一件大事。认真做好省第十二次党代会代表选举工作，是开好大会的重要基础。市委严格按照省委要求，专题研究部署，全市各级党组织和党员积极参与推荐提名，经过自下而上、上下结合，反复酝酿、逐级遴选，推荐提名的人选在坚持党的性质、体现先进性同时，具有广泛代表性。全会依照党内有关规定，投票表决确定了45名孝感市出席中国共产党湖北省第十二次代表大会代表候选人预备人选。

【中共孝感市第七届委员会第五次全体会议】 11月21日，中国共产党孝感市第七届委员会第五次全体会议举行。全会的主要任务是，坚持以习近平新时代中国特色社会主义思想为指导，认真贯彻落实党中央决策部署和省委十二届二次全会精神，审议通过《中共孝感市委关于认真学习宣传贯彻党的二十大精神的决定》《中国共产党孝感市第七届委员会第五次全体会议决议》，推动全市党员干部群众全面学习宣传贯彻党的二十大精神，深刻领悟“两个确立”的决定性意义，增强“四个意识”、坚定“四个自信”、做到“两个维护”，全力打造武汉都市圈重要节点城市，奋力谱写中国式现代化的孝感篇章。

【中共孝感市第七届委员会第六次全体(扩大)会议暨市委经济工作会议】 12月29日，市委七届六次全体(扩大)会议暨市委经济工作会议召开。全会由市委常委会主持。全会深入学习贯彻党的二十大和中央经济工作会议精神，贯彻落实省委十二届三次全会暨省委经济工作会议精神，审议《市委常委会2022年以来传达学习贯彻落实习近平总书记重要讲话和指示批示精神情况报告》《市委常委会工作报告》《市委常委会落实全面从严治党主体责任情况报告》，听取市人大常委会、市政府、市政协、市法院、市检察院“五个党组”工作和各县(市、区)、市直“三区”党(工)委书记党管武装工作情况汇报；总结2022年全市经济工作，分析当前经济形势，部署2023年经济工作，奋力谱写全面建设社会主义现代化国家的孝感篇章。

【中共孝感市委常委会会议】 1月13日，市委常委会召开会议，传达贯彻习近平总书记重要讲话精神，听取城区政府投资年度计划项目编制情况汇报，审议全市招商引资工作、“一老一小”整体解决等方案；听取市人大常委会、市政府、市政协、市法院、市检察院党组工作汇报。市委书记吴海涛主持会议并讲话。

1月25日，市委常委会召开党史学习教育专题民主生活会。这次民主生活会，紧扣“大力弘扬伟大建党精神，坚持和发展党的百年奋斗历史经验，坚定历史自信，践行时代使命，厚植为民情怀，勇于担当作为，团结带领全市广大人民群众走好新的赶考之路，为孝感‘打造副中心、争当排头兵’提供坚强政治保证”主题，紧密联系市委常委班子和个人思想工作实际，深入查摆问题，进行党性分析，严肃认真开展批评和自我批评。

1月26日，市委常委会召开（扩大）会议，传达学习十九届中央纪委六次全会、省纪委十一届六次全会精神，研究部署全面从严治党工作；传达学习习近平总书记关于粮食安全的重要论述，持续增强粮食安全保障能力；传达贯彻省“两会”精神，研究贯彻落实意见。市委书记吴海涛主持会议并讲话。

2月9日，市委常委会召开扩大会议，贯彻落实中共中央决策部署和省委工作要求，听取部分单位党委（党组）书记述责述廉，进行民主评议，强化对各级“一把手”和领导班子的监督，压紧压实管党治党政治责任，推动全面从严治党向纵深发展，为“打造副中心、争当排头兵”提供坚强保证。市委书记吴海涛主持会议并讲话。

2月10日，市委常委会召开会议，传达学习中央和省委农村工作会议、中央一号文件精神，坚决扛实扛牢政治责任，加快农业强市建设；传达学习中央和省委政法工作会议精神，强化政治引领，守牢安全底线，建设更高水平的平安孝感、法治孝感。市委书记吴海涛主持会议并讲话。

2月22日，市委常委会召开会议，传达贯彻习近平总书记重要讲话精神，传达学习全国全省有关重要会议精神，专题研究人大、政协、组织、宣传、统战、党办和五城同创等重点工作，进一步强化对标对表，围绕中心大局，找准工作载体，强化履职担当，为加快“打造副中心、争当排头兵”贡献力量。市委书记吴海涛主持会议并讲话。

3月1日，市委常委会召开会议，学习贯彻习近平总书记重要讲话精神，审议市委常委会2022年工作要点、七届孝感市委巡察工作规划，审议乡村振兴、人口长期均衡发展、安全生产党政同责等方面文件，研究贯彻落实意见。市委书记吴海涛主持会议并讲话。

3月15日，市委常委会召开扩大会议，传达贯彻习近平总书记在十三届全国人大五次会议、全国政协十三届五次会议期间的重要讲话和全国“两会”精神，传达学习全省一季度“开门红”视频调度会议精神，听取“路长制”示范线创建和城区公交补短板工作汇报，审议市政府2022年立法计划、推动城乡建设绿色发展工作方案等文件，研究贯彻落实意见。市委书记吴海涛主持会议并讲话。

4月6日，市委常委会召开会议，传达贯彻习近平总书记对东航MU5735航空器飞行事故及当前安全生产工作的重要指示批示精神，传达学习全国全省安全生产电视电话会议精神，听取全市安全生产工作情况汇报；专题研究全市建筑业高质量发展工作，研究贯彻落实意见。市委书记吴海涛主持会议并讲话。

4月21日，市委常委会召开会议，传达贯彻习近平总书记重要讲话和指示精神，传达全国、全省生态环境保护工作会议精神，传达我省贯彻落实第二轮中央生态环境保护督察反馈问题整改动员部署会议精神，审议孝感市贯彻落实第二轮中央生态环境保护督察报告整改方案；传达学习河南郑州“7·20”特大暴雨灾害调查报告，听取全市防汛抗旱工作情况汇报。市委书记吴海涛主持会议并讲话。

5月6日，市委常委会召开会议，传达贯彻习近平总书记重要讲话和指示批示精神，听取全市耕地保护、预防未成年人违法犯罪工作情况汇报，传达全国学习贯彻《信访工作条例》座谈会精神，审议关于加强新时代网上信访工作的若干措施、创建全国双拥模范城三年行动方案等文件，研究贯彻落实意见。市委书记吴海涛主持会议并讲话。

5月30日，市委常委会召开会议，传达贯彻习近平总书记重要讲话和指示批示精神，听取关于国务院安委会考核巡查组发现问题隐患整改和全市退役军人事务工作的情况汇报，审议调整优化孝感市主城区城市管理综合执法运行机制的实施方案，研究贯彻落实意见。市委书记吴海涛主持会议并讲话。

6月13日，市委常委会召开扩大会议，深入贯彻中共中央、国务院决策部署，落实省委省政府工作要求，安排部署当前重点工作，以“增信心、防风险、稳增长、推改革”的实际成效，努力营造平稳健康的经济环境、国泰民安的社会环境、风清气正的政治环境。市委书记吴海涛主持会议并讲话。

6月22日，市委常委会召开（扩大）会议，传达贯彻省第十二次党代会精神，安排部署当前重点工作。市委书记吴海涛主持会议并讲话。

7月1日，市委常委会召开会议，传达贯彻习近平总书记在湖北武汉、在四川考察时的重要讲话精神，传达贯彻中共中央政治局会议精神和第四十次集体学习时的重要讲话精神，传达学习中央深化改革委员会第二十六次会议精神，围绕省十二次党代会精神开展交流研讨，专题研究国家统计督察反馈意见整改工作，审议党员干部“进社区、促共治、美家园”活动方案。市委书记吴海涛主持会议并讲话。

7月1日，市委常委会召开扩大会议，专题传达贯彻习近平总书记考察湖北重要讲话精神，传达学习近日省委常委会会议和省委常委会扩大会议精神，部署孝感市贯彻落实工作。市委书记吴海涛主持会议并讲话。

7月13日，市委常委会召开会议，传达贯彻习近平总书记重要讲话和指示批示精神，传达学习全国全省安全生产电视电话会议精神，审议粮食安全责任制工作清单和开展“三学三立”活动、加强干部能力作风建设的工作方案，听取上半年全面从严治党、全市自建房安全专项整治、推进全市综治中心规范化建设等工作情况的汇报，研究贯彻落实意见。市委书记吴海涛主持会议并讲话。

7月29日，市委常委会召开会议，集中交流研讨习近平总书记考察湖北重要讲话精神，传达学习栗战书委员长讲话精神暨全省人大专门(工作)委员会工作座谈会精神，传达学习全省纪检监察工作半年推进会精神，围绕落实省党代会精神专题研讨孝感打造武汉都市圈重要节点城市的目标、路径和举措，听取关于全市生态环境保护督察整改的情况汇报，研究部署老澴河槐荫河水环境常态化管理和构建大督查格局、提高抓落实质效等工作。市委书记吴海涛主持会议并讲话。

8月19日，市委常委会召开会议，传达贯彻习近平总书记重要讲话和指示批示精神，学习《美好环境与幸福生活共同缔造内涵路径方法》，传达《湖北省容错纠错工作办法(试行)》精神，传达省信访工作联席会议第一次全体会议精神，审议我市贯彻落实《信访工作条例》实施办法、推动资源服务平台下沉实施方案，听取关于《孝感市第七届人大常委会立法规划(2022—2026年)》编制工作情况、《武汉城市圈公共交通一体化促进条例》制定情况的报告，审议2021年市本级财政决算及2022年上半年全市预算执行情况的报告，研究贯彻落实意见。市委书记吴海涛主持会议并讲话。

8月29日，市委常委会召开会议，学习贯彻习近平总书记重要讲话精神和省第十二次党代会精神，研究关于开展美好环境与幸福生活共同缔造活动试点工作，审议县级党校(行政学校)分类建设的实施方案。市委书记吴海涛主持会议并讲话。

9月29日，市委常委会(扩大)会议举行，传达贯彻9月21日省委书记王蒙徽来孝调研和省长王忠林在全省重大水利项目集中开工时的讲话精神，传达贯彻9月28日省委常委会(扩大)会议精神。市委书记吴海涛主持会议并强调，全面贯彻落实党中央“疫情要防住、经济要稳住、发展要安全”重要要求，认真落实省委工作要求，聚焦聚神聚力，做好疫情防控、经济运行、社会稳定、安全生产等重点工作，着力营造平稳健康的经济环境、国泰民安的社会环境、风清气正的政治环境。

10月8日上午，受市委书记吴海涛委托，市委副书记、市长胡玖明主持召开市委常委会(扩大)会议，深入贯彻习近平总书记重要讲话和指示批示精神，进一步贯彻落实省委常委会会议精神，听取有关工作情况汇报，部署下一阶段重点工作。受市委书记吴海涛委托，10月14日，市委副书记、市长胡玖明主持召开市委常委会(扩大)会议，深入贯彻落实习近平总书记“疫情要防住、经济要稳住、发展要安全”重要要求和省委常委会会议精神，全面动员、全力以赴，一丝不苟、严紧细实做好疫情防控、安全生产、平安稳定等工作，为党的二十大胜利召开营造良好环境。

10月25日，市委常委会召开会议，深入学习贯彻党的二十大精神，传达贯彻习近平总书记重要讲话和指示精神，传达贯彻党中央、国务院和省委、省政府关于深入打好污染防治攻坚战有关文件，传达学习《中国共产党政治协商工作条例》等，听取市人大关于孝感市停车场建设和管理条例制定工作、全省市县党政领导班子和领导干部推进乡村振兴战略实绩考核工作方案的情况汇报，审议我市深入打好污染防治攻坚战实施方案、孝感城区政府投资项目年度计划(第二批)等工作。市委书记吴海涛主持会议并讲话。

11月10日，市委常委会召开会议，传达学习习近平总书记重要讲话和贺信精神，传达学习省委十二届二次全会精神和省委常委会有关会议精神，审议市委关于认真学习宣传贯彻党的二十大精神的决定等相关文件；研究经济运行、食品安全“两个责任”和房地产平稳健康发展等工作；传达近期省委关于“下基层、察民情、解民忧、暖民心”实践活动和共同缔造试点工作有关精神，研究贯彻落实意见。市委书记吴海涛主持会议并讲话。

11月18日，市委常委会召开会议，传达贯彻习近平总书记重要讲话精神，审议市委七届五次全会方案，审议市委落实省委第二巡视组专项巡视反馈问题整改工作方案，研究贯彻落实意见。市委书记吴海涛主持会议并讲话。

12月2日，市委常委会召开会议，传达贯彻习近平总书记重要讲话和指示精神，传达贯彻省委专题会议精神，部署岁末年初重点工作；审议2022年度目标考核和“以奖代补”方案、乡村建设行动实施方案、全面对接湖北省突破性发展优势产业专项工作机制等文件，研究统计监督、市政府2023年度立法计划、网络意识形态等工作。市委书记吴海涛主持会议并讲话。

12月27日，市委常委会会议召开，集中学习研讨党的二十大精神，传达学习贯彻中央经济工作会议和省委十二届三次全会暨省委经济工作会议精神，讨论拟提请市七届人大三次会议审议的《政府工作报告》等文件，听取关于市七届人大三次会议、市政协七届二次会议有关事项汇报。市委书记吴海涛主持会议并讲话。

【全市三级干部大会暨深入优化营商环境大会】 2月8日，全市三级干部大会暨深入优化营商环境大会召开。市委书记吴海涛出席会议并讲话，强调要深入学习贯彻习近平总书记关于优化营商环境的重要论述，贯彻落实全省深入优化营商环境大会精神，坚定不移推进营商环境革命走深走实，为实现“开局企稳、复元打平、再续精彩”，加快“打造副中心、争当排头兵”提供一流的环境保障，以营商环境之“优”，促一季度“开门”之“红”，保全年经济之“稳”，以优异成绩迎接党的二十大和省第十二次党代会胜利召开。

【市委农村工作会议】 2月16日，市委农村工作会议召开。市委书记吴海涛主持会议并强调，深入学习贯彻习近平总书记关于“三农”工作的重要论述，落实中央、省委农村工作会议精神，坚决扛起维护粮食安全的政治责任，巩固拓展“三项行动”成果，推动“三农”工作再上新水平。

【市委政法工作会议暨信访工作、平安孝感建设领导小组（扩大）会议】 2月16日，市委政法工作会议暨信访工作、平安孝感建设领导小组（扩大）会议召开。市委书记吴海涛主持会议并强调，要深入贯彻习近平法治思想和习近平总书记关于政法、信访工作和平安中国建设的重要指示精神，贯彻落实中央、省委政法工作会议和全国、全省信访局长会议精神，紧扣今年平安稳定工作主线，坚持价值、问题、规律导向，锚定目标，压实责任，同向发力，使命必达，为党的二十大和省第十二次党代会营造安全稳定的政治社会环境。

【市委全面依法治市委员会第五次会议】 3月1日，市委书记、市委全面依法治市委员会主任吴海涛主持召开市委全面依法治市委员会第五次会议，强调要深入学习贯彻习近平法治思想，贯彻落实省委全面依法治省委员会第五次会议精神，把法治文化融入法治实践全过程，提高运用法治思维和法治方式能力，加快补齐短板，强化真评实考，一体推进法治孝感、法治政府、法治社会建设，让法治成为孝感发展核心竞争力的重要标志，提升群众获得感幸福感安全感。

【市委党的建设工作领导小组第一次会议】 3月1日，市委党的建设工作领导小组2022年第一次会议召开，市委书记、市委党建工作领导小组组长吴海涛主持会议并强调，全面贯彻新时代党的建设总要求和新时代党的组织路线，全面加强党的政治建设，站位发展全局，强化目标导向、问题导向、效果导向，压实主体责任，夯实基层基础，永葆政治本色，提高党组织创造力、凝聚力、战斗力，为孝感高质量发展提供坚强组织保障。

【市委网络安全和信息化委员会第四次会议】 3月15日，市委书记、市委网信委主任吴海涛主持召开市委网络安全和信息化委员会第四次会议强调，深入学习贯彻习近平总书记关于网络强国的重要思想，唱响主旋律，守牢主阵地，打好主动仗，过好网信关，为“打造副中心、争当排头兵”提供强大网上舆论支持、可靠网络安全保障、有力信息化支撑，赋能高质量发展，以优异成绩迎接党的二十大和省第十二次党代会胜利召开。

【第七届市委审计委员会第一次会议】 3月15日，市委书记、市委审计委员会主任吴海涛主持召开七届市委审计委员会第一次会议，贯彻落实全国审计工作会议、省委审计委员会第六次会议和全省审计工作会议精神，审议“十四五”孝感审计工作发展规划、2022年度审计项目计划、工作要点等文件，安排部署2022年重点工作。

【市委财经委员会第四次会议】 4月6日，市委财经委员会召开第四次会议。市委书记、市委财经委员会主任吴海涛主持会议并强调，深入学习贯彻中央和省委经济工作会议及中央和省委财经委员会系列精神，落实市委经济工作会议精神，把稳增长放在更加突出位置，锚定目标，真抓实干，奋勇争先，促进经济高质量发展。

【市委全面深化改革委员会第十一次会议】 4月6日，市委全面深化改革委员会召开第十一次会议。市委书记、市委全面深化改革委员会主任吴海涛主持会议并强调，深入学习贯彻习近平总书记关于全面深化改革重要论述，落实中央和省委全面深化改革委员会会议精神，紧紧围绕党中央决策部署和省委工作要求谋划推进改革工作,坚持问题导向,聚焦精准发力,以全面深化改革赋能高质量发展。

【第七届市委外事工作委员会第一次全体会议】 4月6日,七届市委外事工作委员会第一次全体会议召开,总结2021年全市外事工作,部署2022年重点工作。市委书记、市委外事工作委员会主任吴海涛主持会议并强调,深入学习贯彻习近平外交思想,牢牢把握外事工作的正确方向,服务国家总体外交大局,服务孝感高水平开放、高质量发展。

【全市防汛抗旱工作电视电话会议】 4月26日,全省防汛抗旱工作电视电话会议后,我市召开全市防汛抗旱工作电视电话会议。市委书记吴海涛出席并强调,深入贯彻习近平总书记关于防汛抗旱和防灾减灾救灾工作的重要指示精神,落实省委省政府工作要求,绷紧思想之弦,统筹发展和安全,以更高标准、更严要求、更实举措,切实抓好防汛抗旱各项措施落实,筑牢安全底线,确保安全度汛。

【孝感市学习贯彻习近平总书记在庆祝中国共产主义青年团成立100周年大会上的重要讲话精神座谈会】 5月17日,孝感市学习贯彻习近平总书记在庆祝中国共产主义青年团成立100周年大会上的重要讲话精神座谈会举行,市委书记吴海涛出席会议并强调,深入学习贯彻习近平总书记重要讲话精神,认真贯彻落实全省庆祝中国共产主义青年团成立100周年座谈会精神,动员引领全市广大青年自觉听从党和人民召唤,勇做新时代的弄潮儿,积极投身孝感经济社会发展火热实践,为"打造副中心、争当排头兵"贡献青春力量。

【全市抗旱工作电视电话会议】 8月12日,在全省抗旱工作电视电话会议后,市委书记吴海涛主持召开全市抗旱工作会议,强调要深入贯彻习近平总书记关于防汛抗旱和防灾减灾救灾工作的重要指示精神,认真落实全省抗旱工作电视电话会议要求,坚持以人民为中心的发展思想,统筹发展和安全,聚焦"保、防、减、救"四大任务,确保各项举措落地落实,严防高温次生灾害,坚决打赢抗旱保安硬仗。

(撰稿:褚明)

重大决策

【关于2022年持续实施"三项行动"全面推进乡村振兴的实施意见】 为贯彻落实党中央决策部署和省委、市委工作要求,3月13日,中共孝感市委、孝感市人民政府印发《关于2022年持续实施"三项行动"全面推进乡村振兴的实施意见》(孝发〔2022〕1号)。全面推进乡村振兴的实施意见做好"三农"工作,稳定"三农"基本盘,坚持"稳中求进"工作总基调,牢牢守住保障粮食安全和不发生规模性返贫两条底线,持续实施"功能镇区、和美乡村、实力产业"三项行动。

坚决扛实粮食等初级农产品稳产保供政治责任。毫不放松抓好粮食生产,保障"菜篮子"产品供给,落实"长牙齿"的耕地保护硬措施,实施种业振兴行动,强化农业物质装备支撑,推进农业农村绿色发展,抓好农业防灾减灾。坚决守住不发生规模性返贫底线。健全防返贫监测帮扶机制,推动帮扶政策有效衔接,巩固提升脱贫攻坚成果,促进脱贫人口稳定增收,抓好欠发达地区帮扶。围绕"功能镇区"创建,推进县域城乡融合发展。建立健全市域国土空间规划体系,实施城乡基础设施补短板行动,实施城乡公共服务补短板行动。围绕"实力产业"打造,推动农业产业化成势见效。实施"五个一"强链工程,实施农产品品质提升行动,实施县域富民产业发展行动。围绕"和美乡村"创建,促进乡村善治善美。实施基层党组织能力强化行动,实施农村精神文明建设行动,实施平安法治乡村建设行动,实施农村人居环境整治提升行动,实施农村领域深化改革行动。加强党对"三农"工作的全面领导,优先发展农业农村。压实全面推进乡村振兴责任,强化乡村振兴要素保障,强化考评奖惩机制。

【贯彻落实《中共湖北省委关于进一步加强党的政治建设坚持"两个确立"做到"两个维护"的决定》责任分解方案】 为深入贯彻党的十九届六中全会和省委十一届十次全会精神,推进《中共湖北省委关于进一步加强党的政治建设坚持"两个确立"做到"两个维护"的决定》(鄂发〔2021〕27号)精神不折不扣落实,2022年1月4日中国共产党孝感市第七届委员会第二次全体会议通过,中共孝感市委印发《贯彻落实〈中共湖北省委关于进一步加强党的政治建设坚持"两个确立"做到"两个维护"的决定〉责任分解方案》的通知(孝发〔2022〕2号)。

深刻认识"两个确立"的决定性意义、决定性作用,坚定政治信仰,不断增强做到"两个维护"的高度自觉。深刻认识"两个确立"的重大意义,始终把"两个维护"作为最高政治原则,始终做习近平新时代中国特色社会主义思想的坚定信仰者、忠实实践者,始终把做到"两个维护"贯穿孝感工作全过程各方面,着力在服从服务党和国家工作大局中展现孝感担当,创造性贯彻落实党中央决策部署和省委工作要求，大力增进民生福祉。保持新时代赶考的清醒和坚定，提升政治能力，锤炼坚持“两个确立”、做到“两个维护”的过硬本领。提高政治判断力、政治领悟力、政治执行力，增强履职尽责本领，突出抓住“关键少数”，着力提升党组织凝聚力战斗力。永葆自我革命精神，持续涵养政治生态，不断夯实坚持“两个确立”、做到“两个维护”的政治根基。严肃党内政治生活，严明党的政治纪律和政治规矩，突出政治标准选人用人，保持“拼抢实”的状态和作风，扎实推进清廉孝感建设，深入推进法治孝感建设。加强组织领导，压实政治责任，确保坚持“两个确立”、做到“两个维护”各项举措落到实处。全面落实管党治党政治责任，强化制度保障，加强监督问责。

【中共孝感市委常委会 2022 年工作要点】 2022 年是党的二十大和省第十二次党代会召开之年，是实施“十四五”规划关键之年，是本届市委的开局之年。3 月 4 日，中共孝感市委印发《中共孝感市委常委会 2022 年工作要点》的通知（孝发〔2022〕3 号）。

工作要求：坚持以习近平新时代中国特色社会主义思想为指导，以迎接、学习、宣传、贯彻党的二十大为主线，全面贯彻党的十九大和十九届历次全会及中央、省委经济工作会议精神，深入贯彻习近平总书记考察湖北、参加湖北代表团审议时的重要讲话精神，增强“四个意识”、坚定“四个自信”、做到“两个维护”，弘扬伟大建党精神，坚持稳中求进工作总基调，把握新发展阶段，完整、准确、全面贯彻新发展理念，积极服务和融入新发展格局，推动高质量发展，坚持系统观念，深化供给侧结构性改革，统筹疫情防控和经济社会发展，统筹发展和安全，继续做好“六稳”“六保”工作，持续改善民生，巩固疫后重振决定性成果，深化全面从严治党，营造平稳健康的经济环境、安全稳定的社会环境、风清气正的政治环境，持续深化“主城崛起、两带协同、孝汉同城、多元支撑”区域发展布局，加快“打造副中心、争当排头兵”，以优异成绩迎接党的二十大和省第十二次党代会胜利召开。

【孝感市优化生育政策促进人口长期均衡发展的实施方案】 为深入贯彻落实《中共中央、国务院关于优化生育政策促进人口长期均衡发展的决定》（中发〔2021〕30 号）和《中共湖北省委、湖北省人民政府印发〈关于优化生育政策促进人口长期均衡发展的实施方案〉的通知》（鄂发〔2021〕26 号）精神，实施一对夫妻可以生育三个子女政策，进一步完善孝感市生育服务管理体系，促进人口长期均衡发展，3 月 13 日，中共孝感市委、孝感市人民政府关于印发《孝感市优化生育政策促进人口长期均衡发展的实施方案》的通知（孝发〔2022〕7 号）。

总体要求：到 2025 年，积极生育支持政策体系基本建立，服务管理制度基本完备，优生优育服务水平明显提高，普惠托育服务体系加快建设，生育、养育、教育成本显著降低，生育水平适当提高，全市出生人口性别比实现自然平衡，人口结构进一步优化，人口素质进一步提升。

主要任务：依法组织实施三孩生育政策，着力提升优生优育服务水平，加快发展普惠托育服务体系，积极营造生育、养育、教育友好环境，关怀关爱计划生育特殊家庭，多方信息共享加强人口监测。

【开展党员干部下基层察民情解民忧暖民心实践活动的实施方案】 为贯彻落实《中共湖北省委关于开展党员干部下基层察民情解民忧暖民心实践活动的通知》（鄂发〔2022〕7 号）精神，走好新时代党的群众路线，结合实际，5 月 24 日，中共孝感市委关于印发《开展党员干部下基层察民情解民忧暖民心实践活动的实施方案》的通知（孝发〔2022〕10 号）。

总体要求：坚持以人民为中心的发展思想，践行全心全意为人民服务的根本宗旨，在基层第一线发现问题，在基层第一线倾听呼声，在基层第一线汲取民智，在基层第一线解决问题，保持平稳健康的经济环境、国泰民安的社会环境、风清气正的政治环境，以优异成绩迎接党的二十大和省第十二次党代会胜利召开。

活动内容：党员干部下基层，用好“联系点”，落实“双报到”，实现“全覆盖”。深入群众察民情，突出察访重点，畅通诉求渠道，研究制定清单，接受社会监督。千方百计解民忧，推进民生实事项目，深化助企纾困活动，补齐基层基础短板。用情用力暖民心，共建美好家园，做实结对帮扶，开展宣传宣讲。

活动环节：活动从 5 月中旬开始，到今年底结束，分为四个阶段。动员部署阶段（5 月下旬），全面开展阶段（6 月底前），持续深化阶段（10 月底前），巩固提升阶段（12 月底前）。

【关于开展“三学三立”活动加强干部能力作风建设的工作方案】 为深入学习贯彻习近平总书记考察湖北重要讲话精神，推进落实省第十二次党代会决策部署，进一步改进作风提升能力，推动全市上下勇担使命、奋发有为，市委决定在全市开展“学理论、学政策、学业务，立目标、立标准、立规矩”（以下简称“三学三立”）

深冬时节，大批反嘴鹬、红脚鹬等鸟类汇聚朱湖越冬

（孝南区朱湖办事处 供图）

活动，7月20日，中共孝感市委印发《关于开展“三学三立”活动加强干部能力作风建设的工作方案》的通知(孝发〔2022〕12号)。

总体要求：坚持党委(党组)责任主体、党员干部实践主体、中层干部重点对象，聚焦突出问题，深化自我革命，推动能力作风建设向关键层、内圈层拓展，向骨干层、基础层覆盖，进一步补齐党员干部能力作风上的短板。

活动内容：通过学理论，切实用党的创新理论武装头脑、指导实践、推动工作。通过学政策，确保上级政策精神全面落地见效。通过学业务，提升党员干部专业能力、专业素养、专业精神。通过立目标，引导党员干部守底线、保及格、争先进，全面工作创一流、单项工作争第一。通过立标准，引导党员干部坚持高标引领，争做“五个一流”。通过立规矩，引导党员干部心中有规、行为有度。

【孝感市深入打好污染防治攻坚战实施方案】 为贯彻落实《中共中央、国务院关于深入打好污染防治攻坚战的意见》(中发〔2021〕40号)和《中共湖北省委、湖北省人民政府印发〈贯彻落实《中共中央、国务院关于深入打好污染防治攻坚战的意见》的若干措施〉的通知》(鄂发〔2022〕6号)精神，进一步加强孝感市生态环境保护，深入打好污染防治攻坚战，10月28日，中共孝感市委、孝感市人民政府印发《孝感市深入打好污染防治攻坚战实施方案》。

总体要求：统筹污染治理、生态保护、应对气候变化，深入打好蓝天、碧水、净土保卫战。到2025年，生态环境质量持续改善，主要污染物排放总量持续减少；单位地区生产总值能源消耗较2020年下降14%，单位地区生产总值二氧化碳排放持续下降；细颗粒物($PM_{2.5}$)浓度不高于34微克/立方米，空气质量优良天数比率不低于866%；地表水国控断面Ⅰ~Ⅲ类水体比例达到92.3%，消除劣Ⅴ类水质断面；重污染天气、地级及县级市城市建成区黑臭水体基本消除；土壤和地下水环境质量总体稳定；固体废物和新污染物治理能力明显增强；生态环境风险得到有效管控，生态环境治理体系更加完善，全市生态文明建设迈上新台阶。到2035年，广泛形成绿色生产生活方式，碳排放达峰后稳中有降，生态环境根本好转，美丽孝感建设目标基本实现。

重点任务：加快绿色低碳发展。推进碳达峰行动，服务区域发展布局，推动能源清洁转型，抓好清洁生产和能源资源节约高效利用，强化生态环境分区管控，推动形成绿色低碳生活方式。深入打好蓝天保卫战。打好臭氧污染防治攻坚战，打好车船污染治理攻坚战，打好重污染天气消除攻坚战。深入打好碧水保卫战。打好黑臭水体治理攻坚战，推进重点流域综合治理，提升饮用水安全保障水平。深入打好净土保卫战。打好农业农村污染治理攻坚战，推进农用地土壤污染防治和安全利用，管控建设用地土壤污染风险，推进固体废物综合治理，加强新污染物治理，强化地下水污染协同防治。切实维护生态环境安全。提升生态系统质量，加强生物多样性保护，强化生态保护监管和示范创建，严密防控环境风险。提升生态环境治理现代化水平。加强生态环境法治保障，完善生态环境经济政策，强化科技支撑和资金投入，加强环境基础设施建设，提升生态环境监管执法效能，强化现代化生态环境监测能力。

【中共孝感市委关于认真学习宣传贯彻党的二十大精神的决定】 为全面贯彻落实《中共中央关于认真学习宣传贯彻党的二十大精神的决定》(中发〔2022〕29号)和《中共湖北省委关于认真学习宣传贯彻党的二十大精神的决定》(鄂发〔2022〕19号)精神，切实把力量凝聚到党的二十大确定的目标任务上来，全力打造武汉都市圈重要节点城市，加快建设社会主义现代化强市，结合孝感实际，中共孝感市委做出关于认真学习宣传贯彻党的二十大精神的决定(孝发〔2022〕18号)。

充分认识党的二十大的历史地位和重大意义。党的二十大是在全党全国各族人民迈上全面建设社会主义现代化国家新征程、向第二个百年奋斗目标进军的关键时刻召开的一次十分重要的大会，是一次高举旗帜、凝聚力量、团结奋进的大会。习近平同志的报告，为新时代新征程党和国家事业发展、实现第二个百年奋斗目标指明了前进方向、确立了行动指南，是党和人民智慧的结晶，是党团结带领全国各族人民夺取中国特色社会主义新胜利的政治宣言和行动纲领，是马克思主义的纲领性文献。习近平同志继续当选中共中央总书记、中央军委主席，充分反映了全党同志和全国各族人民对习近平总书记的衷心拥护、信赖和爱戴，反映了习近平总书记在全党全军全国各族人民心中的崇高威望，反映了亿万人民紧跟党的核心、人民领袖开创更加美好未来的共同心声和坚定决心。这是党的二十大取得的最重要的政治成果。

全面准确学习领会党的二十大精神的丰富内涵和核心要义。深刻学习领会党的二十大的主题，深刻学习领会过去5年工作和新时代10年伟大变革，深刻学习领会开辟马克思主义中国化时代化新境界，深刻学习领会新时代新征程中国共产党的使命任务，深刻学习领会中国式现代化的中国特色和本质要求，深刻学习领会社会主义经济建设、政治建设、文化建设、社会建设、生态文明建设等方面的重大部署，深刻学习领会教育科技人才、法治建设、国家安全等方面的重大部署，深刻学习领会国防和军队建设、港澳台工作、外交工作等方面的重大部署，深刻学习领会坚持党的全面领导和全面从严治党的重大部署，深刻学习领会发扬斗争精神、增强斗争本领、坚持团结奋斗的时代要求。广泛宣传发动，掀起学习宣传贯彻党的二十大精神热潮。多形式开展学习培训，全覆盖开展宣讲活动，全方位开展新闻宣传，深层次开展研究阐释。坚持务实重行，推动党的二十大精神落地落实。坚决做到“两个维护”，奋力谱写中国式现代化的孝感篇章，全力打造武汉都市圈重要节点城市，统筹发展和安全，以人民为中心推进共同富裕，坚定不移全面从严治党。强化组织领导，确保学习宣传贯彻工作取得实效。压实领导责任，牢牢把握正确导向，着力提升实际效果。

（撰稿：褚明）

督办督查

【概况】 2022年，市委办公室按照党办工作“五个坚持”重要要求，围绕中心、服务大局，扎实履行岗位职责，发挥督察“利剑”作用，对全年各项重点工作加强跟踪督办落实。

【重点任务督查】 推动习近平总书记重要指示批示精神不折不扣贯彻落实到位。 把推动习近平总书记重要讲话、指示批示精神贯彻落实，作为党委督查坚持“两个确立”、做到“两个维护”的首要政治任务、核心检验标准，推动不折不扣落实到位。打造落实闭环。建立习近平总书记重要指示批示办理台账，梳理2022年以来重要指示批示14件，其中内网办理关于安全生产、疫情防控等重要指示批示件7件、“学习强国”平台定期收集7件。建立学习贯彻联动机制，及时提请市委常委办列入市委常委会会议事项，督办各县（市、区）、市直各有关单位抓好贯彻落实。推动常干常新。年度开展贯彻落实情况“回头看”，督促各责任单位逐条逐项梳理，常干常新、对标对表，推动贯彻落实常态化、制度化。深化实际效果。借鉴省政绩目标考核办法，制定市级层面贯彻落实习近平总书记关于湖北重要讲话和指示批示精神考核实施细则，检验落实成效。

推动省委各项决策部署在孝感落地生根。理顺省委常委会会议议定事项和省委主要领导批示事项任务分解、跟踪督办、情况报告机制，督促各地、各相关部门结合孝感市实际抓好贯彻落实。办理省委书记批示件20件，省委书记会议交办件18件，起草报送贯彻落实情况报告32件。开展党的二十大精神集中培训活动、中央八项规定精神贯彻落实情况、构建新发展格局工作、加强基层治理工作等系列督查，推动领会精神抓好结合。配合省督查组来孝开展学习贯彻习近平总书记考察湖北重要讲话精神实地督查，推动实现全覆盖学习领会，全方位宣讲宣传，高标准贯彻落实。开展党的十九大以来贯彻落实中央八项规定精神情况督查，锲而不舍推进中央八项规定及其实施细则精神落实见效。开展构建新发展格局工作督查，推动立足新发展阶段，主动服务和融入全省加快建设全国新发展格局先行区。开展基层治理体系和治理能力现代化建设督查，推动解决基层治理重点难点问题。

推动市委年度重点工作落实。制定《孝感市贯彻落实2022年省委省政府重点工作任务责任分解及督办落实方案》《〈市第七次党代会报告〉〈2022年政府工作报告〉重点任务责任分解方案》，开展推进情况专项督查；制发《市“四大家”领导联系重点工作、联系点方案（2022年）》《关于做好“四上”企业培植服务工作的通知》，做好后续跟踪服务工作；参与起草《孝感市贯彻省第十二次党代会精神全力打造武汉都市圈重要节点城市的落实方案》，贡献智慧力量；梳理市委主要领导同志年度责任事项落实情况，压实落实责任。着力服务“主城崛起”区域发展布局。2022年来，围绕市委推动主城崛起相关部署，起草、印发专题会议纪要9期，开展市委专题会议议定事项落实情况（督查成果得到市委主要领导肯定）、市直部门放权赋能支持服务主城“三区”发展情况督查，既督工作落实、责任落地，又以解剖麻雀的方式发现深层次问题、推动问题解决，为推动区域发展布局凝聚力量。

【专项督查】推动整治形式主义为基层减负工作。全面梳理和总结党的十九大以来本市执行中央八项规定精神和整治形式主义为基层减负工作取得的成效，把党中央对基层一线的关心关爱落到实处。按照中办、省委办公厅年度部署重点事项，结合本市实际，制发《孝感市2022年持续整治形式主义为基层减负工作实施方案》，压实工作责任，半年调度、实地督查落实情况，年度梳理评估实施效果。开展“长制”运行情况专项督查，落实上级要求严禁随意设长，督促产业链链长制、路长制、林长制、河湖长制等切实发挥作用、提升功效。坚持对市级层面督查检查考核计划管理，月度发函提醒、督办计划执行情况；季度汇总分析接受上级督查检查、县市接受督查检查情况。落实文件会议只减不增要求，季度统计市级层面发文、开会情况，半年统计分析并通报情况，推动市直部门提升文件会议质效。

统筹保障巡视督查事项。建立完善市级层面“一个分工方案、一张事项清单、一名领导牵头、一套服务班子”运作机制，着力做好方案制定、日常对接、协调保障、资料调度、问题整改等工作。2022年来，先后高效、有序服务省委涉粮专项巡视、第十二巡视组巡视“回头看”（1个月）、营造“三个环境”专项巡视（1个月）等3次巡视活动和国务院安委会来孝巡查考核、省贯彻落实省委十二次党代会精神情况督查等8次督查检查活动。全程服务省委巡视。4月份，服务保障省委第十二巡视组来孝开展巡视“回头看”，做好交办事项对接，服务个别谈话、现场查看等活动；承担市委履行巡视整改主体责任相关事项梳理、报告起草、满意度问卷调查和资料汇总工作；做好办公室牵头整改任务资料汇总、整改报告起草。8—9月，省委第二巡视组对孝感市开展“三个环境”专项巡视，市委督查室全程做好统筹协调、资料收集、现场核查保障等工作，服务近70名领导参加个别访谈，下发对接事项29期，督办信访件5件，协调巡视组外出工作40余次，工作整体运转顺畅、保障到位，受到巡视组和市委有关领导高度认可。做好巡视整改“下半篇文章”。制定省委第二巡视组反馈问题整改方案，建立整改台账，督促按期整改销号。积极参与第二轮中央环保督察反馈问题整改、省委涉粮巡视反馈问题整改工作，组织开展现场督查，定期跟踪整改进度。配合省委重要工作督促检查。坚持事先充分衔接、事中精准对接服务、事后跟踪后续情况，打足提前量，切实避免“脱轨运行”。统筹配合省督查组来孝开展高质量发展情况、武汉城市圈“断头路”“瓶颈路”情况、全省营商环境“变”与“没变”情况、稳增长政策落实情况、落实省十二次党代会精神情况、“以控制成本为核心”的优化营商环境情况等6次实地督查。10月份，统筹配合省营造“三个环境”督查组来孝实地督查工作（时长一个月），对现场指出的疫情防控、安全生产、社会稳定等方面问题，每日进行分解交办，下发督办函21期，督促即知即改、立行立改。

驻点督查。先后组织开展为期两个月的五洲特纸项目建设督查和为期一个月的全市营造“三个环境”驻点督查。6—8月，会同市政府办公室、市纪委监委机关、市委组织部组建督查专班进驻五洲特纸（湖北祉星纸业）项目现场，对汉川市推进项目建设情况开展驻点督查。其间，每天专报进展情况（共58期），围绕“拆不动、拆不完，填不快、填不好”问题形成3篇调查报告，推动项目一期具备进场施工条件。督查任务结束后，项目业主直言“两个月完成了需要半年完成的工作量”，市委主要领导对工作推进、实际成效进行表扬。国庆节和党的二十大期间，组织8个督查专班进驻各县（市、区），对疫情防控、安全生产、社会稳定等工作情况开展驻点督查，建立每日问题反馈、督办限期整改工作机制，推动做好平安稳定各项工作。

重点项目（事项）“五化”管理。与市政府督查室配合，做好全市重点项目（事项）“五化”管理工作，半年梳理进展情况，印发一期通报。具体统筹党群部门“五化”项目管理，组织18个项目入库，每月督办项目进展，10月召开专题调度会，推动“五城同创”、数字档案馆建设、群团改革等重点工作、重大项目按时序进度推进。

【领导批示件督办】跟踪督办批示事项。围绕推动市委主要领导批示事事有着落、件件有回音，在做好台账管理、跟踪问效、闭环销号基础上，进一步优化流程、创新方式，最大限度提升抓落实成效。半年对批示集中事项进行聚焦分析，提炼高频词汇、重要观点，为市委半年重点工作部署提供素材、参考；对未办结事项进行全面梳理、开展集中督办，压实责任，督促进度。共办理市委书记批示件675件。

交办事项专项督办。按照市委主要领导意见，对城区道路清洁车辆错峰作业、应城市未成年人欺凌案件、东苑社区项目建设、孝昌至孝感客运班线信访等重点交办事项专题督办;对全市工业用电下滑情况、邮政业运行情况(此件督办成果得到市委主要领导批示肯定)进行书面督办,督促相关单位迅速分析、呈报报告;对全市重大节假日期间安全生产情况、主城区自备井关闭、主城区社区确权划界、主城区扫雪除冰情况、云梦县未按要求参加全省电视电话会议、云梦县自然资源资产离任审计反馈问题整改等开展现场督办,专题、现场督办情况第一时间专报市委,持续跟踪督办进展情况。

信访事项督办。扎实做好群众来信来访,办理群众给市委书记来信30件,审核人民网书记留言板群众留言回复件300件。根据市委主要领导批示意见,对两批次进京赴省上访情况开展督办,督办成果得到市委主要领导批示肯定。

(撰稿:褚明)

政策研究

【概况】 2022年,在市委坚强领导下,市委政研室领导班子带领大家团结协作、埋头苦干,全面履行参谋辅助、文稿服务、改革创新、财经服务、对外宣传五大职能,切实加强党风廉政建设,认真完成了市委及市委主要领导交办的各项任务。孝感市全面深化改革工作年度考评首次进入全省第一方阵,获评2022年度全市党风廉政建设优胜单位、市直机关党建工作先进单位。

【文稿服务】 精心起草把关各类讲话、文件等文稿300余篇,为市委全会、三级干部会、经济工作会等重要会议提供优质服务,较好发挥以文辅政作用。决策参谋有新篇。全面落实省第十二次党代会精神,不断完善主城崛起、深化孝汉同城、实施强县工程、做强多元支撑,加快建设中华孝文化康养名城、全国先进制造业强市和武汉都市圈产业协作配套基地、农产品保供与物流基地、农文旅融合发展基地等工作思路,贯彻上级精神,体现书记思路,得到全市上下高度认同。服务大局有力度。先后起草了《中共孝感市委贯彻落实〈中共湖北省委关于进一步加强党的政治建设坚持“两个确立”做到“两个维护”的决定〉责任分解方案》《孝感市贯彻省第十二次党代会精神全力打造武汉都市圈重要节点城市的落实方案》《中共孝感市委关于认真学习宣传贯彻党的二十大精神的决定》《孝感市流域综合治理和统筹发展规划大纲》等系列重要文件,推动市委重大战略举措和重点工作落实落地。调查研究有成效。申报完成湖北省重大调研课题《推进以县城为重要载体的就地城镇化问题研究》,向省争取到课题经费5万元。组织开展全市152个重大课题调研工作,大调研格局得到巩固优化。对外宣传有亮点。在中、省各级报纸杂志、党政内网内刊等各种平台发表文稿14篇,大力宣传孝感的经验和亮点。坚持党刊定位,《孝感通讯》出刊6期,相继推出“学习二十大精神”“美好环境与幸福生活共同缔造”“党史学习教育”“五城同创”多个新专栏,为全市打造武汉都市圈重要节点城市营造积极向上舆论氛围。编发《决策参考》5期,胡玖明市长、张汉平主席、吴琼部长、贺卫东部长先后批示。

【改革工作】 深化“清单式谋划、领衔式推进、重点式督查、立体式宣传、综合式考评”“五式”抓改革工作举措,一批重点领域和关键环节改革扎实推进,一批孝感改革工作特色亮点工作得到省委改革办肯定,2022年孝感市全面深化改革工作年度考评首次进入全省第一方阵,排名第一。国家和省级改革试点积累经验。29项国家和省级改革试点进展顺利。孝南区获评2022年度中国营商环境百佳试点县市,全省“情指勤舆”一体化实战化运行机制建设示范县创建经验在公安部《公安内参》《政策》杂志刊载推广。领导领衔改革项目形成示范。16项领导领衔改革项目稳步推进。深入实施“主城崛起”,研究出台《关于加快“三区”协同发展、推动“主城崛起”的行动纲要》《关于调整优化孝感市主城区城市管理综合执法运行机制的实施方案》,协调解决了主城“三区”经济社会发展中的一批重难点问题。市级重点改革项目取得实效。45项市级重点改革项目顺利完成年度目标任务。创新实施“专精特新”培育工程,获批省级“专精特新”中小企业72家,国家级“小巨人”企业18家,孝感入选首批国家知识产权强市建设试点城市。深化信访制度改革,孝感市信访局在第九次全国信访工作会议上被授予“全国信访系统先进集体”荣誉称号,应城前三季度信访指数位居全省第一。改革宣传可圈可点。向省委改革办推介了老澴河综合治理、“五化”管理、“三项行动”等30余篇经验材料,改革信息报送采用情况居全省第5位。《农民日报》《湖北日报》多次报道孝感市“三项行动”“五证同发”“路长制”等改革经验做法。在《孝感日报》、新媒体公众号等平台谋划推出“聚力改革攻坚,打造重要节点”专题报道14期,编印《改革简报》10期,起到了良好的宣传推广作用。

【财经工作】 积极服务全市经济社

会发展大局，加强前瞻性谋划，全面履行经济宏观谋划、重大问题研究、财经参谋服务等职能。发挥全市财经工作“调度长”的职能，研究制定市委财经委年度工作要点，做好服务市委财经委工作，成功筹办市委财经委员会第四次会议。分季度编印《经济社会发展情况手册》，及时反映“两表三库”、招商引资、重大项目进展情况，系统分析市场主体数量、社保基金、信贷供求、政府债务增减变化趋势，为市委财经委决策提供参考。强化调研成果运用，印发《孝感市委财经委员会2021年度重大问题调查研究专题报告汇编》。围绕市域经济发展中面临的难点、企业反映的堵点组织开展财经领域十大专题调研，推动财经领域相关问题解决。

（撰稿：余雪、刘小双）

市委巡察

【概况】 2022年是七届市委巡察开局之年。在市委坚强领导和省委巡视办有力指导下，坚持以习近平总书记关于巡视工作重要论述为指导，严格落实中共中央决策部署和省委、市委工作要求，锚定提能增效、提档升级、提质进位，坚持围绕中心聚焦追焦、服务发展寻位找位、对标对表知短补短，更加注重政治性和人民性，积极统筹疫情和发展，高质量完成3轮对28家单位党组织的政治巡察，指导7个县(市、区)党委完成对96个县直单位(部门)和484个村级党组织的有效覆盖，发现面上问题3363个，移交问题线索294件。

【政治引领】 学习贯彻习近平新时代中国特色社会主义思想、党的二十大和省第十二次党代会、市第七次党代会精神作为开展巡察工作的基本功，组织理论学习中心组学习12次，开展主题党日12次、政治研学2次、巡察夜学3次，举办巡察尖兵“微讲堂”5期，集中培训全市巡察干部176人，有力提升干部政治把握能力和干事创业激情。大兴调查研究，市县联动开展年度重点调研课题攻关和创新工作“揭榜挂帅”，形成调研报告8份、制度成果21项，探索创新全市经济开发区提级交叉巡察、市县巡察“八个联动”等12项工作，市委巡察工作思路一新、格局一新、面貌一新，在省级以上重要媒体发表理论研究和工作做法10篇、新闻报道51篇。深入开展“三学三立”“一下三民”“美好生活共同缔造”活动，持续做好与孝南区车站街道鸿城社区联建共建、与孝南区陡岗镇朝阳村结对帮扶工作，县处级领导干部带头深入企业、乡村、基层巡察联系点21人次，解决各类问题18个。

【巡察监督】 强化政治监督。坚持围绕中心、服务大局，积极统筹疫情防控和巡察工作，高质量完成3轮对20家单位党组织的常规巡察，以及对全市8个省级以上经济开发区党组织的提级交叉巡察，并在市县巡察工作一体化框架下，指导7个县(市、区)完成对96个县直单位和484个村(社区)党组织的有效覆盖，发现面上问题363个、移交问题线索294件，巡察进度和质量均走在全省前列。

加强巡察整改。出台《孝感市巡察整改和成果运用实施办法》和《孝感市巡察整改流程图》，专门组建市委专项检查组，利用3个月时间，集中开展全市上届党委巡察反馈意见整改情况专项检查，限期整改“硬骨头”问题112个。严实推进七届市委第一、二轮巡察整改，反馈面上问题340个，移交问题线索51件，办结42件，立案13件14人，党纪政务处分17人次。

深化成果运用。巩固深化“共性问题全市通报、系统问题专项整治、典型个案深挖警示”等做法，探索实行专题报告和巡察意见书制度，推进以巡促改、以巡促建、以巡促治。全市制发巡察意见书8份，推动强化集体“三资”管理和工程建设领域腐败问题等整治4项，解决实际问题24个。

【机制法制建设】 形成市县巡察一体化发展格局。全面加强对县级巡察工作的领导指导督导，统筹实施规划计划、教育培训、组织实施、成果运用等“八个联动”。重点建立由18个市直部门41名业务专家组成的“专家咨询库”，着力提升巡察分析、定性问题和解决问题的精准度；抓住新一届党委巡察开局契机，推行市县巡察轮次、对象、步调“三个同步”，坚持“以上率下”和“以下看上”结合，为统筹解决系统性、领域性问题提供有力支撑；创新开展巡察报告动态评查，对县级巡察进行巡查；创新开展“下派挂职、现场指导”，有序选派业务骨干分赴各县(市、区)开展跟班指导，同步加强常态化工作联系和办组科股对口帮带，进一步凝聚巡察工作合力。推进与其他监督贯通协调。充分发挥体制优势，探索建立与纪律、监察、派驻监督在信息共享共商、人员联合联动、线索无缝衔接等的内部工作机制，做实做细“室组地巡”联动。推动建立巡察与纪检、组织、宣传、统战、政法、法院、检察院、公安、司法、信访、财政、审计、统计、保密等14个部门工作贯通协作办法，有效提升巡察专业水平。在县(市、区)部署开展“纪巡审”高效协同联动试点，探索联合编组、巡审同步和巡中“互开清单”、巡后问题线索快商快办、监督成果共享等工作机制，有效凝聚监督合力。推进与民主监督同频共振。坚持党的领导和以人民为中心有机统一，把群众反映强烈问题作为监督重点，统筹开发“孝巡码”信访受理平台，网上网下察民情听民声，督促各级党组织和党员干部践行初心使命。共受理群众信访举报128件次，发现并推动解决农田保障、便民服务、低保办理、生态环保、营商环境等方面问题82个，有力增强人民群众的获得感幸福感安全感。经验做法被《湖北巡视巡察》刊发，并在中央纪委调研时进行书面发言。

【基础保障】 建强本部。准确把握巡察办作为党委工作部门、设在纪委的制度设计，积极推动归口管理、优化工作运行、配强专职队伍，深化“室组地巡”一体联动。印发《关于强化巡察机构建设的通知》，大力纠治县级党委“巡察办主任由同级纪委领导班子担任”中的“履职不到位”问题，确保巡察办集中精力履行主职主责。

盘活内部。创造性建立“全员巡察、双岗双责、双岗同责”工作制度，实施专职干部全员巡察、巡察报告全员会商、重要课题全员攻关。细化出台《巡察干部实绩考核办法》《市委巡察组联络员岗位职责的规定》，配套建立任务领办、月计划月兑现机制，做实干部实绩考核，有效盘活内部资源、强化办组融合。

巧引外部。出台《关于抽调干部参加巡察实践锻炼的有关规定》，进一步规范抽调干部准入、管理、监督和激励。有序安排11名干部“上派跟班、以干代训”，大力推广“公开直选、集体审定”方式建立巡察组组长库和“硬抽人、抽硬人”建立人才库等做法，有力有效提升工作队伍整体水平。

（撰稿：郑凯）

组织工作

【概况】 2022年，全市组织系统认真学习贯彻党的二十大精神，坚决落实中共中央决策部署和省委、市委工作要求，以高质量组织工作服务高质量发展，为孝感打造武汉都市圈重要节点城市提供坚强组织保证。

【理论武装】 深入实施习近平新时代中国特色社会主义思想教育培训计划，线上线下平台培训20万余人。分级分类开展学习贯彻党的十九届六中全会精神集中轮训，全覆盖培训县处级干部。围绕深入学习贯彻习近平总书记考察湖北重要讲话、省第十二次党代会精神，举办两轮县处级领导干部专题研讨班。高标准高规格举办县处级领导干部学习贯彻党的二十大精神集中培训班，对县处级干部进行全员集中培训，面向全体党员、干部开展多形式、多层次、全覆盖的全员培训，进一步提升广大党员、干部坚定捍卫“两个确立”、坚决做到“两个维护”的思想自觉、政治自觉和行动自觉。制定县级党校分类建设“1+7”实施方案，统筹资金3.6亿元，全面推进县级党校分类建设。巩固拓展党史学习教育成果，扎实开展党员干部“下基层察民情解民忧暖民心”实践活动，截至11月底，完成市级实事项目17个，云梦县被省委组织部干教处列为“下基层察民情解民忧暖民心”活动联系点。

【基层党建】 以“共同缔造”的理念和方法提升基层治理水平，在全市80个村（社区）开展试点，孝昌县王店镇新岗村获评“全国先进基层群众性自治组织”，孝昌县周巷镇龙泉村被纳入全国村级议事协商创新实验试点单位。实施党建引领基层治理示范带建设，将其列入市委一号文件、“五化”管理平台重点内容，开展3轮现场拉练、线上实时调度，建成123个示范点，推广云梦县“德育银行”、孝昌县“幸福食堂”等一批工作经验。加强村级头雁队伍建设，开展书记论坛、导师帮带、履职培训、学历提升“四位一体”村干部能力提升行动，市县全覆盖培训村干部1.1万人，“书记论坛”做法在全省推介。“一村一策”促进10个红色村、396个集体经济扶持村、113个软弱涣散村整体提升，67个村被确定为全省美丽乡村典型示范村。健全驻村第一书记和工作队选派管理长效机制，选派1057名驻村第一书记、700支驻村工作队、2101名驻村干部驻点一线防返贫、促振兴。巩固提升党建引领城市基层治理效能，健全2809个小区（网格）党支部、1.2万余个楼栋党小组，免费开放264个社区（小区）服务站点，13个街道事业单位人员数量增加19.5%，主城区城管领域实现“一支队伍管执法”。完善平急转换机制，建强包保社区工作队、突击队、下沉党员、社区工作者、社区民警“五个一”工作力量，5万余名党员干部下沉村（社区）参与疫情防控、社区治理等工作，基层党组织的组织力显著增强。统筹各领域基层党建，深化10个领域党支部巡整，评定先进党支部1712个；认真落实中小学校党组织领导的校长负责制，在全市120所中小学校开展试点；新组建新业态党支部7个，新业态党的组织和工作覆盖质量持续提升。全年发展党员3113名。

【干部管理】 严密推荐程序、广泛宣

传发动、严格人选把关，全市1.02万个基层党组织和23.3万名党员参与酝酿推荐，选举产生40名省第十二次党代会代表，孝感市2人当选为党的二十大代表。加强换届后干部专业训练和实践锻炼，举办“推动孝感高质量发展”专题研讨班11期、培训1960人次，选派10名党政领导到上海、浙江跟班学习。对7个县(市、区)和26家市直单位开展换届(调整)后运行和干部履职情况评估，持续选优配强市管领导班子和领导干部。坚持以实效定实绩、用实绩评干部，制定2022年度市直单位、市直“三区”、县(市、区)目标考核清单，发挥考核指挥棒作用，提拔重用或晋升职级实绩明显、表现优秀的干部139人次。印发《关于深入开展公务员实绩考核的通知》，将实绩考核覆盖到单位管理的内设机构、二级单位、非领导成员公务员，进一步彰显“在实干中考实绩、从实绩中辨德才、凭德才用干部”的路径逻辑，实绩考核相关做法在全省作交流发言。扎实推进政治生态分析研判，做实做细日常监管管理，探索加强对领导干部社会交往的监督，充分发挥“12380”信访举报平台的监督作用，精准实施提醒、函询、诫勉，全力推进干部人事档案“健康体检工程”审核整改工作，把从严管理要求落到实处。关心关爱基层干部，高位推动乡镇“五小”和周转房建设，完成259处“五小”场所和3704套周转房主体建设，提前超额完成2022年度建设任务。有序推进县以下事业单位职员等级晋升，指导县(市、区)完成首批晋升工作，晋升人数居全省第三，全市晋升4624人。对31个集体、78名个人进行及时奖励，孝感市及时奖励工作在全省作交流发言。探索实行重大专项工作揭榜挂帅，通过“赛场选马”方式，激励干部担当作为。常态化培养选拔优秀年轻干部，从市县两级互派71名年轻干部交流挂职锻炼，首次在企事业单位全日制硕士研究生中开展比选，确定调任人选28人。招录公务员555人、选调生41人，市直机关遴选46人，招聘事业单位人员2649人。加强公务员规范管理，全面开展公务员登记备案复核工作，对经审核符合备案条件的13999人上报备案。认真开展全国、全省人民满意的公务员和公务员集体推荐遴选工作，市7名个人、3个集体获得全国、全省表彰。

【人才工作】 精准落实“澴创人才计划”，围绕解决教育、医疗、检测等领域专业人才紧缺问题，市县联动、带编招聘，通过走进校园定向引进和发布公告公开招引相结合的方式，引进硕士及以上学历和“双一流”本科学历人才343人，引才数量、质量创历史之最。聚焦孝感市10大重点产业和10大精品产业链，全面对接省“院士专家企业行”等人才项目，争取省级专家人才95名、在汉专家90名到孝感开展技术支持，协调选派市县科技特派员876人，推动孝感米酒专用糯稻品种改良等60项科技成果转化，解决技术难题1200多个。首次与清华大学、北京大学等全国重点“双一流”高校开展实践合作，16名清华大学博士生、9名北京大学学子来孝开展服务。加大政校企、产学研合作力度，推动市政府与武汉音乐学院市校合作成功签约；孝南区、安陆市、市高新区分别与武汉轻工业大学、武汉科技大学、湖北大学合作，新增院士专家工作站10家。聚焦乡村人才振兴，持续开展“一村多名大学生(中职生)计划”，新招录农民大(中)专生490人，鼓励引导人才向基层一线流动。完善市重点人才信息库，调整41名专家作为市“四大家”党员领导干部联系服务对象。开展“九个一”细小暖心活动，为人才办实事、解难题35个。

(撰稿：杜乐)

宣传工作

【概况】 2022年，在市委、市政府坚强领导下，市委宣传部始终以习近平新时代中国特色社会主义思想为指导，深入学习贯彻党的二十大精神和习近平总书记关于宣传思想以及意识形态工作的系列重要论述，紧扣市委、市政府工作大局，扎实推动宣传工作守正创新、培根铸魂、提质增效、争先进位，取得了较好成绩，开创了宣传工作新局面。

【理论宣传】 坚持正确引领。坚持“思想引领、学习在先”，市委常委会坚持第一时间传达学习习近平总书记最新讲话精神、党中央、省委重要会议精神和重要文件精神，做到政治上、思想上、行动上始终与党中央保持高度一致，切实用习近平新时代中国特色社会主义思想武装头脑、指导实践、推动工作。根据市委要求制定《中共孝感市委关于认真学习宣传贯彻党的二十大精神的决定》，推动全市党员干部群众全面学习宣传贯彻党的二十大精神，深刻领悟“两个确立”的决定性意义，增强“四个意识”、坚定“四个自信”、做到“两个维护”，全力打造武汉都市圈重要节点城市，奋力谱写中国式现代化的孝感篇章。精心服务中心组学习。围绕党的二十大精神、习近平总书记考察湖北重要讲话精神和省第十二次党代会精神等重点内容，市委理论学习中心组开展专题学习16次，开展研讨交流5次，全市各级党委(党组)理论学习中心组形成一级带一级、层层抓示范的良好格局。举办全市县处级领导干部学习党的二十大精神培训班，市委、市政府主要领导亲自作辅导报告。努力打造理论工作品牌。统筹全市理论学习、理论宣讲工作，打造市级理论品牌“新时代·槐荫讲堂”，极大提升了全市理论工作的影响力。组建高规格市委宣讲团，持续组织开展党的二十大精神、党史学习教育、党的十九届六中全会精神、习近平总书记考察湖北重要讲话和省第十二次党代会精神等专题宣讲，已累计开展各类宣讲11000余场。深入推动社科研究普及。围绕乡村振兴、加快建设武汉都市圈重要节点城市等内容，确定15个社科重点课题，形成一批理论研究成果。初步完成“澴川智库”建设，实现以智库建设凝聚社科人才，为高质量发展献智献策。组织全市5个省级科普基地开展丰富多彩的科普活动，举办“社科人文美、澴川风景秀”人文社科系列讲座，通过线上线下同步开展，吸引大量群众参与。

【舆论引导】 坚持月度策划。坚持一月一策划，一季度一分析，紧紧围绕迎接学习宣传贯彻党的二十大这条主线，全市主流媒体统一开设了“深入学习贯彻党的二十大精神”专题专栏，同步开设“奔跑新征程、建功新时代”“二十大精神在一线”“宣讲进行时”等子栏目，组织开展了县（市、区）委书记和市直“三区”党工委书记、“三级党代表”访谈，“奋进新征程、企业这十年”“美好环境与幸福生活共同缔造”等专题宣传，《孝感日报》推出20个《学习二十大，一线看落实》2分钟微视频，孝感广电台推出30个《我和我的新时代——学习贯彻党的二十大精神》创意短视频，营造了齐心协力打造武汉都市圈重要节点城市的浓厚氛围。健全完善体制机制。制发《孝感市对外宣传工作响应办法》《关于进一步加强和规范新闻发布工作的通知》《新闻阅评工作机制》《省驻孝媒体年度考核办法》等，调整充实新闻发言人队伍，组建新闻通讯员队伍，形成以制度为抓手，凝聚宣传合力，实现中省市县媒体有效联动。强化媒体导向监管。深入推进落实《孝感市新闻媒体导向管理办法》，每季度开展一次市县主流媒体导向管理检查抽查。在党的二十大和省十二次党代会召开前夕，对全市主流媒体导向管理情况和刊播安全进行了全覆盖检查，全年全市主流媒体没有出现导向问题。全力提升宣传质效。开展县级媒体深度融合专题调研，召开了全市媒体融合工作座谈会。孝南区融媒体中心在全省区级融媒体中心建设工作座谈会上作了交流发言。加强与中央驻鄂媒体、省主流媒体沟通联系，提高传播层次，扩大孝感影响。7月15日《人民日报》以《楚韵秦风云梦泽》为标题专版宣传云梦文化，并配发评论文章，这是近些年《人民日报》首次刊发孝感市专版。春节期间，组织130多名记者扎实开展“新春走基层”活动。6月以来，组织开展百名记者下基层蹲点采访活动。举办了第23个中国记者节庆祝活动和“好记者讲好故事”活动，开展了第16届孝感新闻奖、全市优秀新闻工作者、中省媒体宣传孝感突出贡献者评选活动，激发全市新闻工作者不忘初心，勇毅前行。孝感广电台融媒体新闻中心记者部荣获“2021年度全省广播电视系统青年文明号”光荣称号，全市政府网站和政务新媒体集约化运维安全平稳，孝感市门户网站在全省政府网站及政务新媒体绩效评估中获评优秀等次。

【网信工作】 网络宣传特色鲜明。持续深化习近平新时代中国特色社会主义思想学习教育，做好重大会议、重要活动、重大节日的网上宣传报道。结合孝感实际，制定《2022年全市网上重大主题、重大典型宣传和重大议题设置方案》，围绕“打造武汉都市圈重要节点城市”“美好环境与幸福生活共同缔造”“下基层 察民情 解民忧 暖民心”“网络中国节”主题等开设专题专栏586个，发布权威新闻信息12万余条。积极对接省委网信办“九城同心向未来”中省网络媒体集中采访活动，积极争取“争做中国好网民”工程暨第十四届网络文化活动成果展示活动承办单位首次落地市州，孝感市“漫谈网络 画说文明”网络文化活动被纳入全省方案并荣获表彰。全年网上舆论风清气正，诞生全省第一个全国走网上群众路线百佳账号“孝警阿特”。网络环境风清气朗。网络生态治理走在前列。健全网络综合治理体系，组织开展包括“清朗”“净网”“打假治敲”在内的十大类63项专项行动。互联网协议第六版IPv6是新一代通信网络基础设施，可以为每个设备提供一个唯一的地址，这使得物联网设备的通信更加可靠和高效。2022年，孝感市IPv6规模部署和应用实施工作由全省市州排名靠后赶超位居前列，在全省率先建立网络安全人才培养基地。成立孝感市自媒体协会，发展会员近500名，全网“粉丝”超过1亿人。坚持党建引领互联网行业高质量发展，开展互联网行业党建调研，全市登记注册互联网企业32家，从业人员约701人，其中党员52人。

【意识形态工作】 牢牢把握领导权。认真落实党中央和省委关于做好意识形态工作的决策部署，市委常委会专题学习中央《关于当前意识形态领域形势的通报》和省委书记王蒙徽关于当前意识形态工作的具体部署，对全市意识形态工作进行统筹安排，制发《关于进一步做好当前意识形态工作的通知》《维护全市意识形态安全工作方案》。年初举办学习贯彻党的十九届六中全会精神专题研讨班，市委分管负责同志作了意识形态工作专题辅导，进一步增强全市领导干部做好意识形态工作的能力水平。开展风险排查。运用市、县、乡、村四级信息报送机制，及时掌握第一手信息。在省第十二次党代会、党的二十大召开前，分别召开了全市意识形态工作联席会议，分析研判意识形态领域风险，提出逐条对应化解措施，安排部署意识形态重点工作，压实防范化解意识形态领域风险责任，确保安全稳定的思想环境。强化巡察督查。《贯彻落实〈党委(党组)网络意识形态工作责任制实施细则〉》，并将网络意识形态工作责任制、网络安全工作责任制落实情况纳入巡察内容，纳入年度目标责任考核体系，推动网络意识形态工作落细落实。依托七届市委第一轮、第二轮巡察，对20家单位开展意识形态工作责任制落实情况专项巡察，反馈具体问题40余个，严肃推动整改，提升意识形态工作整体水平。坚决管好新闻媒体、网络、高校、宗教、出版物等意识形态重点阵地，确保正确的政治方向和舆论导向。深入开展“扫黄打非”。制发《孝感市2022年“扫黄打非”行动方案》《孝感市“扫黄打非”专项整治工作方案》，先后召开全市“扫黄打非”工作部署会议、专项整治推进会议、进基层培训会议，持续开展“清源2022”“净网2022”“护苗2022”“固边2022”“秋风2022”等专项行动，扎实开展“春秋季校园周边出版物市场清理整治”“暑期集中行动”等联合检查，坚决打击查办违法违规案事件和人员，营造了健康文化环境，净化了社会环境。

【精神文明建设】 文明城市创建实现年度目标。坚持破立并举、建管结合，高规格大力度推进文明城市创建活动。组织开展百日整治、迎新春整治、达标创建、十大专项整治等行动，拆除城区违章建筑3000多处、面积10.3万平方米，改造主次干道30多条、集贸市场11个、老旧小区212个，新增口袋公园9个，新增绿化面积458.14公顷，新建停车场12个，城市环境和面貌得到全面改善。按照既定创建目标，2022年已达到预期进展，省级文明城市年底将迎接第三方测评。新时代文明实践中心做深做实。完成孝感市志愿者协会换届工作，组织召开市志愿者协会第二届理事会员大会，制定印发《孝感市志愿服务激励嘉许办法(试行)》等文件，组织召开全市新时代文明实践中心建设云梦现场推进会，全市建立新时代文明实践所127个、站2324个，完成率100%，全市注册志愿者78万人，累计开展送理论、送政策、送文艺、送科技、送温暖等“五送”文明实践活动2.6万多次，服务群众近20万人次。社会主义核心价值观宣传教育影响深远。广泛开展百姓宣讲，举办“强国复兴有我”——百姓宣讲集中展示等活动。孝感市选送的楚剧特色展演《冬季防控要做好》获“壮丽一百年 奋进新时代”全省百姓宣讲大赛二等奖。举办孝感市第四届红色故事大赛和青少年红色讲解大赛。举办“董永故里，魅力濮川”为主题的爱国主义教育展。孝南区博物馆新增为第五批湖北省爱国主义教育基地。挖掘本土廉洁文化元素，打造一批具有鲜明“孝感味”“清廉味”的清廉文化阵地。召开了清廉文化建设推进会。获评中国好人1名，荆楚楷模、省道德模范各1名，湖北好人2名、组织开展了孝感最美消防救援人、最美健康卫士、最美退役军人等系列评选活动，重新擦亮孝感“道德群星”形象。各项创建活动顺利推进。实施文明村镇创建提质拓面工程，相继组织开展“推动移风易俗、培育文明乡风”行动及“十星级文明户”“好婆媳”等评选活动，激发群众讲文明树新风的内生动力，促进全市2245村建立健全了红白理事会，积极开展乡风评议活动。制发《孝感主城区文明单位创建实施方案》，组织767家市级以上文明单位结对共建新时代文明实践站，开展创优美环境、优良秩序、优质服务活动。组织全市1417所各级各类学校积极开展文明校园创建活动，参与率100%。组织开展“孝善传美德 爱蕴幸福家”家庭家教家风故事宣讲赛。完成2022年未成年人思想道德建设工作测评，在全省率先建立市县两级未成年人保护工作协调机制。

【文化建设】 文化惠民创新推进。统筹文化惠民和疫情防控，策划“我们的中国梦”文化进万家活动129场，网络直播观看人数52万多人次。积极发挥自媒体平台和“网络大V”的影响力，将优秀文艺作品通过专题专栏和短视频平台广泛推送，让群众坐在家中就能享受“文艺大餐”。大悟县“网聚”90余位网红开展的文艺惠民直播秀活动，吸引数十万网友观看参与。文艺创作精彩纷呈。完成孝文化题材电视剧《三孝巷》立项和剧本大纲编写工作。开展“5319”精品扶持工程，计划利用2年时间重点扶持5部文学作品、3部舞台艺术、1部影视剧、9部其他类作品，全市共有60余件作品(含创作中的作品)参与评选。发动社会各界支持文艺创作的积极性，成立7个文艺采风创作基地。文艺人才成长壮大。评选出孝感市第二届文化名家

10人，提名奖10人，对名家和名家工作室进行扶持，并通过名家带动培养30名青年文化人才。产业发展态势良好。全市招引文旅项目19个，已经落地项目11个，签约资金239.38亿元，已经到位资金49.73亿元。汉川市印刷包装产业保持较快速度增长，印刷包装产业工业产值24.56亿元，同比增长25.9%。孝感市雕花剪纸传承中心被湖北省人民政府港澳事务办公室确定为首批港澳青少年教育交流基地。全市2家文化企业获评全省“金种子”文化企业。扶持10个文化产业项目，扶持资金225万元。结合“联企业、送政策、解难题、稳主体”帮扶活动，从全市143家规模以上文化企业中筛选33家，开展结对帮扶，解决企业反映问题86个。落实全市电影行业疫情补助资金165万元，全力帮助电影企业纾困解难。完成孝感城区9座城市书房的选址及装修，正在进行设备和图书采购的招投标工作。建成数字农家书屋1963家，完成村级全覆盖任务，实现线上线下融合互动，有效增加农村数字化阅读产品和服务供给。老澴河古码头遗址公园和古三军台桥竣工验收，文昌阁主体工程基本完成，孝感城区文化底蕴得到进一步提升。

（撰稿：刘洪波）

统战工作

【概况】 2022年，面对统战工作新方位、百年疫情新挑战、政治大年新任务、换届开局新要求，在省委统战部正确指导下，市委高度重视、坚强领导，全市统一战线以习近平总书记关于做好新时代党的统一战线工作的重要思想为指导，围绕中心大局，紧扣主题主线，坚持守正创新，强化思想引领，夯实基层基础，聚力服务发展，统战各领域工作起势良好，为推动孝感经济社会高质量发展作出了统战贡献。紧扣“喜迎二十大、争创新业绩”主线，指导支持各民主党派深入开展“矢志不渝跟党走、携手奋进新时代”政治交接、党外知识分子开展“喜迎二十大、同心跟党走”、新的社会阶层人士开展“凝聚新力量·筑梦新时代”主题教育，持续深化非公经济人士理想信念教育，指导宗教界深入开展“爱国爱党爱社会主义”主题教育，组织港澳台侨人士参观红色教育基地，组织侨界人士开展巡礼孝感活动。组织全市统一战线观看党的二十大开幕会直播，对全市统一战线学习宣传党的二十大精神工作进行了周密部署。全市统一战线举办各类培训80余批次2000余人次。加大统一战线成员培训教育力度，启动民主党派成员5年全员轮训工作。全年办班8个示范班次，培训800余人。

【多党合作】 坚持市委理论学习中心组与市民主党派领导班子、市委统战部与市民主党派机关联合学习制度。联合印发孝感市各民主党派市委会《关于新时代组织发展工作座谈会纪要》，进一步规范组织发展工作。出台有关支持各民主党派加强阵地建设的办法措施，推动民主党派基层组织阵地建设。协助民革市委会及时增补1名专职副主委。制定并落实《2022年政党协商计划》，市委书记吴海涛主持召开党外人士半年情况通报会暨区域经济发展布局专题协商会。组织民主党派开展“四联四进”活动，引导民主党派有针对性开展调查研究，深入了解社情民意，有效参政议政。2022年以来，各民主党派共开展调研35次，形成调研报告50篇，上报社情民意165篇。支持配合民革中央、省台盟围绕长江生态环境大保护开展民主监督工作，全力做好全国政协副主席，民革中央主席（时任常务副主席）郑建邦率民革中央第七调研组到孝感市开展民主监督的服务保障工作，受到郑建邦充分肯定。积极探索党派民主监督与公益诉讼检察协同开展，推荐33名民主党派成员担任听证员。在全市民主党派中开展“四比四看”（比学习，看思想引领；比履职，看作用发挥；比服务，看责任担当；比作风，看自身建设）活动，引导各民主党派组织和成员把工作标准树起来，把工作激情调动起来，进一步激发自身活力。

【党外知识分子和新的社会阶层人士统战工作】 拓展覆盖面，推进知联会、新联会向县以下延伸，新增党外知识分子、新的社会阶层人士分会组织11个，网络各类人才2000余人。升级平台载体，拓展平台功能，出台基地建设管理办法，新建党外知识分子、新的社会阶层人士创新实践基地12个，全市累计创新实践基地达217个；创建湖北工程学院朱磊博士生物医用材料团队、华工高理孝南区朋兴乡农民抽水抗旱创新团队等一批党外知识分子科创团队。抓好代表队伍，对300多名无党派人士政治面貌进行认定并做好统计上报工作。开展联谊引领，举办“同心跟党走·书画颂党恩”书画展，开展“网络大V孝感行”和“寻美·孝感”等活动，宣传孝感发展新成就，弘扬网络正能量，“寻美·孝感”微博话题阅读量1.7亿人次，居全省第三。

【服务民营经济】 制定下发了关于加强民营经济统战工作的实施意见。圆满完成市工商联暨光彩会换届工作，新组建成立孝昌县光彩会；配合做好省工商联换届，孝感市2名企业家进入省工商联(省总商会)领导班子。持续宣传党的民营经济发展政策,市委常委、统战部部长贺卫东专程到市委党校进行民营经济统战工作辅导,引导民营经济人士稳预期、强信心。扎实开展新时代民营经济人士理想信念教育,在红安举办民营企业负责人示范培训班。结合“下基层”“联企业”活动,致力优化营商环境。充分发挥非公有制企业投诉服务中心平台作用,积极推进涉案企业合规改革工作,协调推动相关部门帮助民营企业纾困解难。联合市纪委监委、市营商办在工商联所属商会建立了9个“发展环境监测点”。扎实开展清廉民企建设,确定7家“清廉民企”示范点,定期开展亲清政商活动。充分利用各类载体平台,实施“回归创业”工程,助力民营经济发展,市委、市政府命名市级“回归创业之星”20名、“公益事业之星”10名。积极推进“万企兴万村”、光彩事业行等活动。

【港澳台统战工作】 组织在孝感港澳台同胞开展了“我们在一起”微视频大赛,向外宣传孝感与港澳台同胞一起共克时艰的感人瞬间,反响强烈,总播放量达10万余次。“惠台政策落实年”活动与服务港澳台企业统筹推进,争取省专项资金270万元扶持台胞创新创业,比上年增长100%。

【华侨工作】 “侨爱心·光明行”活动有序推进。涉侨法律服务体系进一步向县(市、区)延伸,汉川市成立全省首家县级涉侨法律服务工作站。特色文化基地再添新军,白兆山李白文化旅游区被省侨联评为首批“湖北省华侨国际文化交流基地”。

【宗教事务管理】 坚持宗教中国化方向,宗教规范化建设扎实推进,打造宗教中国化方向示范场所7个,宗教界红色基地、优秀传统文化教育基地2个。市级道教协会、天主教爱国会相继组建。

【基层统战工作】 基本摸清了全市港澳台华侨、民族宗教、党外知识分子、新的社会阶层人士等12类统战对象情况,建成异地商会、企业家、专业技术人才、港澳台同胞和华侨等8类近2000人的智谋人士库并实行动态维护。围绕统一战线各领域重点难点问题,开展了2022年度重点调研课题、实践创新课题、建言献策课题调研工作,累计形成课题成果78项。明确基层统战组织区域全覆盖、对象全领域、管理全要素、功能全融合的建设目标,细化基本组织、基本队伍、基本制度、基本活动、基本保障要素清单,规范10类统战组织组建的程序要求,重点推进乡镇商会组织、乡村两级乡贤联谊组织三个全覆盖。建立联系指导制度,定期开展专题调研、约谈式督导,组织召开云梦、大悟现场推进会。全市共建基层统战组织2015个,其中乡镇商会覆盖率达100%;乡镇乡贤组织覆盖率达83%;村级乡贤组织覆盖率超过89%。组建县级以上统战组织、友好统战联谊组织70余家,其中新建杭州孝感商会,异地孝感商会达30家,与武汉、东南沿海发达地区建立友好民主党派、侨联、台联组织近20家。

(撰稿:郁程)

外事工作

【概况】 2022年,市委外办坚持以习近平新时代中国特色社会主义思想和习近平外交思想为指导,深入学习贯彻十九届六中全会精神、党的二十大精神和省第十二次党代会精神,以及中央和省委外事工作会议精神,紧紧围绕党和国家对外重大战略部署,以及省委、省政府和市委、市政府对外工作安排,聚焦打造武汉城市圈重要节点城市发展目标,统筹推进全市外事工作和境外疫情输入防控工作,为服务国家外交大局和孝感高质量发展展现新作为、体现新担当。

【党对外事工作的集中统一领导】 筹备召开七届市委外事工作委员会第一次全体会议,研究部署2022年全市外事工作。修改完善考核办法,继续对县(市、区)党政领导班子实施外事工作目标考核。落实同级党委、上级外事部门双重领导外事工作制度和市、县(市、区)党委外办分别向省委外办、市委外办报告年度工作制度。在市委党校2022年度春季主体培训班安排习近平外交思想专题辅导,深入宣贯习近平外交思想。办理因公出国(境)1批1人次,收集整理上报2023年确有必要因公出国(境)任务建议,严格落实因公出国(境)管理工作要求。

【对外交流合作】 先后邀请和接待日本贸易振兴机构、日本价值工程协会、武汉日本商工会和荷兰贸促会武汉代表处代表到孝感参观考察,并适时赴武汉拜会韩国驻武汉总领事馆、日本贸易振兴机构和荷兰贸促会武汉代表处负责人,加强与外国驻鄂机构和组织的友好往来,建立和保持良好合作关系。精心筹备外国驻鄂机构及国际友人代表义务植树暨对外推介活动,规划建成孝感国际友谊林基地。争取省委外办将孝感市与俄罗斯圣彼得堡市赤卫军区、韩国忠州市发展友城关系列为重点支持事项,跟进做好联系对接,积极发展国际友城关系。参加中日经贸交流、长江中游城市群国际友城合作论坛、中德中小企业产业园与职教合作峰会线上视频会,以及中日邦交正常化50周年庆典日本嘉年华商业展览,宣传展示孝感特色资源、特色产业,提升孝感国际知名度。

【服务孝感经济社会发展】 建立全市外向型企业动态数据信息库,入库企业354家,根据企业发展需求,跟踪搞好对接服务。办理16人次外籍技术人员来孝邀请函手续,主要做法得到企业肯定,《湖北日报》、湖北电视台两大媒体进行了专题报道。通过长江中游城市群国际友城互联平台发布武汉都市圈“一地一品”中英文双语推文,专版宣传推介孝感日商产业园。参与筹备第九届中蒙俄万里茶道城市合作会议,开展马口陶的研究及创新工作,稳步推进黄龙湖马口陶文化传承基地品牌建设。

【防范化解外事领域风险】 牢固树立总体国家安全观,严防境外敌对势力对我渗透破坏,坚决维护国家主权、安全、发展利益。积极参与“一带一路”安全保障体系建设,配合省委外办做好第二批境外安保试点工作。在孝感日报新媒体、《孝感新闻》栏目等各类媒体推送、播放、发布领事保护知识图片和图解、海报、“三分钟讲政策”短视频,定制发放印有“‘12308’领事保护热线”标识的口罩,有效普及领事保护知识,提升市民安全防范意识和自我保护能力。

(撰稿:王国林)

侨务工作

【概况】 2022年,在市委的坚强领导,在省侨联和市委统战部的悉心指导和大力支持下,市侨联坚持以习近平新时代特色社会主义思想为指导,全面贯彻党的二十大精神,坚持“两个并重”,深化“两个拓展”,全体班子成员锐意进取,敢于担当,攻坚克难,不断在政治引领上展现新作为,在服务大局上创造新业绩,在为侨服务上取得新成效,圆满地完成了年初确定的主要目标任务。

【涉侨招商引资】 市侨联坚持走出去和请进来相结合,积极组织开展联谊交友活动。认真“引进来”,做服务企业的“店小二”。2022年5月,在省侨联的关心支持下,邀请20余位有实力的侨资企业家,先后到汉川、大悟、孝感高新区、临空区考察投资环境,了解孝感新变化;2022年6月,湖北省第一家县级侨商会——孝南区侨商会成立。全力以赴,参加华创会。围绕华创会年度目标,孝感市侨联召集侨联系统干部开展华创会参会协调筹备会4次,前往7个县(市、区)走访侨资企业了解情况7次。据统计,在2022年“华创会”上,孝感市面向全球发布重点招商项目信息23条,签订项目15个,总签约金额115.18亿元。

【为侨服务】 广泛了解侨胞的“急难愁盼”问题,做到“侨胞有所呼,侨联有所应”。大力开展走访慰问,以心换心暖侨心。依托春节、中秋等传统节日,慰问了全市60多名具有代表性的归侨侨眷、侨资企业家、困难侨眷,2022年孝感市老归侨关汝昌、吴国凰过世,市侨联第一时间前往其家中,向亲属致以慰问;孝感市重点侨商德国西门子公司全球高级副总裁沈波回孝省亲期间,市侨联前往其家中拜访,沈波表示愿意在服务家乡经济发展建设方面贡献力量,并欢迎家乡领导前往德国考察。用心开展“一下三民”,问需于侨解难题。孝感市侨联在深入开展“下基层、察民情、解民忧、暖民心”实践活动的过程中,孝感市侨联主席陈娟带领侨联干部先后走访了圣贤优农、康时珍药业、沃普安全用品股份有限公司、均正、盛泰斯有限公司等,实地调研企业生产发展中遇到的困难,把惠企政策送上门,针对企业存在的问题逐一讲解政策。做优“侨爱心”品牌。大力开展“侨爱心·光明行”活动,该活动现已在孝感7个县(市、区)内广泛铺开,通过走进社区、走进侨企为广大群众提供护眼检查、普及健康用眼知识,筛选白内障病例免费执行手术等方式,得到人民群众的支持与拥护。截至年底,孝感7个县(市、区)共计开展侨爱心宣传活动20余场,惠及人数超4万人;帮助困难侨眷陈红兵、邱芳申请困难侨眷帮扶资金4000元,通过省侨联文化公益部向魏基成慈善列车基金会为全市困难群众申请过冬棉衣180件。

孝感市侨联多维度探索维护侨益的方式方法,大力开展维护侨益“解难题”行动。持续利用“四侨联席”制度,整合资源为侨服务。4月,由孝感市侨联牵头,组织恢复“四侨联席”会议制度,邀请人大、政协、统战部等涉侨部门共同商议侨务工作相关事宜,充分调动各部门积极性,整合工作力量服务侨胞和经济社会发展。搭建平台护侨益,加大宣传纾侨困。市侨联成立了孝感市侨联法律顾问委员会,依托锡爱律师事务所,组织专业律师走进社区宣讲法律知识,为侨胞提供咨询服务,引导侨界群众运用法律手段维护自身合法权益。为侨资企业中逵钧具有限责任公司解决劳务纠纷,为十几家侨资企业、侨界群众免费提供法律援助。在省侨联的关心支持下,市侨联还在锡爱律师事务所设置“连心侨”法律服务角。汉川市侨联成立了全省第一家县级市侨界法律咨询服务中心。2022年，孝感市侨联系统在各地开展形式内容多样的宣传活动累计20场，发放侨法宣传手册10000份。

【侨务外宣】 市侨联灵活运用“根、魂、梦”等核心元素，深度挖掘中华孝文化、红色文化、李白文化等孝感本地特色资源，深化文化育侨，培育壮大文化阵地。参加“世界华人学生作文大赛”取得优异成绩，在22届世界华侨华人学生作文大赛上，孝感市共有83篇作品斩获全国大奖，53名教师获得优秀指导教师称号，孝感市侨联、应城市侨联获得优秀组织单位称号，安陆市第一高级中学、应城市第一高级中学获得优秀组织示范校称号。申报建设华侨文化交流基地，为进一步提升孝感海外知名度，向海外宣讲好孝感文化。市侨联以申报华侨国际文化交流基地为抓手，认真梳理各地特色文化，向中国侨联、湖北省侨联申报华侨文化交流基地。2022年，孝感市侨联推荐大悟宣化店中原突围纪念馆和汉川黄龙湖生态国际城申报湖北省华侨文化交流基地。积极参加筹建亲情中华故事库建设，组织各县(市、区)侨联筛选最能代表本地文化特色的故事，形成录音格式，报送湖北省侨联参加评选。其中，安陆侨联申报的《李白与安陆的传说故事》被省侨联选送参加中国侨联故事库评审。

【侨界交流】 与侨资企业、医院、高校广泛联系，筹建侨联基层组织。2022年，孝感市侨联先后前往孝感中心医院、湖北工程学院等处联系筹建侨联组织相关事宜，充分激活这些单位智力密集、人才会聚的优势，进一步为孝感经济社会发展服务，工作正在稳步推进中；秉承“天下侨联是一家”的原则，走出去联谊交友，学习兄弟侨联的先进经验，并向国内著名高校、发达沿海城市递交孝感名片，先后前往深圳、宁波等发达地区为孝感招商引资、招才引智，与南山区侨联、宝安区侨联、宁波慈溪市侨联缔结为友好侨联，与深圳市侨商会、宁波市侨商会、湖北省侨商会取得联系。6月，在武大侨联的引荐下，金秋年华公司到大悟考察投资康养项目基地建设事宜，10月4日，由金秋年华公司投建的“老年食堂”在大悟正式开业。围绕市省第十二次党代会对孝感提出“打造武汉都市圈重要节点城市”的定位目标，孝感市侨联加强同武汉市侨联及在汉高校侨联的互动交流，与华中科技大学侨联、武汉理工大学侨联缔结为友好侨联，实现资源共享、平台共搭、组织共建、活动共办的合作模式，唱好侨界“双城记”。11月底，武汉市侨联与孝感市侨联共同谋划开展“侨聚英才—侨界助推区域经济发展”活动，组织武汉市东西湖区、江岸区、硚口区、新洲区侨联与应城市、安陆市、云梦县、孝昌县侨联缔结友好侨联，为两市经济发展贡献侨界力量，共享侨界资源。

(撰稿：穆柳杉)

港澳台工作

【概况】 2022年，组织举办港澳台代表人士培训班、“我们在一起”微视频大赛和迎新春暨党的二十大宣讲等系列活动，取得较好效果。联合市侨办、市侨联举办全市港澳台代表人士培训班，全市港澳台30多名代表人士参加培训。培训采取课堂讲授与现场教学相结合的形式，围绕港澳台同胞所需所想，邀请相关专家教授讲授了十九届六中全会精神、孝文化、孝感市情及《中华人民共和国民法典》等内容，参观了孝感市博物馆，帮助大家了解孝感经济社会发展和历史文化，受到参训者好评。为真实反映台胞在孝生活学习工作情况，展现新时代孝感经济社会、城乡建设、生态文明、文化发展的新面貌，7月初联合市侨办、市侨联举办港澳台代表人士与华侨代表人士“我们在一起”微视频大赛。受到台胞广泛关注并踊跃参与，全市在孝台胞积极创作拍摄微视频，通过不同形式、不同角度生动记录各自在孝生活学习工作情况。大赛共征集到各类参赛作品29件，作品总播放量累计达10万余次，根据传播渠道、网络关注排名次序、作品主题和质量等综合评价，共评选出14件优秀作品，其中一等奖1名、二等奖5名、三等奖8名。联合市侨办、市侨联在台资企业湖北顶裕节能环保科技股份有限公司开展迎新春暨党的二十大精神宣讲活动，全市30余名港澳台代表人士与华侨代表人士参加，大家欢聚一堂、共叙情谊、共话未来，集中学习二十大精神，进一步增进感情和思想认同。

【服务台企】 深入开展“惠台政策落实年”活动，编印发放《国家、省、市惠台政策分类明细表》100百余册，结合统战系统“百名干部联百企”“下基层察民情解民忧暖民心”实践活动，市、县两级统战干部对全市台企走访调研全覆盖。建立协调会商、交办落实、跟踪督办等工作机制，收集关于政策落实、市场行为、政务和营商环境等方面存在的困难问题19个，已全部得到解决。2022年，获得省专项资金270万元，其中园区和企业奖扶资金250万元，台青创业、就业扶持资金17万元，台协活动资金3万元。通过实地走访，微信群发布极端天气预警、疫情防控通知，指导企业做好防洪抗灾和安全生产工作，2022年全市台企无安全事故发生。

【对台联络交流】 开展春节前走访慰问活动，上门看望慰问台胞及台属代表人士、台籍人士、黄埔同学亲属代表26人，送去慰问金2.6万元和节日问候。组织在孝台胞20多人共度端午佳节。推荐湖北兴杰农业科技股份有限公司董事长、市台协会长褚云杰，台湾青年、湖北工程学院音乐教师林甄琪等5名台胞台属担任孝感市第七届政协委员，进一步增进政治认同。开展台胞台属、两岸婚姻调查摸底工作。

9月9日，联合香港湖北社团总会组织湖北籍学生、在港乡友以及工联会专业人士赴许清池会长企业参观交流，进一步增进乡情和感情融洽。

【涉台纠纷案件化解】 按照"以更实举措全力化解涉台纠纷诉讼，把贯彻落实习近平总书记重要批示精神作为践行'两个维护'的重要检验，坚决扛起化解涉台纠纷诉讼的政治责任"的要求，部领导高度重视，亲自督办化解台企裕丰汽车环保违法、兴杰农业改善道路、钧正智能融资等问题，保障台商合法权益。

（撰稿：郁程）

机关党建

【概况】 2022年，市委直属机关工委坚持以习近平新时代中国特色社会主义思想为指导，以党的政治建设为统领，以学习宣传贯彻党的二十大精神为主线，以提升组织力为重点，以清廉机关建设为牵引，全面提高市直机关党的建设质量，为孝感"打造武汉都市圈重要节点城市"提供坚强保证。2022年孝感市直单位清廉机关建设被全省评为优秀等次。

【政治建设】 坚持不懈用习近平新时代中国特色社会主义思想凝心聚魂，深刻领悟"两个确立"的决定性意义，做到"两个维护"。压实主体责任。系统谋划年度机关党建工作，印发年度机关党建工作要点、党组（党委）抓党建工作考评项目清单、全面从严治党主体责任清单、机关党建工作考核细则，逐月下发重点工作提示，指导市直单位党组（党委）落实全面从严治党主体责任。建立健全单位党组（党委）、机关党委（党总支）、党支部抓党建工作制度，实行机关党建工作责任清单管理，推动市直单位机关党建工作任务落到实处。指导市直单位开展政治生态分析研判，推进市直机关政治生态分析研判走深走实，推动政治生态持续向上向好。组织开展年度机关党建考核，市直34家单位被评为市直机关"党建工作先进单位"。严肃党内政治生活。严格落实组织生活制度，指导督促市直单位党支部完成2021年度组织生活会和民主评议党员工作。实行履职清单管理，组织党支部和党员承诺可操作、能落实、群众普遍受益的服务事项。逐月下发支部主题党日通知，突出议事功能，服务中心大局，进一步提升党日实效。组织市直单位党组织书记在"七一"前夕讲授专题党课。做好党代表推荐提名。坚持好中选优，高标准、严要求开展党的二十大代表、省第十二次党代会代表候选人推荐提名工作，组织市直单位基层党组织召开党代表推荐提名主题党日，市直所有党支部和全体党员推选出省出席党的二十大代表候选人推荐人选62人、省第十二次党代会代表候选人36人。

【思想建设】 搞好中心组学习。指导督促市直单位制定年度中心组学习计划，严格落实"一学一报"制度。及时将习近平总书记最新重要指示批示精神和有关方面提出的巩固拓展脱贫攻坚成果与乡村振兴有效衔接、生态文明建设、"五城同创"、"进社区、促共治、美家园"活动等内容，动态纳入市直单位中心组学习内容。建立市直单位中心组学习台账，督办各单位学习研讨情况，印发各单位年度中心组学习情况通报。落实意识形态工作责任制。督促市直单位组织观看纪录片，筑牢市直党员干部意识形态防御阵线，旗帜鲜明反对历史虚无主义。加强孝感机关党建网信息发布管理，建立市直单位分管领导、网站管理员、机关工委分管领导三级审核把关制度，常态化做好网站子账号授权管理、首页维护、基本信息变更等后台管理。联合市委宣传部，参与市直4个单位意识形态工作专项巡察。推介经验做法。向"学习强国"学习平台、市委信息中心、"孝感党建"微信公众号、《孝感日报》等方面择优报送市直单位信息稿件，开设孝感机关党建网"五城同创""清廉机关建设""下基层察民情解民忧暖民心"等专栏，充分展示市直单位机关党建工作动态、特色做法、突出成效和有效经验。

【组织建设】 加强基层党组织标准化规范化建设。建立按期换届提醒督促和"两请示一报告"工作机制，合理设置委员数，严把书记人选关。全年批复办理党组织换届、书记调整和委员补选等事项115件。持续开展支部"巡整"。规范党小组设置，推行党员人数在20人以上的党支部划分若干党小组做法。指导成立市邮政管理局快递行业党委。加强党员队伍建设。全年发展党员80人。举办基层党组织书记、机关纪委书记(纪检委员)、新党员、发展对象等各类培训，培训1000余人；指导市直业务主管单位抓好“两新”组织、党组织党内培训。颁发“光荣在党50年”纪念章100枚。评选表彰市直机关优秀共产党员60人、优秀党务工作者40人、先进基层党组织30个。指导市直15家单位机关党委规范开展本单位(系统)“两优一先”评选。组织开展市直机关“三学三立”活动，指导市直单位评选“业务能手”“行业标兵”，引导市直党员干部进一步改进作风、提升能力。落实关怀激励帮扶机制。慰问市直机关生活困难党员等317名。下拨党建工作活动经费18.68万元。返还离退休干部党组织党费9.66万元。做好群团工作。联合开展市直机关女干部代表庆“三八”主题党日活动，市直机关50余名优秀女干部代表参加。联合开展全市职工宣讲比赛及主题征文活动。联合举办党的二十大“云传唱”活动，市直31个单位参与。

【党风廉政建设】 组织“三学三立”活动。组织开展市直机关“三学三立”活动，制定“大学习”“大比武”专项方案，推进“学理论、学政策、学业务”常态化，指导市直单位评选一批“业务能手”“行业标兵”，引导市直党员干部进一步改进作风、提升能力。推进清廉机关建设。组织召开市直单位清廉机关建设工作协调会、会商会，印发年度清廉机关建设重点工作计划、示范点创建标准、考评细则、工作手册。建立清廉机关建设协调推进六大机制，明确责任单位重点任务。选定清廉机关建设示范联系点7个，先行先试，示范引领。联合举办清廉机关建设知识竞赛，组织市直69个单位的207名党员干部参赛。指导市直单位制作廉政主题视频作品2部。4篇清廉机关建设信息报道在《湖北机关党建网》刊载。深入调研督导。多次参加市防指、市防指农村(社区)工作组疫情防控督导，推动有关地方防疫工作落实落细。开展党员干部下沉社区调研督导30多次，全覆盖暗访了解主城区99个社区的在职党员参与社区工作、参与24小时扩面核酸筛查实战演练等情况，下发有关情况通报。组建10个调研督导组对市直清廉机关建设情况开展调研督导，下发工作通报1期。

【党员干部下沉社区工作】 推动下沉社区常态化长效化。指导督促市直单位党组织同社区党组织签订年度结对共建协议。召开市直机关党员干部“进社区”活动培训推进会，培训近400人。做实社区七类特殊困难对象结对帮扶，牵头安排8394名市直党员干部同主城区4019名特殊困难对象形成结对帮扶关系。加强工作队管理，全年调整队员近30人。通报第三季度市直党员干部下沉社区情况。下沉社区常态化长效化工作列入市委党的建设制度改革重点项目。助力平安稳定。党的二十大召开前后，牵头制定《市直单位包保主城区社区工作方案》，组建92支市直包保社区工作队，动员市直107个单位近1.2万名在职党员，进驻单位包保社区，协助主城区99个社区全力抓好疫情防控、安全生产、平安稳定、社区治理等重点工作，有力维护基层社会大局持续稳定。组织各工作队认真撰写包保调研报告92篇，汇编成册呈送市领导，为市领导开展有关决策提供重要参考。

（撰稿：樊红波）

机构编制工作

【概况】 2022年以来，在市委的坚强领导下，在市委编委的领导和大力支持下，市委编办坚持以习近平新时代中国特色社会主义思想为指导，以党的政治建设为统领，服务中心大局，强化履职担当，推进改革创新，各项工作取得了新成效，为孝感打造武汉都市圈重要节点城市贡献了编办力量。

【扩权赋能强县改革】 上级下放事权做到应接尽接。组织各县(市、区)主动承接省下放的126项经济社会管理权限，督促下放事项尽快落实落地，已累计在网上办理15000余件次，增强了县域服务经济社会发展的能力水平。向市高新区放权得到深化。督促市住建、环保领域已下放的工业项目全过程审批权限事项落实到位，新增下放市教育局11项学前教育审批事项、市资规局7项建设用地审批事项，有效提升了市高新区行政审批服务效能。县级机构设置进一步优化。将县(市、区)事业单位用编计划审批机制由事前审批改为事后备案。推动编制减上补下，城区教育体制改革、主城区城市管理综合执法体制改革按编随事走原则，下划孝南区事业编制。在县(市、区)统一设立营商环境促进中心、社会治安综合治理中心(网格服务中心)等2个副科级事业单位，明确大悟县中医院机构规格为正科级。

【综合行政执法改革】 理顺完善主城区综合执法体制机制，全力助力“五城同创”。形成高质量主城区六大综合执法领域运行情况调研报告，市委、市政府主要领导、分管领导多次批示。市委常委、组织部部长杭莺亲自组织推动城管领域改革平稳有序进行，按照“市级统筹、区级主责、街道主战”机制启动运行，实现编制、人员下沉到一线执法，主城区城管领域“一支队伍管执法”。开展了市区两级市场监管、交通运输、农业农村、文化旅游领域综合执法调研督导，推动各领域综合执法队伍联动执法、规范运行。组建市县应急管理综合执法机构，形成大应急综合执法格局。整合组建市县应急管理综合执法支（大）队，明确机构规格、执法范围和执法职能，实现了应急管理领域的综合执法。至此，七支综合执法队伍全部组建完成。乡镇综合执法改革试点不断扩面和完善。2021年，在全市38个乡镇推进综合执法改革试点的基础上，先后开展两轮综合执法改革调研督导。2022年7月，进一步在孝昌县全县推进综合执法改革。《孝感日报》在一版刊发《让乡镇“看得见”也“管得了”》长篇通讯。

【市直机构职能体系建设】 党委机关职能得到全面加强。明确市委办公室统筹协调市政府和人大、政协、党群工作的职能，进一步加强市委统一领导。完善纪检监察等部门职能体系，整合派驻市法院纪检监察组等3个派驻（出）机构职能，加强政治监督，整体提升市纪委监委监督检查效能。完善市委组织部干部队伍规划和人才工作职能，强化党管人才。经济社会发展部门机构职能全面优化。围绕经济发展和营商环境建设工作，进一步优化政府办、统计、政务服务、工商联等部门职能体系，其中设立市政府重点项目建设协调办公室。调整优化社会民生领域职能配置，完善水利移民、人社工伤保险、校外培训监管、农村经济管理等民生领域职能。认真落实市委专题会议精神，与住建、城管、水利等部门充分沟通协商，构建职责边界清晰、运行更加高效的市政排水、园林绿化和垃圾处理职责体系。社会平安稳定体制有效加强。优化市委政法委、市公安局、市司法局职能和机构编制事项，系统构建保障有力的政法系统职能体系。坚持总体国家安全观，加强信访维稳、粮食安全监管职责。全面深化国防动员体制改革，坚持军地联动、分工协作，整体重塑国防动员职能体系和领导体制，组建市县国防动员办公室。编制资源利用效率不断提升。根据有关政策，对市直35个单位的编制和领导职数进行了调整。加大公务员招录用编保障力度，2022年和2023年全市四级联考用编计划分别为559名和989名，用编计划增幅连续上升，乡镇基层用编计划占比保持在50%以上。充分考虑市农业农村局、市市场监管局、市住建局等改革超编单位人员结构与超编的矛盾，按预计减员数的一定比例开展招聘，缓解单位用人压力，得到了领导和市直部门的肯定。贯彻人才强市战略，优先保障教育、卫生、应急、科技、经济等重点民生和经济领域急需紧缺人员，支持孝感高中、中心医院等重点单位采取先进后出、先招后核等办法及时引进人才，在市直新增事业编制547人中，教育、卫生占比65%。

【基层治理体制改革】 街道管理体制改革成果持续巩固。组织开展街道管理体制改革“回头看”和街道赋权事项、经济发达镇赋权事项运行情况评估，开展街道综合执法运行情况调研，指导县（市、区）加强街道综合执法队伍建设。截至年底，全市13个街道共配备综合执法人员206人。乡镇管理体制改革探索推进。以大悟县三里城镇管理体制改革为试点，拟订乡镇（三里城镇）管理体制改革试点方案。省委编办王伟雄副主任专程到大悟县调研改革试点工作，提出明确意见建议。开发区管理机构全面规范。争取省委编办最大政策支持，明确孝感高新区7个内设机构的规格为副县级，是全省唯一正县级机构明确内设机构为副县级的国家级开发区。在保留县（市、区）原有8个开发区管理机构的基础上，汉川开发区管理机构升格为国家级正县级，新增云梦县隔蒲潭工业园管委会为副县级管理机构，创新实施开发区“一区多园”“区政合一”管理模式，为全市开发区实现高质量发展夯实基础。基层社会治理体系不断完善。推进“一居一警”“一村一辅警”全覆盖工作，联合市公安局实地调研全市的辅警配备情况，形成有实用价值的调研报告。规范基层司法所建设，主动与市司法局进行沟通，提出意见建议。

【事业单位改革】 经营类事业单位改革“清零”。协调解决剩余4家撤销单位改革资金缺口、人员安置等堵点、难点问题，目前涉改人员思想稳定。公益类事业单位改革分领域推进。按照“成熟一家、改革一家”工作思路，先后完成市人社、市场监管、高新区、临空区等领域事业单位的系统优化、整体重塑、功能再造。重点领域和关键环节改革有序推进。贯彻“数智孝感”决策部署，支持市政数局设立市城市运行管理中心，承担“城市大脑”运营职能。强化国土空间规划战略技术支撑，支持市资规局整合组建市国土空间规划研究院。理顺燃气管理体制，支持市城管委将市燃气事业服务中心单独设立。顺应主城区农贸市场管理改革，支持市商务局将市市场开发服务中心更名为市商务发展促进中心，明确编制随人员“退一减一”，解决了商务系统“机关有事无人、事业单位有人无事”的尴尬局面。中小学教职工编制全部达到国标。指导协调市县两级严格按国家编制标准重新核定中小学教职工编制，全市中小学教职工编制核定全部达到国标。其中，市直对孝感高中、航天高中、高新区学校、临空区学校的编制核定总量较之前增加166名。探索公立医院编制创新管理办法。对市中心医院、市妇幼保健院等市直6所公立医院进行全面调研摸底，着重了解医院发展困难和编外人员职称、学历、岗位分布等情况，梳理出核定编制不足、编外人员占比偏高、人员不稳定等突出问题。分期分批解决公立医院编外高层次人才编制问题，确保医疗卫生事业可持续发展，人民群众病有所医。

【机构编制监督检查】 扎实开展机构编制监督检查。在市直部门宣传贯彻《机构编制违规违纪违法行为处理和问题规则(试行)》。组织市直部门开展机构编制条条干预问题自查自纠。在全市范围内开展中小学教职工编制专项清理整治行动。做好编委会决定事项的督办落实。对2次市委编委会研究决定的33个事项落实情况进行督办，逐项落实到位。做好机构编制信访工作。2022年以来，处理涉机构编制信访事项共计4件23人次，均按相关政策做好了答复。同时，根据市信访局要求，参与多部门联合接访活动1次。

【机构编制信息化建设】 做好全市机构编制实名制系统日常管理工作。做好机构编制管理大数据平台的数据维护、修改、校验、错误数据排查和网上机构信息更新工作。2022年以来，更新全市机构信息936条，调整人员信息18685条。做好2022年度机构编制年报统计工作。做好全市党政机关和事业单位网上名称管理工作。完成全市中文域名动态调整和续费工作，对新设立和已撤销的机构按时进行注册、变更或注销。2022年，对市直各类机关和事业单位中文域名214家续费4.28万元。全市各类机关和事业单位网站挂标411家(其中市直112家)，网站挂标率达到100%，各门户网站安全稳定运行。

(撰稿：张鸿庭)

信访工作

【概况】 2022年，孝感市全面贯彻落实《信访工作条例》和第九次全国信访工作会议精神，围绕年度工作责任目标和重点时段信访安保任务，大力实施“四全”工作举措，扎实推进集中治理重复信访化解信访积案、优化信访工作联席会议机制等重点工作，全市信访“四率”(及时受理率、按期办结率、群众满意率、一次性化解率)水平进一步提升，信访形势呈“三降一升”态势。孝感市在2022年度全省信访工作考核排名中位列第3，2022年，人民网“领导留言板”工作获评“民心汇聚单位”，安陆市获评2022年度全国信访工作示范县(市、区)，市信访局被人社部、国家信访局授予“全国信访系统先进集体”称号。

【群众信访事项办理】 2022年，共办理群众到市及以上信访事项9906批件次。其中，走访共1619批次3543人次，来信840件次，网上信访7447件。全市信访部门和责任部门及时受理率均为100%，信访事项按期办结率为99.98%；信访部门参评率和满意率分别为98.24%、98.61%；责任部门参评率和满意率分别为98.02%、98.38%。

【《信访工作条例》宣传】 中共中央、国务院《信访工作条例》颁布实施后，迅速推动《信访工作条例》精神学习宣传贯彻。各级党委常委会、政府常务会专题学习《信访工作条例》精神、研究贯彻意见，同时将学习贯彻《信访工作条例》精神纳入各级党委(党组)理论中心组必学内容、纳入党校主体班必讲内容、纳入支部主题党日学习内容，并与传达学习第九次全国信访工作会议精神一体推进。市委理论学习中心组邀请省信访局领导作《信访工作条例》专题辅导。联合市电视台制播《学习宣传贯彻〈信访工作条例〉倡议书》、信访局局长走进《党风正风热线》直播间、《信访工作条例》宣传情景剧、《信访流程要知悉》政策宣讲，教育引导群众依法文明有序信访。结合党员干部下基层察民情解民忧暖民心实践活动，广大信访干部深入村(社区)、居民小区，向群众宣讲条例精神，帮助群众协调解决“急难愁盼”事情。2022年，市委常委会先后6次、市政府常务会3次听取信访工作汇报，研究突出信访问题化解意见。市委办、市政府办先后印发加强新时代网上信访工作若干措施、贯彻实施《信访工作条例》办法等多个文件，明确实施《信访工作条例》的路径步骤。同时明确市信访工作联席会议组成人员，制发联席会议工作规则。

【“三项行动”扎实开展】 按照全省统一部署和要求，压茬推进“敲家门、叩心门”“百日接访”“攻坚清零”三项行动有力实施。7月5日，全省“百日接访”行动启动仪式视频会在孝感市召开，孝感市工作在会上作交流发言。落实领导带头接访，制发赴省上访专项治理行动实施方案、市级领导干部年度值班接访及包案下访安排、党政领导干部百日接访日程安排，督促各地将领导干部接访包案下访与“一下三民”实践活动有机融合。2022年，全市各级领导干部共接待群众1326批次2407人次，其中市级领导坐班接访36批次44人次，县（市、区）、市直“三区”县级领导接访下访1290批次2363人次。制发工作办法，将每日赴省上访信息推送政务工作群，重点访情市委书记直接在群里督办，通过书记抓书记，推动信访责任层层落实。实行“三个提级”，对一些重点信访“腊骨头”，采取提级包保、提级会商、提级督办方式，推动问题化解攻坚。

【“四全”举措实施】 聚焦党的二十大、全国“两会”、北京冬奥会残奥会、省第十二次党代会等重要时段，以落实“四全”（全时空减小压强、全时序保守平安、全过程化解矛盾、全周期息诉止讼）工作举措为抓手，着力把信访矛盾发现在平常、把信访工作做在日常。坚持源头治访，抓实村（社区）“三进四代”信访服务、乡镇（街道）“汇研交办处”、市县信息“4+N”分析研判、公安机关“情指勤舆”一体化作战机制。推动开通省智慧信访系统用户账户3232个，推动七个县（市、区）矛盾调处多元化解中心全部建成并投入使用，孝感市七个县（市、区）信访指数季度平均水平持续位居全省前列，应城市稳居全省第一位。加强综合协调，充分发挥“5+2+1+N”信访工作体系作用，组建六大工作专班，落实领导干部24小时带班值班和信访信息零报告制度，不定期召开视频调度会，信访联席办每日编发摘报，通报工作情况、反馈重要信息、保障上下贯通。

（撰稿：周倩）

老干部工作

【概况】 2022年，市委老干部局坚持以习近平新时代中国特色社会主义思想为指导，全面贯彻党的二十大精神和中央关于加强新时代离退休干部党的建设工作的意见精神，围绕中心大局，强化政治引领，积极应对人口老龄化，扎实推进老干部工作高质量发展。

【离退休干部党建】 贯彻落实中央办公厅《关于加强新时代离退休干部党的建设工作的意见》精神，形成了贯彻落实意见，制定了长效机制工作清单，开展了贯彻落实情况调研。加强离退休干部思想政治建设。组织全市离退休干部收听收看中组部举办的4场全国离退休干部网上专题报告会，安排部署了3期离退休干部专题支部主题党日，组织老干部党员代表集中收听收看党的二十大开幕会活动。印发《关于组织全市离退休干部党员认真学习宣传贯彻党的二十大精神的通知》，组建了21人的市老干部宣讲团，在离退休干部党员中开展宣讲。加强离退休干部党组织建设。开展了离退休干部示范党支部创建活动、全市离退休干部党支部巡整工作，调整选派了市直57家单位141个离退休干部党支部“第一书记”，更新了离退休干部党建工作信息库。组织离退休干部党员发挥作用。围绕“建言二十大”和“我看中国特色社会主义新时代”主题开展了调研活动，全市近两万名离退休干部党员建言献策、谈体会，形成了《银发话初心 献策二十大》《“我看中国特色社会主义新时代”专题调研报告》两篇专题调研报告。

【离退休干部服务管理】 建立健全和落实好老干部荣退、健康疗养、阅文、特困帮扶、生病看望、丧事处理等工作制度和规定，确保老同志退休有仪式、待遇有落实、生病有关怀、困难有帮扶、去世有尊严，实行老干部全生命周期服务管理。落实离退休干部政治待遇，邀请老干部出席市委、市政府组织的党的二十大传达贯彻学习大会、年度情况通报会、国家公祭日活动等重大会议和活动100多人次，做好“两节”（春节、重阳节）期间、老同志生病住院、整十岁生日、易地安置和长期居住外地的离退休干部看望慰问工作，全年看望慰问279人次。落实离退休干部生活待遇，全市离休干部的离休费全部落实到位，医药费按规定实报实销，离休干部离休补贴、退休干部统筹待遇及时发放到位，对特困老干部及遗属开展及时帮扶与集中帮扶，积极协调有关部门解决老干部住院、买药问题，及时对去世的老干部家属进行看望慰问并协助做好丧事处理，确保老干部群体的稳定。

【老年大学向基层延伸】 市委老干部局坚持高位推进、实行共建共享、助力资金保障，工作进展态势良好，建设气场升腾，取得了开局主动。全市已建成并运行的乡镇（街道）老年大学分校（老年学校）50所、村（社区）老年大学学习点311个。在建乡镇（街道）老年大学分校（老年学校）36所、村（社区）老年大学学习点306个。《湖北老干部工作情况交流》和孝感市政府《发展研究》刊发《孝感市做好“坚持”和“融入”结合文章 推进老年大学建设向基层延伸》经验交流文章。

【老干部精神文化生活】 市老年大学全年共开设23个专业、118个班、共有学员4500人次,其中新开设图像处理班、收纳整理班、健身操班、抖音基础班、抖音剪影班和中医养生班6个班级,创新开展线上线下相结合教学模式,满足了学员多元化的学习需求。涉老团体(协会)中新增功能性党组织2个,增强了政治功能和组织功能。组织老干部开展以"喜迎党的二十大"为主题的各类展演赛活动8场次,全年参加活动人数达56000人次,开展助力城乡社区基层治理、乡村振兴、五城同创等文艺活动8场次。组织引导老干部团体参加湖北省组织的各类比赛、文艺演出、书画摄影展等活动,11幅作品入展线上"湖北省离退休干部庆祝党的二十大胜利召开书画摄影展",拳剑委员会在"湖北省传统武术大赛暨中国武术段位赛"活动中获得拳剑类10项荣誉。

【关心下一代工作】 开展第十七届"中华魂"(中华好家风)读书教育活动,表彰174名先进个人、22个先进单位,荣获全省先进集体;开展第九届青少年"孝行月"实践教育活动,表彰全市最美孝德青少年、最佳"五老"志愿者、最优班主任、最好家长共计300名;发挥"五老"特别优势,助力社区矫正工作,被评为全省"荆楚杯"社会治理十佳案例;开展"关爱明天、普法先行"青少年法治教育工作,荣获"全国青少年普法教育先进集体"称号;举办"弘扬优秀家风、传承孝德文化"书画展,展出130件作品,受到社会广泛关注;全市"五老"宣讲团成员1109人,宣讲报告500多场次,数万名青少年以及家长通过多种方式听了"五老"宣讲报告;关心关爱和结对帮扶困境青少年,受助青少年近万名;孝感市关工委主任栾春海荣获全国关心下一代"最美五老"称号。

(撰稿:王泉)

史志工作

【概况】 2022年,市史志研究中心以迎接学习贯彻党的二十大为主线,以习近平新时代中国特色社会主义思想为指导,以"三学三立""双提升"(干部素质、业务质效)活动为抓手,认真落实市委有关决策部署和上级部门工作要求,团结奋进、求实创新,不断推动党史编研、志鉴编撰、史志宣传等各项工作迈上新台阶,为孝感打造武汉都市圈重要节点城市贡献史志智慧和力量。

【党史编研】 为更好体现领导规律,反映孝感市委领导人民进行经济社会建设的生动实践,将原先编纂出版的《中共孝感市委执政要览》更名为《中共孝感市委领导工作实录》,认真编纂《中共孝感市委领导工作实录(2022卷)》,对体例、内容、框架进行重新设计和编排,进一步提高编纂的科学性和针对性,目前已进入出版环节。协调推动党史正本编研,组织开展改革开放口述史编研。此外,组织编纂《纪检监察志》《组织史资料(第5卷)》,即将印刷出版。深入开展红色遗址遗迹普查,在重新整理2010年革命遗址普查相关资料的基础上,印发《孝感市开展红色资源、革命遗址再普查实施方案》,全面了解各地丰富的党史资源,初步确定革命遗址191处,奠定了红色资源全面科学保护利用的基础。

【志鉴编纂】 坚持业务科室为主、全体机关干部协同,2022年一年编了3本年鉴,补齐2020年、2021年的年鉴,着力打造《孝感年鉴(2022)》。首先学精品、品精品,9月20—22日,组织全体机关干部参加国家精品年鉴交流培训视频会,了解精品年鉴"精"在哪、自己差距在哪、努力方向在哪。要求从《孝感年鉴(2022)》开始,优化资料征集方式,采取上门商议的方法,当面商定该单位资料征集重点和编写大纲结构,提示年鉴编写重点注意事项,严格把好内容图片"初审关"、体例特色"精编关"、结构类目"严审关"、封面版式"设计关"、出版编辑"沟通关"。《孝感年鉴(2022)》已进入出版流程。扎实推进乡镇村志编纂,助力乡村文化振兴。孝南区陡岗镇袁湖村、安陆市王义贞镇钱冲村和烟店镇烟店村、大悟县金岭村拟申报名村志。其中,《袁湖村志》经过多轮研讨,已形成编目大纲,准备上报。

【宣讲品牌打造】 突出"二十大"宣讲,认真落实市委宣讲安排,市史志研究中心主任在市公安局、结对社区东杨社区、业务联系点孝南区史志办、结对帮扶村大悟山村及联系企业等单位认真开展宣讲,干部群众反响良好,湖北电视台、省党史网、《孝感日报》、孝感电视台等媒体进行了宣传报道。印发《关于做好学习贯彻党的二十大精神宣讲的工作提示》,发挥全市党史宣讲团覆盖面广、联系基层紧的优势,组织开展"十进"大宣讲(进机关、进校园、进企业、进社区、进农村、进园区、进商圈、进景区、进文明实践站(所)、进网络)。在全市范围内,组织开展了"优秀党史宣讲员"评选活动。引导动员全市史志系统干部,采取集中宣讲、专题宣讲、一线宣讲、上门宣讲等形式,积极宣讲二十大精神。史志系统4名退休老干部被列入市委二十大精神老干部宣讲团,发挥余热,积极开展宣讲。

【三十而立——《孝感建市30周年发展纪略》编纂】 2023年是孝感建市30

周年。市史志办站位全局、超前谋划、主动融入,力求贡献史志力量。把建市30周年活动谋划列入2022年史志工作要点,提出编纂《三十而立——孝感建市30周年发展纪略》一书,对编排体例进行改革创新,集中展示孝感建市以来的光辉历程和辉煌成就。10月11日,由市委办牵头召开编纂协调会,市委常委、秘书长余德芳会前亲自审定会议方案和编纂方案,提出明确要求。12月28日,市委办发文,该书编纂活动已列入建市30周年16项活动之一。

(撰稿:张可杰)

党校工作

【概况】 2022年,在市委的坚强领导下,市委党校团结奋斗,踔厉奋发,按照"六个一流"(一流的教学、一流的科研咨询、一流的人才队伍、一流的风气和人文环境、一流的管理服务、一流的硬件和基础设施)标准,争创"全省领先、全国一流"市级党校,各项工作取得新进展。

【学习宣传党的二十大】 党的二十大召开后,校党委高度重视,将学习宣传党的二十大精神作为首要政治任务,迅速开展各项工作,掀起学习宣传党的二十大精神的热潮。坚持先学一步、学深一层,大规模开展师资培训活动,组织全体教师参加中组部、中央党校、省委党校、市委宣讲团线上线下培训。及时纳入秋季主体班教学,专题教学达24课时,组织学员开展专题研讨交流21次。组织教师开展学习研讨、集体备课、集中攻关,构建学习党的二十大精神"1+15+1"(总论+分论+党章)的课程体系,开发新专题。组织开展全市党校系统二十大精神进基层宣讲优秀课程评选活动,选出5门精品课。常务副校长和5名骨干教师作为党的二十大精神市委宣讲团成员到县(市、区)、市直29个单位开展宣讲。

【干部教育培训】 圆满完成主体班培训任务,培训规模不断扩大。2022年,共举办主体班次14个,培训各级各类干部622人,是历年来班次设置和培训人数最多、封闭时间最长的一年。对外培训蓬勃发展,全年承办各类短期培训班59批次,培训学员6059人次,是历年来对外培训人数最多的一年。

【教学工作】 突出主业主课。把马克思主义理论、习近平新时代中国特色社会主义思想、党的二十大精神作为教学重点,纳入教学计划,理论教育课程占比67%,党性教育课程占比26%。坚持三级备课两级试讲制度,全年开展3次集体备课试讲活动,共24个新专题通过全校试讲进入主体班课堂。开展全市党校系统精品课评选,选出精品课12门,其中本校5门。2门课程参与全省党校系统精品课评选。2门课程参加全省统战优质课评选入围1门。1门课程入围全省"护航成长 与法同行"法治精品课征集展播决赛并获二等奖。4个教学案例入选省委党校典型案例选编,本校2篇。2名老师撰写的党建案例,作为第六届全国基层党建创新典型案例在中国共产党新闻网展示,宣传推介孝感,扩大孝感的影响。创新教学方式方法。在主体班探索研究式教学,开展学员论坛38场次、结构化研讨14场次。采取"请进来"的办法,邀请消防支队、人防办、红十字会等开展体验式教学。落实党政领导干部上讲台制度。市委书记在开学典礼上讲第一堂党课。邀请市级领导15人次、部门主要负责人33人次专题辅导,授课比例占31%。7月份举办为期一周的全市党校系统教学科研能力提升专题培训班。

【科研咨询】 组织举办"全市党校系统深入学习研究宣传阐释党的十九届六中全会精神理论研讨会",开展论文成果评选表彰。省级课题立项5项、结项2项,市社科联课题立项、结项5项,数量为历年最多。校级课题立项14项、结项11项。案例教材——《2021年孝感蓝皮书:孝感高质量发展典型案例》,由中央党校出版社出版。发行《孝感学刊》4期,《孝感日报》(党校论坛)44期,10篇调研报告转化为《领导参阅》,获得8位市委、市政府领导肯定性批示。教职工共发表各类文章54篇,其中《孝感日报》28篇,《孝感学刊》15篇,省级刊物9篇,人民网、中国共产党新闻网2篇。

【人才队伍建设】 坚持党管干部、党管人才和"好干部"标准,严格执行《干部选拔任用工作条例》等规定,把选拔干部标准、原则贯穿到动议、民主推荐、组织考察、讨论决定等各个环节,严把选人用人关,营造风清气正的政治生态。坚持正确的用人导向,突出实干实绩,提拔重用干部4名,晋升教师专技岗位13人,其中破格晋升4人,形成良好的用人导向。加强师资干部队伍建设,招录、引进"985"、"211"硕士研究生10名。参公人员年度完成"三选一"基本任务,专业技术人员年度完成"六个一"基本任务,任务完成与否与评优、干部选拔任用、晋级晋升晋岗密切挂钩。

【基础设施建设】 高度重视文明创建活动,成立领导小组,制定实施方案,积极申报文明单位。投入近50万元加强校园文化建设,围绕社会主义核心价值观、党史党建、清廉机关建设、法治建设、精神谱系、英雄楷模等主题，在教学楼、学术报告厅走道打造主题文化长廊，营造富有党校特色人文环境。顺利启动二期工程——校文体中心建设，已完成主体工程，年底基本完成内部配套设施建设，预计2023年春季学期投入使用，办学整体功能进一步完善。图书资料信息、后勤服务等教学辅助设备设施有力地保障了各项培训工作。

【县级党校提档升级】 5月，与市委组织部联合开展了全市县级党校分类建设现场调研推进会，现场评分，公开排名，让各地既有压力，又有动力。8月，市委常委会专题听取了全市县级党校分类建设汇报，并审议通过实施方案。11月，两办印发《孝感市县级党校(行政学校)分类建设实施方案》，7所县级党校到2025年争创一类。

(撰稿：方显峰)

市档案馆工作人员在库房清查档案数量

(市档案馆 供图)

档案工作

【概况】 2022年是市档案馆搬迁到文化中心后运行的第一年，市档案馆切实强化安全管理，扎实开展数字档案馆建设，做好档案利用服务，综合业务水平有较大提升，被省档案局确认进入全省档案工作第一方阵序列，馆内6人次荣获国家级“档案工匠”、省、市“档案专家”荣誉。落实市档案局、档案馆联席会议制度，与市档案局共同完成“6·9国际档案日”开放活动、执法检查、县(市、区)档案馆综合业务测评、数字档案馆(室)指导、档案目标管理考评、档案业务培训等工作。共向省档案馆报送本地楚菜档案照片和视频104条491件，完成本级和县(市、区)省情概况报送工作。

【“两类档案”数据库建设】 收集整理疫情防控档案，制作电子目录，进行了规范化整理和数字化扫描，向省馆报送新冠肺炎疫情档案实物。全市“两类档案”数据库建设完成，其中精准扶贫档案全文数据23608件、266004幅。疫情档案和脱贫攻坚档案得到省局、馆通报肯定。

【档案安全监管】 把安全作为档案工作生命线，每个节假日前由班子成员带队开展安全检查和登记。确保了档案查阅利用、开放鉴定、消毒除尘和档案数字化过程中档案实体、信息和场地、介质安全。强化应急处置，修订完善《市档案馆汛期档案应急工作方案》，调整应急工作领导小组和抢险工作队，明确紧急情况下重点档案抢救范围、转移线路。

【档案接收】 到30多个单位开展接收前指导工作，开展2019年机构改革单位档案保管情况调查，制定档案接收五年规划。共接收市委办公室、市委组织部、市委外事办等单位档案共26986卷(件)，彻底改变了受库房容量限制长期未大范围接收档案的历史。

【红色革命文物普查档案征集】 征集到红色革命文物普查资料和文物普查报告共46件,全市烈士设施电子档案数码录像139个、数码照片169张,改善了馆藏结构,丰富了红色档案内容。

【馆藏档案开放审核】 将馆藏档案开放审核工作列为年度重要工作目标,集中全馆力量、集中办公、集中5个月时间,完成馆藏57个全宗共3.1万卷档案开放审核和实体标注、数据整理工作,其中开放档案2.3万卷44.5万件,控制档案0.8万卷19.1万件,开放率70%。该项工作得到省档案局、省档案馆高度认可,馆主要负责人在12月全省档案工作培训会上作经验交流。

【馆藏存量纸质档案数字化】 完成88万幅馆藏纸质档案数字化扫描及配套工作,馆藏存量纸质档案数字化率达到100%,数字化率和数字化质量全省领先。完成了数字光盘、数码照片、录音录像档案的整理建库和编目工作,共整理数字光盘527盘,数码照片71706张,录音档案2940段,录像档案14573段,录音录像档案时长7776小时。

【数字档案馆建设】 数字档案馆建设项目纳入市"五化"管理,11月18日通过市政数局组织的项目验收。项目总投资406.81万元,2021年立项以来,完成了数字档案馆基础设施、系统平台和安全等保建设。该项目建设完成,数字赋能,档案工作实现由传统管理向信息化转型升级,档案数字资源得到真实有效管理,档案公共服务能力得到提升。

【重要档案数据跨省备份首次实现】 将馆藏档案数字化副本、市新冠肺炎疫情防控档案数字化成果、数码照片、数码录音、数码录像等重要电子档案数据送陕西省汉中市档案馆保存,实现档案数据跨省异地备份,备份容量达5TB。

【档案查询利用平台建设】 5月,顺利接入"全国档案查询利用服务平台"系统并投入应用,被省档案馆确定为"全省档案资源共享利用平台"试点单位。电话查档、线上查档、跨馆查档数量增多,为200多人进行了无接触式档案查询服务,收到感谢信和锦旗5次。

【档案编研】 整理编印《孝感市情概况》《中共孝感市委党代会报告汇编(1993—2021)》《孝感市政府工作报告汇编(1993—2022)》《档案利用效益选编(2018—2022)》,共计32.68万字。《孝感市情概况》介绍了孝感市及7个县(市、区)的历史沿革、地域文化、资源环境等市情市貌;《档案利用效益选编(2018—2022)》系统梳理了2018年以来全市档案资源开发利用成果共126例。

(撰稿:付朝晖)

栏目编辑:易秀云

孝感市人民代表大会

孝感市人民代表大会

综　述

【概况】 2022年是全面贯彻落实中央和省委、市委人大工作会议精神的重要一年，也是孝感市七届人大常委会依法履职的开局之年。一年来，在中共孝感市委的坚强领导下，孝感市人大常委会坚持以习近平新时代中国特色社会主义思想为指引，深入学习贯彻党的十九大和十九届历次全会精神、党的二十大精神，坚持党的领导、人民当家作主、依法治国有机统一，践行全过程人民民主，围绕中心、服务大局，依法履职、担当作为，圆满完成市七届人大一次会议确定的各项任务，为全市经济社会发展和民主法治建设作出积极贡献。全年，依法召开2次人民代表大会，孝感市人大常委会共召开常委会会议10次，主任会议14次，就立法、决定、换届选举等重要工作向市委请示报告10次，听取审议专项工作报告14个，对4部法律法规进行检查，开展专题调研6次、专项视察2次，依法对孝感市政府25件规范性文件进行备案审查，向省人大常委会报备，依法任免国家机关工作人员193人次，全市五级代表开展215次活动，提出意见建议181条。

（撰稿：刘川）

重要会议

【市七届人大一次会议】 1月6日至8日，孝感市第七届人民代表大会第一次会议在市会议中心礼堂隆重开幕。会议应到代表439人，实到428人，出席人数符合法定人数。邓道伟当选为市七届人大常委会主任，张志敏、杨军安、叶华、李晚霞、李先乔、邹建宏当选为市七届人大常委会副主任，胡明刚当选为市七届人大常委会秘书长，王昆等32人当选为市七届人大常委会委员。熊征宇当选为市人民政府市长，刘敏、程涛、吴婕、郭斌、帅逊、石必成、黄建军当选为市人民政府副市长。江浩当选为市监察委员会主任；王秋隆当选为市中级人民法院院长；匡茂华当选为市人民检察院检察长（须报经省人民检察院检察长提请省人大常委会批准）。会议以举手表决的方式，通过了市七届人大各专门委员会组成人员名单，通过了市七届人大一次会议关于政府工作报告的决议、关于孝感市2021年国民经济和社会发展计划执行情况与2022年计划的决议、关于孝感市2021年预算执行情况和2022年预算的决议、关于市人大常委会工作报告的决议、关于市中级人民法院工作报告的决议、关于市人民检察院工作报告的决议。

【市七届人大二次会议】 9月17日，孝感市第七届人民代表大会第二次会议在市会议中心礼堂隆重举行。大会应到代表435人，实到代表389人，符合法定人数。大会选举胡玖明为市人民政府市长。

【市人大常委会会议】 1月14日，孝感市七届人大常委会召开第一次会议。会议审议通过市七届人大常委会关于设立代表资格审查委员会和工作委员会的决定，市七届人大常委会代表资格审查委员会和法制、代表、人事任免、预算四个工作委员会组成人员名单；审议通过有关人事任免事项，任命市监察委员会副主任、委员等。

2月25日，孝感市七届人大常委会召开第二次会议。会议学习贯彻省十三届人大七次会议精神，审议市人大常委会法工委关于2021年度规范性文件备案审查工作情况的报告，审议通过市人大常委会2022

年度工作要点,表决通过对25名市政府工作部门主要负责人的任命及其他人事任免事项。

4月28日,孝感市七届人大常委会召开第三次会议。会议学习贯彻十三届全国人大五次会议精神和市委人大工作会议精神;听取和审议市政府关于2021年度全市环境状况和环境保护目标完成情况的报告、市人大常委会执法检查组关于检查《湖北省反家庭暴力条例》实施情况的报告;对《孝感市停车场建设和管理条例(草案二审稿)》进行审议;表决通过市人大常委会代表资格审查委员会关于个别代表的代表资格的报告和有关人事任免事项。

6月28日,孝感市七届人大常委会召开第四次会议。会议传达学习省第十二次党代会精神和市委书记吴海涛在市委常委会(扩大)会议上的讲话要求,首次听取和审议市监察委关于助力扫黑除恶开展“惩腐打伞”工作情况的报告。会议还听取和审议了《武汉城市圈公共交通一体化促进条例(草案)》、市中级人民法院关于发挥人民法庭作用促进基层社会治理工作情况的报告、市人民检察院关于优化法治化营商环境工作情况的报告、市人大常委会执法检查组关于检查《湖北省自主创新促进条例》实施情况的报告,印发《关于市政府贯彻落实〈孝感市府澴河流域保护条例〉情况》等报告。会议表决通过有关人事任免事项,举行新任命人员宪法宣誓仪式。

8月26日,孝感市七届人大常委会召开第五次会议。会议听取和审议了市政府关于《孝感市住宅小区物业管理条例》贯彻实施情况、今年以来全市国民经济和社会发展计划执行情况、2021年市本级决算和2022年上半年全市预算执行情况、2021年度市本级预算执行和其他财政收支审计工作等报告,市人大常委会执法检查组关于检查《乡村振兴促进法》《湖北省乡村振兴促进条例》实施情况的报告;审议了《孝感市停车场建设和管理条例(草案三审稿)》;表决通过了《武汉城市圈公共交通一体化促进条例》,关于个别代表的代表资格的报告;批准2021年市本级财政决算。会议经表决,决定接受熊征宇辞去市人民政府市长职务的请求,决定任命胡玖明为市人民政府副市长、并决定其为代理市长。

9月2日,孝感市七届人大常委会召开第六次会议。会议表决通过市人大常委会代表资格审查委员会关于个别代表的代表资格的报告,决定于9月中旬召开市七届人大二次会议。

9月13日,孝感市七届人大常委会召开第七次会议。会议审议了市七届人大二次会议议程草案、日程草案、主席团和秘书长名单草案,决定将议程草案和名单草案提请市七届人大二次会议预备会议表决或选举,日程草案提请大会主席团第一次会议决定。

10月31日,孝感市七届人大常委会召开第八次会议。会议学习贯彻党的二十大精神;听取和审议市政府关于《市人大常委会关于全市打击治理电信网络诈骗犯罪工作的决定》贯彻落实情况、义务教育“双减”工作情况、2021年度金融企业国有资产管理情况的报告,市人大常委会执法检查组关于检查《中华人民共和国环境保护法》实施情况的报告;表决通过《孝感市停车场建设和管理条例》和有关人事事项;批准2022年市本级预算调整方案。

12月14日,孝感市七届人大常委会召开第九次会议。会议审议了《孝感市海绵城市建设和管理条例(草案)》,市政府关于2021年度市本级预算执行和其他财政收支审计查出问题整改情况、市七届人大一次会议以来代表建议办理情况的报告;表决通过市人大常委会代表资格审查委员会关于个别代表的代表资格的报告和有关人事任免事项,决定肖保国为市中级人民法院代理院长;决定于2023年1月召开市七届人大三次会议。会议对市七届人大一次会议以来代表建议办理情况开展满意度测评,经常委会组成人员表决,测评结果为满意等次。

12月30日,孝感市七届人大常委会召开第十次会议。会议审议通过市人大常委会代表资格审查委员会关于个别代表的代表资格的报告;市七届人大三次会议议程草案、日程草案,主席团和秘书长名单草案;市人大常委会工作报告(审议稿);决定将议程草案和名单草案提请市七届人大三次会议预备会议表决或选举,日程草案提请大会主席团第一次会议审议,常委会工作报告提请大会审查。会议审议通过了市七届人大三次会议列席人员名单草案,印发了市七届人大常委会各工作委员会2022年度工作总结和2023年度工作要点。

(撰稿:刘川)

立法工作

【立法机制建设】 制定常委会立法程序及工作责任清单,绘制立法流程图,明晰八个环节工作责任,实现立法全流程闭环管理。组建立法和备案审查咨询专家库,20名专家人才获聘为咨询专家,夯实政策和智力支撑的基础。基层立法联系点扩充到12个,多次到联系点开展立法调研,收集意见建议,立法民意“直通车”作用进一步发挥。

【立法调研】 出台《孝感市停车场建设和管理条例》，对停车场规划、建设、使用和管理等作出具体规定，用法治力量推动解决城区停车难题。积极参与区域协同立法，表决通过孝感市第一部协同立法项目——《武汉城市圈公共交通一体化促进条例》。紧扣孝感打造全国首批海绵城市建设示范城市，及时启动全省第一部海绵城市建设和管理立法。开展居家养老服务条例、文明行为促进条例等法规的立法调研。积极配合省人大来孝开展湖北省磷石膏污染防治条例、土地管理实施办法、测绘管理条例、安全生产条例等立法调研，高质量完成上级人大16件法律法规草案征求意见工作。

【编制五年立法规划】 首次编制市人大常委会五年立法规划（2022—2026年），确定立法规划项目19件，立法的前瞻性、计划性和指导性进一步增强。

【备案审查规范性文件】 提请市委转发《市人大常委会党组关于加强和改进规范性文件备案审查工作的实施意见》，备案审查工作的规范性、实效性进一步提升。按照“有件必备、有备必审、有错必纠”的要求，依法对市政府25件规范性文件、县（市、区）人大4件规范性文件进行了备案审查，切实维护了国家法制统一。强化备案审查工作监督，听取审议2021年度备案审查工作情况报告，加强对县（市、区）人大工作指导，实现市县两级人大常委会听取审议备案审查工作报告全覆盖。

（撰稿：刘川）

监督工作

【概况】 孝感市人大常委会紧盯全市发展大局和重大民生问题，实施正确监督、有效监督、依法监督，切实增强监督刚性和实效。

【工作监督】 听取审议金融企业国有资产管理情况的报告，全市国有资产管理质效持续提升。加强经济领域法律监督，开展《乡村振兴促进法》《湖北省乡村振兴促进条例》《湖北省自主创新促进条例》《湖北省人力资源市场条例》等法律法规实施情况检查，配合省人大做好《外商投资法》《湖北省气象灾害防御条例》执法检查，以法律法规有效实施护航经济高质量发展。开展孝汉同城化交通基础设施重大项目建设情况专项视察，支持和促进重大项目加快建设。开展全市种业发展、“一枚蛋”产业链、食品产业链等专题调研，组织开展“乡村振兴孝感行”活动，配合省人大开展乡村振兴定点帮扶和区域协作、茶产业链推进专题调研，积极为建设农业强市建言献策。听取审议市本级决算和预算执行情况报告、审计工作报告、审计查出问题整改落实情况的报告，审查批准市本级预算调整方案，在全省市州人大率先制定出台国有资产报告制度五年规划，预算审查监督质效进一步提升。首次听取审议市监察委关于助力扫黑除恶开展“惩腐打伞”专项工作报告，听取审议市政府贯彻落实打击“电诈”决定情况、市检察院关于优化法治化营商环境工作情况、市法院关于发挥人民法庭作用促进基层社会治理工作情况等报告，开展安全生产和平安稳定督导，推动提升市域治理现代化水平。听取审议市政府贯彻实施住宅小区物业管理条例、义务教育“双减”等报告，组织开展反家暴、城市困难职工解困脱困等专题调研、“五城同创”工作专项视察活动，增进民生福祉。

【专项执法检查】 开展《中华人民共和国环境保护法》实施情况检查。首次采取市县两级人大上下联动，问题清单式开展《中华人民共和国长江保护法》执法检查，促进生态环境质量持续改善。跟踪督办磷石膏污染防治，推动磷石膏综合利用超额完成省定50%的目标任务。

（撰稿：刘川）

依法决定和任免工作

【讨论决定重大事项】 依法决定重大事项，适时作出批准市本级财政预算调整方案等9项决议决定。

【人事任免工作】 坚持党管干部原则与人大依法选举任免有机统一，依法选举产生孝感市人民政府市长；加强和规范人事任免各环节工作，严格落实任前考试等制度，依法任免国家工作人员193人次，圆满实现湖北省委和孝感市委人事安排意图。开展全市宪法宣誓工作检查和督导，组织实施宪法宣誓87人次，国家工作人员的宪法法律意识和人民公仆观念进一步增强。协助孝感市委做好省十四届人大代表选举、市人大常委会组成人员增补等工作。

（撰稿：刘川）

代表工作

【深化“两个联系”】 全面落实“双联”制度，孝感市人大常委会组成人员走访联系代表144人次，收集意见建议7件、问题线索19条，及时转交市政府研究办理；邀请28名市人大代表列席常委会会议。加强代表活动阵地建设，专门印发《市人大常

孝感市人大常委会开展孝汉同城化交通基础设施重大项目建设情况视察
(市人大常委会 供图)

委会关于进一步加强和完善人大代表联络站建设的通知》，推进全市579个代表联络站、510个代表小组规范化建设。组织开展“助推乡村振兴、助推营商环境优化、助推民生保障水平持续改善”代表行动，全市9000余名五级人大代表常态化进家进站开展活动，累计接待群众14.6万余人次，代表家站成为代表密切联系人民群众的“民意窗”“连心桥”。

【代表履职服务保障】 组织150名新任代表进行履职培训，提高代表依法履职能力。邀请代表215人次参与执法检查、专题调研、专项视察等活动，丰富闭会期间代表履职活动。定期印发学习资料、寄送常委会公报、督促“一府一委两院”通报工作情况，保障代表知情知政。编撰《泥土的芳香 · 孝感篇》、拍摄播放“代表风采”专题片10期，人大代表参与共同缔造先进事迹在全国人大、省人大网站刊载5批次，进一步激发代表履职热情。

【代表议案建议】 落实“内容高质量、办理高质量”工作要求，听取审议孝感市政府关于代表建议办理情况报告，举办代表建议督办月活动，开展代表建议办理情况满意度测评，落实常委会主任会议成员领衔督办、市长副市长领办、专(工)委上门督办机制，孝感市七届人大一次会议代表提出的181件建议全部办结完毕，实现沟通率100%、答复率100%、办结率 100%。常委会主任会议成员领衔督办重点建议14件，市长和副市长领办重点建议11件，关于解决企业用工难、加快糯稻产业发展、城区交通秩序综合整治等一批事关发展和民生的问题得到有效解决。制定人大代表建议与公益诉讼检察建议衔接转化工作办法，从制度层面建立代表建议与公益诉讼检察建议双向衔接转化机制，更好解决人民群众急难愁盼问题。2022年，孝感市人大常委会代工委向市检察院提供代表建议176条，市检察院从中确定校园食品安全、秸秆禁烧、农村环境卫生治理、历史文化保护等重点领域，共立案办理行政公益诉讼案件56件。

(撰稿：刘川)

栏目编辑：秦荣

孝感市人民政府

孝感市人民政府

综　述

【概况】 2022年,面对严峻复杂形势和多重超预期因素冲击,孝感市人民政府坚持以习近平新时代中国特色社会主义思想为指导,坚定贯彻落实"疫情要防住、经济要稳住、发展要安全"重要要求,在省委、省政府和市委坚强领导下,高效统筹、克难奋进,实现新一届政府工作良好开局。经济社会保持平稳健康发展,主要经济指标稳在合理区间,全面高于全省平均水平。全年全市实现地区生产总值2776.97亿元,比上年增长5.2%。其中,第一产业增加值398亿元,比上年增长3.5%;第二产业增加值1151.82亿元,增长9%;第三产业增加值1227.16亿元,增长2.4%。三次产业结构由上年的14.9:39.4:45.7调整为14.3:41.5:44.2。人均地区生产总值为66299元,比上年增长6.2%。

【实体经济】 及时出台落实中共中央、国务院和省委、省政府一揽子政策措施124条清单,以及接续政策"94条"、稳增长"20条",扎实开展"联企业、送政策、解难题、稳主体"帮扶活动,持续深化"双千"行动、"服务企业大走访",推动助企纾困系列政策全面落地。累计新增退税减税降费38.1亿元,返还稳岗资金5281万元、稳定岗位16.6万个,落实惠企政策资金3.3亿元、消费券财政补贴资金8158万元,累计降成本10亿元,为稳经济奠定了坚实基础。出台支持"个转企"、扩内需、再生资源利用和促进文旅业、服务业、房地产业、外贸高质量发展的系列措施,市级领导领衔培植"四上"企业,新增规上工业企业173家、规上服务业企业80家、限上商贸单位550家、国家级专精特新"小巨人"18家,规上工业主营收入居全省第四位,孝感再次跻身全国先进制造业百强市、再获全省服务业发展贡献市。新增建筑业一级总承包企业11家,建筑业产值居全省第六位。"孝感红"湖北茶出口俄罗斯专列首发,新增出口实绩企业63家。天屿湖、爱漫文旅小镇成功创建国家AAAA级旅游景区,安陆烟店镇上榜全国乡村旅游重点镇,"孟宗故里·梦里花园"赏花之旅入选全国乡村旅游精品线路。

【"三资一促"】 成立招商引资决策委员会,构建"2+1+N"招商工作机制,签约亿元以上项目367个、引资3495.7亿元,引进百亿级项目7个,吸引外商直接投资1.6亿美元,全省招商引资暨利用外资工作现场会在孝感市召开,孝感获评全省农业产业化招商引资先进单位。建立项目策划储备工作机制,抢抓政策机遇,争取上级竞争性资金近100亿元、重大事项和试点示范37个,争取政府专项债项目120个、转贷资金78亿元。开展"百行进万企"专项行动,22场金融"面对面"活动签约142亿元,金融机构贷款余额突破2000亿元,澴川国投首次获批3亿美元境外债、发行10亿元私募永续债,中一科技登陆创业板。强化要素统筹和服务保障,批地量和闲置土地处置率均位居全省第一,集中开工亿元以上项目600个,23个省级重点项目超额完成投资计划,楚能新能源、祉星纸业、京港澳高速改扩建、武天高速等4个百亿级项目开工建设,维达扩能、保沣实业、三棵树涂料、全成信电子等一批产业项目建成投产,全省重大水利项目集中开工活动在孝感市举行。

【改革创新】 "放管服"改革深入推进,"证照分离""一业一证"改革全面落地,涉企经营许可事项全覆盖。扩权赋能强县改革下放经济社会管理权限115项,乡镇综合执法改革全面推行,主城区城市管理综合执法“市级统筹、区级主责、街道主战”机制正式运行。国企改革三年行动任务全面完成，市级国资监管体制全面理顺。市域社会治理现代化试点、排污权交易、招投标“评定分离”、财政事权和支出责任划分等改革事项深入实施。优化科技创新生态，获批国家知识产权强国建设试点，入库科技型中小企业1519家，新培育“瞪羚”企业22家，预计高新技术产业增加值增长12%。新增省级以上技术创新平台39个、院士专家工作站10家，申报省级揭榜挂帅、“尖刀”攻关项目6个，转化重大科技成果136项。“数智孝感”建设排难而进，城市大脑应用场景上线试运行，28家企业入选省“两化”融合试点示范，6家企业建设5G全连接工厂，上云企业突破2000家。“一窗通办、一事联办、跨域通办”全面落地，政务服务提速增效，上线“高效办成一件事”主题事项38项，接入“鄂汇办”便民事项472项，跨省通办事项356项，先行先试27项改革事项通过省级验收，政务服务“好差评”、便民服务“群众评”全面推行。涉企行政事业性收费动态管理，六大重点领域试行柔性执法，涉企案件平均审理时间缩短17天。新登记市场主体9万户，总数达到41.6万户。工程建设项目审批再提速，“五证同发”数量、面积位居全省第一，孝南获评中国营商环境百佳试点。

【城乡发展】 主城“三区”构建协同发展机制，“四大片区”建设全面启动，“五城同创”向内圈层拓展。开工城区基础设施补短板三年攻坚行动项目81个，完成老旧小区改造43个，新建停车场（楼）20个、新增泊位9248个。槐荫大道、澴川路、孝汉大道改造提升，董永北路立交桥、宝成南路桥、孝云大道正式通车，航空公园、董湖公园、理丝公园二期建成，城区供水系统原水迁改工程开工。新建、改造泵站9个，整治易涝点70个，清疏管网390千米，排水防涝体系实现整体重构，海绵城市示范建设通过国家绩效评价考核。43个孝汉合作协议签约落地，28个交通一体化项目加快建设，16个孝汉共建园区加快提升，新签约亿元以上汉资项目124个。协同推进“32232”科技合作专项行动，达成武汉科技成果转化意向60余项，柔性引进省级、武汉市科技人才82人。住房公积金初步实现同城化，“一圈通办”事项400项、“一卡通”应用95项，新开通异地就医定点医院69家。实施功能镇区项目334个，建设农村公路1022千米，完成危桥改造465座，创建“路长制”示范线7条，乡镇“五小”场所和周转房建设做法入选中组部典型案例。新建高标准农田35.4万亩，粮食总产23.48亿公斤。农业绿色高质高效整市制创建面积450万亩，新增省级农业产业化龙头企业18家，建成省级产业联合体14个。完成177个示范村规划编制，在56个村开展“共同缔造”试点，在17个村实施生活污水一体化治理和资源化利用试点，创建省级垃圾分类示范村35个，孝感“共同缔造”创和美乡村做法获国家乡村振兴局肯定。市域经济竞相发展，市高新区在国家级高新区综合排名上升9位，市临空区项目建设进入快车道、引资增长3倍，市双峰山创建国家旅游度假区取得重要进展，孝南获评中国生活卫生用纸（品）产业之都，汉川在全国县域经济百强进6位，应城在中部百强县进3位，云梦获批国家农业现代化示范区，安陆入选国家农业绿色发展先行区，大悟“风光水储”一体化新能源产业初具雏形，孝昌省级可持续发展实验区创建通过验收。

【民生保障】 创新防返贫监测帮扶机制，“两不愁、三保障”持续巩固提升。建成“零工驿站”15家，新增城镇就业5.9万人、困难人员就业2.6万人。社会救助提标扩面，惠及困难群众和特殊群体43万人。筹集基本公共服务人员住房2111套、分配1721套。新增普惠性学位8100个，学区化集团化办学覆盖率91.8%，教育“双减”提质增效，市职业技术教育学校（集团）启动建设。网格化组建医共体13个，基层分级诊疗占比64%，在全省率先建成急救“一张网”，安宁疗护整县试点稳步推进。市疾控中心、市妇幼保健院东城院区、航天医院门诊楼建成投用，市中心医院东城院区、传染病“一基地三中心”主体竣工。孝感奥体中心开工建设，文昌阁、老码头、槐荫体育公园相继建成，省第十七届运动会承办权花落孝感。因时因势调整优化防控措施，及时处置输入性疫情，勠力同心、共克时艰，构筑起全社会共同战疫的坚实屏障。全力应对多轮强降雨、超历史持续高温天气，打赢了防汛抗旱保丰收硬仗。推进“情指勤舆”一体化实战化，立体化治安防控体系进一步加强，党的二十大安保维稳、“六大攻坚战”、“十大专项行动”成效明显，平安法治孝感建设扎实推进。打好“治重化积”攻坚战，全时空、全时序、全过程、全周期化解信访矛盾和风险隐患。深入开展安全生产大检查，加强危化、燃气、自建房、食品药品安全专项整治，获评国务院安委会考核巡查优秀等次。

（撰稿：池冬）

政务督查

【概况】 2022年，孝感市政府严格

贯彻落实《习近平关于狠抓落实做好督查工作论述摘编》和国务院《政府督查工作条例》,准确把握督查重点和方法,建立动态督查考核机制,探索“互联网+督查”,提高督查技术支撑,共开展各类综合政务督查80余次,在促进政令畅通、提升政府效能、推动经济社会高质量发展、增进民生福祉上取得了积极成效。

【决策部署督查】 对标党中央和省委省政府决策部署,聚焦国家、省级层面对孝感市考核目标,紧盯国务院和省、市《政府工作报告》239项具体工作,牵头承办2022年国务院大督查、省委稳增长工作督查,迎接中央环保督查和审计督查,督办落实市委、市政府重大决策部署和主要领导签批事项859项,市政府常务会议、调度会议、专题会议议定事项227件。开展“开门红”“重大项目建设”“稳增长”“企业用工”“五化管理项目推进”等专项督查23次,承办领导批示765件,跟踪督办会议议定事项317件,印发《督查通报》《督查专报》共39期。

【民生实事督查】 印发《关于做好2022年建议、提案办理工作的通知》,市政府领导领办、督办、监督,推动企业用工难、市场主体培育、城区排水防涝等385件代表委员关注和群众利益问题解决,代表委员对建议提案办理的满意率持续提高,达到99.2%。加大民生实事项目的督查力度,实施滞后项目清单和完成销号制度,开展“粮食安全”“老旧小区改造”“自建房安全”“规范教育收费”“职工养老”“环卫错峰作业”等专项督查,办理回复群众诉求1703件,确保“上级刚性政策高效落实,市级承诺民生任务有效实现”。

【重大项目督查】 将全市811项重点工作(项目)纳入“五化”管理平台,制发《孝感市“五化”管理通报约谈工作办法(试行)》《“五化”平台各类人员操作使用职责》,开展“省级重点项目推进”“交通项目征地拆迁”“磷石膏利用”“五洲特纸”“楚能锂电”“汉川电厂”“孝汉应高速”等专项督查,实时动态监管,逾期预警告诫。定期开展“四看四比”拉练活动,对各县(市、区)和市直“三区”项目建设情况进行评分排名,营造比学赶超、实干快上的浓厚氛围。

【督查结果运用】 投入5140万元资金,完成并兑现2021年度对县(市、区)“以奖代补”考核激励。制定了2022年“以奖代补”考核激励工作方案,对各地县域经济、“三资一促”、优化营商环境等14项重点工作进行考核奖励。2022年,就消防安全、大气污染防治、涉粮问题整改、违法用地等问题,组织政府约谈8轮42人次。

(撰稿:池冬)

政务服务

【概况】 在市委、市政府的正确领导和大力支持下,全市各地、各级政务服务部门认真落实上级和市有关精神要求,全面深化政务服务马上办、网上办、就近办、一次办、自助办,不断优化政务服务环境,政务服务工作实现新进展。

全市政府网站及政务新媒体工作,在全省2021年度绩效评估中排名第五、获评优秀等次。

【审批制度改革】 完成39个国、省垂管系统933项事项打通对接及复用,市县乡村四级政务服务大厅实现办件统一受理,全年全市网办件247.25万件。上线“鄂汇办”孝感旗舰店,472项便民服务事项接入“鄂汇办”,开发“帮办平台”、VR导办系统、政务服务地图等便民模块,月活跃用户15.52万人次。建成24小时综合自助政务服务大厅18处、24小时自助车管所10处,市县两级24小时自助政务服务实现全覆盖,全市累计自助办业务17.6万件。在全市各级政务服务大厅推广设置“办不成事”窗口,实现政务服务“好差评”“群众评”全覆盖,全市累计“好差评”数据73.89万条、好评率99.99%,“群众评”数据6.15万条。出台《孝感市12345政务服务便民热线管理办法》(孝感政办发〔2023〕2号),分三轮完成全市“12345”热线整合,归并全市国省清单内27条热线,实行“7×24小时”集中办公,基本实现“接诉即办”。全年接听电话55.08万件、差评工单回访整改率100%。

【“放管服”改革】 组织推进市县乡村四级政务服务事项清单管理,市直及全市123个乡镇(街道、办事处)、2562个村(社区)认领政务服务事项20余万项。全面启动市县乡三级“综窗”改革,出台《孝感市县、乡两级政务服务“一窗通办”改革工作方案》(孝感政办函〔2022〕40号),100项高频事项下沉乡镇(街道),县乡两级“前台统一受理、后台分类审批、统一窗口出件”模式基本落地,市本级实现业务“综窗”受理,市县乡村四级“综窗”比例达86.38%。267项事项“跨省通办”、400项事项武汉城市圈“一圈通办”、63项自助事项孝汉“跨市通办”,受理跨市通办业务11.09万件。

【“互联网+监管”试点】 自2021年孝感市被确定为全省“互联网+监管”试点以来,组织认领监管事项7559

项、梳理监管事项清单8103项，完成“孝感智慧城管”“不停车治超”等6个自建系统对接，录入监管行为数据518万余条、监管事项发生监管行为覆盖率达80%，累计注册省“互联网+监管”账户12070个。开发上线孝感“扫码监管”平台，与省“双随机、一公开”、省“互联网+监管”、国家信用信息公示系统等平台对接，实现一次录入、多个平台同步共享。印发《关于进一步加强全市政务公开工作的通知》，明确主体责任和工作任务，建设公共企事业单位信息公开平台，强化政务公开工作保障。建立网站集约化平台日常运维、工作周报等制度，常态化开展政务新媒体日常巡查和云主机自动巡检，全年排查错敏信息3305条、处置个人隐私泄露信息259394条，发布政务信息18792条、信息公开46819条，网站访问人次达1184万、同比增长36.3%。积极组织开展交叉读网培训会、考核培训检查会及相关“回头看”专项检查，严格落实整改任务。

【“数智孝感”建设】 3月，启动实施“城市大脑”百日攻坚行动，突出“强底座、建场所、搭平台、布场景、明职责、合力量”6大重点任务，分级建设“城市大脑”指挥场所，统筹部署“城市大脑”应用平台，分步推动“城市大脑”应用场景落地。建设总投资1.2亿元、建筑面积1.5万平方米的城市运行管理中心场所主体工程，负责全市城市运行体征数据的实时归集、分析和应用融合等，为全市应急指挥、联勤联动、舆情管理、防灾减灾等提供跨部门、多层次、全天候的赋能和支撑。2个试点县（孝南区、孝昌县）、3个试点街镇（广场街、新华街、花园镇）城运中心场所建设基本完成。梳理完成“一网统管”第一批450个事项，实现城市管理事件处置标准化、规范化、精细化。构建城市运行态势一张图，建成“总体态势”“政务服务”等城市体征数据看板10个及“森林防火”“城市防涝”等城市事件管理场景，基本实现“一屏观全域、一网管全城”。

（撰稿：池冬）

调研咨询

【概况】 2022年，在市委、市政府正确领导下，市政府研究室认真贯彻落实党的二十大、省第十二次党代会和市第七次党代会精神，始终与全市大局同频共振，充分发挥参谋助手作用，在文稿服务、调查研究、政策咨询、信息参阅、服务中心等方面做了大量卓有成效的工作，有效履行了岗位职责，较好地完成了年度工作任务。3人分别获评市直机关优秀共产党员、全市党内规范性文件备案工作突出个人、全市党委信息工作突出个人称号，室机关连续多年获评全市党建先进单位、平安建设优胜（优秀）单位、最佳文明单位、“双千”工作先进单位等称号。

【政治建设】 着力强化政研之“政”首先是政治之“政”的认识，始终把政治建设摆在首位，常态化开展政治忠诚教育和理想信念教育，深学细悟习近平新时代中国特色社会主义思想，深刻领悟“两个确立”的决定性意义，增强“四个意识”、坚定“四个自信”、做到“两个维护”。全年组织党组理论中心组学习12次，组织支部主题党日、交流学习活动20余次。认真开展“三学三立”，坚持“三学”提素质、“三立”强担当，紧扣国之大者、孝感要事抓学习、悟精神、增本领，及时为干部订阅《中办通讯》《领导决策信息》《秘书工作》等刊物，广泛开展微信公众号荐学、共享读书笔记、编印学习资料等，引导党员干部在干中学、学中干，努力打造爱学习、善思考、懂政策、精业务的学习型团队。积极组织开展文稿复盘、交流研讨、岗位练兵、评选业务能手等活动，实现以讲促学、以写促干，推动政研干部向专业化转变、全能型提升。注重在急难险重任务中给干部教方法、压担子，在重要文稿、重大课题、中心工作中加强政治历练，在人手少、各项任务挑战大的情况下，全室干部团结协作，高质高效完成了各项工作任务。坚定不移将防范政治风险贯穿于文稿服务各项工作中，全年审核把关市领导新闻稿件100余篇，确保了稿件的正确政治方向和舆论导向。

【文稿服务】 始终把文稿服务作为主责，以“当参谋、出精品、优服务”为目标，精准对标中央精神、省委省政府和市委、市政府决策部署，紧密结合孝感实际，“三情”结合写文稿。全室干部以高度负责的态度，紧紧围绕打造武汉城市圈重要节点城市、流域综合治理、优化营商环境、五城同创、孝汉同城、三区“四比四看”拉练等重点工作，高标准做好文稿起草工作。全年承担完成各类文稿起草任务200余篇、80余万字。高质量完成《政府工作报告》、市政府全会、经济工作会议等重要文稿起草任务，完成市委、市政府对省汇报、在省系列重要会议发言材料，较好地发挥了以文辅政作用。

【调查研究】 坚持把调查研究作为基本功，围绕主动服务和融入全省建设全国构建新发展格局先行区、全力打造武汉都市圈重要节点城市，深入研究事关孝感发展的重大问题，积极协助党委政府找准融入的最佳切入点和突破口，明确干什么、怎么干的路径举措。大兴调查研究，围绕主城崛起、共同缔造、房地产健康发展、优化营商环境、疫情大背景下农民工就业等课题，聚焦领导关心、社会关注、群众关切的重点难点问题，深挖有价值的选题，采取“解剖麻雀”的方式，起草形成一批有分量有见地的调研报告，部分成果被转化为抓落实的具体举措。积极组织完成全市政府系统优秀调研成果评选，共评出2021年度优秀调研成果50项，确定2022年度重点调研课题108个，政府系统大调研格局不断优化。

【决策咨询】 始终站位全局，主动把孝感工作放在全省大局中去思考和谋划，坚持对标对表，深入开展决策性、政策性、对策性研究，为市委市政府科学决策提供参考。定期收集、分析、整理和报送经济社会发展的重要信息、动态，为市委、市政府决策提供参考建议。在《政府工作报告》起草过程中，坚持广开言路，广泛征求各方面的意见建议，并进行认真消化和吸收。积极组织申报省政府智力采购成果，高质量完成省政府研究室下达的《孝感市推进高水平对外开放的实践探索》等一批调研课题。

【信息宣传】 牢固树立正确办刊方向，在主题、内容、版面方面精心策划，从文稿质量上严格把关，高质量办好市政府机关刊物《发展研究》，全年出刊6期，刊发文章230余篇。紧扣市委、市政府重点工作，认真梳理特色和亮点，不断提炼总结孝感改革发展经验亮点，编发《领导参阅》7期、《政务动态》3期，其中获市领导批示4期。结合机关党建、帮扶企业、下沉社区、驻点村等工作，全年在《湖北日报》、《孝感日报》、机关工委网站宣传20余次，较好地展示了政府政研工作新风貌。

（撰稿：池冬）

民族宗教事务

【概况】 2022年，孝感市民宗委着力加强民族宗教领域思想政治引领，着力防范化解民族宗教领域风险隐患，着力铸牢中华民族共同体意识，着力推进我国宗教中国化，着力提升民族宗教事务治理现代化水平，有力维护了全市民族团结、宗教和谐、社会稳定。推动铸牢中华民族共同体意识宣传教育纳入干部教育、党员教育、国民教育、社会宣传教育。会同市教育局等有关部门一体推进大中小学校铸牢中华民族共同体意识教育，深入开展中华民族优秀传统文化进校园活动；会同市委宣传部采用“三微一端”、文艺宣讲进社区等形式扩大社会宣传。充分发挥孝文化、孝南剪纸、安陆水墨漫画、市红石榴志愿者等优势资源作用，重点指导孝棉集团、市博物馆、湖北工程学院、湖北职院、孝感高中等示范单位多层次、分众化开展主题宣传教育活动，引导各族群众牢固树立“四个与共”“五个认同”理念。2022年7月，汉川市作为国家民委民族领域风险防控信息直报点，信息直报工作被国家民委通报表扬。孝感市民宗委组织撰写报送理论和实践创新成果10篇，其中3篇分别获评“十佳理论创新成果”“十佳实践创新成果”“优秀实践创新成果”，市民宗委获“全省民族宗教工作系统理论创新和实践创新成果组织奖”。

【民族团结进步创建】 2022年，孝感市坚持全市“一盘棋”，整合资源，统筹谋划，突出特色，对全市民族团结进步创建点进行特色定位设计，精心谋划打造。汉川市仙女山街道办事处山后湾社区获评2021年度“全国民族团结进步示范单位”，孝棉集团获评2022年度“全国民族团结进步示范单位”，市博物馆等8家单位获评“全省民族团结进步示范单位”，获批省级“三项计划”试点项目7个。孝棉集团获评“鄂疆交融发展实践创新基地”。

【少数民族流动人员服务管理】 2022年，孝感市先后4次召开少数民族流动人员服务管理工作专题座谈会，健全完善了市区一体、协调共处的工作机制。全市各级积极开展“喜迎二十大 同心跟党走”“贯彻二十大 强国作贡献”等系列主题活动。指导全市13个国家通用语言文字政策法规培训点常态化开展“四联四送”“四爱四争当”教育活动。采取联谊帮扶等形式，常态化开展各族群众交往交流交融活动。会同孝棉集团开展“民族团结一家亲，共话澴川新发展”主题实践活动，部机关领导干部与20名新疆员工结对结亲、联谊帮扶。

【推进我国宗教中国化】 2022年，孝感市组织宗教界开展“四史”“三爱”主题教育活动；宗教场所“四进”“八无”“三上墙”实现全覆盖，并将中国传统节日的元素融进场所，在国庆、党的二十大等重要节点，组织宗教界开展升国旗活动；发挥宗教界主体作用，打造优秀传统文化教育基地2个，打造坚持我国宗教中国化方向示范场所7个。分别指导全市性宗教团体开展坚持我国宗教中国方向主题讲经讲道、神学思想建设交流活动，其中道教界1人获中道协讲经交流活动三等奖、2人获省道协讲经交流活动三等奖。《坚持我国宗教中国化方向 推动佛教健康传承》获全省坚持我国宗教中国化方向优秀征文。

【宗教事务规范管理】 2022年，将宗教事务规范化管理纳入市政府“五化管理”；规范了场所负责人、主要教职人员变更等流程；制定《宗教活动场所安全检查负面清单》，组织开展宗教活动场所“大清理、大规范、大整治”三大行动；组织开展宗教场所自建房安全清理，10处宗教场所房屋涉危房均整改到位；联合市平安办，对全市10家宗教活动场所授牌表扬，4家被命名为省级平安宗教活动场所。修订完善拟认定宗教人员备案审核表，指导市佛协对教职人员认定实行“笔试+面试+考核”的初审探索；举办全市天主教、基督教教职人员培训班；会同公安、民政、卫计、教育、网信等部门开展养老机构、儿童福利院、医疗卫生、教育、互联网等领域的非法传教活动排查整治。成立市天主教爱国会、市道教协会，实行全市性宗教团体联席会议轮值制度，组织开展述职评议活动。在宗教界组织开展从俭戒奢主题教育活动，反对贪大求奢，倡导勤俭节约。

【宗教领域重难点问题解决】 2022年，孝感市积极推动市、县两级民宗信息管理平台分中心建设，全市已投资300余万元，建成5个县分中心平台。

（撰稿：郁程）

机关事务服务

【概况】 2022年，孝感市机关事务服务中心围绕机关事务“十四五”规划，认真落实市委、市政府决策部署，大力推进政治机关建设，以政治建设统领机关事务保障服务管理监督各项工作；科学统筹疫情防控和安全生产工作，扎实做好党政机关消防安全、水电气等设备设施安全、机关食堂食品安全和综治安全等监督管理工作；会务服务保障优质高效，保障机关高效运行；办公用房、公务用车管理更加规范精细；与国网孝感供电公司商定战略合作协议，实施水、电、气等主要能耗指标实时监测，创建节约型机关。聚焦机关干部“急难愁盼”，围绕“精细化”“个性化”“特色化”服务标准，联动抓好各项后勤保障服务。2022年，在孝感市行政中心集中办公区投资10万余元新建微型消防站4处、更换灭火器1000余个，不断完善人防、物防、技防及长效机制。6月，市行政中心被省机关事务管理局、省住建厅、省发改委和省生态环境厅联合评定为湖北省公共机构生活垃圾分类示范点。

【办公用房管理】 2022年，孝感市机关事务服务中心整合办公用房资源，实行集中办公。按照市政府专题会议安排，将市民之家纳入行政中心集中统一管理范围，孝感市行政中心集中统一管理的一级单位由原来的28家增至33家，所属二级单位18个，办公人数达1718人，会务、餐饮、物业等服务性功能资源得到更加充分、有效的整合。持续开展办公用房清理整改。组织专班对市行政中心集中办公区办公用房使用情况进行专项核查，清理回收超标准办公用房11间，先后调剂给换届后5家单位（部门）。科学统筹办公用房处置利用。针对清理后闲置的存量办公用房，充分发挥集中统一管理优势，集约利用闲置办公用房，有效盘活7038平方米存量资源，提升了办公用房资源利用率。全力推进办公用房权属统一登记。根据年度工作计划，充分借鉴省机关事务管理局的做法，以委托第三方代理的模式，共同推进孝感市党政机关办公用房权属统一登记工作。截至2022年年底，已完成市本级机关大院5处办公用房不动产变更登记。

【公务用车管理】 2022年，孝感市机关事务服务中心实行“编制+预算”集中统一配置。联合市财政局研究制定《2022年度孝感市公务用车更新购置计划》，将市本级公车购置经费纳入预算管理，对全市党政机关公务车辆更新审批、公车购置预算价格进行严格核定，严控超编制、超标准、超范围配置公务用车。构建公务用车管理“一张网”格局。全市公务用车共有1709台，对纳入公车平台统一管理的车辆均加装北斗卫星实时定位系统，实现了与省平台无缝对接和市、区、县三级互联互通。强化公务用车监督管理。2022年，孝感市机关事务服务中心联合市纪委、市公安局、中石化等部门，开展全市范围专项监督检查2次，筛查公务用车使用信息2100余条，下发《公务用车使用管理提醒函》8份。进一步加大新能源汽车配备使用力度。积极宣传开展新能源汽车推广活动，引导各地各单位优先购买获得环境标志产品认证证书的新能源汽车作为公务用车，2022年，市直单位共更新购置新能源汽车15辆。

【会务服务保障】 2022年，孝感市机关事务服务中心优质高效提供会务服务保障。共计保障各类会议780场次，有力保障了市“两会”、市七届人大二次会议、市政协七届一次会议等大型重要会议的顺利召开。全力推进会议室信息化建设，投资727.2万元对会议中心使用频率较多的5处会议室进行信息化改造升级,全面提升会务服务保障能力。

【机关生活服务保障】 2022年,孝感市机关事务服务中心狠抓食堂安全运行管理,严格落实进货登记、验收和备案制度,从源头严控食材质量和价格,同时成立食堂安全巡查组,每日对食堂水电气、设施设备、饮食原料等进行检查,确保机关食堂安全有序运行。大力推进智慧食堂建设,投资150万元启动行政中心智慧食堂项目建设,实现了食堂的"智在管理""智在就餐"和"智在健康"。完善市行政中心周转房配套设施并投入使用,积极组织施工单位做好周转房交接工作,全面做好消防、室内装饰、空调、电梯、配电房、门禁监控系统以及水、电、气设备运行调试,按周转房使用需要统一完成室内家具及生活配套设施安装。2022年,行政中心周转房已有9户入驻。

【物业管理服务】 2022年,孝感市行政中心设施设备管理更加精准细致。孝感市机关事务服务中心对所有设施设备进行登记造册,涵盖高低压配电、暖通空调、给排水等八大类,共800余项、2000余台(套),制定并出台了《孝感市行政中心设施、设备安全节能运行保障管理制度》,按计划定期做好设施设备运行检查,并建立维修台账,高效保障了行政中心安全有序运行。物业管理服务更加优质高效,每季度对物业绿化、保洁、维修服务等项目进行专项考核。建立物业管理服务标准化体系,高标准做好日常物业服务保障。

【幼儿教育服务】 2022年,孝感市机关幼儿园构建以幼儿"生活、运动、游戏"为基本形式的课程模式,贯穿以德育为核心的"生活、阅读、节日"三位一体理念,着力提升机关幼教品质品牌,提高幼教服务保障能力。通过市直事业单位招考,招录5名年轻幼师;实施机关幼儿园楼舍综合维修工程,添置幼儿游戏设备设施,有效提升了校园环境和硬件建设水平。

【市行政中心智慧园区建设】 2022年年底,市行政中心智慧园区项目上线并投入使用。该项目投资486万元,实现了对集中办公区资产、安全、环境等工作一键管理,有效提升了园区信息化、数字化、智能化服务保障水平。

(撰稿:张维)

驻京工作

【概况】 2022年,孝感市驻京联络处在市委、市政府的坚强领导下,围绕中心,服务大局,履职尽责,主动适应新形势、积极争创新作为,有效地推动了各项工作。招商引资工作成效明显;联络服务工作呈现拓展和提升态势。

【队伍建设】 2022年,孝感市驻京联络处及时进行了驻京流动党委及各支部换届工作,流动党委下设公安、各县(市、区)共八个流动党支部,为驻京工作的圆满完成提供了坚强的组织保证。各县、市、区驻京专班人员总数有所增加,补充了部分相对年轻的同志,年龄结构得到优化。孝感市驻京联络处根据建设发展需要,对纪家庙驻地用房进行了合理规划、改造,改善、配套基础设施。

【招商引资】 2022年,孝感市驻京联络处充分发挥窗口作用,打乡情牌,唱招商戏,大力宣传推介孝感。拜访了中能建等多家央企,深入对接北京产业转移;组织孝感北京商会到北京中关村丰台科技园和丽泽商务区等地走访调研,与丰台区促投局相关领导及优质企业代表座谈交流,深入宣传推介孝感;走访了浠水北京商会、十堰北京商会等多家外地北京商会,还通过在京同学、老乡等推介、宣传孝感惠企政策,有效拓宽了招商引资的信息渠道。2022年,共向市政府上报招商信息13条,接待、会见客商19批80多人次。

【保障服务】 2022年,孝感市驻京联络处主动对接相关部委和省驻京办,积极汇报工作,踊跃参加活动,建立畅通便捷的上下沟通渠道,与相关部门建立稳定良好的工作关系,为驻京工作提供帮助。用心梳理孝感籍在京"四有"人士、在孝感工作过的老领导、与孝感有特殊渊源的人士,主动登门拜访,汇报孝感发展情况,争取支持。努力保障服务政务活动,先后为市政府、高新区和孝南区等多批次政府招商团队在京招商活动提供联络和服务工作。

(撰稿:周祖强)

驻汉工作

【概况】 2022年,市驻汉办紧紧围绕市委、市政府战略部署,积极发挥"桥头堡"作用,转职能、扬优势、善作为,全力服务经济社会发展,驻省信访维稳、招商引资、孝汉同城、国有资产管理等重点工作稳步推进。

【助推孝汉同城】 认真贯彻落实打造武汉都市圈重要节点城市的部署和孝汉同城化发展工作推进会议精神,制定《市驻汉办2022年推进孝汉同城化工作方案》,进一步明确了各阶段的任务目标。创新常态化走访联络机制，围绕推进孝汉政策要素对接衔接、基础设施同城同建、科创产业同城同链、公共服务同城同享、生态环保同城同治五个领域，主动走访联系省直部门和武汉市直部门、产业园区、商会协会等20批次。深入挖掘武汉市产业结构优化升级中的合作机遇，积极获取承接武汉市重点园区企业外溢、外迁项目信息，开展对汉招商引资10批次，获取新项目信息7条。加强孝汉金融合作，吸引在汉金融机构到孝感设立分支机构、开展投融资业务，促成华夏银行武汉金融港支行向澴川国投融资7亿元，向市高新区高创投融资2.5亿元，为永成建设、畅洁路桥等公司解决了融资难题。

【招商引资工作】 抢抓全省区域发展战略新机遇，及时制定《2022年市驻汉办"三资一促"工作方案》，统筹推进驻汉招商引资工作。加强政商交流合作，联络走访广东、上海、浙江等省级异地商会，调研孝感在汉商会以及湖北省科技企业家协会、湖北省投资企业联合会等协会20批次，开展省内招商对接30批次，邀请企业到孝感实地考察25批次，收集新招商引资项目信息20余条，重点跟进项目5个。总投资120亿元的浙江运达风电项目已与大悟县签约，总投资5000万元的深圳市信智诚科技有限公司签约落户市临空区并已开工投产。

【国有资产代管】 配合澴川国投，严格按照要求高效完成了7处房产的划转办证工作。根据省、市有关精神，完成在汉代管国有资产租户的租金减免工作，对全部5家租户签订《减租协议》，减免2022年三个月租金共计31.97万元，帮助企业和个体工商户渡过难关，将企业解难题活动落到实处。

（撰稿：徐国栋）

栏目编辑：秦荣

政协孝感市委员会

政协孝感市委员会

综　述

【概况】 2022年,政协孝感市委员会按照“四心四力”工作思路,积极建有用之言、谋创新之举、添成事之力,为孝感高质量发展作出了积极贡献。围绕营商环境、文旅融合等12个主题开展视察监督;助力“三资一促”,签约落地项目3个,储备项目3个;编撰《家在澴河边》《槐荫大家庭》等文史资料,讲好孝感故事,传播孝感声音。

【驻孝省政协委员、市政协常委视察老澴河改造项目】 11月11日,驻孝省政协委员、市政协常委视察老澴河改造项目。委员们一行先登陆水上游船,详细了解水上通航线路、码头建设情况及水上旅游前景,体验泛舟老澴河、静享“一船一景游故乡”的美好时光;随后来到老澴河重点项目老码头修复、文昌阁新建现场,实地察看项目建设进展情况,为老澴河综合治理建设工程建言献策。委员们通过实地察看老澴河改造项目,真切感受到老澴河的巨大变化以及孝感城市建设发展取得的辉煌成就。

【开展送“科技、文化、卫生”三下乡活动】 5月17日上午,市政协联合孝昌县政协,组织相关界别政协委员及专家,到孝昌县季店乡开展送“科技、文化、卫生”三下乡活动,并就影响群众健康突出问题“323”攻坚行动推进情况进行调研协商。在“三下乡”活动现场,市政协医卫界委员向季店乡卫生院捐赠口罩、酒精、84消毒液等防疫物资和藿香正气水、感冒颗粒等常备药品。孝昌县文艺界委员向乡镇文化站捐赠民法典漫画图集等图书1000余册。市农技推广中心专家到桃画山谷林果基地和合缘水产养殖基地现场指导。在随后召开的影响群众健康突出问题“323”攻坚行动调研协商座谈会上,市政协委员与医保局、乡镇卫生院、家庭医生、慢病群众等,就有关具体问题面对面协商。

【开展“一杯茶”工程专题调研】 4月至5月,市政协工作专班分别到大悟、孝昌、孝南等地,就孝感茶产业链工作推进情况开展专题调研。调研组实地察看大悟黄龙寺茶产业园、悟道茶公司生产车间、孝昌管氏茶叶观音湖基地、凤凰茶叶基地、孝南区福良山生态茶园等,召开座谈会听取茶产业发展情况介绍,围绕茶产业强链深入交流探讨,共同谋划推进茶产业高质量发展。

【“下基层、察民情、解民忧、暖民心”实践活动】 5月31日,市政协召开党员干部实践活动动员部署会。将“下基层、察民情、解民忧、暖民心”和“联企业、送政策、解难题、稳主体”活动相结合,健全“三张清单”。落实调研走访520次,协商收集问题220个,有效推进解决110个,助力135家“四上”企业培植,协力企业解决员工周末用餐、用工难、惠企政策落实等问题,助推嘉丰盛、唐晟金属制品、航聚科技等一批企业发展壮大。

【“一线协商·共同缔造”行动】 坚持“五共”路径,办好“示范点”,完善“委员活动室”“委员接待日”,全市搭建协商平台271个,以屋场院子会、民意恳谈会、企业面对面等形式开展各具特色的基层协商议事活动331场次,参与活动委员1376人次,协助解决群众关注的“323”攻坚行动、农村养老服务体系建设、环境整治、安全隐患、物业管理、用工用地等具体问题201件,一线协商在省政协推进会上交流。

【举办新任委员培训班】 8月4日至5日,市政协在市委党校举办新任委员培训班。市政协主席张汉平出席开班式并作主题报告。省政协常委、省人民政协理论研究会会长翟天山,省政协副秘书长叶泽林,市委常委、统战部部长贺卫东应邀分别作了辅导报告。市政协副主席谢新才、陈实分别主持培训会,秘书长包大斌参加培训会。本次培训为期2天,350多名新任市政协委员、县(市、区)政协主席会议成员和市政协机关干部参加学习,部分优秀政协委员代表作了交流发言。

【开展委员大走访】 按照界别设置,建立完善主席会议成员联系界别制度和界别活动召集人制度,划分27个委员活动组,实行全员入委。制定市政协委员"大走访"活动方案,通过开展"协商在一线"、委员"三进"等活动,深入到企业、农村走访委员,了解委员工作情况,收集社情民意信息,走访联系委员500多人次,鼓励委员带好头作表率,做到了普访普联,受到委员的好评。

政协孝感市第七届委员会第一次会议

【全体委员会议】 政协孝感市第七届委员会第一次会议于1月4日至7日在孝感召开,中共孝感市委书记吴海涛,市委副书记、市长熊征宇等市领导出席会议。吴海涛在开幕会上发表讲话。市委、市政府领导听取大会发言、参加联组讨论,与委员共商发展大计。政协孝感市委员会常务委员会分别向大会作政协常委会工作报告和提案工作情况报告。会议选举产生了政协孝感市第七届委员会主席、副主席、秘书长、常务委员;授予了全市政协工作先进集体、先进个人和优秀提案称号。与会委员列席市人大七届一次会议,讨论并赞同市政府工作报告及其他报告。各位委员和列席人员紧扣市委、市政府中心工作协商议政,共提交提案232件,分别围绕"三资一促"、"五城同创"、茶产业发展、主城崛起、优化营商环境、"路长制"等内容作了大会发言。会议通过了有关决议。

【常务委员会会议】 政协孝感市第七届委员会召开第1次常委会会议。会议协商决定了七届市政协各专门委员会设置,协商通过了七届市政协副秘书长和各专门委员会主任、专职副主任的任命。

7月25日第2次常委会会议召开,聚焦"推进市临空经济区发展,促进主城崛起,助力打造武汉都市圈重要节点城市"建言献策。市委书记吴海涛出席会议并讲话。市政府通报了推进市临空经济区发展,促进主城崛起有关情况。蔡凤珍、王飞、胡宇彬、熊坤、彭志伟、张亮明等6位市政协常委、委员,分别围绕加快建设临空保税物流中心、加强孝汉产业协作配套、精准培养高素质技术人才、优化土地要素保障、打造数字经济港、加快完善基础设施等作大会发言。吴海涛充分肯定此次会议建言成果,要求相关部门认真研究、主动认领、充分吸纳,并对各级政协组织和广大政协委员提出了殷切希望。

11月11日第3次常委会会议召开,会议聚焦"推进产业发展,助力乡村振兴"建言献策。市委副书记、市长胡玖明到会听取意见建议并讲话。市政府通报了孝感"推进产业发展,助力乡村振兴"有关情况。毛晓祥、李雪飞、刘华林、买吉庆、曾凯军、沈秋菊6位市政协常委、委员,分别围绕推进乡村产业发展、培育新型农业经营主体、强化农业科技创新、加强乡村人才队伍建设、培育农产品品牌、加强优质稻产业链建设等作大会发言。胡玖明肯定了会议建言成果,并就转化好落实好成果提出了明确要求。

12月28日第4次常委会会议召开,会议听取市政府关于市政协七届一次会议以来提案办理情况、2022年协商会议建议办理情况的通报;协商通过召开政协孝感市第七届委员会第二次会议的决定,决定2023年1月4日召开政协孝感市第七届委员会第二次会议;协商通过政协孝感市第七届委员会第二次会议有关事项;审议政协孝感市委员会常务委员会工作报告和提案工作情况报告;协商通过有关人事事项。

【双月协商座谈会】 5月26日第1次双月协商座谈会在孝感召开,聚焦"加强技能人才培养"开展专题协商。会前,市政协副主席冯雨民、胡建国带队在市直和县(市、区)开展了深入调研。座谈会上,市政协委员刘红霞、邹雪萍、刘子舟、苏其琛、袁政蓉、王小康和汉川市政协委员张念恩,孝感华工高理电子有限公司、湖北启利新材料股份有限公司相关负责人先后发言。市人社局、市财政局、市农业农村局等单位分管负责人现场回应委员和企业关切。

7月13日第2次双月协商座谈会在孝感高新区卓越科技合作创新园召开,聚焦"加强和推进科技创新平台建设"开展一线协商。座谈会上,企业负责人介绍了园区科技创新平台建设情况,市高新区,市科技局、交通运输局、税务局等市直部门单位分管负责人现场回应企业期盼,提出解决问题措施办法。政协委员代表围绕加强和推进孝感科技创新平台建设积极建言献策,拓展工作思路。

8月26日第3次双月协商座谈会在孝感召开,聚焦"做实'两网融合'助力绿色低碳循环发展”开展专题协商。座谈会上，人资环建委作综合报告，汪教明、朱进军等委员先后发言，市城管委、市商务局、市经信局、市住建局、市生态环境局相关负责人现场回应委员关切。

10月27日第4次双月协商座谈会在孝感召开，围绕“推进城区道路交通畅通工程建设”等系列提案开展协商。座谈会上，市城管委、市住建局、市公安局、市资规局4个单位分管负责人汇报提案办理情况，赵红芬、邹雪萍、王绮思3名委员就提案办理工作发表意见建议，市政府办分管负责人就深化办理提了要求。

11月11日第5次双月协商座谈会在孝感召开，聚焦“推进教育‘双减’政策落实”开展专题协商。座谈会上，市政协教科卫体委员会作了主题发言；市政协委员王洪涛、张璟、叶骏、刘子舟、李春玲、何娜先后围绕推进教育“双减”政策落实，从课堂质量、课后服务、校外培训监管等不同侧面提出了一系列意见建议。市教育局、市文旅局等相关部门分管负责人现场回应委员关切。

（撰稿：张志云、胡厚宝、张潇遥）

民主监督

【优化市场营商环境专项民主监督】 7月，市政协就优化市场营商环境开展专项民主监督。市政协调研组先后到湖北金禄科技有限公司、湖北永润薄膜制品有限公司、安陆市伍欣甸园、安陆市顺农研学基地实地调研视察，详细了解了企业开工、落地、发展各环节存在的困难和问题，特别是在克服疫情影响，稳好开局，持续发展过程中好的经验和做法，并召开市政协优化市场营商环境专项民主监督暨重点提案办理工作会议，通报了优化市场营商环境专项民主监督情况，市直有关部门就专项民主监督情况回应发言。

【路长制专项民主监督】 10月，市政协组织政协委员到应城市、孝昌县围绕路长制开展专项民主监督，视察组先后到应城市G347外环线胜欣驿站、有名店旅游公路风之驿、新四村旅游驿站和孝昌县小观线、双观线青石驿站、107国道外环线花园驿站等地，对公路养护管理、道路绿化、文旅融合情况进行监督视察，委员们分别围绕打造景观带、示范线、公路养护管理建言献策，助力打造出融合发展的“经济线”、乡村振兴的“起跑线”、绿色发展的“景观线”、安全出行的“生命线”、特色文明的“风景线”。

专门委员会工作

【提案委员会】 紧扣工作主线认真做好提案工作，策划集体提案，严格提案审查，协商遴选重点提案，强化日常督办。七届一次会议以来，共立（并）案232件，遴选确定24件市委、市政府、市政协领导领办督办的重点提案。联系孝南区朝阳村、云梦县吴铺镇英雄村乡村振兴工作，协调委员助力英雄村优质水稻纳入市级试点。组织委员新任委员培训，开展委员读书活动，加强委员联动，推进不驻会主任项目制。加强重点提案督办，围绕“推进城区道路交通畅通工程建设”等系列提案召开专题协商座谈会，围绕“公共卫生体系建设”开展“带案”视察活动，积极评选好提案。服务分管副主席开展委员大走访、“下基层、察民情、解民忧、暖民心”、稳企帮扶、乡村振兴、基层治理、“五城同创”、招商引资等工作。

【经济委员会】 围绕中心办好“推进市临空经济区发展，促进主城崛起”议政性常委会。深入开展提案办理协商，就第119~126号重点提案办理情况开展督办，就重点提案《推进企业上市工作，助力孝感打造副中心》召开提案督办会。结合“下基层、察民情、解民忧、暖民心”实践活动、联系帮扶企业和委员大走访活动，组织经济界、工商联界委员开展“深入开展‘三资一促’，更好更快培育市场主体”视察活动。认真完成省政协发展壮大战略性新兴产业、加快构建现代产业体系、营造公平竞争的市场环境专题调研。做好汉江流域城市政协联系协作会第十三次会议课题调研。积极反映社情民意。开展知识产权保护工作调研。协调服务主席抓好联系企业和“四上”后备企业培植工作。协调服务副主席做好重点项目等工作。

【农业和农村委员会】 加强联系，看望走访农业界委员，凝聚发展力量。加强与省政协工作联系，报送《关于发展特色农产品的建议》《孝感大别山革命老区高质量发展情况报告》等调研成果。聚焦“三农”，筹备召开“推进乡村实力产业发展”专题议政性常委会会议，组织开展茶产业链专题调研，组织政协委员助力乡村振兴行动，组织委员开展乡村振兴示范点视察活动，督办市政协七届一次会议重点提案，参加孝感市2022年度全省茶产业链支持项目申报座谈会。服务分管副主席抓好乡村振兴联系点、“五城同创”、河湖长制、社区治理、“一线协商、共同缔造”、招商引资和“四上”企业培植等中心工作。服务分管副主席抓好“下基层、察民情、解民忧、暖民心”活动和“联企业、送政策、解难题、稳主体”帮扶活动。

【人口资源环境和城市建设委员会】突出招商引资，圆满完成招商工作任务。督促车站街做好“五城同创”各项工作。督办老澴河综合治理建设工程。组织开展“做实“两网融合”促进绿色低碳循环经济发展”双月协商。组织开展“孝感城区基础设施建设‘三年攻坚’行动落实情况”专项视察。围绕孝感自身“挖掘人才、留住人才、激活人才、用好人才”、农产品加工园区建设等开展调研。积极报送社情民意信息。参与仙桃市政协、荆门市政协来孝调研活动。服务分管副主席做好委员大走访、联系企业、乡村振兴、“五城同创”等工作。完成好政协机关交办的工作任务。

【教科卫体委员会】组织相关界别政协委员及专家，到孝昌县季店乡开展送科技、文化、卫生“三下乡”活动。深入调研协商，助推“323”攻坚行动。组织开展孝汉科技创新同城化发展情况专题视察。组织开展“推进教育‘双减’政策落实”双月协商会。围绕加强社区慢病筛查管理开展“一线协商·共同缔造”活动。参与武汉市政协到孝感调研活动。开展委员联系走访。组织委员助力乡村振兴。认真做好服务分管副主席“一下三民”、联系重点企业和“四上”企业、招商引资、“五城同创”、乡村振兴、基层治理、产业链、重点项目等工作。积极做好招商引资、对外联系、参与中心工作。

【社会和法制委员会】组织开展“加强技能人才培养”双月协商暨“协商在一线”工作。做好“一线协商·共同缔造”有关工作。围绕《关于优化科技创新生态环境创建国家创新型城市的建议》《关于加强科技创新赋能民企高质量发展的建议》《关于推进城乡社区治理的建议》等重点提案，做好提案办理调研督办工作。开展政协委员助力乡村振兴活动。组织委员围绕“加强人民法庭建设，促进基层社会治理”开展专项视察。完成省政协“健全常住地提供基本公共服务制度，促进农业转移人口市民化”月度专题协商工作。做好政协机关平安建设(综治)工作。服务分管副主席开展工作。做好分管主席走访调研重点工作、重点项目、重点企业、乡村振兴、社区治理、信访等服务工作。

【文化文史和学习委员会】在市委党校成功举办新任委员培训班，293名新任市政协委员等参加培训。组织编写《老澴河》文史资料，联合编写《孝感“五城同创”》文史书籍，高质量编印《槐荫大家庭》杂志。围绕“推进科技创新平台建设”主题，召开一线协商座谈会。组织政协委员调研视察宣化店中原军区旧址群保护和利用工作。研究制定2022年市政协委员读书活动方案，编印学习培训资料，组织开展委员读书活动。参加省政协文化文史和学习工作交流会，“广植孝道文化元素、助力名城名镇名村保护与利用”在省政协月度协商座谈会书面发言。牵头组织七届二次会议大会发言工作。积极协助做好分管副主席联系重点项目、重点企业、“五城同创”、乡村振兴、社区治理等中心工作。

【港澳台侨、外事和民族、宗教事务委员会】组建“港宗委·读书群”，组织委员参加读书交流活动，做实“书香政协”。就深入推进“双减”政策，提升基础教育质量课题开展调研。配合省政协，就破解港澳台侨资企业融资难题调研。围绕优化营商环境，组织开展专项民主监督，形成专项民主监督报告，报市委、市政府领导决策参考。开展“美丽家乡行”活动，增进与台胞、侨胞的联系和感情。发挥界别履职作用，积极反映社情民意，走访慰问西藏籍学生、归侨侨眷等。深入联系点开展“一线协商·共同缔造”工作，先后协商解决桂桥小学水改、红升村村民慢性病签约服务、风岭村法治文化建设等问题，推动基层治理。扎实开展联企业帮建、五城同创、疫情防控等中心工作。

【委员工作委员会】扎实开展委员读书活动，建立读书活动群，引导委员深入研读《习近平谈治国理政》第四卷等。起草印发了《政协孝感市委员会委员履职考评办法(试行)》等制度。扎实开展委员大走访活动，实现了新任委员和重点委员走访全覆盖。建立委员履职档案，形成年度电子档案。服务驻孝省政协委员履职，配合做好第十三届省政协委员推荐提名工作。组织开展路长制专项民主监督活动。组织开展“政协委员助力乡村振兴行动”。协调推荐25名委员参加电视问政、评审论证会、征兵监督员、调研座谈会等活动。积极参加中心工作，广泛收集招商项目信息，成功引进年产1500万吨高分子新型材料项目。全力参与老澴河综合治理建设，按要求参与社区疫情防控、五城同创、乡村振兴等工作。

(撰稿：张志云、胡厚宝、张潇遥)

栏目编辑：李永来

孝感市纪委监委

孝感市纪委监委

综述

【概况】 2022年,在省纪委监委和孝感市委的坚强领导下,市纪委监委以习近平新时代中国特色社会主义思想为指导,深入学习宣传贯彻党的二十大精神,认真贯彻落实十九届中央纪委六次全会和省纪委十一届六次全会、全省纪检监察工作半年推进会精神,坚持严的基调不动摇,全面对标对表、全面提质提能、全面落地落实,纪检监察工作高质量发展取得新成效。市纪委监委机关乡村振兴驻点村应城市江河村,被省政府授予"湖北省百佳村民委员会"称号。

【规范化法治化正规化建设】 大力开展"作风建设年""改革创新年"10项活动,为纪检监察工作高质量发展积势蓄能。开展全员培训,通过干部大讲堂、一室(组)一策业务大宣讲、审查调查铁军训练营等方式,举办各类培训班113次,培训干部9100人次。加强实战练兵,分批次组织干部参与"全员接访""跟案锻炼"等专项工作,着力提升干部专业素养。深入调查研究,将关乎纪检监察工作高质量发展的51项调研课题下发各级各地探索研究;组织市、县两级纪检监察机关申报创新项目67项,纳入市级重点项目30个。加强内部监督,按照"一人一档、应建尽建、专人负责、动态更新"原则,为换届后新任县(市、区)纪委监委领导班子成员和2021年以来新进人员共74名干部建立廉政档案。开展班子及队伍建设专题调研,对反映的问题建议及时督促整改。加强选人用人监督,出具纪检监察干部廉政意见629人次,严把廉政意见回复关。坚持刀刃向内,纯洁净化队伍,全市受理处置纪检监察干部问题线索54件,立案17件,谈话函询7件。

【纪法廉洁教育】 围绕加强党章党规党纪和国家监察法律法规宣传教育,举办第23个党风廉政建设宣教月活动,组织开展纪法宣讲、知识竞赛等8项重点活动。召开"以案为鉴"警示教育大会,市委主要领导作廉政讲话,在党员干部中反响强烈。连续第9年在春节后上班第一天向全市党员和公职人员发放"一封信",进行廉洁提醒,此做法被人民网等主流媒体推介。连续第4年,组织拍摄警示教育片,编写《警示录》,常态化推动警钟长鸣。邀请武汉大学教授祝捷专题讲授监察法实施条例,为全市180名领导干部送上一堂廉洁教育课。

【激励干部担当作为】 将《湖北省容错纠错工作办法(试行)》纳入市委常委会学习内容,提出统筹推动履责、把握原则要求、搞好制度衔接、加强宣传引导等4条贯彻落实建议。坚持"三个区分开来",扎实开展澄清查诬专项行动,出台查处诬告陷害行为专项行动8条举措,推进澄清查诬工作规范开展,全市澄清正名党员干部400人,查处诬告陷害15人。其中,给予批评教育7人,党纪处分1人,移送司法机关处置3人;通报曝光澄清正名和诬告陷害典型案例5起。

重要会议

【市纪委七届二次全会】 2月9日,市委书记吴海涛出席市纪委七届二次全会暨"以案为鉴"教育大会并讲话,市委常委、市纪委书记、市监委主任江浩主持会议并代表市纪委常委会作工作报告。

会议指出,要深入学习贯彻习近平总书记在十九届中央纪委六次全会上的重要讲话精神,勇于自我革命,坚决扛起全面从严治党的政治责任。学史力行，强化勇于自我革命的政治自觉；知难而进，保持勇于自我革命的政治清醒；守正创新，增强勇于自我革命的政治定力，全力打好自我革命攻坚战、持久战。

会议强调，深化“以案为鉴”教育，持续打造“好正实优”清廉孝感。要重槌敲响鼓，形成强大震慑，教育引导全市党员干部知敬畏、存戒惧、守底线；要利剑刹歪风，形成强烈警示，高度警惕存在的突出问题，讲原则、讲程序、讲公心，防范权力滥为，加强权力制约；要清廉保平安，形成强力监督，严肃党内政治生活，加强对“关键少数”的教育监督，更加注重家风家教，抓好清廉载体建设。要突出全面从严治党重难点，奋力走好新的赶考之路。以坚持“两个确立”、做到“两个维护”为根本，以建设清廉孝感为抓手，永葆自我革命精神，坚定不移强化政治监督，坚定不移一体推进“三不”，坚定不移纠“四风”树新风，坚定不移整治群众身边的腐败和作风问题，坚定不移加强干部教育管理监督，坚定不移压紧压实“一岗双责”，坚定不移锻造纪检监察铁军，永吹正风肃纪反腐冲锋号，推动全面从严治党取得新成效，引领和保障孝感高质量发展行稳致远。

会议要求，全市各级党组织和广大党员干部要认真贯彻这次会议精神，以建设清廉孝感为抓手，纵深推进全面从严治党，共同打造和维护孝感持续向好的政治生态，为“打造副中心、争当排头兵”提供坚强保障。全市各级纪检监察机关要忠实履行职责使命，充分发挥监督保障执行、促进完善发展作用，坚持打铁必须自身硬，以更高标准、更严纪律要求自己，做遵纪守法的标杆，做党和人民的忠诚卫士。

会议通报了有关案件情况，审议并通过全会工作报告。

【市纪委常委会】 10月26日，市纪委常委会召开会议，传达学习党的二十大精神。市委常委、市纪委书记、市监委主任江浩主持会议并讲话。会议指出，学习宣传贯彻党的二十大精神是当前和今后一个时期的首要政治任务，全市纪检监察机关要在学懂弄通做实党的二十大精神上下功夫，更加深刻领悟“两个确立”的决定性意义，坚定捍卫“两个确立”、坚决做到“两个维护”，切实把思想和行动统一到党的二十大精神上来。

【七届市委专项巡视工作动员会】 3月22日，七届市委第一轮巡察工作动员部署会暨2022年全市巡察干部专题培训班开班式举行。市委常委、市纪委书记、市监委主任、市委巡察工作领导小组组长江浩出席会议并讲话，市县两级党委巡察工作领导小组成员、七届市委第一轮被巡察单位主要负责同志和全市巡察干部参加会议。

会议宣布了七届市委第一轮巡察工作方案，对市委5个巡察组、7个交叉巡察组组长、副组长进行了任职授权。按照市委统一部署，2022年3月下旬至4月底，市委将对市地方金融工作局、市档案馆、市残疾人联合会、市临空经济区进行常规巡察，同步对7个县(市、区)经济开发区开展提级交叉巡察。

【全市纪检监察工作推进会】 8月5日，全市纪检监察工作推进会召开，传达贯彻全省纪检监察工作半年推进会精神，对标对表，分析形势，部署安排下步重点工作。市委常委、市纪委书记、市监委主任江浩出席会议并讲话。

党风廉政建设

【领导班子廉政建设】 进一步压实“关键少数”的政治责任，加强对“一把手”和领导班子的监督，市纪委监委负责人同下级“一把手”谈话75人，年底前实现对市直部门和县(市、区)党政“一把手”谈话全覆盖。严格落实述责述廉制度，完成2021年全市党风廉政建设责任制考核，约谈排名靠后的4家单位党委(党组)主要负责人。优化调整政治生态分析研判评价指标，实行“一地区(部门)一报告一领导班子一分析”，对孝昌县、市委党校等9个地方和单位开展试点；召开联席会议，明确18个成员单位工作职责，组织全市各地各单位开展自评，推动政治生态更加风清气正。

【清廉孝感建设】 坚持示范引领、全域推进，通过召开清廉孝感建设协调小组会议、7个载体建设现场会等形式，督促各地按照“一套标准化评价体系+一批示范化清廉项目”，分类编制《清廉载体建设工作手册》，每类载体重点培育2~4个示范联系点，示范引领清廉建设向基层延伸。截至年底，全市共打造各类清廉建设示范联系点148个。坚持靶向施治、融合推进，聚焦违纪违法问题易发多发的重点领域、关键环节、重要岗位，将清廉建设融入防范廉政风险、优化营商环境、规范小微权力运行、强化目标实绩考核等重点工作，推动清廉建设有机融入全市高质量发展全过程、各方面。首次将新媒体作品创作纳入县(市、区)纪委监委年度考核内容，组织制作一批人民群众喜闻乐见的廉政新媒体作品。《清风伴明月 廉洁过中秋》《纪检人访企记》《青年话清廉》等作品先后在中央纪委国家监委网站、人民网、省纪委监委网站播出。举办“书香诵孝廉 清风润万家”主题宣传教育、全市清廉文化主题书画展、第三届“我最喜爱的廉洁文化作品”网络投票、放映百场廉政电影等活动,挖掘孝文化、红色文化资源中的廉洁元素,打造“孝廉”“红廉”等特色品牌,让以清为美、以廉为荣蔚然成风。

【政治生态分析研判】 将政治生态分析研判工作纳入市委管党治党重要文件、重要会议一体安排部署。向市委常委会专题汇报省委、省纪委监委关于开展政治生态分析研判工作的情况,专题学习《湖北省政治生态分析研判办法(试行)》、省委政治生态分析研判联席会议第一次会议和全省政治生态分析研判工作推进会精神,提出工作建议将政治生态分析研判同年度民主生活会、“一把手”述责述廉贯通结合,将2022年度拟安排向市委常委扩大会议述责述廉的20家单位作为今年政治生态分析研判集中研究对象,计划五年一届实现全覆盖。建立市委政治生态分析研判联席会议制度,由市纪委监委牵头,市纪委监委机关、市委办公室、市政府办公室等17家单位为联席会议成员单位的市本级联席会议制度,统筹协调全市政治生态分析研判工作。市纪委常委会专题学习省委、省纪委关于开展政治生态分析研判工作有关文件会议精神,对孝感市2022年度政治生态分析研判工作进行安排部署,确定适时召开联席会议,组织讨论研究孝感市的政治生态分析研判工作方案,进一步明确联席会议成员单位职责和工作任务清单。

【化解基层信访矛盾】 全市接收群众举报1256件,市本级办理上级转交办件359件,同比下降32.8%。开展巡回下沉遍访1652场次,接待群众共931人次,协调解决群众合理诉求333个。推动信访积案化解,开展四轮“清仓”行动,全面起底2021年7月以来基层信访举报1208件,办结1123件。深化重复举报件治理,市纪委监委领导班子成员包案化解重复举报13件。对2019年以来接收的“三多”信访举报进行全面排查,化解重复举报件53批次,推动矛盾化解、案结事了。

全市领导干部警示教育会议召开

(市纪委监委机关 供图)

监督检查

【政治监督】 2022年,市纪委监委将2021年以来习近平总书记12项重要指示批示精神贯彻落实情况纳入台账管理,重点开展7项监督。严明政治纪律和政治规矩,全市共立案查处违反政治纪律12人。围绕中央和省委稳住经济大盘系列决策部署,以跟进监督推进重大政策落实。监督落实省纪委监委第二轮中央生态环保督察移交问题问责和反馈问题整改,印发通报2期,问责13人、给予党纪政务处分9人。

【重点单位与项目监督】 深入开展开发区建设腐败问题“查改治”,全市起底问题线索424件,追责问责249人,其中给予党纪政务处分79人,采取留置措施7人,移送司法9人;制发纪检监察建议书57份,建立完善制度机制149项。协助省纪委监委处理湖北省黄麦岭磷化工有限责任公司环境污染问题和孝感市生活垃圾填埋场相关问题,给予党内严重警告1人、党内警告4人、诫勉4人。围绕市委、市政府重点项目加强监督,对汉川市五洲特纸、孝昌县伟利国际广场、大禹电气厂房扩建等重点项目开展驻点督查或跟踪检查,推进项目落实落地。

【纠治“四风”】 通过“节前通知+通报案例”“常规检查+创新督查”等方式,深挖细查隐形变异“四风”问题。紧盯重要节点,下发严明节日期间纪律作风的通知3期,开展“四风”问题专项监督检查3次,查处问题229个,问责117人。从小切口入手,选取精致走账、“吃公函”、“私车公养”等8类群众反映强烈的问题,在7个县(市、区)中开展试点整治。创新监督方式,综合运用税务票检、公安指挥调度等平台,从大数据中精准发现问题线索42条,问责34人。截至目前,全市共制发违反中央八项规定精神问题通报17期，查处相关问题226个，批评教育帮助和处理299人，党纪政务处分252人。

【民生领域问题监督】 围绕群众反映强烈的“一卡通”、医疗、食品安全、养老保险等民生领域问题开展“1+5”专项整治，压实7家行业主管部门监管责任，全市严查快处侵害群众利益的问题线索2416件，转交办200件，处理人数2659人，给予党纪政纪处分170人，印发典型案例通报156期，形成有力震慑。其中，“三假”问题专项整治，追回违规金额766.12万元，公开曝光9起欺诈骗保典型案例；中小学校食堂服务保障学生不到位问题专项整治，发现学校食堂问题367个，追责问责273人次，补缴和清退食堂资金185.25万元。

【营商环境领域问题监督】 持续深化“打击滥为、鞭笞慢为、激励作为”专项行动，探索“暗访+督责+直通车”模式和协作联动机制，扎实开展“一月一问政”，着力整治惠企政策获取难、中小企业融资难等“五难”问题。全市纪检监察机关共开展监督检查639次，推动整改问题234个；处置问题线索201个，追责问责308人。印发《护航优化营商环境工作手册》，督促相关职能部门梳理编印6大领域337条政策清单。对市优化营商环境206项重点任务开展2轮跟进监督，发现问题94个，起底问题线索43条。

【安全风险监督】 坚持统筹发展和安全，推动落实“疫情要防住、经济要稳住、发展要安全”重要要求。强化常态化疫情防控监督，组建工作组301个，检查发现、督促整改问题3556个，印发通报136期，曝光典型案例58起，问责548人，其中给予党纪政务处分97人。强化安全生产监督，开展燃气行业等安全生产领域腐败和作风问题专项检查，暗访发现3类7个问题，均已整改到位。强化金融安全监督，推进地方政府债务领域和国有融资平台腐败问题专项治理，办理问题线索41条，立案9件，给予组织处理27人，党纪政务处分5人，留置2人，移送司法机关1人，追赃挽损600余万元。

审查调查

【案件查处】 组织召开市委反腐败协调小组会议、全市纪检监察机关查办案件工作和“提升查办案件工作质效”专题会议，研究出台加强办案工作30条具体措施，持续加大办案力度，始终保持惩治腐败的高压态势。全市立案1942件，结案1771件，处分1715人，留置22人。全市纪检监察机关精准把握政策策略，严格规范工作程序，运用“四种形态”批评教育帮助和处理5616人次，其中运用第一种形态批评教育帮助3868人次，占68.9%；运用第二种形态处理1425人次，占25.4%。开展案件质量评查2次，发现问题及时反馈整改，着力打造一批“精品案件”。

【案件质量管理】 推行乡镇基层办案“四审制”。在孝昌、汉川等地试点的基础上，全面梳理乡镇纪委职能职责、权限内容，出台《全市乡镇纪委执纪审查案件“四审制”工作办法（试行）》，建立一般案件协作审、重要案件指定审、复杂案件会商审、重处分案件提级审“四审联动”机制，推动办案审理关口前移、力量下沉、源头防控。该做法得到省纪委监委主要领导的批示肯定。截至目前，全市采取“四审制”方式审理乡镇案件200余件，无定性不准案件。

【系统（领域）问题治理】 坚持办系统案、系统办案，充分发挥“室+组+地+职能部门”协作配合优势，持续深化粮食购销、工程建设等领域专项治理，一体贯通查改治、惩治防。省委巡视涉粮反馈问题及自查自纠问题整改率均达100%，市委巡察反馈问题整改率98%；办理涉粮问题线索41件，立案22件30人，留置1人，党纪政务处分15人，组织处理22人，制发纪检监察建议书7份，推动建章立制54项。集中排查工程建设领域重点项目24个，发现涉嫌围标串标、弄虚作假的企业2个；涉嫌违反中央八项规定精神违规吃喝单位1个；违反评标纪律专家评委（公职人员）2名。

【以案促改】 推动“办案整改治理”相互贯通、“惩处监督教育”有效融合。结合落实省纪委监委纪检监察建议书，制定18项整改措施，明确17家牵头部门和29家责任单位，第一时间部署开展违规交易自然资源、项目招标投标违法违规行为、制定违反政策法律规定的优惠条件、公职人员高息放贷获利、市场主体“围猎”腐蚀党员干部谋取不正当利益等五个专项整治，跟进督办各牵头部门制定整治方案、开展自查自纠和线索排查等。已清理出让土地2095宗77717亩、出让采矿权9宗，修订完善11个方面招商优惠政策；全市共发现2013年以来公职人员高息放贷获利问题线索141个，问责141人，收缴违纪资金693.6万元，通报5起典型案例。

（撰稿：罗哲）

栏目编辑：李永来

民主党派 · 工商联

民主党派 · 工商联

民革孝感市委员会

【概况】 2022年，民革孝感市委员会以加强履职能力建设年为载体，深入贯彻落实《中共中央关于加强中国特色社会主义参政党建设的意见》等3个文件精神，积极践行“四新”“三好”要求，聚焦孝感市委、市政府中心工作部署，充分发挥民革特色优势，积极建言献策，忠实履行参政党地方组织的职能，较好完成了各项工作任务。民革孝感市委会先后被评为“民革全省2017—2021年度先进集体”“民革全省参政议政工作先进集体一等奖”“民革全省反映社情民意信息工作先进集体二等奖”。

【思想建设】 5月8日，民革孝感市委员会召开政治交接主题教育动员会，成立了市委会主委任组长、副主委任副组长，市委会委员、支部主委为小组成员的“矢志不渝跟党走、携手奋进新时代”政治交接主题教育领导小组，印发了《“矢志不渝跟党走、携手奋进新时代”政治交接主题教育方案》，并对政治交接主题教育进行专题辅导报告。不断丰富学习载体，组织部分党员赴武汉革命博物馆、辛亥革命博物院参观学习，孝昌支部组织党员赴洪湖瞿家湾红色教育基地参观，团结和引领全市民革党员不忘初心，主动作为。及时传达学习习近平总书记重要讲话精神和有关重要会议精神，学习宣传二十大会议精神，组织研讨交流，大家在互学互鉴、碰撞思想中明确方向、凝聚共识、提高实效，确保学深、学透，内化于心，外化于行。严格落实意识形态工作责任制，加强意识形态阵地管理，全年“孝感民革”微信公众号发布102篇，被“湖北民革”微信公众号采用16篇，被民革省委会网站采用51篇，被市委统战部网站采用16篇，被《孝感日报》采用4篇。胡宇彬被民革中央评为“民革全国宣传思想工作先进个人”。广大党员积极参与理论研究，李雪飞副主委报送《全面从严治党视域下提升民主党派内部监督效能探析》，沈阳先后报送了《对参政党理论建设的若干思考——基于构建新发展格局的逻辑要求》和《以提升履职能力为导向的参政党队伍建设》。

【作风建设】 落实廉政建设主体责任，加强内部监督管理，充分发挥和履行监督委员会的职能和作用，邀请监督委员会成员列席市委会各项会议，加强对各级组织领导班子及其成员的监督，做好内部监督和自我管理。积极参加市委统战部开展的廉政警示教育活动，推动干部警示教育工作常态化。同时，全力配合支持派驻纪检监察组工作。

【组织建设】 2022年，共发展6名党员，平均年龄37岁，其中本科学历4人，硕士2人；正科级干部1名；市政协委员2人；政府机关2人，司法机关1人，普通教育1人，社会团体1人，新的社会阶层1人，民革特色5人，特色党员占比83%，圆满完成组织发展工作任务。组织党员参加各类培训，提高党员的综合能力。沈阳、胡宇彬、黄芬、龚先砦、梁静5名党员被评为“民革湖北省2017—2021年度优秀党员”。继续推进示范支部创建活动，实现全覆盖，在湖北职业技术学院新建党员之家，建立了党员之家常态化使用工作机制，成为党员活动的重要场所、参政党履职的阵地、民革形象展示的窗口。民革孝感市直综合一支部被评为“民革全省先进集体”。开展结对共建，与东南沿海发达地区的民革组织建立友好联系，民革孝感市委员会先后与民革镇江市委会、北海市委会、珠海市委会等组织开展共建活动。

【参政议政】 2022年，民革孝感市委员会围绕民革湖北省委会的重点调研课题、市委专题协商会课题和市政协全会选题,全年共完成调研报告22篇。在政协孝感市七届一次会议上,民革孝感市委会提交了7件集体提案,党员个人提案17件,2件被评为市领导重点督办提案,2件被评为优秀提案。在孝感市七届人大一次会议上,党员共提交建议3件,参与联名议案2件。其中,2篇被评为重点督办建议,《关于培育发展新型市场主体的建议》被评为市长重点督办建议。全年报送社情民意信息44份,其中被民革湖北省委会采用2篇。民革孝感市委会被评为民革全省参政议政工作先进集体一等奖、反映社情民意信息工作先进集体二等奖。

【民主监督】 2022年,围绕"优化营商环境"工作,孝感市政协常委李雪飞在专项监督会上建言献策,政协委员沈阳,孝感市人大代表林华清、张影华参与电视问政进行民主评议;围绕"整治生猪养殖污染",政协委员罗路参与电视问政进行民主评议。充分发挥专业特色,特约审计员车宇慧、特约监察员龚先砦等也积极参加有关部门的行业评议工作,认真履行民主监督职责。切实做好长江生态环境保护民主监督工作。

【社会服务】 2022年,结合民革中央擦亮"博爱·牵手"品牌活动开展活动。发挥民革的资源优势,深入基层开展惠民生的社会服务活动,孝南支部赴孝南区杨店镇高新小学、陡岗镇胜利村等开展"博爱·牵手"关爱留守儿童活动。孝昌支部赴孝昌县白沙镇中心小学开展"博爱·牵手"科普促健康活动。结合孝感市委开展的"联企业、送政策、解难题、稳主体"助企纾困活动,走访民革党员企业湖北德立森科技有限公司、湖北律之心律师事务所和湖北坚丰科技有限公司,了解党员企业发展现状、面临的困难和需要的帮助与支持。结合孝感市委统战部"四联四进"活动,民革孝感市委会在孝南区广场街三里社区开展"同心·法律服务进社区"活动,捐赠物资助力社区抗疫,赴孝昌县王店镇河口村、陡山乡陡山村开展"同心·助力乡村振兴"活动,赠送化肥种子支持撂荒地复耕复种,在陡山乡中心小学开展送文化下乡活动。孝南支部在熊咀社区开展"招商兴商"活动,孝昌支部在"陡山乡陆光村"开展"送文化下乡"活动。结合"同心共建",积极参与乡村振兴等社会服务工作,开展"同心·科技下乡"活动,为专业合作社、种植大户提供技术指导;发挥民革资源优势,继续打造"同心·法援"品牌,为弱势群众提供法律援助。

【祖国统一 服务企业工作】 2022年,结合孝感实际,民革孝感市委会主要负责人带队分别走访千志电子、大润发、罗莎蛋糕等台资企业,积极反映企业诉求,为企业排忧解难,以实际行动增进台湾同胞的文化认同、民族认同和国家认同,相关工作得到了上级的肯定,张影华被民革中央评为"民革全国祖统工作先进个人"。

(撰稿:祝翠芳)

民盟孝感市委员会

【概况】 2022年,民盟孝感市委带领全市盟员认真学习贯彻习近平新时代中国特色社会主义思想、中共二十大精神,全面落实民盟省委、中共孝感市委重要决策部署,不断加强自身建设,切实履行参政党职能,围绕中心、服务大局,为全市经济社会发展和民生改善贡献了民盟智慧和力量。

在民盟湖北省委2022年度参政议政工作会议上,民盟孝感市委会荣获2017—2022年度参政议政工作杰出贡献单位、2017—2022年度反映社情民意信息工作突出贡献单位。

在孝感市政协七届一次全会上,共提交提案21份(含集体提案8份),2份被评为优秀提案,2名会员被表彰为优秀政协委员,1名会员被表彰为先进政协工作者。全年共向民建湖北省委报送社情民意信息129篇,其中被采用75篇(省政协采用1篇),获民建湖北省委社情民意信息三等奖表彰。

【思想建设】 2022年,民盟孝感市委会组织学习习近平新时代中国特色社会主义思想和习近平总书记关于人民政协、统一战线、多党合作、视察湖北等系列重要讲话精神,在学中思、思中悟、悟中行。中共二十大召开后,广大盟员认真收听收看,并以散文、诗歌、书法、摄影为载体,积极撰写学习中共二十大心得体会60余篇,创作作品30余幅。为推动主题教育活动走深走实,民盟孝感市委会专门成立主题教育领导小组,指导各支部开展主题教育活动,各支部充分发挥盟员特长优势,举办了送医、送课、送用品等各具特色的主题教育活动,广大盟员踊跃参与,在活动中寻初心、悟真理、谋发展。市委会主委积极参加民盟省委会纪念张澜先生150周年诞辰座谈会和全市党派学习教育活动推进会,分别作了交流发言和主题发言,孝南总支主委在推进会上作了交流发言。盟员书画家围绕主题,倾情创作,表达心声。民盟市委通过微信公众号,编发学习材料,累计推送专题推文16篇。

【组织建设】 2022年,全市新发展盟员8名,其中硕士研究生1名,具备高级职称2名，平均年龄35岁，组织队伍更趋年轻，更具活力。阵地建设有新进展，民盟孝感市委会高度重视思想文化宣传阵地和平台建设，把民盟湖北美术院孝感分院建设作为工作的重中之重，精心准备，多方筹措，民盟孝感美术院于8月在孝感市文化中心正式挂牌成立，为各级美术人才理论研究搭建了平台，也为孝文化对外交流拓宽了渠道。各级盟组织积极发挥盟员之家“桥头堡”“活力源”“宣传窗”“工作台”“加油站”的作用，大力开展阵地建设，孝南总支利用盟员企业现有资源，新成立二支部盟员之家。民盟湖北工程学院支部努力争取孝感市委统战部和学院党委支持，确定了盟员之家选址，阵地建设呈现出多点开花的良好局面。

【对外联络】 积极开展“友好市委会”共建，与民盟嘉兴市委签订责任书，开展互访共建活动。热情接待民盟湖北省委妇委会、民盟荆州市委会两家调研团队，开展妇女创业发展现状和简牍文化保护实地调研。与孝感市人防办联合开展“廉政文化进机关”主题书画笔会活动。双岗建功有新典型，广大盟员在各自岗位上取得了令人欣喜的成绩，展示了杰出的民盟形象。各级组织在书法、绘画、摄影、雕塑领域涌现出一大批优秀人才，作品先后在国家、省级各类书画展览和美术大赛中获奖、入选。民盟孝感市委会在全省民盟地市州社情民意信息工作排名第四。

【参政议政】 咨政协商斩获新成绩。积极参加各类座谈会、协商会和通报会，参与地方重大事务和重要人事安排的协商，对中共党代会报告、社会经济发展战略等提出了中肯的意见和积极的建议。积极参与协商课题专题建言，李晚霞主委在党外人士半年情况协商通报会暨区域经济发展专题协商座谈会上，作了《关于促进纸卫品产业进一步发展壮大，夯实主城崛起经济底盘的建议》的专题发言。熊秀红副主委在孝感市政协常委会上作了《加强乡村产业人才队伍的建议》发言。湖工总支陈晓文主委完成了《深化校企对接合作，搭建招才引智双赢桥梁》《优化教育资源配置，推进临空区发展》两篇调研课题，并在孝感市政协双月协商座谈会上发言。民主监督增加新抓手。4名委员被孝感市检察院聘任为公益诉讼听证员和“益心为公”检察云志愿者。2名委员被孝感市纪委监委评为政风行风评议员，参与党风廉政建设的检查和监督。参政议政获得新荣誉。孝感市政协七届一次会议期间，民盟孝感市委会向大会书面提交了《关于推进孝汉文化旅游一体化发展的建议》的集体提案等9件，个人提案23件。调查研究取得新成果。按照民盟湖北省委安排，民盟孝感市委会承接了水产养殖业高质量发展调研，《关于加快推进我省水产养殖业高质量发展的建议》调研报告受到湖北省政协领导高度评价和充分认可。围绕民盟省委招标课题开展专题调研，民盟孝感市委赴云梦、应城、安陆实地调研孝感市数字农业发展现状，形成《关于加强我市农业生产数字化乡村建设的建议》调研成果，获民盟湖北省委采用。

【社会服务】 民盟孝感市委会将传统社会服务品牌“烛光行动”与孝感市委统战部开展的“四联四进”活动做好衔接呼应，多次携手知名教育专家、医务工作者、赤子特训营、爱心企业走进孝南区、应城市、孝昌县等地，进社区、学校、卫生院，开展送送优质课、示范课和义诊、爱心捐献活动等，累计向留守儿童捐赠学习用品、向居民捐赠药品合计价值7万余元，向社区捐赠环卫设备价值1万余元。

（撰稿：夏凯）

民建孝感市委员会

【概况】 2022年，民建孝感市委会坚持以习近平新时代中国特色社会主义思想为指导，深入学习贯彻中共二十大精神，持续强化自身建设，不断提升履职能力，坚持建言资政与凝聚共识双向发力，为孝感打造武汉都市圈重要节点城市贡献了智慧和力量。

【思想建设】 2022年，民建孝感市委员会扎实开展“矢志不渝跟党走、携手奋进新时代”政治交接主题教育，组织开展喜迎二十大系列活动，参加由湖北省委统战部、各民主党派省委会、湖北美术学院组织的“喜迎二十大 共筑同心圆”美术作品展，市直一支部赴大悟县宣化店镇开展“喜迎二十大”革命教育活动，缅怀革命先烈，汲取奋进的力量，先后组织会员参加孝感市委、市委统战部及省委统战部组织的中共二十大精神的学习培训会，民建孝感市委会还开展了二十大学习体会征文活动。民建孝感市委会高度重视理论研究工作，2022年，高校支部联合提交理论文章《高校统战工作在国家治理现代化中的创新研究》，获评民建湖北省委2022年度重点理论研究课题优秀成果三等奖。

【组织建设】 注重会员发展。2022年共发展新会员8名，其中民营经济人士2人，经济界人士7人，占比87%；大学以上学历7人，其中硕士研究生2人；“80后”正科级公职干部1人。

加强队伍建设。加强领导班子建设，全面落实领导班子民主生活会、述职评议会和领导班子联系基层制度。组织选派了一名副主委参加民建中央举办的骨干会员线上培训班，一名副主委参加孝感市委党校举办的县级干部进修班。加强骨干队伍建设，选派一名委员参加湖北省民主党派中青年骨干培训班，11名会员参加孝感市人大、市政协组织的业务工作培训。加强企业家队伍建设，动员4名会内企业家参加由华科大开办的“湖北省新民营经济领军人才EMBA高级研修班”。开展结对共建。与民建深圳市盐田区总支部签订结对共建协议书，吸纳借鉴发达地区民建组织好经验、好做法。

推进阵地建设。不断完善已建成的支部“会员之家”的软硬件设施，积极探索“会员之家”常态化使用机制。市直二支部“会员之家”被孝感市委统战部确定为全市民主党派基层支部活动示范点。

【履职能力建设】 提升议政实效。积极申报民建湖北省委调研课题，认真开展调研，提交《关于进一步加强我市网络安全建设的调研报告》。围绕政党协商课题“促进区域经济发展”，民建孝感市委会提交了《关于促进孝感区域经济发展的几点建议》在政党协商会上发言。围绕孝感市政协议政性常委会会议课题“推进临空经济发展 促进主城崛起”“推进产业发展 助力乡村振兴”，民建孝感市委会提交了《关于加快建设临空保税物流中心 助力孝感打造内陆开放新高地的建议》《发挥临空桥头堡优势，全力打造数字经济港》《塑造孝文化系列产品 促进乡村产业振兴》3篇调研报告，均在会上进行了发言。

提升社会影响。民建孝感市委会充分发挥民建联系经济界的特色和优势，全面开展会员企业大走访活动，由市委会主委和副主委分别带队，组成5个小分队开展走访，了解会员企业发展现状、存在的困难和问题，建立了台账清单，帮助解决了7个问题，并上报5条社情民意信息，其中《中小微企业面临重大社会风险时的困境及其消解》被民建湖北省委和湖北省政协采用。持续擦亮思源助学品牌，共捐赠助学款5.5万元。开展“四联四进”，在孝南区祝站镇玉丰村开展“春耕五送”活动，在孝天办事处魏站社区开展“民建爱心伴成长”活动，重阳节和春节前，主委蔡凤珍带队看望慰问玉丰村和魏站社区80岁以上的老人、困难家庭和社区工作者，送去价值2万多元的慰问物资。

提升监督效能。参与中共孝感市委组织的重要决策征求意见会和重大人事变动通报会，列席党代会和政府经济工作会议，积极发表意见。2022年，参加“问作风、办实事、优环境”电视问政，为孝感市营商环境建设问政点评。6名担任“益心为公”检察云平台志愿者，协助检察机关开展长江生态环境保护民主监督工作。

【作风建设】 2022年，民建孝感市第六届委员会内部监督委员会，初步构建会内监督体系。改进工作作风，深入支部、会员企业，听取意见，掌握情况；转变机关作风，落实机关工作“严、细、实”的要求，增强服务意识，提升保障水平。认真落实学习制度、领导班子述职和民主评议制度、民主生活会制度等11项工作制度，进一步规范市委会各项工作。

（撰稿：蒋宝利）

农工党孝感市委员会

【概况】 2022年，农工党孝感市委会切实履行参政党职能，加强自身建设，广泛凝聚共识，振奋精神，趁势而上，为孝感打造武汉都市圈重要节点城市贡献农工党的智慧和力量。

2022年，张兵荣获农工党中央“中国农工民主党2018—2022年先进个人”，李凤英荣获“2022年度最美孝南人”荣誉称号。

【思想建设】 2022年，农工党孝感市委员会开展“矢志不渝跟党走、携手奋进新时代”政治交接主题教育，开展主委讲党课、专题交流研讨、听取专家辅导宣讲，采取视频会议、读书班、与中共市委统战部联合学习等多种形式的学习活动。庆祝中共二十大、农工党十七大召开，与孝感市老年书画家协会在市文化中心联合主办“喜迎二十大，礼赞新时代”书画作品展；宣传一线党员叶新洲、杨猛、李凤英、张显明、熊云珍等5人先进事迹，传承农工党的“爱国、革命、奉献”的优良传统，增进党员政治共识。

【组织建设】 2022年，农工党孝感市委员会按照“三审”程序发展8名新党员。5名党代表参加农工民主党湖北省第九次代表大会，市委会主委戴杰群当选为农工党湖北省第九届委员会常委，出席农工党第十七次全国代表大会的代表。专职副主委张兵当选为农工民主党湖北省第九届监督委员会委员。组织领导班子成员参加农工党中央2022年市级组织领导班子成员培训班；组织市委会委员、支部主委参加孝感市委统战部举办的“同心讲堂”、参加湖北省委统战部和市委统战部开展的二十大精神专题培训；选送4名党员骨干参加孝感市委党校主体班（县干进修班1人、中青班1人、党外干部班2人）；组织11名党员参加农工党中央理论研究和党史工作线上培训会、全国社会服务工作骨干培训班。与鄂州市委会开展基层组织建设交流活动，就“农工党党员之家”的建设、管理及运行等工作进行了交流和探讨。与台州市委会取得联系，签订友好合作协议，交换内部刊物等资料。各支部举办了中心组学习、读书班、书法培训、创作研讨等丰富多彩的活动。组织拍摄录制小视频5个，参加农工党中央“最美党员之家”网络展示活动。

【参政议政】 2022年，农工党孝感市委员会湖北省政协十二届五次会议上，提交提案2篇，书面发言3篇。在孝感市“两会”期间，农工党孝感市委会提交的《关于大力支持孝感茶（中国湖北）海外展销中心建设发展的建议》《关于“十四五”时期加强孝感“菜篮子”工程建设的建议》和《关于应对孝感城区暴雨内涝突发事件的建议》获得孝感市政协优秀提案。

2022年，农工党孝感市委会围绕市委、市政府中心工作，以区域经济发展、推进临空区发展促进“主城崛起”、推进实力产业促进“三项行动”、技能人才培养、科技创新平台建设、“两网融合”助力绿色低碳循环发展、城区道路交通畅通建设、教育“双减”政策落实等议题，开展深入调研、精准建言，高质量完成全年政党协商、政协议政性常委会及双月协商任务。围绕茶产业强链工程深耕细作，抓住“一带一路”战略机遇，敏锐捕捉重要信息，形成了《俄乌战争对中国茶叶出口带来的机遇和困难的建议》报送湖北省政协，成为省政协主席亲自督办的重点提案，省长作出了的重要批示，湖北省农业农村厅、省商务厅积极组织全省茶叶企业共同参与对俄罗斯的茶叶出口，省直相关部门解决专列运输问题，中共孝感市委市政府协调金融机构解决流动资金问题，帮助孝感红贡茶有限公司组织第一批50个货柜的茶叶，确保首趟茶叶中欧班列按时发往俄罗斯，为湖北茶叶抢占俄罗斯市场取得良好开端。

人大代表、政协委员、特邀监察员积极开展专项检查、执法监督等活动3次，提出批评和建议30条。推荐6人加入“益心为公”检察云平台志愿者，推进长江生态环境保护民主监督与检察监督协同开展。组织11名党员参加农工党中央召开的对口上海市、江苏省长江生态环境保护民主监督工作推进暨培训视频会议。

7月31日，第四届孝感·长三角地区招商推介会暨杭州市孝感商会成立庆典（市工商联 供图）

【社会服务】 2022年，农工党孝感市委员会发挥界别优势，积极投身到“下基层、察民情、解民忧、暖民心”实践活动和“联企业、送政策、解难题、稳主体”帮扶活动，制定“四联四进”实施方案，深入街道社区、乡镇村和企业，开展调查研究、了解社情民意、助力乡村振兴、服务基层治理，真正做好中共市委的好参谋、好帮手、好同事。开展“农工助医”品牌活动，到孝昌县季店乡开展送“科技、文化、卫生”下乡活动，向季店乡卫生院捐赠口罩、酒精、84消毒液等防疫物资和常备药品；到朱湖农场开展2022年环境与健康宣传周义诊宣传活动，捐赠环保垃圾分类模具教具等。组织支部和企业家为社区捐赠帐篷、医用防护口罩、生活物资，累计捐赠物资价值约14万元。

（撰稿：王丹华）

孝感市工商联

【概况】 2022年，孝感市工商联团结带领全市民营经济代表人士，紧扣“两个健康”主题，以“六大行动”为抓手，守正创新、勇毅前行，各项工作取得了较好成效。市工商联“以‘六大行动’促工商联工作效能大提升”获评全省工商联工作实践创新成果一等奖，“创新服务·搭建平台·力促民企融资”“‘畅通内循环·对接促发展’供需对接活动”获评全省工商联工作实践创新成果二等奖，孝感市工商联工作在全省综合评价中获优秀等次。

2022年，孝感市工商联加强非公投诉平台建设，截至年底，已注册市场主体53094家，累计受理民企诉求484件，并全部协调解决。

【思想建设】以理论学习提升政治站位。落实“思想引领，学习在先”机制，发挥党组“头雁”作用，组建宣讲小分队，赴县(市、区)、商(协)会、民企开展十九届六中全会、党的二十大、习近平总书记考察湖北重要讲话、省十二次党代会精神的宣讲和学习。以理想信念教育坚定“四个自信”。紧紧围绕“两个健康”主题，组织开展青年企业家红色游、骨干企业家赴红安干部学院理想信念教育培训、“互观互学促提升·民企大讲堂”等系列理想信念教育活动18场次，700余人参加。开通工商联视频号，发布视频16期，宣讲我国经济形势、疫情防控政策、省委建设先行区的决策，提高思想引领工作的针对性和实效性。以思想引领强化清廉民企建设。扎实开展清廉民企建设，重点打造7家清廉民企(商会)创建工作示范点，印发《孝感市清廉民企建设工作手册》200份，联合市纪委监委在所属商会建立了9个“发展环境监测点”，为企业发展营造宽松、安定、有序的生产经营环境，以良好的营商环境助推企业高质量发展。

【基层组织建设】2022年，孝感市工商联孝感市加强县级工商联建设，指导7个县(市、区)工商联全面完成换届工作，制定了《县(市、区)工商联工作评价办法》，以“五好”标准加强对县级工商联的指导。加强商会建设，筹备成立了杭州市孝感商会，充分发挥市领导联系异地商会、市工商联领导班子联系商会机制作用。加大乡镇商会组建力度，指导县(市、区)工商联积极筹建乡镇、园区商会，覆盖率达到80%，应城市、云梦县、孝昌县、大悟县工商联实现了乡镇(区)商会建设全覆盖。注重商会党建工作。成立市工商联所属商会党委，指导孝感市青年民营企业家联合会、孝感市安徽商会等5家直属商会成立党组织。指导孝感市驻昆明、成都流动党委换届、党员发展工作。

【能力作风建设】2022年，孝感市工商联孝感市工商联加强工作机制建设，制订出台主席会议、常委会会议、执委会议、主席轮值活动等制度，推动工作规范化运行。定期召开主席(会长)会议，研究工作、通报情况。开展“互观互学促提升·民企大讲堂”主席(会长)轮值活动，促进了企业家沟通交流。积极开展“三学三立”活动，对照省、市工作考评内容，进一步明确了干部职责分工，实行实绩考评管理。举办了全市工商联系统干部能力素质大提升专题培训活动，评选出“业务能手”“工作标兵”。加强招商引资工作，邀请市招商局为干部讲授招商工作知识，切实提升干部招商引资工作能力。发挥异地商会作用“走出去”“引进来”招商，依托杭州、厦门等地商会举办大型招商推介活动，赴异地商会调研、拜访会员企业，搜罗投资意向信息。加强与武汉市工商联、武汉孝感商会、楚商联合会的经常性联系，助推孝汉同城建设。围绕汉孝产业转移开展重点招商，与市招商局、市财政局联合印发《孝感市驻异地商会补助绩效考核管理办法(试行)》，财政奖励杭州市孝感商会等8家商会补助资金38万元。组织武汉市工商联界别政协委员、武汉孝感商会来孝考察，引进中信建投资本管理有限公司与高新区签约中信建投先进制造产业园项目，持续做好已签约落地企业的跟踪服务，协助解决实际困难，让企业舒心、安心。

【服务企业】2022年，孝感市工商联积极开展“下基层、察民情、解民忧、暖民心”实践活动。全年赴县(市、区)工商联开展调研20余次，指导“五好”县级工商联建设；赴9家所属商会走访20余次，了解商会建设情况、会员发展情况；走访民营企业200余家，掌握企业发展最新动态，以“三张清单”推动民企纾困解难。举办“畅通内循环·对接促发展”供需对接系列活动。针对走访企业普遍反映的市场需求不旺、供需对接不畅的问题，市县两级整体联动，一县一主题分行业举办“畅通内循环·对接促发展”供需对接系列活动，全年举办了5场现场对接活动，累计组织148家民营企业进行面对面交流，向外发布300余家企业供需对接信息，现场签订62家企业的供需合作协议，实现了产业链供应链的有效对接。开展“万家民企助就业”活动。通过“线上+线下”形式，全年组织开展“春风行动”“就业援助月”“民营企业招聘月”“百日千万网络招聘会”等招聘活动701场，累计4152家民营企业参与招聘，提供就业岗位超10万个。开展融资对接服务活动。全年共收集了80余家有融资需求的企业，为28家企业融资1.731亿元。与中国人民银行孝感市中心支行签署《优化民营企业金融服务合作协议》。开展法律“三进”活动。与市法院、市检察院、市公安局、市司法局等单位建立了常态化沟通联系机制，开展涉案企业合规第三方评估工作，云梦县工商联、法院共建沟通联系机制做法被入选全国工商联与人民法院沟通联系机制典型事例(2020—2022)。调整孝感市总商会人民调解委员会成员，成功调解民企纠纷2件。邀请检察官、法官、律师、税务师等专业人士为民营企业家举办专题讲座。参与三方四家和谐劳动关系创建工作，推动澴川国投顺利获评“全国和谐劳动关系创建示范企业”。

【社会服务】 2022年，孝感市工商联以光彩精神增进价值认同。动员组织会员企业积极承担社会责任，通过各种形式支持光彩事业、参与慈善公益。在开展助学、抗灾、养老等公益活动中捐赠500余万元，评选出市级“公益事业之星”10名。开展“乡村振兴大促进”行动，召开“万企兴万村”现场推进会，湖北富邦科技股份有限公司捐赠价值220万元的1000吨中微量元素肥料助力春耕生产。围绕“产业振兴”“生态振兴”“文化振兴”“人才振兴”“助力乡村建设”主题，分别在云梦、孝南、安陆、孝昌举办了4场村企对接活动，全市216家企业结对帮扶223个村，实施兴村项目241个，投资总额138927.2万元，捐款捐物4615.09万元。孝感市工商联在全省“万企兴万村”现场推进会暨全省工商联系统半年工作总结会上作典型交流发言。湖北孝棉实业集团有限责任公司获评湖北省“万企兴万村”行动杰出标兵，湖北梦辰泽生态农业股份有限公司、湖北禾丰粮油集团有限公司、湖北婺商模具城开发有限公司获评湖北省“万企兴万村”行动标兵。

【参政议政】 工商联界别政协委员开展相关调研活动，形成《优化土地要素保障推动临空区高质量发展》《关于壮大我市“专精特新”企业梯队的调研报告》《如何引导年轻一代企业家健康成长的调查与思考》《关于孝感市“路长制”工作的思考与建议》等调研报告。发挥民营企业调查点作用，入库市县两级执委企业281家，参加民营企业运行状况等调查共5次，填报问卷819份。

（撰稿：孙静）

栏目编辑：秦荣

群众团体

群众团体

孝感市总工会

【概况】2022年，市总工会凝心聚力，主动作为，各项工作取得新的成效。连续第五年荣获全国“书香三八”读书活动优秀组织奖，荣获全国总工会“市级财务工作先进单位”，连续第二年荣获市直目标考核优胜单位；新就业形态劳动者工会工作、工资集体协商、“法院+工会”等重点工作在省总工会相关会议上作交流发言，留下了“咱们工会有作为”的坚实足印，谱写了孝感工运事业的新篇章。推荐全国、湖北省五一劳动奖11个，湖北省女职工建功立业标兵（岗）4个，通报表扬孝感五一奖100个；推选的城东社区新时代文明实践站荣获“全国工会爱心托管班”；推荐湖北澴川国有资本投资运营集团评选为“全国和谐劳动关系创建示范企业”；推荐孝感市2个集体、2名个人荣获2019—2021年度湖北省女职工建功立业标兵（岗）；推荐湖北省“安康杯”优胜单位、优胜班组、优秀组织奖和优秀个人13个，其中中冶建工集团有限公司孝感分公司荣获全国“安康杯”优胜单位；组队参加湖北省第一届“数字工匠”职工技能大赛焊接设备操作工——机器人和无人机操作工工种比赛成绩显著，其中焊接设备操作工——机器人荣获团体第四名，孝感市总工会荣获优秀组织奖；推荐省级职工（劳模、工匠）创新工作室1家，命名市级职工（劳模、工匠）创新工作室10家。2022年5月在省总工会十三届八次全委会议上作书面经验交流；2022年9月，在全省工会推进当前有关重点工作视频会议上作交流发言。

【职工思想政治引领】2022年，市总工会突出“五一”重要时间节点，及时跟进学习习近平总书记给首届大国工匠创新交流大会贺信精神和庆祝“五一”国际劳动节暨全国五一劳动奖和全国工人先锋号表彰大会、湖北省庆祝“五一”国际劳动节座谈会精神，在《孝感日报》开辟“新时代劳动者风采”专栏，协调广播电视台采访报道，集中宣传孝感市荣获全国、湖北省五一劳动奖集体和个人代表；切实履行引领职工听党话、跟党走政治责任，组织开展了“中国梦 劳动美 喜迎二十大 建功新时代”孝感市职工宣讲比赛和主题征文活动。其中，职工宣讲比赛决赛“云上孝感”App、“孝感广电”微信公众号等新媒体平台同步直播全市决赛，观看人数超10.85万人次，直播点赞量超15万人次。持续唱响“书香三八”女职工读书品牌，举办“湖北工会学习贯彻党的二十大精神宣讲报告会暨‘玫瑰书香·悦读悦美’湖北省女职工示范性阅读孝感专场活动”，共征集“玫瑰书香·悦读悦美”读书活动作品1000余篇，质量和数量全省领先，受到基层工会和女职工热烈欢迎，连续五年荣获全国“书香三八”读书活动“优秀组织奖”。

【技能竞赛】2022年，市总工会组织广泛深入持久开展“建功‘十四五’、奋进新征程”主题劳动和技能竞赛活动，3个项目纳入2022年省级引领性劳动竞赛，2个劳动竞赛项目入选武汉城市圈劳动竞赛项目。率先在全省召开“工友杯”职工创业创新大赛暨“e有绝活”高技能人才技能竞赛动员会，组织发动50个项目全省初赛，6个项目进入全省决赛并荣获“优秀绝活奖”；成功举办孝感市“工友杯”职工创业创新大赛暨湖北省“工友杯”第五届职工创业创新大赛孝感初赛，46个项目进入初赛，9个项目全省复赛；组队参加湖北省第一届“数字工匠”职工技能大赛焊接设备操作工——机器人和无人机操作工工种比赛成绩显著，其中焊接设备操作工——机器人荣获团体第四名，孝感市总工会荣获“优秀组织奖”。

【服务职工群众】 2022年,市总工会实行困难职工分类建档、梯度化帮扶,建立困难职工帮扶档案821户;筹集308.19万元开展“四送”活动,走访慰问困难职工和防汛一线职工,交警、环卫户外作业人员;会同就业部门持续开展“暖心送岗”活动,组织开展工会困难职工家庭高校毕业生阳光就业暖心行动,“点对点”跟踪服务24人;累计审核批准工会小额创业担保贷款194笔、发放贷款3001万元,为一大批涉及商超、餐饮、种养等领域小微企业及下岗失业职工提供创业扶持。深入开展困难劳模走访慰问活动,发放全国劳模补助资金16.38万元、省部级困难劳模补助资金108万元,帮扶全国劳模7人、省部级困难劳模166人次。对标“五城同创”总目标,开展户外职工“爱心驿站”、职工子女托管班等便民项目创建,为户外职工提供避暑取暖、餐食加热、手机充电等暖心服务。启动首个新就业形态劳动者“维权法律服务月”活动,深入货车司机、“饿了么”骑手等新就业形态劳动者群体,现场为新就业形态劳动者开展普法宣传,高度重视劳动领域政治安全工作。

【特色活动】 2022年,市总工会成功举办“玫瑰书香·悦读悦美”湖北省女职工示范性阅读活动暨孝感市翰墨书香润家风女职工交流展示活动,省总工会党组书记、常务副主席陈惠霞出席活动并为获奖选手颁奖;承办湖北省工会学习贯彻党的二十大精神宣讲报告会暨“玫瑰书香·悦读悦美”湖北省女职工示范性阅读孝感专场活动,省、市主流媒体和多家新媒体进行宣传报道;举办“中国梦·劳动美 喜迎二十大 建功新时代”孝感市职工宣讲比赛和主题征文活动,职工参与度高、社会反响好;孝感市本级及所辖7个县(市、区)“法院+工会”劳动争议诉调对接工作室全部挂牌,实现了全覆盖;在全省率先召开“工友杯”职工创业创新大赛暨“e有绝活”高技能人才技能竞赛动员会,组织发动50个项目全省初赛,进入决赛6个项目均获得“优秀绝活奖”;孝感1个重点工程项目(孝汉应高速公路项目)、1个工业园区项目(汉川经济开发区)和1个重点企业项目(孝感移动公司)入选2022年省级引领性劳动竞赛,2个劳动竞赛项目入选武汉城市圈劳动竞赛项目;孝感市“工友杯”职工创业创新大赛暨湖北省“工友杯”第五届职工创业创新大赛孝感初赛在市文化中心成功举办,共有9个项目进入全省复赛。

【职工活动场所建设】 2022年,市总工会高标准打造市文化中心“群团之家”,困难职工帮扶中心整体迁入,职工读书坊、多功能视频会议室等职工活动场所正式投入使用,为职工办事、开展活动提供优质服务。同时,设置劳模荣誉墙、工会工作展示区,展现劳动者风采和工会作为。

(撰稿:张炎)

共青团孝感市委员会

【概况】 2022年,共青团孝感市委员会紧紧围绕市委中心大局,认真履行引领青年、组织青年、服务青年政治责任,品牌影响力持续加强。组织全市团员青年参学“青年大学习”网上主题团课,开展“喜迎二十大 永远跟党走 奋进新征程”——青年五四奖章事迹分享会(孝感专场),组建市、县两级青年宣讲团和红领巾巡讲团,开展党的二十大精神宣讲156次,累计覆盖1.3万人。持续深化党史学习教育活动,开展“孝感的故事我来讲”——青少年主题演讲比赛,组建市、县两级青年宣讲团、红领巾巡讲团,开展主题巡讲58场次。积极选树典型,1个集体、2名个人获全国“两红两优”表彰。1个集体、2名个人获湖北省“五四”表彰,2个集体、3名个人获全省“两红两优”表彰。

【服务大局】 2022年,团市委实施“百企兴百村”行动,遴选2家企事业单位团组织与乡村振兴重点村结对。举办强国新“声”代寻访+直播带货大悟专场活动,省、市、县90名网络大V参加“1+N”模式直播,推荐大悟20个乡镇800余种农副产品、手工艺品、风土民情旅游地,为打造“荆楚优品”大悟区域品牌提供了重要平台。争取资金116万元,援助乡村振兴点建设希望小学3所、希望书屋1个,捐赠配套书籍1000余册。开展“喜迎二十大 共植青年林”活动,3381人次参加,植树2.6万余棵。

举办“‘缘’来是你‘孝’定今生”“相聚夏日·筑爱筑家”“喜迎二十大·为青年办实事”等系列青年交友联谊活动7场,近500名青年参加,助推更多青年人才扎根立业孝感。召开第十一批博士服务团到岗对接会,第十批“博士服务团”成员张平博士获省表彰。

【青少年帮扶】 2022年,团市委筹备成立孝感市青少年圆梦基金,筹资157万余元,服务困难青少年3000人。开展“青创贷”金融项目,发放贷款2.13亿元,共支持创业项目503笔,位列全省第5。参加“创青春”湖北青年创新创业大赛,共推报16个项目,其中3个项目进入复赛。举办全市农村青年致富带头人培训班,培训农村青年56人。助力大学生实习实训,共征集278个政务岗位、392个企业岗位。实施“新农人”

大学生创业帮扶计划，遴选20个初创型小微项目，已获批14个，获批28万元。开展大学生创业扶持项目，扶持项目13个，发放资金68万元。开展湖北"青创园"试点工作，中国汉派服饰网红直播基地成功成为湖北省"青创园"首批试点单位。

【青少年合法权益维护】 2022年，团市委推进"12355"青少年服务热线规范化运行，建立"一表一账一库"（值班表、工作台账、专家库）工作制度，采取"接听反馈"形式，开展青少年心理、法律及团内业务咨询。联合市检察院等单位成立"叮当护未联盟"，将未成年人保护纳入职能保障体系。实施"希望伴飞计划"，争取省级项目资金2万元。护助未成年人健康成长，联合市委宣传部开展2022年孝感市"扫黄打非·护苗"工作站建设暨"绿书签行动"。

【青年志愿服务】 2022年，团市委印发《关于开展"保护母亲河 争当'河小青''河小禹'"活动实施方案》《"孝小青"助力城市创建 志愿服务进社区系列活动》《市青年志愿者协会暑期志愿服务激励办法（试行）》等文件，进一步健全青年志愿服务体系。全市青年志愿者注册人数达8.1万余人，志愿服务组织368个，参与各类志愿服务，累计服务时长达84万余小时。持续深化"孝小青"志愿服务品牌化建设，动员市辖区20个团组织800余名青年志愿者参与"五城同创"交通文明劝导；组织全市1000余名"孝小青"志愿者走进偏远乡村、街道社区、福利院开展志愿服务活动，服务累积时长3200余小时。扎实开展"本禹志愿服务队"团体创建，"爱心大哥哥""烈火玫瑰""田强"青年志愿服务3个志愿服务团队确定为2022年"本禹志愿服务队"创建团体。汉川市"西瓜籽"志愿服务队志愿者与孩子的故事获得全省优秀成果奖。

【基层团组织建设】 2022年，团市委社会领域新建1538个团组织，完成全年任务量118.2%。少先队推优入团率达97.2%，"学社衔接"率达到97%，"升学衔接"率达到100%。县域共青团改革全面铺开，汉川市完成全国第二批试点改革验收，在汉川市召开了全市县域共青团改革现场推进会，其他6个县（市、区）均以党委名义出台改革方案。市县两级出台《深化社区青春行动 助力美好环境与幸福生活共同缔造活动方案》，班子成员每人包保1~2个试点村（社区）。

【少先队工作】 2022年，全市落实少工委"双主任"体制，少工委负责人同时担任当地政府督学，制度化推进团教协作机制。全市符合条件的505所中小学少工委建设率和学校辅导员配备率均达100%。加强校外阵地少工委建设，全市已建立37个乡镇（街道）少工委、121个村（社区）少工委。打造校外少先队实践基地（营地），按照每1万名少先队员不少于1个校外实践基地（营地）要求，共建立校外实践基地55个，参加社会实践营活动的少先队人数已达2.6万人次。充实各级校外辅导员资源库，每个大队和中队均配备校外辅导员，县一级校辅导员均不低于50人，市一级校外辅导员不低于100人。招募志愿者600余人，开设"希望家园"133个，直接服务村（社区）儿童5100余名。配齐配强少先队工作队伍，市、县总辅与中小学大队辅导员配备率100%。关心辅导员成长发展，推荐6名辅导员参加全省"青马工程"少先队辅导员培养班集中培训。举办市县两级少先队辅导员培训班，覆盖所有大队辅导员和部分中队辅导员。高质量开展少先队辅导员职业素养展示竞赛，分别举办市、县级比赛，选派3名选手参加省级决赛，两人分获一、二等奖，孝感市少工委获评优秀组织单位。组织参加全省红领巾巡讲团优质队课比赛，1人获全省第4名的好成绩，所讲队课被评为省级优质队课。通过"以赛促学、以赛促教、学赛结合"的方式，全市辅导员整体专业素养和工作能力不断提升。孝感市2人1个集体荣获2022年度全国"三优秀"荣誉称号。

（撰稿：彭传奇）

孝感市妇女联合会

【概况】 聚焦思想政治引领、巾帼创业创新、家庭家教家风、妇儿权益保障以及妇联组织自身建设等方面持续发力，积极推进"澴川巾帼红"党建品牌创建，全市妇联工作迈入了新征程、取得了新成绩、展现了新气象。孝感市妇联先后获评全省普法工作表现突出单位、湖北省庆"六一"主题教育系列活动优秀组织奖、"恒爱行动 百万家庭亲情一线牵"公益活动优秀组织奖，市妇联机关党支部在市直机关基层党组织书记培训班上作主题交流发言。市妇联党员干部下基层调研走访163人次，印发"三张清单"4期，动态建立问题清单12个，已解决12个，完成率100%，取得了积极成效。统筹推进共同缔造、"姐妹共建 幸福家园"、资源服务平台下沉、"三学三立"等活动走深走实。以"五个在家园"为主要内容，广泛发动妇女群众参与决策共谋、发展共建、建设共管、效果共评、成果共享，建立"姐妹共建·幸福家园"活动示范点8个。整合全市200余支巾帼志愿服务队伍，3万余名巾帼志愿者，开展环保清扫、垃圾分类、普法维权、交通文明劝导等志愿服务活动。

【重点民生实事项目】 2022年，市妇联牵头组织实施适龄妇女宫颈癌免费筛查项目，第一时间推动召开协调会并出台工作方案，组建督导小组，推进部门联动，建立筛查进度日通报、月工作例会等制度。推动县(市、区)政府责任上肩，指导基层妇联会同卫健、工会、财政、人社等单位抓好组织动员、技术培训、妇女筛查等工作。2022年，完成筛查207056例，占年度任务的103.56%。

【巾帼创新创业】 2022年，市妇联联合人社部门开展"春风行动"招聘活动，提供就业岗位4万多个。推荐8名优秀女科技工作者加入武汉城市圈女科技工作者联盟，组织2人参加武汉城市圈女科技工作者交流对接会。建立健全全市女企业家人才库，入库女企业家114人。组织开展"三争"岗位创建活动，指导各级巾帼文明岗"亮岗位、亮作为、展风采"，指导孝感市家庭服务业协会申报孝感市2022年引领性劳动竞赛。深化乡村振兴巾帼行动，推荐申报3个全国巾帼现代农业示范基地，争取省妇儿发展基金会联合爱心企业为基层村组捐赠价值近20万元的太阳能庭院灯、洗衣液等，改善村居环境。大力开展寻找"美丽庭院"活动，评选孝感市"十佳美丽庭院"10个，孝感市"美丽庭院"120个。深化巾帼健康行动，举办健康科普知识培训、开设健康科普宣传专栏、组织参加网上健康知识大赛，普及女性健康知识。

【妇儿权益维护】 2022年，市妇联在全省率先召开新闻发布会发布新一轮"两个规划"，营造促进妇女儿童发展的浓厚氛围；配合孝感市人大常委会做好《湖北省反家庭暴力条例》实施情况执法检查，推动条例落地落实。聚焦反家庭暴力、预防性侵未成年人等难点热点问题，加强与公检法司等部门协作，召开全市维护妇女儿童权益暨家庭建设电视电话会议，持续推动维权"五项机制"落地见效。广泛开展法治宣传，发布各类普法信息110余条，发放各类法律知识宣传册和宣传品10000余份。推进市、区婚姻家庭纠纷调解工作机制改革，推动市、区家调委机构整合、资源统合、人员融合、工作聚合。2022年，家调委受理咨询189件，成功调解36件。积极开展"平安护万家"婚姻家庭矛盾隐患排查专项行动和重点家庭排查帮扶"百日行动"。做好信访接待和"12338"妇女维权热线接听处置工作，2022年，市本级接待来信来访87件，处置率98%。

【家庭建设】 2022年，市妇联常态化开展寻找"最美家庭"活动，4户家庭获评"全国五好家庭"、"全国最美家庭"，1户家庭获评"荆楚最美家庭"，79户家庭获评"孝感最美家庭"。举办"书香诵孝廉、清风润万家"读书会1场、家庭家教家风故事宣讲16场，"弘扬优秀家风、传承孝德文化"书画展1场，向省妇联、省文明办推荐万户家庭讲家风故事音视频，2件作品获一等奖、7件作品获二等奖、11件作品获三等奖，市妇联获优秀组织奖。实施家庭教育公益项目，举办家庭教育公益讲座60余场，组织收听收看网上家长学校33期，推动建立家庭教育指导服务站20个。认真履行清廉家庭建设牵头职责，健全工作机制，成立协调小组，建立联席会议制度，加强协调联动和信息交流，形成左右协同、上下贯通、协调督办、信息报送和考评序位的落实机制。创建清廉家庭示范点20个，组织制作清廉家风宣传片8个，其中1部被推送到湖北省纪检监察网上展播。清廉家庭文化建设工作拟作为市州代表在全省展播。

【组织建设】 印发实施方案，指导各级妇联用"党建+妇联业务工作"模式，打造全市妇联系统"澴川巾帼红"党建品牌。联合市委直属机关工委开展市直机关女干部庆"三八"主题党日活动，增强了妇联组织吸引力。全面完成乡镇(街道)、村(社区)妇联组织与基层党委同步换届工作，基层女性参政议政工作目标如期达成。举办基层妇联领头雁培训班，为全市140余名县、乡妇联主席充电赋能。组织24名基层妇联主席参加省妇联培训。推动成立孝感市首个行业妇联组织—卫健行业妇联，首个自媒体妇女组织——孝感通妇女小组，举办孝感市纸卫品行业女性人才座谈会，指导孝南区成立纸卫品行业妇联，实现行业妇联组织建设破冰。依托老澴河党建示范带打造妇建示范带，指导基层"妇女之家"与党群综合服务阵地实现共建共享共促，召开基层工作互观互学互评现场推进会，提升基层妇女之家等阵地建设水平。广泛开展寻找"最美妇联人"活动。

【关爱帮扶行动】 2022年，市妇联持续开展"爱心妈妈"结对帮扶，积极参与武汉"1+8"都市圈爱心妈妈联盟系列活动，组织2名爱心妈妈参加经典诗词诵读，组建8支爱心妈妈队伍，结对关爱600名留守流动困境儿童。广泛开展把爱带回家——送法到家系列活动和"少年儿童心向党 用心用情伴成长"暑期儿童关爱活动，实施"爱护我们的身体"儿童防性侵宣传项目，把党和政府的温暖送到儿童及家庭中。争取全国妇联、省妇联“两癌”救助金137万元，救助137名低收入“两癌”患病妇女。争取妇女儿童法律援助项目资金3.6万元，救助帮扶18名困难妇女。参与“99”公益日“妇儿关爱基金”众筹，线上线下总筹资55万元，居全省第三位。

（撰稿：王淑芬）

孝感市社会科学界联合会

【概况】 2022年，孝感市社会科学界联合会在市委宣传部的坚强领导下，始终坚持以习近平新时代中国特色社会主义思想为指导，全面贯彻落实党的二十大和省第十二次党代会、市第七次党代会精神，对照全年工作目标，紧紧围绕市委、市政府中心工作，立足实际，解放思想、开拓创新，积极开展理论学习、课题研究、智库建设、决策咨询和社科普及等工作，取得了较好的成效。

【创新理论武装】 2022年，市社科联深入开展习近平新时代中国特色社会主义重要思想学习贯彻。围绕党的二十大和十九届历次全会精神宣传贯彻，组织高校、党校、科研院所及党政部门研究机构的专家学者，加强对习近平新时代中国特色社会主义重要思想的新概括、新阐述、新定位进行深入研究。着力提升社科理论研究能力水平。邀请省社科联副主席王其涛、省委党校省情研究中心主任李新华分别到湖北工程学院、孝感市委党校为社科工作者讲授如何提升社科研究水平、提高省级优秀社科成果入选率等方法技巧。注重拓展理论学习宣传平台。充分利用“新时代槐荫讲堂”“三分钟讲理论”短视频等载体，扩大理论宣传覆盖面。重新恢复《孝感社会科学》刊物，为社科工作者提供固定学习交流平台。

【课题研究及申报】 2022年，市社科联立足孝感实际，突出重点，积极组织开展市级重点课题的申报、评定和立项工作。根据年度工作安排，年初下发了《关于申报2022年度孝感市社会科学重点研究课题的通知》，共有33个课题组申报了重点课题，经专家评审，最终立项15个课题，内容涵盖政治、经济、文化等领域，重点突出对孝感市加快建设“武汉都市圈重要节点城市”的研究。注重加大对调研团队的协调服务工作，组建“重点课题调研工作群”，及时收集意见，帮助协调解决调研过程中遇到的困难问题，形成高质量调研成果。积极推进地方高校及科研机构向上申报科研项目及优秀社科成果评奖工作，2022年湖北工程学院《所有权效应对儿童学习效果的影响及其作用机制研究》《仪式或戏剧：傩戏形态论》获得省社科成果三等奖表彰。

【社科普及教育活动】 2022年，市社科联围绕省社科联开展的以“喜迎二十大、奋进新时代”为主题的“第十三届湖北省社会科学普及宣传周”活动要求，通过充分调研、周密部署、合力推进，圆满完成了“科普周”各项任务。5个省级科普基地根据各自实际，分别开展了丰富多彩且富有成效的科普活动，孝南区广场街晒书台社区，创新依托孝感城市文化客厅这个大众文化平台，举办了主题为“社科人文美、澴川风景秀”的人文社科系列讲座，通过线上线下同步开展，吸引大量群众参与，深受各界好评。为巩固科普工作基础、扩大科普活动影响，年初启动了市级社科普及教育基地创建工作，制定下发了《孝感市社会科学普及教育基地创建与管理实施办法》，进一步规范科普基地申报与管理工作，为社科普及教育工作全面开展和提档升级夯实基础。科普基地创建工作已覆盖到所有县（市、区）及高校、党校，并在市直相关部门大力开展，进一步营造社会科学普及教育的良好氛围。

【决策咨询】 2022年，市社科联组织开展“2022年省社科专家市县行”活动，邀请省社科联、省社科院及湖北中医药大学的专家教授到应城市开展以“绿色建材助推县域经济高质量发展”为主题的调研活动。通过深入企业实地调研，召开党政企代表座谈会等形式，为应城高质量发展把脉问诊，并受到市委吴海涛书记、副市长帅逊的肯定性签批。及时将年度重点课题及热点难点问题调研报告中的有价值的决策建议向有关职能部门反馈，积极促成成果转化。

【“澴川智库”建设】 2022年，市社科积极推动澴川智库建设，在与省市有关部门及本地高校、党校及党政部门研究机构充分沟通并学习借鉴兄弟市州工作经验交流的前提下，结合孝感实际，积极对上争取政策，横向不断面向全市网络社科人才，已完成智库构成框架、专家团队组建、运行机制建立等工作，已经基本建立起包含经济、社会、党建、文旅发展研究等一定规模的智库团队。初步实现了以智库建设凝聚社科人才，以社科人才推进智库建设的目标。

【社会组织服务管理】 2022年，市社科按照年初全市“两新”组织党建工作要求，着力加强社科类社会组织党建工作指导力度，督促发挥党建引领作用，加强对社会组织开展理论研讨，学习论坛等活动的意识形态管控。积极引导社会组织参与社会服务工作，在“全省第十一届科普周”期间，共组织10余家社会组织参与传统文化宣传等活动。按照《孝感市社科类社会团体管理办法》，加强社科类社会组织服务管理。召开全市社科类社会组织学习交流会，组织社科专家就党的二十大精神落地进行交流，推动社会组织健康有序发展和党建工作不断上台阶。

（撰稿：罗丹）

孝感市科学技术协会

【概况】 2022年，孝感市科学技术协会坚持以习近平新时代中国特色社会主义思想为指导，认真贯彻党的二十大精神，踔厉奋发、笃行不怠，团结拼搏、勇毅前行，政治建设实现新提升，服务大局取得新突破，职能工作开创新局面，改革创新展现新气象，向上争取特色产业科普基地、科普惠民社区（村）、科普教育学校等项目20个，资金额达261万元；获得上级对市科技馆免费开放的补助资金达119万元。5名人员获全省科协系统先进工作者称号。帮助乡村振兴联系点孝昌县卫店镇彭店村成功争取省级美丽乡村建设项目，获省300万元资金支持。支持彭店村建设市级科普教育基地1个，获市、县两级奖补资金共4万元。

“全国科技工作者日”期间，慰问科技工作者代表20名，在《孝感日报》等媒体开展《科技工作者风采》系列宣传，举办科技工作者座谈会，激励广大科技工作者建功立业新时代。组织参加2022年湖北省“创新达人”的评选和宣讲活动，9人被评为湖北省“创新达人”，1人被评为全国“创新达人”宣讲人。组织企业参加2022年中国创新方法大赛湖北赛区比赛，获一等奖1个、二等奖1个、优胜奖4个，孝感市科协获评优秀组织单位称号。

【科普机制建设】 市科协组织召开2022年孝感市全民科学素质提升工作会议，安排部署2022年和“十四五”期间全市科普和科学素质建设工作。以市政府名义印发《孝感市全民科学素质行动规划纲要实施方案（2021—2025年）》；制定了《孝感市全民科学素质工作领导小组规则》《孝感市全民科学素质工作领导小组办公室工作细则》，纲要的实施机制逐步完善。

【科普阵地建设】 2022年，市科协建强科技场馆体系，投入资金近200万元，对市科技馆进行改造升级和展品更新，提升展教功能，督促运营主体压实责任，守牢安全生产底线，市科技馆全年接待参观人员量近6万人次；推动安陆市、应城市分别新建和改扩建县级科技馆；中国科协流动科技馆展品分别在云梦、大悟、孝南进行巡展。巩固科普教育基地，新建市级科普教育基地3家，认定优秀科普教育基地1家，共奖补8万元；新增省级科普教育基地7家，增量居全省前列。提升基层科普能力，争取上级各类项目20个，一批示范基地、学校、社区科普能力得到提升；市本级投入资金20万元，奖补科普惠民社区、科普教育学校4个；投入资金10万元，购置并投放示范科普e站5台。联合中国科技馆在孝感市电视台新闻综合频道开办《科普大篷车》电视栏目，每周开播4次，总计播放时长3000多分钟。在遍布城区的科普橱窗、宣传栏开展主题科普、党的二十大精神的专题宣传。积极支持孝感市孝南区、安陆市、应城市创建全国科普示范县（市、区），三地顺利通过省科协初评和中科协复评，所获全国科普示范县（市、区）数位居全省市州第二。

【特色科普活动】 2022年，市科协扎实推进全国科普日活动，印发《关于举办2022年孝感市全国科普日活动的通知》，在全市学校、社区等领域开展启动仪式、科普专家报告会、青少年科学调查体验活动等38项重点科普活动，丰富了群众生活，普及了科学知识；市科协获2022年湖北省全国科普日活动优秀组织单位称号。扎实开展科技活动周活动。5月，市科协联合市中心血站、紧急救援中心、公共检验检测中心等科普教育基地的专家到高新区董永社区开展“科普进社区”活动，群众反响热烈。大力开展青少年科技教育，组织全市30名高中生到武汉大学等高校参加为期一周的高校科学营活动；组织参加第36届全国、全省青少年科技创新大赛，获一等奖1项，二等奖2项，三等奖1项，1件作品入围全国项目，所获奖项居全省前列。

【创新平台搭建】 2022年，全市新建院士（专家）工作站10家，其中4家专家工作站获市政府奖励共32万元。孝南、云梦等地提高对新建工作站的奖励标准，有效激发了建站主体科技创新活力。联合市委人才办开展院士（专家）工作站建设与运行的专题调研，调研成果获得领导肯定，相关经验得到推广。

【助企惠企】 2022年，市科协组织全市120余家次企业参加“海智专家”线上洽谈会4次，为孝感市科技型企业提供人才智力和技术支持。开展“千名干部进千企”活动，协助联系企业米开罗那有限公司解决了用工、资金难题。深入开展“联企业、送政策、解难题、稳主体”活动，定期走访3家企业，协调解决了房租减免、天然气报装等问题5个。

【决策建议】 2022年，市科协组织科技工作者围绕市委、市政府关注的重点问题开展深入调研，编印《科技工作者建议》6期并定期向市领导报送，其中3期分别获得市委主要领导和其他市领导批示和肯定，相关建议和对策措施被有关单位采纳。新建市级科技工作者调查站点2个，《孝感市农业技术推广面临的问题与对策研究》《江北院士专家工作站模式的问题与对策》等4项课题研究报告价值较高。委托第三方机构调研全市科技工作者的数量、结构与分布状况，有针对性地提出加强全市科技工作者队伍建设的对策建议；全年根据工作需要有针对性地开展调研活动，调研活动力度较大、井然有序、成果丰硕。

【科协组织建设】 坚持在科技工作者密集的地方建立科协组织，指导市农业技术推广中心成立学会；指导市预防医学会换届；做好各学会年检；新建企业科协8家。实施"学会支撑计划"项目，对市气象学会奖补资金2万元。

（撰稿：王祖军）

孝感市文学艺术界联合会

【概况】 孝感市文学艺术界联合会坚持以习近平新时代中国特色社会主义思想为指导，深入学习宣传贯彻党的二十大精神及习近平总书记关于文艺工作的系列重要论述，以"礼赞二十大 奋进新征程"为主线，团结奋进，主动作为。主题活动策划有方，精品创作百花齐放，惠民服务可感可亲，自身建设固本强基，文艺生态山清水秀，为孝感打造武汉都市圈重要节点城市汇聚了强大文艺力量。

【"喜迎二十大"系列文艺活动】 4月14日，市文联组织市美协、市摄协、市书协知名文艺家和优秀中青年创作骨干开展见证孝感"绿色蝶变"——喜迎二十大 孝感市文艺界聚焦绿色发展采风活动。

6月23日，举办"喜迎二十大 奋进新征程暨庆祝中国人民解放军建军95周年"孝感市红色文化收藏品展览。此次展览共展出中华人民共和国成立前和新中国建设时期的各类材质藏品270余件，其中包括孝感籍开国将军王新亭的物品展示和介绍，还有两位老红军，湖北省政协原副主席许金彪、孝感军分区原副司令员邓先培（四川籍）的个人物品展示。此次展览年代跨越较大，内容分伟人风采、将校风采、抗美援朝、激情岁月、英雄模范等18个展柜。全部藏品实物展出，深情展现了中国共产党艰苦奋斗、开拓进取的伟大历程。

11月15日，孝感市五城同创"税务杯"摄影大赛创作采风启动仪式在老澴河畔举行。本次活动是全市文艺界深入学习贯彻党的二十大精神的又一重要举措，旨在充分发挥摄影独特艺术特点，用优秀摄影作品讲述孝感发展故事，记录"澴川之美"，展示"五城同创"成效，激发全民参与"五城同创"热情，营造全民聚力共建大美孝感的浓厚氛围。

11月20日，举办"荆楚红色文艺轻骑兵"宣传党的二十大精神走进联城社区文艺演出活动。现场穿插有奖问答，在寓教于乐中把党的二十大精神送入群众心中。

【主题性文艺活动】 5月18日，市文联围绕老澴河综合改造工程，举办"老澴河治理建设成就"美术长卷采风创作活动，组织5名骨干画家创作《老澴河治理成就》长卷。6月11日，为积极响应市委、市政府"助企纾困"号召以及党员干部"下基层、察民情、解民忧、暖民心"实践活动，开展"金融作家进企业"走进孝感华农梦酒业、朱湖国家湿地公园、老澴河改造现场，开展调研座谈及创作采风。组织曲艺家胡春林创作小戏

1月18日，孝感市文联摄影、书法、美术小分队走进华农梦酒业公司送春联
（市文联 供图）

1月25日,孝南区第六届百姓春晚在区大礼堂上演
(孝南区文旅局 供图)

《第一书记》,助推安陆市孛畈镇菌菇产业发展;组织作家走进湖北统塑管业有限公司、湖北水清会环保科技有限公司开展"进企业·走乡村"创作采风活动。围绕乡村振兴,组织摄影家赴云梦胡金店采风创作,拍摄油菜花,推动文旅融合发展;组织"荆楚红色文艺轻骑兵"市文联书法、摄影、美术小分队赴云梦陆洼村开展送春联、送全家福、送画卡活动。围绕清廉孝感建设,组织副主席胡雪城参加孝感广电台"陪你读书"栏目,系统阐述《家庭家教家风》,引导全社会重视家风建设;组织书画家到市委巡察办、市司法局、市委直属机关工委等单位开展送廉政文化进机关活动;组织市楹联学会、市诗词学会开展撰廉联活动;举办清廉文化主题书画展,在全社会厚植爱廉尚廉、崇廉思廉、守廉促廉、倡廉润廉的文化土壤。

【群众性文艺活动】 1月14—26日,荆楚"红色文艺轻骑兵"孝感市文联小分队分别走进孝感华农梦酒业有限公司、云梦县倒店乡陆洼村、机关单位、社区、军营等地开展"送春联、送照片、送福卡、送画卡"文艺志愿服务活动10余场,为各行各业群众送上现场创作的春联和"福"字、画卡、全家福照片,给他们送去新春的祝福。6月14日,为响应中华"戏曲进校园"系列工程,孝感市戏剧家协会主席张华明受邀到湖北工程学院为音乐学专业学生做了一场生动形象的专题讲座,讲授戏曲表演和戏曲理论,吸引了学生们的广泛参与和互动。6月27日,组织荆楚"红色文艺轻骑兵"湖北省美协小分队下基层暨2022"孝感画家画孝感——美丽乡村应城行"采风创作活动。40余名美术家利用3天半的时间,赴应城3个乡镇开展采风创作,领略应城"膏都盐海"、"鱼米之乡"、灵泉文化及美丽乡村建设的旖旎风光,感受厚重的人文历史和风土人情,用水墨丹青描绘应来之城的壮美画卷,推动文旅融合发展。11月11日,组织专家老师走进澴川学校,开展楹联知识讲座,将楹联这种中国非物质文化遗产展示在广大师生面前,给大家上了一堂生动的传统国粹文化课。

【展览培训采风活动】 2022年,市文联举办庆"三八"女子书画作品展;开展"黄滩酱园文学创作基地"授牌暨"黄滩酱油杯"全国文学作品征文大赛;举办冲刺全国第五届草书展看稿会;先后在朱湖、韵鹤生态农庄、楚珍园、老观湖国家湿地公园、群团之家等地成立市作协、市摄协采风创作基地;支持市作协创建"楚风网",建设网上文学之家;召开叶逢春诗集《贝叶集》、李汉超诗评集《荆楚诗韵》、文学作品《澴圆太极功法》新书发布会;召开彭杉影小说创作、诗集《福兰线》作品研讨会;联合湖北职业技术学院开展校歌征集活动;举办音乐考级讲座、"楚风网"通讯员培训交流会、全市报刊与新媒体文学编辑座谈会;承办湖北省编剧骨干(第二期)研修班;举办第七届"中华孝文化名城迎春征联"活动。

【文艺人才培养】 2022年,市文联推荐50余名文艺家参加省市文艺精品扶持、湖北省中青年文艺人才库、孝感市第二届文化名家评选;组织全市文艺家参加中国文联圆梦工程"名家名师话美育"网络公开课学习;燕七、王诗怡、黄华荣、刘向旭、聂元元、游明文、舒锋杰、韩绍、吴定安9人入选湖北省中青年优秀文艺人才库。刘子安、万雁、余志平、张文斌、黄明珠、熊胜利、游明文7名文艺家获孝感市第二届文化名家称号。周芳入选湖北省作协第二届签约专业作家,万雁入选湖北省作协签约作家。

【文艺成果】 文学类。2022年,全市作家共发表作品320余篇;20多位作者在各级征文大赛中获奖40余次。张驰鹏的长篇小说《汉水弯弯》、张丽的散文集《岁月深处》、魏前方的散文集《闲暇集》、叶逢春的诗集《贝叶集》、祁怀清《行吟江河》等文学专著公开出版发行。

美术类。冯弘国画《岁末锣声》、油画《春风又一村》入展"乡村振兴"美丽乡村主题美术作品展及2022年度湖北省美术创作重点项目扶持工程优秀作品展；美术作品《湿地上的红瓦房》入选2022年文旅部乡村振兴画展；国画《新村草台班》入展“荆楚回响——乡村振兴主题”第三届全省画院优秀作品双年展；作品入选湖北省第三届工笔画小幅作品展；剪纸《感恩党》《香飘梦稻》获新加坡金沙艺术设计大赛优秀奖，《归燕》《祯祥吉瑞》《喜鹊登枝》获新加坡金沙艺术设计大赛铜奖。

书法类。严建波入展全国第五届草书展；刘千书、张海东、李文涛、赵柏清等9人入展尚意 · 湖北省第三届书法小品展；景培清、廖朝晖、吴祖月、明九广等8人入展第四届湖北省中小学教师书法作品展；李文涛、沈右铭、张海东、徐秀红、景培清、骆婷、赵柏清、吴定安、李远江等9人入展省第二届临书临印展；吴定安入展2021“中国书法 · 年展”全国篆书、隶书、篆刻作品展；张海东、沈右铭、景培清等3人入展中国书协第三届全国临帖展；景培清、张启纯入展全国第三届老年书法作品展。

摄影类。在“喜迎二十大 礼赞新时代”湖北省摄影作品展中，作品《上甘岭战斗英雄 再添一枚纪念章》、作品《舞心红旗》获三等奖；作品《智能宽体自卸车生产线》获优秀奖；桂华田摄影专题《鸟韵》荣获中国摄影网十佳摄影师称号；作品《华城丽乡》入选2022年平遥国际摄影展；6幅反映社会生活摄影作品获2022年平遥国际摄影大赛优秀作品奖；作品《护学》在《人民摄影报》发表，《春游》《哭泣的河蚌》两幅摄影作品入选第五届三门峡生态国际摄影大展。曲艺类：相声《成长》获首届湖北曲艺“小百花之星”；三句半《说扫黄》被推介参加全国“扫黄打非”视频展播。

文艺评论类。作品《刘庆邦小说创作论》获第十二届湖北文艺评论奖二等奖。

戏剧类。作品《红嫁衣》获“李渔杯”首届全国清廉戏曲优秀作品展演活动十佳剧目。楹联类：在湖北省第44届春联大赛中，1幅获一等奖，作品获二等奖，1幅作品获优秀奖；1幅作品在喜迎党的二十大“美丽中国 美丽乡村”全国楹联大赛中获优秀奖、在“喜迎党的二十大，迈向灿烂新征程”全国征联中获二等奖。

诗词类。1幅作品“桐庐富春江桂冠诗歌”评选中获金桂奖；2幅作品分别获得“楚天凤凰山杯”咏茶全国诗词大赛二等奖和三等奖；赵化先在“百城杯”全国诗词大奖赛获得优秀奖和浙江诗词大会诗词创作大赛获优秀奖。

1月24日，孝感市书协举办冲刺全国第五届草书展看稿会

（市文联 供图）

【冲刺全国第五届草书展看稿会】 1月24日上午，冲刺全国第五届草书展看稿会在孝感城市文化客厅举行。中国书法家协会理事、湖北省书法家协会主席孟庆星和省书法家协会副主席王勇、樊利杰及孝感市书协作者共计40余人参加看稿会。现场点评作品，王勇、樊利杰还进行了现场示范讲解。

【六届二次全委会召开】 3月9日，市文联召开第六届委员会第二次全体会议。会议传达了中国文联十一大中国作协十大会议精神。市文联党组书记、主席王顺利向大会作了题为《坚定文化自信 着力守正创新 推动孝感文艺事业大发展大繁荣》报告，报告对2021年工作进行了总结并对2022年工作进行安排部署。

【“群团之家文学创作基地”揭牌】 5月22日，“群团之家文学创作基地”揭牌仪式在孝感市文化中心举行。此次活动是提升战略考量，加快发展步伐，拓展合作平台的又一次探索。作家协会、群团之家以文化为媒介，以文学和阅读为纽带，联合共建加强深度合作，把“群团之家”建成“作家之家”，把“作家之家”融入“群团之家”，是合家共进共赢的具体实践。

【举办清廉文化主题书画展】 8月8日，孝感市清廉文化主题书画展在市图书馆开幕。此次展览旨在充分发挥书画艺术在清廉孝感建设中的独特作用，在全社会厚植爱廉尚廉、崇廉思廉、守廉促廉、倡廉润廉的文化土壤,以清廉文化涵养新风正气,推动清廉孝感建设走深走实。70件书法楹联、美术作品紧扣“清廉”主题,传播清廉文化、宣扬清风正气,为观众奉上了一场内涵丰富、底蕴深厚的清廉文化盛宴。

【举办彭杉影小说创作研讨会】1月5日,彭杉影小说创作研讨会在孝感举行。作者彭杉影汇报了创作情况。与会人员对彭杉影的小说作品给予了高度的肯定,并提出意见建议。会议指出,要多召开作品研讨会,共同打造孝感优秀文艺作品,讲好孝感故事;同时,指出市文联将继续扶持、支持地方文学作品创作,让好的文艺作品感染人、鼓舞人;期望孝感作家能够继续静下心来,深入生活,深入人民,创作出更多文学精品。

(撰稿:夏照芳)

市残疾人联合会

【概况】2022年,孝感市残联坚持以习近平新时代中国特色社会主义思想为指导,在市委、市政府的坚强领导下,在省残联的精心指导下,扎实落实市委民生“双保”要求,以实施残疾人工作“6+3”行动计划为重点,以活动为载体,以项目为支撑,较好地完成了全年工作目标任务,残疾人获得感、幸福感、安全感稳步提升,为孝感“打造武汉都市圈重要节点城市”做出了积极贡献。

【编制《孝感市残疾人事业发展“十四五”规划》】2022年,市残联经过深入基层调研、广泛征求意见、专家组评审完成《孝感市残疾人事业发展“十四五”规划》编制,市政府于4月21日印发了规划,规划提出了全市“十四五”时期残疾人事业的五大主要任务、六个重点项目、三项重大工程、六大保障措施,具有较强的前瞻性、科学性和可操作性,为孝感市残疾人事业高质量发展指明了方向。

【巩固拓展残疾人脱贫成果】2022年,市残联对全市已脱贫的37649名建档立卡残疾人,严格落实“四个不摘”要求,强化责任落实,持续落实帮扶政策,进一步巩固残疾人脱贫成果。健全防止残疾人返贫致贫监测和帮扶机制,对全市1539名持证残疾人“三类”重点对象开展动态监测帮扶,确保不发生残疾人规模性返贫底线。

【残疾人保障建设】落实保障制度。全市12万名持证残疾人中享受困难残疾人生活补贴49467人,享受重度残疾人护理补贴66158人。落实重度残疾人医疗保险政府全额代缴350元/人和重度残疾人养老保险政府基本补贴100元/人,参保率分别达到98%和95%。

开展康复救助。全市定点儿童康复机构增至17家,905名0~14岁残疾儿童得到康复救助服务;1387名精神病残疾人领取服药补贴,残疾人家庭医生个性化签约服务21447人,适配残疾人辅具4000余件,残疾人康复需求服务覆盖率达到85%。

推进残疾人教育、就业。全市在校义务教育阶段残疾学生1459人,其中送教上门201人,义务教育阶段符合入学条件残疾儿童入学率达100%。按照专科生1000元/人,本科生2000元/人标准,为全市35名上线残疾人高考学生发放资助,对222名残疾人家庭高考上线大学生申报省残联一次性教育资助。开展实用技能培训396人。城乡新增就业残疾人540人,实现残疾人按比例就业网上审核、联网认证。申报省残疾人创业就业示范基地4家,自主创业残疾人21人,残疾人技术能手52人。为920人提供残疾人居家托养服务。282人享受残疾人机动轮椅车燃油补贴。通过实施普惠加特惠政策,残疾人生活状况得到进一步改善。

【信访处置】进一步畅通信访渠道,推进残疾人服务热线“12385”与政务热线“12345”并网工作,认真办信、接访、受理电话诉求,开展法律援助服务,维护残疾人合法权益,有效化解矛盾纠纷,切实维护社会秩序,有力保障了党的二十大期间信访安全工作。全市各级残联共接待处理各类信访事项120余件次,结案率达100%,无进京、赴省非法上访事件发生。

【扶残助残宣传与活动】构建大宣传格局,唱响主旋律,传播正能量,团结带领广大残疾人听党话、感党恩、跟党走。全市各级残联宣传报道共计500余篇;编印《孝感市残疾人自强模范》一书,孝昌残疾人唐根根参加全省自强模范座谈会;拍摄“三分钟讲政策”短视频和“奋进中的孝感市残疾人事业“宣传片,市残联”三分钟讲政策——残疾人证办理指南”短视频被市委宣传部评为优秀短视频。联合市人社局开展“残疾人就业援助月”活动,举办残疾人专场招聘会,达成就业意向168个。联合卫健部门开展残疾预防健康宣传,接受咨询群众1000余人,免费听力检测450人次,发放宣传单3000余份。联合孝感电信公司举办“喜迎二十大,奋进新征程”“天翼杯”孝感市首届残疾人书画大赛。参加省十一届残运会田径项目和中国象棋比赛项目,获3银5铜。丰富残疾人精神文化生活,创建首批省级“孝感市残疾人之家”示范点,开展“残疾人文化进社区”活动100余场次。组织开展湖北省“关心你的残疾人兄弟姐妹”志愿助残创投大赛,带动全社会关心、关爱残疾人。

【残联组织换届】 依照《中国残疾人联合会章程》,孝感市及7个县(市、区)残联于11月2日前全部圆满完成换届,在全省率先完成换届工作,受到了省残联的通报表扬。通过换届工作,进一步健全了乡镇(街道)残联和村(社区)残协组织,狠抓了残疾人专职委员的配备。截至年底,全市123个乡镇(街道)、2211村(社区)普遍建立了残疾人基层组织,配备专职委员2575人。残疾人县、乡、村三级组织工作网络已经建成,基本形成横向到边,纵向到底的服务网络。积极推进残联"资源、服务、平台"下沉,办证等业务下沉到乡镇(街道)受理,打通服务残疾人"最后一公里"。

(撰稿:王斌)

市红十字会

【机构改革】 2022年,市红十字会将改革纳入《孝感市红十字事业发展"十四五"规划(2021—2025年)重要内容。市县两级红十字会均出台改革方案及机构编制改革方案,成立了党组,全部开通了微信公众号。把"三救三献"红十字志愿服务纳入文明单位考核体系,把无偿献血达150次、现场应急救护救人、捐献造血干细胞纳入见义勇为确认范围,把市直单位公益募捐情况纳入文明单位创建加分项,把救护培训、应急救援、无偿献血、造血干细胞捐献、人体器官捐献、慈善捐赠等红十字志愿服务纳入文明单位考核方案和文明行为促进条例。

【"三救"工作】 2022年,市残联将应急救护培训计划列入2022年市级重点实事项目,紧盯目标任务,提早谋划,采取线上线下结合、广泛联动合作、打造品牌、加大宣传等措施,强力推进应急救护培训"五进"工作,全年培训救护员9423人,完成省定任务的106%;普及培训101300人,完成省定任务的114%;全市公共场所布放AED(自动体外除颤器)41台。及时实施人道救助,扩大人道服务受益覆盖面,"红十字博爱送万家"活动发放39.438万元物资资金,惠及1323户家庭;全年"天使基金"救助白血病20人、先心病2人;为80位失智失能老人送去护理用品960箱价值12.28万元;实施3个关爱老人志愿服务项目。

利用"世界骨髓捐献者日"等契机,开展无偿献血、造血干细胞捐献、人体器官捐献宣传推动工作。线上开展"人体器官捐献缅怀纪念"活动,线下开展"三献"知识科普宣传和健康义诊等活动,并联合市卫健委、献血委开展全市无偿献血先进表彰活动。全年参加无偿献血3.35万人,献血量达到981.5万毫升;招募造血干细胞志愿者登记入库579人,实现捐献1人;遗体和人体器官捐献志愿登记3120人,实现器官捐献12人,遗体捐献2人。孝感市红十字无偿献血志愿服务队荣获全省2021年度"先进红十字志愿服务组织"。

【基层组织建设】 2022年,市残联出台《关于加强红十字会基层组织建设的实施意见》,重点在乡镇、街道、社区、学校、企事业单位积极发展红十字会基层组织,不断扩大红十字阵地、工作的有效覆盖,编织为民服务"一张网"。2022年,新增基层红十字组织391个,新增红十字会员7631人、志愿者6814人,新建专业化志愿服务队40支。应城市作为基层组织建设试点,建立红十字会基层组织355个,实现镇村全覆盖。新建高校红十字青少年工作基地4个,景区红十字救护站2个、博爱校医室4个、城市社区博爱家园3个。

【公益募捐】 2022年,市红十字会借助"5·8""99公益日"等公益节契机,通过腾讯公益网络平台推送募捐项目。与市创建办联合印发募捐通知,红十字会领导亲自走访本地企

组织开展2022年孝感市红十字会心理救援拓展训练活动

(市红十字会 供图)

事业单位，线上线下开展大规模募捐倡议宣传，最大范围内动员孝感市人道资源。截至年底，全市红十字系统募集资金1401.3万元，募集物资折合约4688.4万元，合计6089.7万元，位居全省第一。在全省“5·8博爱周”“99公益日”两大筹资活动中，孝感市红十字系统分别筹资511.2万元、38.9万元，均位居全省市州第三。

【志愿服务】2022年，市红十字会重点在学校、医院、社区、乡镇、企事业单位招募红十字志愿者，按专业和领域分别着力打造红十字志愿服务队伍和服务体系。全市已招募志愿者7000余名，建立40支专业化志愿服务队伍，涵盖应急救援、应急救护、心理健康、“三献”工作及人道传播。按照“五进”要求，持续组织开展“5·8博爱周”等主题宣传、防溺水宣教和救援演练、应急救护知识培训与普及、心理健康咨询、节日慰问等志愿服务活动。组织红十字志愿服务队伍参与“博爱送万家、救在身边”、关爱““三老”志愿服务等红十字品牌项目，为广大群众送温暖、送服务，参与基层治理和疫情防控、城市创建卫生大扫除和交通文明劝导等中心工作，进一步扩大了红十字会社会影响。

【红十字青少年工作】 2022年，市红十字会依托项目和借助力量，深入推进红十字青少年工作。承办中国红十字基金会第49期（湖北孝感）校医培训班，全市百名校医及保健教师参加培训；为孝感城区5所中小学开展校园健康筛查，惠及3000余名学生；联合市教育局、市卫生健康委员会开展义务教育阶段学生寒假线上健康科普教育活动，7万人次参与；在湖北职院、湖北工程学院两高校及多地中职学校开展救护员培训，组织在孝感市4所高校及3个中小学参加中国红十字会生命教育防灾避险知识竞赛，收集上报3000份竞赛答题卡；组织应急救护知识科普和防溺水宣传进校园活动。通过首届数字公益节项目筹款和博爱校医室项目，为6个项目点学校配备自动体外除颤器（AED）。1所高校获评“全国红十字模范单位”、1名个人获得中国红十字会“会员之星”。

（撰稿：张学伟）

栏目编辑：易秀云

法治

法 治

政法委与平安建设

【概况】 2022年，孝感市政法系统围绕党的二十大和省第十二次党代会维稳安保主题主线，忠诚担当、砥砺奋进，全面抓好维护社会大局稳定、创新社会治理、深化政法改革等工作，有力推进政法事业高质量发展。

【维护社会稳定】 统筹推进维护国家政治安全各项任务，扎实开展反邪教工作。建立健全市县“4+N”大闭环、公安“情指勤舆”一体化纵闭环、乡镇“汇研交办处”微闭环为一体的“丰”字形风险排查处置体系，接连打赢北京冬奥会、全国、全省“两会”、省第十二次党代会和党的二十大维稳安保硬仗。开展重大决策社会稳定风险评估，先后对70余项重点工程开展风险研判，源头防范化解涉稳风险。强化寄递安全监管、铁路护路联防和校园安全整治，会同市应急管理局牵头开展中小学生防溺水工作，推动有关部门完善安全制度、落实安全责任，全市未发生重特大公共安全事故，铁路护路工作经验在全省视频现场会交流推介。统筹推进平安建设“十大专项行动”，组织各地及公安、司法、卫健等相关部门强力整治电信网络诈骗、拐卖妇女儿童等社会治安问题，全市刑事、治安警情持续下降，社会治安环境进一步好转。根据全国、全省统一部署，组织开展打击整治养老诈骗专项行动，破获养老诈骗案件189起，涉案资金4.63亿元，抓获犯罪嫌疑人434人，打掉犯罪团伙15个，追赃挽损3.23亿元，有关做法在全省总结会上作经验交流。开展矛盾纠纷大走访大排查大化解专项行动，对社情民意、矛盾纠纷进行“过筛”式摸排，排查各类矛盾纠纷2.3万余件、调解2.1万余件。开展预防和减少严重精神障碍患者肇事肇祸专项行动，健全警情案情通报、信息交换等四项机制，组织严重精神障碍患者排查、诊断、复核，严格落实监护人“以奖代补”政策，全市未发生有影响的肇事肇祸案事件。

【平安创建】 完善平安建设领导小组工作规则，组织各地各有关部门主要负责人签订平安建设目标责任书，强化“双联双促”机制落实，每季度通报平安建设情况，全面压实平安责任。组织开展治安整治、安全防范、服务提质、基层治理、宣传发动、考核督导等“六大攻坚战”，细化分解43项具体工作，定期调度检查，着力提升平安建设质效。全面推进市、县、乡、村四级综治中心、网格中心规范化建设、一体化运行，整合部门资源力量进驻，全力打造社会治安综合治理、矛盾纠纷排查调处、公共法律服务、应急管理“四位一体”的工作平台。深化立体化治安防控体系建设，建成“智慧平安小区”129个、“五户联勤、十户联防”群防群治队伍350支，发动联防巡逻队员4000余人，社会治安动态掌控能力全面提升。健全命案防控工作体系，突出抓好“刑转命”、个人极端行为引发命案的防控工作，全市现发命案数同比下降38.89%，每百万人命案发案数全省最低。广泛开展“护您平安，向人民报告”大走访、“一恳谈四走访”、“平安早市”、“平安夜访”等系列活动，深化“平安学校”“平安医院”等微平安创建，进一步推动平安建设共建共治共享。

【市域社会治理现代化试点】 依据《全国市域社会治理现代化试点工作指引（第二版）》，制定市任务分解方案和验收评估细则，定期调度、稳步推进各项任务。坚持党建引领基层社会治理，加强村（居）民委员会、自治组织规范化建设，大力开展民主法治示范村（社区）建设和普法宣传活动，推动村规民约、居民公约修订完善，广泛开展群众说事、民情恳谈、百姓议事等协商活动，推动民事民提、民事民议、民事民管。加强“发挥德治教化作用”项目攻坚，推进孝文化与新时代公民道德建设深度融合，积极开展见义勇为先进个人表彰，在全市形成孝行义举、崇德向善的良好社会氛围，有关做法在全国试点创新研讨会交流。

【常态化扫黑除恶斗争】 紧盯扫黑除恶“十件实事”，深入宣传贯彻反有组织犯罪法，组织开展宣讲培训、旁听庭审等系列活动，营造学习贯彻的良好氛围。依法严厉惩处黑恶犯罪行为，打掉涉恶犯罪集团2个、涉恶犯罪团伙36个，查冻扣涉案资产1045.8万元，查处涉黑涉恶腐败和“保护伞”22人。严防黑恶势力渗透破坏活动，全面整顿软弱涣散村（社区）党组织113个。

【公正司法建设】 推动法治化营商环境建设制度化规范化，出台优化法治化营商环境若干措施，健全动态管理机制、完善风险评估机制、落实慎用决策机制，法治化营商环境更加公平透明、可预期。加强“执法监督管理综合体”和“政法业务协同办案平台”应用，先后两次集中组织案件评查，抽查全市政法单位重点案件100余件，对存在问题逐一反馈并督促整改到位。协调处置群众反映强烈、社会影响较大的重难点案事件，有力推进执法办案政治效果、法律效果、社会效果有机统一。建立涉法涉诉信访“四全”工作机制，排查化解信访积案9件，投入82.6万元司法救助资金对30名生活困难的当事人帮扶解困，切实让人民群众感受到法治温度。

【政法领域改革】 统筹推进涉案企业合规改革，指导成立第三方监督评估机构，办理企业合规案件22件。深入推进知识产权“三合一”审判机制改革，出台知识产权刑事案件协作配合意见，优化案件管辖架构和办理流程。统筹落实宽严相济和少捕慎诉慎押刑事司法政策，批捕、起诉刑事犯罪人数同比下降22.8%、25.7%，不捕率、不诉率分别达到48%、40%。推动以审判为中心的刑事诉讼制度改革，科学配置审判资源，促进纠纷高效解决和审判质效提升。依托“数智孝感”推进政法智能化建设，聚合运转“12345”和“110”，全面推广政法微信群企业版，深化应急指挥、协同办案、政法舆情监测、涉法涉诉信访督查管理、综治网格化等平台建设应用，政法战斗力持续提升。

【政法队伍建设】 举办两期全市政法领导干部政治轮训班，组织近300名政法领导干部学习贯彻习近平新时代中国特色社会主义思想、党的二十大精神和省第二十次党代会精神，持续筑牢政治忠诚。聚焦政治建设、业务建设和自身建设对市直政法单位开展专项政治督察，推动反馈问题整改落实，以强有力的监督确保中央决策部署和省委、市委工作要求落实落地。成立政法队伍建设领导小组，制定协助纪检监察机关做好政法干部监督检查、审查调查的办法，规范“12337”违纪违法举报平台转（交）办线索处置工作流程，常态长效监督合力进一步增强，政法队伍教育整顿成果持续巩固。

（政法委）

法治政府建设

【概况】 2022年，在省委、省政府的坚强领导下，孝感市坚持以习近平新时代中国特色社会主义思想为指导，认真贯彻落实党的二十大精神，深入践行习近平法治思想，扎实推进法治政府建设，为全力打造武汉都市圈重要节点城市提供了坚实法治保障。市委常委会会议审议通过了《孝感市人民政府2022年度立法计划》《关于调整优化孝感市主城区城市管理综合执法运行机制的实施方案》《孝感市停车场建设和管理条例》等重大事项。市政府常务会议坚持会前学法制度，16次就依法治市、法治政府建设、行政执法、营商环境、信访、电诈、环保、统计等方面专题传达学习上级文件和会议精

8月25日，孝感公安机关成功破获特大系列盗掘古墓葬案、倒卖文物案
（市公安局 供图）

神，听取情况汇报，研究贯彻措施，推进法治政府建设。

【依法行政制度体系建设】 2022年，孝感市人民政府严格落实法治政府建设重大事项向市委、市人大常委会报告制度，完善《孝感市法治建设年度绩效考核及结果运用办法（试行）》，制发《群众法治建设满意度和优化法治化营商环境满意度第三方测评提升工作方案》，持续深化全面依法治市“1+4+N”工作运行机制。出台《孝感市人民政府规章制定程序规定》；建立市政府立法工作基层联系点机制，首批确定10个联系点，并配套出台工作办法。在全省率先落实领导干部应知应会法律法规清单和将法治建设纳入党委巡察重要内容两项制度，编印《孝感市领导干部应知应会法律法规知识点摘编》。将平安法治乡村建设首次纳入乡村振兴年度考核重要内容。每半年向“一代表两委员”短信通报法治政府建设特色工作。坚持市委、市政府主要负责人带头示范，创新制定的孝感市党委、政府及其工作部门主要负责人履行推进法治建设第一责任人职责清单三类模板被省委依法治省办在全省复制推广。

【行政决策】 2022年，市政府全面修订《孝感市人民政府工作规则》《孝感市人民政府常务会议事和决策规则》《孝感市人民政府重大行政决策程序规定》，推动政府重大行政决策五大法定程序落实。开展政府重大行政决策合法性审查工作专项督导调研，指导规范各级政府行政决策行为。充分发挥市政府“专职法律顾问”参谋作用，围绕重大项目产业发展、土地使用、贷款融资等重点、难点问题，以及奥体中心建设、片区开发、新能源项目建设等重大民生工程和重点项目建设，组织市政府各类法律事务论证34次。常态化开展政府决策和行政规范性文件法制审查，办理各类文件审查331件；市本级清理政府规章4部、行政规范性文件146份。

【柔性执法】 2022年，孝感市创新执法方式方法，制发《孝感市全面推行行政执法部门柔性执法进一步优化法治化营商环境工作方案》，在公安、城管、市场监管、文化旅游、农业农村、交通运输6个领域试点推行柔性执法，编制不予处罚、减轻处罚、从轻处罚、不予强制“四张清单”116个事项，制定柔性监管具体举措及相应配套文书，试点工作推进以来全市不予处罚554件，减轻处罚767件，从轻处罚1.3万余件。实行部门联合“双随机、一公开”监管全覆盖、常态化，共发起检查任务666个，检查对象4730户，检查公示率100%。加快推进“互联网+监管”工作，全市监管事项认领和清单编制完成率达100%。出台《孝感市县、乡两级“一窗通办”改革工作方案》，启动市、县、乡三级综窗改革；市、县、乡、村四级政务服务大厅实现办件统一受理，政务服务可网办率100%。

【涉企行政执法行为规范】 2022年，孝感市在涉企行政规范性文件制定过程中，严格审核并排除违法设置市场准入、退出条件，违法限制公平竞争等内容，维护政府公信力，保障企业合法权益。在全市复制推广2021年度全省法治化营商环境先行区3项改革经验；2022年，4个先行区改革事项获全省优化营商环境改革先行区通报表扬。召开全市涉案企业合规改革推进会，研究制发全市统一的《合规检察建议书》文书模板，办理检察建议模式案件20件。市、县两级政府均设立破产管理基金，依法成立孝感市破产管理人协会；印发《关于切实做好涉企案件经济影响评估的工作要求》，依法办理5615件涉企案件。组织法律服务团开展“法律进企业”、以案释法巡回宣讲、“法治体检”活动1000余次，解答疑难法律问题2000余个，发放宣传资料近10万份。开展法治化营商环境及法治政府建设专项督察行动，受理法治信访件10件，印发工作提示、督办函38份。

【社会矛盾纠纷行政预防调处化解】 2022年，市政府充分履行行政复议与应诉职责，印发《关于加强我市行政复议调解工作的意见》，推进行政复议改革和规范化建设，强化行政复议调解功能。全市行政机关负责人出庭应诉率达到98.3%，市人民政府行政应诉案件无败诉情况。出台《关于进一步加强新时代调解工作的指导意见》，推进1个市级平台、7个县（市、区）级平台、N个乡镇（街道）级平台、若干个村（社区）级社会矛盾纠纷调处化解平台建设，一体整合信访、人民调解、法律服务、司法等资源力量。在全市配备司法辅助人员218人。

【法治政府建设宣传】 2022年，孝感市开展法治建设系列示范创建活动，243个具有示范引领效果的法治示范机关、功能镇区、村（社区）、学校、医院、文化阵地高质量建成并投入使用。全市有4个村成功创建第九批全国民主法治示范村。全市主流媒体推出《法治孝感》报纸专版50期，刊载法治新闻680余条，电视台新闻报道200余条次，广播节目100余场次，各类政务新媒体宣传10余万条次，公交车、出租车、楼宇电视等公共媒体宣传20余万条次，引导全社会加快形成尊法学法守法用法氛围。

（政法委）

公安

【概况】 2022年，孝感市公安部门在市委、市政府和省公安厅坚强领导下，统筹发展和安全，全力防风险、护稳定、守平安，严管队、抓改革、促发展，营造了良好的政治社会环境。全市刑事和治安警情分别同比下降12.4%、3.2%，未发生重大群体性事件和重特大公共安全事故，有关工作受到部省市领导批示肯定达20多次，党的二十大安保维稳工作突出，被公安部表彰为全国先进集体并荣立集体一等功，"1·17"专案受到公安部部长王小洪嘉奖肯定。

【一体化实战机制建设】 2022年，孝感市公安部门大力推进一体化实战机制，提高打击整治的质与效，提升群众的安全感、满意度。构建现代"大打治""大侦查"体系，提请市委成立打治突出犯罪专项组，一体化推进打与治，先后对35个"诈盗毒"突出乡镇挂牌整治；强化合成作战，推行专案市级主导、大案县级主办、类案警种牵头、小案所队主侦模式，共破各类案件4700余起，综合破案率大幅上升，"八类大案"及命案、两抢案件全破，先后侦破多起国督省督系列重大案件，19次受到部省贺电肯定，在全省三次"剥茧"会战中综合排名第4。

【打击违法犯罪】 2022年，孝感市公安部门针对季节性犯罪规律，"四季严打"轮流攻坚，破获传统"黄赌盗抢"刑事案件1800余起、侵害弱势群体犯罪案件130余起、涉江涉生态违法犯罪案件100余起、命案实现全破。狠抓扫黑除恶常态化，共侦破恶势力犯罪集团案件1起、打掉涉恶犯罪团伙13个，抓获嫌疑人79人。深化毒品"清源断流"，共破获刑事案件58起、打处73人。10月1日破获部督2022—333号大案，现场查获麻果150千克、海洛因105公斤。针对"毒枪诈赌黄"五涉犯罪，抽丝剥茧打链条、打灰产、打源头、打窝点，对40多起目标案件提级发起集群战。立足本地治源头，用好网红"孝警阿特"和反诈体验馆，"线上+线下"沉浸式抓防范、抓宣教，孝感本地电诈输出数、发案数持续走低，发案数同比下降21.4%，止付金额突破14亿元，全市打击电诈百名民警抓获数、起诉数分别位居全省前列；打击电诈、跨境网赌位居全省前列，"4·14"偷渡案专班荣立一等功。

【风险隐患防范】 2022年，孝感市公安部门树牢总体国家安全观，聚焦护航二十大主题主线，全力管住人、防住事，坚决打赢了政治安全和国家安全保卫战、攻坚战。联合职能部门开展净网、扫黄打非、护校安园系列整治行动，对高校派驻专班进驻抓维稳、引导工作。落实24小时网上网下巡查，对各类风险隐患"研交办督结"闭环管理，严防各类风险向政治安全领域传导，圆满完成习近平总书记考察湖北、省十二次党代会、"两会"及"7·5""10·1"等重大安保维稳任务30余场次。加强网络治理和网络安全，上报谣言样本1.2万余条、及时封堵清除引导有害信息及不实消息10万余条，处置涉稳舆情600余条，严防有害信息传播导致现实危害。落实系列安全警长制，强化部门间联动联勤，深化"无诈、无盗、无毒、无访、无火灾"系列创建，全方位组织危爆危化、学校医院、旅店网吧、"十小场所"消防、重点内部单位企业等重点领域隐患排查，共排查整改各类安全隐患1万余处。

【市域社会治理】 2022年，孝感市公安部门聚力建设共治共享的社会治理体系将社区警务与基层治理深度融合，建设"五户联勤、十户联防"群防队伍300余支，构建市县两级平安办"4+N"大闭环、公安"情指勤舆"一体化"纵闭环"、基层乡镇"汇研交办处""微闭环"为一体的"丰"字形"找堵防"体系。线下开展"一下三民"实践活动，线上用好"局长

孝感公安不断推广"五户联勤、十户联防"，走好符合实际、群众参与度高的社会治理新路子（市公安局 供图）

信箱”，出台《进一步做好信访工作十二条措施》，及时解决涉访涉诉、突出矛盾、重复报警等5000余起，有效防止民转刑、刑转命，“找堵防”及基层基础工作全省靠前，部省交办的128起疑难信访件化解率达到100%，现发命案同比下降41.1%，为历年来最大降幅，每百万人口发案数为全省最低。用好智慧城市运营中心这个大平台，聚合城市管理数据，积极探索建立社会治安态势感知模型，布设430多个公安武警联勤点、快反车组及岗亭，累计建成130多个智慧平安小区，全市盗窃扒窃警情同比下降10.6%。加强汉孝临孝警务协作，与武铁公安签订警务协议，不断织密环城环孝立体化防控圈。抓交通、治安环境治理，深化电动车、摩托车、出租车、流动货车、背街小巷“黄赌毒”及校园周边系列整治，狠抓包保路段示范创建，共查处各类违规违法行为3.2万余起，整改堵点乱点500余处，亡人交通事故数同比下降35.9%，未发生一次死亡3人以上的交通事故。

【深化警务改革】 2022年，孝感市公安部门抢抓“数智孝感”建设机遇，加快建设现代化、数智化、一体化警务体系。加大基础建设，一体化建设智慧城市运营管理中心、综治网格中心、新一代智慧公安指挥中心，集成打造“城市大脑”和“公安大脑”，聚合运转“12345”和“110”，建成孝感警鹰孵化池。加快执法办案中心及配套建设，推动“人案物场证”要素全部纳入闭环管理，从12个技术警种抽调24名情报骨干，带数据权限入驻执法办案中心，一体化服务“侦诉审”“串并挖”，高效服务办案2000余起。落实“法制+信访+纪检+督察+N”机制，出台执法问题过错责任追究规定，对7个执法过错的民警和单位作出了处分，每周平台巡查问题降至个位数，执法办案中心获评全国公安机关“建设应用成效突出中心”。大力推行网上警务、掌上警务，精简办证办事流程、落实“一次办好”，市县两级行政中心上线公安机关“办不成事”咨询服务窗口，出台十项承诺，将13项高频事项接入App，一次办结省内迁户1万余件，审批时限缩减35%，公安窗口服务实现零投诉。

（撰稿：刘威）

检察院

【概况】 2022年，市检察院在市委和省检察院坚强领导下，在市人大及其常委会有力监督下，坚持以习近平新时代中国特色社会主义思想为指导，深入学习贯彻习近平法治思想，全面贯彻落实党的十九大和十九届历次全会精神、党的二十大精神，以推进争先创优、提升工作品质为主基调，全面履行法律监督职责，全面加强检察自身建设，努力为孝感经济社会高质量发展提供有力司法保障。一年来，全市检察机关共办理各类案件15726件，同比上升37%，62项检察业务质效指标中，41项位居全省前四。

【刑事检察监督】 2022年，市检察院积极与公安机关共同设立侦查监督与协作配合办公室，推动工作机制在各地落实。加大提前介入引导侦查力度，退回补充侦查率、延长审查起诉期限率同比减少7个和3个百分点，提升了司法效率。积极开展侦查活动监督，监督应立案未立案171人，监督撤销不当立案102人；对侦查活动违法违规行为提出监督纠正意见744件次。积极开展刑事审判监督，提出抗诉26件，对审判活动提出监督意见78件。积极开展刑罚执行监督，对违法违规“减假暂”提出监督意见81人并全部纠正；对精神病人强制医疗开展专项监督，纠正执行不当情形14人次，推动全市57名被强制医疗人员全部集中监管；实现对监管场所巡回检察全覆盖，并在云梦对公检法司刑事执行活动探索开展全领域集中交叉巡回检察，经验做法被省检察院在全省推广。

2月16日，孝感市检察院实地察看快递收、寄、发全流程，实名登记、开箱验视、过机安检等制度落实情况

（市检察院 供图）

【民事检察监督】 2022年,市检察院坚持精准监督理念,办理各类民事监督案件165件,对89件案件提出监督意见;对51件案件决定不支持监督申请,并做好释法说理、息诉服判工作,维护司法权威。强化对民事裁判结果的监督,依法提出(请)抗诉6件,发出再审检察建议9件,法院采纳9件。坚持对人监督与对事监督相结合,对民事审判、执行活动提出监督检察建议79件,法院予以采纳。孝南区检察院就诉讼费用退还问题向区法院提出检察建议,推动区法院出台"胜诉即退费"工作机制,该案获评孝南区优化营商环境典型案例。持续从套路贷、民间借贷纠纷等案件中梳理"虚假诉讼"线索,维护司法公信。汉川市院在审查一起民间借贷纠纷申请监督案中,查明徐某虚构他人向其借款1096万元的事实骗取民事调解书,提出抗诉后法院再审撤销原判。

【行政检察监督】 2022年,市检察院认真开展行政诉讼监督,办结裁判结果、行政审判、执行活动监督案件126件,提出检察监督意见120件,法院采纳120件;提出行政抗诉和再审检察建议2件。扎实开展行政争议实质性化解工作,化解行政争议43件,促进案结事了政和。汉川市院通过办理一起行政处罚强制执行申请监督案,推动行政部门按程序免除对某招商引资企业65万元加处罚款,既化解了争议矛盾,又缓解了企业资金困难。积极探索行政违法行为监督,对在履职中发现行政机关违法行使职权或者不行使职权的,提出检察建议66件,8件案件入选全省典型案例。大悟县院通过办理违法变更医疗机构执业许可证申请监督案,督促相关行政部门开展专项整治行动,关停取缔无证诊所19家。推动检察监督与戒毒执法有效衔接,与市司法局共同启动强制隔离戒毒试点工作。

【公益诉讼检察监督】 2022年,市检察院立办公益诉讼案件496件,坚持把诉前实现维护公益目的作为最佳司法状态,98%的案件通过诉前程序得到解决;同时用好诉讼手段,提起公益诉讼22件,已判决的20件全部获得法院支持。坚持做优做精传统领域公益保护,立办环境资源保护领域案件190件,食品药品安全领域案件33件,国有土地使用权出让和国有财产保护领域案件53件。通过办案深入落实《中华人民共和国长江保护法》,积极开展"河长、湖长、林长+检察长"协作,联动推进府澴河、汉江流域生态保护,督促清理河道1687千米,清理垃圾3956吨,治理被污染水域面积1825亩,督促还湖复绿5325亩,增殖放流1025公斤成鱼、75万尾鱼苗,依法督促涉事单位和个人支付损害赔偿金,助力挽回国家财产损失2818万元。积极拓展公益诉讼案件范围,办理安全生产、个人信息保护、未成年人保护、妇女权益保障等新领域案件220件。大悟县院通过立办门店消防安全隐患案,推动辖区内同类问题联动整治、系统治理,守护公共安全;云梦县院针对不法分子获取电商平台个人信息非法获利情形,依法提起刑事附带民事公益诉讼。

【未成年人综合司法保护】 2022年,市检察院依法从严打击侵害未成年人权益犯罪,起诉92人。全力做好涉罪未成年人和未成年被害人"双向保护",对主观恶性不大、犯罪情节较轻的未成年初犯、偶犯,依法不批捕138人,不起诉140人;4个基层院建成"一站式"取证中心,实现询问、取证、心理疏导、法律援助等"一站式"办理,避免未成年被害人受到"二次伤害"。持续抓实"一号检察建议",联合市卫健委对全市医疗机构开展排查,推动侵害未成年人案件强制报告制度刚性落实。对孝感市侵害未成年人犯罪案件进行深入调研分析,专题报告获市委、省检察院主要领导多次批示,全市层面召开专题会议研究解决相关问题。大悟县院通过检察建议推动幼儿园消防安全隐患整改案入选省检察院典型案例,孝南区院1名干警获评全国维护妇女儿童权益先进个人。

【诉源治理】 2022年,市检察院结合办案,制发社会治理类检察建议142件,促进建章立制、堵塞漏洞,实现案件办理和社会治理同步推进。坚持宽严相济,全面落实认罪认罚从宽制度,最大限度化解社会矛盾,减少社会对立面。对符合无社会危险性或犯罪情节轻微等情形的,依法不批捕1405人,不起诉1941人。认罪认罚案件适用率达到92.33%,量刑建议采纳率达到99.2%,一审上诉率下降至2.7%。结合办案加大法治宣传力度,深入乡村、社区、学校、企业等开展法治宣传224场次,促进形成尊法学法守法用法的社会风气。

(撰稿:杨毅)

法 院

【概况】 2022年,孝感市中级人民法院以党的政治建设为统领,履行审判职责,服务保障大局,践行司法为民,强化队伍建设,为孝感高质量发展提供有力的司法服务和保障。全市法院共受理各类案件49296件,审执结47113件,结案率95.57%,其中,市中院共受理各类案件5567件,审执结5282件,结案率94.88%。

【深化审判机制改革】 2022年,孝感市中级人民法院推进以审判为中心的刑事诉讼制度改革，全市法院一审适用简易程序审理案件15659件，简易程序适用率为53.19%。深化知识产权“三合一”审判机制改革。2022年5月，将部分知识产权一审民事、行政和刑事案件管辖法院由市中院调整为孝南区人民法院和安陆市人民法院，进一步优化全市知识产权案件管辖架构。深入开展“全面提升审判执行效率”专项行动，案件平均审理时间和平均执行时间分别下降4.1天和5.3天。

【刑事案件审判】 2022年，孝感市中级人民法院审结一审刑事案件1915件，判处罪犯2807人。审结危害国家安全、公共安全、严重暴力等犯罪案件1595件，增强人民群众安全感。审结非法集资、电信网络诈骗等犯罪案件186件，为群众挽回损失1.2亿元，依法严惩黄彬金等14人“杀猪盘”诈骗案。审结危害食品药品安全犯罪案件11件，市中院审理的“生猪注水案”入选《中国法院2022年度案例》。常态化开展扫黑除恶斗争，审结涉黑恶案件11件23人，结案率100%；执结生效涉黑恶财产刑案件16件，实际执行到位率99.51%。

【涉企案件审理与管理】 2022年，孝感市中级人民法院扎实推进“法治化营商环境建设持续深化年”活动，审结一审涉企案件5531件，涉案标的52.66亿元，市中院在全省法院专项考评中排名提升3位。严格落实涉企案件经济影响评估制度，在线评估率同比提升39.2个百分点。加强产权司法保护，依法对10名审判阶段在押的企业经营者变更强制措施，对37名真心悔过、积极退缴的企业经营者判处缓刑。全力服务招商引资，建立外来投资者涉诉“绿色通道”，落实法官、法官助理“一对一”联系重点项目和引进企业机制，帮助企业解决法律难题，防范经营风险。注重发挥破产审判市场出清和重整救治作用，推进府院联动机制实质化运作，成立破产管理人协会，审结破产案件12件，发布典型案例7件。

【建立解决执行难长效机制】 2022年，孝感市中级人民法院综合运用各类强制措施，形成铁腕执行的强大声势，司法拘留、拘传1882人，搜查、强制清场211次，发出执行悬赏令、律师调查令18份。坚持常态化集中执行行动，执结涉民生、金融、民营企业等案件9198件，到位金额15.72亿元。探索被执行人信用修复机制，大悟法院主动为已履行义务的企业出具信用修复证明，消除企业“信用污点”。严格规范执行案款管理，实行专人负责、日清周结，所有案款均在法定期限内发放到位。全市法院受理执行案件20407件，执结19360件，执行到位金额27.27亿元，有财产可供执行案件法定期限内执结率达99.87%，无财产可供执行案件终本合格率达100%。

【一站式多元解纷和诉讼服务体系建设】 2022年，孝感市中级人民法院全面推行网上立案、跨域、跨层级立案服务，市中院处理网上申请达405件，跨域立案132件，通过e中心收转材料11503次，扫描文书46697次，实现集约送达20691人次，其中电子送达15392人次，电子送达成功率84.57%。将155个特邀调解组织、409名特邀调解员、120个基层自治单位纳入人民法院调解平台，先后与市司法局、市保险协会、市知识产权局、市总工会等签订诉调对接协议，在推行先行调解全覆盖的同时，建立速裁案件转出机制，畅通速裁和精审衔接流程，真正实现“分调裁审”高效转换对接。

【践行司法为民宗旨】 2022年，孝感市中级人民法院扎实开展“下基层、察民情、解民忧、暖民心”实践活动和“为群众办实事示范法院”创建活动，着力解决群众诉讼中的“急难愁盼”问题。畅通农民工维权渠道，为农民工追回“血汗钱”1236万元。审结涉养老诈骗案件5件，坚决遏制养老诈骗犯罪蔓延。加强未成年人权益保护，审结侵犯未成年人合法权益的案件485件，封存未成年人犯罪记录45份，发放家庭教育令35份、从业禁止令2份。推行“胜诉即退费”改革，做到线上办、主动退、当日到，完成网上退费2802件。缓减免收诉讼费202万元，发放司法救助金273万元，彰显司法的温度。常态化开展以案说法、送法下乡等活动，巡回审理案件919件。

（撰稿：冷文杰）

司法行政

【概况】 2022年，孝感市司法局充分发挥职能作用，坚持用法治统揽司法行政工作，年度工作任务全面完成。市司法局获评全国司法行政机关国家统一法律职业资格考试工作表现突出单位，法治建设在全省排位由第9上升为第6，迈入第一方阵。创新开展“法治示范机关（单位）”“法治示范镇区”等系列示范创建活动，高质量建成243个法治阵地。大悟县三里城镇风岭村、应城市城中街道汪家台社区、云梦县吴铺镇杨店社区和城关镇西王村4个村（社区）成功创建全国“民主法治示范村（社区）”。

【社区矫正】 2022年，市司法局狠抓社区矫正对象分级管控分层督导，建立市、县、乡三级技管联动机制和县(市、区)司法局班子成员包保重点对象制度,落实社区矫正对象请假备案制度。制定社区矫正重点对象管理教育工作台账,开展安全隐患排查研判,召开季度矫情分析会,出台《孝感市使用电子信息设备定位社区矫正对象管理规定》,严控重点对象外出。开展心理健康教育讲座,建立完善"五老"参与社矫工作协调机制,"发挥五老优势助推社区矫正工作"获评"楚治—2022荆楚杯社会治理创新十佳案例"。全年开展社区矫正适用前调查评估490件,接受社区矫正对象816人,截至年底在矫1547人,未发生在全国全省有影响的案(事)件。

【安置帮教】 2022年,市司法局严格落实安置帮教对象责任包保制度,定期开展风险排查、预警预测、帮扶救助等工作,精细化开展"一对一""多对一"服务管理。开展两轮刑释人员"大排查、大走访"专项行动,年度在册刑满释放安置帮教对象14023人,其中重点帮教对象1018人,列入市级督导重点对象209人。针对大悟"5·19"命案的深刻教训,迅速召开全市安置帮教工作紧急会议,立行立改、举一反三,对市、县级两级重点督查对象,进行全面督查和包保稳控,将责任及时传导到乡镇党委政府包保领导。

【强制隔离戒毒】 2022年,开展执法专项清查,诊断评估、提请提前解除和所外就医规范率100%,计分考核、骨干选用、警械使用、单独管理和保护性约束措施等5项执法活动"零违纪"。新建杨店镇戒毒康复指导站,回访2018年以来本所500多名解除出所人员,总体戒断率88.68%,较上年度有大幅提升。

【人民调解】 2022年,市司法局出台《关于进一步加强新时代调解工作的指导意见》,推进1个市级平台、7个县(市、区)级平台、N个乡镇(街道)级平台、若干个村(社区)级社会矛盾纠纷调处化解平台建设,一体整合信访、人民调解、法律服务、司法等资源力量。全市共建立各级各类人民调解组织2329个,选聘专兼职人民调解员8536名,配备司法辅助人员218人。开展矛盾纠纷排查5320次,排查发现矛盾纠纷7308件,预防纠纷5739件。全市调解各类矛盾纠纷案件16388件,成功16076件,成功率98.1%,调解协议履行率97%,无民间纠纷转化的民商事案件、治安案件、刑事案件。

【公共法律服务】 2022年,全市司法系统持续宣传《中华人民共和国法律援助法》《湖北省公共法律服务条例》,扩大群众知晓度。根据有关政策规定,明确了法律援助资源统筹调派、公证服务优惠减免、公证事项"跨省通办"、司法鉴定执业分类等事项。在孝感率先实现部门热线与"12345"政务服务便民热线归并优化。强化日常业务监管,孝感参选案件在全省法律援助案件质量同行评估中合格率达到100%,抽选案卷参与2022年度全省司法鉴定案卷评审取得优良绩效,全市法律援助、司法鉴定、公证办证工作更趋规范。全年共办理法律援助案件2628件、公证事项6985件、司法鉴定检案5635件无差错。

【公证行业改革】 2022年,市司法局深入推进公证便民服务改革,认真贯彻落实《关于公证利企便民"最多跑一次"工作的实施方案》,公布实施42项"最多跑一次"公证事项清单,制定公证事项办理一次性告知书,对常见公证咨询问题全面告知,减少当事人跑动。制定公布12类高频公证事项材料清单,不要求当事人提供清单之外的证明材料。推进学位、学历、机动车驾驶证跨市通办,方便当事人就近就便办理。开展公证机构涉外公证专项治理,加强涉外公证质量管理。

【律师行业监管】 2022年,市司法局以迎接、学习、宣传、贯彻党的二十大为主线,开展"做党和人民满意好律师"主题活动。对全市25个律师事务所、297名执业律师进行2021年度考核,建立律师与法官互评机制和法律顾问年度绩效考评制度,开展"万所联万会"和"法治体检"活动,18名律师担任市、县两级人大代表和政协委员,17名律师加入孝感市涉案企业合规第三方监督评估机制专业人员名录库,3名律师加入市"八五"普法讲师团,49名律师加入案件评查律师库。组织党委委员、支部书记、党务工作者计60余人专题培训,组织全市优秀法律文书、优秀法律顾问产品评选,评选出15件优秀作品,6个优秀组织奖,市律师协会与市直7家律所为大悟县风岭村捐款12万元建设法治文化广场,李玉龙律师被中华全国总工会表彰为"尊法守法·携手筑梦"服务农民工公益法律服务行动成绩突出个人。

【法治宣传教育】 2022年,全市司法系统全面实施"八五"普法规划,严格落实"谁执法谁普法"责任制,坚持市县一体推进普法,压实各级主体责任。"12·4国家宪法日"暨宪法宣传周活动亮点纷呈,民法典宣传月主题活动深受欢迎,优化法治化营商环境主题宣传扩点增面,青少年普法主题活动寓教于乐,乡村"法律明白人"培养工作有效推进,一批政法干警受聘中小学法治副校长。印发《关于进一步加强全市社会主义法治文化建设的指导意见》等指导性文件，加大法治宣传创新力度，创编的《民法典普法宣传漫画集》深受群众欢迎。大力营造浓厚法治宣传氛围，推出《法治孝感》报纸专版50期，刊载法治新闻680余条，播报电视新闻200余条次，广播节目100余场次，各类政务新媒体宣传10余万条次，公交车、出租车、楼宇电视等公共媒体宣传20余万条次。

（撰稿：潘登、蒋浙成、夏超）

栏目编辑：仰炳丞

军　事

军事

驻 军

【概况】 2022年,孝感军分区(以下简称军分区)在省军区党委和孝感市委市政府的坚强领导下,紧紧围绕迎接和学习宣传贯彻党的二十大这条主线,坚持政治引领、狠抓练兵备战、深化国防动员、聚力改革转型、强化服务保障、从严正风肃纪,全面建设发展持续向上向好,多项工作在全省立标杆、作示范。

【练兵备战】 2022年,军分区滚动修订战备方案预案,常态化开展应急机动通信装备操作考核。突出援战行动训练,2月份,成建制组织民兵分队参与空降兵军某旅联训联保任务行动,探索“战训耦合、体系练兵”的民兵建设新模式,按照部队需求编建、紧贴实战训练民兵队伍的做法,得到中部战区高度肯定;5月,牵头组织省市县三级17个单位开展山林灭火研究性演练,探索创新军地联合应急救援体系化、无人化、智能化训法战法,演练成果得到中部战区和省军区充分肯定。按纲组织民兵基地驻训、挂钩联训,坚持“训前审核、训中核查、训后抽考”,圆满完成全年民兵训练任务。

【国防动员】 2022年,军分区深化民兵建设转型,编制《孝感市民兵建设“十四五”规划》,调整民兵规模、优化队伍结构、配齐装备物资,完成应急分队和支援分队编建任务,各项数据指标均超过建设要求。下大力抓好全市兵员征集,优化大学毕业生激励政策,军地常态推进督办,创新建立专武干部统一代办、体检政考一体联动、政治考核限期办理三项机制,圆满完成年度征集任务,大学毕业生征集比例达95.21%。统筹推进市县两级征兵服务站建设,全市6个征兵服务站投入使用,汉川、应城、大悟征兵服务站建设标准高。全面核准辖区国防动员潜力数据,完成4部潜力资源片制作。扎实组织全市乡镇专武干部集训、民兵骨干暨教练员集训和学生军训非现役承训人员资格认证考核,选送94人参加全省专武干部集训,23人被表彰为优秀学员,是全省参训人数最多、被表彰人数最多的市州。

【组织连贯作业演练】 1月4日,习近平主席发布开训动员令后,军分区迅即行动,组织首长机关带孝南区、安陆市、大悟县人武部连贯作业演练。此次演练,按照“机关练指挥、分队练协同、单兵练技能、专武干部练作风”的思路,采取远程指挥、异地同步方式,拉动民兵和专武干部,军分

2月16日,孝感军分区组织参加空降兵联训联保任务民兵分队集合点验暨开训动员大会

(孝感军分区 供图)

5月9日，孝感军分区在孝昌县组织山林灭火军地联合应急救援研究性演练
（孝感军分区 供图）

区开设基本指挥所进行通联指挥、文书拟制、动员要图标绘等室内作业训练，孝南区展开民兵战备执勤分队应急出动抢险装备操作和防疫行动训练，安陆市开展单兵战术和水上冲锋舟救援训练，大悟县开展专武干部带民兵应急分队野外徒步行军、通过染毒地区、突发情况处置训练。通过演练活动迅速掀起全区训练热潮。

（撰稿：董辉）

【组织民兵分队参与空降兵作战支援旅整建制跳伞行动】 1月17日至28日，军分区组织9支民兵队伍和2支国防动员专业分队开展保障空降兵军某旅整建制跳伞任务。根据部队任务行动，按照专业对口、就近就便原则，将民兵分队和国防动员力量合理配备部队“1个中心、3个区域、49个末端点位”，采取“混合编组训、临战现地教、双向监督评、复盘反思促”的方式，由“部队骨干+民兵队员”混合编组，成建制组织各民兵队伍与部队任务联训，推进“岗位”融入“战位”，提高了联训联保质量效益。

（撰稿：蔡青云）

【部署驻孝部队和预备役防汛抗旱任务】 4月26日，全省电视电话会议后，孝感市召开全市防汛抗旱电视电话会议，市委常委、军分区大校政治委员刘红兵就民兵做好支援地方防汛抗旱工作作动员部署，要求各级要时刻保持忧患意识，紧前做好防汛抗旱物资储备，组织开展业务培训和应急演练，确保关键时刻能够拉得出、守得住、打得赢。

（撰稿：蔡青云）

【山林灭火军地联合应急救援研究演练】 5月9日，军分区在孝昌县周巷镇新龙村组织山林灭火军地联合应急救援研究演练。省委常委、省军区政委谢东辉现场观摩演练并讲话，市委书记、军分区党委第一书记吴海涛致辞。省委军民融合办、省应急管理厅和各军分区（警备区）相关领导参加演练活动。此次演练，重点研究探索无人机在灭火行动各个环节中的运用，是近年来参演兵力最多、参演装备最全、战法运用最活、技术含量最高、效果最好的一次综合性灭火救援演练，探索了融合式灭火的方法路子，极大提升了民兵分队应急救援和协同配合能力，为有效遂行应急处突任务，维护辖区经济社会稳定积累了宝贵经验。

（撰稿：马世超）

【孝感市上半年征兵“五率”排名全省第一】 5月23日，省征兵工作领导小组下发2022年上半年征兵工作情况通报。孝感市坚持军地领导强力推动，宣传形式灵活多样，考评督导压实责任，风险防控措施得力，百分之百完成大学毕业生征兵任务，“五率”排名全省第一。

（撰稿：刘刚）

【组织民兵报废武器装备销毁工作】 11月28日，按照省政府、省军区民兵武器装备销毁要求，孝感市政府和军分区协调市政府办公室、市公安局、市消防队、市卫生健康委员会、孝昌县人武部等职能部门，出动警车、指挥车、运输车、消防车、救护车、指挥车、特警车8台，将孝感市报废民兵武器装备安全送至武汉警备区民兵武器装备销毁点。

（撰稿：江波）

【孝感市县两级征兵服务站挂牌运行】 12月26日，孝感市征兵服务站正式挂牌运行。市征兵服务站设置在军分区机关营区内，按照达标建设规范共设置“一区五室”：接待区、合署办公室、会议室、值班室、资料室、主任室。各县（市、区）坚持把征兵服务站建设作为提升兵员质量的有力抓手，按照规定时限完成“三区六室”（接待服务区、政策宣传区、身体自检区、合署办公室、警务室、会议室、资料室、主任室、值班室）达标建设任务。市县两级征兵服务站挂牌运行，为高质量完成兵员征集提供了有力保障。

（撰稿：刘刚）

武 警

【概况】 2022年,武警孝感支队面对政治之年的政治高标准、任务高强度、安全高风险、整治高压力,始终紧跟党中央、中央军委和上级党委决策部署,紧紧围绕迎接保卫学习贯彻党的二十大这条主线,坚持“稳中求进”总基调,锚定“挺进总队‘第一方阵’”总目标,扎扎实实打基础、凝神聚力抓建设、守正创新促发展,年度各项工作紧抓快干、蹄疾步稳、有效落实,部队建设形势向上向好。

【思想政治建设】 2022年,武警孝感支队鲜明立起政治之年讲政治的更高标准,注重用习近平强军思想提纯思想、提升觉悟、提高政治能力,确保部队绝对忠诚、绝对纯洁、绝对可靠。

深入学习贯彻党的十九届历次全会和党的二十大精神,跟进学好习近平主席最新讲话,雷打不动落实“日周月季”理论学习法,踩实“五个一遍”动作,探索“1+2+3”研讨交流方法,理论学习卓有成效。巩固深化党史学习教育成果,严密组织党委班子专题民主生活会和党委中心组学习,官兵理论素养更加厚实。

探索实践思想政治教育创新集训成果交流会经验做法,紧盯教育“需求端”强化“供给侧”,拓展党史学习教育成果,统筹推进开年教育、主题教育、基础教育、经常性思想教育和“十个基本观”教育。固化“六课”机制,推广“132”课堂教育模式和体会式笔记,推开“视频+讨论”“观影+评析”“实践+引导”3种基层组教方法,不打招呼抽查教育制度落实,力争实现“三个转变”。发动官兵认领营区果树、养好军旅绿植,引导官兵“向下扎根、向阳生长”,组织官兵学战将战例、看好兵细节、讲二十四孝典故,不断涵养官兵“小孝侍父母、大孝报国家”家国情怀,思想政治教育更加入心入脑。

着力破除官兵“一人一机一世界”,建好用好“书香军营”,广泛开展“放下手机、拿起书本”读书育人活动,营造“爱读书、读好书、善读书”的浓厚氛围。充分挖掘驻地孝文化、将军文化、英模文化,按照“五进五有”思路,先后投入115万元,完成机关军史长廊和15个中队荣誉墙建设,打造出“抬头可见、驻足可观、处处可学”的全景多维学习环境。立足封闭求丰富,广泛开展“三有”群众性文化活动,与孝感市文旅局共建协商,与培训机构签订协议,官兵自编自导自演文艺晚会,让战士站C位、唱主角、拼才艺,有效激励了军心士气。武警孝感支队参加总队歌咏比赛和美术展评获得2个三等奖,3个参赛作品入围十佳。

【执勤战备训练】 2022年,武警孝感支队认真学习贯彻武警部队新时代执勤安保规范化网上集训和安徽总队规范化建设观摩培训精神,深入推进执勤方式优化论证,按照“全面铺开、整体达标,突出重点、示范引路,勤训耦合、释放效能”思路,强力推进试点建设,至年底预计全部达标。协调召开“三共”会议,深入开展“学、查、堵、保”执勤隐患排查治理,会同目标单位逐中队、逐哨位、逐险点开展隐患排查,消除执勤隐患45个,执勤安全系数进一步提升。紧盯季节转换和新兵单独上勤等时机,严格固定勤务管控,党委机关深入基层查深夜勤、站“春晚哨”“高温哨”,基层干部每月走上岗楼站“暖心哨”,固化执勤关爱制度,大力纠治执勤常见病多发病,执勤秩序不断正规。

紧盯党的二十大召开前后、春节、国庆等重要节点,高度关注汛情、舆情,强化军地协调对接,加强情报侦搜研判,滚动修订方案预案,全面规范任务单元编携配装,定期组织实兵拉动演练,部队常态保持了良好战备状态。

刚性落实党委议战议训,紧盯短板“解剖麻雀”、集智攻关,融入日常推进练兵备战领域固强补弱,坚持分类精准施训,支队先进战法被武警部队收录。坚持用好以考促训这个杠杆,严密组织特战分队集中驻训、“魔鬼周”极限训练和分批轮训,坚持主官带头授课,首长机关推行“集中练共同、部门练重点、股室练专业”的运行模式;以警官警士季度考核为抓手,持续开展“等你来挑战”群众性练兵比武活动,积极组织军事体育运动会暨教练员“四会”达标认证,“黄金1小时”军事体育训练小招法被总队转发,部队实战实训导向更加鲜明。

【后勤保障建设】 2022年,武警孝感支队牢固树立服务练兵备战的“前勤”导向,积极适应保障模式改革,大力提升综合保障效益。

动态修订后勤战备计划,全面落实后勤应急保障编携配装标准。统筹抓好各类后装专业兵集训和比武竞赛,精心遴选推荐司务长、炊事员、四小工、卫生员等后勤专业兵选送培训,突出抓好在岗训练,有力提升了后勤队伍业务能力素质。

深入开展“后勤管理年”活动,强力推进后勤领域重点行业整肃治理,严密组织财经、物资和采购等领域清查整治,邀请武汉审计中心原审计师到支队进行业务协查和帮带。扎实开展军械库室隐患排查、枪弹安全管理检查、车辆年审,完成支队智能枪柜改造,装备修理机构建设和各类装备器材维修,每季度开展枪弹安全管理检查和巡检巡修。持续开展资产累积性难题“两年攻坚”行动，后装管理秩序进一步规范。

全力推进机动二中队营房新建，完成机动大队和勤务保障大队营房维修改造，定期组织卫生巡诊和官兵健康体检，官兵获得感、幸福感不断提升。动态更新修订支队常态化防控机制，牢牢守住了防控底线。

（撰稿：王庆）

人　防

【概况】 2022年，孝感市人防办着眼有效履行“战时防空、平时服务、应急支援”的职责使命，深入贯彻全省人防会议精神，围绕市委、市政府中心工作，充分发挥人防办职能作用，扎实推进人防各项目标任务完成，并在年度全省人防工作目标考核中取得全省第二名的历史最好成绩。

【行政执法和安全生产】 2022年，孝感市人防办采取一系列举措，不断优化人防行政执法，狠抓人防安全生产监管工作。制定了《孝感市人民防空办公室2022年安全生产大检查工作方案》，在全市开展竣工防空地下室安全专项检查活动，县市两级联动，对全市防空地下室进行了现场检查，指导和压实安全生产责任。常态化开展城站路地下空间项目安全生产的日常安全巡查和提醒，并有计划地参与相关演练活动。

【指挥通信建设】 2022年，孝感市开展全员技能培训，并同步开展小型训练比武竞赛活动，不断增强人防指挥通信实战保障能力。开展全市机动拉练，2022年上半年和下半年分别集中5天时间，组织全市人防系统指挥通信人员开展机动训练演练，并积极参加全省“楚越—2022”训练演练，不断提升全市人防指挥系统实战化条件下应急通信保障能力。抓好防空警报建设管理，组织开展全市（含县（市、区））“9·18”防空警报试鸣，并取得圆满成功。2022年，孝感市本级增添电声警报系统设备，同时完成向地下人防工程延伸警报2台（套）的创新试点任务，安装防误鸣及二次报警设备，超额完成省级下达的年度目标任务。完成人防专业队的优化整组。在2022年度全省人防工作目标考核中，孝感人防指挥通信工作获得全省单项考核第一名。

3月17日，孝感市人防办对市区城站路地下商业街安全生产工作开展专项督导检查

（摄影：魏汉军）

【宣传教育】 2022年，市人防办持续深入开展人防“宣传增效”行动。在《孝感日报》开设专栏，刊登领导访谈、署名文章、新闻通讯、人防知识等；积极组织向国家、省人防杂志和网站等媒体投稿，投稿、刊稿数量在全省人防系统名列前茅，共发表文章和简讯160余篇；开设“孝感人防”微信公众号，打造人防宣传前沿阵地；联合中小学校，组织学生开展了“5·12”应急疏散演练活动；联合孝感市委党校，组织2022年春季县级干部班开展人防工程参观演示活动；组织开展人防政策进企业活动，开展政策宣传总计40余场次；联合孝感电视台制作了《三分钟讲政策——孝感市人防工程防空地下室报建指南》短视频，以通俗易懂、简洁明了的方式讲解宣传人防政策，获得了很好的社会效果。

（撰稿：魏汉军）

栏目编辑：秦荣

经济管理

经济管理

宏观经济管理

【概况】 2022年，市发改委在市委、市政府的领导下，坚持宏观经济综合部门、投资项目主管部门、重大事项和重大政策协调部门三大定位，履行研究大战略、协调大政策、分析大趋势、推动大项目四大职能，较好地完成了市委、市政府交办的各项工作任务。

【经济运行管理】 全面加强经济运行分析。面对复杂多变的经济形势，创新工作机制，加强预测预警预案分析，在"四看四比"拉练总结大会上通报全市经济运行情况4次。2022年，全市实现生产总值2776.97亿元，同比增长5.2%，居全省第5位。规模以上工业增加值增长11.9%，居全省第4位；固定资产投资增长18.3%，居全省第6位；社会消费品零售总额1241.05亿元，同比增长3.6%，居全省第3位。

探索建立经济调度机制。6月初，在全省率先探索建立经济运行周调度"四个四"工作机制，即建立"四项机制"（联席会议、周报报送、情况通报、问题分办）、完善"四项清单"（政策清单、企业清单、项目清单、问题清单）、召开四次调度会、报送四次周报告，确保调度质量。7月起，建立经济运行月调度机制。

精准有效落实经济政策。全面落实中央、省稳经济一揽子政策，先后制定出台落实中央、省稳经济一揽子政策124条清单、接续政策94条和稳增长20条。成立8个督导服务组赴7个县（市、区）和市直"三区"开展包保服务，推动政策落地、项目推动、问题解决。

【固定资产投资】 有效投资持续扩大。以"三区拉练""四看四比""五化管理"倒逼项目建设，全市固定资产投资保持平稳增长。2022年，全市投资同比增长18.3%，高于全省平均水平3.3个百分点，增速居全省第6位。争取上级竞争性资金103.9亿元，争取重大事项和试点示范共48个。

项目建设加快推进。2022年，全市共集中开工项目600个，总投资3705亿元。在库500万元以上项目2015个、总投资5460亿元，较上年同期增加436个、883亿元。全市23个省级重点项目，完成投资超100亿元，时序进度达139%。楚能新能源、祉星纸业、京港澳高速改扩建、武天高速等过百亿元项目加快建设。

项目谋划做深做实。建立项目"生成—前期—推介—落地"链式推进机制，创新引进第三方咨询机构开展合作，全市共谋划2023年亿元

孝南高新区

（孝南区史志研究中心 供图）

以上重大项目1384个、省级重点储备项目60个、一季度新开工项目222个、中省预算内储备项目482个、政府专项债储备项目236个、金融工具储备项目653个。

【重点领域改革】 重点改革。“放管服”改革深入推进,“证照分离”“一业一证”改革全面落地,涉企经营许可事项全覆盖。扩权赋能强县改革下放经济社会管理权限115项,乡镇综合执法改革全面推行,主城区城市管理综合执法“市级统筹、区级主责、街道主战”机制正式运行。国企改革三年行动任务全面完成,市级国资监管体制全面理顺。市域社会治理现代化试点、排污权交易、招投标“评定分离”、财政事权和支出责任划分等改革事项深入实施。

营商环境。“一窗通办、一事联办、跨域通办”全面落地,政务服务提速增效,上线“高效办成一件事”主题事项38项,接入“鄂汇办”便民事项472项,跨省通办事项356项,先行先试27项改革事项通过省级验收,政务服务“好差评”、便民服务“群众评”全面推行。涉企行政事业性收费动态管理,六大重点领域试行柔性执法,涉企案件平均审理时间缩短17天。新登记市场主体9万户,总数达到41.6万户。工程建设项目审批再提速,“五证同发”数量、面积居全省第一,孝南获评中国营商环境百佳试点。

【孝汉同城化发展】 交通互联更加便捷。着力推进沿江高铁、武西高铁枢纽直通线、京港澳高速改扩建、硚孝高速二期、孝汉应高速、武大高速、地铁20号延伸线等22个交通基础设施项目建设,陈天大道顺利通车,着力打通“断头路”、畅通“瓶颈路”,实现主城直通、县城畅通、全域连通。

产业协同不断深化。加快推进汉孝临空产业园、汉川长飞科技园、武汉经开区汉川合作示范区共建园区建设,云梦县隔蒲潭工业园成功获批省级承接盐化工新材料产业转移示范区。总投资675亿元的恒信楚能新能源锂电池生产项目,成为孝感首个投资额度、投资强度最大,科技含量最高的工业项目;总投资42亿元的武汉轻工大学临空校区项目落地后,将建成孝感临空区首所国内一流学科建设本科高校。

市场要素加速流通。积极参与《武汉城市圈要素市场化配置综合改革试点实施方案》编制。持续推进“32232”科技合作工程。组织湖北省“科惠行动 · 光谷科创大走廊”孝感成果转化线上对接活动。引进院士专家16名、“科技副总”14名、“博士服务团”7名、省级科技特派员45名来孝服务。发挥武汉科技成果转化平台共建共享作用,发布揭榜制等技术需求20余项,达成武汉科技成果转化意向60余项。与省、武汉市开展干部互派交流15人次。市政府与中信银行武汉分行、国开行湖北省分行、湖北银行签订战略合作协议,进一步深化政银合作,提供有力金融支撑。

民生共享全面推进。政务服务事项“一圈通办”达400项,2022年,共受理办件11.09万件,咨询办件2.06万件,汉孝公积金转移业务共1273笔,约2333.45万元,孝汉互贷775笔,约3.67亿元。推出免费升级“湖北职工惠游年票(1+8城市圈区域版、全省版),人社领域“一卡通”95项应用实现互联互通,新增开通26家异地就医定点医疗机构。《21路孝汉城际公交对接合作协议》《汉孝住房公积金同城化发展合作协议》《设立“武汉大学中南医院心脏大血管外科刘金平教授工作室”合作协议》等公共服务合作协议相继签订。

生态共治初见成效。建立孝汉森林病虫害防治、汉江生态环境防控、府河流域生态环境联合执法等3项合作机制,签订《汉北河及汈汊湖跨流域上下游突发水环境污染事件联防联控协议》《府河跨流域上下游突发水环境污染事件联防联控协议》,共同打造孝汉绿色生态水廊和武汉北部生态屏障。

【能源保供】 能源保供坚挺有力。2022年,孝感市能源综合生产能力达到120万吨标煤。天然气保供平稳。超前开展天然气供需摸底,实现日监测、周调度,加强与中石油、中石化等上游供气企业对接,协调推动孝感中亚燃气、湖北综联桓等重点城燃企业加大液化天然气市场采购,有效应对天然气供应偏紧的情况。电力供应有力。紧盯汉川电厂、华能应城热电厂电煤库存日耗情况监测分析,加强跟踪协调,实现两大发电企业煤电机组多发满发。同时,督促在建电网项目加快建成投运,优化区域电网结构,实现孝南毛陈、汉川曹家河220千伏变电站投产送电。有效应对迎峰度夏全省电力电量双缺形势,坚决守住电网安全底线,没有出现拉闸限电的情况。

能源安全持续向好。全面完成电力和油气长输管线安全生产专项整治三年行动、安全生产大检查活动,有效化解电力、油气长输管线领域风险隐患32个,特别是果断挂牌督办汉川市脉西线012号塔高压线路风险隐患,仅一周时间,就消除了该处急难隐患整改任务,牢牢守住了不发生安全事故的底线。年内,全市未出现一起油气长输管道和电网运行安全事故,并顺利通过国务院安委会2021年度考核巡查工作。能源供给环境持续优化,用能成本持续下降。

（撰稿：熊进、谢汝峰、潘少敏、但阳、熊健、王欣、张迪、李定珍、高波、曾星、安琦）

国有资产监督管理

【概况】 2022年，孝感市统筹安排疫情防控和国资国企工作，加快国企改革发展，完善国资监管体系，全面加强国有企业党的建设，圆满完成了全市国企改革三年行动。2022年，孝感市“清廉国企”建设工作成效显著，被省政府国资委评为“优秀”。

【国有企业改革】 高标准完成国企改革三年行动。孝感市政府国资委通过召开工作推进会、开展专题业务培训、进行专项工作督查、制定整改提升清单等多种形式，严格按照孝感市国企改革三年行动实施方案指导督促各地国资监管部门和市出资企业加快完成国企改革三年行动各项改革任务。截至年底，孝感市国企改革三年行动工作任务全面完成，在迎接省专项督查考核时获得好评，总结上报的澴川国投改革经验材料被省国企改革办转发全省学习。

优化国有经济布局和结构调整。根据《孝感市人民政府办公室关于加快推进市直国有资产划转等有关工作的通知》（孝感政办函〔2021〕102号）文件要求，按照“主业相同、产业相近、行业相关、优势互补”原则，及时划转市城市规划院等7家出资企业到澴川国投，全力支持澴川国投做强做优做大，澴川国投资产已增至1002亿元，成为孝感市第一家资产规模突破千亿元的国有企业。云梦县、应城市、安陆市、大悟县等地结合本地实际情况，对所属企业进行结构调整，新组建了多家国有资产投资或运营公司。汉川市、应城市、市高新区、市临空区等地积极开展行政事业单位经营性、非经营性等国有资产清查，摸清国有资产底数，将行政事业单位经营性资产和闲置资产划转到国有资产投资或运营公司统一经营管理。

提升国有企业创新研发能力。澴川国投投资1700余万元与湖北职业技术学院建立校企联盟，成立运营了国投研学院，打造集团各级员工学习和技能培训基地，全面提升各级员工技能水平。澴川国投子企业汉江咨询设计集团通过加大科研投入、加强人才培养、深化产学研合作等方式，自主研发科技成果15项，并顺利获取高新技术企业证书，成为孝感市第一家被认定为高新技术企业的国有企业。应城市在蒲鑫国投积极推行试点，鼓励企业打破科技型、技术型人才薪酬待遇，对贡献大的科技人员薪酬待遇可超过同职级管理人员，对市场化稀缺高端科技人才提供市场竞争性激励薪酬。安陆市涢府公司与省粮油集团合资成立湖北楚涢科技发展有限公司，双方约定将每年科研投入不低于100万元作为合作的硬性指标。

【国资国企监督管理】 做好产权管理工作。及时办理市城市规划院等出资企业的产权变更登记工作，制定出台了《孝感市政府国资委出资企业资产租赁管理暂行办法》。为规范市出资企业资产租赁行为，防止国有资产流失，对市出资企业开展了一个半月的集中整治行动，进一步规范资产租赁行为，建立了责任明确、监管有效、程序合规的国有资产租赁管理机制。

做好财务监督管理工作。将出资企业资产、负债、净资产、收入、成本、净利润等经济指标纳入财务月报监管范畴，认真落实月度快报工作，每月对企业上报的数据进行监测，对企业资产异常波动、经营情况等方面进行监测分析，及时对企业进行提醒。积极开展向人大报告国有资产管理工作，扎实开展国有融资平台专项治理和债务风险隐患排查，着力防范化解企业重大投资风险。

做好经营业绩考核和薪酬管理工作。制定《2021年度经营业绩目标完成情况总分析》《做好2022年度经营业绩考核目标建议值》《出资企业2021年经营业绩考核完成情况总结分析》文件，评估企业经营成效。聘请第三方机构开展企业经营及工资总额清算专项审计，对出资企业2021年工资总额进行清算认定，对2022年工资总额预算进行管理。

【国有企业党的建设】 全面完成“党建入章”工作。将“党建入章”、党组织前置研究讨论等要求贯彻到全市国企改革三年行动始终，出台了《市属国有企业党建工作要求写入公司章程修订指引》，明确党对国有企业的绝对领导，市出资企业和重要子企业建立完善了党委会议事决策、前置研究事项清单等制度，厘清各治理主体权责边界，严格规范了公司运营管理。

积极开展主题实践活动。全市国资国企系统认真学习宣传党的二十大精神，国资委举办市本级党的二十大精神专题宣讲4次，推动党中央决策部署和市委、市政府工作要求转化为国资国企的生动实践。扎实开展“下基层察民情解民忧暖民心”实践活动，委党委为企业和职工解决14件“急难愁盼”问题。

“清廉国企”建设成效明显。牵头制定“十四五”期间推进清廉企业建设工作方案，制定出台了《市政府国资委2022年清廉国企建设工作清单》《清廉国企建设示范点创建标准》《2022年孝感市清廉国企建设考评细则》等文件,指导澴川国投打造10个清廉示范点,针对国有企业易发生腐败问题的10个重点领域和关键环节,开展2次检查抽查、2次专项整治,对检查发现的问题,点对点反馈企业,要求限期整改落实到位。严格落实国有企业重大投资项目廉政约谈工作机制,围绕"四个必谈""六不准六不得一必须",变事后监督为事前监督。建立完善国企领导人员廉政档案,深入开展廉政体检,积极办理市纪委监委、派驻纪检监察组移交问题线索。2022年,孝感市"清廉国企"建设在全省考核被评为"优秀"等次。

【央企省企合作发展】 2022年,全市新增央企合作项目7个,总投资额426.1亿元,新增项目投资额完成省央企合作办下达目标任务48亿元的887.8%;其中,大悟县百万千瓦级"风光水储大基地"项目为100亿元。新增到位资金30.75亿元,新增到位资金完成省央企合作办下达目标任务30亿元的102.5%。在各地、各部门的通力合作下,两项考核指标均超额完成省下达的目标任务。

【服务中小微企业】 2022年,市国资委认真学习贯彻落实中央、省、市有关帮助服务业小微企业和个体工商户降低成本、减轻负担的有关通知精神,2022年,全市出资企业减免租金惠及服务业小微企业和个体工商户共计1441户,减免金额共计2643万元。

【澴川国投启动子公司上市工作】 11月25日,澴川国投召开子公司上市动员会,正式启动子公司上市工作。澴川国投子公司上市将实现孝感国企上市零的突破、开辟新的战略融资通道,对孝感市提升平台公司融资能力、实现高质量发展有着重要意义。

(国资委)

财　政

【概况】 2022年,孝感市财政局荣获全省就业创业先进集体、全省退役军人信访稳定工作成绩突出集体;获评全省财政系统第一批法治财政示范点建设单位,自导自演的"助企纾困无呼也应 政府采购法语有声"获评省第五届法治动漫微视频三等奖;财政预算工作被市委、市政府记集体三等功;单位目标考核、立项争资、信访等工作被评为优胜单位;财政窗口被评为政务服务红旗窗口;预算绩效管理、减税降费政策跟踪评估、经建政策落实、政府采购管理等方面工作受到省财政厅通报表扬。

【财政收支】 2022年,全市地方一般公共预算收入137.2亿元,可比增长11.3%。其中,税收收入112.2亿元,可比增长17.4%。相应的财政总收入227.4亿元,增长2.5%。全市一般公共预算支出428.3亿元,增长5.7%。2022年,全市地方税收收入占地方一般公共预算收入的比重达到81.8%,比2021年同期提高3个百分点,达到历年最高水平。

【财税政策落实】 2022年,孝感市聚焦财政中心工作,切实推动财税政策落地见效,激发市场主体活力,增强发展内在动力,助力经济社会发展。

全面落实退税减税降费政策。2022年,全市新增减税降费及退税缓税缓费39.2亿元,其中,留抵退税17.7亿元,减税降费11.5亿元,缓税缓费10亿元,进一步激发了市场主体活力。

全面落实助企纾困政策措施。贯彻落实中省稳住经济一揽子政策措施,充分发挥积极财政政策加力提效作用,坚决稳住经济大盘。全市落实惠企政策资金3.3亿元,助力助企纾困、创新驱动等一揽子政策落实落地。市级继续设立2亿元高质量发展专项资金,采用奖励、补贴等多种方式,支持产业升级、高质量发展和科技创新。推进惠企政策"免申即享",市级对29项"认定类"惠企政策实行"免申即享",为268家企业精准快速落实奖补资金2533万元。

全面落实财政金融支持中小企业发展政策。全市发放创业担保贷款8.7亿元、财政贴息2612万元;继续开展再担助力贷、园区贷等担保业务,切实为企业发展融资排忧解难,办理续贷周转金业务3.8亿元,提供融资担保5.56亿元。

全面落实政府采购支持中小企业扶持政策。通过预留份额、优先采购等措施,提高中小企业在政府采购中的份额。全市授予中小微企业采购合同金额41.2亿元。扎实推进"政采贷"业务,为44家中小企业提供采购合同融资贷款4.6亿元。全面取消政府采购投标保证金、履约保证金和采购文件工本费,有效减少投标压力和成本。

全力推动落实阶段性减免市场主体房屋租金政策。全市行政事业单位减免房租2308.3万元,惠及市场主体2525户;市本级行政事业单位减免房租金额369.4万元,惠及市场主体281户。

全力支持提振重点消费。落实消费券财政补贴资金8158万元,有效刺激消费;开展促进汽车消费优惠活动,提振汽车产业发展。

【民生投入】 2022年,全市民生支出

326.5亿元，全面落实教育文化、社会保障、住房保障等政策措施，保刚性政策落实，保民生承诺兑现。

推动教育文化事业加快发展。全市投入62.4亿元，落实教育支出两个“只增不减”要求，落实各个学段的财政经费保障、学生资助等政策。市级安排资金1133.7万元，支持保护和传承非物质文化遗产，支持旅游业疫后重振。

抓好社会保障兜底政策落实。全市落实中央财政困难群众救助补助资金7.13亿元，落实稳岗返还、职业技能培训、一次性留工补助等资金 9766 万元。推动机关事业单位养老保险制度改革，推进城乡居民医保基金市级统筹，落实城乡居民大病保险财政补助提标政策，支持公立医院实施综合改革，助力提升养老和医疗服务保障水平。

深入推进生态文明建设。加大污染防治攻坚战资金投入，全市安排生态环境保护与治理资金13.3亿元。深入推进生态保护补偿建设，修订完善府澴河流域生态补偿方案，扣减水质保证金185万元，兑现奖励资金460万元。聚焦大气污染防治强争资，全市成功争取中央大气污染防治资金5139万元，是2021年争取资金的4.3倍。

支持住房保障政策落实。全市争取中央财政城镇保障性安居工程补助资金1.9亿元，重点支持老旧小区改造、廉租房补贴等。安排中心城区购房补贴、契税补贴等1500万元，有力促进中心城区房地产市场平稳健康发展。

【乡村振兴投入】 2022年，全市争取现代农业发展资金3.36亿元，重点支持绿色高质高效农业、美好环境与幸福生活共同缔造、农产品质量安全监管等方面。争取中央、省衔接推进乡村振兴补助资金 8.33 亿元，全力支持巩固拓展脱贫攻坚成果、美丽乡村建设、扶持村集体经济发展等方面工作。市级安排衔接资金9400万元，支持全市巩固拓展脱贫攻坚成果同乡村振兴有效衔接、乡村振兴“三项行动”“五个一”强链工程等。争取高标准农田补助资金2.17亿元，用于支持改善农田基础设施条件、提高耕地质量等。争取耕地地力保护补贴、农机购置补贴和实际种粮农民一次性补贴1.71亿元，弥补种粮成本上涨带来的农民收益下降。争取抗旱救灾资金1.28亿元，支持全市农业水利抗旱救灾减灾。争取农村公益事业建设财政奖补资金4876万元，有力改善农村生产生活条件和人居环境。争取新型村级集体经济扶持村名额89个，争取中省扶持资金3560万元。15个村被评为省级美丽乡村典型示范村，获得奖励资金750万元。

【政府投资项目建设】 2022年，市财政局聚焦全市发展布局，调整完善政府投资项目年度计划，全面摸底政府投资项目年度资金需求，积极筹措资金，保障市直第一批、第二批政府重点投资项目有序推进。积极对接省厅债券发行计划，从严从实把好债券项目的谋划、申报、发行、使用、监管等关口，最大限度发挥债券资金“四两拨千斤”的撬动作用。全市通过财政部审核的专项债券项目186个，债券资金总需求152亿元；全市共发行新增政府专项债券项目120个，转贷资金78亿元。全市争取资金27.2亿元，支持城区政府投资项目建设；设立公交专项资金3100万元，保障公共交通高质量发展；争取到位海绵城市中央补助资金9亿元，用于32个项目建设；争取车辆购置税中央补助资金 8.5亿元，其中市本级4.5亿元，支持长兴三路延伸线、危桥改造等重点交通项目建设。

【深化预算管理制度改革】 预算管理一体化系统全面推进，一体化系统集成预算编制、预算指标下达、预算执行、会计核算等功能，打通业务全流程，资金审核拨付流程更加完善。全面实施预算绩效管理，试点开展事前评估，严格绩效目标审核，做实绩效运行监控，创新绩效

2022年9月，朱湖糯稻喜获丰收
（孝南区朱湖办事处 供图）

评价方式,落实绩效评价结果运用。加强政府债务管理,妥善化解存量债务,依法合规举借债务。调整完善市与高新区财政管理体制,对高新区收支范围、招商引资经济贡献奖励政策兑现、商住地出让收入结算等事项予以进一步明确,进一步让利高新区。持续深化行政事业性国有资产管理改革,加强资产使用、处置和收益管理。理顺国有资产管理体制,将市直"三区"行政事业单位国有资产管理职能和权限整体移交"三区"管委会。

(撰稿:罗文光)

政府采购管理

【概况】 2022年,孝感市政府采购项目预算金额为543483.52万元,实际采购金额459065.04万元,节约财政资金84418.48万元,资金节约率15.5%。其中货物类采购金额109825.24万元,占全部实际采购金额的23.9%,工程类采购金额256841.42万元,占全部实际采购金额的55.9%,服务类采购金额92398.38万元,占全部实际采购金额的20.1%。全市政府采购授予中小微企业合同金额为412184.3万元,占全市政府采购规模的89.8%。其中,授予小微企业的合同金额为328906.49万元,占授予中小微企业合同金额的79.8%。

【政府采购支持中小企业】 制定落实方案,先后印发了《关于转发省财政厅省经信厅进一步加强政府采购促进中小企业发展的通知》(孝财采发〔2022〕9号)、《关于印发〈关于落实稳住经济一揽子政策进一步加大政府采购支持中小企业力度实施方案〉的通知》(孝财采发〔2022〕46号)文件。加强政策宣传,通过印发《政府采购工作提醒》、孝感门户网站在线访谈、到市直单位宣讲、制作宣传视频等多种方式让政策进单位、进企业,提高政策的知晓度和执行的自觉性。积极推进政府采购合同融资,组织建设了全市政府采购合同融资平台,实现了供应商无抵押、无担保在线办理融资业务,大幅提高中小企业合同融资规模。2022年,全市金融机构共为中小企业提供政府采购合同融资贷款45600万元,缓解了中小企业融资难问题。切实降低政府采购交易成本,全面取消了政府采购投标保证金、采购文件工本费和政府采购履约保证金,为中小企业减费降负。

【政府采购投诉处理】 拓展政府采购投诉处理方式,提高工作效率。作为省财政厅政府采购投诉纠纷调解化解试点单位,印发了《孝感市政府采购投诉纠纷调解化解试点实施方案》,明确了试点工作的目标任务和实施步骤,积极探索非强制性纠纷化解方式,向投诉双方宣传政府采购政策,投诉双方在平等自愿的基础上达成和解,提高采购投诉处理效率。开通在线投诉受理平台,在市财政局网站开通了在线投诉受理平台,方便供应商投诉,维护政府采购供应商合法权益,维护政府采购公平公正。

【"832平台"助推农副产品销售】 积极组织预算单位按照不低于15%的比例预留年度农副产品采购份额,全市预留比例达到18.22%,填报预留份额预算单位占比100%,各预算单位年度预留采购份额1263.43万元。"832平台"全年完成采购交易额达到3968.4万元,是预留采购份额的314%,超额完成预留计划任务。

【"互联网+"政府采购】 根据《关于湖北省预算管理一体化政府采购管理系统推广实施工作的通知》(鄂财办采〔2022〕37号)安排,实施了财政预算管理一体化政府采购系统建设,实现了政府采购预算编制、计划备案、合同备案和资金支付全过程在线监督管理。协调市政府采购中心和公共资源交易中心完善电子化交易平台功能,落实政府采购支持中小企业政策。组织建设了全市政府采购合同融资平台,支持中小企业融资,解决中小企业融资困难问题。

【政府采购代理机构监督】 依法对孝感市政府采购中心开展年度考核。组织专班对该中心2021年度政府采购工作进行了检查考核,进一步促进了集中采购机构的规范化发展。按照省财政厅的统一安排,组织对全市24家政府采购代理机构开展监督评价,按照全国统一的评价指标体系对代理机构进行考评,对发现的问题依法处理并上网公开,维护了政府采购市场秩序。配合开展国库领域财经秩序专项整治工作,清理影响政府采购领域公平竞争的规定和做法,维护政府采购公平秩序。

【孝感市首笔线上"政采贷"业务办理】 11月9日,湖北晨星网络技术服务有限公司依托中征应收账款融资服务平台,以政府采购中标合同申请融资,并获得建行孝感分行发放的90万元贷款,标志着孝感市首笔线上"政采贷"业务成功落地。为缓解中小微企业"融资难"问题,人行孝感市中心支行、市财政局积极贯彻落实稳经济大盘有关决策部署,不断优化政府采购领域营商环境,并推动政府采购系统与中征应收账款融资服务平台于2022年9月底实现对接。同时,积极推进线上"政采贷"业务开展,中标供应商可直接凭借中标通知书、政府采购合同，向金融机构申请融资。

（撰稿：罗文光）

税　务

【概况】 2022年，面对需求收缩、供给冲击、预期转弱的“三重压力”和艰巨繁重的税收改革发展任务，全市税务部门突出主责、主业、主体、主线，全面完成了市委、市政府和省税务局部署的任务。完成经济税源和政策效应分析94篇，其中，17篇分析报告获党委政府领导批示肯定。《孝感：同城化比较分析》被国家税务总局局长王军推荐、获省委书记王蒙徽批示肯定，所承接的省局分析课题《税收大数据服务县域经济高质量发展》获省长王忠林批示肯定，所主持的调研课题获2020—2021年度湖北省优秀调研成果。

【税费收入】 2022年，全市累计组织各项收入443.3亿元，同比增长3.7%，增收15.61亿元。其中，税收收入完成221.6亿元，同比增长11.8%；社保费完成104.4亿元，同比增长6.8%；非税及其他收入完成116.5亿元，同比增长−10.9%。全市税收收入总量全省排位第四，地方公共预算收入规模全省排位第四，增幅排位第一。

【减税降费】 2022年，孝感市全面落实大规模增值税留抵退税等新的组合式税费支持政策、制造业中小微企业延续缓缴税费等稳经济一揽子政策及接续措施，有力支持助企纾困。2022年，减免增值税税额43.16亿元、消费税0.58亿元、车辆购置税0.9亿元，办理出口退税5.25亿元，免抵调库2.96亿元，累计办理增值税留抵退税2827户次，实际退税17.49亿元。阶段性缓缴企业社保费6017.2万元，其中，企业养老保险费5651.72万元，失业保险费248.92万元，工伤保险费116.56万元；缓缴水土保持补偿费464万元，城镇垃圾处理费438万元。

【税收征管】 2022年，孝感市率先在武汉都市圈启动孝汉同城税收共治，举办孝汉同城税收共治战略合作框架签约仪式，推行涉税事项跨市协同通办。开展智能化、要素化申报试点，纳税人缴费人申报数据填报事项减少126项，要素化比例达84.15%。依托大数据，建立“税种+行业、税种+税种、税种+费种、税种+非税、部门+部门、上级+下级、内部+外部”的多维、立体质量风控体系格局。有序推进全市统一社会保险费征收模式改革，大力推动城乡居民“两险”征收。平稳承接土地闲置费、城镇垃圾处理费和土地出让金征管职责，各项非税收入实现全环节、全链条闭环管理。

【税费管理】 2022年，市税务局搭建“云再生”平台，促进再生资源行业管理规范、风险防控和税收收入增长，该项目被纳入到市委全面深化改革委员会重点改革项目清单。完成试点范围成品油综合监管云平台部署建设，所监控的加油站日均销售额增幅达260%。做实实体化风险应对机构，搭建“纵向互动、横向联动、整体推动”税收风险管理“一体化”运行架构，完成风险应对任务5159户，查补税款12.73亿元，风险管理贡献率达5.75%。强化企业所得税后续管理，补缴税款4.23亿元，对已办理退税的企业后续应对补缴增值税2.03亿元。构建土地增值税和房产税风险预警模型，完成162个项目清算审核，完成率79.41%，审核查补土地增值税1.44亿元。

【纳税服务】 2022年，全市大力推行233个“非接触式”办税事项，全年“非接触式”办税率达92%。全面推行“一窗通办、一事联办、跨域通办”，全市自然人股权变更提速至0.5个工作日，清税注销提速至1.81天。深化“银税互动”，累计帮助2165户纳税人获得信用贷款21.52亿元。聚焦组合式税费支持政策，举办“税润万家”直播活动，开展业务培训174场，培训17000余人次。加大对市“金种子”“银种子”“专精特新”企业的服务力度，量身定制税收红利“大礼包”，全年为纳税人解答疑问2200余个，为2600户企业精

4月29日，武汉市税务局与孝感市税务局签署汉孝同城税收共治战略合作框架协议

（市税务局 供图）

准推送适用的组合式税费支持政策。5项改革列入2022年全省优化营商环境改革先行区名单。

【依法治税】 2022年,孝感市持续推进"三项制度"信息化,全市税务系统采集公示数据10300条,发布10098条;音像记录已上传1467项,上传率95%。推进精确执法和公职律师涉税争议咨询调解试点工作,吸纳公职律师9人,出具意见3份,共接办调解案件16件,成功调解16件,成功调解率达100%。实施"首违不罚"事项912次,审理结案重大税务案件2件、行政复议案件3件。市局机关成功创建为市级法治示范机关。

【办结首笔居民换购住房个人所得税退税业务】 11月29日,孝感市民之家税务窗口成功办结孝感市首笔居民换购住房个人所得税退税业务。近日,家住孝南区建设路的林先生在市民之家办税服务厅工作人员辅导下,成功办理了居民换购住房个人所得税退税业务相关手续,将原先的60平方米住房换成了120平方米的新房,并收到个人所得税退税5845.98元。

2022年9月30日,为支持居民改善住房条件,财政部、国家税务总局发布公告,明确自2022年10月1日至2023年12月31日,出售自有住房并在现住房出售后1年内在市场重新购买住房的纳税人,对其出售现住房已缴纳的个人所得税予以退税优惠。政策出台后,孝感市高新区通过热线电话、办税服务厅电子大屏、发放宣传资料、走进社区宣讲等方式,多渠道加强退税政策宣传。同时,主动加强与房管等部门的信息互通,及时获取房屋交易合同备案信息,确保第一时间将个人所得税退税政策落实到符合条件的居民手上。

(撰稿:蒋建强)

金融监管

【类金机构管理】 严把准入关口。对小额贷款公司、担保公司、典当行等类金融机构严把准入关口,规范监管流程,严格机构变更、注销。加强部门联动。全面摸排全市登记注册的企业名称中含有"融资租赁"或"商业保理"字样的法人机构。加强分类监管,对全市典当企业开展现场核查,并对典当行一般性违规问题下达整改通知书。发展担保业务。推广新型政银担合作模式,全市7家政府性融资担保机构与省再担保集团签订了合作协议。截至年底,全市新型政银担在保金额12.28亿元,同比增长99%。

【金融风险防控】 2022年,孝感市制定《防范化解重大金融风险促进金融稳定发展重点任务分解方案》《孝感市金融风险应急预案》和《孝感市养老领域非法集资专项整治工作方案》,压实风险防范责任,完善应急机制,提升风险处置能力。加强宣传教育。印发《关于做好2022年元旦、春节期间防范非法集资集中宣传活动的通知》(孝处非发〔2021〕2号)。推送"防非"短信87万条,广告宣传5万余次,发放传单等12万余份。制定《2022年防范非法集资等金融风险宣传教育月活动实施方案》,印制防非知识宣传折页2万份,举办集中宣传月活动启动仪式,评选7部优秀作品通过孝感日报公众号轮播。开展风险排查。制定并印发《孝感市各行业领域金融风险排查工作方案》(孝防金办发〔2022〕1号),组织开展拉网式摸排,摸排发现风险隐患4条,并及时置顶了处置措施。开展养老领域非法集资专项整治行动。制定印发《孝感市养老领域非法集资专项整治工作方案》(孝处非办发〔2022〕2号)。全市共排查100家公办福利院、44家民办养老机构、1431个农村老年人互助照料活动中心,对5家涉"养老""老年"企业进行核查。

(撰稿:严格)

全市金融知识专题培训班开班式

(摄影:严格)

价格管理

【概况】 2022年，孝感市发改委按照省发改委工作思路，认真贯彻落实市委、市政府关于优化营商环境工作部署，坚持问题导向，围绕群众关切、重要民生的价格问题，积极做好价费管理、调控和市场保供稳价等工作，以优良的价格环境助力全市经济社会高质量发展。

【价格指数】 2022年，全市居民消费价格(CPI)总水平上涨1.6%，分别低于全国、全省平均水平0.4、0.5个百分点，在全省17个市州中排名第12，总体运行在合理区间，较好实现了全年价格调控目标。

【依法定调价】 2022年，市发改委对各部门、单位申报定调价项目进行严格审核，按照定调价程序，经过调研论证、起草、公开征求意见、合法性审查、公平竞争审查、制度廉洁性评估、集体审议、公布等环节，依法依规制定孝感市航天医院机动车停放服务收费标准、孝南区第三高级中学住宿费收费标准、孝南区中型灌区农业供水价格标准等规范性文件。

【涉企违规收费专项整治】 2022年，市发改委组建工作专班，建立调度机制，扎实推进涉企违规收费专项整治行动。开展交通物流、水电气暖、地方财经、金融、行业协会商会、医药、涉农等7大领域自查自纠；四个检查组对县(市、区)全覆盖检查，督促问题整改落实。截至年底，全市共检查政府部门及下属单位44家，行业协会和中介机构83家(立案查处中介机构2家)，航运交通14家，水电气暖等公用事业单位108家(立案查处燃气企业1家)。检查转供电单位1606家，下达令整改书17份，清退违规收费77.27万元，立案14件，结案11件，罚没款金额21.76万元，规范转供电主体收费公示400家。

【收费清单动态调整】 7月，市发改委对实行政府定价经营服务性收费目录清单进行动态调整，进一步明确清单内容，将原来公布的中央、省、市定价项目16项，缩减为孝感市政府定价项目5项。10月，动态调整孝感市行政事业性收费标准清单，动态调整后的《孝感市行政事业性收费标准清单》由原来24类部门52个收费项目，变更为18类部门35个收费项目；《孝感市涉企行政事业性收费标准清单》由原来的16类部门、27个收费项目，变更为10类部门、15个收费项目。动态调整后的收费清单同步在湖北省政务服务网、孝感市发展和改革委员会官网进行公示，方便公众查询监督。

【农业水价综合改革】 4月，召开孝感市农业水价综合改革工作联席会议，印发《孝感市农业水价综合改革2022年度实施计划》(孝发改发〔2022〕5号)文件。进一步明确2022年改革任务76.97万亩，同时要求各地对“十三五”时期改革面积246.51万亩开展验收工作，确保2022年新增改革实施面积和验收面积按时完成，推动改革不断向纵深推进。

【民生价格调控】 做好冻猪肉储备调控。协同商务、财政等部门，完成全年两次猪肉储备入库、轮换工作，确保孝感市储备800吨猪肉任务达标。9—10月，分两批向市场投放政府储备肉80吨，为保障市场猪肉价格和社会稳定起到重要作用。落实国家“双减”政策。加强对义务教育阶段课后服务和学科内校外培训收费政策进行梳理，出台了《关于明确孝感市义务教育阶段线下学科类校外培训收费标准的通知》和《关于明确孝感市义务教育学校课后服务收费标准的通知》文件。理顺非居民用天然气销售价格。及时启动非居民用天然气价格联动机制，经市政府同意，将孝感城区非居民用天然气销售价格调整为3.7元/立方米，合理疏导上涨成本8000万元，确保天然气企业健康运营、保障供气稳定。解决出租车运价与燃料价格上涨矛盾。及时开展摸底调查，比照周边市州做法，联合交通部门组织召开出租车运价与燃料价格联动机制听证会，出台《关于建立孝感市巡游出租车运价联动机制的通知》，有效疏导车用天然气价格上涨对孝感城区巡游出租车行业的影响，保障车用天然气正常供应，维护出租车稳定运营。

【价格监测】 2022年，市发改委建立孝感市重要民生商品保供稳价调度机制，会同联席成员单位综合施策、精准调控，每月一调度，精准掌握第一手资料，全力做好全市重要民生商品保供稳价工作。加强对商超、农贸市场的肉禽蛋菜等主要农副产品及疫情、汛情等相关用品市场价格监测，做好采价、分析工作，坚持监测数据报告制度。全年累计上报主副食品、建材、生猪、小汽车维修、药品等价格监测信息25000余条；价格专报42期；发布“价比三家”信息44期，完成猪肉、化肥等市场价格调查报告，为稳定市场价格提供重要参考依据。发放价格临时补贴，缓解特殊时期物价上涨对困难群众基本生活的影响，兜牢民生保障底线。年内，全市发放6627.46万元，惠及困难人群138.32万人次。其中，市直发放202.29万元，惠及困难人群3.63万人次。

【价格认定】2022年,市发改委全年完成涉案财物价格认定案件32件,认定金额97.33万元,受理、办结案件率100%。组织全市价格认定工作人员参加省发改委业务培训1次,组织全市价格认定工作实务培训1次。

(撰稿:熊进、谢汝峰、潘少敏、但阳、熊健、王欣、张迪、李定珍、高波、曾星、安琦)

审 计

【概况】2022年,孝感市审计局依法履行监督职责,开展常态化"经济体检","治已病、防未病",充分发挥审计监督和保障作用。市审计局全年完成本级计划和交办审计项目82项。审计(调查)查出主要问题金额315708万元,其中查出违规金额5976万元,管理不规范金额309724万元。审计处理处罚金额18451万元,其中,应上缴财政98万元、应调账处理金额16520万元、应归还原渠道资金1832万元。审计促进整改落实有关问题资金1862万元,其中促进增收节支114万元。审计移送司法机关、纪检监察机关和有关部门处理事项20件。向孝感市委、市政府提交审计要情、简报11篇,被领导批示采用12篇次,推动出台制度办法34项。2022年,孝感市审计局继续保留"全国文明单位"荣誉称号,被评为"七五"普法先进工作单位;孝感高新技术产业开发区管委会主任、党工委书记经济责任审计项目被评为2022年全国审计机关优秀审计项目二等奖;黄山银任孝昌县公安局原党组书记、局长经济责任审计项目被评为2022年度全省审计机关优秀审计项目一等奖;孝感市本级2020年基本养老保险基金审计项目被评为2022年度全省审计机关优秀审计项目二等奖;全省2020年大数据审计创新案例二等奖。

10月12日,在老澴河南岸东部安置区(B区双合)工程竣工结算审计中,孝感市审计局审计人员运用钢筋探测仪进行测量及对比,检测混凝土中钢筋直径及间距布置情况
(摄影:王佼)

【电子数据审计】2022年,孝感市审计局组织开展了全市信息化建设专项审计,以提高网络安全和信息化建设水平,重点关注数字政府建设政策措施的落实、信息化建设项目管理、资金管理使用、网络安全建设和绩效等情况。通过审计,发现2021年全市信息化建设项目存在1个资金管理方面问题,6个项目建设管理方面问题,促进了项目整体按计划和方案要求落地。实施审计对象数据管理,组织全市审计机关开展处理各地2021年度财政总预算、指标、国库集中支付,以及非税业务数据的标准化工作;对全市2022年上半年度电子数据进行标准化处理,汇总各审计机关采集的财政报表,完成数据报送工作;为市本级相关审计项目提供数据处理和综合分析。

【政策落实跟踪审计】2022年,市审计局突出优化全市营商环境建设,完成了四个季度重大政策措施落实跟踪审计调查,督促有关单位退还违规收取市属国有企业的代建费等160余万元,支付拖欠企业工程款1858.35万元,督促按政策规定对1家茶叶企业发放"免申即享"奖励10万元。市经信局积极采纳审计建议,发放51家企业新增用电补贴奖励资金113万元。

【财政审计】2022年,市审计局狠抓预算编制、预算批复、预算下达、资金拨付、项目实施、绩效评价等关键环节,从重大民生项目、重大投资项目、重点支出等方面入手,采集部门预算指标数据、非税收入数据、国库集中支付系统数据,以部门预算指标数据为源头,以部门重点专项资金支出为线索,以国库集中支付资金流向为渠道,以预算单位为目的地,全面加强市本级财政预算执行、部门预算执行等审计。结合开发区"查、改、治"工作,市本级财政同级审时将市直"三区"财政纳入实行同步审计,首次实现了市级财政全口径审计。审计查出"三区"财政2023.56万元非税收入未及时入库、1.2亿元专项资金沉淀等问题;招商引资企业质量不高导致土地闲置问题；市本级产业发展资金使用不规范、存在风险问题。挽回临空区财政利息损失190万元。结合领导干部经济责任审计，开展了对孝感市公路局、司法局、乡村振兴局、航天高中、自然资源和规划局等18个单位的部门预算执行审计。推动增收节支5.02亿元，上缴财政2.13亿元，惠民资金落实6.78亿元，助企惠企资金到位0.21亿元。代表市政府向市人大常委会作关于2021年度市本级预算执行和其他财政收支的审计工作报告及查处问题整改工作报告，获得委员们一致肯定，推动预算资金使用效益进一步提高。

【重点民生资金和项目审计】 2022年，市审计局组织完成全市就业补助资金和失业保险基金审计，重点关注就业政策落实、相关资金分配管理使用、重点人群就业、职业技能提升、以前年度审计查出问题整改等情况。督促市本级就业补助资金409.96万元纳入财务统一核算。收回违规发放的各项补贴，涉及金额507.26万元。规范部分稳岗返还资金落实到用工单位。组织开展了全市涉粮政策专项审计调查，切实维护人民群众利益，兜牢民生底线。

【资源环保审计】 2022年，市审计局完成孝感市自然资源和规划局领导干部履行自然资源资产管理责任审计。重点关注领导干部贯彻执行中央生态文明建设方针政策和决策部署，省市两级党委、政府工作要求，自然资源资产管理和生态环境保护重大决策等方面情况，审计发现孝感市自然资源和规划局对2宗行政处罚案件处罚决定落实不到位、土地闲置问题未处置到位、批而未供土地1163.85亩等问题，孝感市自然资源和规划局根据审计建议，对2宗行政处罚案件处罚决定已落实，市本级累计供地7280.99亩，剩余批而未供土地1137.02亩，土地供应率达86.49%，达到自然资源部前五年累计供地率60%要求。

【国有企业审计】 2022年，在孝感市自来水公司审计中，重点关注自来水公司2021年度资产、负债、损益的真实性、合法性和效益性，重大投资及资产管理情况，贯彻落实与供水相关的重大政策及决策部署情况。督促孝感市自来水公司对自来水管道加工及管道器材仓储建设项目3389.79万元于2022年8月结转固定资产。审计查出孝感市自来水公司少计水费经营收入，货币资金管理不精细，城镇二次供水设施运营维护政策执行不到位等，督促被审计单位立行立改，追回水费经营收入112.06万元、少计少收利息28.10万元。

【固定资产投资审计】 完成政府投资审计项目9个，审计投资总额4.86亿元，核减投资额1.08亿元。重点关注政策措施落实、规划计划执行、建设程序遵循、建设资金管理、建设项目管理、土地征用补偿、生态环境保护等若干方面。审计发现双峰山核心景区工程多计工程价款（涉及金额335.38万元）；高新嘉园二期主体土建及安装等工程多计价款（涉及金额410.59万元）；孝感市本级政府投资保障性安居房专项审计调查发现配建公租房政策落实不到位、公租房和经适房分配和管理存在漏洞、资产管理和内部控制制度执行不到位、对承租门面商户未执行政策规定减免租金11.51万元；老澴河安置区外墙保温砂浆未达到设计厚度（涉及金额1019.49万元）、城区排水防涝工程（一期）项目经理履职不到位等问题。

【经济责任审计】 完成对孝感市司法局、教育局、总工会、自然资源和规划局、公共检验检测中心、退役军人事务局、公路管理局、机关事务服务中心、工业学校、汉川市公安局10名市管领导干部、2个县（市、区）审计局领导干部的经济责任审计。审计发现有关部门单位存在专项资金闲置、行政审批不规范、国有资产出租出借不规范、违规收取费用等问题。审计建议相关部门单位认真执行国家财经纪律、落实优化营商环境政策，加强财务管理，规范资产出租、管理行为，督促相关单位清收往来账款275余万元，促进汉川市公安局退还企业及事业单位协调费340余万元。

【内部审计】 2022年，孝感市直专兼职内审机构共33个，配备专兼职内审人员107人。其中，专职机构7个，专职人员37人。全年完成内部审计项目197个，审计发现问题总金额4.70亿元，促进问题整改涉及金额3.76亿元。

（撰稿：张祥辉）

统　计

【概况】 2022年，孝感市统计系统围绕市委、市政府全市经济社会发展的决策部署和湖北省统计局具体工作安排，审议并通过了《关于更加有效发挥统计监督职能作用的实施意见》，扎实做好国家统计督察整改工作，圆满完成全年执法检查任务和专项纠治工作，持续提升依法统计能力。孝感市统计局开展经常性统计专业培训，并成功举办全市领导干部统计业务知识培训班，日常统计工作质效不断提升。全市统计系统紧盯实体经济、发展质效等方面变化，加强对趋势性、苗头性问题进行预警分析研判，有效服务市委政府决策和经济运行。孝感市统计局全年顺利完成各类民调项目6个。其中，《积极推进“个转企”为“五经普”打好基础》一文受到孝感市委、市政府领导高度评价，为市政府出台支持“个转企”政策提供了理论依据。

【统计调查】 2022年，孝感市统计局通过紧盯时间节点、注重部门衔接、积极争取省统计局支持等方式，做好常规统计调查工作，全年实现圆满收官，主要经济指标全面完成年度既定目标，实现了“十四五”的良好开局。尤其是投资统计工作，在经历一季度的全省排名触底后，狠抓项目入库基础工作。全年新入库投资项目1277个，计划投资2066亿元，同比增长30%、48%。其中新入库亿元项目325个，计划投资1600亿元，同比增长24%、83%，为孝感市投资走在全省前列打下良好基础。

顺利完成住户调查大样本轮换。国家统计局孝感调查队根据孝感市部署，积极督导住户调查大样本轮换工作，新抽中户自12月1日开始正式记账，保证样本代表性，确保住户调查数据质量。扎实开展农作物对地抽样调查样本轮换。国家统计局孝感调查队按时高质量完成样方核实、辅调员选聘和培训、样本管理、回忆调查等各项工作。

【国家统计督察整改】 7月1日，孝感市召开市委常委会、市政府常务会议集中传达学习国家统计督察反馈意见，研究部署全市统计督察整改工作，成立了以市委书记、市长任组长的市统计督察反馈意见整改工作领导小组，研究通过了《孝感市贯彻落实国家统计督察反馈意见整改工作方案》。系统梳理省委省政府《方案》中涉及孝感个性问题和责任单位是各市州党委和人民政府的问题共四个方面11个问题，严格对照问题清单、任务清单、责任清单逐一对账销号，11个具体问题全部整改到位。统计执法检查和专项纠治全年对121家检查对象开展执法检查，与孝感市市场监管局联合开展“双随机、一公开”检查30家企业(单位)。组织开展虚假入退库专项检查，组织各地对2021年1月至2022年4月审核平台上“四上”单位和固定资产投资项目入库退库资料及数据真实性进行全面复核，对自查中发现的问题全部整改到位，全市专项检查工作共资料复核1136家“四上”企业(单位)及固定资产投资项目，其中，现场检查63家，没有发现违纪违规问题。深入开展统计造假不收手不收敛专项纠治工作，印发工作通报、工作提示2次，深入县市督查检查5次，接受省纪委及省统计局现场督查3次。

【贯彻落实《关于更加有效发挥统计监督职能作用的意见》】 11月14日和12月2日，孝感市分别召开市政府常务和市委常委会会议，集中学习中央办公厅、国务院办公厅《关于更加有效发挥统计监督职能作用的意见》和省委办公厅、省政府办公厅《关于更加有效发挥统计监督职能作用的实施意见》，审议并通过了孝感市《关于更加有效发挥统计监督职能作用的实施意见》，建立健全防范和惩治统计造假、弄虚作假责任制，严肃查处各类统计违纪违法行为。

【统计业务培训】 3月17—18日，举办全市领导干部统计业务知识培训班。市统计局、市国调队、监测分局领导分别从GDP核算、服务业统计、工业统计、投资领域统计等11个专题课程进行了授课。各县(市、区)常务副县长，分管工业、商务、科技、人社、农业农村工作的负责人和市、县两级经济工作部门的负责人、相关业务科长共计200余人参加了培训。6月和8月，孝感市分别举办全市重点乡镇投资统计数据质量培训班和工业企业统计业务培训班，主要讲授业务知识，讲解统计法律法规，全年累计培训1200余人次，实现了全覆盖。

(撰稿：郭美洲、曾浩、罗明)

市场监督管理

【概况】 2022年，孝感市市场监管局持续优化营商环境，规范市场秩序，实施知识产权、质量品牌建设战略，着力构建科学高效市场监管体系，全面提升市场监管治理能力，服务“主城崛起、两带协同、孝汉同城、多元支撑”发展战略。药品安全考核从全省第12名跃至第3名，食品考核被评为优+，质量考核第5名，获评市直优胜单位，法治建设绩效考核获评市直执法司法类单位第1名，机关党建获评市直先进单位，优化营商环境考核获评市直单位第4名。15个专项工作在全省系统和全市有关会议上经验交流，建构“智慧监管”体系清朗广告市场环境被评为全省市场监管十大品牌工作。应城市提升注销便利度改革，孝昌县开展“一照多址”，汉川市企业开办“一网通办”，孝南区“一业一证”纳入全省优化营商环境先行区创建通过省级检查验收，应城、孝昌和汉川改革经验在全省复制推广。督促汉川市全面排查兰花豆抽检不合格产品，彻底整改安全隐患，推动行业提档升级，受到国家市场监管总局、省市场监管局肯定。2022年，省局批复省级重点质量提升项目25个，孝感市市场监管局获批3个，是全省获批项目最多的地市州。汉川、云梦获批“湖北省质量强省示范市(县)”，安陆获批创建“湖北省质量强省示范市”。狠抓知识产权示范创建，孝感成功入围国家知识产权强市试点市创建。孝南区健全知识产权质押融资风险分担机制被作为全省优化营商环境典型经验复制推广。安陆市“午时”荣获第三届“我喜爱的湖北品牌”电视大赛金奖。加强消费者权益保护，调解《燃气公司强制搭售燃气险案》被中消协评为全国维护消费公平十大案例。推进“小个专”党建，1人入选全国先进个体工商户。

6月6日，孝感市市场监管局执法人员督查孝感高级中学高考保障点食品安全
（市市场监督局管理局 供图）

【市场主体培育】 2022年，孝感市委、市政府将市场主体发展纳入优化营商环境测评体系，在全省率先出台《推进个体工商户转型升级为企业的若干措施》，成立孝感市加快市场主体培育工作领导小组，统筹推进市场主体发展工作，协调解决工作中的重大问题。领导小组办公室设在市市场监管局，及时跟踪掌握重点任务推进情况，加强统筹协调，研究解决有关具体问题。3月16日，市政府召开全市市场主体发展工作调度会。按照“一县一业”“一乡一品”的思路，从增强培育市场主体内生动力入手，立足产业发展壮大一批、依托特色园区聚集一批、搞活专业市场吸附一批、鼓励全民创业催生一批、围绕特色农业发展一批、发展现代服务业裂变一批、链式发展延伸一批、孝汉融合承接一批，市场主体活力不断激发，市场主体快速增长。2022年，全市实有市场主体41.62万户，总量居全省第8位，较2021年同期增长25.48%，居全省第1位。全市新登记市场主体9.03万户，数量居全省第7位，同比增长58.57%，居全省第3位。

【“个转企”建设】 2022年，孝感市在全省率先出台《孝感市推进个体工商户转型升级为企业的若干措施》，通过“转企前”精细式培育服务，“转企中”便捷式登记服务，“转企后”接力式跟踪服务等“三式”服务，推动个体工商户转型升级为企业。2022年，引导全市395户个体工商户转型升级为企业。

【市场准入便利化改革】 2022年，孝感市在全面落实“210”“一网通办”“一事联办”基础上，深化“证照分离”改革，523项涉企经营许可事项全覆盖，124项实行直接取消审批、审批改为备案、告知承诺改革，比全国统一的120项多4项。放宽企业名称限制条件，简化企业设立分支机构登记手续。推动首批19个行业“一业一证”改革全面落地。2022年，全市制发1731张行业综合许可证。9月16日，提请市政府印发了《孝感市推进个体工商户转型升级为企业的若干措施》，为全省市州首创。截至年底，全市“个转企”365户。开展先行区创建，力争一县一品牌。应城市提升注销便利度改革，孝昌县开展“一照多址”，汉川市企业开办“一网通办”，孝南区“一业一证”和知识产权质押融资风险分担纳入全省优化营商环境先行区创建点名单，通过省局检查验收，其中应城、孝昌、汉川三地的改革和孝南区的知识产权质押融资风险分担经验在全省复制推广。

【市场主体纾困帮扶】 2022年，市市场监管局深入开展“联企业、送政策、解难题、稳主体”帮扶，牵头负责个体工商户走访。开辟孝感麻糖米酒行业绿色通道，特事特办，在5个工作日内，对符合生产条件的20家会员企业办理了变更扩项手续，为孝感米酒行业健康发展提供了政策支撑。2022年，仅孝感市本级就走访5650家市场主体，对帮扶活动中收集的132个问题进行分类处置，已解决问题127个，问题解决率96.2%。

【食品安全监管】 2022年，孝感市压实“两个责任”，组织开展食品安全“守底线、查隐患、保安全”专项行动,发现整改风险问题15252个。深入推进校园周边食品安全,落实食品摊贩登记管理制度。严格落实食品安全监督抽检,全市食品抽检总任务完成14053批次,占全年任务的120.6%。推进白酒小作坊专项治理,排查风险隐患136个、取缔黑作坊4家、立案查处12家,安陆市被评为全省食品小作坊转型升级提质壮大行动先进单位。督促汉川市全面排查兰花豆抽检不合格产品,彻底整改安全隐患,推动行业提档升级,受到省局肯定。开展网络订餐食品安全专项整治,责令入网餐饮服务单位下线整改371家。推动学校食堂“互联网+明厨亮灶”,云梦县覆盖率达到100%。

【“两品一械”安全监管】 2022年,孝感市开展药品安全专项整治行动,全面排查药品、医疗器械、化妆品等领域风险隐患。孝感市政府出台《关于全面加强药品监管能力建设实施方案》,开展药品安全专项整治,检查零售药店2342家次、使用单位1056家次,排查整改风险问题204个。完成药品抽检320批次,处置不合格药品4批次。强化医疗器械化妆品监管,检查医疗器械经营企业275家次,检查化妆品经营者237家次,完成医疗器械省级抽样25批次。强化药品不良反应、医疗器械不良事件检测,报告量质稳步提升。

【产品质量安全监管】 2022年,孝感市开展10类重点工业产品、不合格产品后处理等专项整治,完成产品质量抽检345批次。开展防疫物资、淘汰落后产能、成品油、农资等重点产品质量专项检查,排查整改问题70个,立案查处28起。开展监督抽检不合格产品后处理,立案查处9起。

【特种设备安全监管】 2022年,市市场监管局修订完善《孝感市特种设备安全事故应急预案》,组织各县(市、区)局、市市场监管综合执法支队,重点围绕压力容器泄漏、管道燃爆、电梯、大型游乐设施困人等特情开展演练。2022年,共举办演练活动15场次,参与演练人员362人次。开展特种设备安全、城镇燃气安全、电梯质量安全、“黑气瓶”等专项整治,排查97家液化石油气燃气充装单位,充装系统均接入充装信息追溯平台,赋码气瓶51万余只,去功能化处理报废气瓶近7万只,全市超期未检设备占比控制在0.1%以内,公用管道检验率100%,燃气整治工作得到省局通报肯定。截至2022年年底,全市登记在册特种设备28860台(套)。特种设备生产(含设计、制造、安装、改造、维修)单位53家,持有各类特种设备生产许可证60张。特种设备综合检验机构1家,气瓶检验机构2家,安全阀校验机构1家。

【质量强市建设】 印发《孝感市2022年质量强市工作行动计划》,明确质量强市工作委员会相关成员单位2022年产品质量、工程质量、服务质量工作目标。积极创建质量强省示范市,持续创建质量强市。3月,湖北省质强办命名汉川市、云梦县政府“湖北省质量强省示范市(县)”。9月,安陆市获批创建“湖北省质量强省示范市”。围绕600家中小企业开展质量提升行动,围绕100家重点企业组织专家开展“小微企业质量管理体系认证提升行动”。2022年,15个质量服务站共为1400多家中小企业提供“一站式”服务,培育15家企业申报孝感市政府质量奖、2家企业申报湖北省长江质量奖;3家申报隐形冠军、5家申报“小巨人”企业;6家成为规上企业,累计提供各类服务8423次。

【计量管理】 以落实国务院《计量发展规划(2021—2035)》为主线,持续加强计量体系和计量能力建设,指导市县“两级”计量技术机构提能升级;组织计量技术机构能力比对,不断加强计量业务监督检查。2022年,全市检定、校准计量器具53707台。其中,强检计量器具检定45828台,检定合格率99.1%;校准计量器具7879台。

【认证许可】 充分发挥小微企业质量管理体系认证提升行动的示范带动效应,开展2021年度孝感市认证检验检测机构监督后处理工作,其中认证认可机构34家、检验检测机构39家;开展认证从业机构“双随机、一公开”检查,完成20家企业的现场检查和监管平台上传工作。

【检验检测管理】 组织孝感市交通运输局、市公安局、市环境保护局相关科室联合对11家机动车检验检测机构开展专项监督检查,净化检验检测市场环境。开展检验检测市场专项整治工作,检查检验检测机构33家,立案查处2家。采取机构自查和现场检查相结合的方式,联合孝感市公安局、市生态环境局开展机动车检验检测机构“双随机、一公开”监督检查工作。6—7月,开展机动车检验检测机构“双随机、一公开”监督检查,对存在严重问题的5家机构责令限期停业改正、存在一般问题的11家机构责令限期改正、存在较轻问题的4家机构自行改正。组织开展2022年“湖北工匠杯”技能大赛——湖北省检验检测职业技能大赛孝感赛区选拔,孝感辖区有12家检测机构65名检测人员报名参加。

【标准化建设】 开展对标达标质量提升行动,推动重点产业发展。制发

《2022年度孝感市对标达标质量提升行动方案》，成立工作专班，组织专家组走访33家重点企业，宣讲对标政策，了解企业需求，征集相关意见45条，提出指导意见12条。2022年，全市116家企业在全国对标平台成功发布对标结果，居全省第2位。针对全市特色产业的发展状况，指导企业制修定地方标准，促进特色产业更快发展。指导企业申报省级地方标准，完成2项地理标志类产品的省级地方标准的制定并被发布即《DB42/T 1861—2022 地理标志产品 南乡萝卜》《DB42/T 1862—2022 地理标志产品 肖港小香葱》；开展了市级地方标准制修定与发布，完成2项市级地方标准《医院满意度测评规范》《孝昌凤凰山菜》的制定及发布。抓好标准化试点示范项目建设，促进产业提质增效。先后指导在建的《孝南便民服务中心综合服务国家级标准化试点》和《茶树良种繁育国家级农业标准化示范区》2个国家级标准化试点示范项目和《莲藕绿色生产省级标准化试点》《云梦万亩马铃薯高产高效种植模式省级标准化试点》《林果特色种植标准化试点》《无机富锌材料高新技术标准化试点》4个省级标准化试点示范项目中的公共服务类、种植类及产品类的标准建设。按照团体标准抽查比例不低于50%，企业标准抽查比例不低于10%的要求，在湖北省"互联网+监管"双随机、一公开监管平台中录入团体标准2项，15家企业38项标准；按照辖区商品条码系统成员检查数量不低于辖区内系统成员总数的30%，对在辖区内销售条码的商品销售商（含个体销售商）检查数量不少于10家的要求，在湖北省"互联网+监管""双随机、一公开"监管平台中录入196户企业，检查商品共393批次。

【公平竞争审查】 孝感市市场监督管理局组织召开2022年公平竞争审查联席会议，提请市政府分管副市长担任联席会议召集人，组织28个联席会议成员单位召开2022年度公平竞争审查联席会议，部署年度重点工作，督促各地各部门严格落实公平竞争审查制度。组织开展"2022年公平竞争审查"培训会，提升参训人员开展公平竞争审查的工作技能。邀请专家对孝感市招商局起草拟修订的《关于促进制造业招商引资的若干措施（暂行）》等4项政策进行公平竞争审查会审，规避排除限制竞争的风险。制发《孝感市公平竞争审查投诉举报处理办法》，并向社会公示投诉举报渠道，及时回应社会关切。开展妨碍统一市场和公平竞争政策措施清理"回头看"，严格开展存量文件公平竞争审查，确保妨碍统一市场和公平竞争的规定和做法应废尽废、应改尽改。截至年底，全市共出台涉及市场主体经济活动的规章、规范性文件和其他政策措施共355份，实施审查数量355份，保留271份，修改22份，废止或失效62份。

【合同行政监管】 通过宣传培训立体化、合同评审权威化、行政约谈精准化、专项整治常态化、执法办案专业化、合同自律规范化等"六化"举措，聚焦民生热点、难点、堵点问题，统筹推进合同行政监管。通过开展一次合同格式条款评审等"七个一"活动，开展守合同重信用企业公布活动，完成孝感市级273家守重企业的申报公布工作，并择优成功推荐212家参加省十六届"守合同重信用"企业公布活动。组织开展2022年合同格式条款专项整治。重点针对汽车买卖、房屋租赁、校外培训服务、电子商务、旅游、物业服务六大重点民生行业合同中的典型不公平格式条款开展集中规范整治。征集各类合同格式条款203份，其中按时间节点、任务挑选较有代表性的格式合同30份上报湖北省局参加评审，并通过政府采购的方式，确认了第三方律师事务所为中标单位开展合同评审，共评审合同200份，其中物业服务管理合同65份，发现问题条款50余条。

【网络交易监管】 健全完善国家市场监督管理总局网络交易监测信息分发系统和湖北省网络交易与合同监管系统用户体系建设，新增和修改设置113个基层所机构名称，共建立管理员、业务员用户账号218个。针对食品、保健品、医疗器械、野生动植物、长江流域非法捕捞渔获物、燃气灶、消防产品等关联商品、网络销售电子烟等，委托第三方监测机构按季度开展3期日常监测和1期专项监测，监测网店、网站5356家次，监测分办涉嫌违法违规线索66条。部署开展"平台点亮"行动，督促平台落实主体责任，规范经营行为。发挥网络市场监管联席会议牵头单位作用，联合孝感市网信办、经信局、公安局等联席会议成员单位部署开展2022网络市场监管专项行动，办理网络违法案件26件。通过走访重点电商企业、行政指导、送法宣传、组织培训等方式宣传相关法律法规，提高电商企业守法经营意识，规避经营风险。7月底，组织10家重点电商赴荆州参加《电子商务法》普法宣传培训，取得较好效果。

【反不正当竞争执法】 制发《关于加强反不正当竞争执法工作的通知》，强化重点领域反不正当竞争执法，严厉打击和制止不正当竞争等各类经济违法行为。2022年，检查经营主体856家（户），查处各类反不正当竞争案件15件，罚没25.73万元。

积极开展商业秘密保护示范企业创建，编发《公司保密管理组织工作机制》《公司涉密部门保密管理制度》等商业秘密保护工作制度指南，扎实推进商业秘密保护工作，联系13家企业开展商业秘密保护帮扶指导，确定3家重点示范企业为商业秘密保护示范点（湖北鸿连实业有限公司、湖北诺克特药业股份有限公司、湖北爽露爽食品股份有限公司）。

【打击传销和规范直销】 2022年，全市办结传销案件3件，罚没金额共计689.27万元。传销案件查办质量高，执法程序规范，适用法律法规得当，无复议被纠正、诉讼败诉或出现重大负面舆情情况。安陆市市场监管局查处郑金山、梅望兵传销案，对当事人给予共计罚没80万元的行政处罚。应城市市场监管局查处安徽华献酒业销售有限公司传销案，给予对当事人给予共计罚没35万元的行政处罚。汉川市局与天门市局异地协作办理武汉万行宝盒科技有限公司传销案，充分发挥各自的优势，积极配合，并对当事人给予共计罚没574.27万元的行政处罚。结合下基层察民情解民忧暖民心、扫黑除恶专项斗争，对市直城区主要直销企业店铺及保健品经营单位进行专项执法检查，共检查直销经营店铺10家，其他经营单位40家，主要涉及玫琳凯、无限极、完美等直销品牌。

【诚信体系建设】 加强信用信息归集和双公示工作，统筹协调政务服务网、“信用中国（湖北孝感）”服务平台、国家企业信用信息公示平台三网融合，数据互通共享。2022年，通过国家企业信用信息公示系统（湖北）全面、及时归集市场监管系统涉企各类信息共计3938516条，其中部门归集信息313878条。指导各地以开展信用提升行动为抓手，切实加大失信主体信用帮扶力度，助力重塑信用。通过引导“容缺”修复、实行轻微差错免列异“容缺”修复，支持企业开展信用修复。2022年，共为8879家市场主体办理了移出异常名录。开展协同监管推进部门联合惩戒，对失信市场主体在办理行政许可、银行贷款、土地供应、招投标、政府采购、财政补贴、获得荣誉等方面予以限制和禁入，不断扩大联合惩戒范围。配合司法部门办理股权冻结和解冻业务，2022年，办理股权冻结38件，涉及金额40157万元，办理股权解冻5件，涉及金额3162万元。根据《严重违法失信名单管理办法》，开展列入严重违法失信名单管理工作，完成5件食品类列严工作，居全省第5位。

【消费者权益保护】 精心部署开展“3·15”国际消费者权益日系列活动，主要包括公布消费维权十大典型案例、开展“你点我检”质量抽检活动、开展线下实体店七日无理由退货承诺活动、开展计量服务进集贸市场、超市活动、开展侵害消费者权益专项集中整治活动等。推进放心消费创建，分别联合孝感市交通运输局、市住建局制定了《孝感市机动车维修行业放心消费创建活动实施方案》《孝感市住宅装饰装修行业放心消费创建活动实施方案》，创建放心消费示范单位116家，向湖北省市场监管局择优推荐4家省级放心消费创建示范单位。加强消费维权服务站建设，引导各企业、商场和超市建立消费维权服务站，前移维权“关口”，新设立标准化消费维权服务站31家，新发展ODR（在线纠纷解决）企业60家，ODR总数已达163家。高效完成“12315”与“12345”热线“双号”并行工作，培训102名具体承办消费投诉检举处理的“12315平台”操作员，发布消费提示8期。2022年，全市“12315”平台处理消费者投诉11444件、咨询9914件、举报2712件，为消费者挽回经济损失973.8万元。

（撰稿：付红武、鲁小华、钱志强）

知识产权管理

【概况】 2022年，孝感市市场监督管理局健全知识产权工作机制，整合知识产权工作资源，加大知识产权保护力度，构建知识产权保护矩阵，不断激发市场活力。孝感入选首批国家知识产权强市建设示范城市和试点城市名单。2022年，完成知识产权质押融资额突破4.2亿元，建立孝感市知识产权保护中心、16个知识产权保护工作站和16个商标品牌指导工作站，为创新主体提供“一站式”精准维权保护。

【知识产权创造】 2022年，全市知识产权工作新增专利授权5662件，专利总量突破2万件。全市有效发明专利2745件，万人发明拥有量从上年度的5.51件增长到6.55件，每万人高价值专利从1.25件增长到1.6件。全市新增商标5998件，商标总量突破4万件。地理标志总数达到40件，地理标志专用标志使用权企业总数达到105家，产值15亿元。实现专利转让许可616件，较上年度增长80%以上。

【知识产权保护】 组织21家企业申报湖北省“三大工程”项目，8家企业成功获批。组织11家企业申报省级知识产权优势企业，其中4家企业成功获批。组织8家企业申报2022年度湖北省知识产权双创服务基地。组织3家企申报了2022年度专利导航及知识产权软科学研究项目。2022年，争取到省“三大工程”转化引导和发展资金75万元，惠及市知识产权重点企业8家；争取到省专利转化专项资金100万元，用于资助中小微企业转化运用。孝感市出台《专利转化专项计划资金管理办法》，落实2021年孝感市本级知识产权优势培育企业奖励项目，市财政国库拨付孝感市天茂铝业等11家企业知识产权示范企业奖励资金55万元。

【知识产权协同保护】 孝感市与武汉、黄石、鄂州等9个城市签订知识产权保护同城化发展合作协议，进一步强化跨区域知识产权协同保护效应。孝感市下辖的汉川市、应城市、大悟县，分别同武汉蔡甸区、荆门京山市、随州广水市建立知识产权跨区域执法保护机制。

【知识产权质押融资】 深入推进知识产权质押融资，联合中国人民银行孝感市支行发布285家知识产权质押融资授信企业“白名单”，指导企业将知识产权优势转化为产业优势。通过知识产权质押助企融资4.14亿元，同比增长81.2%。

【建立知识产权转化运用需求库】 积极向企业宣传“知慧桥”专利运用公共服务平台、知识产权质押融资等新政策，向企业发放《问卷调查表》《需求征集表》1000余份，收集企业知识产权转化运用需求线索300余条，形成企业知识产权转化运用需求库，并从中梳理出有价值线索102条上传到省“知慧桥”专利运用公共服务平台。

【孝感入选国家知识产权强市建设试点城市】 8月4日，国家知识产权局公布了首批国家知识产权强市建设示范城市和试点城市名单，孝感入选国家知识产权强市建设试点城市。试点示范时限自2022年7月至2025年6月。孝感市将创建国家知识产权强市建设试点城市列入全市重点工作目标，通过争创试点城市，优化营商环境，增强孝感城市的软实力，打造“国家级”名片。2021年以来，孝感市不断强化知识产权顶层设计，构建知识产权保护大格局，知识产权创造质量、运用效益、创新主体培育、保护效果等全面提升。孝感市将知识产权保护绩效纳入对各级党委、政府绩效考核、优化营商环境评价体系。

（撰稿：付红武、鲁小华、钱志强）

栏目编辑：秦荣

开放型经济

开放型经济

综　述

【概况】2022年，全市全年实际利用外商直接投资（FDI）16359万美元，总量居全省第2位，仅次于武汉，完成省定（FDI）目标的115.1%，提前3个月完成全年任务。对外贸易稳健发展。全市外贸进出口173.8亿元，同比增长28.7%，高于全省平均水平13.8个百分点。社零总额持续增长。全市社会消费品零售总额1241.1亿元，同比增长3.6%，高于全省(2.8%)0.8个百分点，增幅居全省第3位。

【消费复苏】 落实国家、省助企纾困、促进消费恢复发展政策措施，出台《孝感市关于加快消费恢复提振若干措施》《孝感市2022“荆楚购”促消费活动实施细则》《孝感市“湖北消费·智趣生活”活动实施细则》《孝感市2022年汽车以旧换新专项行动实施细则》《孝感市关于进一步激发市场活力稳住经济增长的若干措施的通知》，设立专项资金，派送政策“大礼包”促消费。全市新增限上单位652家，超额完成200家的年度目标任务。发放4轮、9批次“惠购湖北”市域消费券，财政资金总投入6212万元，全市9.4万家商户参与活动，累计拉动消费金额2.55亿元。组织16家参展商参加第二届消博会，现场达成采购金额5210万元；组织参加大健康博览会、国际肉类产业博览会暨产销对接大会，取得明显成效。启动县域商业体系建设工作，开展楚大厨培训项目（应城市祁建国餐饮文化管理工作室被确定为2022年度楚菜大师工作室），做好“一篮菜”产业链工作。

【对外贸易】 推动出台《关于加快推进外贸高质量发展的意见》《孝感市开放通道发展行动计划（2022—2025）》。组织72家次外贸企业参加第131、132届网上广交会，签订意向合同2500万美元。组织线上RCEP政策系列解读培训、参训企业超过300家次，组织“楚贸通”3+4数字化服务功能在线培训。举办跨境电商产业带峰会，帮助商家通过速卖通开拓市场。组织企业参加中国—中东及北非国际贸易数字展览会、中国—东盟线上展览会等展会，结合孝感产业特色，申请设置孝感婴童用品专场，组织15家企业参加专场对接洽谈。组织40余家企业参加5个批次省商务厅组织的“荆楚云展”；100余家企业参加进博会、亚欧博览会等重要展会；组织孝感红贡茶、湖北悟道茶、湖北尖峰茶叶参加湖北茶叶出口俄罗斯专列首发活动，孝感红与俄罗斯签订5000吨茶叶合同。落实包保责任制扶持重点企业增势强劲，汉川天基生物全年出口8000万美元。发挥5个外综服务中心（孝感、汉川、应城、安陆、大悟）服务功能，助力27家外贸企业实现出口“零”的突破、新增出口额1.23亿元。协助推动市临空区B型保税物流中心项目建设，牵头做好纺织服装产业链工作。启动一般原产地证明业务办理，实现即来即办、当日拿证，全年市贸促会为企业出具原产地证明书72份。

【利用外资】 6月，由孝感市商务局承办的全省首次利用外资工作现场会在孝召开，副省长赵海山出席会议并讲话，市委、市政府主要负责人分别致辞、作典型发言。牵头建立重点外资企业和项目联合跟踪服务机制，会同相关部门对全市16个重点外资企业（项目）实行“一企一策”跟踪服务。发挥外商投资企业协会平台作用，强化政策宣传，推动惠企政策落地见效。组织《外商投资法》及其相关配套法规、规章和外商投资鼓励类项目减免税政策、外商利润再投资相关政策等方面线上培训，增强商务系统干部贯彻落实政策和服务外资企业能力。迎接省人大《外商投资法》贯彻实施情况实地检查，孝感外资工作得到检查组高度肯定。

【对外经济合作】 湖北禾丰粮油在莫桑比克设立的“中国·莫桑比克联禾境外经济贸易合作区”,获省商务厅首批认定(全省仅6家),孝感市境外经济贸易合作区实现“零”的突破。湖北富邦科技股份有限公司获“全省优秀外经企业”荣誉称号,全省共14家企业受到表彰,其中武汉9家,黄石2家,襄阳、宜昌、孝感各1家。

【电子商务】 3个国家级、4个省级电商进农村综合示范县运行稳定,全市建成县级公共服务中心7个、县级物流配送中心6个、乡镇和村级电商服务网点495个。举办“孝感·2022年全国网上年货节”,全市50余家本地电商平台、生活类服务电商平台、直播电商机构踊跃参加,主要商品200余款,网络销售超1000万元。云梦县电商创业园、应城市海山电子商务创业孵化园获评省级电商示范基地,云梦众创天盈信息科技有限公司获评省级电商示范企业。全市带货主播数达210个,直播4.6万场,同比增长55.6%;参与直播的商品网络零售量1743.6万件,实现网络零售额3.9亿元,居全省第5位。全市全年实现网上零售额58.6亿元,同比增长4.42%,高于全省3个百分点,总量居全省第6位。

【“孝感好物”公益助企系列直播】 孝感市委宣传部、市商务局携手“京东”开展“孝感好物”公益助企大型全媒系列直播活动。积极组织各地、大型商超开展美食月、直播电商节、汽车展销会等“荆楚购”系列促消费活动。其中孝南区举办“孝有仙品·2022年孝南品质生活周暨乡村振兴直播电商节”,活动期间实现综合销售额1.04亿元;安陆开展“相约春天 消费安陆”活动,直接带动消费5738万元,应城举办“庆丰收、迎盛会”农民丰收节,汉川开展“吃在汉川、品尝河鲜”美食月活动。

【菜市场改造提升】 孝感市委、市政府高度重视菜市场改造提升工作,对现有菜市场智慧化改造升级,优化消费环境。2022年,全市完成36个菜市场升级改造。通过招商引进中国供销集团下属北京新合作邻里商业管理有限公司投资新建或改造菜市场,对已建和拟建集贸市场经营权打包委托给专业的企业经营管理,提高专业化、标准化水平。

【优化营商环境】 推动5个外综服务中心入驻“楚贸通”平台,为全市311家外贸企业提供资质代办、通关物流等一站式服务、咨询1200余次。与宁波港东南扬子江物流、省报关协会、中铁物流、中欧班列加强合作,推动B型保税物流中心落地建设,拓宽跨境电商结算渠道,持续提升跨境贸易便利度。牵头建立全市重点外资企业和项目联合跟踪服务机制,确定全市重点外资企业和项目16个,明确各部门跟踪服务工作联系人。

【主城崛起】 2022年,主城“三区”社会消费品零售总额246.94亿元,占全市社会消费品零售总额的19.9%;限上商贸单位453家,占全市限上商贸单位总数的31.1%;在库法人企业221家。限上批发、零售、住宿、餐饮业分别有106家、190家、19家、138家。其中限上批发业累计销售额223.48亿元,占全市批发业的44.5%;限上零售业累计销售额171.89亿元,占全市零售业的64.8%;限上住宿业累计营业额3.64亿元,占全市住宿业的22.7%;限上餐饮业累计营业额24.19亿元,占全市餐饮业的37.3%。外贸进出口43.4亿元,占全市外贸进出口总额的25%;出口22.4亿元,占全市外贸出口总额的15%;进口21亿元,占全市外贸进口总额的83%;有出口实绩企业81家,同比增长10.9%;占全市有出口实绩企业总数(376家)的21.6%。实际利用外资5458万美元,占全市总量(16359万美元)的33.36%;制造业实际使用外资4666万美元,占全市总量(4930万美元)的94.65%。

2022年,服务“主城三区”招商引资落户项目6个(航聚航天新材料二期项目、湖北友成塑料模具扩能项目、亨得利医疗器械扩能项目、盛剑环境先进环保装备项目、良成汽车零部件项目、西卡蓝盾防水材料项目)、总投资金额10.9亿元。

2月8日,孝感市为14家工业企业“五证同发”
(市自然资源和规划局 供图)

2022年，完成主城区18个菜市场智慧化、功能化升级改造。其中，孝南区14个（一宫、八里街、车站、大东门、金西门、民邦、南园、西大、南桥小区、建设路、润达一号广场、范家淌、园林路、挂口），高新区4个（严桥、魏站、大会、红光）。

2022年，先后组织“主城三区”企业参加中国国际消费品博览会、广交会、亚欧博览会、进口博览会、世界大健康博览会（武汉）、国际肉类产业博览会暨产销对接大会、食博会、中国（湖北）自由贸易试验区汽车跨境贸易洽谈会、汉交会、楚菜博览会、“2022孝有仙品·电商品质生活周暨乡村振兴直播电商节”、“荆楚购·孝感年货节”及“孝感·荆楚购·春潮涌动闹元宵”等国内外展会活动，帮助企业拓展销售渠道。

【孝汉同城】2022年，对标对表孝汉同城化工作有关会议、文件精神，有力有序推进商贸流通领域孝汉同城工作。完善农产品供应链体系建设，重点支持蔬菜、粮油、米酒、猪肉、蛋品等农产品发展。推荐申报全市6家企业7个项目，获省商务厅2022年农产品供应链支持资金902万元。6月，孝感市商务局与武汉市商务局签订商贸流通合作框架协议，就农超对接、应急保供、建立工作机制等方面进行深入合作。孝感麻糖、米酒、应城豆皮、云梦鱼面、安陆白花菜等特色产品进入“武字头”商超。组织云梦县皮草行业协会及企业代表参加2022年全球数字贸易大会暨第13届汉交会。

（撰稿：秦小六）

4月23日，孝感市一季度招商引资集中签约活动

（摄影：刘晨曦）

招商引资

【概况】2022年，全市新签约亿元以上项目415个，同比增长1.47%，占全年目标任务的125.76%；引进亿元以上项目总投资3859.14亿元，同比增长45.72%，占全年目标任务的175.42%。其中，总投资10亿元以上项目58个（含100亿元以上项目8个）。签约亿元以上工业项目351个，总投资3417.14亿元，分别占总数的84.58%、88.55%。

【统筹谋划】孝感市突出科学谋划，制定全市招商引资工作方案，召开了全市招商引资工作会议安排部署全市招商引资工作。创新工作机制，推进“领导带头，精兵强将”示范招商，构建市直招商引资“2+1+N”工作体系，动员全市上下全力招商。优化决策机制，坚持有质招商、择商选资，组建招商引资决策委员会，严把项目准入质量关。

【健全体系】健全招商工作体系，出台市直招商工作专班工作机制，完善重点招商信息统计周报、指标月报、季度集中签约、定期通报等工作制度。强化招商政策供给，针对招商引资新形势、新业态、新特点，修订重点产业政策。树立实绩导向，修订招商引资考核办法及评分细则，不断激发全员招商热情。搭建数字招商平台，拓展招商引资新渠道，为招商引资工作赋能。

【补链配套】突出招大引强，持续在链上发力、向质上聚力，推进精准招商、靶向选商。聚焦十大产业，摸排全市光电子信息、纺织服装、新能源汽车及零部件产业链相关企业情况，梳理形成招商目标企业统计表。全市全年共引进十大重点产业链“强链、补链、延链”项目314个、总投资2607.73亿元，分别占引进亿元以上项目总数的75.66%和67.57%。

【招商活动】先后组织孝感市2022年第一季、第二季度集中签约活动，统筹组织参加2022中国—北欧经贸合作论坛暨世界500强对话湖北系列活动，联合市临空区在武汉开展新能源锂电池专题招商活动，组织参加湖北省新能源与智能网联汽车产业发展对接会、云上投洽会、湖北—广东纺织服装产业发展对接会等大型专题活动10余次，推动一批项目现场签约。指导各县（市、区）开展光电子信息、高端装备制造、生命健康、新能源与智能网联汽车等各领域产业专题招商活动30余次，营造全市大力开展招商引资浓厚氛围。

【项目研判】 组织召开市直招商引资项目推进领导小组会议、市政府新能源项目产业招商专题会议、市本级重点招商引资项目专题汇报会等工作会议10余次，拟制华能景能科技、英利能源、孝感超算中心、英众智能电子、灿越科技、高倍聚光光伏、京科数字、华强方特等各类项目研判报告20余篇，积极发挥参谋助手作用，促进一批招商引资项目早日洽谈、加快签约。

【"走出去、引进来"】 聚焦五大重点区域，将京津冀地区、长三角城市群、武汉都市圈、粤港澳大湾区、海峡西岸等作为招商重点区域，组建招商服务中心，充实招商小分队力量，"走出去、引进来"对接项目80余批次。孝感市政府领导带队开展小分队招商20余批次，先后赴江西省九江市湖口县五洲特纸五星纸业公司、安徽省滁州金诺(鑫诺)实业有限公司、武汉市正威国际集团华中总部、湖北联投、北京一雄信科技有限公司、北京千方科技股份有限公司、中储国能(北京)技术有限公司、北京ABB电气传动系统有限公司等企业进行考察，拜访浙江省发展规划研究院、浙江清华长三角研究院杭州分院、中国兵器装备集团有限公司、北京孝感商会等单位，接洽推进合作项目，促进项目签约落地。积极邀请重点客商到孝感市实地考察，先后接待国开青旅集团、湖北联投集团、上海物工精密、中环信环保科技等企业考察团到孝感考察60余批次，大力宣传孝感市投资环境，接洽推进合作项目。

【落地服务】 用好"三区"拉练、"四看四比"、"五化"管理等行之有效的工作载体，持续推进项目"落户地+引进单位"双秘书制，组织召开10余次招商引资项目专题会议，有力地推动了英众智能电子、华能景能科技等重大项目签约落地。协调解决孝感市直、临空区和孝南区13家招商引资企业17名高管子女入学手续。对2021年以来全市招商引资项目亿元以上项目督查2次，及时跟踪项目进展情况，梳理存在问题清单，分析原因，并提出工作建议。

(撰稿：孙静馨)

对外贸易

【概况】 2022年，在市委、市政府坚强领导下和省商务厅具体指导下，全市商务系统努力克服疫情以及全球贸易摩擦等诸多不利因素影响，全力帮助外贸企业稳订单抢市场，扎实稳住外贸基本盘，外贸进出口、出口、进口实现稳定增长，增幅均高于全省平均水平。全市进出口总额173.8亿元，同比增长28.7%，总量全省排名第7；其中外贸出口148.5亿元，同比增长29.1%；外贸进口25.3亿元，同比增长26.5%。

【海外市场拓展】 组织72家次外贸企业参加第131届、132届广交会，累计争取展位153个，助企结识新客户400余家，签订意向合同2000万美元。先后组织43家企业参加5个批次的"荆楚云展"，组织100余家企业参加进博会、加工贸易博览会、亚欧博览会等重要展会。组织孝感红与俄罗斯签订5000吨茶叶合同，推动孝感红贡茶成功申报省级公共海外仓。组织4家企业参加"2022年湖北名品走进巴西"线下代参展活动。组织云梦县皮草行业协会及企业代表参加2022年全球数字贸易大会暨第13届汉交会。助力灵扬食品利用国际市场需求旺盛的有利时机加大出口，预计全年实现出口超2000万美元。助力天基生物利用先进技术加大出口力度，预计全年实现出口超1亿美元，成为孝感市首个出口破亿美元的大型出口企业。

【园区基地建设】 获批1个国家级外贸转型升级示范基地(云梦皮草)、4个省级外贸转型升级示范基地(童车、禽蛋、皮草服装、纺织纱线)、1个省级公共海外仓(孝感红—俄罗斯海外仓)、1个省级加工贸易产业园(高新区)、湖北省首个日商产业园、汉川国家级经开区，区域外贸产业加快向"专精特新"发展。国家级高新区和4个省级开发区实现外综服全覆盖。孝感米酒入选第二批中欧地理标志。

【外贸综合服务】 发挥5个外综服务中心(孝感、汉川、应城、安陆、大悟)服务功能，助力27家外贸企业实现出口"零"的突破，新增出口额1.23亿元。推动全市5个外综服务中心入驻"楚贸通"平台，为311家外贸企业提供资质代办、通关物流、外贸谈判、结汇退税、融资服务等一站式服务、咨询1200余次。与中信保湖北分公司签订《2022年度合作要点》，推动小微企业出口信保全覆盖。加强与人保、中信保的沟通协调，鼓励中小企业加大自主投保力度。与宁波港东南扬子江物流有限公司签订战略框架协议，与省报关协会签订合作备忘录，与中铁物流上海分公司达成合作协议，在物流方面给予企业更多优惠服务，帮助企业规避和降低国际贸易风险。积极同中信银行汉阳支行联系，帮助大悟县湖北首通电磁线科技股份有限公司争取贷款500万元。协调招商银行为汉川天基生物提供“订单贷”。组织3次线上RCEP政策系列解读培训，参训企业超过300家次。联合市贸促会举办《孝感市外贸企业RCEP实务应用及原产地证申报业务培训暨孝感市跨境电商产业带峰会》，培训商务系统干部、外贸企业业务骨干110余人。筑牢打击走私防线，推动成立全市打击走私综合治理工作领导小组，成功召开打击走私工作联席会议。积极做好中国（湖北）自贸试验区第六批试点经验复制推广。

【外贸主体培育】 2022年，全市新增出口实绩企业65家、累计376家。其中出口过千万美元企业17家，外贸市场分布169个国家（地区），主要出口产业分别是纺织服装、机电和化工。协助应城卓优进出口有限公司获批医用口罩、医用绑带口罩两项产品“白名单”出口资质；助力灵扬食品利用国际市场需求旺盛的有利时机加大出口，全年实现出口超2000万美元；助力天基生物利用先进技术加大出口力度，全年实现出口超8000万美元。积极培育农产品出口主体，全市全年农产品出口4.8亿元，同比增长超过一倍。

【专项资金申报】 积极争取外经贸资金支持，兑现2021年度中央、省级外经贸发展专项资金因素法分配资金397.17万元。省商务厅批复孝感市2022年中央外经贸专项资金385万元（含加工贸易、中小企业开拓国际市场、境外展会、贸易救济、出口信用保险、加大吸引外资、对外投资合作事项），批复省级外经贸专项资金824万元（其中，项目法分配资金504万元，因素法分配资金220万元，提升县域经济外向度奖励100万元），因素法分配资金方案已报市政府通过。积极兑现2022年市本级重点出口企业、市直出口奖励149.43万元。

（撰稿：秦小六）

对外经济合作

【概况】 2022年，全市对外经济合作平稳发展，新增境外投资项目4个，涉及老挝、秘鲁、马来西亚、摩洛哥等国家和地区；全市新增实际对外直接投资289万美元，总量居全省第6位。加强对外投资合作政策宣传，积极支持企业有条件的企业“走出去”，依托湖北省企业“走出去”综合服务平台，稳妥开展境外投资、对外劳务合作和对外承包工程。组织外经企业参加境外风险防范交流学习，进一步提高企业境外发展安全意识。

【合作渠道建设】 富邦科技、安陆禾丰、新都化工等16家企业在境外设立办事处或建厂，孝感红贡茶在俄罗斯设立两个中国茶海外展销中心，已有109家国内大中型茶企入驻。富邦科技股份有限公司获“全省优秀外经企业”荣誉称号（全省共14家）。

【入选省级境外经济贸易合作区】 3月，省商务厅首次认定6家境外经济贸易合作区为2022—2023年湖北省境外经济贸易合作区，其中湖北禾丰粮油集团有限公司在莫桑比克设立的“中国—莫桑比克联禾境外经贸合作区”上榜。这是孝感市首家获认定的境外经济贸易合作区。湖北禾丰粮油集团有限公司在莫桑比克注册成立联禾非洲农业发展有限公司后，积极开展合作区建设，合作区总占地面积约1000公顷，主要以水稻种植为主，同时，利用大米加工厂的副产物，发展循环农业，饲养畜禽和种植蔬菜，带动当地农民学习水稻种植技术，对推动当地农业产业发展和减贫工作起到示范带动作用。

【外派劳务】 开展出国务工知识宣传，加强同人社、公安出入境等部门联系，进一步规范全市外派劳务管理。办理外派劳务备案41批次共69人，主要从事建筑劳务、农业种植、服装工、研学等。加强外派劳务平台建设，完善外派劳务纠纷处置机制，促进外派劳务市场健康发展。

经贸促进

【概况】 2022年，孝感市坚决贯彻落实习近平总书记关于贸促工作指示批示精神以及国家、省贸促工作会议精神，在经济下行压力加大和疫情延宕反复的严峻形势下，始终坚持党建引领，紧紧围绕贸促中心工作，积极发挥贸促会联通政企、融通内外、畅通供需的优势，进一步织密服务企业网，推动孝感贸促工作全方位提质提效。

【商事服务】 启动一般原产地证明业务办理，实现即来即办、当日拿证，6月，孝感市贸促会为企业出具首份原产地证明书。举办全市外贸企业RCEP政策解读及原产地证申报实务培训会，编印《原产地证申报业务常见问题及解答》手册，向全市90家企业就原产地证申报和国际商事认证实务、涉外商事纠纷的预防与解决途径、RCEP协定主要内容及规则下外贸企业如何应对机遇和挑战三个专题做了全面、翔实、深入的介绍。7月，组织外贸企业赴仙桃市参加全省医疗器械及防护品国际规则认证培训。

【经贸活动】 组织企业参加中国—中东及北非国际贸易数字展览会，结合孝感产业特色，申请设置中国—东盟线上展览会孝感婴童用品专场，组织16家企业参加专场对接洽谈。积极动员5家企业参加2022辽宁国际投资贸易洽谈会。成功组织湖北永怡护理品有限公司、湖北联立塑胶科技有限公司等4家外贸企业参加“2022年湖北名品走进巴西”线下展会。组织企业参加省贸促会举办的破“七”破局——跨境电商系列培训，与市商务局共同组织阿里巴巴跨境电商峰会，指导帮助企业开展跨境业务。开展“投资中国”平台的运行维护，设置孝感推介专区。借助贸促系统资源和渠道，与中国欧洲经济技术协会召开线上洽谈会，推荐孝感优势产业和项目。

【外资企业服务】 孝感市贸促会同市商务局联合印发了《关于成立服务外资企业工作专班的方案》，成立了服务外资企业工作专班，建立健全与相关部门的信息共享渠道和企业诉求联动响应机制，积极宣传政策，收集解决企业招工、原材料采购等方面的问题诉求，并寻求上级部门支持。

（撰稿：秦小六）

栏目编辑：秦荣

孝汉同城化发展

孝汉同城化发展

综　述

【概况】 2022年,孝感市全力打造武汉都市圈重要节点城市,深化孝汉交通畅达、产业协同、要素流通、民生共保和生态共治,完善上下联动、全面对接、考核督办等体制机制,持续推进一批同城化发展重大项目、重大合作事项落地,推动孝汉同城化发展乘势而上。印发《工作简报》10期,在《孝感通讯》策划"孝汉同城"专栏,及时向武圈办报送信息。《湖北日报》《长江日报》《孝感日报》等媒体相继对孝汉同城化发展进行报道,营造良好舆论氛围。

【同城化发展工作重点】 2022年,孝感市制定《孝汉同城化发展2022年工作要点》,明确16项主要年度任务,持续推进67个同城化发展重大项目、38个重大合作事项落地,其中49项目(事项)纳入《武汉城市圈同城化发展2022年工作要点》。印发《关于调整市孝汉同城化发展工作领导小组的通知》,完善和调整孝汉同城化发展工作领导小组组织架构、工作机制、责任分工等。对接武圈办、武汉城市圈研究会,加快推动《孝汉同城化发展规划》编制工作。

【对接机制建立】 2022年,孝感市建立常态化与武汉对接机制,与省级层面和武汉市建立多层次、全方位交流协作机制,不断丰富孝汉同城化发展路径。孝感市委、市政府主要领导分别与省交投集团、武汉城建集团、中国移动湖北有限公司、华为湖北公司、中科大脑股份有限公司、恒信汽车集团等企业对接,谋求产业合作。恒信楚能新能源锂电池生产项目落户孝感,孝感市政府与中科大脑股份有限公司签订战略合作框架协议。市直部门与省直部门及武汉市对口单位开展常态化工作对接,签署《武汉城市圈城市生态环境合作协议书》《汉孝自然资源和规划同城化高质量发展战略合作框架协议》《汉孝同城税收共治战略合作框架协议》等43项合作协议。市孝汉同城办多次赴武圈办对接,并重新选派人员到武圈办挂职。各县(市、区)分别与武汉各行政区、高校等达成合作协议,建立常态沟通机制。应城市、云梦县、安陆市分别与江汉大学、华中农业大学、武汉科技大学签订战略合作协议。湖北省人民医院与汉川市精神病医院签约成为医联体。

【市域联动机制建立】 2022年,孝感市坚持市级统筹、县市主体、上下联动、全域一体,强化县域实战主体,建立市县两级工作联络机制;专班人员分别对口联系10个实战主体和5个牵头单位,形成贯通融合、执行有力的协作体系。实行周例会和重大事项议事机制,每月制定重点

沿江高铁汉川段

(孝汉同城办 供图)

工作计划，月末通报工作进展。印发专班人员管理制度，定岗定责，打通使用。建立市委、市政府主要领导重要指示批示精神和省区域办、武圈办重点交办事项销号机制，建立台账，实行挂号、销号管理，全力抓好跟踪落实。建立孝汉同城化发展2022年重大项目、重大事项清单，明确责任单位，每月调度推进情况。完善《2022年孝汉同城化发展考评办法》，纳入重点督查事项、"五化"管理和年度目标考核，实行定期调度、动态跟踪、严督实查。

（撰稿：李国令、蔡秀君）

孝汉应高速汉川段桥面铺装现场

（孝汉同城办 供图）

交通互联

【概况】 2022年，孝感市着力推进沿江高铁、武西高铁枢纽直通线、京港澳高速改扩建、硚孝高速二期、孝汉应高速、武大高速、地铁20号延伸线等22个交通基础设施项目建设，陈天大道建成通车，打通"断头路"，畅通"瓶颈路"，实现主城直通、县城畅通、全域连通。

【107国道孝感市肖港至张公堤段改建工程】 12月，107国道孝感市肖港至张公堤段改建工程建成通车。该工程起于孝感市孝南区肖港福银高速公路孝感北互通出口处，止于张公堤（孝感市与武汉市交界处），顺接107国道武汉段。路线全长37.241千米，按一级公路标准（城区路段兼市政道路）建设。

【武汉至大悟高速公路建设】 武大高速全长约124千米，双向四车道高速公路标准，以麻竹高速公路为界分南北两段。南段76千米，其中，武汉境内70千米，大悟境内6千米；北段约48千米，全部在大悟境内。总投资65亿元。武大高速南段6千米已全部完成固定资产投资。北段48千米累计完成路基工程、桥涵工程和88%的路面工程。截至2022年年底，完成投资183850万元，占年度计划160000万元的114.9%。

【硚孝高速（二期）建设】 硚口至孝感高速公路二期项目路线起于京港澳高速灯塔互通，止于孝感市毛陈镇焦湖村，路线全长12千米。其中，孝感段8千米、武汉段4千米，双向四车道高速公路标准，总投资29.56亿元。该项目2018年年底开工建设，孝感段自开工累计完成投资159000万元，占总投资的80%，已完成96%桥梁工程、68%的路基土石方。葛南线/林枫线、木泉线/泉孝线、玉孝二回线已于12月3日前完成迁改任务。项目毛陈收费站北移设计变更于11月16日获省交通运输厅批复。东山头互通已于11月25日召开专家审查会，年底前按要求修改工可报告及收集相关资料。

【G316孝南新铺至云梦伍洛段新建工程通车】 12月，G316孝南新铺至云梦伍洛段新建工程正式通车。该工程起于孝感市孝南区上鲍家湾附近，接107国道孝感南段改建工程，终点位于云梦县伍洛镇熊家台以北，与新316国道对接，路线全长15.456千米，按双向六车道一级公路兼城市快速路标准建设。

【孝汉应高速建设】 孝汉应高速（即武汉都市区环线高速福银至武荆段）起于孝感市孝南区肖港以西的幸王湾，止于汉川市麻河镇东北的肖杨角，途经孝南、云梦、汉川，全长34.5千米，按设计速度120千米/小时、路基宽34米的双向六车道高速公路标准建设，总投资约74.39亿元。该项目工可、初步设计、施工图、建设用地均已批复。2020年12月，该工程开工建设。至2022年年底，已完成全部临建工程，60%的路基工程，68%的桥涵工程，45%的房建工程。2022年累计完成投资237883万元，占年度计划230000万元的103.43%；开工累计完成投资437933万元，占总投资743905万元的58.87%。

【京港澳高速公路湖北境鄂豫界至军山段改扩建工程】 2022年，京港澳高速公路湖北境鄂豫界至军山段改扩建工程项目工可、初设、施工图、建设用地、施工许可均已批复,已完成全部临时工程、6.6%的路基工程和6.16%的桥梁(涵)工程,开工累计完成投资20.443亿元,占总投资140亿元的14.6%。该项目是湖北省工程规模最大、投资金额最高的单一高速公路改扩建项目,全长158千米,总投资210亿元。其中孝感段121千米(途经大悟县、孝昌县、孝南区),总投资140亿元,整个项目由现有的双向四车道扩建为双向八车道。

【汉北河南垸至新沟段航道工程建设】 汉北河南垸至新沟段航道工程是湖北省"十三五"省补助投资的水运工程重点建设项目,涉及汉北河、大富水两条河流,途经孝感市汉川、应城、云梦、孝南4个县(市、区),全长61.9千米,按Ⅲ级航道标准建设。其中,汉北河南垸至新沟段40.2千米、大富水应城城关至南垸段21.7千米,总投资3.65亿元。截至2022年年底,该项目专题报告、施工图设计等均已批复,前期工作已完成。汉北河南垸至新沟段航道整治工程1~6标段已于10月15日重新开工,已完成投资2.2亿元,占年度计划2.75亿元的81%。

(撰稿:李国令、蔡秀君)

产业协同

【概况】 2022年,孝感市加快推进汉孝临空产业园、汉川长飞科技园、武汉经开区汉川合作示范区共建园区建设,云梦县隔蒲潭工业园获批省级承接盐化工新材料产业转移示范区。加大对汉招商,汉孝产业同链趋势不断加深。总投资675亿元的恒信楚能新能源锂电池生产项目,成为孝感首个投资额度最大,科技含量最高的工业项目;总投资42亿元的武汉轻工大学临空校区落地,成为孝感临空区首所国内一流学科建设本科高校。

【产业承接与园区合作】 汉孝产业园。截至2022年年底,汉孝产业园建成起步区约5平方千米,总投资额约35.7亿元,水、电、路、气、公园、服务中心、还建房等设施基本齐备。累计通车道路15千米、雨污水管网17.1千米;绿化面积477亩;配套日处理1万吨污水处理厂一座;新增自来水管网11.4千米,配套加压泵站一座;新增燃气管网7.47千米;建成电力电网6.04千米。剩余11.8平方千米合作区及孝汉大道西侧康养区7平方千米暂未开发。园区累计签约项目25个,签约总额突破130亿元,其中10亿元以上的重大项目6个,已投产项目6个,已开工项目6个,工业项目总占地面积达2900亩。园区按照产业规划,从三个方向持续推动产业发展。一是围绕新型材料推动纸卫品产业升级。依托千芝雅、金三发龙头引领效应,聚焦上下游产业链,开展产业链招商,以商招商,重点关注全棉水刺无纺布与下游应用(应用于家庭、医疗卫生用品),生产设备及相关配套产业,助力孝南打造"中国卫生用品之都"、500亿元产值纸卫品集群。二是持续做大做强食品产业集群。立足于孝南区食品产业基础和武汉都市圈的消费市场,发挥"麦当劳供应链智慧产业园"的集群带动作用,进一步将产业链拓展延伸,招引一批时尚新潮的网红食品、饮料企业,助力孝南打造华中绿色食品产业集聚区、100亿元产值食品产业集群。三是重点突破装备制造产业集群推进鼎陨新能源专用车项目落地开工,继续引进装备制造、汽车零部件龙头企业,重点聚焦新能源整车、电池、电控、电机重要部件及其配套环节。

中国光谷·孝感产业园。该园又称孝感激光产业园,截至2022年年底,已引进苏州领创、武汉万力威、武汉吉事达、苏州力士乐、湖北希欧等6家激光企业入驻,拥有激光雷达、激光5G等领域先进技术。其中三江红阳1.2万瓦激光设备技术国内领先。激光产业园还将扩至1000亩,拟在两年内引进大中小功率激光器、激光切割机、激光探测器、激光焊接器、高端激光成套设备等研发生产企业30家左右。项目全部达产后,预计年销售收入达40亿元,将形成大功率激光成套装备的研发、制造和销售的产业集群。同时引进激光设备制造及相关配套项目,实现与"武汉·中国光谷"协作配套和融合发展。

云梦县盐化工产业园。截至2022年年底,园区企业55家。其中,化工企业42家,非化工企业13家;已投产(试生产)32家,在建9家,筹建14家;规上企业18家;高新技术企业14家;"专精特新"企业11家。2022年,实现规上工业年产值16.3亿元,年税收4595万元,分别同比增长54.1%、48%;纳税过千万元企业2家,过百万元业企业7家;固定资产投资额完成21.9亿元,同比增长21.5%;新注册企业34家,同比增长47.8%;年出口贸易额完成677.4万美元,同比基本持平;全区(镇)完成财政收入7130万元,同比增长4.6%。2022年8月,云梦县盐化工产业园被湖北省发改委认定为省级承接产业转移示范区。11月,该产业园被湖北省应急厅评定为安全生产C+等级园区。

湖北(孝感)日商产业园。该园是省商务厅2017年授牌设立的全省唯一一家日商产业园。截至2022年年底,已汇聚世界500强企业日本矢崎、车灯行业全球排名第一的日本小糸、全球汽车零部件百强企业日本提爱思以及希革斯、TDK、西川等知名外资企业32家，总投资超过100亿元，累计完成投资超过70亿元。孝感市政府按照湖北省政府“高水平建设孝感日商产业园”要求，聘请日本设计团队编制了12.5平方千米的日商产业园扩展区空间产业规划，建设集产业发展、科技研发、生产服务、生活配套等四大功能为一体的综合型第四代产业园区，以满足日资企业落户为主，兼顾其他国别，扩展区已获得国家开发银行汽车及零部件产业发展专项贷款资金22亿元，力争到2030年形成入驻企业达到100家，打造中国中部最具特色的日商产业聚集区。预计全部达产后年，园区产值将超过170亿元，税收将超过10亿元。

【文旅协同发展】 2022年，孝感市以“三资一促”为突破口，积极引进在汉文化旅游企业来孝投资。1月，孝感市政府与湖北文化旅游集团签订战略合作协议，“十四五”规划期间，湖北文化旅游集团将在孝感投资不少于50亿元开发建设文化旅游项目。3月，副市长帅逊带领文化和旅游、招商等部门负责人到湖北长江电影集团对接，邀请来孝投资文化产业；副市长石必成带领文化和旅游局、双峰山旅游度假区负责人到武汉拜访湖北文化旅游集团，邀请来孝考察投资文旅项目。湖北文化旅游集团、湖北长江电影集团多次组织专班来孝考察。2022年，孝感市推出“春日暖阳 笑看花开”金卉庄园至武汉云雾山汉孝二日游精品线路。组织孝感景区与部分到孝感的武汉媒体、景区、旅行社签订引客入孝合作合约。

【武汉轻工大学孝感临空校区项目正式签约】 1月13日，武汉轻工大学临空校区项目正式签约落户孝感临空区。该项目计划总投资约42亿元，总建筑面积约80万平方米，主要建设内容包括教室、实验实习实训用房及场所、图书馆、室内体育用房、校行政办公用房、院系及教师办公用房、师生活动用房、会堂、学生宿舍、食堂、单身教师宿舍、后勤及附属用房共十二项必须配置的校舍项目。还计划建设学术交流中心、创新科研实训基地、展览馆、校医院以及教师周转房等内容。临空校区办学规模为全日制在校生20000人。

（撰稿：李国令、蔡秀君）

2月，五洲特纸湖北祉星纸业项目开工活动在汉川开发区举行

（孝汉同城办 供图）

市场要素流通

【概况】 2022年，孝感市参与《武汉城市圈要素市场化配置综合改革试点实施方案》编制。持续推进“32232”科技合作工程。组织湖北省“科惠行动·光谷科创大走廊”孝感成果转化线上对接活动。引进院士专家16名、“科技副总”14名、“博士服务团”7名、省级科技特派员45名。发挥武汉科技成果转化平台共建共享作用，发布揭榜制等技术需求20余项，达成武汉科技成果转化意向60余项。与省直部门、武汉市开展干部互派交流15人次。市政府与中信银行武汉分行、国开行湖北省分行、湖北银行签订战略合作协议，进一步深化政银合作，提供有力金融支撑。

【城市圈科技成果转化与对接】 2022年，孝感市采取完善成果转化机制，共建共享城市圈科技成果转化平台，推动科技成果转化对接，催生发展新动能。

汉孝科技同兴。孝感市科技局加强与武汉市科技局联动，协同推进“32232”科技合作专项行动，推动武汉科技资源和成果在孝共享、转化。孝感市政府与武汉新能源研究院对接，双方就离岸科创中心、氢能产业链等形成合作意向。孝感市与东湖高新区对接，在科技招商、离岸科创平台建设、人才技术和资本运作等方面建立了合作机制。与武汉理工大学、武汉科技大学对接，就深化校地、校企合作夯实了工作基础。2022年已争取省和武汉市16名院士专家、14名“科技副总”、7名博士挂职，引进和选派省市县三级科技特派员943人（其中省级45人）。

产学研合作。2022年，全市征

集企业技术合作需求85项，转化重大科技成果96项，技术合同交易额92亿元。湖北工程学院与香润生态农业公司合作开发特色农作物种质资源创新利用项目取得实质突破；中科院长春应用化学研究所与长征装备、易生新材料等企业技术合作深入推进；组织亨德利医疗器械公司与江汉大学成功签订产学研科技合作协议；推动湖北大学与孝感高新区签订产学研合作共建协议，校地、校企合作取得新进展。

【孝感国际科技合作创新园建设】 该园又称孝感卓越科技合作创新产业园，成立于2014年9月，是一家以孵化、加速、全链条产业化服务为要点，以制度创新、组织创新为突破的双创服务机构。2022年，孝感国际科技合作创新园不断创新服务方式，采取线上接单，线上线下联动服务；人才孵化，为项目孵化赋能；连通上下游产业链，开展产业孵化服务。2022年，该园承接企业服务订单312单，实现线上服务响应472次，线下派单服务71次；服务企业20余家(含孵化器外企业)，累计开展各类技能培训50多场，培训人次达1500人，完成创业团队转化30余个，为企业输送各类人才达百余人；帮助已经入孵的企业连通上下游，完成孵化器内产业链条延伸，实现园内供销，降低企业生产经营成本。围绕"科技型中小企业—高新技术企业—科创"新物种"企业—"专精特新"中小企业培育线路，采用"一企一案"培育方式，从成长路线规划、上下游连通、外部环境分析、政策帮扶等方面为不同发展阶段的企业提供针对性服务。截至年底，卓越产业园累计服务孵化类科技型企业52家，加速类企业7家；累计引进和培育高新技术企业7家、科技型中小企业10家，创新型中小企业11家；培育规上企业3家，配合孝感市高新区管委会引进招商引资企业3家(累计1.8亿元)；服务企业拥有知识产权70余项(含已申请未授权)。2022年，孵化器内企业综合产值达2亿元，税收贡献700万元，为社会提供300余个就业机会。

【孝感市产业技术研究院建设】 2022年，孝感市围绕"一县一院"工作目标，大力推进产业技术研究院建设，取得了一定成绩。2022年，孝感市建好唯一获批的省级产业技术研究院——湖北省盐产业技术研究院。该平台共聚集各类技术研发人才37名，其中院士1名，高级职称13名，博士14名，国家人才计划学者1名，硕士2名，本科19名。盐产业研究院为盐产业相关企业提供技术咨询42项次，人员培训57人次，食盐检测等技术服务计62批次，制订行业标准和协助制订企业标准4个。大型科学仪器及设备设施对外开放共享26机次。

【金融产品与服务配套同城化推进】 孝感市强化与武汉沟通对接，积极争取各银行保险机构来孝感设立分支机构，丰富金融市场主体，壮大全市金融力量。2022年，孝感市赴武汉共走访对接银行4家，并就中信银行、华夏银行到孝设立分行事宜进行了接洽，力争光大银行尽快落户孝感。同时，推动开展政银战略合作。2022年，推动国开行湖北分行与孝感市政府签订战略合作协议，中信银行武汉分行与澴川国投签订战略合作协议。

【产业投资基金设立】 2022年，湖北政和基金投资管理有限公司与省长江产业集团合作设立的高诚澴锋2期基金已进入审批流程环节。全年子基金新增到资22500万元，同比增长152.75%，新增投资20550万元，占目标任务的293.57%，同比增长187.21%，其中宝利鑫基金投资项目2户，投资金额2050万元；湖北省新动能产业投资基金合伙企业(有限合伙)投资项目1户，投资金额18500万元。2022年，政和基金公司充分发挥政策性功能作用，大力发展融资担保、续贷周转金业务等，着力缓解实体企业融资难、融资贵问题。推动银行合作扩面，与湖北银行、邮储银行、农业银行新签了创业担保贷款合作协议，与邮储银行、农业银行新签了"4321"业务合作协议；优化业务流程，将孝感市创业担保贷款改为见贷即保批量流程办理，将续贷周转金业务流程再造后所有银行均可办理；大力推广新产品，成功与湖北银行、市临空区签署了"再担园区贷"业务合作协议，与交行的"螃蟹贷"专项产品也已达成合作意向。全年共发放续贷周转金3.85亿元以上，占目标任务的154%，同比增长69.6%；完成融资担保业务5.5亿元以上，占目标任务的101.85%，同比增长11.79%。完成政银合作业务4106万元，同比压降25.45%，占目标任务的125%。

【基础教育合作交流】 2022年，孝感市孝南区、高新区11所结对交流学校持续加强与武汉结对学校的对接交流，进一步加强两地之间学习沟通，共享教育资源，确保两地教育发展"一盘棋"。7月12日，孝感市举办全市第二届槐荫教育校长论坛，邀请省教育科学研究院院长傅华强、武汉市粮道街中学校长向进、武汉市育才小学校长晏莉作专题报告。

【中等职业教育同城化工程】 2022年，孝感市组织全市中职学校申报"3＋2"、五年一贯制高等职业教育招生计划，全市共有7所中职学校申报湖北职业技术学院、湖北轻工职业技术学院、黄冈科技职业学院、湖北财税职业学院、三峡旅游职业技术学院等校中高职贯通培养计划960人。5月中旬，举办全市职业教育技能竞赛，邀请湖北生物科技学校、武汉城市职院、武汉东西湖职校等位10余名老师担任竞赛评委；6月中旬，举办孝感市中等职业学校教学能力大赛和班主任能力比赛，邀请武汉职业技术学院、湖北生物科技职业学院、武汉第一商业学校、武汉市仪表电子学校等学校10多名职教专家担任评委，促进两地职业教学交流和教育发展。7月下旬，组织全市职业院校教师能力培训，邀请湖北生物科技职业学院信息传媒学院院长，省教师教学能力大赛专家授课；8月，组织全市中职学校教师教学能力培训，邀请武汉等地专家授课，通过教学教研活动，促进两地职业教育交流合作。

【劳务协作】 2022年，孝感公共招聘网已升级为“湖北省公共招聘网·孝感站”，打通了汉孝公共就业招聘信息网，实现汉孝人力资源、就业信息互通共享，推动招聘网信息互联互通。组织武汉专区招聘活动，举办民营企业服务月活动，累计邀请了530余家武汉知名企业到孝感市高校进行专场招聘，约提供2.2万个岗位，签订就业意向人数约1600人。武汉音乐学院选派320余名高校毕业生到孝感市中小学开展实习实训活动。

【大学生就业创业工作合作】 2022年，组织开展第五届“中国创翼”创业创新大赛湖北省选拔赛暨2022年度“才聚荆楚·创立方”大赛孝感市选拔赛工作。召开专项工作会议，制定工作计划，联合县（市、区）人才服务机构、市高新区、湖北工程学院、湖北职院，加大创翼大赛项目征集力度，支持回孝武汉高校毕业生创新创业，从征集到的30余个项目中确定10个项目推荐参加省级比赛。孝感市推荐的乡村振兴品牌孝昌“七仙红”血桃项目荣获全省三等奖。

【人才交流合作】 2022年，省选派16名院士专家到孝感市企业现场指导，解决企业生产过程中的难题。共为全市企业解决各类技术难题数24个，达成项目协议10个。持续开展汉孝人才交流活动。实施“澴川创新创业人才计划”和“才聚荆楚·立业澴川”等人才工程，大力开展人才专项引进。组织孝感市重点企业赴武汉大学、华中科技大学、长江大学等高校参加“才聚荆楚·春回校园”校园招聘会，依托人社部“猫头鹰”云人才平台举办“才聚荆楚·大中城市联合招聘”孝感专场网络招聘会，通过举办线上线下招聘会，为企业招才揽才。累计组织133家企业参与，提供就业岗位13121个。

【劳动保障监察合作】 2022年，孝感市认可武汉都市圈城市劳动能力鉴定结论，武汉都市圈城市劳动力鉴定异地委托办理和结论互认工作无政策障碍。同时，加强劳动保障监察联动，不定期召开会议交流工作，达成信息共享，用人单位诚信等级评价结果武汉城市圈内互认，农民工工资支付保证金差异化存储办法圈内企业享受同等减免，劳动保障监察案件圈内形成协查、联办，举报投诉案件圈内一地投诉协同查处，联合执法惩戒，联动响应的格局。

（撰稿：李国令、蔡秀君）

民生共享

【概况】 2022年，孝感市政务服务事项“一圈通办”达400项，全年共受理办件11.09万件，咨询办件2.06万件。其中，汉孝公积金转移业务1273笔，约2333.45万元；孝汉互贷775笔，约3.67亿元。推出免费升级“湖北职工惠游年票（1+8城市圈区域版、全省版）”，人社领域“一卡通”95项应用实现互联互通，新增开通26家异地就医定点医疗机构。《21

孝感市和美乡村示范村三合新村

（孝南区朱湖办事处 供图）

路孝汉城际公交对接合作协议》《汉孝住房公积金同城化发展合作协议》《设立“武汉大学中南医院心脏大血管外科刘金平教授工作室”合作协议》等公共服务合作协议相继签订。

【孝汉城市医联体建设】 2022年,孝感市卫健系统围绕医疗服务、疫情防控、血防联控、血液调配、急救体系、妇幼健康等方面,全面对接武汉、融入武汉、服务武汉,全力推动医疗卫生事业孝汉同城化发展。

组建专科联盟,主动融入医疗集团。孝感市中心医院与省人民医院组建五个专科联盟,与武汉协和医院、武汉儿童医院、省远程中心平台、湖北省肿瘤医院签订战略合作协议,融入武汉相关医院医疗集团。

组建紧密型医联体,双向派驻人员进行交流。湖北航天医院与武汉中南医院签约组建紧密型医疗联合体,开展“云查房”业务,与武汉同济医院肝胆胰外科陈孝平院士团队、同济医院妇产科马丁院士团队等协作,为湖北航天医院常驻帮扶、点选手术、定期坐诊查房;孝感市康复医院与湖北省人民医院签约建立专科联盟,省人民医院教授来该院授课、会诊,参加学习人员达百余人次,并为老年医学科进行会诊,对该院康复医学科的发展提出指导意见。

孝汉建立血液调配共享机制。孝汉两地成立了血液调配联动工作小组,孝汉采供血机构签署《武汉—孝感血液供应调配联动工作协议》联合做好应急血液调配工作,开展血液检验互认,加强输血技术培训,保障用血安全。自2018年签署《武汉—孝感血液供应调配联动工作协议》以来,共计支援武汉红细胞13319.5单位,血浆32908.5单位,血小板1390人份,冷沉淀13587.5单位;武汉支援孝感红细胞646单位,血小板83人份,冷沉淀96.5单位。孝汉已实现献血信息互联互通、用血费用跨地市报销。自2021年5月开通血费异地网上报销平台以来,截至2022年年底,该平台累计报销武汉市用血人员血费67人次,累计金额100795元。

孝汉加强医疗急救体系建设。孝感市搭建孝汉院前急救合作工作平台,实现了急救信息互换、急救电话互通,两地交流网络指挥调度和质量控制经验,建立区域内危重病人抢救协调机制,完善畅通大型医院抢救绿色通道。2022年,转诊至武汉同济、协和、儿童、省人民等医院347人次,增加危重病人抢救成功率,提高危重病人抢救成功率。孝感市急救中心五家急救站(市中心医院、市妇幼、市一医院、湖北航天医院、市中医院)与省人民医院、省妇幼医院、武汉中南医院、协和医院、省肿瘤医院签订医共体、医联体协议,开通绿色通道签订急危重症转诊协议,在急诊急救开展深入合作,提升救治能力。孝感市急救中心和武汉市东西湖区急救中心签订院前急救孝汉同城化发展协作书,加强院前急救同城化合作,建立完善院前急救协调机制。

血吸虫病沦河水系联防联控。2022年,武汉市东西湖区、孝感市汉川市和孝南区三地开展查螺805万平方米,查出钉螺354.93万平方米,未查出阳性螺,药物灭螺456万平方米。5月26日,湖北省沦河水系血吸虫病联防联控系列活动在孝南区东山头办事处开展,东西湖区、汉川市和孝南区30多名血防专家和技术骨干组成联合工作专班,开展了血吸虫病风险监测评估活动。

【县域医共体覆盖】 2022年,武汉大学人民医院托管汉川市人民医院,汉川市人民医院加挂武汉大学人民医院汉川医院牌子,派出专家到汉川市人民医院担任院长,安排技术人员在汉川市人民医院坐诊、查房、手术,帮助汉川市人民医院提高诊疗技术水平,汉川市人民医院在全省县级医院的综合排名迅速跃升,通过湖北省卫生健康委评审确定为三级甲等综合医院。孝感市第一人民医院、应城市人民医院、云梦县人民医院、安陆市普爱医院、大悟县人民医院、孝昌县第一人民医院等医院分别与同济医学院附属梨园医院、武汉大学中南医院、武汉大学人民医院、武汉科技大学附属天佑医院、长航总医院、武钢总医院等医院签署《对口支援协作协议书》,确立对口支援关系。

【医疗专科联盟建设】 2022年,武汉、孝感两地建立孝汉妇幼专科联盟。以省妇幼保健院为龙头,加强与区域内妇幼保健机构的联系,孝感全市妇幼保健机构加入孝汉妇幼专科联盟,畅通孝汉妇幼患者双向转诊绿色通道,推进“323攻坚行动”出生缺陷防治工作。建立传染病专科联盟。孝感市结核病防治所与武汉市肺科医院、武汉市金银潭医院建立了专科联盟,开展多方面科研合作,提供专家线上、线下的会诊和进修学习机会。

【医疗诊疗合作】 2022年,湖北省卫生健康委员会与孝感市人民政府签订协议,以孝感市中心医院为主体医院,建设呼吸、内分泌、心血管、肿瘤、妇产、儿科、传染病等专业省级区域医疗中心;以孝感市康复医院为主体医院,建设精神病专业省级区域医疗中心,提高孝感市医疗水平及救治能力。省属大医院在孝设立专家工作室。孝感市中心医院与武汉大学中南医院心脏大血管外科合作项目列入2022年孝感市、武汉市双方共同商讨签署10项合作项目之一。3月27日，孝感市中心医院与武汉大学中南医院正式签订学科建设帮扶协议，“武汉大学中南医院心脏大血管外科刘金平教授工作室”在孝感市中心医院挂牌，对帮助孝感市中心医院胸心专业的医疗技术、人才培养、团队建设、科研教学、质量管理，在心脏微创、瓣膜介入、冠脉搭桥、主动脉夹层和经导管主动脉瓣置入等大手术方面实现技术突破。协议签订以来，刘金平教授团队已来孝指导了10台心脏手术，多次联合教学查房和线下、线上学术活动，有力地促进了孝感市中心医院心脏外科发展，让群众在家门口享受高质量的医疗服务。加强与在汉高校合作。继续开展孝感市中心医院与武汉科技大学医学院合作、与武汉轻工大学签订《武汉轻工大学直属附属医院合作协议》，并共同承担护理本科班教学。截至年底，孝感市中心医院与武汉科技大学临床医学专业本科生教育、研究生教育协作，武汉科技大学临床医学专业4个临床医学专业本科班135名学生、专业学位硕士研究生31名在孝感市中心医院学习，并开展联合基金科研项目20项。

【跨市异地就医直接结算】 2022年，孝汉两地异地就医直接结算合计183301人次、结算金额60451.88万元，其中孝感参保人到武汉异地就医直接结算87889人次、结算金额57634.81万元，武汉参保人到孝感异地就医直接结算95412次、结算金额2817.06万元。

异地就医备案更加简单快捷。依托“国家异地就医备案”小程序、国家医保服务平台、鄂汇办等大力推进“网上办”，实现异地就医备案“即办秒批”。全年全市异地就医备案办理共有1635个村（社区）网点，共办理异地备案事项81848人次，其中职工15140人次、居民66708人次。

门慢特异地就医率先实现零突破。孝感市率先在全省双向开通高血压、糖尿病、恶性肿瘤门诊治疗、慢性肾功能衰竭（透析）、器官移植抗排斥5个病种的门诊特殊慢性病治疗费用跨省直接结算，慢性病参保患者在外就医再也不用将发票带回老家报销，异地就医直接结算工作快捷秒办，实现历史性“大跨越”。

异地就医结算实现数量和覆盖范围“双提升”。扩大异地定点医疗机构范围，实现异地就医定点医疗机构数量和异地就医直接结算覆盖范围“双提升”。异地就医定点医疗机构数量从2021年33家提升至2022年102家。2022年，首次将定点零售药店纳入异地就医，异地就医直接结算覆盖范围从住院结算报销扩大到门诊购药报销。截至2022年年底，孝感市累计开通异地就医定点零售药店390家，实现异地就近购药直接结算，极大增强了异地结算的便捷性。

【政务服务“跨市通办”】 2022年，孝感市以“打造武汉都市圈重要节点城市”为目标，不断优化营商环境，扎实推进政务服务互联互通，逐步解决企业群众异地办事“多地跑”“折返跑”问题。印发了《武汉城市圈政务服务“一圈通办”2022年度工作要点》《政务服务“跨市通办”2022年工作方案》，全面推进2022年孝汉同城政务服务工作落实。

发布通办事项，推动异地办事。新增一批跨市通办事项。2022年8月，在落实跨市通办事项基础上，对武汉“1+8”城市圈“跨市通办”政务服务事项（2022年）孝感市不可通办事项逐项论证分析不可通办原因，并创造条件实现跨市通办。截至年底，孝感市已实现涉及公安、公积金、教育等19个部门400项政务服务事项“一圈通办”。全年市、县两级跨市通办受理办件11.09万件，咨询办件2.06万件，有效地解决企业群众两地跑的痛点。

实现孝汉自助服务“跨市通办”。在孝感市民之家24小时自助设备完成职工基本养老保险参保缴费凭证开具、商品房预售许可证查询等63项武汉市自助服务高频事项的加载；在武汉市民之家自助服务设备正式加载孝感市职工个人参保证明查询打印、公积金账户查询等8项自助服务事项。便利异地群众全天候自助办，有效填补8小时外服务盲点。自武汉政务服务事项上线以来，全市共办理武汉自助服务事项702件。

【城市圈社会保障一体化进程提速】 2022年，孝感市加强孝汉政务“一网通办”，积极推进人社领域市本级311个政务事项“一网通办”，5个主题服务“一事联办”，17项高频事项“跨省通办”，90个政务事项武汉城市圈“跨市通办”，15个政务事项市、区两级“同城通办”“窗口通办”。

【社会保障卡无障碍转移接续】 孝感市加强武汉都市圈内的养老保险关系互联互通，部级转移接续平台的应用和推广。从2022年3月起，全市普发第三代社保卡，同步签发电子社保卡。实行新发卡和补换卡全部发行第三代社保卡，确保第三代社保卡的新增数量不低于当地持卡人数的10%，电子社保卡签发人口数量不低于46%。人社领域待遇发放全部进卡，社保卡“一卡通”人社领域95项“一卡通”应用目录全面开通。目前，省域内社会保险系统全省集中，社保卡应用互联互通，社会保障卡全省一卡通用。

【公积金互认互贷】 2022年,孝感住房公积金中心不断提升与武汉都市圈住房公积金互贷互认契合度,积极与武汉住房公积金管理中心沟通,签订《武汉孝感住房公积金同城化发展合作协议》,实现两地深层次互通协作;签订《武汉都市圈住房公积金委托扣划偿还异地贷款业务合作协议》,举办了都市圈业务合作专题会,与都市圈住房公积金共同开发搭建武汉都市圈业务服务平台,实现了圈内公积金委托扣划偿还异地贷款业务。武汉都市圈缴存职工可以使用本地缴存的住房公积金,以委托扣划方式直接偿还在武汉都市圈内其他城市的住房公积金贷款,即实现不同城市的住房公积金"打通用"。同时,不断提升缴存职工的满意度,4月,孝感市取消了武汉都市圈职工工作调动时需在孝感缴存满6个月的限制,全面规范公积金转移接续工作,截至年底已通过管理系统办理汉孝转移业务共1273笔,金额2333.45万元。进一步扩大了都市圈住房公积金制度受益范围,截至年底,武汉、孝感双方互贷775笔,其中武汉职工在孝感贷款380人,金额约1.3亿元;孝感职工在武汉贷款395人,金额约1.6亿元,孝感职工在武汉购房提取2051笔,金额约2.5亿元。

【"武汉都市圈住房公积金同城化发展第一批政策"启动实施】 3月,孝感市公积金中心与武汉住房公积金管理中心签订《武汉孝感住房公积金同城化发展合作协议》,实现两地深层次互通协作;5月,促成武汉都市圈住房公积金2022年首次工作会议在孝感举办,签订《武汉都市圈住房公积金委托扣划偿还异地贷款业务合作协议》,与都市圈住房公积金共同开发搭建业务服务平台;12月,武汉都市圈住房公积金业务服务平台上线,实现住房公积金以委托扣划方式直接偿还在武汉都市圈内其他城市的住房公积金贷款,逐步做到了住房公积金武汉都市圈内的"打通用"。

孝感双峰山至武汉木兰景区旅游公路

(孝汉同城办 供图)

【城市圈旅游卡景区通用】 2022年,孝感市将孝感旅游年票免费升级为"1+8城市圈区域版",升级后的年票可游览景区数量翻倍增加,覆盖武汉都市圈内A级景区73家,其中武汉34家、孝感10家,总面值5052元。孝感市将A级收费景区全部纳入旅游年票景区名单中。

(撰稿:李国令、蔡秀君)

生态共治

【概况】 2022年,孝感市建立孝汉森林病虫害防治、汉江生态环境防控、府河流域生态环境联合执法3项合作机制,签订《汉北河及汈汊湖跨流域上下游突发水环境污染事件联防联控协议》《府河跨流域上下游突发水环境污染事件联防联控协议》,共同打造孝汉绿色生态水廊和武汉北部生态屏障。

【府澴河流域防洪提升工程】 2022年,孝感市大力加强工程建设投入,提升防洪能力,府澴河流域系统治理工程全面开工。该项目是孝汉同城化发展重大生态环境项目,已完成项目可研审查批复、用地预审、初设编制及审查批复、招投标等大量的项目前期工作。项目重要建设内容包括对府澴河孝南、安陆、云梦、孝昌等地40.907千米堤防进行加固,新建8.878千米护岸,新建40.087千米防汛道路,拆除重建涵闸15座,进行工程管护及实施信息化建设。项目建成后将大幅提升府澴河流域防洪保障能力,修复河道岸线生态功能,保障武汉上游河势稳定畅通等。策划实施交界河湖治理项目。2022年,孝感市对孝汉交界河湖实施了大范围的治理项目,基本完成汉江下游堤防除险加固一期工程(汉川段)项目4.4亿元的主体工程施工,推动完成府澴河流域系统治理4.3亿元的前期工作并开工建设,开展投资0.7亿元的澴水河综合治理和投资1亿元的府河堤防(童家湖段)治理项目建设,确保汉孝水域防洪体系的构建和生态圈修复。

【供水保障能力建设工程】 2022年，孝感市进一步抓好水资源调度和生态用水调度管理工作，建立武汉、孝感协调机制，在抗击特大洪水时，协调运用分蓄洪区，建立分洪补偿机制。在抗旱情况比较特殊的年份，兼顾上下游、左右岸用水需求，同时兼顾孝感沦河作为孝感城区应急备用水源水量需求。推进府澴河、汉北河、汉江、童家湖等重点河湖流域建立完善流域水生态补偿机制，为上游河湖水生态治理和水环境保护筹措建设资金。协助湖北省水利厅推进好一江三河水系综合治理项目，早日实现汉孝水系畅通。

【湖库生态廊道建设】 2022年，孝感市加强水生态环境保护与修复，与武汉同调共管河湖，促进河湖水质生态管理更加优化。7月，召开汉孝两地河湖长制会商会议，就统筹推进跨市河湖共建共享，推进河湖长制同治共管开展交流，就跨市河湖联防联控机制、跨市拦漂清漂机制、跨市“四乱”清理等工作进行了深入探讨，利用汉孝跨地协商机制，由两地河长办牵头，两地市区水利和湖泊局、水政支队、堤防处（所）、闸管处、街道办事处等10余家单位现场办公，解决了存在20多年的位于两地交界的东沦河河道中的三河木材厂历史遗留问题。2022年，汉孝随三地联合开展了两轮府澴河流域巡河活动，对流域中存在的污染、“四乱”等问题进行巡查处理，河湖共管工作迈上新台阶。

【水污染治理】 2022年，孝感市深化水污染联防联控，推进水环境共治共管。推动流域综合治理合作。与武汉城市圈9市生态环境局签署《武汉城市圈生态环境合作（黄石）框架协议》，推动跨界流域协同治理。与武汉市、随州市生态环境局签订《关于统筹推进府澴河流域水污染联防联控 开启水环境共治共管共享模式的框架协议》，共同推进流域水污染综合整治。强化流域应急能力建设。与武汉市、荆门市和天门市生态环境局签订《汉北河及汈汊湖跨流域上下游突发水环境污染事件联防联控协议》，与武汉市、随州市生态环境局签订《府河跨流域上下游突发水环境污染事件联防联控协议》，建立联席会议制度，通报交流突发环境事件应急处置工作，建立完善跨区域环境应急专家库，组织跨区域突发水污染事件应急演练，不定期组成联合检查组，共同对水污染防治情况开展抽查检查，预防跨界水污染事故的发生。与河南省信阳市生态环境局签订《大悟河、竹杆河突发水污染事件联防联控协议》，共同开展隐患排查与联合监测，及时通报信息，加强污染控制。

【建立府澴河跨市生态补偿机制】 10月19日，孝感市与武汉市、随州市就流域生态补偿召开视频会议，研究讨论建立府澴河跨市生态补偿机制，三地就生态补偿达成了初步共识，标志着孝感市在完善市内府澴河生态补偿机制的同时，推动建立跨市流域横向补偿机制。2022年，孝感市与都市圈相关城市签订《武汉城市圈生态环境合作（黄石）框架协议》《府河跨流域上下游突发水环境污染事件联防联控协议》《汉北河及汈汊湖跨流域上下游突发水环境污染事件联防联控协议》《大悟河、竹竿河突发水污染事件联防联控协议》《关于统筹推进府澴河流域水污染联防联控 开启水环境共治共管共享模式的框架协议》5份协议，通过建立联席会议、开展联合监测及执法等方式，共同推进都市圈生态环境综合治理。同时，孝感市积极推动实现都市圈跨地区环境信用信息互联互通，孝汉两地生态环境局开展了府河流域交界段面水环境联合执法行动，重点对府河八一大桥至谌家矶岸线15千米范围内重点工业企业进行检查，强化了对企业的现场帮扶指导，有效防范化解了环境安全隐患。全市13个国控断面达标率和优良率均为100%，太平沙、北门岗、新沟闸、小河4个入武汉断面水质常年保持在Ⅲ类及以上，确保了“四河（府澴河、滠水、汉北河、汉江）清水送武汉”。

【水资源节约利用和保护】 2022年，为支持武汉市东西湖、黄陂等地补水抗旱和改善水生态，保障河流断面生态流量达标，孝汉两地启动生态调度对接机制，利用新沟闸、东山头闸等向武汉地区放水，保障了水量合理分配。另外，在湖北省水利厅的统筹下，武汉、孝感、天门、荆门共同会商研究推进“一江三河”水系综合治理工程。该项目是城市圈区域水资源配置重点项目，位于国家战略中的长江经济带和汉江经济带交汇区，以汉江为骨干水源，以三河（汉北河、天门河、府澴河）为纽带，以沿线湖泊为节点，构建“五线连通，七片循环”水系连通格局，实现水网互通、水量互济，缓解缺水矛盾，改善水环境。

（撰稿：李国令、蔡秀君）

栏目编辑：秦荣

园区建设

园区建设

孝感国家高新区

【概况】 2022年，孝感市国家高新技术产业开发区认真贯彻落实省市关于"主城崛起"，建设武汉都市圈重要节点城市的决策部署，坚决落实习近平总书记"疫情要防住、经济要稳住、发展要安全"的总体要求，以迎接宣传贯彻党的二十大精神为主线，迎难而上、向难求成，经济运行稳中有进、稳中向好，实现了年初目标。科技部考核中，在全国173个国家级高新区中，排名第68，比上年上升9位。在全省国家级高新区科技创新能力综合评价中，综合排名第6，较上年度前进1位。在全市综合目标考核中，获市直"三区"第一名。

【产业发展】 工业经济质效双升，产业规模快速增长，规上工业企业数量突破120家，总产值突破210亿元，工业增加值同比增长12.2%，高于全市平均水平。收入稳中求进，财政总收入完成20.99亿元，地方一般公共预算收入完成12.39亿元。完成固定资产投资110.8亿元，同比增长18.3%，全市排名第三。完成中省预算内及财政专项资金争取1.15亿元，较前五年平均增长66.68%。新签约引进项目30个，合同引资额272.5亿元，超额完成全年目标任务，体现当年签约项目质效的注册率达91%，开工率达73%，投产率达33.3%，均位居全市前列。发行政府专项债2个4.4亿元。4家项目单位设备购置贴息成功放款共计1.27亿元，贴息金额636万元。48个项目申报中长期贷款，贷款需求31.6亿元。高创投资公司实现平台融资40.7亿元。成立了产业引导基金，首期规模1亿元，在"产业政策+金融工具"产业发展模式上实现新突破。

【科技创新】 2022年，高新区科技创新持续攀高，9家企业获评省级信息化和工业化融合示范企业，全市28家，占全市的34%。新增高新技术企业、科技型中小企业62家、140家，分别居全市第一位、第四位。产业质量显著提升。规划建设八大特色产业园区，加速产业链集聚。做强汽车零部件、光电子、高端装备三大主导产业链条，三大主导产业总产值达132亿元，同比增长16.7%，对全区产值贡献率、拉动力分别达72.3%、9%。高新技术产业增加值增长12%以上，高新技术产业增加值占全区规上工业增加值比重达93.7%。高新制造业增加值占工业增加值的比重达87%。新增国家级专精特新"小巨人"企业6家，累计达到7家，与汉川并列全市第一。

【园区建设】 园区整体规划进一步完善，编制完成高新区东部发展区19平方千米控制性详细规划。承载平台全面提速，基础设施建设进一步完善。投资25亿元，新建改造道路22条，共计全长41.3千米。孝天路改造等3个城市道路改造项目、智慧产业园等13条市政道路打通了文昌大道、中北路等8条"断头路"，疏通了城市交通堵点。推进12个地块国土空间整治。产业基金配套日趋成熟，已设私募基金4只，全部应缴出资3.5亿元，实际出资2.3亿元。装备制造、光电子、汽车及零部件、大健康、数字经济5大主导产业园区加快建设，新引进了上海英众、日新汽车、分分鲜等项目21个。3大特色园区发展亮点纷呈，其中投资10亿元高创智创产业园、投资40亿元的协丰高科产业园，主体均已竣工，高创投厂房面积已达75.62万平方米，日商产业园厂房面积已达56万平方米，新引进的盛剑环保、福斯二期、红阳激光增材等项目均落户特色园区。

【社会治理】 "一下三民"（下基层、察民情、解民忧、暖民心）、美好环境与幸福生活共同缔造活动扎实开展，其中东苑社区是全市样板点，走在全市前列。以迎接二十大胜利召开为主线,开展"雷火2022"百日行动、反电诈等专项行动,刑事发案同比上年下降17%。孝天办事处、槐荫办事处"一感一度一率一评价"群众安全感测评进入全市126个乡镇前10名,居第4、第6位。省、市信访局交办信访事项均按期办结。开展了安全生产专项整治"百日清零行动",有效整改安全隐患。"五城同创"取得实效。3个街道办事处多次取得市区街道办事处考评前三佳绩。谋划17个先行片区创建工作。新增城市绿地面积2.45公顷,新建口袋公园2个,升级改造3座集贸市场,新建4个停车场和改扩建3个口袋公园。

【民生保障】 教育事业发展获重大突破,首次完成教师编制核编165人工作,面向社会公开招录教师120名,人才引进5名,极大提升师资力量。中省项目资金争取"破千万"(1674万元)。荣获国家级奖项5个、省级133个。丹阳中学、龙店中学重点高中录取分数线居城区第2、第3名,超额完成中考指标。春尚幼儿园开园,高新区公办幼儿园实现"破零",鲁迅高中9月如期开学。同升社区获评国家级充分就业社区称号。高新区医院正式挂牌。"创新宜居"新城向纵深发展,全年市政工程完成投资24.7亿元。完成6个棚改区约135万平方米的建设任务。盘活闲置土地经验入选自然资源部十起典型案例。高新区政务服务中心建成投入使用。邓家河综合片区开发进展顺利。

市临空经济区

【概况】 2022年,市临空区认真学习习近平新时代中国特色社会主义思想,坚定贯彻落实"疫情要防住、经济要稳住、发展要安全"重要要求,在市委、市政府的坚强领导下,团结带领全区人民,坚持发展"第一要务",践行"项目为王"的理念,狠抓"三资一促",克难奋进、开拓创新,各项工作迈出新的步伐。全年完成固定资产投资30亿元,签约引进亿元以上重点项目14个、合同总引资额752.7亿元,新增"四上"企业近10家。

【产城一体融合发展】 工委管委会坚持"项目为王",突出产业引领,全力打好项目落地服务攻坚战,2022年二季度,全市项目建设"四比四看"活动,临空区第三次荣获流动红旗。楚能项目招商建设受到孝感市委、市政府嘉奖,临空区荣获集体三等功。

高科技产业园建设提速。楚能新能源150GWh锂电池产业园项目一期30GWH主厂房区域3个电芯车间和中试线车间、总部办公楼、宿舍楼全部封顶,累计完成投资20亿元。华港产业园所特、振荣项目主体工程已完工,奥力汽车项目已投产,亚司达、锦能、国蒙、国洋4个项目正在进行主体工程施工。清控科创项目一期工程目前已完成,待入园项目5家。交投项目已成功签约入园企业10家,意向入园企业10家,储备二期定制厂房类企业8家,已入园企业中,50%为高新技术企业、30%为行业专精特新企业。

现代物流园提质增效。着力抓好已落户物流企业提质增效、清理整顿,申通公司改扩建项目一期主体工程已完工投入运营,申通湖北公司已整体搬迁至临空区;苏宁孝感临空电商产业园项目二期已基本完成主体工程;天山农夫供应链、复兴国药医药温控枢纽项目钢结构已经封顶,2022年5月可投入运营;华融广德冷链物流项目已投入运营;优传保税B仓项目正在进行可研及规划设计。现代物流园已初具规模,正在打造以冷链物流、商贸物流、医药物流联动发展,保税物流和物流服务业配套发展的现代物流枢纽中心、华中物流新高地。

教育科研园建设进展顺利。美珈职业学院2022年秋季招生3000余人,新增投资7000多万元,项目二期学生宿舍楼、教师宿舍楼建设顺利推进。总投资42亿元的武汉轻工大学临空校区项目正在进行设计招标。正在积极引入高水平技能教育特色高校项目,为园区项目储备技能型人才。

【招商引资】 临空区创新招商引资模式,实行平台招商和延长产业链招商,全年签约引进亿元以上重点项目14个,合同总引资额752.7亿元,其中平台招商8家,招商引资额19.2亿元。

聚焦工业项目,产业招商实效不断提高。成功签约楚能新能源、瑞翼新材料等10个科技含量高、投资强度高、亩均税收高的工业项目。在武汉、福建泉州成功举办2次招商推介会,378家企业参会,意向投资企业20余家。

依托园区平台,集聚效应明显增强。推进招商引资市场化,提高招商引资质效。交投天河智谷产业园项目、华港(空港)国际产业园和清控科创(孝感)创新基地3个平台,围绕产业链打造企业聚集区,目前已签约入园项目近20个。

发挥龙头引领,新能源产业链加速形成。以楚能新能源项目为重点支撑,强化延链补链,形成新能源产业发展合力。在龙头项目快速落地的引领作用下,区内已落地的4家新能源汽车产业链企业工程建设高效推进，2022年将逐步投产达效，同时新增重点在谈新能源产业链相关项目近10个，区内新能源产业链聚集态势初显。

【要素保障】 市临空区强化征地拆迁、土地储备、资金等要素保障，破解供水、供电、供气和道路配套等瓶颈制约，提升园区承载能力，确保重点项目顺利推进。

高质有效筑台融资，多管齐下争取资金。进一步做实临空区丰翔公司，通过多种渠道累计完成丰翔公司完成融资授信24.6亿元，实际放款17.7亿元，其中银行流动资金贷款5.37亿元、项目贷款1.08亿元、非标融资9.1亿元、地方政府专项债2.15亿元，并完成主体信用AA评级。获批省级服务业发展引导资金100万元；申报企业外贸出口奖励资金12万元。

加大土地供应力度，保障项目顺利推进。土地征收成片开发方案全省率先获批，并完成两轮成片开发方案。征地报批面积位居全市前列。累计完成12个批次共3051.21亩用地报批，其中楚能新能源项目获批1845.75亩（加上2021年，共计为楚能项目批地1960.6亩）。土地供应取得新突破。全年累计组织实施供地25宗、总面积2745.52亩。全面实施工业标准地出让，出让率100%，并完成"五证同发"12宗地。

完善征地拆迁机制，优化征地拆迁思路。建立房屋和土地征收台账，及时收集、整理征收补偿档案资料，实行一户一档管理，一月一通报。征地拆迁围绕项目转，把有限的资金用在刀刃上，全年累计征地2393亩，拆除房屋535户9.37万平方米。

破除道路瓶颈制约，交通网络内外贯通。加强外联通道建设，陈天大道于2022年5月通车。加快园区内部道路建设，横12#路（兰彬段）、纵10#路（空港科技城段）、幼儿园配套道路已完工，白水湖大道、支8#路、横9#路、支23#路、纵9#路正在有序推进；世界银行贷款项目纵1路、横8路和支50路3条道路已全部完工，道路亮化美化工程有序推进。

强化配套服务建设，承载能力不断提高。满足企业需求，提供双回路变电站保障用电需求。杨家田110千伏变电站工程竣工投入使用，临空南220千伏变电站已完成主体工程。引入中燃、澴川供水、凤凰热能等为项目企业提供高效低廉的配套服务，城市供水、供气网络已经建成。补齐公共设施和公共服务短板。公安业务技术用房、消防站、天然气门站已投入使用，正在系统谋划和推进城市商业等配套建设。

【民生保障】 2022年，市临空区加大民生工程投入力度，不断增强人民群众的获得感、幸福感。

扎实做好环保督察的"后半篇文章"。实施环境综合整治，全面推进退垸还湖，实退围垸面积7800余亩，房屋面积约14500平方米，涉及农户100余户，扯除清理围网5处。扎实推进中央环保督察问题整改工作，污水处理厂主体工程完工。

统筹做好安全生产和信访稳定工作。高度重视安全生产工作，组织开展安全生产和消防知识培训，在重要时间节点开展安全生产大检查和"回头看"，没有发生重大安全生产事故，安全生产形势稳定。狠抓信访维稳工作，落实重点人群包保和大接访机制，全年共接待群众来访87批次，通过阳光信访平台办理案件20件，办理"12345"政务热线433件，全力维护社会和谐稳定。

强力推进重点民生工程。完善医疗教育配套，投资6000万元的第一实验小学工程完工，即将投入使用；闵集幼儿园已投入使用，闵集中学改扩建方案正在制定；北大未名高中项目已在紧密洽谈；临空人民医院已完成规划设计方案，正准备启动修规设计。积极推进安置房建设，闵集、高庙二期8栋安置房主体工程完工；临空第四个还建小区凤凰嘉园已签EPC建设合同，并进场施工。

积极推进城乡精准救助工作。精准落实城乡低保救助政策，全年累计发放城乡低保金共计366万元，累计救助家庭618户，救助人员1064人；累计为困难人员发放临时救助6.6万元，医疗救助6.4万元；累计发放残疾人两补资金共计105万元、儿童福利生活补贴8.8万元、高龄津贴64.36万元，有力改善了民生。

双峰山旅游度假区

【概况】 2022年，双峰山旅游度假区工委、管委会锚定建成国家级旅游度假区、"两山"创新示范基地，发挥生态优势稳市场，加快绿色转型创品牌，各项工作稳中有进，呈现积极向好态势。全年接待游客121.3万人次，旅游综合效益3.6亿元，同比分别增长21%和20.5%。固定资产投资1.06亿元，同比增长18%。

【旅游业转型发展】 避暑度假旅游火爆。夏季持续高温，双峰山成为武汉、孝感游客健康养生、避暑消夏首选目的地，夜游经济旺盛。途居汽车露营地、乡村民宿、核心景区的夜游，日接待游客约3000人次。全国"两山"实践基地创建取得突破。"两山"实践创新基地建设通过湖北省生态环保厅审核，入围生态环保部创建名单。这是继国家级旅游度假区创建进入部里笼子之后,双峰山品牌建设的又一成果。节庆活动带动明显。举办为期3个月的第二届森林康养旅游节,吸引20余万名游客参与丛林穿越、户外拓展等系列活动。仅“五一”节假日,双峰山游客就超10万人次。

【“三资一促”】 谋划三年重大库项目56个,投资规模达61.15亿元,被列入2022年县(市、区)重大项目储备项目5个。核心景区再次顺利通过国家AAAA级景区复检。途居露营地获国家“4C级自驾车旅居车营地”称号,新建七彩滑、密林穿越、山地越野等消费项目30余项。四星级温泉酒店一期主体完工。建有颐养合院165套、艾灸医院等康养设施,将成为双峰山又一业态品牌。有湖北“九寨沟”之称的洋泗峡谷提升项目竣工,改造游步道4.8千米,成为双峰山养生、养心、养颜和峡谷探险的胜地。核心景区提升改造专债项目、白云河水生态综合治理、百果园项目进度加快。引进战略投资者,1.6亿元野奢度假民宿项目已签约。与国开青旅、赛石集团、拓美集团签订框架合作投资协议,资金规模达70亿元。

【安全管理】 进一步加强“五户一联防、十户一联保”的责任机制,严格网格化管理。针对持续干旱少雨,全面实施森林防火“战时”体制,与消防武警一起巡查林区,主动对接黄陂、孝昌,形成防火联防联控机制。坚持夜间巡逻,开展防灭火模拟演练,构筑“人防+物防+技防”立体巡防体系。加强巡逻和火源管控,出台禁止在区内燃放烟花爆竹的规定,加强重点地段监控。坚持预防在前,做好“五一”、国庆及二十大等重要时段安全隐患大排查、大整改,加强活动期间的交通、消防、旅游等安全保障。对全区自建房进行梳理排查,共排查5293栋,鉴定隐患房屋134栋,处置83栋。度假区继续保持“零火情、零火警、零事故”目标。

【乡村振兴】 持续做好巩固脱贫攻坚成果同乡村振兴的有效衔接,落实“四个不摘”政策要求,消除返贫风险,全面推进乡村振兴。实施纯净水厂扩建、长江生态园改造等乡村振兴项目32个,总投资5400余万元,确保村集体经济收入5万元以上。新增产业发展农户145户,促进脱贫人口稳定增收。落实低保、“五保”、优抚、特困供养、临时救助等资金500万元,代缴基本医保1167人、定额补贴717人,共计20余万元。全面落实“环境影响评价”和“三同时”制度,严厉打击毁田取土、毁林修路、毁山采石等违法行为。完成灾普数据修正和上报工作。实施农村污水、生活垃圾监管,推进景区及乡村减排。全面完成上湾、滑石、剥岸“和美乡村”建设,启动大砦村、洪益村美丽乡村试点和滑石、上湾“共同缔造”试点,形成村景一体的旅游度假带,实现田园变游园、农产品变旅游品、农村变景区。

栏目编辑:秦荣

农 业

农　业

综　述

【粮食生产】 2022年，孝感市深入学习贯彻总书记关于"三农"工作重要论述，贯彻落实中央农村工作会议部署，加快农业农村现代化步伐，农业基本保障有力提升。高标准农田建设进展顺利。稳步实施2022年度33.86万亩高标农田建设任务，高标准农田建设工作连续多年获得省政府表彰奖励。农机化水平有效提升。扎实开展春耕备耕、"三夏""三秋"农机化生产，全市全年可完成机耕作业量660万亩、机插(播)作业量385万亩、机收作业量570万亩，综合机械化水平达79.85%。全省北斗农用应用工作部署会议在我市云梦县顺利举办。农业科教培育不断强化。完成全市2021年度高素质农民培训和基层体系建设工作任务，培训村级党组织书记300人，组织开展省农业科技"双创"项目和"十佳农民"推荐工作，成功申报国家级生态农场2家、省级生态农场4家。有序开展农村实用人才和"头雁"项目填报体系建设，为全省农村实用人才普查工作奠定了基础。

【"五个一"强链工程建设】 2022年，市财政专项资金2000万元支持"五个一"产业强链工程，全年农产品加工业产值1683亿元，居全省第三位。组织"孝感红"茶叶出口俄罗斯专列首发，打造湖北区域茶叶出口集散中心。

【农业项目建设】 2022年，5个县(市、区)获批冷藏保鲜设施建设项目，项目资金2600万元，项目金额居全省第一。华中首衡城物流体系中心建设项目纳入湖北省第一批冷链物流重大项目清单、农业农村部重点项目库。全年招引农业项目45个、签约金额279.68亿元，超额完成省下达的目标任务。2022年4月，孝感市被表彰为2021年度全省农业招商引资先进单位。

【农业品牌打造】 2022年，获得农产品地理标志登记(农业农村部批准)的企业10家、产品10个。"大悟茶"、"安陆白花菜"成功申报国家地理标志农产品保护工程项目。培育了中华老字号2个、中国驰名商标6个，涌现了"黄毛粘"、金果、稻鸭香米、汉川河蟹等网红农产品，在全国"社会扶贫网电商板块"上线53个扶贫农特商品。

【助企纾困】 2022年，孝感市培育市级及以上农业产业化龙头企业420家，其中新增18家省级农业产业化龙头企业、省级及以上达到101家。新创建"一村一品"示范村2个，为69家省级龙头企业申报和拨付贷款贴息资金3251万元。

(撰稿：钟喆、彭丰、邢强、李浩、乐仕、周东杰、曾浪、卢志新、程伟、熊伟多、陈德民、付玉)

种植业

【粮食生产】 2022年，孝感市统筹抓好粮食、油料、蔬菜等重要农产品生产供给，积极应对春季极端低温雨雪和夏季持续高温干旱天气，全力打好春耕备耕、"三夏"、"三秋"三场攻坚战役，取得全年粮食丰收战果，奠定次年夏粮夏油丰收基础，种植业产业化稳步推进。2022年，孝感粮食面积530.3万亩，增0.03%，超额完成2022年省定孝感粮食面积530.2万亩目标任务；产量23.48亿千克，产量和产量增幅双双全省排名第五，有效应对重大旱情，粮食产量连续八年稳定在23亿千克以上。

【蔬菜生产保供】 2022年，全市蔬菜种植面积178.93万亩，比上年增长2.41%，蔬菜总产475.68万吨，比上年增长3.24%，面积、总产量居全省第三位。蔬菜品种丰富，茬口衔接合理，充分满足了人民群众餐桌需求。孝感2020—2021年度“菜篮子”市长负责制考核被省里评为优秀。

【绿色高质高效创建项目】 2022年，孝感市稳步推进农业绿色高质高效整市制创建，汉川、大悟分别开展部级水稻、花生绿色高质高效创建项目，全市累计建成绿色高质高效辐射区水稻220万亩、小麦70万亩、油菜40万亩、蔬菜30万亩。通过创建，集成推广稻渔共作、“一种两收”，白茄子—冬瓜—西蓝花、西蓝花—毛豆—松花菜等50多个绿色高效种养模式，稻田综合种养面积突破50万亩，再生稻面积5万亩以上，推广全程机械化、测土配方施肥、水肥一体化、有机肥替代化肥和病虫绿色防控等绿色高效技术，提质增效5%以上。

【防灾减灾保稳产】 积极应对年初极端低温雨雪和夏秋持续干旱天气影响，加强农业、气象、应急、水利等部门会商联动，密切关注天气变化，运用农情调度系统，及时掌握灾情变化情况，指导各地及时发布气象灾害预警信息，组织抗灾工作组和农技专家队伍，深入田间地头，指导农户采取有效措施，尽最大努力挽回损失，保障了全年粮食稳产丰收。面对夏天高温干旱天气，孝感市因旱受灾农作物面积43.22万亩，成灾面积18.75万亩。全市累计投入抗旱资金15955.5万元，派出抗旱救灾工作组172个，派出技术人员2337人次，投入人力90947人次，组织抗旱机械42281台(套)，灌溉农田626.97万亩次，开展“一喷多促”160多万亩次；运用各类新媒体手段及时推送高温预警、农业抗旱措施，累计发放技术指导资料65万余份。

【优质稻产业链建设】 围绕优质稻产业链建设，聚焦孝感香稻、糯稻品种优势，安排市级产业发展资金300万元用于支持优质稻米产业链企业、合作社及行业协会，支持企业或合作社14家，支持行业协会2家，主要支持企业用于设备升级、订单种植、品牌宣传。2022年，全市“香、粳、糯”优质稻种植面积突破210万亩，占水稻总面积的55.2%。全市“香、粳、糯”特色优质稻订单种植面积突破80万亩，带动种植户增收1.76亿元以上，解决农民就近就业10000人以上。

8月14日，汉川市汉江庙头段，新装的20台临时机组启动提水，有效缓解了汉川市30万亩农田旱情 （摄影：杨太元）

【品种试验示范】 农作物品种试验示范展示基地450亩，承担了农业农村部、省农业农村厅及全国知名企业农作物品种的引种、试验、示范、展示及孝感市中稻品种正季鉴定工作，农作物试验示范品种达700余个。2022年，承接完成了国展、省展、湖北种业创新成果展。孝感市中稻正季鉴定的春夏播农作物新品种达156个，秋播油菜展示示范品种42个。

【品牌建设】 2022年，孝感红茶成功开辟全国首列中欧茶叶出口专列，带动黄冈、恩施、襄阳、随州等地茶叶出口，出口茶叶1000吨，总货值1000万美元以上。在第25届武汉茶博会举办“茶与世界 携手共赢”孝感红品牌专场推介会，并入选了“湖北健康好茶礼”。在湖北优质稻米、菜籽油品牌推介暨院士专家515科技服务农业产业链推进会上，“孝感香米”品牌作专场推介。

（撰稿：钟喆、彭丰、邢强、李浩、乐仕、周东杰、曾浪、卢志新、程伟、熊伟多、陈德民、付玉）

畜牧业

【畜牧生产】 2022年，全市生猪出栏299.45万头、生猪存栏155.4万头、能繁母猪14.88万头，同比分别增长4.21%、1.79%、2.41%；家禽出笼8573.6万只、同比增长2.26%，存笼4549.25万只、同比增长0.84%；禽蛋产量28.97万吨，同比增长6.31%；牛出栏8.29万头，同比增长2.85%；羊出栏21.39万只，同比增长5.94%。全市全年能繁母猪存栏14.88万头，占正常保有量14.34万头的103.77%，能繁母猪保持在正常保有量的95%~105%（含）合理区间。规模猪场（户）保有量1500个以上，2022年，全市1579个，已完成2022年度省对孝感的考核任务指标。全市家禽出笼居全省第一，禽蛋居全省第三。其中“神丹”商标被认定为“中国驰名商标”。据中国商业联合会统计数据，神丹蛋品综合市场占有率连续多年全国第一。

【“一枚蛋”产业链建设】 孝感市“一枚蛋工程”建设成效显著，形成了一套成熟的工作机制。市、县两级严格落实一条农业产业链、一名市级领导、一个服务专班、一支专家团队、一家金融机构（农业银行）、一套定制政策“六个一”工作机制。3月，对全市禽蛋产业链基本情况开展了一次全面摸底；4月下旬和5月中旬，市人大农村委两次就“一枚蛋”工作进行专题协商，进一步修改完善《孝感市禽蛋产业链三年行动方案》。安陆市2021年神丹产业链项目资金500万元、神丹禽蛋产业联合体资金50万元接受省级验收。2022年，全市禽蛋产业链共争取资金840万元。其中，申报省级产业链4家5个项目，争取项目资金560万元，分别是神丹2个项目获省级产业链奖补资金410万元、欣华企业获奖补资金150万元。择优遴选10个家禽产业项目纳入2022年市级“一枚蛋”工程奖补项目，获奖补资金280万元。一批发展项目得以谋划落地，安陆市支持政府资本、社会资本与神丹公司、欣华公司合作建设种业基地和家禽养殖基地。孝南区新引进一家禽类屠宰企业湖北益家禽类屠宰有限公司，准备新建年屠宰3000万只家禽加工项目落户杨店镇。

【“一头猪”工程建设】 大北农、新希望、温氏、牧原等头部养猪企业落户孝感，带动全市生猪养殖水平不断提高。截至年底，全市年出栏500头以上规模养猪企业（户）1579家，其中设计年出栏生猪万头的养殖场有76家。2022年，全市生猪产业链申报省级产业链5家5个项目，争取省级奖补资金100万元。其中云梦明达、汉川华龙两家生猪联合体各获省级产业链奖补资金50万元。14家企业已获市级奖补资金152万元。择优遴选14个项目纳入2022年市级“一头猪”工程奖补项目，奖补资金280万元。

【动物疫病防控】 全市各级农业农村部门抓养殖环节生物安全防护、自检阳性处置常态化；抓监测、排查环节常态化；抓无害化处理环节常态化；抓屠宰监管环节常态化，抓检疫监管和落地监管环节常态化；抓监督执法、防疫消毒综合管理环节常态化。2022年，全市累计排查养殖场18.63万场次，生猪屠宰场0.33万场次，无害化处理场0.24万场次，共排查生猪11762万头次，未发现疑似非洲猪瘟情况。

【兽医医政药政管理】 继续推进“治违禁、控药残、促提升”三年行动，做好重点品种的监测。按照《湖北省兽用抗菌药使用减量化行动（2021—2025年）》要求，2022年全市208家规模养殖场申报兽用抗菌药使用减量化行动。畜禽生产投入品及生产安全监管有力，2022年，接受部、省例行监测，抽检兽药15个批次、畜禽产品（鸡肉和鸡蛋）鸡肉样品25份、饲料产品30个样品、10个屠宰场50个样品。兽药、畜产品、饲料抽检结果合格率100%。

（撰稿：钟喆、彭丰、邢强、李浩、乐仕、周东杰、曾浪、卢志新、程伟、熊伟多、陈德民、付玉）

渔　业

【概况】 2022年，全市水产养殖面积（池塘）达到98.5万亩，稻渔综合种养规模达到47万亩左右，大水面生态增殖渔业发展到22万亩以上，水产品产量达到44.8万吨，同比增长3.57%，总量保持全省第五位。

【水产养殖基础设施建设】 印发《孝感市养殖池塘标准化改造和尾水治理专项建设规划（2021—2035年）》，依据规划全面布局塘标准化改造和尾水治理试点示范，全年争取中央、省级财政投资水产养殖基础设施资金达到4583万元，实施池塘改造面积超3万亩。全市争取各方资金通过奖补支持各地发展设施渔业，截至年底已建成圈养桶414个、陆基圆池390个、工厂化循环水养殖规模14231立方米。

【水产产业链打造】 引进扶持湖北惠泽、汉达智慧、万豪饲料、众旺等农业经营主体分别发展千亩连片的鲈鱼、鮰鱼、沙塘鳢等特种水产养殖示范基地。以河蟹苗种本地化培育、大规格河蟹、“七钱虾”养殖等高质量发展为重点，深入开展渔业“515”科技服务行动，应城市全力打造渔光一体汤池镇甲鱼现代化产业园。积极争取小龙虾产业项目，实施小龙虾加工、交易市场、苗种繁育、集中连片示范区的提档升级工程，有力提升小龙虾产业链加工总量和苗种供应综合能力。继续实施水产绿色健康养殖技术推广“五大行动”，创建国家级水产健康养殖和生态养殖示范区1个，实施全省首批渔业绿色循环发展项目1个。

【鱼苗鱼种繁育】 推进水产苗种企

业提档升级，新创省级长丰鲫良种场1家，争创省级增殖放流苗种供应单位2家，全市22家苗种繁育单位全年生产鱼苗63亿尾，保障了全市鱼苗鱼种充足供应和质量安全。强化特色产业链监测服务，实施首次重点品种小龙虾监测主体季报和常规品种生产情况监测，为特色水产品产业链发展提供基础分析数据。

【渔政监管】 禁渔执法专项行动持续加强，全面部署2022年全市禁渔执法专项行动，扎实开展"孝感渔政亮剑2022"系列执法活动，严厉打击各类涉渔违法违规行为，查办违法违规案件77起，查获涉案人员91人，移送司法处理案件28件，移送司法处理人员36人。渔政监管能力持续提升，以"人防"为中心，全市落实306名岸线长上岗履职，选聘协助巡护人员104人，增强日常巡查力度；以"物防"为根本，配备渔政执法车、渔政船艇及无人机，进一步增强取证能力，保障执法装备充足。以"技防"为重点，投入资金200多万元，推进渔政建设，以"联防"为突破，市域内县（市、区）互相签订执法共管协议，打破区域壁垒，消除非法捕捞隐患。以"群防"为基础，发挥岸线长网格员作用，设立有奖举报，筑牢基层禁捕防线。禁捕政策措施持续巩固，落实全市巩固提升长江禁捕和退捕渔民安置保障工作方案，先后调度禁渔成员单位长江流域重点水域禁捕退捕进展，组织县（市、区）禁捕办开展自查做好长江禁捕"回头看"工作调研检查，公布2022年非法捕捞典型案件，全市禁渔案件推行诉前磋商在全省禁捕会议作为宣传典型，2人荣获"全国优秀护渔员"称号。

【渔业资源保护】 实施以渔业百日攻坚整治为重点，扎实开展水生野生动物保护和规范利用、涉渔船舶安全隐患排查、水产养殖用投入品规范使用水产品质量安全专项行动，统筹抓好水产养殖、水产苗种生产、水产种质资源等方面执法工作。制定印发禁渔专项宣传工作方案和水生野生动物保护宣传月活动方案，同步开展"以案说法"声势浩大的系列执法宣传活动。组织开展"全国放鱼日"等重大增殖放流活动，在汉川、安陆实施国家渔业增殖放流水生生物养护项目2个，全年增殖放流水生生物苗种5000万尾以上。全市落实水产种质资源保护区管护，完成国家渔政执法禁捕水域监管范围图示，强化涉渔工程监管，保障服务全市重大项目论证，督促落实渔业资源生态补偿措施。配合省厅完成禁捕水域水生生物资源调查监测，及时掌握渔业资源，有针对性完善相关保护措施，全年未发生重大渔业安全生产、水产品质量安全和水生动物疫病事故。

4月9日，孝感市春季护渔专项执法行动在汉北河汉川市麻河镇境内启动
（摄影：杨太元）

【仙女湖成为全省首批增殖渔业资源利用试点】 1月，农业农村部批复同意湖北在5个湖库开展生态捕捞试点，孝南仙女湖成功争创全省首批增殖渔业资源利用5个试点之一，批复实施渔业资源利用总量近0.2万吨，试点时限至2022年年底。这是从实际需要和"十年禁渔"长远出发，以生态保护为主要目的，有效清除超过湖库生物承载量的试点性捕捞，完全不同于禁捕以前的生产捕捞，也是对长江"十年禁渔"的补充和完善。

（撰稿：钟喆、彭丰、邢强、李浩、乐仕、周东杰、曾浪、卢志新、程伟、熊伟多、陈德民、付玉）

农业机械化

【概况】 2022年，全市农机管理部门着力主攻薄弱环节机械化，积极推广先进适用农机化装备技术，调优农机装备结构布局，完善新型农机社会化服务体系、公共服务体系和科技创新体系，依托国家农机购置补贴等惠农政策的强力驱动，推动全市农机装备水平、作业水平、安全水平和社会化服务水平等稳步提升。截至年底，全市农机总动力298万千瓦，同上年相比增长3.41%。拖拉机保有量达5.2万余台（其中大中型拖拉机1.8万余台、小型拖拉机3.4万余台）、联合收割机8813台、插秧机6454台。各类配套农具94200部。农用植保无人飞机534架。

【农机购置补贴】 2022年，全市争取到中央农机购置补贴资金7158万元、省级农机购置与应用补贴1536万元。全年全市共使用中央农机购补资金8125万元（含报废补贴135万元），占可用资金（5968万元）的119%，补贴机具7845台（其中补贴报废机具140台）， 受益农户3861户（含报废140户）。

【农作物生产机械化】 精心组织好春耕、“三夏”、“三秋”等重要农时农机作业。全市全年完成机耕作业量690万亩、机插（播）作业量418万亩、机收作业量589万亩；主要农作物耕种收综合机械化水平达79.85%。其中，水稻综合机械化水平达85.59%，小麦综合机械化水平达92.65%，玉米综合机械化水平达63.85%，油菜综合机械化水平达75.95%。12月，云梦县成功创建“全国主要农作物生产全程机械化示范县”。

【农业机械安全监管】 坚持“管行业必须管安全、管业务必须管安全”和“谁主管、谁负责”的原则，深入开展农机安全生产专项整治三年行动，努力夯实农机安全宣传教育、源头管理、执法监控三道防线，全市农机安全生产形势稳定向好。2022年，全市累计年检机车2609台，发放跨区作业证892份；开展农机安全检查263次，出动监理执法人员1003人次，排查农业机械1649台，下发整改通知书90份，消除各类隐患104起，收回已销号变型拖拉机号牌15副。

【农机科技推广】 重点开展水稻机插秧水平提升、机收减损和推进农用北斗终端应用等工作。2022年，水稻机插播率达56.76%，较2021年提高了1.4个百分点；油菜、小麦、水稻机收损失率分别降低了2个、0.5个和1个百分点；全市累计安装农用北斗终端2576台。

9月27日，湖北省北斗农用应用场景及机具配置现场演示活动在云梦县胡金店镇万亩油菜高质高效示范区举行（市农业农村局 供图）

【农业机械社会化服务】 积极培育壮大农机合作社等新型农机服务主体，强化指导服务，引导健康发展，全市农机专业合作社已发展到243家。深入开展农机合作社示范社创建活动，推进农机合作社规范化建设，提升管理和运营水平。2022年，孝昌县双林农机专业合作社被省创新联合会评为“全省十佳农机合作社”，孝南区振西农机专业合作社、应城市水生专业合作社被省农业厅评为“全程机械化+综合农事”典型案例（全省共15家）。

【农机教育培训】 采取线上培训与线下培训相结合方式，强化对农机从业人员的培训，送训到镇到村、到田间地头和农户家中。培训以农机合作社、农机大户、种粮大户为重点，以解决农村缺技术、机修难等突出问题。全市全年共举办水稻育插秧、油菜机收、机械化秸秆还田、新型机械化高效植保、机具保养与维修和农机安全生产等各类培训班85期，累计培训农机驾驶操作人员达1.2万人次。

（撰稿：钟喆、彭丰、邢强、李浩、乐仕、周东杰、曾浪、卢志新、程伟、熊伟多、陈德民、付玉）

农　垦

【概况】 2022年，孝感农垦拥有国土面积11430公顷，其中耕地面积6776公顷。全年实现农林牧渔业总产值123095万元，比上年增长6.82%。其中，农业产值46255万元、渔业产值51522万元、牧业产值22600万元、林业产值669万元，农林牧渔业商品总产值80135万元。工业总产值（现价）505273万元，规上企业22个，工业总产值（现价）484463万元。2022年度完成投资总额82327万元，当年新增固定资产58408万元。

全年农作物播种总面积12240公顷，比上年增长6.72%，其中粮豆种植面积8591公顷，总产量51979吨；棉花种植面积201公顷，总产量241吨；油料种植面积845公顷，总产量1835吨；蔬菜瓜类种植面积1950公顷，总产量60168吨。

全市农垦系统生猪出栏40186头，猪肉产量3096吨；禽肉产量586吨；禽蛋总产量591吨；养殖水面1357公顷，水产品产量达到8098吨。

垦区年末拥有农业机械总动力70662千瓦，其中大中型拖拉机550台、小型拖拉机842台、排灌机械947台、联合收获机216台。农业用电量7766806千瓦小时，农业化肥施用折纯量11756吨，当年机耕面积6856公顷，机械播种面积2753公顷，机械收割面积6031公顷。2022年新增造林面积71公顷。

【垦区社会民生建设】 2022年，农垦年末总人口60090人，垦区居民人均可支配收入22389.06元；年末实有住房面积2386132平方米；在册职工现有32983人，职工工资总额62261万元。

垦区农场积极参与乡村振兴"三项行动"，坚持美好生活共同缔造，着眼环境建美、城镇建强、产业建大、治理建优，致力打造和美农场。

朱湖农场按照"一主一副多点"的乡村振兴总体布局，树立了以三合新村为代表的朱湖乡村振兴样板和示范村。投资4000多万元打造功能镇区，实施"六大"改造，对四汊集镇车站路、发展路、码头路、人民路等道路提档升级。兴建一处占地面积1.3万平方米的文化休闲体育广场、3处口袋公园、1座智慧停车场、5座公厕等服务设施。

华严农场大力开展"共同缔造"，完成景湾蝶变。形成了"百家争鸣改造幸福大舞台""百喙如一同心共治沿门河""百花齐放建设称心小三园"等景湾样板，景湾社区张家湾成为美好环境与幸福生活共同缔造孝感市级示范点，被省、市各级媒体争先报道25次。兴建蚌湖社区美丽乡村建设滨江休闲长廊1千米，群众性文化广场2个共5000平方米，全面完成华丰社区职工新村道路黑化、污水改造、立面改造、墙体彩绘等工程，铺设污水管网2300米，全部接入污水处理厂，实现了职工新村86户居民污水有序排放全覆盖，建设连片街心公园1600平方米，新建供学生安全通行的绿道800米。

中洲农场全力抓乡村促振兴，筹集资金2600余万元，相继完成便民服务中心、新中公路中洲段改造升级、玛钢小区道路综合整治、税务口社区道路刷黑、场区南北综合整治等重大项目建设，瑞丰社区美丽乡村建设项目已完成规划设计，中洲公园改造升级工程进入煞尾阶段，天然气管网安装工程基本完工，启动赤壁社区大山角美好生活共同缔造示范点建设。

【农业产业化】 在确保国家粮食安全的基础上，紧紧围绕市场需求变化，着力优化结构和区域布局，以不断增加多元化、定制化、个性化粮食产品供给为主要目标，加快促进粮食生产向绿色消费为导向的"质"的提升转变。中洲农场湖北老中醫制药有限公司打响"老中醫"品牌，其主打产品"三胶"、川贝雪梨膏、龟鹿二仙膏等畅销全国。利众农业专业合作社生产的"中洲鲜"系列稻米，申报绿色食品商标已获通过。华严农场打造超人"宅小翠"糖果、天瑞童车等著名商标和名牌产品，2022年，农场童车、糖果产业实现产值20亿元。其"川香源"稻米、"裕丰"河蟹、"川江渡"生态种养殖等农产品也有知名度。朱湖农场糯米现代农业产业园成为孝南区创建国家现代农业（糯稻）产业园的主体，辐射发展糯稻种植5万多亩，带动孝南区形成了10万亩糯米优势种植产业。

【农旅融合】 朱湖农场充分发挥南邻武汉、北靠孝感的区位优势，国土整治、要素集中的资源优势，地热温泉、低碳富氧的生态优势，加快建成"一区三园四个城镇"（即生态文明、绿色发展的宜居宜业创新示范区，高标准建强朱湖国家湿地公园、朱湖糯米现代农业产业园、沦河港区现代物流产业园），打造乡村振兴示范镇、文旅康养宜居镇、军地融合共建镇、水运物流中心镇。

华严农场引导富春、景湾、四台等居民点扩大两季鲜甜玉米种植近8300亩。以水产公司为依托，虾蟹特色养殖面积10000亩，增收近150万元。以G348、汉江沿线的马桥、景湾、曾湾、杨集、陈湾为重点，发展草莓、冰糖西瓜、黄桃、桑葚采摘园及休闲垂钓场12个、近1200亩。

中洲农场大力推广双膜西瓜种植模式，完成西瓜产销一体化项目建设。依托大棚蔬菜示范基地，与应城富邦科技有限公司达成合作，积极发展现代数字农业。加快发展现代林业，种植各类经济林和苗木7.6万株，面积1011亩。

（撰稿：钟喆、彭丰、邢强、李浩、乐仕、周东杰、曾浪、卢志新、程伟、熊伟多、陈德民、付玉）

高标准农田建设

【规划编制】 孝感市本级和7个县（市、区）均已完成高标准农田项目建设规划（2022—2030年）编制，经各级政府审批后，上报省厅备案，形成国家、省、市、县四级高标准农田建设规划体系。通过实施规划，到2025年，孝感市规划累计建成高标准农田408.85万亩，2022—2025年新建高标准农田39.37万亩，改造提升46.99万亩。到2030年，孝感市规划累计建成高标准农田446.31万亩，2026—2030年，新建37.46万亩，改造提升79.19万亩。2022—2030年规划期内，高标准农田建设同步实施新增高效节水灌溉任务面积5.21万亩。

【项目建设】 2022年度,全市高标准农田建设任务33.86万亩(孝南1.44万亩、孝昌4.19万亩、大悟4万亩、安陆4.18万亩、云梦5万亩、应城6.55万亩、汉川8.5万亩),投资标准2000元/亩,计划总投资67720万元。2022年度,高标准农田建设项目全部开工,计划2023年6月底完工。

【全市第三次土壤普查】 按照国务院和省政府统一部署和要求,全市认真贯彻落实全省第三次土壤普查电视电话会议精神,孝感市农业农村局组建了第三次土壤普查工作领导小组,制定了孝感市第三次土壤普查领导小组办公室组建方案,明确各成员单位职责,制定了第三次土壤普查市级实施方案。

【乱占耕地建房专项整治】 2022年,孝感市级开会部署3次,督办有关县(市、区),县级组织110人次开展现场督办和检查,实地查看违建房整改情况,进一步压实属地管理责任,遏制农村乱占耕地建房行为。相关部门大力做好资料收集、问题摸排等基础性工作。

【高效节水灌溉】 2022年,孝感市开展农业水价综合改革工作,高效完成综合水价改革的年度任务,根据水资源条件,大力发展节水灌溉,结合高标准农田建设,分区规模化推进高效节水灌溉,加大田间节水设施建设力度,在灌溉渠系末端科学安装计量实施,推广喷灌、微灌、低压管道输水灌溉、集雨补灌、水肥一体化等技术,推广生物节水措施。健全完善量水测水设施,加强农业用水精细化管理,提高农业用水效率。全市全年实施高效节水灌溉措施面积1.1万亩。

(撰稿:钟喆、彭丰、邢强、李浩、乐仕、周东杰、曾浪、卢志新、程伟、熊伟多、陈德民、付玉)

农业社会化服务

【概况】 2022年,孝感市供销系统聚焦孝感市《关于助力"三项行动"推进供销合作事业高质量发展的实施方案》目标要求,持续深化供销合作社改革,积极助力乡村振兴,各类主要经济指标稳中有进,获全省综合业绩考核市级优胜单位第6名。

【"三位一体"综合合作】 全市供销系统有序开展"三位一体"综合合作,以试点示范带动综合合作重点突破、向纵深推进。大悟县供销社作为省级试点,积极探索信用合作,与农商行、建行签订战略协议,在"两行"整村授信的基础上,推荐经营主体、安装便民终端设备,对接基层金融需求,发挥金融助农功能。云梦县供销社作为市级试点,着重在生产和流通环节开展综合合作,实现要素聚集,提升整体服务功能。在胡金店镇投入400万元,建设农业生产综合服务中心,为周边菜农提供生产技术、销售渠道和资金周转等综合服务。全市系统累计开展"三位一体"试点的乡镇基层社达到44个。

【农资供应】 全市供销系统发挥农资供应主渠道作用,积极开展农资保供稳价、打假促春耕行动,建立供销社重点农资企业经营周报制度,指导各县级供销社做好春耕生产农资调拨计划,并与全市系统内18家重点农资供应企业签订储备配送协议,保证农资不脱销、服务不断档。春耕期间,全市系统储备化肥3.7万吨,销售化肥7.6万吨,基本保障全市农业春耕用肥需求。孝感市政府将市供销社"实施农业社会化服务惠农工程"纳入"五化"管理项目,市供销社强化统筹协调,加强对各县(市、区)供销社工作指导,依托系统内涉农企业、农民专业合作社等经营主体,大力开展土地托管、配方施肥、统防统治、农机作业等农业社会化服务,探索出"社会化服务组织+基层供销社+村集体+农户"的农业社会化服务路径,形成孝南"瑞合丰"模式。

【县域流通服务网络建设】 孝感市强化资源整合,印发《加强全市县域流通服务网络建设实施方案》和《全市供销社系统农业特色产业发展的实施方案》。制定"打造县、乡、村三级流通网络、畅通农产品和日用品双向流通渠道、发展冷链物流+数字供销"流通网络发展规划,完善"一核心、两片区、多节点"冷链物流发展布局。立足孝感"五个一"工程,对接湖北省供销社"九大商"项目,重点发展粮食、蔬菜、茶叶、渔业、农资五大产业,培育"九大商"经营主体18家。全市系统录入商务部县域商业摸底系统项目23个,申报应城市供销社物资储备中心等9家单位纳入"全国总社'612'工程农产品冷链物流设施项目"。聚焦畅通县域流通渠道,构建县、乡、村三级流通网络,全市系统建有县域集采集配中心8个、生产性为农服务中心56个,新建改造乡镇综合超市9个,改造升级农村综合服务社25个,全年实现冷链物流营业额3.3亿元,县及县以下快递配送营业额3.4亿元。9月23日,由孝感市供销社参与承办的2022年孝感农村电商节在应城市国家矿山公园爱漫文旅小镇举办,通过抖音、快手、淘宝、拼多多等平台,线上线下多种方式促进农产品流通。

【基层社建设】 全市供销社系统持续开展"三清零、一提升"行动,全年新改造薄弱基层社16个,实现"四有"服务基层社30个,村级综合服务社"清零"32个。进一步加强对领办创办的农民合作社的扶持与规范，全年全市系统新领办创办农民合作社28个，推荐申报国家级示范社1个，创建省级示范社7个，评定市级示范社10家。“党建引领、村社共建”的典型经验在《湖北日报》宣传推广，得到全国总社和省社高度肯定。

【社资社企改革】 按照湖北省供销社《持续深化全省社资社企改革三年行动方案》，精准聚焦“混资本、混机制”主攻方向，孝感市积极谋划推进社资社企改革工作。推动市、县两级社资委和社有资本投资运营公司全覆盖，制定社有资产监督管理制度，规范社有资产运作，推进“两权分离”（所有权与经营权）。云梦县供销社在全省率先组建县级供销集团公司，发展农化服务、集采集配、冷链物流、再生资源、商业步行街、康养六大产业，整合各类资源，试点推进多元化股权改革。全市系统开展社有资产“建档立卡”“回头看”，清理数据卡片377张，动态更新，实时监管，形成全市系统社有资产一网通。

【“监审合一”制度建设】 充分发挥监事会监督职能，进一步推进“监审合一”工作方法，共审计系统企业10个，项目18个，提出工作建议2条，实现全市市级社有企业审计全覆盖。全年共完成调研报告8篇，收集社情民意信息58篇，其中《我市化肥价格过快上涨，影响春耕生产的情况调查》为孝感市委、市政府部署春耕农业生产工作提供决策参考依据。

（撰稿：钟喆、彭丰、邢强、李浩、乐仕、周东杰、曾浪、卢志新、程伟、熊伟多、陈德民、付玉）

农业执法建设

【概况】 2022年，市、县两级出动执法车辆1307台次，农业综合执法人员5453人次，检查农资门店、农民专业合作社2165家，检查农资产品516个，下达责令整改通知书100份，立案104起，结案101起。没收不合格种子1430余公斤，劝退不合格种子8400余公斤，发放宣传资料7.4万份。检疫生猪151.49万头、牛641头、羊1083只、家禽4939.09万只，屠宰检疫生猪产品132093.16吨、牛产品3135.52吨、羊产品0.4吨、家禽1009.5吨，查处病害动物1296只，检验消毒过境运输动物及动物产品车辆6937辆，无害化处理动物产品1.4263吨，养殖环节无害化处理病死生猪15.7万头。全市打击非法捕捞执法行动530余次，出动执法车辆1670余次，发放宣传资料17000余份，出动执法艇1010余航次，查处非法捕捞案件84起，查获涉案人员90人，行政处罚6.9万元，其中司法移送40起46人。排查农业机械116台（套），下发整改通知书21份，消除各类隐患13起，收回变型拖拉机号牌9副。

【综合执法制度建设】 全面推行“三项制度”，编制柔性执法四项清单，确保行政处罚、行政强制、行政检查、行政许可等行为得到有效规范。扎实推进“双随机、一公开”制度，按照监管对象类型，编制随机抽查事项清单（明确抽查依据、抽查主体、抽查内容、抽查方式和抽查频次），制定年度抽查计划，强化事中事后监管。全年开展“双随机、一公开”执法15次。扎实推进农资领域信用监管制度，对农资企业、农业新型生产经营主体进行信用评价，建立农资生产经营信用档案。扎实推进“互联网+监管”，充分利用“执法通”“互联网+放管服”等8个监管平台，利用信息化手段，创新执法手段，规范办案流程，进一步提升综合执法能力。

【执法队伍建设】 以执法培训、岗位学习为抓手，采用“专家讲座”“以案释法”等形式，开展有针对性的学习培训，打造“学习型、创造型、战斗型”的农业执法团队，营造“学业务、比技能、强素质、创佳绩、作贡献”的浓厚氛围。通过组织案卷集中评查，培训全市农业综合执法骨干46人。全市农业综合执法机构按照财政部、司法部制定的《综合行政执法制式服装和标志管理办法》的要求配备执法制服。截至年底，全市符合着装条件的460名执法人员全部完成着装。

【联合执法】 跨层级执法纵深推进。除各领域的日常监管外，联合各县（市、区）农业执法大队，开展了5次大型市场专项检查活动，涉及种子、农药、肥料、屠宰、水产品质量安全等多个方面。同时，对全市辖区内所有交易市场及经营门店销售的“金镶玉302”玉米种子、假农药进行了全面排查。

跨部门联合执法形成合力。与市公安局、司法局、大数据局、市场监管局、生态环境局等单位密切协作，在渔政、畜牧、农业生态环保等领域联合执法百余次，形成强大合力。

跨区域协同配合成效显著。与武汉市、天门市、仙桃市等开展跨区域汉江联合行动，开展水产养殖业执法专项行动、水生野生动物专项执法行动、渔业安全生产执法行动、“四清四无”回头看等专项行动。

【农资市场监管】 2022年,市、县两级农业农村部门出动执法车辆1115台次、执法人员4877人次,检查农资门店、农民专业合作社1851家,检查农资产品400个,下达责令整改通知书100份,立案104起,结案101起。没收不合格种子1430余公斤,劝退不合格种子8400余公斤,发放宣传资料7.4万份。尤其对种子市场进行了重点筛查,共登记品种总数970个,登记品种批次970批,累计监控品种数314个,常规检测及转基因检测(试纸条检测)合格率为100%;共抽检农作物品种44个,总批重7.237万公斤(其中水稻23个、玉米1个、油菜15个、小麦5个。对抽取的农作物种子开展了净度、水分、发芽率等常规检测,同时,全部进行了转基因检测速测),检测结果均为合格。

【"护奥运保春耕"专项行动】 年初,全市集中开展"护奥运保春耕"专项行动,全市共出动执法人员2785人次,检查门店和农资企业878家,立案查处96起(结案62起),其中农资案件36起、禁捕案件35起、农安案件22起、农机案件3起,罚款41.846万元,没收违法所得0.4022万元,没收违法财物货值22.8371万元,挽回经济损失244.29万元。

【畜禽市场监管】 2022年,在全市组织开展了屠宰行业"强监管保安全"专项行动、城区活禽交易屠宰专项整治行动,关停4家违法活禽屠宰点。联合市公安局生态环境犯罪侦查支队对天紫湖周边养牛场进行检查,查处一处违法屠宰点。

(撰稿:钟喆、彭丰、邢强、李浩、乐仕、周东杰、曾浪、卢志新、程伟、熊伟多、陈德民、付玉)

农村经营管理

【新型农业经营主体培育】 截至2022年年底,全市登记注册农民合作社7483家,较上年增加409家;登记注册家庭农场2401家,较上年增加433家。全年新评定17家省级示范合作社、10家省级示范家庭农场。全市共有97家省级示范社,111家省级示范家庭农场。2022年,为新型经营主体争取贷款贴息303万元,争取支持新型经营主体发展资金170万元。推荐安陆市、汉川市和孝南区申报为社会化服务项目县,争取项目资金1300万元。

【农村宅基地改革与管理】 2022年,孝感市指导督促县(市、区)出台宅基地管理文件,在各乡镇建立了宅基地联审联批机制。印发了《关于进一步做好农村宅基地管理工作的提示》,要求强化主体责任、工作推进和监督管理,进一步理顺了宅基地管理责任。配合市人大开展立法调研,形成《关于湖北省实施〈中华人民共和国土地管理法〉办法(草案二审稿)相关内容的调研报告》。

【农村承包地确权登记颁证】 2022年,全市实测承包地块483.95万块,实测耕地总面积597.66万亩。其中,承包到户耕地面积512.32万亩。全市共颁发权证80.85万份,颁证率达到99.9%。全市农村承包地大数据库全面建立,各县(市、区)都已向省确权办和农业农村部完成数据库汇交。积极引导流转双方规范流转行为,初步统计,全市家庭承包耕地土地经营权流转总面积达168.62万亩。

(撰稿:钟喆、彭丰、邢强、李浩、乐仕、周东杰、曾浪、卢志新、程伟、熊伟多、陈德民、付玉)

农村绿色发展

【概况】 2022年,孝感市全力推进以农药、化肥减量增效、畜禽粪污综合治理、水产健康养殖和长江十年禁渔为重点的农业农村绿色发展攻坚提升行动。持续推进农药减量增效:2022年,全市农药商品使用量3200.6吨,比2021年减少1%。主要农作物绿色防控覆盖率54.28%,主要粮食作物统防统治覆盖率44.7%。深入推进化肥减量增效:全市测土配方施肥技术覆盖率94%以上、化肥利用率达到41%,全市化肥使用量17.2万吨(农业统计数字,纯量)以下,亩平用量降低到19千克左右。突出加强畜禽粪污综合治理:累计完成2775家畜禽养殖场治理任务,其中关闭禁养区内养殖场1060家,全市畜禽规模养殖场粪污处理设施配套率100%,畜禽养殖资源化利用率98.13%。大力开展水产健康养殖:出台孝感市水域滩涂养殖规划,划定禁止养殖区、限制养殖区和养殖区,积极落实养殖池塘标准化改造和尾水治理专项建设规划,争取各方资金开展尾水治理。全面实施长江十年禁渔:对汉江及12个水生生物保护区实施禁捕退捕,全市637艘有证渔业船舶全部上岸并拆解完毕,1200个渔民信息录入国网。306名岸线长和104名协助巡护人员上岗履职。

【农业外来物种普查】 2022年,孝感市全面启动了农业外来物种普查面上调查工作。7—11月,以县(市、区)为单位,各地分别邀请华中农业大学、湖北工程学院等高等院校研究生专家团队组织开展面上普查,争取各类普查资金370余万元。

【农业生产废弃包装物回收处理】 2022年，孝感7个县（市、区）启动了农药包装废弃物回收处理工作，云梦县作为省农药包装废弃物回收处理试点县市，全年共建立农业生产废弃包装物集中回收点88个，设置储存仓库4个；孝昌县争取省级资金50万元，在5个试点乡镇（花园镇、白沙镇、丰山镇、周巷镇、花西乡）开展农药包装废弃物回收处理工作，目标完成10吨农业生产废弃物，试点乡镇回收率80%以上，回收农业生产废弃包装物无害化处理100%。

【受污染耕地安全利用】 2022年，孝感市农业农村局联合市生态环境局出台《孝感市耕地污染修复和安全利用规划（2021—2025）》和《孝感市耕地土壤安全利用目标任务（2022—2025）》，下发《孝感市受污染耕地安全利用2022年工作方案》《严格管控类耕地种植结构调整工作方案》，指导全市开展受污染耕地安全利用和严重污染土地的严格管控。完成了受污染耕地安全利用面积25610.05亩，受污染耕地安全利用率指标完成100%，受污染耕地安全利用率90%以上。

【环保调度】 2022年，市农业农村局积极完成每月、每季度孝感市环境委员会下达的各项调度任务，对长江大保护十大攻坚提升行动之农业农村绿色发展攻坚提升专项行动，污染防治攻坚、中央环保督察、长江经济带、河湖长制，以及碧水、蓝天、净水保卫战等各项调度任务均及时高效完成。

（撰稿：钟喆、彭丰、邢强、李浩、乐仕、周东杰、曾浪、卢志新、程伟、熊伟多、陈德民、付玉）

农产品质量安全监管

【农产品质量安全风险监测】 2022年，全市农业农村局系统根据工作职能，组织开展农产品质量安全监测工作。据统计，全市开展农产品质量安全监测24712批次，合格率为99.9%，其中，定量检测7032批次，定性检测17680批次。部、省在孝感市开展农产品质量安全监督抽查、例行监测和专项抽检共16次，样品558批次，合格率为99.3%，高于全省平均水平，对监督抽查中发现的问题采取溯源查处。

【“治违禁 控药残 促提升”三年行动】 2022年，按照省农业农村厅统一安排和《孝感市食用农产品“治违禁 控药残 促提升”三年行动方案》（孝农发〔2021〕7号），聚焦问题较为突出的11种农产品，全市全年出动农业执法人员7047人次，对71家（户）的2280亩豇豆、65家（户）的822亩韭菜、64家（户）的1521亩芹菜以及158家（户）51230家（户）等358个重点监管主体开展检查巡查、检查样品9787个，全部合格；对畜禽产品鸡蛋、肉牛、肉羊等1603养殖户（家）抽样4006批次，全部合格；对水产品758养殖户（家）重点生产基地抽样255批次，经检测，全部合格。

【农产品质量安全知识培训】 2022年，全市系统监管人员和监管平台的服务对象共322人参加农业农村部食用农产品合格证可追溯网上平台的学习，326人参加湖北省试行工作专项网上培训任务，300名村书记（主任）参加农产品质量安全知识培训。

【农产品合格证制度建设】 2022年，全市试行合格证农产品生产主体671家，占应试行合格证农产品生产主体823家的81.5%，共开具食用农产品合格证223613张（其中农业农村部门印制发放的合格证34158张、生产经营主体自行印制189455张），附带合格证上市的农产品累计30247.4吨。

【农产品质量安全县创建】 云梦县于2016年获全国首批“国家农产品质量安全县”称号；安陆市于2016年获省级首批农产品质量安全县（市）称号；汉川市、应城市于2018年获省级第二批农产品质量安全县（市）称号。截至年底，安陆市正在开展国家级第三批农产品质量安全县（市）创建活动。同时，孝南区、孝昌县和大悟县正提升农产品质量安全监管水平，创造条件逐步开展创建准备工作。

（撰稿：彭丰、邢强、李浩、乐仕、周东杰、曾浪、卢志新、程伟、熊伟多、陈德民、付玉）

栏目编辑：秦荣

工 业

工 业

综 述

【概况】 2022年，面对严峻复杂的外部环境，市经信部门锚定工作目标、奋力拼抢，科学统筹疫情防控和工业经济运行，有效应对产业链供应链风险挑战，加快推进动能转换塑造产业新优势，以工业增长之“稳”和产业转型之“进”，实现了“十四五”良好开局。1—12月，全市规上工业增加值同比增长11.9%，居全省第4位；工业投资同比增长26.8%，居全省第5位；工业技改投资同比增长14.5%，居全省第8位。新增规上工业企业173家，规上企业总数达到1292家，在全省排名第6。获批25家国家级专精特新“小巨人”和145家省级专精特新“中小企业”，在全省排名分别为第4和第5。

【工业经济运行调度】 每月对重点行业、重点企业运行情况持续跟踪监测，定期走访调研企业，及时掌握行业发展动态和趋势，及时发现和研判经济运行中的热点、难点和苗头性、倾向性问题，做到早准备、早发现、早处理。对全市207个预增产值过2000万元的增长点进行实时监测和跟踪服务，推动增长点早日投产效果。1—12月，全市规上工业增加值同比增长11.9%，居全省第4位。

【重要产业链建设】 印发《关于做好2022年度全市制造业产业链链长制工作的通知》，明确了组建专家团队等10项重点工作。2022年，10条产业链共计聘请专家37名，为产业链发展壮大提供强大智力支持。十大产业链专班共走访调研180余家重点企业，召开40余场次座谈、研讨等会议，共形成调研成果20余篇。在调研走访基础上，积极解决企业发展难题，多措并举推动产业链发展壮大。其中，光电子信息产业链开展了锂电池行业规范宣贯和专项整治工作；积极组织申报新型信息消费示范项目、国家智慧健康养老应用试点、光伏、印制电路板行业规范公告申报工作。新材料产业链编印了《孝感市再生资源综合利用企业信息手册》；出台了《关于促进再生资源加工利用产业高质量发展的若干措施》；组织召开全市再生资源综合利用企业产需对接会，16家企业进行了现场签约。纺织服装产业链与税务局部门紧密协作，对纺织服装外贸企业开启“极速退税”模式；搭建政银企对接平台，为3家纺织服装企业签约7400万元，缓解企业融

汉川市合一创业园

（汉川市经济技术开发区 供图）

孝感高创智造产业园项目

(孝汉同城办 供图)

资难题，其他产业链也组织召开了多次现场协调会为企业纾困解难。

【企业主体培育】大力实施中小企业成长工程。加大对“小进规”“新进规”的政策激励力度，完善规上企业培育库，对入库企业实行“一企一策”跟踪服务。强化运行监测、要素调度、包保服务，及时帮助中小规上企业破解生产经营中的各类问题，遏制企业停产退规。通过摸底销售过1000万元企业、在建项目、竣工投产项目等，建立了400余家的培育库。2022年，全市新增规上工业企业157家，退规86家，净进规达到71家，扭转了近几年“进不抵退”的局面，全市规上企业总数达到1276家，完成了年初制定的新增100家目标，在全省排名第6。大力培育“专精特新”。出台《关于促进中小企业“专精特新”发展的若干措施》等系列文件，引导中小企业走“专精特新”之路。请工信部、省厅领导到企业现场调研指导，深度解读上级政策，实地开展申报培训。聘请第三方机构对拟申报国家级、重点国家级专精特新“小巨人”企业逐一辅导，帮助企业改进公司治理、技术工艺、数字转型等方面，提高申报成功率。2022年，获批18家国家级专精特新“小巨人”，全省排名第4；获批72家省级专精特新“中小企业”，全省排名第4。大力推进试点示范申报。国家级试点示范有突破。推荐航天重型工程装备有限公司露天矿无人驾驶运输作业机器人应用场景入选工信部矿山领域机器人应用优秀场景；推荐2个应用场景申报工信部增材制造典型应用场景；推荐4家企业申报国家技术创新示范企业；推荐三江万峰和恒大包装申报全国质量标杆；推荐1家企业申报工信部第五批产业技术基础公共服务平台；推荐6家企业申报全国工业领域电力需求侧管理示范企业(园区)。新增12家工业企业首次通过国家两化融合管理体系贯标认证，通过认证企业总数达到29家。推荐华工高理、维达纸业2家企业入选工信部工业领域数据安全管理试点企业名单；推荐7家企业申报国家级绿色工厂；推荐1家企业申报国家级绿色供应链管理企业。省级试点示范有成效。推荐湖北恒大包装有限公司获批省级服务型制造示范企业；推荐79家申报湖北省单项冠军企业(产品)，11家企业参加复核；推荐1家企业申报2022年省级制造业创新中心培育项目；推荐5家企业成功入选2022年度智能制造试点示范企业；推荐8家企业8个产品申报2022年《湖北省创新产品应用示范推荐目录》；推荐富邦科技、惠洋电器等8家企业入选省级工业领域数据安全管理重点企业名单。选派14名“科技副总”，居全省第五位，华龙生物“科技副总”杨波教授作为全省唯一企业代表作典型发言。组织开展2022年全省首场产学研合作对接活动，促成19个项目现场签约。

【产业动能释放】两化融合赋动能。持续推动“新基建”。累计建成5G基站3739个，开通运行3729个，开通率99.73%，全面实现市主城区连片优质覆盖和各县(市、区)城区重点区域覆盖。2021年度电信普遍服务试点项目全部完工，全面启动2022年度试点项目。贯彻落实省“万企上云”工程。加快制造业数字化转型。新增维达护理用品(中国)有限公司“造纸企业智能生产管理平台”1家企业平台，入选湖北省工业互联网平台，累计上云企业数量超过2000家。大力培育推广智能车间、智能工厂、数字化车间。15家企业成功入选省级智能制造试点示范项目，米婆婆、合兴包装等6家5G全连接工厂建设加快推进。

孝汉融合赋动能。加强与省厅对接，上半年湖北省发布的15张重点产业地图中有12张涉及孝感。规划500亩武汉·中国光谷孝感产业园，承接武汉光电产业转移和光谷孵化成果产业化项目。编制《孝感市孝汉同城化发展2022年重大事项清单》，明确编制产业链地图、建立招商引资共享平台、编制产业招商地图等11项重点工作。融入“汉孝随襄十”汽车产业走廊发展格局，全力保障孝感楚能新能源150Gwh

锂离子电池高端智能制造产业园等大项目建设。配套武汉建设三大国家医学中心和国家生物经济先导区的产业协作需求，以云梦医药及医疗器械产业为发展基础，结合安陆中成药特色产业，对接市临空区生物医药板块，逐步搭建孝感生命健康产业雏形。投资5000万元的湖北众森医药商城连锁有限公司中药饮片研发生产基地项目已建设完成，进入试生产阶段。航天重工研发110吨5G无人驾驶氢能源重型矿用车，并已获得内蒙古神华北电胜利能源公司2789万订单；三江万山与武汉理工和上海启源芯动力签订了战略性合作协议，并与孝感龙鑫公司签署新能源商用车、大中型客车经销代理协议，获得众益公交公司90台新能源公交车订单。

【项目投资争资】 工业投资。1—12月，全市工业投资同比增长26.8%，高于全市固定资产投资增幅8.5个百分点，居全省第5位，工业投资占固定资产投资比重的44.6%；全市工业技改投资同比增长14.5%，居全省第8位，技改投资占工业投资比重的43.7%。1—12月，全市工业投资在库项目968个，较上年同期增加221个；亿元以上工业项目363个，较去年同期增加51个。全市工业技改投资在库项目460个，较2021年同期增加57个；亿元以上工业技改项目108个。

立项争资。出台了《孝感市支持新一轮企业技术改造若干政策》。建立完善2022年度制造业高质量发展项目库，其中企业技术改造项目82个，综合试点示范项目11个。建立完善工业和技改投资项目库，包含技改项目268个，新建项目351个。进一步贯彻落实省、市支持新一轮企业技改若干政策，全力争取中省各类技术改造、试点示范、晋级提能等奖补资金。1—12月，38个项目（企业）获批2022年度省级高质量发展专项资金9170万元，1个项目获批国家专项资金4406万元。截至2022年12月，累计获中央、省级信息化奖补资金808万元。

招商引资。孝感市经信局主要领导及分管领导共赴省外招商6次，在跟重点项目5个，分别是：云和资本联合组建产业创投基金项目、市高新区产业引导基金招募管理机构项目、武大英康和珞珈德毅打造“智电谷（孝感）基地”项目、磷石膏综合利用项目和辽宁三三工业集团有限公司年产50台超大型盾构机项目。邀请商会到孝感考察，其中，湖北商会晋商分会已到孝感考察2次接洽项目投资人12人；北京绿色设计研究院、世界绿色设计组织一行到孝感考察市循环产业发展状况。前期招引项目泓景瑞、阿兴食品项目已顺利投产。

拉练督查。开展了三轮“三区”项目“四看四比”拉练督查，共督查园区项目132个。按照市委、市政府统一部署，持续开展稳住经济大盘、投资与重大项目等专项督查活动，推动工业项目早落地、早开工、早投产。

【优化企业发展环境】 开展惠企政策宣传。推进减轻企业负担调查，组织减轻企业负担政策宣讲会，整理编印《国家和湖北省、孝感市涉企优惠政策汇编》，免费向企业发放800余份。统筹链长制工作专班、“双千”工作队等力量，通过走访宣讲、网站微信、专题培训等形式广泛开展政策宣传。2022年，已组织200余人次参加了新一轮技改政策、绿色制造示范企业创建、5G+工业互联网应用等政策培训活动。

开展纾困解难活动。充分借助“双千”服务平台，统筹开展“联企业、送政策、解难题、稳主体”帮扶活动和“四上”企业培植工作，全面梳理企业存在的困难和问题。截至12月底，“双千”中共收集工业领域112家市场主体（项目）反映各类问题115个，已解决111个，问题解决率96.5%。开展“降收费”专项行动。截至年底，累计为企业降低成本近10亿元，其中减免用水报装及接入费83万元，为企业降低用电成本5500万元，为企业优惠气价及安装费1050万元；累计减税降费8.08亿元，缓税缓费9.6亿元。减免中小微企业和个体工商户应缴国资租金2462.55万元。涉企保证金收费事项全面对标落实，拖欠企业账款全部清零，中小企业宽带和专线平均资费同比再降10%。

开展弱电线路改造。2022年，组织通信企业累计布放户线、光缆138.159千米，绑扎、拆除线缆91.307千米，拆除废旧分纤箱140余个，已完成除三里棚社区外6个试点区域及50余处督办点位共2200余户弱电线路整治任务，为老旧小区改造和五城同创工作奠定基础。

【绿色安全发展】 突出绿色发展。完成了孝感金达钢铁有限公司绿色低碳转型发展合金钢产能置换工作。扎实做好中央生态环保督察问题整改，牵头推动磷石膏综合利用工作。1—12月磷石膏综合利用率达到52.88%，实现省定年度目标任务。组织推荐7家废钢铁、废塑料利用企业申报国家再生资源综合利用资质。全面推进工业企业生活垃圾分类工作。组织10家企业开展2022年工业节能诊断服务，推荐1家企业进入节能诊断服务机构名单。

突出安全生产。扎实开展安全教育，加强隐患排查，104条工业安全隐患已整改到位。加强问题整改，对省暗访和市安委会通报问题

307条,已全部督促整改到位。配合市应急管理局、市水利局等相关市直部门,全面开展雨雪冰冻、高温强降雨、防汛抗旱等各项应急工作,组织市本级工业企业做好各项应急工作中应急救援物资的生产、调度、储备。同时,紧紧围绕市委、市政府中心工作,安排中坚力量,扎实做好疫情防控、乡村振兴、五城同创等各项工作,圆满完成各项年度目标任务。

突出合规运转。启动化工园区省合规化认定工作,聘请省专家讲课并到云梦、应城四个化工园区实地查看指导,组织市发改委等7部门到云梦盐化工产业园开展督导和模拟预审工作,确保现有的化工园区能顺利通过省厅的合规认定。

【孝感市首批企业首席质量官上岗】11月29日,孝感市已完成制造业企业领域首批企业首席质量官(CQO)的聘任工作,100名企业首席质量官正式上岗。

企业首席质量官制度是现代企业制度的重要内容,是质量人才队伍建设的有力抓手。首席质量官是指企业对质量安全和质量发展工作全面负责的高层管理人员,由企业总经理(总裁)聘任授权,并颁发聘任授权证书,直接向总经理(总裁)报告工作。首席质量官承担企业质量品牌战略的制定实施、企业产品(服务)质量的检控、企业质量管理体系建设、企业质量创新改进、企业质量人才培训教育、企业质量文化创建与推进等职能。2022年7月以来,孝感市在制造业企业领域全力推行首席质量官制度,以便切实推动孝感市企业质量管理水平得到整体提升。到2022年年底,力争实现政府质量奖(提名奖)获奖企业、中国驰名商标企业、"专精特新"、"隐形冠军"企业首席质量官聘任率达100%,并在食品、药品、特种设备、工业产品生产许可证(取证企业)生产企业中全力推行;到2023年年底、2024年年底,力争全市规模以上企业首席质量官聘任率分别达60%、90%以上,重点行业中小微企业首席质量官聘任率分别达25%、50%以上。

纺织服装产业

【概况】纺织服装产业是孝感市第一大产业,产业规模居全省第一。2021年,全市共有纺织服装企业2300余家,其中规上工业企业261家,占全市规上工业企业总数的21.7%,占全省纺织服装企业总数的16.6%;实现营业收入729.8亿元,占全市规上工业营业收入总额的24.56%,占全省纺织服装营业收入总额的25.6%,是全省第一纺织大市;实现利润27.9亿元,占全市的22.7%,占全省纺织服装利润总额的20%;缴纳税收23.2亿元,占全市税收总额的23.9%;平均用工人数4.9万人,占全市规上工业总用工人数的25%。2022年,全市共有纺织服装规上工业企业271家,实现营业收入864.6亿元,同比增长17.6%;实现利润36.7亿元,同比增长29%;缴纳税收26.1亿元,同比增长12%,保持了较好的发展态势。

【产业分布与规模】孝感市纺织服装产业主要集中在汉川、安陆、云梦等地。汉川纺织产业基础较为扎实,有规上企业有203家,其中,纺织企业94家(制线企业60家,染整企业7家,其他27家);服装企业109家(时装企业45家,皮草企业64家),纱锭规模达到300余万锭,有国家级绿色工厂企业1家,省级"专精特新"企业5家,隐形冠军企业5家(其中培育企业4家,示范企业1家),智能制造企业2家,"两化"融合企业3家,被湖北省经信厅列为第一批全省"重点成长型产业集群"。马口镇是中国第四批"纺织产业集群试点地区"(全国仅13家),被中国纺织工业协会授予"中国制线名镇"称号。2021年中国纺织工业联合会、中国服装协会授予汉川市"中国服装制造名城"称号。汉川年产涤纶纱线约32.9万吨,产量占全国生产总量的1/5;安陆形成了以安棉、富楝田为龙头,以金丰纺织、赐梦服饰、伟鹏服饰等企业为支撑的产业集群;云梦皮草产业园囊括皮草企业50余家,被授予全省外贸出口基地、国家外贸转型升级基地。

【重点纺织企业】湖北孝棉实业集团有限责任公司。是湖北省纺织行业龙头企业,产能32万锭,是全省单体规模最大的纺织企业,是中国棉纺织行业协会副会长单位、湖北省民营百强企业、湖北省支柱产业细分领域隐形冠军示范企业、工信部两化融合管理体系贯标试点企业。

际华三五零九纺织有限公司。是湖北省隐形冠军企业、工信部两化融合管理体系贯标试点企业、湖北省两化融合试点示范企业、绿色工厂,公司生产的功能性特色纱线,竹纤维纱线及家纺面料居全国前三名。

湖北蜀峰线业发展有限公司。是湖北省隐形冠军企业,是全国工业领域电力需求侧管理示范企业。

湖北名仁纺织科技有限公司。是一家生产"铁树王"牌纯涤纶线为主的中型民营企业。

【技改升级】孝感市大力实施"千企千亿技改工程",推动纺织服装产业"机器换人、设备换芯、产品换代",以际华三五〇九、名仁、蜀峰、爱伊美等为代表的纺织企业累计投入近40亿元,新建标准化厂房10万平方米，购置国内先进设备1300多台（套），生产高支纱、精纺面料等高档产品，并带动人工化向智能化转型。近3年，全市规上纺织企业技改面达90%以上，企业用工减少30%，产量提高20%以上，装备水平和产品档次有了质的飞跃。名仁纺织、蜀峰线业等龙头企业正在实施纺织企业第三轮技改，从生产环境、生产效率、产品质量等方面将会颠覆纺织产业在人们心中的普遍意识，也成为国内领先的技术装备水平。同时，为引导染整企业向技术密集、资源节约、环境友好型产业发展，加强对染整企业清洁生产的管理整治力度，敦促企业加大清洁生产技术和节能环保改造，淘汰落后染整企业10余家。通过技改升级，纺织产业整体市场竞争力显著增强。名仁纺织、蜀峰线业入选湖北省隐形冠军企业，际华三五〇九入选湖北省隐形冠军示范企业和省级智能制造企业。

【数字化商务平台建设】 经过多年的发展，孝感市纺织服装信息化程度不断提高，数字化转型成效明显。位于汉川市的湖北衣谷专注于打造中国服装全产业链电子商务服务平台，主要为服装企业提供产业政策咨询、服装平面设计、营销策划、货物代发，以及淘宝人才培训等综合服务。作为汉川本地电商代表，成为汉川市政府指定的阿里巴巴汉川产业带唯一运营服务商，承担运营、服务工作，将对入驻商户提供技术支持。同时浙商产业园二期项目专注于打造中国汉派服饰“网红”直播基地，基地建筑面积约50万平方米，总投资30亿元，是集“研、产、展、销”四位一体的一站式服装产业基地，融合研发设计、生产制造、品牌展示、总部办公、网红直播、物流配送等多功能产业布局，构建线上网红直播，线下展示体验、产业旅游观光、现场量身定制、主播网红打卡的新场景。致力“三个打造”（超级直播带货基地、直播电商创业基地、直播人才孵化基地）、构建“两大体系”（“汉派荟”供应链和数字化），建设“一个中心”，重构服装产业新型生态链。

楚能新能源外部施工现场

（孝汉同城办 供图）

【汉川缝纫线被纳入全国区域品牌】 11月21日，工业和信息化部公布了重点培育纺织服装百家品牌名单，确定124家品牌为重点培育对象，汉川缝纫线名列全国17家区域品牌。汉川市纺织服装产业依托武汉，已形成研、产、展、销于一体的产业发展格局，是湖北省重点成长型产业集群，被中纺联授予“中国服装制造名城”称号，被纳入中国纺织服装集群共建试点单位。2022年，汉川市拥有纺织服装企业3000余家，年产各类服装2.8亿件；有纱锭规模近300万锭，缝纫线产量占全国3/5以上，缝纫线生产规上纺织企业88家，形成纺纱、制线、织布、印染、物流、销售于一体的缝纫线产业链条。马口镇被评为“中国制线名镇”。

（撰稿：马诗慧）

光电子信息产业

【概况】 2022年，有规上企业94家。其中，年销售收入过20亿元的3家、过10亿元的2家、过5亿元的8家。2021年实现营业收入189.4亿元，上缴税金3.96亿元，同比分别增长36.3%、24.19%。2022年实现营业收入239.4亿元，上缴税金5.94亿元，同比分别增长26.4%、49.87%。

【产业优势】 在全市十大重点产业中，光电子信息产业总体规模还不算太大，位居第七，但后发优势明显。产业规模壮大。企业数量从2021年的85个增长到目前的94个，增幅位居第三；两年营业收入分别增长36.3%、26.4%，上缴税金分别增长24.19%、49.87%，增幅均位居第二。发展重点明确。市高新区的激光、电光源、电子元器件和物联网传感器，孝昌、安陆的印制电路板，汉川光缆光器件，云梦、安陆的电子新材料等几大重点发展板块不断壮大。培育龙头企业。培育出一批具有全国乃至全球影响力的龙头企业，华工高理的温度传感器芯片占据全球市场70%的份额，华工正源（孝感分公司）的ONT（光猫）产品出货量全球第一,东电化电子(孝感)有限公司的通信用微型放电管占据全国市场65%的份额;中一科技成功上市,龙腾电子、大禹电气、安心智能等企业被列入上市“金种子”企业。发展后劲充足。2022年,新引进英众超算终端科技产业园、云谷智造产业园、罗普孝感科技产业园、蓝媒体科技产业园等亿元以上数字产业项目4个,总投资94.2亿元,顺利投产后预计形成170亿元以上的年产值。

长飞汉川市OPGW及光缆生产建设项目

(孝汉同城办 供图)

【产业集群】 2022年,孝感市着力推进光电子信息产业区域协同布局,集群效应凸显。市高新区电光源产业地位不断提升,市高新区激光产业园基本成形,汉川马口光通信产业初具规模,孝昌、安陆印刷电路板产业集群日益壮大,云梦、安陆电子新材料产业基地形成合力。

光电源产业。市高新区电光源产业从“军转民”起步,在发展壮大汉光、瑞莱特、惠维科技等本土企业基础上,积极引进小糸、马瑞利等国际一流电光源生产企业,已成为全省规模最大、地位重要的车用电光源、特种电光源生产基地,逐步打造成为国家级车用电光源生产基地。至2022年年底,已形成年销售收入45亿元的产业规模。

激光产业园。市高新区激光产业园已成功引进苏州领创、武汉万力威、武汉吉事达、苏州力士乐、湖北希欧等6家激光企业入驻。目前领创激光已投产,武汉万力威、湖北希欧开始试生产,项目全部达产后,预计年销售收入达40亿元,将形成大功率激光成套装备的研发、制造和销售的产业集群。同时高新区正在跟踪洽谈大鹏激光、宏山激光、华俄激光、锐科激光等20余家激光设备制造及相关配套项目,吸引更多激光类企业,真正实现与中国光谷的协作配套和融合发展。

光通信产业。汉川市充分发挥产业基础和区位优势,加快与武汉产业对接,依托武汉光谷技术和智力资源,在马口镇及周边成功培育出光通信产业,通过加大产业培植和政策支持,促进了汉川市光通信产业飞速发展,成为“武汉光谷配套生产基地”。至2022年年底,有光通信规上企业16家,初步形成了以楚天实业、中广核拓普、锐邦光电、烽火博鑫等企业为龙头,产品涵盖光电缆、钢铝带、纤膏、先进PE、PVC材料、高分子材料、光通信电子元器件等较为完善的光通信产业集群,年产光缆2700万芯千米,电缆4000万对千米,光通信电子元器件400万件(套),已形成年销售收入70亿元的产业规模。

印刷电路板产业。孝昌县将光电子信息产业作为县域支柱产业,大力开展回归工程,引进培育了8家印刷电路板企业,依托龙腾电子、全成信电子、利之达科技等企业,对接“芯”产业和电路板上下游配套产业,延伸产业链,安陆金禄科技已经形成年产150万平方米的印刷电路板生产能力,初步形成孝感市电路板产业的聚集园区,一批科技含量高、投资规模大、带动能力强、聚集效应好的建链强链补链项目陆续建成投产。随着龙腾电子产能的释放,全成信电子2021年年底的投产,一个年销售收入40亿元的电路板产业集群已经形成,电路板产业的聚集效应日益凸显。云梦安陆电子新材料产业基地形成合力,云梦中一科技、安陆中科铜箔等电子新材料龙头企业通过资本运作正在形成合力。云梦紧抓5G、新能源汽车动力电池、储能等发展机遇,全力推进铜箔主导产品的技术升级和产能扩大,已具备年产2万吨电解铜箔的生产能力。随着新增各生产线的投产,电解铜箔的年产能将达到5万吨,将形成华中地区及至全国最大的电子产业基础材料(电子铜箔)研发、制造基地。

【产业协同】 2022年,经过招商引进,孝感市光电子信息产业集群内企业的产品实现链条化特征。苏州领创入市高新区驻激光产业园,带动了其上游供应商武汉可功、武汉星光落户高新区,而这两家企业又是其他几家激光企业所需要的配套企业,实现了产业链的延伸。市高新区的精为电子生产电子线束类产品,为华工高理的主要供货商之一。汉川马口光通信产业集群的楚天实业作为光缆成品生产企业,主要为其上游的长飞光纤、烽火通信等做代加工；中广核拓普的高分子光缆护套颗粒，直接供货给本地各光纤光缆厂家。云梦安陆电子新材料集群的电子铜箔，主要用途之一就是印制电路板，可以成为印刷电路板集群各企业主要供货商。

【重点光电子信息企业】“十四五”规划时期，孝感一批光电子信息产业企业的产能进入快速释放期。目前已形成华工高理、中一科技、小糸车灯、马瑞利、惠洋电器、龙腾电子、楚天实业、中广核拓普、金禄科技、华工正源等重点骨干企业。企业的科技创新与竞争力不断增强，近年来，全市光电子信息产业累计获批国家及省级“两化”融合贯标及试点示范企业36家（占获批企业总数的30%），国家及省级“专精特新”企业37家（占获批企业总数的25%），省级智能制造试点示范企业6家（占获批企业总数的40%）。2022年，湖北龙腾电子科技有限公司、中广核拓普（湖北）新材料有限公司“5G用黑色高分子光缆扩套料”获湖北省制造业单项冠军企业（产品）。

（撰稿：熊文俊、叶智华）

盐磷化工产业

【概况】孝感盐矿具有资源丰富、矿区集中、品位较高、开采条件好等特点，主要分布云应地区。据评估，全市盐矿矿床面积为260平方千米，井矿盐总储量近300亿吨。磷矿资源主要分布在大悟黄麦岭矿区及其周边，共有4个成矿带，磷矿储量1.51亿吨，磷矿虽然开采难度较大，品位不高，但综合开发利用价值高。丰富的盐磷资源为孝感市发展以盐磷为特色的化工产业奠定了良好基础。盐磷化工产业是孝感依托本地丰富资源发展起来的传统产业，历年来稳居全市重点产业前三位置。2022年，盐磷化工产业有规模以上工业企业101家，占全市规模以上工业的8.06%；实现主营业务收入439亿元，占全市规模以上工业的13.3%；实现税收8.7亿元，占全市规上工业企业税收总额的9.4%。应城市是湖北省重要的纯碱生产基地，双环科技、新都化工在全市20家强工业企业中一直稳居前列，纯碱总产能170万吨，占全国的5%，主营业务收入分别排名全市第三和第七。

【产业集群】孝感市盐化工产业主要分布在应城和云梦，磷化工产业主要分布在大悟。几年来，孝感市坚持扶优扶强的发展思路，以优势产业和优势企业为主攻方向，以资源整合和企业升级改造为重点，不断调整产业结构，引导各类资本要素向盐磷化产业集聚，产业特色日渐显现。截至2022年年底，已形成了盐业化工、精细化工为重点，具有竞争优势的化工产业集群。应城市盐化工产业集中在湖北应城化工产业园区，该园区包括东城工业园、赛孚工业园、盐化工业园。应城市依托云图控股、双环科技和中盐长江等重点骨干企业，以湖北应城化工产业园区为平台，在做大做强制盐业以及以纯碱、氯碱工业为主体的盐化工产业的同时，大力发展以氯气、氢气下游产业为主的精细化工产业，不断加速建设绿色化工产业集聚区，拉粗延长盐化工产业链条。云梦化工产业聚集于云梦县化工产业园区，该园区有企业45家，其中化工企业34家，已投产（试生产）29家，2022年度产值30亿元，利税1亿元，园区内有员工近1800人，其中七成来自云梦当地。该园区形成了以氯碱工业为龙头，氯气、氢气、烧碱、芒硝4条产业链链式发展格局，拓展了化工新材料、医药及中间体、精细化工产品、电子化学品、消毒杀菌剂、高纯气体与试剂、资源综合利用七大系列产品。重点龙头企业湖北葛化华祥化学有限公司依托制盐企业，以30万吨离子膜烧碱项目为平台，下游企业转化吸收生产离子膜烧碱所产生氯气、氢气、氯化苯等衍生物，再生产新的化工产品。通过产品的纵向延伸和横向耦合，这个链条可以一直向下延伸的“链式循环”，降低了企业的原料成本，实现了绿色循环的运营模式。位于大悟县的湖北省黄麦岭控股集团有限公司，是湖北联投的全资子公司，专注磷化工发展主线和一体化产业

云梦县盐化工产业园培育打造氢能产业链条

（云梦县史志研究中心 供图）

链延伸，实现传统化工与精细化工“双翼齐飞”。公司主导产品为磷复肥、硫铁矿、铁矿、硬石膏、氨基酸等，拥有磷矿储量8100万吨、硫铁矿8500万吨、铁矿1800万吨、硬石膏4800万吨。

【科技创新与成果】 孝感市化工企业与国内30多所大学和科研单位共建产业研发平台，建成院士专家工作站5个，新建1个省级国际科技合作基地、建成省级创新实践基地11个，省级技术中心5家，获批高新技术企业17家。新都化工的三元硝基复合肥核心技术，是全国水溶肥标准制定者。久大应城公司与华中科技大学合作，建成了国内首套35MWth(兆瓦)富氧燃烧碳捕获工业示范装置。武化研生产的高绝缘性、高稳定性的惰性电子液被军事工业和航天工业所采用。湖北富邦科技公司曾是一家小型化肥助剂生产商，通过科技创新，成为全球知名的农业生产全程服务企业。

【园区建设】 2022年，全市原有4个已建成化工园区，按照省经信厅对化工园区布局要求，湖北应城经济开发区赛孚工业园、湖北应城经济开发区东城工业园、湖北应城经济开发区盐化工业园合并为湖北应城化工产业园区，按照“一区三园”模式进行管理，云梦县盐化工产业园保持不变。两个园区规划面积30.42平方千米，批复面积23.64平方千米，已开发面积15.39平方千米。2022年，园区企业总数124家，其中化工101家，园区内企业累计固定资产投资408.20亿元，其中公共设施投资19.2亿元。已建成华能热电、园区污水处理厂等配套项目，建立并完善了应急指挥、信息监测等服务平台。2022年，有关化工企业按《湖北省化工园区建设标准和认定管理实施细则(试行)》高标准整改建设。

【云梦县盐化工产业园培育打造氢能产业链条】 2022年，孝感市云梦县盐化工产业园氯碱副产品——氢，正被按照新兴产业来谋划打造。产业园内的湖北葛化华祥化学有限公司副产品——氢，通过管道直接传输到葛化中极氢能源公司。云梦县以氢能源为引，引进菱永电子、安耐吉、同源新材料等耗氢项目，落户云梦县盐化工产业园，延长加粗了氢能产业链条。

【主要盐磷化工产品品牌】 2022年，孝感市拥有“Forbon(富邦)”“嘉施利CARSONI”2个中国驰名商标；“红双环”“红双圈”“自流井”3个中国名牌产品，“湖星”“桂湖”“洋洋”“凯利盐”“白玉兰”“云鹤”等8个中国知名品牌；几年来，又培育了“益盐堂”“云应井盐”“长舟精制碘盐”等新品牌。“益盐堂”牢牢占据全国海藻碘盐和低钠盐的至高点，成为第一个在央视广告的食盐品牌。“云应井盐”系列产品进入全国790个县级市。

(撰稿：徐继英、侯加凯)

食品产业

【概况】 食品产业是孝感市传统优势产业，是全市工业经济的重要支柱产业。根据国民经济行业分类标准，孝感市食品产业涵盖农副产品加工业；食品制造业；酒、饮料和精制茶制造业三个大类行业，重点发展农副食品、休闲食品等。2022年年底，全市规模以上食品企业171家，总资产179.79亿元，行业平均用工人数20398人。2022年，食品产业实现营业收入405.52亿元，同比增长19.1%。其中农副食品加工业实现营业收入251.28亿元，同比增长19.4%；食品制造业实现营业收入121.58亿元，同比增长23.4%；酒、饮料和精制茶制造业实现营业收入32.66亿元，同比增长3.1%。实现利润13.30亿元，比2021年增加2亿多元，同比增长19.1%；实现税金6.29亿元，同比下降3.1%。居全市十大重点产业第五位，在全市占比为12.3%，位于纺织服装、新材料、盐磷化工、纸塑包装等产业之后。

12月28日，孝南区宾堡(湖北)食品科技有限公司开工奠基仪式

(孝南区史志研究中心 供图)

【产业分布】 分布在全市各地，汇集了麻糖米酒等“中华老字号”产品、农副食品、休闲食品、食用盐等，有神丹、银鹭、盼盼、达利灯知名品牌，食品包装、印刷等配套企业齐全。

农副食品。安陆市、大悟县主打农副食品。安陆建设“中国禽蛋加工基地”，大悟打造大别山农林产品加工基地。以湖北神丹、新希望、杜邦等企业为重点，大力发展肉蛋类加工业；以禾丰粮油等重点企业为重点，大力发展粮食精深加工业；以悟道茶、福良山中国红等企业为重点，大力发展茶叶精深加工业。

休闲食品。汉川市、孝南区、市高新区主打休闲食品。汉川建设“中国食品工业名城”，孝南打造全省县域绿色食品生产制造区。以孝感麻糖米酒公司、米婆婆、爽露爽、生龙、亲亲等企业为重点，大力发展麻糖米酒酿造业；以武汉欢乐家、银鹭等企业为重点，大力发展果蔬加工及饮料制造业；以达利食品、港荣食品、好利园、星期零、分分鲜等企业为重点，大力发展焙烤及方便食品制造业；以华农梦、鲁源兴1925为重点，打造全省酒企知名品牌。

食用盐产业。云应地区主打“中国首味”食用盐产业。盐乃百味之首，充分发挥孝感市井矿盐的工业储量优势和品质优势，打造全国最大的井矿盐生产基地和全国高端食用盐生产基地，让“中国首味”成为孝感的新名片。

【产业集群】 经过多年培育发展，汉川食品产业集群、安陆食品机械产业集群为省级重点培育成长型产业集群。

汉川食品加工产业集群。有工业规模以上工业企业共61家，资产总额80亿元，从业人员超过2万人，在省内食品产业集群中仅次于武汉东西湖食品产业集群，居第二位。汉川市食品加工业逐步形成了开发区食品饮料产业，城隍糖果产业，麻河莲藕制品，仙女山糕点、面粉制品，汈汉湖鱼类加工，里潭、垌冢等粮产区精米加工六大区块。聚集了银鹭食品、达利食品、晋江福源等龙头企业，合兴包装、吉源制罐、友达胶带、捷达物流等配套企业。

安陆食品产业集群。已形成了以禾丰、神丹、岑铭堂为龙头，以花中花米业、农腾饲料、潮汕食品等为支撑，以永祥、东方红、天星粮机为产业协作配套的优势产业集群。集群企业达60家，其中，规模以上企业16家。神丹公司以生产健康蛋、皮蛋、饲料为主，宝迪公司以生产血浆蛋白、冷鲜肉、SOD为主，禾丰集团以生产精米、果品糖浆为主，岑铭堂以生产各类休闲食品、饮料为主。神丹公司以超市销售作为神丹蛋品销售主渠道，产品进入了家乐福、麦德龙、沃尔玛、中百等10000多家超市，销售网络覆盖全国各地。

【知名品牌】 几年来，达利、福源、银鹭、武汉欢乐家食品、双桥（湖北）食品、温氏畜牧、亲亲食品等一批国内知名食品企业纷纷到孝感市投资建厂。至2022年年底，孝感市食品工业已打造出一批知名品牌。获“中华老字号”称号的有：孝感麻糖、云梦楚河鱼面；获中国驰名商标的有：银鹭食品的“银鹭”、达利集团的“达利园”、晋江福源的“盼盼”、“神丹”牌蛋制品（湖北神丹）、“孝感”牌麻糖（孝感麻糖米酒）、“米婆婆”等；还有一批企业分别获得了“中国名牌产品”“中国免检产品”“湖北名牌产品”“湖北省著名商标”的称号。

【试点示范企业】 湖北神丹等5家被列入工信部工业企业知识产权运用试点企业，孝感麻糖米酒有限责任公司被评为工信部工业品牌培育示范企业，工信部两化融合管理体系贯标试点企业4家。“孝感米酒”地理标志产品质量品牌建设项目列入工信部工业质量品牌建设项目。食品产业拥有省级隐形冠军示范企业2家，科技“小巨人”企业3家，专精特新“小巨人”企业2家，智能制造试点示范企业2家。益盐堂（应城）健康盐制盐有限公司零添加抗结剂食用盐列入湖北省创新产品应用示范推荐目录。

【食品饮料龙头企业】 汉川饼干糕点、孝感麻糖米酒、应城粮食加工、安陆禽蛋加工、大悟板栗花生系列产品，形成了外联市场、内联基地（农户），横贯食品原料加工、食品包装企业的农业产业化发展模式，搭建了较为完整的食品产业链，在休闲食品、饮料、禽蛋制品等领域，涌现了达利食品公司、银鹭食品公司、神丹食品公司等一批综合竞争力较强的龙头企业，有4家企业产销规模在10亿元以上。达利食品公司为食品产业规模最大企业，主要生产糕点类、饼干、膨化食品三大系列，其中有达利园派、蛋黄派、软面包、法式小面包、瑞士卷、萨其马、金麦圈，可比克薯片系列，好吃点饼干系列等500多个品种，公司产销规模突破20亿元。全市食品生产企业扩能项目稳步推进，亲亲食品有限公司“十四五”规划时期计划投资30亿元，占地面积500亩，建设集研发、加工、生产、销售于一体的食品工业园；湖北米婆婆投资3.6亿元建设年产15万吨米酒、米酒饮品及低度健康酒智能化生产项目；湖北正邦食品投资5.5亿元，占地面积200.49亩，建设年屠宰100万头生猪生产线，年产5万吨肉制品深加工生产线。

（撰稿：辛忠明）

【孝感佬米酒】 孝感佬米酒是孝感米酒的地方俗称，意指传统手工艺米酒。“佬”通常指成年男子,但“孝感佬米酒”中的“佬”指传统手工艺人。清末的孝感,人们对传统手工艺人一般统称为“佬”或“匠”,素有“九佬十八匠”之说,这既是孝感的地域特色,也是手工业兴盛的历史印记。

孝感是荆楚文化和孝文化的重要发祥地,为老人、为亲人做一碗佬米酒,是孝亲敬老的重要表现形式,因而孝感米酒制作工艺代代相传。孝感佬米酒的传承可上溯至宋代,迄今有1000多年历史。现今的孝感,仍有传统手工“佬米酒”售卖,有的沿街过户挑担推车叫卖,或在集市售卖。1991年,孝感第一家工业化米酒生产企业在朱湖诞生,生产饮料型米酒。1997年,孝感大大小小的米酒饮料生产企业如雨后春笋般出现。1998—1999年,孝感米酒产业迅速发展,畅销全国,产品供不应求。2000年,由于孝感米酒饮料的保质期很短,以及蜂拥而上的小企业,产品质量参差不齐,孝感米酒销量出现断崖式下跌。

2001年,针对饮料型米酒出现的一系列问题,孝感市委、市政府对米酒行业进行整顿,规范质量标准。同时,孝感重点米酒生产企业生龙、米婆婆等开展技术革新,在选材、发酵和封装等技术方面大胆革新。选材:原材料选用朱湖珍珠糯米,酒曲选用孝感传统特色之乳白色蜂窝酒曲。发酵:在传统发酵工艺基础上,对糯米和酒曲的配比,以及发酵的温度、湿度、时长等进行反复试验对比优化,研制出最佳口感的原汁原味米酒,然后对发酵过程智能化。灌装:借鉴罐头生产工艺,将传统工艺与现代罐头生产工艺结合,采取杀菌灭活技术,不添加任何添加剂,生产出罐头工艺包装原味孝感佬米酒,既保留了独有的孝感佬米酒风味,又极大地延长了产品的保质期。

孝感佬米酒产业从饮料型米酒回归到原汁原味佬米酒,再次腾飞。几年来,在孝感麻糖米酒行业协会的带领下,产业发展迅猛,地方直接就业人员3000余人,带动就业3万人以上。2022年,孝感米酒综合产值已突破40亿元,实现销售收入近27亿元,产量占国内米酒市场的85%以上。出口额为1000万美元,远销美国、加拿大、澳大利亚、英国、南非等全球数十个国家和地区。无任何添加剂孝感佬米酒的生产,推动了米酒产业链绿色健康发展,为孝感农业产业高质量发展做出了突出贡献。

(撰稿:孙俊)

表 7

全市十大重点产业一览表

产业名称	“十四五”目标	2021 年						2022 年					
		企业个数	营业收入			税金		企业个数	营业收入			税金	
			实绩（亿元）	增幅(%)	占全市的比例	实绩（亿元）	增幅(%)		企业个数	增幅(%)	占全市的比例	实绩（亿元）	增幅(%)
全市规上企业		1205	2971.78	21.1		97.02	6.1	1253	3303.6			93.1	
食品	600	170	336.18	6.96	11.31	6.39	-15.08	171	405.52	19.07	12.28	6.29	-3.12
纺织服装	1000	261	729.78	20.07	24.56	23.17	-7.26	271	864.64	17.63	26.18	26.11	12.02
盐磷化工	500	97	347.99	13.72	11.71	9.69	34.75	101	438.92	22.55	13.29	8.72	-14.74
盐磷化工	500	129	248.61	27.25	12.44	10.29	-1.41	147	420.99	12.63	12.75	12.44	20.08
建材	400	194	89.09	7.36	8.37	6.74	-13.10	219	277.29	6.8	8.4	7.03	0.85
高端装备制造	200	73	89.09	-12.83	3.00	2.94	-28.99	65	78.71	-5.92	2.38	2.58	-12.94
新能源汽车及零部件	150	26	40.61	12.28	1.37	0.73	-40.39	28	42.59	3.98	1.29	1.08	45.29
光电子信息	200	85	194.74	36.29	6.55	4.45	24.19	94	239.41	26.39	7.25	5.94	49.87
大健康	100	35	49.39	16.22	1.66	1.57	-7.14	35	56.4	12.52	1.71	5.94	1.9
新材料	400	109	451.46	48.25	15.19	26.85	72.44	122	479.13	11.41	14.51	21.26	-17.89

大健康产业

【概况】 大健康产业是孝感市继信息技术产业之后发展潜力与空间最大的产业,是新常态下供给侧结构性改革和创新型经济发展的重点领域,是孝感市重点发展的新兴产业。2022年,孝感市积极营造优先发展大健康产业的氛围,进一步提升孝感市大健康产业品牌知名度,建立大健康产业链发展链长负责制工作机制,产业发展初具规模。2022年,全市大健康备案企业共91家,其中,药疗器械类20家,化妆保健品类5家,一类企业52家,二、三类企业共14家;共有规上企业35家,营业收入56.4亿元,同比增长12.5%;利润总额3.9亿元,同比增长98.2%。2022年,2000万元以上增长点项目6个,总投资11.57亿元。

【产业区域分布】 2022年,各县(市、区)对照《孝感市制造业高质量发展"十四五"规划》,科学布局产业体系,推动五大战略性新兴产业之一的大健康产业倍增发展。大健康产业突出发展生物医药、中成药、医疗防护、高端医疗器械等重点领域,结合本地资源优势,引导企业聚集式、配套式集群发展。

生物制药。重点分布区域为市高新区、汉川市、应城市、云梦县、临空区。主要以武汉国家生物基地孝感园区项目、市高新区生物医药产业园项目、临空高端医药产业基地项目、云梦美林制药生物基地项目、孝昌龙族百年大健康产业园项目、湖北回盛生物科技有限公司年产2000吨泰乐菌素项目、宝舜泰生物制药基地项目、湖北福星生物药业微藻DHA扩建项目等重大项目建设为契机,大力发展基于新靶点、新结构、新功能的抗体、蛋白、多肽、核酸和免疫细胞治疗等创新生物技术药物研制新技术。以云虹制药、天宫制药等企业为重点,加快医用原料药的研发生产。

中成药。重点分布区域为孝昌县、安陆市、云梦县、大悟县。主要是推进湖北诺克特中药产业园建设,推动中药制造系列开发及配套生产。支持奥冠湖北投资发展有限公司心血管药品针剂、片剂生产线建设。支持湖北端正药业化学药中药新产品产业化项目建设。支持华龙生物开发基于桔梗、艾叶、野菊花等的中成药产品。支持午时药业采用现代生物技术,大力发展基于金银花天然药物研发生产。支持湖北联禾生物多肽科技有限公司大米抗氧化多肽科研生产销售项目建设。支持巨能金钥滋补类中成药研发生产。

高端医疗器械。重点分布区域为孝南区、市高新区、临空区、云梦县。主要以泰康医疗、宏业仪器、宏翔医械等企业为重点,以兰彬医疗、天成医疗、菲戈特医疗等项目建设为牵引,支持医疗器械产业技术创新战略联盟建设,开展行业共性技术研究,加快智能病理全套设备及医用激光仪器的研发生产,提升新产品开发能力和规模化生产能力。推进海誓医疗器械全封闭抽真空脱水机、癌细胞检测仪等产品生产。推动医疗器械与光电子信息、数字图像处理等产业融合发展,开发适应个性化治疗、远程诊疗需求的高性能医疗器械和装备。大力引进具有自主知识产权、低成本、低能耗、高附加值的医疗器械项目,促进企业聚集发展。

医疗防护。重点分布区域为汉川市、安陆市、孝南区。主要以福晨医疗、福益康、鑫太阳等企业为重点,着力培育壮大一批口罩生产企业。以华中光电、诚懋实业等企业为重点,加快提升隔离眼罩、面罩的生产规模,形成规模效应。以鱼鹤制衣、环福塑料等企业为重点,鼓励企业通过设备改造、产线升级、协同制造等方式"生产换线"。支持维达、恒安等纸品卫品企业跨界经营。充分发挥孝感化工产业优势,做大做强以弗顿生化、健发塑化、回盛生物为代表的一批消杀产品生产企业。依托汉川、安陆纺织产业优势,着力培育引进一批以恒鑫、奶油田为代表的熔喷无纺布原材料生产企业,做实医疗防护链条上游。支持华工高理传感器芯片发展,加大与测温仪、测温枪等产品的配套力度。

【重点大健康产业企业】 瞄准武汉、长三角、珠三角等地区,孝感市重点引进投资额度大、产业链条长、科技含量高和附加值高的大健康产业龙头企业,同时依托本地龙头企业,吸引了一批上下游关联配套企业落户孝感。截至2022年年底,孝感市大健康产业主要有生物制药、中成药、高端医疗器械、医疗防护等发展方向,重点支持发展的骨干企业有10家,分别为午时药业、华龙生物、美林药业、宇阳药业、诺克特药业、康正药业、福星生物、福星药业、泰康医疗。一批行业"小巨人"不断成长,大健康产业企业获批省级专精特新"小巨人"14家(福星药业、银华药用包装、回盛生物、中盐云虹、华仁同济药业、恒天药业包装、午时药业、研妆实业、福星生物、宇阳药业、美林药业、诺克特药业);省级隐形冠军3家(诺克特、福星药业、回盛生物);国家级、省级两化融合重点企业3家(诺克特、回盛生物、瀚思生物);工信部工业企业知识产权运用试点4家(午时药业、诺克特、恒天药业、回盛生物)。孝感市最大的医药生产企业是午时药业,诺克特成为国内最大植物药提取基地。

(撰稿:瞿小杰)

新材料产业

【概况】 孝感市新材料产业分布在19个国民经济行业，发展迅猛，不仅加速了传统产业的转型升级，也为战新产业的提质增效贡献了力量，已发展成为孝感市十大重点产业亚军（仅次于纺织服装）。2022年，全市新材料新建、扩建项目27个，投资额72亿元；祥源新材生产的聚烯烃发泡材料三期项目建设正在推进，项目建成后销售额年增长25%。康欣新材、中广核拓普、文太新材年产值增幅同比超过10%；全市签约亿元以上新材料产业链项目25个、总投资85亿元，分别占亿元以上招商项目的9.2%、2.8%；全市获批省级制造业高质量发展专项资金740万元，新材料技改项目5个，分别占总数的15.9%、21.7%。2022年，新材料产业营收达到479亿元，占总数的14.5%。初步形成以先进金属材料、先进化工材料、新型建材为代表的先进基础材料体系；以新一代信息技术材料、新能源材料、先进半导体材料、生物医用材料为代表的关键战略材料体系；以增材制造材料、热防护材料、石墨烯材料为代表的前沿新材料体系。

【重点新材料企业】 孝感市新材料企业经过多年细分领域深耕，有的跨界转型选准赛道爆发增长，有的兼并重组借船出海，在各自领域掌握核心技术、细分市场占有率高，是孝感市优质中小企业的中坚力量。截至2022年年底，全市有规上新材料企业122家，产值占全市规上企业的14.3%，过10亿元的有康欣新材、创新电工2家。全市培育新材料领域国家级专精特新“小巨人”企业3家，省级“专精特新”中小企业11家，新材料企业上市公司4家（康欣、富邦、祥源新材、中一科技），占全市上市企业总数的67%。中一、易生、航聚等10余家企业获得资本市场的加持和赋能；安陆新景化工有限公司等6家企业从事化学试剂和助剂制造；湖北汉星化工新材料有限公司等7家企业从事专用化学产品制造，这些企业研发生产的中间体和添加剂均能从材料改性实现各类产品改良和其性能的提升。易生新材料3D打印耗材产能占全球同类产品产量的30%，其生产的骨钉、支架、缝纫线等医疗器械产品50~60元/克。康欣新材生产的集装箱COSB底板世界市场占有率达到28%。中一科技有望成为全国最大的电解铜箔生产基地。汉川祥源新材的电子辐照交联聚烯烃发泡材料市场占有率30%，全国第一。中广核拓普的低烟无卤5595产品市场销量排名第一，激光打印高密度聚乙烯产品市场销量排名第二。湖北富邦科技股份有限公司系列专利技术，以1亿元转让给某国际肥料企业巨头，能为土壤做CT、给肥料穿“服装”。运来塑料开发的发泡聚氨酯复合保温隔热板1500元/平方米，质优价廉。

【科技创新】 借武汉打造全球前沿科技的重要策源地之势，孝感市引育一批高水平新型研发机构，建设一批制造业创新中心、产业创新中心、工程研究中心等创新载体，同时鼓励龙头企业牵头建设产业技术研究院。

创新平台驱动。累计建成国家级实验室1个（三江航天红阳机电）、省级校企研发中心10个、省级企业技术中心16个，选派“科技副总”37人，创新资源在重大技术研发及成果转化中的促进作用日益增强，为企业修炼独门秘籍提供了土壤。

市场定制研发。新材料企业有个共同点就是紧跟市场需求，紧跟行业前沿，注重应用，缩短（实验室）—市场—实验室—市场的进程，上市一批满足客户需求，储备一批布局下个“风口”。航聚公司已经布局新能源动力电池隔热、汽车核心部位隔热材料。启利漆根据客户需求开发粮仓保温隔热涂料、抗病毒涂料，并储备透波涂料、防海洋生物附着涂料。运来塑料开发膨胀珍珠岩改性发泡聚氨酯复合保温隔热板材关键技术。

关键技术标准引领。易生新材料的交酯纯化技术和可降解材料化学回收技术两项核心技术彻底解决了行业内“卡脖子”问题，领跑全球。祥源新材参与制定复合铝箔聚乙烯绝热制品行业标准和辐照交联聚烯烃发泡材料国家标准。中一科技成为国家2015年《电解铜箔》标准参与起草单位，《湖北省锂电池电解铜箔》标准制定者，研制的6微米双面光铜箔已达到国际领先水平。优尼科光电荣获第二届中国创新创业大赛“优秀企业”奖。

（撰稿：朱虹）

建材产业

【概况】 2022年，为贯彻落实全市制造业产业链链长制工作部署，加快推进建材产业链高质量发展，通过改造存量、优化吸收国内外先进技术，大力发展新型干法水泥、新型墙体材料、新型装饰装修材料等新型建材行业，建设一批高新技术建材骨干企业，力争通过五年努力，把建材产业链做成500亿级储备产业。2022年，全市建材行业有规上企业219家，营业收入277.29亿元，占全市的8.4%，利润总额11.92亿元，增幅11.39%，税金7.03亿元，增幅

0.85%,全市建材产业平均用工1.77万人。永和安门业位居全国十大门业品牌前列;保丽家具被列入“全国家具出口百强企业”;全市装配式生产企业年产能达155万立方米;爱仕达列全国炊具小家电品牌第2名,占据全国5%以上的市场份额;中都、宏阳企业商混绿色生产、绿色建材均达双“三星级”;宏阳砂浆绿色建材达三星级。

【产业门类】 全市建材产业门类多,涉及建筑建材方方面面,主要形成以永和安、好莱客、乐华厨卫等企业为代表的家居厨卫产业,以中都商混、黎明钢构、华翱板业、澴川矿业、白兆山水泥、三棵树等企业为代表的建筑材料产业,以及以宇辉中工、澴宇装配、康欣新材料等企业为代表的装配式建筑产业。汉川以家居定制为主导,投资30亿元的好莱客项目吸引10余家产业链上下游企业;云梦大力发展木质品、装配式建筑等行业,华翱板业在细分领域市场占有率居全省第一;应城依托膏矿资源和化工园区政策优势,特色发展膏粉、涂料等,三棵树涂料年产100万吨及2000万个涂料罐项目已正式投产。

【产业创新】 2022年,全市建材产业创新逐步深化。航聚科技获评国家级专精特新“小巨人”,好莱客、科利节能、宇辉中工、中海盛达、宏联众装配、润翔重工获评省级“专精特新”中小企业,华翱板业获评省级隐形冠军,永和安获评省级工业设计中心。孝感国控砂石建材创新体制机制,与装配式建筑产业形成紧密协作,经验做法全省推广。欧宅引进了先进的8D浮雕打印设备,共获得23项专利;启利新材创建了“绿色建筑涂料研发中心”,拥有30余项专利;宇辉中工参与编制的装配整体式混凝土剪力墙结构技术规程荣获全省首届装配式建筑推进成果金奖。同时,紧跟国家绿色环保方向,发展了一批节能环保、防腐防火等新型建材生产企业。

【产业链】 全市建材产品品类丰富,包含了砂石、水泥、钢铁、玻璃、涂料、混凝土、砂浆、装配式构件、板材、管材、门窗等多类基础产品,构建起了较为完善的产业链条根基,多个企业在细分领域占据全国领先地位,为推进建材产业跨越发展奠定了坚实基础。上游原料优势突出。孝感砂石资源丰富,可采区年均可采河沙340万吨;石灰岩、石英岩、花岗岩、大理石等资源分布广泛,石材储量高达15亿吨,通过近年来的国控砂石开采机制,逐步形成了稳定充足的原料供应渠道;全市1家水泥熟料生产企业产能达2500吨/天,2家钢铁企业年产螺纹钢50万吨、连铸方坯40万吨;45家混凝土企业年产混凝土2560万立方米,6家预拌砂浆企业年生产砂浆180万吨。同时,全市共有4家省级合规化工园区,对配套涂料行业的化工企业具有承接优势,更加有利于延长产业链条、降低企业生产成本。下游建筑业蓬勃发展。建材和建筑业息息相关,2022年,全市957家建筑业企业实现产值453.06亿元,全年新签合同额440.7亿元。市政府出台了《关于印发关于建设建筑业强市的若干意见的通知》(孝感政发〔2021〕6号),扶持一批优势企业做强做大,有利于建材产业深入对接拓展市场。

(撰稿:张铮)

高端装备制造产业

【概况】 2022年,全市高端装备制造产业实现营业收入78.7亿元,利润2.98亿元,税金2.57亿元,平均用工人数6246人,企业总数73家(其中纳统规上企业总数65家)。孝感的装备制造产业分布较为集中,主要集中在市高新区、安陆市、孝南区等地,仅以上3个地区的企业数量就达到总数的近七成。其中,市高新区高端装备制造产业创新型集群获批科技部2021年度创新型产业集群。孝感的装备制造产业细分类别较多,主要分为5个细分行业,包括特种装备、农用机械装备、工业机器人、节能环保装备、激光装备。孝感高端装备制造产业在全省乃至全国都具有独特的比较优势,三江产业园、航天重工产业园、安陆粮机产业园3个装备特色园区呈稳健发展之势,高新区智能装备制造产业园、激光产业园建设提速,20余家企业先后获得隐形冠军、专精特新“小巨人”、全国质量标杆、国家技术创新示范企业等各类试点示范荣誉称号。

【孝感高新区高端装备制造创新型产业集群试点(培育)】 2021年8月,孝感高新区高端装备制造创新型产业集群试点(培育)获科技部批准建设。一年来,创新型产业集群试点发展成势见效。截至2022年,集群高新技术企业41家,覆盖商业航天火箭产品、特种车辆和重工装备、清洁能源装备、先进材料、激光装备、数控机床等领域。孝感高新区围绕高端装备制造产业相继规划建设了三江航天产业园、航天重工装备产业园、华中光电产业园等军民融合型高端装备制造产业园,引进了一批产业链上下游企业入驻园区。3个产业园分别吸引32家、48家、18家关联企业入驻，共同构建了具有孝感特色的军民融合大中小企业融通发展新模式。航天重工生产世界上吨位最大的矿山自卸车，打破了国外重型矿车“一统天下”的局面；三江万山生产的模块式特种运输车多次应用于国庆大阅兵活动，并在2022年6月助力24000吨原油船一号船“长吉州”下水航运；三江红峰公司研制的国旗展示系统应用于备受瞩目的嫦娥五号飞行器，为祖国争得了荣誉；三江船艇的船舶系列产品远销国内外，其水上公交船多次交付至白洋淀。领军企业航天三江集团通过上下游专业分工等模式构建“产业链”，带动集群区域内中小企业共成长；依托开放式创新平台，推进中小企业联合开展科研，打造筋骨强劲“创新链”；用好“产学研”合作“妙手”，建立绿色发展创新联盟，有效整合共享高校、科研院所等联盟资源，强化产业链前端技术供给。建设大中小企业融通发展服务的创新平台和孵化载体，解决融资、技术、产品等难题。集群内现有国家级研发平台7个、其他省级以上科技创新平台40个、院士（专家）工作站10个、科技企业孵化器（众创空间）9家、省级重点产业创新创业团队5个，与省内外20多所高校院所建立合作，年转化科技成果30余项。下一步，集群将重点依托三江集团国内一流的航天技术优势，面向国家高端装备制造需求，走军民深度融合之路，做大做强商业航天、车辆和重工装备、能源装备、激光装备等重点产业，与新材料、新能源汽车等集群协同发展，快速壮大集群规模、优化集群结构、提升创新能力。

【安陆粮机产业】 全市农用机械装备行业底蕴深厚，安陆被誉为“中国粮油机械之都”。20世纪60年代，由上海迁入的粮机厂曾撑起安陆工业经济半边天。半个多世纪过去，经市场经济强力推动，国有老厂裂变出永祥、顺昌、碧山、天星等一批产品关联度高、技术资源共享的民营企业，涵盖收粮机、播种机、碾米机、榨油机等系列农机产品，并逐渐形成占全国粮机市场份额1/3的省级重点产业集群。永祥粮机的大米抛光机品种发展到16大系列130多个品种，涵盖了整个碾米产业链上的全部装备，其大米抛光成套设备被评为“湖北省名牌产品”；天星粮机研制的100T/D低温螺旋榨油机等设备，均属国内首创，达到国际先进水平。

【工业机器人行业研发】 孝感工业机器人行业研发活跃，核心竞争力已初步形成。三江红阳将先进的航天技术在民用领域转化，先后开发了焊接机器人工作站、管道山地全位置自动焊接机器人系统、焊接专机系统等工业智能装备；三江红林围绕信息技术、光机电一体化技术，开发了多品种多领域的机器人项目，如军警用智能机器人、专业服务机器人等。三江万峰公司开发的码垛机器人，达到国内饲料行业领先水平，并成功应用于孝感米酒龙头企业米婆婆公司。

【节能环保装备企业】 2022年，孝感市已有顶裕节能、艾斯特环保、中碧环保、洁波净化等一批具有自主创新能力、自主知识产权节能环保装备生产企业在激烈的市场竞争中站稳脚跟，产品市场占有率稳步提高，企业逐渐发展壮大。顶裕节能生产的风机市场占有率近80%；艾特斯的环保处理系统可以为客户“私人订制”高效、优质的一体式服务；中碧环保的工业废水处理技术被环保部列入推广目录。

【激光产业园】 2022年，全市激光装备行业崭露头角，“寸土尺金”引领集约发展。市高新区以单位产出为导向，打造占地面积500亩的激光产业园，已引进落户领创、万利威、吉事达、希欧等企业，产品覆盖激光切割机、激光焊接机、多功能激光加工设备等。其中领创已建成投产，可年产高功率激光设备500台（套），实现年产值5亿元，税收2000万元。高新区还将围绕产业链上下游链条，在两年内引进企业30家以上。

【产业发展存在的问题】 孝感市高端装备制造产业发展还存在一些困难和问题，总的来说“小、窄、散、弱”。

“小”即是产业规模偏低。孝感市高端装备制造产业规模仅占全市十大重点产业的3%。以2021年营业收入89.09亿元，按照在库规上企业73个测算，单个企业营业收入仅有1.22亿元，低于全市平均水平50.4个百分点（全市规上企业单个营业收入2.46亿元），营业收入最高的楚航电子也只有3.4亿元。关键在于孝感市高端装备企业对应的终端市场需求有限，限制了企业发展壮大。如航天重工的矿用车产品单车价值高，但仅有神华集团等大型公司才有实力采购，而矿山开采属于国家严格管控项目，数量不会在短时间内迅速增加。

“窄”即是统计范围不全。一批工业机器人、道路运输装备制造的企业无法在地方进行纳统。

“散”即是链式发展不够。孝感市高端装备制造企业基本都是孤军作战，产业链上下游“两头在外”，内部关联度较低，没有形成有效的产业链条及关联配套。特别是缺乏具有辐射力、带动力、互补性的大企业、大集团。如赛福机械是我省矿山通风设备的唯一一家企业，但产品的所需钢材和电机均来源于省外;顶裕节能、艾斯特环保所需的树脂、玻纤等生产原料多来自于江苏和上海,产品销售也多为发达地区,本地的需求量极为有限;三江船艇的特种船舶产品,20余家供应商中无一家本土企业。

“弱”即是抗风险能力不强。有的企业资金缺口较大,没有足够的抵押物去融资,随时可能关门停业;有的企业市场竞争力不强,产品多以低附加值为主,研发经费占销售收入比重多在1%以下,远低于国家2.15%以及湖北省1.9%的平均水平;有的企业受市场冲击,只有通过降价内卷竞争,有量无利造成恶性循环;有的企业员工老龄化程度严重,技术人才缺乏,出现无人可用的现象。2022年以来,就有九洲数控、福及第环保装备、宏骏机械等8家装备企业就因为各种原因退规。

(撰稿:尹峻琼)

新能源汽车及零部件产业

【概况】 2022年,孝感市委、市政府审时度势,充分发挥孝感市区位优势和汽车产业基础优势,重视汽车产业发展,在连续两轮的产业规划中,始终坚持把新能源汽车及零部件产业确立为全市重点产业,有力推动全市汽车产业取得长足发展。总体来看,产业基础好,“特”色鲜明,氢能源汽车快速发展,园区积聚效应进一步显现,军民融合深度发展。2021年度,全市汽车产业全口径营业收入约136亿元,其中新能源汽车及零部件产业40.61亿元。截至2021年年底,全市规上汽车零部件企业40余家。2022年,全市汽车及零部件产业规上工业企业共56家,其中国家级专精特新“小巨人”企业4家、省级“专精特新”中小企业15家;营业收入约167亿元,同比增长约24.6%。

【特种汽车研发生产】 孝感市是国家特种汽车高新技术产业化基地和国家新型工业化产业示范基地(军民结合),是全国唯一的重型平板车研发生产基地和重型越野车主要定点研发生产基地,拥有占地面积1000亩的全国唯一超重型高机动越野车跑车试验场。三江万山生产的重型平板车承担了我国首艘国产航母山东舰和长征五号运载火箭的运输任务,重型平板车和越野车底盘分别占国内市场的70%和60%,航天重工重型矿用自卸车在制造领域属世界首创,填补了大吨位重型矿用自卸车产品国内自主创新空白,并研发出全球最大5G无人驾驶重型矿用自卸车。

表8

2022年度孝感市汽车产业基本情况表

	类型		企业个数	营业收入(亿元)
全部			77	136.1
按产品结构分	整车	道路机动车	1	
		非道路机动车	2	27.67
		改装车	1	
	零部件		72	108.33
按资本类型分	外资		21	61.6
	外资		56	74.4

说明:经初步摸排,2021年度全市汽车产业企业77家(含规上和规下,以及包含主营业务不是汽车产业企业等),总收入136.1亿元,总税收4.12亿元;2022年在建重点项目14个,计划总投资692.4亿元;1—9月签约亿元以上项目27个,签约额237亿元;省级专精特新“小巨人”企业15家,国家级4家

表 9　2022 年孝感市新能源汽车及零部件产业基本情况表

2021 年度					2022 年 1—9 月				
企业个数	营业收入		税金		企业个数	营业收入		税金	
	实绩(亿元)	增幅(%)	实绩(亿元)	增幅(%)		实绩(亿元)	增幅(%)	实绩(亿元)	增幅(%)
26	40.61	12.28	0.73	−40.39	28	30.69	7.31	0.8	162

【氢能源汽车生产制造】 孝感市在氢能源汽车方面起步早、基础好，有省内甚至国内为数不多的车用储氢瓶生产制造企业三江江北和制氢企业葛化中极氢能源。三江万山同清华大学车辆与运载学院合作研发的两型液氢重型货车样车已总装下线（因液氢技术过于超前，且没有行业标准，暂作为技术储备），自主研发的 18 吨级气态氢能源重卡下线。同时，计划总投资 30 亿元的三江万山氢能源汽车生产制造项目的设计图纸即将完成，建成投产后可形成 3 万辆整车及 1 万台大功率燃料电池发动机系统的生产能力；航天重工正在研发 110 吨 5G 无人驾驶氢能源重型矿用车，并且已中标内蒙古神华北电胜利能源公司 2789 万个订单。这都为孝感市氢能源汽车快速发展打下了坚实的基础。

【汽车零部件生产】 孝感市拥有车灯行业全球排名第一的日本小糸和第二的意大利马瑞利两家行业龙头企业，以及华中车灯、友成、良成、三睦、瑞莱特等重点车灯及配套制造企业，车灯规划设计年产能可达 1500 万（套、只），为内外众多知名车企做配套，在华中地区具有十分明显的优势。2022 年，全市车灯制造行业营业收入约为 45 亿元，在全市汽车产业中占比约为 27%。孝感市汽车用温度传感器、压力传感器、加热器及相关产品开发成果显著，华工高理在市高新区建有全球最大的多功能传感器制造基地，温度传感器占据全球 70%以上的市场份额，新能源汽车 PTC 加热器占国内市场的 60%以上份额，是国内极少数拥有芯片到器件完全自主核心技术并能规模化生产的企业。2022 年，华工高理新能源汽车 PTC 加热器产品营业收入 13 亿元，占总收入的 56%左右，同比增长 262%，预计 2023 年订单金额达 50 亿元。与此同时，精为电子、开特电子等一批汽车加热器相关企业也在快速成长。

【日商产业园建设】 是湖北省首个日商产业园。孝感市以悠久的历史文化、优质的服务和良好的区位优势，众多日资汽车零部件企业落户，并建成了湖北省首个日商产业园，集聚效应初步显现，而且这种集聚效应还在进一步扩大，正在努力打造成为国家级日商产业园。湖北（孝感）日商产业园占地面积约 1000 亩，以汽车零部件生产制造为主。园区按照产城景融合发展的理念，高标准建设集产业发展、科技研发、生产性服务、生活配套四大功能为一体的一流园区。已落户有车灯行业世界排名第一的日本小糸，世界 500 强企业日本矢崎，全球汽车零部件百强企业日本提爱思、希革斯，以及福雷克斯、三桦、西川等汽车零部件企业，日商产业园已落户日资企业 30 余家。日本小糸车灯、希革斯二期、城南汽车玻璃升降器、福雷克斯汽车空调、三桦塑胶、棚泽八光、稻木橡胶、西川密封件等 8 个项目已建成投产。还有近 40 家日资企业投资意向正在抓紧跟踪洽谈。2022 年，孝感市日资汽车零部件企业营业收入约为 43 亿元，在全市汽车产业中占比约为 26%。

（撰稿：刘 旭）

纸塑包装产业

【概况】 2022 年，全市纸塑包装产业规模不断壮大，产业链条不断完善，创新能力不断增强，发展态势持续高涨，逐步成为孝感市产业聚集度最高、龙头企业拉动力最强、生产能力全国最大的特色优势产业。2022 年，纸塑包装产业共实现营业收入 420.9 亿元，比 2021 年增长 23.25%，占十大重点产业比重为 13%，占全市营业收入的比重 12.5%；实现利润总额 15.93 亿元，上缴税金 12.43 亿元。2022 年，纸塑包装产业共有规上企业 147 家，拥有上市公司 7 家，全市营业收入 20 强工业企业中纸塑包装企业有 6 家。过 30 亿元企业 1 家（金凤凰），过 20 元企业 2 家（维达、恒大包装），过 10 亿元企业 4 家（金红叶、中顺洁柔、福星新材料、合兴包装）。

【产业聚集】 孝感市纸塑包装产业主要聚集在孝南区和汉川市，产业发展呈现行业品牌扎堆聚集、生产

3月17日，孝南区获评“中国生活卫生用纸(品)产业之都”称号授牌仪式举行
(孝南区融媒体 供图)

能力全国靠前、产业技术国内领先、发展态势持续高涨、后劲支撑坚强有力的特点。

知名品牌聚集。生活用纸聚集了全国排名前5的金红叶、维达、恒安、中顺、丽邦，卫生用品全国排名靠前的洁伶、千芝雅、豪悦，培育了25个知名品牌。包装行业聚集了五洲特纸、金凤凰纸业、恒大包装、合信包装等一大批知名企业。孝南被中国生活用纸协会授予全国唯一的“生活用纸生产基地”，被中国轻工联合会授予“中国生活卫生用纸(品)产业之都”称号。

企业区域集中。纸品卫品企业扎堆孝南区，2022年，聚集规上企业28家，规模企业产值总量达175.31亿元，占孝南区规模工业总产值的47%；产业聚集了全国排名前4位的生活用纸企业金红叶、维达、恒安、中顺和卫生用品中排名靠前的千芝雅、洁伶、豪悦等企业，以及华中地区最大的包装用纸企业之一金凤凰纸业；产业内有企业70余家，其中规模以上企业25家，全区造纸产能达到235万吨，其中生活用纸100万吨，包装用纸135万吨；卫生巾产能超过100亿片，湿纸巾产能190万箱。包装印刷产业集中于汉川市，聚集规上企业36家，规模企业产值总量达121.24亿元，占汉川市规模工业总产值的7.5%；新型塑料制品纷至高新区，聚集规上企业19家，规模企业产值总量达15.6亿元，占高新区规模工业总产值的6.9%。

【项目建设】 全市生活用纸、卫生用品和包装用纸产能居全国首位。其中，金红叶纸业三期扩能达到36万吨，成为该集团公司全国最大的生产基地；维达纸业加快推进产能48万吨的二期项目，建成后将是该集团公司在全国最大的生产中心；金凤凰纸业二期扩能达130万吨，将成为全省首个百万吨级造纸企业及中部地区包装用纸冠军；恒大包装引进数字化、智能化生产线，产能实现了翻番，成为湖北单体最大的纸品包装企业。

【细分市场营销】 全市生活用纸、卫生用品和包装用纸企业，着眼各类个性化、多样化的消费群体，注重细分市场布局。2022年，生活用纸销量约占全国的7%，占全省市场份额的20%以上，产品远销欧美、东南亚等50多个国家。其中，新落户孝南的上市公司杭州豪悦婴儿纸尿裤全国排名第五，成人失禁用品全国排名第十；塑料包装产品外销率达60%，合信、恒大等包装龙头骨干企业甚至超过了80%，配套美的、联想、百威啤酒、青岛啤酒、伊利、加多宝等国内知名企业，垄断湖北市场。金凤凰是国内目前“高强瓦楞原纸”细分产品最大的专业生产企业，其70多家关联企业聚集孝感。

【技术创新】 纸塑包装产业中30%为高新技术企业，超50%的企业加快上马技改扩能项目，为产业快速发展注入了新的动力。截至年底，纸塑包装产业实施技改项目52个，占全市比重为15.6%；技改投资108.1亿元，占全市比重近四分之一。纸塑包装龙头企业通过智能化、数字化改造，产业技术国内领先，提升了生产质效，引领了产业协同发展。其中，维达获批省级智能制造示范企业，建设的智能化立体仓库为全国同行业中第一家智能化立体仓库，通过电子系统统一对产品“刷身份”认证。金红叶、中顺、金凤凰等企业积极运用全国先进的新型节水和污水处理技术，减少了COD排放量，节约了用水量，吨纸能耗和水耗均处于同行业先进水平。合信包装引进了国内首条智能生产设备打造工业4.0行业标杆；金德包装采用德国设备和技术，开发出超薄包装膜，技术水平行业内领先。2022年，纸塑包装产业拥有省级及以上专精特新“小巨人”41家，占全市总量的15.6%。国家级专精特新“小巨人”纸塑包装企业6家，占全市总量的25%。省级智能制造企业2个，占全市总量50%；省级隐形冠军12个(示范和科技“小巨人”类)，占全市总量的30%；国家级两化融合贯标企业15家，占全市总量的18.3%；省级两化融合示范企业15个，占全市总量的12.39%；省级上云标杆企业2家，占全市总量的28.6%。

【五洲特纸项目落户汉川】 1月26日，五洲特纸湖北浆纸一体化项目签约仪式在孝感举行，该项目总投资173亿元，是孝感市迄今为止引进的最大单体投资工业项目，该项目建成投产后可提供2800多个就业岗位，新增约1100万吨／年的运输业务，将填补湖北省特种纸品制造产业空白。2月26日，五洲特纸湖北祉星纸业项目在汉川开工，五洲特纸湖北祉星纸业449万吨浆纸一体化项目，从签约到开工仅1个月时间，成为孝感招商引资的样板、政企合作的典范。项目建成达产后，可实现年产值超百亿元，年税收超10亿元，为孝感打造千亿级纸品产业集群提供有力支撑，为“打造副中心，争当排头兵”注入强劲动能。

（撰稿：杨先波、张文娟）

表10　2022年孝感市纸塑包装产业重点企业产能一览表

企业类型	企业名称	现有产能(万吨)	正在建设产能(万吨)	预计2025年产能(万吨)
总　计		235	188	1015
生活用纸企业	维达护理用品(中国)有限公司	34	0	48
	金红叶纸业(湖北)有限公司	36	0	48
	中顺洁柔(湖北)纸业有限公司	20	0	30
	恒安(湖北)纸业有限公司	0	18	30
	湖北丽邦纸业公司	10	10	30
	其他企业	0	0	30
	小计	100	28	216
工业包装用纸企业	金凤凰纸业(孝感)有限公司	130	70	300
	湖北森源纸业有限公司	5	0	0
	湖北祉星纸业有限公司	0	90	449
	其他企业	0	0	50
	小计	135	160	799

电力工业

【概况】 孝感电网覆盖孝感市地理范围，是鄂东北端电网的重要组成部分，也是三峡电力外送的重要通道。孝感电网以汉川电厂、知府电厂、500千伏孝感变电站、500千伏仙女山变电站为电源点，孝感电网分别与武汉、荆门220千伏电网保持联络，形成以220千伏变电站为骨干网架，以110千伏和35千伏变电站为分支的分区供电格局。

截至2022年年底，孝感电网有500千伏变电站2座，国网孝感供电公司管辖35~220千伏变电站170座，主变压器282台，变电容量1064.82万千伏安，线路319条，长4250.54千米。孝感电网220千伏线路实现环网运行，网络供电可靠性、运行灵活性及电能输送能力得到增强。

2022年，全市电网安全稳定运行，电力供应正常。在疫情防控、迎峰度夏度冬、防汛、恶劣天气等重大急难险重保电任务中，国网孝感供电公司积极履责，确保全市电力可靠有序供应。2022年8月12日，孝感电网最大日负荷达305.9万千瓦，同比增加21.1%，创孝感电网夏季日负荷历史新高。

表11　2022年孝感电网35~220千瓦公用变电站规模一览表

地区电网	年份	220千瓦			110千瓦			35千瓦		
		变电站(座)	变压器(台)	容量(万千伏安)	变电站(座)	变压器(台)	容量(万千伏安)	变电站(座)	变压器(台)	容量(万千伏安)
	2022	18	29	516	71	102	4439	81	150	1037.75

表 12　　2022 年孝感电网 35~220 千伏公用输电线路规模一览(不含支线)表

地区电网	年份	配电变压器		配电线路(千米)	
		台数(台)	容量(万千伏安)	合计	其中:电缆线路
	2022	37245	1119	1261	其中:电缆线路

【电力建设】 2022 年,全市发电总装机容量 635 万千瓦,占全省的 6.73%。其中,新投运发电项目总装机容量 146 万千瓦(包括电厂增容在内),电化学储能项目共 10 万千瓦/20 万千瓦时,新能源发电项目的大规模开发和高电压等级接入对电网提出新的挑战,新型储能的蓬勃发展为加快构建新型电力系统注入了新动能。

全市发电量 232.74 亿千瓦时,同比增长 11.42%,其中火电发电量 197.13 亿千瓦时,同比增长 7.95%;风电发电量 22.98 亿千瓦时,同比增长 32%;光伏发电量 12.57 亿千瓦时,同比增长 44.15%;水电发电量 0.0576 亿千瓦时,同比下降 54.21%。

国网孝感供电公司全年完成电网基建投资 6.95 亿元。开工 35 千伏及以上项目 16 个,线路 110.2 千米、变电容量 66 万千伏安。投产湖北首座绿色环保示范正祥变等重点工程 26 项,线路 113.95 千米、变电容量 83 万千伏安。220 千伏闵集变电站、长湖变电站分获中国电力优质工程奖和中国安装工程优质奖。10 千伏及以下配电网建设与改造共计 9 个批次,新建、改造 10 千伏线路 271.05 千米,新建、改造配变 297 台,容量 61740 千伏安;新建、改造低压线路 1896.16 千米,下户线 15.55 千米,其中业扩配套投资 5660 万元,完成 671 户用户业扩工程;低电压专项包 1000 万元,解决 113 个台区低电压问题。配电网供电能力进一步提升,10 千伏线路联络率达到 70.83%、“N—1”达到 70.90%,配网自动化覆盖率达到 93.8%,农配网户均容量 2.63 千伏安/户。

应城 300 兆瓦级非补燃压缩空气储能电站示范工程开工现场

(市汉孝同城办 供图)

【用电结构】 2022 年,全市全社会用电量 173.33 亿千瓦时,同比上升 7%(低于全省增幅 0.13 个百分点),增幅全省第九。其中,第一、二、三产业和城乡居民生活用电增幅分别为 17.11%、2.35%、8.81%、21.17%。全行业用电量达到 135.50 亿千瓦时(占全社会的 78%),同比增长 3.61%。11 个行业除交通运输、仓储和邮政业受电气化铁路班次减少影响下降 3.19% 外,其他行业同比增幅均超过 2.3%。

2022 年,全市工业用电量 108.31 亿千瓦时(占全社会的 62%),同比增长 2.33%(高于全省 0.6 个百分点),拉动全社会用电增长 1.52 个百分点。增长较快的是计算机、通信和其他电子设备制造业(27.06%)、造纸和纸制品业(10.4%)、橡胶和塑料制品业(8.17%)。

全市制造业用电量 79.51 亿,同比下降 1.06%。四大高耗能产业累计用电 27.18 亿千瓦时(占制造业的 34.18%),同比下降 12.49%,其中化学原料和化学制品制造业下降 4.27%,非金属矿物制品业下降 7.56%,黑色金属冶炼和压延加工业下降 46.5%,有色金属冶炼和压延加工业上升 3.92%。剔除四大高耗能产业用电影响,一般制造业用电量同比上升 8.48%。

表 13　　2022 年孝感电网 35~220 千伏公用输电线路规模一览(不含支线)表

指标名称	本年用电量(万千瓦时)	用电增长率(%)
全社会用电总计	1733276	7.00
A.全行业用电合计	1355032	3.61
第一产业	21639	17.11
第二产业	1100820	2.35
第三产业	232573	8.81
B.城乡居民生活用电合计	378245	21.17
城镇居民	168610	6.96
乡村居民	209634	35.67
全行业用电分类	1355032	3.61
一、农、林、牧、渔业	40189	24.65
二、工业	1083127	2.33
(一)采矿业	9301	-2.49
(二)制造业	795068	-1.06
2.食品制造业	19443	3.25
5.纺织业	113809	-0.01
6.纺织服装、服饰业	30753	6.13
10.造纸和纸制品业	71516	10.40
14.化学原料和化学制品制造业	201444	-4.27
15.医药制造业	20375	-4.90
17.橡胶和塑料制品业	52018	8.17
18.非金属矿物制品业	37388	-7.56
19.黑色金属冶炼和压延加工业	30859	-46.50
20.有色金属冶炼和压延加工业	2074	3.92
21.金属制品业	44499	2.99
27.计算机、通信和其他电子设备制造业	58214	27.06
(三)电力、热力、燃气及水生产和供应业	278759	13.59
(三)电力、热力、燃气及水生产和供应业	260095	13.56
其中:电厂生产全部耗用电量	198530	14.76
线路损失电量	60756	8.65
三、建筑业	22773	4.67
四、交通运输、仓储和邮政业	44257	-3.19
五、信息传输、软件和信息技术服务业	14456	18.33
六、批发和零售业	55134	7.45
七、住宿和餐饮业	16880	10.11
八、金融业	1371	15.30
九、房地产业	8627	15.30
十、租赁和商务服务业	2756	14.77
十一、公共服务及管理组织	65462	10.64

【供电服务】 国网孝感供电公司持续推进营商环境优化,全面实现160千瓦及以下小微企业和居民用电报装“零投资”;积极落实孝感市“转改直”19个试点任务,推广“汉正模式”,1149家企业用户实现直抄到户。持续推进老旧小区改造,6443户居民用户实现直供直管,项目完工率全省第一。社会责任项目《转改直“汉正模式”实现“没有中间商赚差价”》入选“中电联”电力企业公众透明度典型案例。“获得电力”政府评价全省排名从第14跃升至第7。

电力保供扎实有力。成立市县两级电力负荷管理中心,建成42.89万千瓦可调节负荷资源库。迎峰度夏期间累计执行需求响应19次,参与户数636户,最高响应负荷43.03万千瓦,实现了“不拉路、不限电”目标。组织开展“2022年迎峰度冬电力负荷管理专项演练”,圆满完成党的二十大及全市重大活动保电任务,电力保供工作获市长批示肯定。

构建高效“大服务”运转体系。深入推进高效、协同的供电服务指挥体系,深化停电、业扩、诉求三大业务全流程管控,故障报修到达现场平均时长16.26分钟,同比下降18.17%;故障平均修复时长为24.21分钟,同比下降70.69%;全市70家供电所实现“零投诉”。

加快数字化升级。HPLC(高速电力线载波)覆盖用户225.36万户,覆盖率100%。高、低压用户营销普查进度完成率、营销档案基础数据合格率实现两个100%。“网上国网”新增注册用户14.61万户,交费占比突破20%,“充电日”活动成效位居全省前列。建设21项RPA(流程机器人)应用场景,其中2个纳入国网云课堂典型案例。开展12期应用培训,培训营销RPA技术骨干45人,提升基层工作效率3~5倍。

助力乡村振兴。印发《助力乡村振兴三年行动方案》,建成3个“电力爱心超市”,完成1个100千瓦光伏扶贫电站和13个乡村电气化项目。全省首个“零碳村”(大悟县新城镇红畈村)建设有序推进。大悟新城红畈村、安陆宇畈村被国网湖北省电力有限公司评为2022年助力乡村振兴示范村。

7月12日,云梦县供电公司带电作业人员在10千伏梦65程垸线东城支线28号杆开展带电作业,为线路迁改的湖北兴泰莱锌有限公司提供安全稳定的用电 (摄影:张熊)

【湖北省首座绿色环保示范220千伏变电站投运】 6月3日,位于孝感市孝南区的正祥220千伏变电站工程一次性投产送电成功,标志着湖北省首座绿色环保示范220千伏变电站顺利投运。该变电站是承接仙女山500千伏变电站进入孝感的枢纽变电站,承担着为孝感城区20多万名居民和孝南区三江航天重工、澳森木业等20多家重点企业的可靠供电。该变电站项目建设全过程践行低碳环保理念,采用“装配式建设、机械化作业”模式,省去了大量混凝土现浇的湿式作业,具有无粉尘、无噪声、无光污染等优势,减少废料。变电站楼主建筑物采用钢结构房屋,钢结构采用工厂化加工预制件,满足国家装配式建筑最高标准。建筑物外墙采用铝镁锰板屏蔽层,实现电磁零辐射。优化内外墙板选材、设备平面布置、出风口消音设计等,可实现厂界噪声排放值达到零类标准。同时采用大量节能设备,实现零碳运行。该工程建设以来共取得创新技术成果10项,获得省部级行业科技进步奖1项,QC成果奖2项,取得新型实用型专利5项。

【创新成果获省政府技术发明奖】 国网孝感供电公司“电力用油(气)高效吸附剂及其低碳绿色循环再利用装备”获2021年度省政府技术发明三等奖。该奖项是省政府每年权威性技术奖励,属孝感市首次获得该奖。该项目研究成果获得授权发明专利11件,授权实用新型专利52件;颁布行业标准2项,制定省公司企业标准2项,出版专著2本;发表学术论文28篇,其中SCI论文3篇,中文核心论文9篇。项目成果经广东大亚湾核电站、葛洲坝换流站、四川太平驿水电站、南方电网广西公司、国电以及湖北能源等十几家大型发供电单位推广应用,相当于实现绿色低碳循环减排二氧化碳 90 万吨，依托在经济和生态效益方面累计增收超过 0.8 亿元，节支超过 3 亿元。

【环保设施公众开放日活动】 5 月 27 日，国网孝感供电公司承办的环保设施——变电站公众开放日活动在孝感鲁寨 220 千伏变电站举行。活动现场邀请了市生态环境局、市人大代表、市政协委员、市创建办、团市委环保志愿者、社区代表、居民代表、企业代表等，“零距离”了解电力传输过程、电力工程建设选址以及运行维护等知识。

【“孝心服务”品牌建设】 9 月 26 日，国网孝感供电公司获共青团湖北省委、湖北省文明办等联合组织的湖北省青年志愿服务项目大赛银奖，实现历史性突破。该公司搭建“七彩小屋”关爱留守儿童示范点平台，打造“电力爱心教室”服务品牌，通过建设屋顶分布式光伏电站、开展“直播带货”助农等工作，有力服务乡村振兴进程。

（撰稿：李旭东）

栏目编辑：秦荣

建筑业

建筑业

综　述

【概况】 2022年，孝感市全力打造建筑业强市，持续推进建筑业转型升级，大力实施龙头企业壮大、“四上”企业培育、企业资质升级三大行动。截至年底，全市净增建筑业纳统企业数量实现倍增，新增一级资质企业数量创历史新高。全市净增建筑业纳统企业75家，累计达318家（净增纳统企业数量是常年的3倍）；新增建筑业总承包一级企业11家（其中双一级资质从2家增至5家），累计达41家；全市完成建筑业产值453亿元，同比增长13.1%；全年外出从事建筑劳务人员约40万人，年创劳务收入约220亿元。

【企业培育】 着力缓解企业融资难，积极组织“政银企”对接会，为建筑企业做大做强注入“金融活水”；着力培育龙头企业，指导扬子江、洲天等15家建筑企业积极申报并成功入选省级重点培育企业，落实重点企业培育政策，2022年，全市共新增建筑业总承包一级企业11家，净增纳统企业75家，双一级资质企业增加3家；着力推动建筑业转型升级，全市实现了预制装配式混凝土结构、钢结构、木结构装配式生产企业类型的全覆盖（全省仅有4个地市州实现全覆盖），湖北宇辉中工建筑产业化有限公司获评省级装配式建筑生产示范基地，跻身全省13个部品部件生产类示范基地之一。

【行业监管】 2022年，孝感市强化“两场联动”，开展全市建筑工程综合监管巡查、建筑市场“双随机、一公开”综合检查、“三包一挂”专项整治和农民工工资支付跨部门联合检查，加强建筑市场监管；组织开展市管项目“双随机、一公开”检查、节假日安全生产检查和日常综合巡查等，加强工程质量安全监管；在中心城区推行建筑工地文明施工“红黑榜”制度，加强建筑工地、商砼场站扬尘污染防控，深入开展文明工地创建活动。

【优化服务】 全面推行施工许可电子证照，减少企业和群众跑腿次数。配合推动“拿地即开工”，大力开展主城区工程建设项目联合验收，营造一流营商环境。全面梳理48条惠企政策，为5家市直企业申请奖励资金45万元，助力建筑业疫后重振。

（撰稿：何俊龙、吴盼）

建筑企业管理

【重点企业培育】 大力实施龙头企业壮大、“四上”企业培育、企业资质升级三大行动，净增建筑业纳统企业数量实现倍增，新增一级资质企业数量创历史新高。指导扬子江、洲天等15家建筑企业积极申报并成功入选省级重点培育企业，落实重点企业培育政策，为6家重点培育企业的子公司报请市政府，向省住建厅出具了支持企业资质升级的函件。对17家建筑业企业开展业绩核查。2022年，全市共新增建筑业总承包一级企业11家、累计达41家，净增纳统企业75家、累计达318家，双一级资质企业增加3家、累计达5家，一级资质企业实现县（市、区）全覆盖。

【惠企政策汇编】 对中央、省、市支持促进建筑和房地产行业发展的有关政策内容进行全面梳理，共梳理政策48条，并集中汇编成册向市场主体发放，其中财政政策12条、税收政策10条、金融政策5条、稳岗政策11条、电力支持政策5条、其他政策5条。在全市“联企业、送政策、解难题、稳主体”帮扶活动动员会上，市住建局作了惠企政策专题宣讲。

【“政银企”对接】 2月21日,孝感市召开建筑业、房地产业“政银企”对接会。市委常委、副市长程涛出席会议并讲话,副市长帅逊主持会议。会上,市地方金融局、市住建局、市建筑业协会签订《孝感市金融支持建筑业高质量发展合作框架协议》。5家银行分别与7家建筑企业、10家房地产企业签订了授信合作协议,各家银行共向建筑企业授信8.45亿元、房地产企业授信21.4亿元。

【建筑业转型升级】 大力发展装配式建筑,实现PC构件、钢结构、木结构装配式生产企业类型全覆盖,年合计设计生产能力达170万立方米,钢结构制品5.88万吨,全年新开工装配式建筑项目总应用面积约154.03万平方米,实现了预制装配式混凝土结构、钢结构、木结构装配式生产企业类型的全覆盖。湖北宇辉中工建筑产业化有限公司成功获评省级装配式建筑生产示范基地,跻身全省13个部品部件生产类示范基地之一。

(撰稿:何俊龙、吴盼)

建筑工程质量安全管理

【日常监管】 开展日常质量安全监督巡查280项目次,下达质量安全监督文书共计223份,整改及回复率100%;突出党的二十大、全国“两会”、冬残奥会和传统节日期间安全监管,强化危大工程管理、信息预警和值班值守工作;狠抓恶劣天气和节假日安全监管工作,发送相关工作预警短信40条,并加强了节假日和极端天气情况下的安全监督巡查;结合安全生产月、质量月活动,编印各类宣传资料1500多份;加强特种作业人员和安管人员考试考核的监管,组织安管人员考核考试10批次,特种作业人员考核考试9批次,参考人数共计3628人。

【专项检查】 对24个项目开展了“双随机、一公开”质量安全随机检查;开展了市管项目工程质量检测机构专项检查,市管项目商品混凝土供应企业和施工项目混凝土试块制作及养护情况专项检查,市管项目沉降观测单位专项检查等工程质量专项检查;对重机械、脚手架、模板支撑和超规模危大工程纳入“名录”管理,建立了管理台账。

【建筑工地防洪度汛应急演练】 6月20日,在中交二航局邓家河片区综合利用项目,举行了孝感市建筑工地防洪度汛应急演练观摩活动,200余人参会和学习观摩。此次演练模拟了暴雨恶劣天气下,邓家河水位暴涨,工地基坑积水严重,威胁工地及人员安全,引导组织现场人员、设备安全有序撤离的场景。演练过程中,建立了资源保障抢险救援组、技术处理组、设备抢救组、现场保卫组、医疗保障组等演练小组,设置了“形势分析研判”“小组集结部署”“协同作战响应”“医疗救助处置”“伤员运送救治”“善后处置总结”等应急救援环节,演练过程紧凑流畅、组织严密、指挥有序,安全高效地完成了所有预设科目。

【自建房安全整治】 扎实开展自建房安全专项整治,成立督导专班累计开展督导检查32轮,组织乡镇党员干部、村(社区)“两委”、本地建筑工匠、第三方机构、高校志愿者等1.2万余人参与排查和信息系统录入,在全省率先完成居民自建房排查、鉴定和整治任务。2022年,全市共普查房屋图斑215万个、面积4.11亿平方米,已排查自建房178.4万栋、面积2.54亿平方米,其中经营性自建房4.4万栋,面积1834.94万平方米,其他自建房174万栋,面积2.36亿平方米。自建房专项整治工作取得阶段性成效,多次在全省通报中获得表扬。

(撰稿:何俊龙、吴盼)

优质工程建设

【打造“孝感建造”品牌】 着力打造“孝感建造”品牌,孝感市文化中心项目荣获2020—2021年度鲁班奖,全市15个项目获得2021—2022年度第一批和第二批湖北省建设优质工程(楚天杯)奖,14个项目荣获2022—2023年度第一批湖北省建筑结构优质工程称号,2家施工企业获2022年度省工程建设QC(I类)成果3项,3家企业通过2022年度湖北省工程建设工法评审并上榜。

【建立建筑工地文明施工“红黑榜”制度】 8月1日,孝感市住建局制定印发《关于推行孝感市中心城区建筑工地文明施工“红黑榜”制度的通知》,全面发力建筑工地文明管理,打好大气污染防治攻坚战,提升施工现场精细化管理水平。即日起,检查组每个季度将从市直、孝南区、高新区、临空区已办理施工许可证的房屋市政工程项目中进行随机抽检,从封闭管理、现场围挡、车辆冲洗、场地硬化、裸土覆盖、材料堆放、垃圾处置、喷淋降尘、环境卫生等9个方面进行全面综合评定,并量化评分,每期将评出“红榜”项目5个,“黑榜”项目3个。“红榜”项目优先推荐参与当年行业评先评优,“黑榜”项目则列入重点监管对象,跟踪督办整改;对整改不及时或两次(含两次)以上“黑榜”项目,视情立案移交，取消该项目年度各类行业评先评优资格，并在网站、短信平台和市级新闻媒体上进行通报。2022年，开展2轮中心城区建筑工地文明施工“红黑榜”综合评定，选出“红榜”项目10个，“黑榜”项目4个。

【文明工地创建】 严格落实建筑工地“施工围挡标准化、场区主要道路全硬化、冲洗设施自动化、降尘处理喷淋化、裸露土地覆盖化、垃圾处理规范化、环境卫生净美化”等“七化”创建标准，已开展两批次文明工地创建申报工作，总计27个项目申报文明工地创建，10个项目获评孝感市“文明工地”。

（撰稿：何俊龙、吴盼）

建筑行业管理

【建筑业市场管理】 2022年，孝感市推动出台政府投资建设工程领域重点监管事项清单、重点失信行为负面清单“两个清单”制度，全面实施房屋建筑和市政基础设施工程建设招投标“评定分离”改革，不断规范建筑业发展秩序，促进建筑业市场高质量发展。全年完成市本级及“三区”建设工程招标投标119个标段，总中标价47亿元，市本级房屋建筑、市政工程应招标率、应公开招标率、应监理率均实现100%；将建筑工程施工许可审批事项前移到土地挂牌出让至签订土地出让合同的法定时间，市本级全年核发施工许可33份，全部实现电子证照；推行标后参建各方主体负责人约谈制度，组织开展建筑市场巡查和“三包一挂”专项整治，不断强化建筑市场监管；联合人社部门开展建设领域拖欠工程款问题隐患排查和建筑民工工资支付情况检查，严格执行建设工地实名制管理等“五项制度”。

【造价咨询服务】 持续抓好工程造价政策宣贯和普及，为建筑市场主体合理确定工程造价提供依据，向社会公开发布建筑材料价格信息12期41340项，涵盖建筑装饰、安装、市政、地下管廊、海绵城市、绿色节能、园林、给排水、供电、燃气等各专业工程。扎实做好造价政策解答及纠纷调解，为建筑市场主体提供造价纠纷调解服务20起；组织造价咨询专家对市本级42个政府投资建设项目进行初步设计工程概算评审；联合开展造价咨询企业“双随机、一公开”执业质量检查，共抽查工程造价咨询企业10家。

【勘察设计管理】 建立完善了全市勘察设计企业名录，组织开展2次全市勘察设计和施工图审查综合检查，做好勘察设计企业个人业绩核查和企业人员信息录入和外省勘察设计企业来孝登记政策宣传；积极优化营商环境，取消低风险项目施工图审查，制定全市施工图审查“豁免”示范推广复制方案、实施细则和先行区创建指导方案，开展施工图审查“豁免”省级示范创建；开展建筑节能（绿色建筑）日常巡查和全市2次建筑节能、绿色发展综合检查，做好省住建厅“禁实”达标验收核查迎检工作，开展建筑节能和绿色建筑业务知识培训，组织5期建设科技大讲堂线上培训学习。

【行业消防监督】 2022年，共办理完成市本级消防设计审查项目43个，特殊工程消防验收55个、备案抽查项目41个，审批总面积534.43万平方米。对在孝感从业的外地技术服务机构实行登记造册，动态管理。对技术服务机构及从业人员进行诚信化管理，严格落实一次约谈警告、两次停业整顿、三次纳入黑名单，召开了3次专题会，并约谈了2家图审和检测机构负责人。积极开展“双随机、一公开”检查督查，成立工作专班，对全市在建项目消防工程安全进行综合检查，全面规范技术服务机构从业行为，压实建设工程消防安全责任。

（撰稿：何俊龙、吴盼）

建设科技与建筑节能

【概况】 2022年，孝感市持续深化绿色建筑和建筑节能，推动城乡建设绿色、低碳、高质量发展。全市新增建筑节能能力8.08万吨标煤、新增节能建筑636.58万平方米、竣工绿色建筑（含星级绿色建筑和超低能耗建筑）587.7万平方米、可再生能源建筑应用面积143.13万平方米、既有建筑节能绿色化改造43.13万平方米、完成散装水泥供应量273.6万吨、预拌混凝土供应量567.3万立方米，分别占全年任务的168%、264%、347%、107%、239%、111.2%、129%。

【绿色评价标识创建】 积极开展绿色评价标识创建，引导预拌混凝土企业、预拌砂浆和新型墙材企业申报预拌混凝土绿色生产评价标识和绿色建材评价认证。截至2022年年底，共有28家预拌混凝土企业取得绿色生产评价标识（其中三星级3家、二星级12家、一星级13家），11家预拌混凝土（含预拌砂浆）企业取得绿色建材认证标识（其中三星级5家、二星级6家）。

【磷石膏建材推广应用】 严格落实《湖北省磷石膏污染防治条例》，扎实推进磷石膏建材在房屋建筑和市政设施工程领域推广应用，制定出台磷

朱湖万亩苗木种植基地

(孝南区朱湖办事处 供图)

石膏建材推广应用工作方案，积极推荐磷石膏合成轻集料混凝土(干拌)、磷石膏合成高性能自保温砌块等2个磷石膏建材产品纳入“建筑节能与绿色建筑产品”技术和设备目录。

【建筑节能与绿色建筑监管】 强化日常巡查、季度检查、专项抽查，开展季度建筑节能与绿色建筑专项检查4次，检查在建工程项目54个，下达监督抽查记录53份，下达整改通知书1份；开展全市综合监管巡查2次，检查在建工程项目28个，下达整改通知书19份，下达执法建议书4份，下达监督抽查记录4份。开展全市预拌混凝土(砂浆)“双随机、一公开”检查2次，检查预拌企业43家，下达反馈整改意见书6份，下达质量安全巡查整改通知书7份。

(撰稿：何俊龙、吴盼)

栏目编辑：秦荣

商贸服务业

商贸服务业

综 述

【概况】 2022年,全市商务系统强化运行调度,对重点县(市、区)、重点行业、重点企业进行重点督办、重点监控,全市社会消费品零售总额1241.05亿元,同比增长3.6%,增幅居全省第3位,增幅高于全省0.8个百分点。坚持"线上与线下"共融合、双拓展,落实好全市已出台的促消费政策措施,鼓励各地创新方式、开拓思路,发放便民消费券等,积极组织参加产销对接活动,激发消费活力,力促消费回升。商贸市场主体培育成果突出,在库限上商贸单位总量不断壮大、结构不断优化。有序推进菜市场三年补短板工作,改善人民群众"菜篮子"商品消费环境。

【消费复苏】 乡村市场销售恢复好于城镇。城镇消费品零售额增长3.5%,乡村消费品零售额增长4.1%。基本生活类商品销售较快增长。限额以上单位粮油食品类、饮料类、日用品类、服装鞋帽类商品零售额分别增长21.3%、71.1%、50.4%、45.6%。家装市场恢复较快。家具类、建筑及装潢材料类分别增长39%、34.5%。绿色升级类消费需求持续释放。限额以上新能源汽车类零售额增长2.2倍,节能家用电器和音像器材类增长16.6%。网络销售持续增长。限额以上企业网上零售额达4.98亿元,增长21.2%。

【商贸市场主体培育】 2022年,全市新增限上商贸单位652家,是上年同期数的1.6倍。按纳统时间分,月度新增166家、年度新增486家;按单位类型分,法人435家、大个体217家;按业态分,批发业143家、零售业213家、住宿业50家、餐饮业246家;按县(市、区)分,孝南193家、汉川212家、应城66家、云梦59家、安陆42家、大悟28家、孝昌27家、高新区25家。

【菜市场改造提升】 市委、市政府高度重视菜市场改造提升工作,对现有菜市场智慧化改造升级,优化消费环境。2022年,全市全力推进36个菜市场升级改造,其中主城区18个菜市场智慧化、功能化升级改造完成(孝南区14个:一宫、八里街、车站、大东门、金西门、民邦、南园、西大、南桥小区、建设路、润达一号广场、范家淌、园林路、挂口;高新区4个:严桥、魏站、大会、红光)。

【商务环境优化】 推广"楚贸通"平台,为外贸企业提供资质代办、通关物流、外贸谈判、结汇退税、融资服务等一站式全流程服务。鼓励企业使用全国通关一体化、"提前申报、货到放行""两步申报"等多种模式,自主选择通关模式"套餐"。完善重点外资企业联系服务机制,优化外资行政许可审批服务,简化外资项目核准手续,所有备案的外资项目一律实行告知性备案管理。

(撰稿:秦小六)

商贸流通

【概况】 全市共有商贸流通企业16.89万家。参照《统计上中小微企业划分办法》规定,除86家商贸企业达到大型企业标准外(36家批发企业年销售额4亿元以上、47家零售企业年销售额2亿元以上、3家住宿餐饮企业年营业额1亿元以上),其余均为中小微商贸企业,占全市商贸企业总数的99%以上。截至年底,全市共有"限上"商贸服务企业1455家,其中法人批零企业412家,大个体批零企业425家;法人住宿和餐饮企业185家,大个体住宿和餐饮企业433家。2022年,全市实现社零总额1241.05亿元,同比增长3.6%,其中"限上"企业完成社零额358.92亿元,占社零总额的28.9%;"限下"

企业完成社零额882.13亿元，占社零总额的71.1%。

【商业街区和综合体】 孝感中心城区共有12条步行街，分别是新合作星悦茂地下商城、八里街、香奥路步行街、文化路步行街、全州约克镇步行街、宇济商贸街、北正街、园北路电脑街、民邦美食街、大东门商业步行街、百佳宏业商城步行街、园林路婚庆街。5个大型综合体分别是保丽广场、乾坤购物、万达广场、银泰商场、吾悦广场。

【老字号】 中华老字号4家，分别是孝感麻糖米酒有限责任公司（注册商标：孝感牌）、云梦县楚河鱼面厂（注册商标：楚河）、孝感市宏源饮食服务有限责任公司米酒大楼（注册商标：孝感米酒）与湖北省安陆市涢河酒业有限公司（注册商标：碧山）。

湖北老字号1家，为湖北神丹健康食品有限公司。

【百货批发零售】 2022年，全市"限上"批发零售业商贸单位共837家，占限上商贸单位总数的57.5%，其中批发业单位259家、零售业单位578家。批发零售业单位法人和个体户数量相当，其中法人412家、个体户425家。限上批发业累计销售额501.84亿元，同比增长55.1%，高于全省平均水平43个百分点；限上零售业累计销售额265.21亿元，同比增长17.7%，高于全省平均水平9.5个百分点。

【产销对接】 2022年，全市商务系统积极组织名特优农产品企业参加农产品产销对接活动，助推农产品上行，扩大农产品市场。组织9家参展商、7家采购商家参加第二届消博会（海口）取得明显成效，其间达成采购金额5210万元；积极做好世界大健康博览会（武汉）展区设计、搭建工作，并组织47家企业参展；组织各类汽车展销会，联合汽车经销商等开展元旦万达购车节、孝感春季车展、4月吾悦广场车展、5月吾悦购车节、6月万达年中车展、万达广场十一车展、孝感秋季车展等汽车类展销活动，现场达成意向订单百余辆。

（撰稿：秦小六）

电子商务

【概况】 2022年，全市电子商务应用领域不断拓展，电商与传统产业融合持续深化，电子商务行业发展迅速，电商基础设施不断完善，直播电商产业基地建设加快推进，孵化和培训一批网红品牌和带货达人，涌现出一批有影响力的区域电商品牌，新业态新模式成为电子商务新动力。据第三方统计数据，2022年全市网络零售额实现58.56亿元，总量全省第6，同比增长4.42%。

【产业园区建设】 结合城乡建设规划实际，从电子商务"市场"和"空间"两个方面对全市电商园区发展进行布局。以成熟园区为基础，萌芽园区为拓展，搭建电商发展多维平台，多区联动，加快电商集聚建设。立足产业优势，鼓励全市服装、纸业、童车等传统产业深度参与电子商务，努力打造特色产业区域集群优势。充分发挥成熟园区服务和资源整合功能，博大电商产业园、南方国际创业孵化园、中国汉派服饰网红直播基地等成为带动周边电商发展的主力军。立足镇街道区域特色，加快培育新的萌芽电商园区，从政策扶持、园区发展等方面给予支持和指导。

【地方品牌培育】 紧紧围绕孝感地区"孝文化"资源，结合本地土特产品，以地域特色为出发点，培育地方品牌，助推产品提质增收，对本地产品进行网货外观优化，完善检测手续，为特色农产品提升知名度和影响力。指导企业进行网货升级，深入挖掘特色农产品，对地标产品开展网货包装设计。组织企业参加省商务厅关于脱贫地区企业开展"三品一标"帮扶工作，共3家企业分别申报"绿色食品""有机产品"认证。组织米婆婆等企业参加省商务厅与京东合作开展的"荆楚E品"线上专区活动。

【示范创建】 积极组织电子商务企业、电商基地（园区）申报2022年湖北省电子商务示范企业、电子商务示范基地（园区），提交申报电子商务示范企业资料6家，提交申报电子商务示范基地（园区）申报资料2家。经过省商务厅评选，云梦电商产业园、应城海山电子商务创业园获批省级电子商务示范基地，湖北众盈天成信息科技有限公司获批省级电子商务示范企业。

【"直播"经济】 采取"政府、行业协会、企业、电商平台、网红主播"等多方合作、共同发力的模式，开展各类直播带货活动，让直播带货常态化。2022年，全市举办了"孝感好物公益助企直播带货活动""孝有仙品·品质生活周暨乡村振兴直播电商节""孝有仙味·美食直播电商节"等系列电商直播活动，进一步激发了市场活力、拉动了经济增长、提振了消费信心、助燃了城市"烟火气"。2022年，孝感市网络零售额实现58.56亿元，其中参与直播的商品实现网络零售额7.6亿元，占全市网络零售额的12.9%，实现网络零售量3147.3万件，参与直播的商品数达

8950个,投放率为8%,母婴用品、家居家装、运动户外等商品销售额居前。

【人才培育】 通过电子商务进农村示范县项目重点面向全区范围内六类人群(政府部门人员、电子商务企业及相关产业人员、农村创业人员、返乡大学生、退伍军人、待业青年及贫困人员)有计划地开展电子商务培训,培育了一批理论和实践能力强的农村电子商务专业人才。加强校企联合发展,孝感市文瑶教育服务公司、冰点网络科技公司分别与湖北工程学院、湖北职业技术学院签订合作协议,开展电商相关技能培训;开展线下技能培训、经验交流、短视频实操等活动,培养一批网红带头人,为孝感农产品、文化、旅游进行代言宣传。2022年,全市累计开展各种形式的电商专题培训8000余人次。

(撰稿:秦小六)

商贸物流业

【概况】 2022年,全市拥有物流企业、快递公司、货代点数2000余家,从业人员10余万人,商贸物流配送及物流企业的发展,为全市消费水平的提升做出了突出贡献。

【重点物流项目建设】 积极开展县域商业体系建设,补齐县市商业短板,到2025年新建或改造升级一批县级物流配送中心,覆盖率达到100%。

【物流信息化建设】 整合培育了一批大型物流企业,标准化和信息化水平逐步提升。建成孝感物流网、传化物流港2个标准化的物流服务公共信息平台,带动中小微物流企业提升标准化服务水平。中国邮政等大型快递企业引入的“邮件自提柜”等现代化快递工具,逐步在社区、学校等地推广,方便了市民生活。孝南本土网与供销系统合作开发的电商系统,创建电商+物流产业园,打造农村智慧物流模式,实现线上与线下融合、商品展示与仓储配送融合、电商服务与金融服务融合的优势互补平台。

(撰稿:秦小六)

粮油购销

【概况】 2022年,孝感市发改(粮食)部门按照市委、市政府和省粮食局的工作要求,深入贯彻落实粮食安全党政同责,统筹推进粮食安全保障和粮食产业发展,强化地方储备粮管理,加强流通监管,为保障国家粮食安全做出孝感贡献。

【粮食收购】 调查粮源分布和仓容余缺情况,合理布设托市收购网点9个,提前做好托市收购准备,严守农民种粮卖得出的底线。积极组织和引导市场化多元主体参与粮食收购,搭建银企对接平台,全市7个县(市、区)均建立粮食收购信用保证基金,为14家企业提供粮食收购贷款资金4630万元。2022年,全市粮食收购21.8亿斤,完成20亿斤年度目标任务。

【粮食储备管理】 2022年,市、县级粮食储备规模达到1.3375亿千克(2022年新增县级粮食储备1.3375亿千克)。其中,市级0.4亿斤、县级2.275亿斤,占省下达我市保底规模2.36亿斤的113%。全市建立社会责任储备1800万斤。强化制度建设,市政府印发《孝感市市级储备粮管理办法》,市发改委、市财政局、市农发行联合制定《孝感市市级储备粮财务管理办法》《关于调整市级储备粮利费补贴标准的通知》等,进一步规范储备粮管理行为。

【粮食项目建设】 持续推进粮食仓储物流设施项目建设,全市粮食总仓容达到25.5亿千克,能够满足区域内粮食收储需要。推进绿色低温(准低温)粮库改造项目工程,建成低温仓67栋、仓容量2.25亿千克,粮食品质安全保障能力不断提升。推进国有中心粮库监管信息化建设,全市8个国有中心粮库信息化系统均与省级平台对接,在线率达到100%。大力推进节粮减损项目建设,全市共建立90余家粮食产后服务中心,为做好粮食减损提供技术服务。

【应急体系建设】 按照新形势、新要求,对《孝感市粮食应急预案》进行修订。加快推进“1+7”粮食应急储备保障中心建设。遴选220家粮食应急主体(企业),打造“覆盖全面、布局合理、保障有力”的应急保障体系。加强粮油市场监测和调度分析,落实重点地区、重点时段实行“日监测、日研判、日报告”制度,密切关注粮油市场价格和供应情况,确保粮油供应不脱销、不断档。开展“双拥”活动,建立重大节日慰问部队常态机制,认真执行军粮供应政策,保质保量完成年度军粮供应任务,部队满意率达到100%。

【粮食产业纵深发展】 积极开展优质粮食工程“六大提升行动”,2022年争取粮食流通产业发展项目资金1648万元。持续推进“走出去”行动计划,组织龙头企业参加第十八届粮食产销协作福建洽谈会活动。组织开展粮食行业职业技能竞赛,孝感市获得“优秀组织奖”。打造精品名牌，鼓励和支持市场主体及社会资本开展“中国好粮油”行动，2022年，新增1个“荆楚好粮油”产品，全市累计共有“中国好粮油”产品1个、“荆楚好粮油”产品7个，有序推进粮食产业纵深发展。

【粮食流通监管】 主动对接全国粮食企业信用监管平台，对全市172家粮食企业开展信用评价。保障粮食质量安全，加强政策性粮食出入库质量监管，全市政策性粮食出入库质量检验率达100%。组织开展新收获粮食质量调查和品质测报，完成省下达目标任务。加强地方储备粮入库质量验收和出库质量管理。开展军供粮油、“荆楚好粮油”质量抽检。

（撰稿：熊进、谢汝峰、潘少敏、但阳、熊健、王欣、张迪、李定珍、高波、曾星、安琦）

烟草营销服务

【概况】 2022年，孝感市烟草系统认真落实中央、省委、市委经济工作会议和全国、全省烟草工作会议要求，经济运行呈现“销售稳、效益增、成效显”的良好态势。全市卷烟销量13.3万箱，同比增长1.12%，完成年度计划100%；单箱均价（含税）42366元，同比增长5.55%。实现利税15.18亿元，占年度预算的102.29%，同比增长16.77%。卷烟零售市场净化率为99.79%，主渠道市场控制率为99.99%。

【卷烟流通网络建设】 坚定实施“大品牌、大市场、大企业”发展战略，积极构建以品牌为核心的资源配置方式。优化品牌布局，引入品规4个、退出品规23个。销售共育品规33576箱，同比增长8.59%。突出服务抓终端。扎实推进“金叶阳光”“知音同行”两大流通品牌建设，打造8户客户自愿共建加盟终端，吸引33名客户全额自费建设“知音同行”品牌店，建设现代终端3383户，完成率100.59%。与四川中烟、中百仓储联合签订了“构建党建联盟、推动联建共创”三方协议，协助山东中烟开展“春意盎然 泰山相伴”品牌线上宣讲活动，取得较好成效。

【供需平衡管理】 加强运行调控，实施分层预测、选点监测，有针对性地采取“档位+”等多种组合投放方式，持续推动卷烟供需稍紧平衡。全市卷烟销售吻合度均保持在99%以上（除3月外），卷烟月均条、包零售价到位率达到99%，社会存销比保持在0.5左右。

【卷烟营销管理机制建设】 健全完善现代终端建设制度体系，围绕终端建管运维、终端建设质量标准、消费会员管理与积分应用规则等内容，重新修订下发相关制度13个。主动开展农村现代终端建设情况摸底调研，积极探索农网建设新路径。全面启动“T+0”“T+1”柔性配送模式，平均送货响应时间25.67小时，全省排名第2。加强对标提升管理。库存周转次数30.47次，全省排名第1。单箱物流可控成本33.27元，全省排名第2。分拣环节人均分拣量、配送环节人均配送量同比分别增长30.38%、20.33%，新增4条送货运输服务外包线路，年节约成本29.67万元。加快完成标准化设备备品备件库房建设和异标合一分拣线技改，分拣设备平均有效使用率99.83%，全省排名第2。主动参与行业生产经营管理平台省级营销子系统建设工作，向各层级征集平台需求建设意见30条，分类汇总提炼14条，上报销管处并被采纳。结合企业发展实际，创新开展《基于SERVQUAL的烟草零售客户满意度评价体系的研究与应用》和《基于ENTROPY—TOPSIS法的卷烟零售终端评价模型》两个重大创新项目研究。

【“我与客户共成长”主题营销活动】 常态化推进“我与客户共成长”主题营销活动，组织开展“三清”走访覆盖零售客户26153户次，收集客户经营改善需求92条，制定“优库存、促动销、抓培育、提盈利”策略84条，开展“一禁止、三公开”宣传21次；开展实操演练49场次，参加人员652人次，管理人员授课26次；制作零售客户培训课件数量148个，辖区在册“知音店长”数量20名，开展“我为终端献一计”活动52次。积极落实市委、市政府关于纾困解难惠企、优化营商环境的有关要求，对口包保联系个体工商户5户，从现代终端建设、卷烟经营指导等方面予以帮扶，助力客户增收盈利，为546户零售客户提供“烟草贷”服务，共发放金额15087.10万元。客户满意度全省排名第7，同比提升9个位次。

（撰稿：张婷婧）

烟草专卖

【概况】 2022年，孝感市烟草系统高度重视卷烟市场秩序维护，不断深化部门、地区协作，多次开展卷烟市场整治、打假破网、运输渠道查堵等行动，严厉打击涉烟违法犯罪活动，有效保障了卷烟市场规范有序。共查处涉烟违法案件2317起，全省排名第2；查获非法卷烟1820万支，全省排名第7；移送公安机关刑事立案20起，其中1起国标案件，11起省标案件。《烟草专卖执法案卷评查工作规范》被列为省烟草专卖局标准化项目。

【新型监管机制建设】 组织研发“孝感专卖监管智慧可视化平台”，突出监管模型、自定义分析、经验添加等分析工具运用，真正做到以分析异常问题为导向，进一步规范市场监管工作流程，增强市场监管的针对性、有效性。重新修订《孝感市卷烟零售户守法诚信经营评价与供货及档级挂钩评定实施办法(试行)》，加强零售户分类管理，加大对违法违规大户的监管力度，进一步促进卷烟零售户守法诚信经营。共治理违法违规经营大户278户，依法依规停业整顿199户、取消经营资格20户、减供限供停供降档59户。深入贯彻落实“放管服”改革工作要求，在全面执行“3541”许可承诺制的基础上，持续优化办证、准营流程，建立行政许可常态化回访制度，提升行政许可质效。全年共计新办卷烟零售许可证2176户，其中通过网上申请办理2162户，新办证户网办率为99.36%，行政许可满意率为99.12%。

【卷烟打假市场整顿】 持续加强部门联动，不断巩固与公、检、法、市场监管、交通、邮政等部门“联动联防、联打联治”的执法协作机制，进一步完善信息共享、案件侦办、联合执法、定期会商等常态化工作机制。建立健全“信息互通、情报共享、工作联动、打击互助、优势互补”协作机制，先后与河南漯河市局、江西九江市局、武汉市局、随州市局、天门市局、仙桃市局签订合作协议，持续扩大联动打假区域。紧扣打假破网，周密组织开展5次专项行动(“楚天卷烟市场净化12号”百日整治专项行动、清理整治向未成年人销售电子烟严厉打击涉电子烟违法犯罪专项行动、以集中治理真烟异常流动为主的“丹阳市场净化1号”专项行动、“茶烟”等类烟产品专项治理行动、打击涉烟违法犯罪强化市场监管“百日攻坚”专项行动)，共出动执法人员14066人次，查处各类涉烟案件1690起，其中万元以上案件207起，公安机关正式立案15起，刑事拘留19人，逮捕12人，判刑6人，停业整顿179户，取消经营资格2户，取缔无证经营18户。坚持“全国、全省打假一盘棋”，聚焦打假破网，成功侦破“5·19”制售假烟案和“6·27”贩售假烟网络案件。借助高警技术平台资源优势，建立可疑车辆数据信息库，实现警烟全天候快速响应联动机制，累计查处非法运输卷烟案件36起，查获非法卷烟558万支，案值489万元。不断深化与市邮政管理部门的协作，加大寄递渠道执法检查力度，共计查处涉烟违法案件149起，查获非法卷烟102.32万支。

【“5·19”制售假烟案】 2021年5月19日，应城市烟草专卖局根据黄石阳新县烟草专卖局提供的线索，在公安部门配合下，于应城市黄滩镇查获一起无证运输过境案件，现场查获假冒伪劣云烟(紫)卷烟30万支，案值15万元。2021年5月21日，应城市烟草专卖局将该案移送公安部门正式立案，并成立“5·19”专案组展开全面调查。随后一年多的时间里，专案组坚持卷烟打假打私“三见四有”工作思路，从这起“无主”过境案件入手，采用“数据集成、信息研判、情报导查、协同查办”的一体化作战模式，先后捣毁假烟窝点1个、制假原料窝点1个，查获涉案车辆3台，查获假冒伪劣卷烟实物208.96万支(标值122.38万元)、制假烟用香精360公斤，查实总涉案值1047.57万元，跨省抓捕犯罪嫌疑人7人，其中逮捕判刑6人。此案于2022年9月13日取得重大阶段性成果，彻底摧毁了一个盘踞广东、福建，辐射危害全国的制售假烟地下网络，成功达到国家烟草专卖局二级案件标准。

【“6·27”贩售假烟网络案件】 6月14日，武汉市江岸区烟草专卖局查获一批假冒伪劣卷烟，合计3个品牌300条，涉案值达6.7万元。6月17日，因该批卷烟实际到货地点为湖北省孝感市孝南区和平街118号，武汉市江岸区烟草专卖局向孝感市烟草专卖局发出关于一起假冒伪劣卷烟案件的协查通报。6月27日，此案被依法移送孝感市公安局孝南分局。随后，孝感市、孝南区两级公安食药侦、经侦、治安、技侦、特警等多个警种与烟草专卖执法人员40余人，分成7个行动小组，成功捣毁窝藏在孝感市区和应城市城区的6个藏烟窝点，在窝点及物流园查获假冒卷烟共计6个品规26.74万支，案值39.58万元，查扣涉案车辆3台，逮捕6人，刑拘1人。

【电子烟监管】 严格按照《湖北省电子烟零售点布局规划》相关要求，统一部署、分步施策，建立既存主体档案、开展常态化走访调查，掌握经营主体动态，全面宣传相关政策，全力推进过渡期内电子烟零售许可工作平稳有序开展，共发放电子烟零售许可证49份。9月30日电子烟监管过渡期结束后，全面执行电子烟监管法律法规和政策性文件，落实电子烟常态化监管要求，依法依规查处各类违法违规涉电子烟行为，扎实做好监管政策宣传，营造良好市场环境。共清理删除2条网上销售卷烟、电子烟有害信息，查处3起向未成年人售卖电子烟违法案件、4起类烟案件。

【纪念《烟草专卖法》施行30周年系列

活动】 2022年是《中华人民共和国烟草专卖法》(以下简称《烟草专卖法》)实施30周年。孝感市烟草系统积极贯彻落实省市工作安排部署,认真落实“谁执法谁普法”责任制,切实将纪念《烟草专卖法》施行30周年摆在突出位置,通过专题讲座、宣传栏、网络微视频平台、模拟听证会、送法上门等形式,大力宣传烟草专卖法律法规,不断增强学习《烟草专卖法》、践行《烟草专卖法》的吸引力、针对性、实效性和覆盖面。累计开展《烟草专卖法》培训42次、讲座8次、考试15次,参与人次1733人次;发放相关资料15371份;对外发布宣传报道38篇。10月28日,《孝感日报》以专版形式刊发孝感烟草系统纪念《烟草专卖法》施行30周年活动掠影。

(撰稿:张婷婧)

成品油经营

【生产经营】 2022年,中石化孝感石油分公司销售成品油31.19万吨,同比增长1%;销售天然气519万立方米,同比增长4.1%;实现非油品基础品类营业额1.64亿元,同比增长17%。该公司进一步优化油品机出经营,公司实现机出销售量25.1万吨,分别在5月、6月夺得全省系统“比学赶帮超”机出经营月度红旗。同时提增油品非机出销售,瞄准成品油窗口调价期,抓住客户消费心理,向上申报政策支持,向下传递价格信息,积极引导客户抓行业及时补库,做大窗口期销售量。全年实现非机出销售量5.77万吨,同比增长46%,排名全省系统第1,公司分别在3月、5月、8月夺得全省系统“比学赶帮超”非机出经营月度红旗。

【协调推进“打非治违”】 2022年,中石化孝感石油分公司贯彻落实湖北省公司“打非治违”工作部署及“六个一”工作要求,积极协助职能部门做好打击行动后的黑窝点、油罐、加油设备的拆除及收缴油品的处置,持续关注促进非法经成品油入刑案件的侦察起拆工作。

【建设改造项目】 2022年,中石化孝感石油分公司24小时营业站点数量稳步增加,治破治旧逐项整改,促进加油站“颜值”改善、“内涵”提升。全力参与孝昌长胜加油站土地竞拍,突破8家竞争对手包围,成功竞得土地。形象改造站项目建设已完成4座,其中旗舰站1座、标准站1座、简易站2座。加油站亮化工程项目建设已完成15座,年内将完成18座。“司机之家”项目建设已完成3座,“爱心驿站”项目建设超额完成5座。

【新能源项目建设】 直属天井站等5座加油站光伏发电项目按期建设完成并已并网运行。汉川城南站等2座站的充电桩项目建设完成并投入运营。积极解决孝南区政府与中亚燃气签订特许经营协议导致排他性建设难题,推动直属第一城LNG项目建成。

(撰稿:余讯天)

居民服务业

【住宿餐饮】 2022年,全市限上住宿餐饮业商贸单位共618家,占限上商贸单位总数的42.5%,其中住宿业单位107家、餐饮业单位511家。住宿餐饮业单位以个体户为主,比重达70%,其中法人185家、个体户433家。限上住宿业累计营业额16亿元,同比增长34%,高于全省平均水平29.4个百分点;限上餐饮业累计营业额64.9亿元,同比增长28.7%,高于全省平均水平16.7个百分点。

【家政服务】 2022年,全市家政服务业市场主体67家,从业人数7100人,其中25家家政服务企业、2330名家政服务人员录入商务部家政服务信用信息平台,1405名家政服务员完成身份验证和授权,建成社区家政服务网点47个。七仙女、万帮2家家政公司致力打造智慧化、科技化的社区生活服务共享平台,5家企业发展为员工制家政企业。

(撰稿:秦小六)

栏目编辑:秦荣

金　融

金 融

综 述

【概况】 2022年，全市金融系统聚焦"服务实体经济、防范化解风险、推进金融创新"三大任务，全面落实稳经济一揽子政策，全市金融运行稳中向好，为经济社会高质量发展提供了有力金融支撑。全市共有金融市场主体125家，其中银行业金融机构19家(村镇银行6家)，地市级保险公司38家(财险15家，寿险23家)，证券机构营业部12家，全市持牌小贷公司26家，持牌担保公司11家，持牌典当行6家，基金公司1家，资产管理公司1家。

【筑台融资】 根据《孝感市筑台融资考评细则》，年初下达了2022年度筑台融资工作指导目标，各地、各单位和各金融机构以目标为引领，加大筑台融资力度。深化银企对接。共举办33场金融"面对面"融资对接会，签约金额146.46亿元。市本级开展"百行进万企"专项行动，举办重大项目、建筑业和房地产业、农业产业化龙头企业等专场对接。加强与国开行合作，孝感市政府与国开行湖北省分行签订战略合作协议。同时，加大信贷投放力度。全市信贷总量保持稳定增长，截至年底，各项贷款余额2090.53亿元，比年初增加240.03亿元，同比增长13.0%。

【金融助企】 围绕国务院33项"稳经济"一揽子措施和湖北133项落实政策，出台"1+4"助企纾困39条措施，加强了对交通物流、批零住餐、文化旅游、外贸等困难行业金融支持。2022年，共对接重点纾困企业281家次，发放贷款余额9.34亿元，其中52户助企纾困重点名单企业对接率100%，银行机构对实体经济减费让利2.01亿元。

【"整村授信"金融服务】 制定了《孝感市推进"普惠金融工作站"建设助力乡村振兴工作方案》，突出稳产保供、农业产业化和乡村建设三大领域，深化"整村授信"等金融服务。全市已有1949个行政村和社区开展了"整村建档评级授信"工作，授信金额达116.25亿元。作为示范试点的安陆市、应城市"整村授信"实现全覆盖。

（撰稿：严格）

银行业监管

【概况】 2022年，孝感市创新金融服务，防控金融风险，取得一定成效。风险处置取得重大突破，全市不良贷款实现"双降"，余额较年初下降0.53亿元；不良率下降0.27个百分点，近20年来首次降至2%以下；处置化解不良贷款17.6亿元，推动国有背景企业入股4家农商行2.61亿元。截至2022年年末，全市银行业各项贷款余额为2090.53亿元，居全省第六位；比年初增长12.97%，增速居全省第六，高于全省平均水平2.7个百分点。全市县域贷款余额1529.04亿元，比年初增加212.89亿元，增幅16.18%，高于贷款平均增速3.2个百分点；全市涉农贷款余额1181.01亿元，较年初增加160.56亿元，增长15.73%，高于贷款平均增速2.76个百分点；全市银行业小微企业贷款余额943.91亿元，比年初增加137.77亿元，增长17.09%，高于贷款平均增速4.12个百分点。全市银行业各项存款余额3483.79亿元，居全省第五；比年初增加397.06亿元，增量居全省第五。其中，全市对公存款余额710.25亿元，比年初减少2.86亿元。全市储蓄存款余额2773.54亿元，比年初增加418.1亿元。

【银行业支持实体经济发展】 服务重大项目"出实招"。推动举办金融"面对面"重大项目政金企对接会，现场签约22.9亿元。引导银行机构主动对接孝感"十四五"规划重点领域和重大项目，2022年重大项目贷款增长25.94%。

助力农业产业化龙头企业“提效能”。推动市政府印发《金融支持农业产业化龙头企业高质量发展的若干措施》，组织召开专场融资对接会。2022年年末，全市农业产业化龙头企业贷款余额较年初增加1.83亿元，户数增加153户，贷款平均利率下降0.43个百分点。

帮扶小微企业“解难题”。印发稳经济一揽子政策措施实施方案，全年开展延期还本74.83亿元，延期付息9.87亿元。持续推进减费让利，小微企业贷款加权平均利率较上年度下降0.25个百分点。全市普惠型小微企业贷款完成“两增”目标。

推广普惠金融工作站“结硕果”。明确“四比四看”工作标准，打造6个精品“工作站”，并全面复制推广。大力推进“整村授信”，提供授信153.47亿元，发放贷款43.46亿元。

支持新市民就业创业“优服务”。推动市政府印发《金融支持新市民就业创业的若干措施》，定期编发简报、按月监测、按季通报。全年共发放支持新市民贷款89.7亿元；推广相关保险产品26个，累计赔付863.14万元。

【银行业风险防范化解】盯法人，筑牢信用风险防控堤坝。全年开展22次风险化解督导，全市不良贷款实现“双降”，不良率降至1.88%的历史低位。其中农商行处置不良贷款5.78亿元，不良率下降0.58个百分点。

保交楼，严守房地产领域风险关口。配合市政府做好“保交楼”工作，为按揭贷款客户纾困解难，督促银行机构对21.12亿元住房按揭贷款办理延期，调整还款计划0.83亿元。截至12月末，全市房地产贷款余额596.73亿元，同比增长6.23%。制定群访群诉应急预案，核查信访举报线索284条，接受消保投诉366件，办结率分别为93.66%和97.54%。

（撰稿：余蕾）

中国人民银行孝感市中心支行

【概况】 2022年，全市金融系统用好用活货币政策工具，有力落实信贷“三稳”要求，保持信贷总量稳定增长。2022年年末，孝感市各项贷款余额2090.5亿元，比年初增加240亿元，增长13%，增速高于全省平均水平。

引导信贷结构稳步优化。全市地方法人银行使用支小支农再贷款余额34.16亿元。落地碳减排支持工具政策资金8.94亿元，使用科创、物流、设备更新改造专项再贷款16.4亿元。全市普惠小微贷款、绿色贷款、涉农贷款增速均高于贷款平均增速。

推动融资成本稳中有降。落实利率自律机制，规范存款市场竞争秩序，推动实际贷款利率进一步降低。四季度银行新发放贷款平均利率同比下降0.38个百分点，2022年，全市银行降息让利3.94亿元。强化涉赌涉诈“资金链”治理，查处“309”地下钱庄案、打治电诈“百日攻坚”等15项工作得到省市、上级行领导批示肯定。金融支持乡村振兴、落实金融助企纾困等14项工作做法得到《金融时报》等多家媒体报道。

【金融助企纾困】 全力推动人民银行总行、外管局“金融23条”和湖北省“1+4”金融助企纾困政策在辖内落地见效。推动出台了孝感市开展金融助企纾困促经济稳增长的若干措施，制定落实工作责任清单，与地方主管部门联合制定孝感市交通物流专项再贷款工作实施方案。运用普惠小微贷款支持工具发放激励资金74.8万元。及时推动落实普惠小微贷款阶段性减息、小微贷款延期还本付息政策，惠及5.2万名小微市场主体。通过“重点企业融资对接服务平台”对接纾困企业281家，落实贷款9.74亿元。2022年，全市交通运输、仓储和邮政业，批发零售业、文体娱乐业贷款保持正增长。提升重大项目融资服务质效依托“重大项目融资服务对接平台”，实现重大项目线上信息推送，系统内530个亿元以上项目全部指定牵头行，实现百分百对接。推动部分领域设备购置与更新改造信贷政策落实。召开3次专题会议安排落实、倒排进度、压实责任，对49个项目明确责任银行。推动房地产贷款稳定增长。贯彻落实“保交楼”政策要求，落实差别化住房信贷政策，保障房地产合理融资需求。房地产开发贷款、个人购房贷款保持正增长。2022年，辖内房地产贷款实现正增长。

【融资服务体系建设】 统筹推进线上线下银企对接，满足各类市场主体融资需求。持续推进政银企常态对接。建立了八大重点领域企业对接名单，及时推送银行机构对接。银企信贷签约315.6亿元。落实金融链长制，推动核心企业对接应收账款融资服务系统。2022年，完成中征应收账款融资业务326笔、126.6亿元。促进政府采购中标企业融资，并建成政采贷线上平台。开展政采贷融资业务32笔、3.46亿元。完善“孝融通”平台，完善平台信息功能，创新线上金融产品。平台入驻金融机构13家，发布金融产品48个，发放贷款21亿元。

【防范化解系统性金融风险】 开展央行评级等级提升行动。认真落实分行法人银行央行评级等级提升推进会部署，按照“7级清零、巩固一批、提升一批”的目标，制定《推动孝感市地方法人银行央行评级等级提升工作的指导意见》，“一行一策”制定具体提升行动方案，2022年四季度央行评级结果显示，辖内无高风险机构，7级机构清零，5、6级机构评级得分总体提升，1家机构由5级上迁至4级。加大法人银行风险防范化解力度。针对部分地区出现中小银行风险事件，建立法人银行头寸和存款日变化等流动性风险监测机制，健全完善风险应急预案，完善金融风险应急处置机制，制定了孝感市风险机构处置流程图、银行挤兑事件应对处置流程图，开展模拟挤兑事件处置演练，提升应急处置能力。定期对13家地方法人银行机构开展压力测试、资产质量真实性核查，对资产质量偏离度高于5个百分点的机构，加强日常风险监测，及时进行风险提示，督促加大不良资产处置力度。推动辖内3家法人银行补充资本金。深层次推进落实存款保险制度。平稳有序完成辖内阶段性提高存款保险费率工作。落实存保风险差别费率机制，充分发挥存保费率的正向激励作用。开展存款保险现场核查，重点对资产真实性偏离较大的机构加大核查力度，压实属地管理责任。加大存款保险宣传力度。因地制宜地将存保宣传与金融消费者教育、服务疫情相结合，充分发挥金融机构宣传主阵地作用，提高受众宣传覆盖面，行政村、社区覆盖率近78%。

【涉赌涉诈“资金链”治理】 扎实推进银行账户风险“百日攻坚”专项治理行动。2022年，全市银行机构配合公安机关冻结止付账户27360户、12亿元，协助破获买卖银行卡或支付账户案件数量160起。打治洗钱犯罪专项行动深入推进。对辖内16家义务机构开展反洗钱监管走访，对13家法人机构开展洗钱风险评估，协调相关部门制定《孝感市房地产行业反洗钱自律公约》。联合九部门印发《孝感市打击治理洗钱违法犯罪三年行动实施方案》《加强惩防洗钱犯罪工作的合作协议》。推动3起洗钱罪立案起诉，完成辖内首例自洗钱案件宣判。

【国库业务管理】 强化上下联动和内控管理，守住了国库资金和系统安全运行“两条底线”。积极配合落实财税改革和减税降费等政策，协助完成六种非税收入征缴职责划转工作，扎实推动个税年度汇算清缴和增值税留抵退税政策快速落地。持续加大国债下乡和国债提醒兑付等工作力度，有关工作作法得到分行领导签批肯定。积极开展电子档案试点，探索开展“四化综合性退库审核数据平台”建设被省分库立项。

【征信服务】 探索征信窗口业务非现场监督效果明显。全辖个人征信查询业务差错率从27%下降至零，企业查询业务差错率从18%下降至7.5%。加强接入机构征信合规与信息安全管理，守牢征信合规与信息安全底线。开展征信乱象专项治理。多形式、全媒体组织开展征信修复防骗宣传，对未备案征信机构进行拉网式排查，成功拦截1起“征信修复”诈骗案件，清理辖内未备案征信机构4家。保障信息主体权益，规范接入机构异议处理操作，办理个人信用报告查询业务8.82万笔，企业人工查询2945笔，处理异议120笔，调解信贷信息争议115起。

【人民币发行】 合理配置发行基金库存，推进现金全额清分工作，提升流通中人民币整洁度。制定拒收现金线索处置工作手册，规范整治处置流程，构建常态化整治网格化管理体系。发挥反假货币联席会议机制作用，推动假币警银收缴比有效提升。鉴定兑换“火烧币”3起，挽回群众损失11.56万余元。

【金融统计研究】 持续做好金融机构资产负债全科目和社会融资规模统计，做好小微、涉农、扶贫、绿色贷款专项统计。组织开展2022年缓解中小微企业融资难融资贵信用培植工程，新培植企业78家。完善经济调查制度，认真组织开展企业景气、企业用工、商品价格、银行家问卷、小微企业融资调查及上级行布置的快速调查、专项调研等。全年累计处理金融统计数据1000多万条，经济调查数据10多万条。2篇研究报告被市委和市政府办评为优秀调研成果二等奖、三等奖。

【外汇管理】 扎实做好高新技术和“专精特新”企业跨境融资便利化试点，辖内490家高新技术和“专精特新”企业已全部宣传对接到位。深入推进“汇率风险管理知识培训”，指导帮助涉外企业提高汇率风险管理能力，辖区银行远期结售汇履约额同比增长36.5%。扎实开展国际收支、银行结售汇统计核查，完善非现场核查方式，协助开展业务工单功能试点。提升跨境资金流动监测分析水平，开展银行跨境金融风险排查试点，建立汇银非法跨境金融风险排查机制，及时向公安部门移交异常线索，全市首次汇警联合查处“309”地下钱庄案件，获公安部贺电表扬。

【金融消费者权益保护】 压实金融机构投诉处理主体责任。构建金融矛盾纠纷多元化解机制，全市首家金融纠纷人民调解委员会在孝昌成立。全辖受理金融消费者投诉110件，办结率100%，行政处罚案件3

件,处罚5项,完成辖内合同法制审核58份。开展金融知识普及月等主题宣传,辖内2个省级金融教育示范基地挂牌。

【金融创新】 科创金融发展。制定《关于金融支持“专精特新”中小企业创新发展的指导意见》,与孝感市科技局联合向银行机构推送“孝感市专精特新企业名单”。与市知识产权局联合发布孝感市首批知识产权质押融资授信企业白名单200家,推广知识产权融资质押贷款,破解部分企业抵质押物不足的瓶颈。2022年,全市发放专利权、商标权质押贷款17笔、1.5亿元。科创领域信贷支持力度持续加大。

普惠金融发展。制定《孝感市提升县域金融服务水平建设“六个示范区”工作方案》,加大对新型农业经营主体金融服务力度,安陆市推进金融服务乡村振兴共建创新示范区做法在全省推介。中心支行金融支持乡村振兴工作经验作法被孝感市委主办的《孝感通讯》刊载。巩固脱贫攻坚成果,协调推进整村授信,加强脱贫人口信贷支持。

绿色金融发展。制定《关于金融支持孝感市绿色低碳转型发展的实施意见》,引导银行机构用好“碳减排”“煤炭清洁高效利用”专项再贷款等结构性政策工具。申报孝感市纳入绿色金融示范区备选试点,引导金融机构创新绿色融资产品,推进排污权质押贷款应用,绿色领域信贷支持力度持续加大。

跨境金融发展。制定2022年孝感市跨境人民币业务发展指导意见,采取工作约谈、现场调研督办等方式加强督导,制定重点企业名单和“一企一策”工作机制,深入企业调查辅导。以推动跨境金融区块链服务平台试点为抓手,推进跨境贸易投融资便利化,为重点国际业务企业成功办理3笔跨境金融区块链平台融资业务。

(撰稿:张安东、彭志浩)

中国建设银行孝感分行

【概况】 2022年,中国建设银行股份有限公司孝感分行(以下简称孝感建行)主动融入孝感市区域发展布局,加强新金融实践,围绕基础设施、产业转型升级、战略新兴产业、科创企业、强链补链工程、招商引资项目、涉农贷款、绿色金融、民营企业等重点领域,加强项目营销、项目储备、项目转化,提高服务区域经济发展的能力。截至年底,全行各项贷款余额比年初新增13.35亿元,创近5年最好成绩,对公贷款增幅20.3%。其中全行制造业贷款较年初新增7.59亿元,计划完成率246%,增速38%;战略新兴产业贷款较年初新增8.42亿元,计划完成率228%,增速47.6%;绿色信贷较年初新增13.69亿元,计划完成率171%,增速100%;大中型涉农贷款较年初新增10.08亿元,计划完成率121%;基础设施贷款较年初新增7.42亿元,计划完成率93%,增速21%;设备购置与更新改造贷款投放3.85亿元。

在大力增强服务地方经济发展能力的同时,带动了其他主要业务指标的快速突破。一般性存款新增额创历史最高水平,日均余额比年初新增38.18亿元,系统位次提升3位;客户拓展成效明显,系统排名靠前,基础进一步夯实。

【涉农贷款】 以涉农领域信贷投入、“裕农通”平台提档升级、重点区域帮扶为主线,持续助力乡村振兴工作。2022年,孝感建行涉农贷款余额较年初新增9.71亿元、省区行排名第9。“裕农通”民生缴费活跃服务点全省排名第3、双100达标服务点全省第1。向上级行争取应城市杨玲镇新四村10万元道路硬化建设资金,申报大悟县七里村乡村振兴老化管网改造项目捐赠资金;依托“善融商务”做实农产品消费帮扶,入驻扶贫商户20户,完成6个定点扶贫村农产品交易382万元。

【金融科技】 2022年,孝感建行围聚焦民生服务,突出手机银行活跃客户、建行生活、快捷支付绑卡、悦生活平台场景和创新应用。手机银行MAU较年初净增完成省分行计划,全省排名靠前。悦生活云平台场景全省排名第5;缴费客户数全省排名第2、交易额全省排名第3。政融支付交易量全省排名第5。快捷支付年度交易用户计划完成率103%。

(撰稿:黄奔)

中国农业银行孝感分行

【概况】 2022年,中国农业银行孝感分行(以下简称农行孝感分行)主动担当国有大行责任,积极响应市委、市政府部署,配足信贷规模,创新服务模式,强化信贷供给,助力孝感经济社会高质量发展。2022年年末,各项贷款比年初净增36.7亿元,增幅14.7%。其中对公贷款比年初净增25.6亿元,个人贷款突破百亿,较年初净增11.1亿元,余额及增量均居四大行首位。

【支持实体经济发展】 农行孝感分行聚焦重点领域,全面对接孝感市政府“项目为王”的发展理念,以央企省企项目、政府重点工程、重大基础项目为重点,建立名单库,分类归纳为“已批待放一批、已报待批一批、待报待批一批、跟踪营销一批”等“四个一批”项目清单，全年申报获批项目21个、授信金额105.59亿元，突破百亿元大关。聚焦重点政策，主动对接政策性开发性金融工具配套融资，已审批项目6个，获批贷款31.5亿元，已跟进投放贷款3.44亿元，其中孝汉应高速是全省金融系统基础设施基金跟投首单贷款；自来水原水改迁项目是全省金融系统进出口银行基础设施基金跟投首单贷款。聚焦绿色低碳，深入贯彻“绿水青山就是金山银山”理念，密切对接国家“碳达峰、碳中和”政策导向，2022年，审批清洁能源项目11个，授信54.4亿元。

【推出“惠农创业贷”】 农行孝感分行与孝感市劳动就业局、政和担保公司签订专项协议，按照劳动就业局限定的十类客户群体要求，优选适贷客户，通过“孝创贷”融资平台线上申请，有效疏通小微企业和创业个体融资难、融资贵的梗阻。8月份推出“惠农创业贷”以来，全行高度重视，以三个清单、三条渠道为抓手，加强三大目标客户覆盖，促进农户贷款的扩户量产，全年新增惠农创业贷2370户，合计5970万元。

【助力小微企业】 截至2022年年末，农行孝感分行民营企业贷款余额58.16亿元，支持了一批本市纳税大户，民营企业贷款年增量3.7亿元。为130户无信贷记录的小微企业发放贷款；为13户小微企业办理贷款展期，展期贷款金额1732.5万元；为6户小微企业办理无还本续贷，贷款金额4099万元；普惠贷款增量6.98亿元，贷款增幅29.83%，其中普惠农户贷款增量5.45亿元，贷款增幅54.48%。全力降低企业融资成本，为65家小微企业减免手续费，普惠贷款最低按基准利率执行，实际利率下调11个BP。

【住房贷款投放】 截至年底，通用个贷全年累计投放6179笔14.66亿元，投放量和增量市场份额继续保持市场领先，四大行排名第一。其中，住房贷款全年累计投放11.26亿元，净投放3.47亿元，市场份额四行排名第一，有力地支持了地方房地产企业平稳发展。

【信用风险管控】 农行孝感分行坚持风险第一意识，坚定“信贷质量立行”理念，把信用风险管控摆在更加突出的位置，坚持“十不贷”“五不增”“五压缩”“四防止”“四坚持”，严把用信管理关，全行不良率低于全省平均水平0.39个百分点。

（撰稿：杨先伟）

中国工商银行孝感分行

【概况】 2022年，中国工商银行股份有限公司孝感分行（以下简称孝感工行）坚持大行担当，服务地方发展成效突出。各项贷款余额219.98亿元，比年初净增19.2亿元，同业第二。积极推进普惠业务网点化，网点普惠业务覆盖率100%，成功挂牌13个农村普惠金融服务点，为多家大中型企业申报科技创新专项再贷款。2022年，各项存款余额453.98亿元，比年初净增33.4亿元。

【运营改革】 孝感工行围绕网点赋能、客户服务、价值创造、风险控制、竞争力提升，实施分行、行机构职能优化重组，完成城区机构直通式改革，成立6个旗舰店、7个综合店、3个便民店，实现集约化管理。成立公司直营中心、个贷业务中心、机构业务团队。由市分行专业部门集约管理、统一排班、跨点调度，进行定量、定性考核，提升网点运营效能。加快推进数字化转型，全年完成转型创新行业合作类项目10个，持续推进项目6个，行内RPA及VBA技术应用4个。加强信贷风险管理，开展项目贷款、房开贷款、“三个一”客户等重点领域客户现场风险排查和检查，防范信贷风险。

（撰稿：王涛）

农发行孝感市分行

【概况】 2022年，农发行孝感市分行围绕服务稳经济大盘和服务乡村振兴，持续发力支持孝感经济发展，累计投放各项贷款82.4亿元，同比多投放11.8亿元，增幅17%。年末贷款余额320.2亿元，比年初净增56亿元，增幅21%，贷款增幅居全市国有大型银行第1位，高出全市银行业贷款增幅8个百分点；贷款累放额、余额、净增额均居全市金融系统第2位。效益观念和核算管理不断增强。全行各项收入13.7亿元，其中贷款利息收入13.7亿元，同比增加2.7亿元。实现FTP利润2.92亿元，同比增加0.87亿元。风险化解实现良性逆转。现金清收存量不良贷款1419.5万元，实现2家企业不良贷款“清零”，连续3年实现不良贷款“双降”。

【粮棉油业务】 积极支持中央和地方粮食储备的增储和轮换业务开展，发放储备粮油贷款2.8亿元。支持各类市场化主体开展粮棉油收购，发放流动资金贷款1.1亿元。粮棉油业务市场占有率达到73.7%，比上年提高6.6个百分点。

【衔接贷款】 2022年，累计投放支持

巩固拓展脱贫攻坚成果同乡村振兴有效衔接贷款20.72亿元，重点支持大悟、孝昌2个脱贫县巩固“两不愁、三保障”成果、产业和易地扶贫搬迁后续扶持。

【支持农业农村基础设施建设】 服务长江大保护国家重大战略，加大对水利、生态设施等基础设施投入力度。采用“全域国土+”金融服务模式，支持3个全域国土综合整治项目。用好政策性金融工具。投放农发基础设施基金1.58亿元，支持基础设施建设项目2个。

【风险管理】 坚持风险防控和风险化解两手抓，牢牢守住不新增不良贷款的底线，全力处置各类风险。大力清收不良贷款。截至年末，农发行孝感市分行不良贷款率0.15%，比年初下降0.09个百分点，不良贷款实现“双降”。同时，严格防范合规风险。认真落实“合规农发行”三年行动，加强案防管理，加大条线检查和违规查处力度，有力促进了问题整改到位，消除了风险隐患。

（撰稿：段俊杰）

孝感农村商业银行

【概况】 2022年，孝感农村商业银行（以下简称农商行）系统各项存款余额822亿元，比年初净增114亿元，增幅16.1%；各项贷款余额596亿元，比年初净增75亿元，增幅14.39%；存、贷款市场份额分别为23.59%、28.51%，均位列第一。全年缴纳各项税收2.36亿元，实现净利润4.59亿元。各级领导多次到孝感农商行调研参观并给予高度评价，3份专送参阅件获市委、市政府主要领导肯定批示，先后荣获“孝感市2022年度纳税百强企业”“2022年度市直筑台融资先进单位”“2022年度全市平安建设优胜单位”等荣誉称号。

【支持地方经济】 大力开展小微信贷“保供给稳增长”行动，全力满足小微企业“短小频急”融资需求，支持普惠小微贷款2.9万户，比年初净增5190户；普惠小微贷款余额192.29亿元，比年初净增29.21亿元。积极开展“小微金融店小二、乡村振兴主办行”活动，大力推进“村银共建+金融村官+整村授信”服务模式，加大涉农贷款投放力度，涉农贷款余额420.38亿元，比年初净增49.33亿元；新型农业经营主体贷款余额16.8亿元，比年初净增1.97亿元。紧盯“制造强国”“双碳经济”“科技创新”等重点行业，持续加大信贷投放力度。2022年，新发放制造业企业贷款373户、24.39亿元；新发放绿色贷款55户、2.28亿元；新发放科技型企业贷款63户、4.71亿元。大力开展首贷拓展行动，对接“无贷户”8487户，支持普惠小微（含个人）首贷户5914户、34.07亿元，帮助更多小微企业获得信贷支持。

【惠企纾困】 落实货币信贷政策，累计为6704户“三农”、小微企业持续提供再贷款优惠资金30.47亿元。落实减费让利政策，通过下调利率、减免评估费等方式，全年贷款加权平均利率同比下降0.63个百分点，综合让利1.2亿元。落实帮扶救助政策，聚焦交通物流、批零住餐等受疫情影响较重行业，共向相关行业发放贷款17.9亿元，为370户困难企业继续办理贷款延期30.29亿元。全力推进服务创新，推广“301”模式和“1351”限时融资模式，发放“青创贷”等免抵押贷款30.27亿元，支持1.15万客户创业就业；创新知识产权质押贷款，发放贷款4860万元。

【推进科技赋能】 以“智慧银行”建设为契机，大力推进科技赋能，走批量化、智能化道路，推动线下向线上转变。推进手机银行“户户通”、扫码商户“店店通”、自助银行“镇镇通”工程，扫码商户达22.42万户、手机银行达70.25万户、新增发行第三代社保卡16.51万张。推进“301”贷款模式，实现手机自助办贷和“秒贷”放款。上线“人码合一”综合营销平台、“荆楚小康贷”微贷集合作业平台、智慧微贷系统，实现无纸化办公、客户一次性办贷，累计发放线上福e贷31.28亿元。加强与市不动产中心联系，搭建抵押登记专线，让客户享受一站式办贷服务。

（撰稿：徐小润）

保险业监管

【概况】 保险规模不断壮大。2022年年末，孝感市保险业机构保费收入累计达84.39亿元，同比增长1.12%，全省占比4.31%，保费收入在全省各市州排名第8。其中人身险保费收入63.44亿元，同比增长0.69%，全省占比4.44%，保费收入在全省各市州排名第7；财产险保费收入20.95亿元，同比增长2.43%，全省占比3.98%，保费收入在全省各市州排名第9。赔付支出累计26.1亿元，同比增长5.59%，其中人身险赔付支出11.78亿元，同比增长11.28%；财产险赔款支出14.32亿元，同比增长1.32%。人身险机构退保金累计12.46亿元，同比下降3.71%。

保险市场排名情况：孝感市人身险市场份额前五位依次为中国人寿、新华人寿、平安人寿、富德生命人寿、太保寿险，占人身险市场总额的55.85%，前五位占比较年初下降1.98个百分点。财产险市场份额前五位依次为人保财险、平安财险、太保财险、国寿财险、中华联合，占财产险市场总额的94.63%，前五位占比较年初下降0.39个百分点。1—12月，孝感市财产险行业承保利润率5.56%，综合费用率21.04%，综合赔付率73.4%，综合成本率94.44%。

【保险业支持实体经济发展】 深入推进金融“面对面”工程，直面企业融资需求，稳妥开展融资性信用保证保险，为全市1000多家小微企业主及个体经营户提供1.74亿元的增信支持。

引导孝感保险业积极拓展企业出口信用保险，为全市98家中小出口企业提供风险保障5.08亿元，有效提升了出口企业抗风险能力。

引导保险机构完善科技保险服务体系，加大对“首台套”等科技保险的宣传力度，扩大科技保险覆盖面。

引导保险机构做好金融创新示范区和金融支持乡村振兴示范区创建工作。全市农险经办机构因地制宜，结合当地优势农业产业，在每个县（市、区）至少新开办2个地方优势特色农产品保险，涉及地方优势特色农产品10余种，覆盖全市4大农业产业链。

引导大力推广“防贫保”等项目，发挥社会稳定器作用。2022年，“防贫保”项目实现孝感县（市、区）全覆盖，为乡村干部和驻村干部人身安全、乡村居民公共安全、疫情防控应急费用、乡村困难群众人身安全和基本生活提供保险保障，保障金额达726.25亿元，惠及全市304.1万城乡居民。

【保险业改革创新】 降费减负优保障。督导保险机构严格执行条款费率，合理使用自主定价系数，做好行业自律，确保车险“双降双升”成果持续巩固。2022年，全市商业车险件均保费、手续费及佣金支出较车改前分别下降36.16%和43.17%，位居全省前列；商业三责险平均保额提高159.3%，车险改革“双降双升”成果得到巩固。

扩面增品促发展。联合市农业农村局印发《关于促进特色农业保险发展的实施意见》，创新开办特色农险12个。指导太保财险创新特色蛋禽养殖险及蛋类价格指数保险，提供风险保障6640万元。

强基固本护民生。引导保险机构加强与云梦县政府对接，开发城市定制型商业保险“梦泽惠民保”，2022年8月上线以来，参保率达20.66%，医疗费用报销比例提升15%以上。督导人身险公司做好专属商业养老保险试点工作，积极参与建设第三养老保险支柱。2022年年末，辖内6家试点公司专属商业养老保险保费收入1171.67万元，为294人提供商业养老服务。

（撰稿：余蕾）

证券业监管

【概况】 截至2022年年底，全市证券业机构12家：市本级5家、县（市、区）7家；A股上市公司5家（汉川市2家、应城市2家、云梦县1家），2022年新增1家；新三板挂牌企业2家；区域性股权市场挂牌企业389家，2022年新增30家。

【“中一科技”登陆创业板】 4月21日，湖北中一科技股份有限公司正式登陆创业板，孝感市由此提前完成省定新增上市企业目标，并连续两年实现企业上市有新增。公司股票简称“中一科技”，股票代码“301150”。上市首日，中一科技股价开盘于122.19元，市值达82.3亿元。中一科技来自云梦县，其成功上市也实现了云梦上市公司“零”的突破。该公司以电解铜箔研发、生产与销售为主业，处于锂离子电池产业链的上游，公司下辖云梦、安陆两大电解铜箔生产基地，拥有高性能电子铜箔年生产能力2.45万吨。

【报辅报会】 6月23日，湖北龙腾电子科技股份有限公司向深交所创业板发审会递交上市申请材料；12月16日，湖北航聚科技股份有限公司报辅。

【四板挂牌继续发力】 2022年，孝感市在武汉股权托管交易中心新增挂牌企业30家，新增数量排全省第2位，累计达到389家，为后续上市培育工作源源不断的注入新力量。

【全面梳理培育后备】 开展上市后备企业摸排，协调长江证券、天风证券等专业机构对全市重点上市后备企业进行调研和上市规划，全市新增13家企业入选省级上市后备“金种子”，挖掘24家企业进入全市北交所上市后备企业种子库。

【加强后备企业培训】 积极组织上市后备企业积极参加省金融局、省上市办举办的相关培训；2022年7月，举办全市金融知识专题培训班，邀请有关方面专家，重点对北交所上市、碳金融、基金基础知识等进行培训。8月，举办长江产业基金“走进孝感”投融资对接会，为上市后备企业与基金公司搭建对接平台。

（撰稿：严格）

栏目编辑：秦荣

房地产业

房地产业

综　述

【概况】 2022年，孝感市聚焦“稳地价、稳房价、稳预期”“保交楼、保稳定、保民生”，坚持因城施策、靶向发力，高规格建立以市长为召集人、常务副市长和分管副市长为副召集人的联席会议制度，在全省率先出台房地产调控政策，有效扭转房地产市场“断崖式”下滑态势。2022年，全市完成房地产开发投资213.04亿元，同比下降4.1%(其中孝感城区完成投资101.47亿元，同比下降0.3%)，全市商品房销售面积265.71万平方米，同比下降17.30%(其中孝感城区商品房销售面积88万平方米，同比下降32.7%)。

【建立联席会议制度】 2022年，孝感建立以市长为召集人、常务副市长和分管副市长为副召集人、各相关部门主要负责人为成员的联席会议制度，即从住建、发改、自然资源和规划、人行等部门抽调人员组建工作专班，构建了定期会商、情况通报、防范预警、定期调度、督办督查、责任追究“六大工作机制”。

【政策纾困市场主体】 实施“净地”供应和“预公告”制度，降低企业拿地成本，合理确定商住用地商业配比，推行分期缴纳土地出让金、分期建设、分栋验收、交房即办证等创新举措，优化商品房预售资金监管，全力纾困市场主体。在县市联动方面，加强对县市督导，安陆市推行购房消费券、政府购买商品房用于补偿拆迁还建户等激励政策，应城市、云梦县、孝昌县等相继出台房地产市场调控措施。

【争取金融支持】 2月21日，组织金融支持住建行业企业“政银企”对接会，会上10家房地产企业现场签订了授信合作协议，各家银行共向房地产企业授信21.4亿元；为“润达·壹号广场”保交楼项目申请农发行专项借款3690万元。公服人员保障房房源收购获建行6500万元授信支持。

【消化存量房源】 2022年，全市共收购解决基本公共服务人员住房困难问题房源2111套，建筑总面积22.69万平方米，收购总价9.17亿元，给房地产企业注入了新的动能。

【强化市场监管】 2022年，市住建局工作专班按照《关于持续整治规范孝感城区房地产市场秩序的实施方案》联合8部门开展第二阶段工作，加强市场巡查。认真核查房企售房信息的真实性、完整性、有效性，严厉打击违法违规行为，不断规范市场秩序。向企业下发《关于规范孝感城区新建商品房委托销售行为的通知》建立规范有序的房地产竞争环境，促进孝感城区房地产市场平稳健康发展。同时指导行业协会制订了《关于规范开展新建商品房委托销售业务的行业自律倡议书》，加强行业自律，树立行业良好形象，维护企业合法权益。

（撰稿：何俊龙、吴盼）

房地产开发

【概况】 2022年，孝感市房地产开发住宅供地面积180.7公顷，同比下降26.27%；全市商品房施工面积846.75万平方米，同比下降18.13%；全市商品房竣工面积292.93万平方米，同比下降43.52%；新开工面积187.45万平方米，同比下降56.03%。

【商品房销售】 2022年前两个季度，全国房地产销售持续低迷，孝感市3月销售环比下降16.54%。第一次调控政策出台后，环比数据逐月向好，至6月，商品房销售面积环比增长39.17%。11月，全市销售降至谷底，环比下降达52.26%。全市及时出台第二轮调控政策,12月全市商品房销售17.32万平方米,环比增长24.34%,房地产销售企稳回暖迹象明显,政策激励效应日益显现。2022年,全市商品房销售面积302.48万平方米,同比下降33.55%;商品房销售金额157.48,同比下降36.37%。孝感城区商品房销售面积114.36万平方米,同比下降38.89%;商品房销售金额66.12亿元,同比下降42.63%。全市商品住宅销售均价每平方米为5052.07元,同比下浮5.21%。孝感城区、汉川市、安陆市、大悟县、孝昌县价格波动较为稳定,应城、云梦分别下浮12.21%、22.53%,价格下浮相对较大。

表14

孝感市2022年房地产销售情况一览表

单位	2021年销售面积(万平方米)	2022年销售面积(万平方米)	同比(%)	2021年销售金额(亿元)	2022年销售金额(亿元)	同比(%)
全市	455.22	302.48	-33.55	247.48	157.48	-36.37
城区	187.15	114.36	-38.89	115.25	66.12	-42.63
汉川	107.54	72.26	-32.81	53.72	37.24	-30.68
应城	20.96	11.93	-43.08	11.45	6.31	-44.89
云梦	40.24	37.42	-7.01	19.84	17.12	-13.71
安陆	35.17	28.81	-18.08	16.95	14.22	-16.11
大悟	39	23.36	-40.10	17.3	10.35	-40.17
孝昌	25.16	14.34	-43.01	12.97	6.12	-52.81

表15

2022年全市商品房销售价格一览表

区域	2021年住宅销售均价(元/平方米)	2022年住宅销售均价(元/平方米)	同比(%)
全市	5330.13	5052.07	-5.21
孝感城区	5814.71	5645.98	-2.9
汉川市	5484.26	5487.17	0
应城市	5522.58	4848.20	-12.21
云梦县	4730.96	3664.76	-22.53
安陆市	4467.06	4730.08	5.88
大悟县	4235.66	4218.96	-0.39
孝昌县	4149.09	3932.87	-5.21

【房地产投资】 2022年,全市房地产开发投资下降4.1%,全省房地产开发投资增长0.8%,低于全省平均水平。其中安陆市增长13.1%、应城市增长9.3%、汉川市增长7.7%、市主城区下降0.3%,高于全市平均水平。大悟县下降26.6%、云梦县下降24.8%、孝昌县下降18.4%,低于全市平均水平,县市进展不平衡。

表 16　　2022 年全市房地产投资情况一览表

区　域	2022 年完成投资(万元)	增速%
全　市	2130422	-4.1
孝感城区	1014700	-0.3
汉川市	252093	7.7
应城市	174512	9.3
云梦县	151922	-24.8
安陆市	221504	13.1
大悟县	190171	-26.6
孝昌县	125520	-18.4

【房地产金融投放】　截至 2022 年年底，全市房地产开发贷款余额 139 亿元，同比增长 11.1%；个人住房贷款余额 416 亿元，同比下降 1%。2022 年，新增开发贷款 13.9 亿元，个人住房贷款比年初减少 4.2 亿元。全市公积金委托贷款余额 76.26 亿元，同比增长 2%。其中 2022 年委托发放贷款 11.7 亿元，同比下降 24%。

【行业风险防范化解】　2022 年，孝感市坚持一手抓稳定，一手抓化解，压实各方责任，扎实推动润达·壹号广场、恒大城项目风险化解。“润达·壹号广场”项目已完成清产核资、工地清场、工程质量检测及造价审计等复工准备工作，待完成预重整后即可全面复工，计划 2024 年 6 月 30 日前交房。恒大城项目方与总包方签订工程复工续建协议，注资 5000 万元启动项目建设，签订保交楼总包合同并复工，力争 2023 年年底前交房。

（撰稿：何俊龙、吴盼）

房地产市场管理

【政策调控】　2022 年，孝感市先后两次出台调控政策，全力推动房地产市场企稳回暖。支持居民刚性和改善性住房需求，实施契税、首套房、多孩家庭、引进人才四项购房补贴政策，孝感城区共办理购房补贴业务 1999 笔、补贴金额 2109 万元；着力降低开发成本助企纾困，新出让地块停止保障房配建，实施“净地”供应和“预公告”制度，降低企业拿地成本，合理确定商住用地商业配比，推行分期缴纳土地出让金、分期建设、分栋验收、交房即办证等创新举措，组织开展“政银企”对接会，争取金融机构向房地产企业授信 21.4 亿元。

【预售资金监管】　2022 年，修订了《孝感城区新建商品房预售资金管理办法》，根据企业信用实行分级监管，开发和推广使用专用 POS 机收款，实现购房人交纳房款直达监管账户，规避企业账外收款逃避监管的问题；对 38 家信誉良好的房地产开发企业提前一个节点拨付商品房预售资金 9.33 亿元；对有风险苗头或投诉较多的项目，严格资金“直拨”管理，保证资金运行安全。

【房产信息管理】　2022 年，市住建局通过升级改造信息系统，实现新建商品房合同备案全程网办和住宅专项维修资金线上缴交，不见面办理；配合教育部门打通阳光招生系统和住房信息系统的数据壁垒，实现房产信息线上调用，将学校和学生家长从烦琐的材料证明中解脱出来；在服务窗口开展专场服务、上门服务、延时服务、预约服务等 65 次，全力以赴服务“三资一促”和优化营商环境。

（撰稿：何俊龙、吴盼）

住房保障

【保障性安居工程】　2022 年，全市共开工各类棚户区改造 320 套，开工率 100%；基本建成棚户区改造项目 5793 套，完成率 103%；全市发放住房租赁补贴 2235 户，完成率 111.19%。

制定《孝感市市本级从事基本公共服务人员保障性租赁住房建设筹集试点工作方案》。2022年,全市已签订收购协议和进行项目认定的房源共1989套,先租后售房源924套,分配房源1050套,超额完成省定目标。

【公租房分配】 2022年,孝感市针对在公租房申请分配过程中遇到的短板问题,修订《孝感中心城区公共租赁住房申报工作实施方案》。调整了低收入家庭申请标准,低收入家庭认定标准由1240元/人·月调整为1360元/人·月;增加了低保家庭"线上"申请流程,低保家庭可通过湖北政务网"一事联办"专栏进入线上申请,操作简单方便,减少审批程序,少跑路;增加了三孩家庭申请公租房相关优惠政策,对符合公共租赁住房申请条件的未成年政策内三孩家庭,在申请公共租赁住房时优先予以分配,并在户型选择等方面给予差异化照顾。

【公租房运营管理】 稳步推进安防配套Ⅲ项目建设,对西城嘉园公租房小区四周围墙进行改造,对红光嘉园公租房小区进行基础设施建设,引入人脸识别技术,安装高清视频监控设备、楼宇门禁设备和系统;完成保利香颂、天纵御府公租房房源分配工作,完成航空花园、金一珅港、金域国际、新城—璟悦府二次基本入住装修项目;对高新嘉园、湾流汇小区等开展公租房检查,对不符合入住条件拒不腾退的住户,进行入户强制清退,共腾退长期闲置、长期不交租金6户。

(撰稿:何俊龙、吴盼)

物业管理

【概况】 2022年,孝感市积极践行共同缔造理念,强力推进"五城同创"向内圈层拓展,物业管理机制不断完善,社区居委会、业主委员会、物业服务企业"三方联动"管理模式全面推广,物业收费专项整治扎实开展,"红色物业"示范创建深入人心,20家物业企业获评优秀物业企业,20个物业小区荣获市级文明小区称号。

【物业服务能力建设】 全面实施物业服务"好差评"制度,对孝感城区136家物业企业的270个项目进行服务质量综合考评,物业服务规范化、标准化、精细化水平不断提升;扎实开展物业手牵手活动,组织20家龙头企业、公益物业、红色物业与社区签订合作协议,与56个社区签订帮扶协议,打造共建共治共享新格局。充分发挥物调委作用,主动化解物业矛盾纠纷,物业信访问题较往年下降8.7%。

【物业行业管理】 孝感市住建局联合市发改委、市公安局、市民政局、市市场监管局、市资规局等单位,印发《物业领域收费不公开不透明专项整治共方案》,将整治内容细化为信息公开、公共收益、擅自加价、违规经营四大方面共10项具体内容,有序推进整治工作,累计发放宣传资料6007份,受理群众举报510件。制作物业领域收费信息公示模板,规范企业公示行为,全市724个专业化物业管理小区按要求开展了信息公开,358家物业服务企业签订了承诺书。

【住宅小区综合管理】 开展消防安全隐患大排查和住宅小区防火大检查,消除占用消防通道、小区飞线充电、燃气泄漏、电线老化等安全隐患,孝感城区物业小区没有发生因管理不善导致的安全事故。与气象部门对接,及时向行业发布天气预警信息,组织企业开展储备防汛物资,疏通管网,积极应对汛情,确保小区安全。

【物业合同格式条款专项整治】 近年来,孝感市聚焦民生热点、难点、堵点问题,统筹推进合同行政监管,把合同格式条款监管专项整治作为强化事中事后监管的重要措施,通过合同备案、合同评审、推广合同示范文本、行政约谈、执法办案等方式,从源头规范经营者合同行为,保护消费者合法权益。2022年,孝感市将物业合同纳入合同格式条款专项整治的重点内容,切实整治住宅小区物业服务收费"糊涂账",依法依责监管物业服务过程中利用合同格式条款侵害消费者权益行为和收费价格等违法行为。11月17日,孝感市市场监管局以视频会议的方式召开全市物业行业合同格式条款评审暨行政约谈会,积极推进专业化物业服务收费信息不透明问题整治,打击利用不公平不合理合同格式条款侵害业主权益的违法行为,营造和谐的物业服务环境。市市场监管局聘请律师事务所对前期全市各级市场监管部门收集、征集的物业合同格式条款进行现场评审点评,对存在合同格式条款违法违规企业进行通报和集中约谈。据不完全统计,全市有专业化、市场化物业管理住宅小区724个(孝感城区有306个),全市注册登记物业服务企业1094家(全市正常经营的物业服务企业358家,孝感城区117家)。专业化、市场化物业服务企业参与商品房小区管理,有力推进了全市城市建设、环境卫生的规范管理。整治中,全市市场监管部门将加强与物业主管部门的协同配合,联合修改完善物业服务合同示范文本并大力推广使用,对不使用示范文本的物业企业督促其进行合同格式条款备案管理。后期,将对物业合同格式条款整治进行“回头看”,对整改不到位的物业服务企业依法进行查处。

(撰稿:何俊龙、吴盼)

栏目编辑:秦荣

交通 · 邮政 · 通信

交通·邮政·通信

综　述

【概况】 2022年，在市委、市政府的坚强领导和省交通运输厅的支持指导下，全市交通运输系统承压前行、砥砺奋进，高效统筹疫情防控和经济社会发展，统筹发展和安全，全力以赴扩投资、促畅通、调结构、优环境、保安全，交出了一份浸透汗水、富有成效的年度答卷，为全市经济社会高质量发展提供了强有力的交通运输保障，交通运输能力进一步增强，至2022年年底，全市公路总里程18486.7千米、农村公路总里程16457.8千米。基础设施建设全速推进，全市完成交通固定资产投资相比2021年完成的103亿元，整整多了20亿元，再创历史新高。项目建设多点开花，干线公路建设成果丰硕，水运建设进展高效。运输服务保障更加高效，深入实施公交发展"补短板"三年行动，市民出行更加便捷；物流服务产业链、供应链稳定的保障作用更加有力，农村三级物流服务体系不断完善，节点覆盖率稳步提升，加快发展多式联运线路培育。持续加强对交通运输行业安全生产监管，全市交通运输系统形势总体稳定，全年未发生一起死亡3人及以上安全责任事故。

【投资与项目建设】 2022年，全市计划完成交通固定资产投资113.1亿元，全年实际完成交通固定资产投资123.4亿元，占年度目标的109.1%，超9个百分点；比2021年增加20个亿，再创历史新高。项目建设多点开花。高速公路建设年度综合评价全省第一，全市最大的单体交通项目京港澳高速公路湖北段改扩建工程正式开工，硚孝高速二期、武大高速、孝汉应高速建设加快推进，高速公路建设主力军作用更加凸显。干线公路建设成果丰硕，孝云大道长兴三路延伸工程全线贯通，孝感城市"外环线"的"最后一公里"打通。水运建设进展高效，汉北河南垸至新沟段航道疏浚主体工程基本完工。物流场站建设明显提速，全市9个站场物流项目年度完成投资4.1亿元，远超年度计划。

【运输服务保障】 2022年，全市公路完成旅客运输量1093.96万人，旅客周转量40240.3万人千米，货运量3425.84万吨，货物周转量457344.9万吨千米，分别比上年同期增长−34.10%、−36.77%、−35.14%、−33.71%。全市水路完成货运量395.35万吨、货物周转量76579.02万吨千米，分别比上年同期增长1.03%、144.22%。服务市民出行更加便捷。深入实施公交发展"补短板"三年行动，制定《孝感市公共交通企业质量信誉考核方案（试行）》，指导全市公交企业进一步提升城乡公交线路服务质量。灵活开通潮汐公交、公交专线，公交线网布局更加合理。正加快推进"智慧交通"App开发，尽快将"孝感智慧公交"App迁移到"智慧交通"App。大力推动孝汉公交运营一体化发展，孝昌丰山至黄陂泡桐、孝南东山头至东西湖城际公交开通运行，孝汉同城更加紧密。积极引导道路客运企业创新推出定制班线客运等多元化、个性化运输模式，市民出行更加便捷，获得感、满意率进一步提升。物流服务产业链、供应链稳定的保障作用更加有力。推进交邮合作，建成客货邮融合的农村综合运输服务站21个，农村三级物流服务体系不断完善，节点覆盖率稳步提升。不断优化物流运输组织方式，加快发展多式联运线路培育，成功培育一批如"孝感云梦—孝感汉川—江西九江""孝感云梦—孝感汉川—江苏常熟""汉川—阳逻港—泰州港"航线等"公转水"航线，"江苏连云港—武汉白沙洲阳逻—孝感汉川"等"水水中转"航线，"应城—武汉"集装箱铁水联运航线。

【运输市场管理】 以火车站、高铁站、汽车站为重点整治地段，开展常态化交通运输行业检查和多样化联合

城际列车飞驰在槐荫河上

（摄影：王代金）

专项整治行动，对非法从事出租车客运、班线客运、旅游客运等经营行为进行重点打击、重点处罚。大力推进孝感城区出租车“红黑榜”，出租车公司和驾驶员的服务质量明显提升，行业形象得到极大改观。孝感市出租车“红黑榜”工作被评为湖北省2022年度社会信用体系建设典型案例。

【铁路建设】 2022年，孝感市铁路建设力度不断加大，有效提升综合交通整体水平。截至年底，全市有京广、汉丹客货双线，京广、汉十、汉宜客运高铁，汉孝城际、长荆客货铁路等7条建成铁路，有沿江高铁武汉至宜昌段1条在建高铁，以及武汉枢纽直通线1个前期推进项目。建成铁路总里程398.71千米，路网密度为447千米/万平方千米，每百万人拥有铁路93.3千米(湖北省2022年指标是路网密度285千米/万平方千米，每百万人拥有铁路91千米)。在建铁路46.07千米，前期推进铁路32.8千米。

【交通污染防治】 扎实开展长江大保护十大标志性战役、船舶和港口污染防治攻坚提升行动，全力推进汉江生态环境修复与保护，全面提升船舶和港口污染防治能力，港口船舶污染物接收转运设施覆盖率实现100%。全面开展港口岸线资源清理整顿行动，全面开展汉江干线非法码头治理行动，严控砂石集并中心建设和运营。持续抓好全市重点交通项目施工扬尘管控及责任路段管养维护，制定《孝感市城区汽车喷涂整治攻坚行动工作实施方案》，狠抓室内汽车喷涂企业检查排查整治。

【交通物流专项融资】 加强与银行联系对接，组织开展“银企、银个对接”活动16次，对接交通物流“两企”“两个”300余户。42家交通物流“两企”“两个”企业贷款授信9185万元，发放贷款6534万元，协调2家金融机构发放交通物流专项再贷款500万元，加权平均贷款利率3.92%。

（撰稿：宋洪升、付亚强）

公　路

【概况】 2022年，孝感市委、市政府研究出台打造武汉都市圈重要节点城市的落实方案，推出孝汉交通一体化“六大工程”。2022年，全市公路事业平稳健康发展，交出不负众望的优异答卷。工程建设跑出加速度。孝云大道长兴三路延伸工程顺利通车，孝感城区交通从此真正步入“环”时代；2022年，全市国省干线建设投资目标13.1亿元，完成投资17.73亿元，占比135%；河口大桥完成了工可及部分专题批复，开展设计招标工作。公路养护跨越新高度。大中修项目克服疫情影响，年初目标全部完成；三年消危第一批基本完成，第二批已经启动实施；自加压力、自筹资金完成8座桥梁、1座隧道、96千米路面的预防性养护；全市国省道路面技术状况指数PQI值显著提升。“路长制”工作激发新活力。继续创建“路长制”示范线7条，以“路长制”为主题微电影《驿路花开》在孝昌首映，形成了“路长制+产业”模式，筑就了富民“快车道”。

【运输服务保障】 2022年，全市公路完成旅客运输量1093.96万人，旅客周转量40240.3万人千米，货运量3425.84万吨，货物周转量457344.9万吨千米，分别比上年同期增长−34.10%、−36.77%、−35.14%、−33.71%。物流服务产业链、供应链稳定的保障作用更加有力。推进交邮合作，建成客货邮融合的农村综合运输服务站21个，农村三级物流服务体系不断完善，节点覆盖率稳步提升。

【工程建设】 项目规划提前谋划。抓住国家用地政策调整有利时机，积极向湖北省自规厅上报孝感市普通公路国土空间规划项目274个，3972千米。重新修订上报孝感市省道网调整方案，上报增加省道里程667千米，其中优化调整省道线路5条，增加里程23.57千米，新增省道

10条，增加里程439.21千米；现有省道延伸调整8条，增加里程203.94千米。

建设项目顺利实施。2022年，开工项目16个，完成路基59.7千米，路面60.1千米，完成投资17.73亿元，占比135%。

【公路养护】 大中修工程超额完成。2021年年底的全市国省道大中修计划9个项目、58.1千米，已完工8个项目、47千米，在建1个；2022年预安排计划下达16个项目、121.7千米，施工图设计及批复全部完成，已提前完工30千米。

桥梁三年消危工程持续发力。三年消危第一批项目，2022年国省道需完成47座危桥改造任务，已完成46座，在建1座；第二批项目10座，施工图设计及批复等前期工作全部完成，已完工1座，三年消危总进度排名全省前列。为提高全市桥隧技术状况等级，全市自筹资金完成8座桥梁预防性养护、1座隧道预防性养护项目，其中应城4座、孝昌2座、孝南2座、大悟1座。

公路路况水平显著改善。针对全市普通公路国省干线路况PQI值较低情况，全市交通部门严格落实整改工作清单，实施预防性养护96千米，超额完成原定80千米的目标；大力推进大中修工程实施进度，全年共实施77千米，占年度计划的132.5%。全市上下共同努力，2022年，全市路面技术状况指数PQI总体评分85.3，与2021年相比，上升了3.18。

养护管理水平全面提升。更新下发了国省道日常养护管理实施细则、养护工作“红黑榜”等6项制度，管理体系更完善。开展国省道日常养护管理季度评价，检查结果在全市公路系统通报。开展国省道公路安全设施精细化提升行动，已上报项目库，自筹资金576万元，完成174.1千米安全隐患整治，提升了普通公路安全通行水平。进一步完善全市交调站点布局，协助湖北省公路局开展路况检测、桥梁定期检测、国省道日常养护管理评价等6大检测检查。

【路长制建设】 2022年，全市共创建7条路长制示范线172千米、投入约11.5亿元。持续完善工作机制，夯实路长办日常工作，全年共完成简报12期，召开会议三次，日常督查每月一次，季度考核一次。宣传报道全面开花，湖北新闻、《湖北日报》、荆楚网、《孝感日报》及省厅、省局、市局网站等媒体多次进行报道，微电影《驿路花开》完成拍摄并在孝昌首映，编辑印制《孝感市路长制工作指南》2000本、《路长制孝感公路画册》300本，做好了中国交通广播FM94.8《湖北交通会客厅》局长访谈栏目系列录制工作，积极宣传和推广路长制创新公路治理现代化的孝感样板。

全市公路桥梁“三年消危”危桥改造目标全面完成

（市交通运输局 供图）

【道路安全管理】 全年召开安全生产工作例会4次，开展全市安全大检查3次，专项督查10余次。常年保持8支应急抢险队伍，人员共计400余人，先后组织全市安全管理干部开展了安全生产培训、全市冲锋舟操作培训暨公路防汛水上救援应急演练活动。在做好恶劣天气安全管理的同时，注重安全生产隐患排查治理工作。完成整改市级挂牌督办隐患5处，其他安全隐患26处。

【陈天大道通车】 4月15日，连接武汉市黄陂区与孝感市孝南区闵集乡的陈天大道正式通车，黄陂、孝感两地再添一条快速互通通道。陈天大道通车后，从孝感临空经济区驱车到武汉天河国际机场最快不到15分钟，有效促进武汉临空经济示范区和孝感临空经济区协同发展。

【G316国道新铺至伍洛段（长兴三路）通车】 2022年年底，316国道新铺至伍洛段（长兴三路延伸）正式通车。该工程2019年7月开工，历时42个月，路线全长15.456千米，总投资20.5亿元，是孝感市城区建设标准最高、通车条件最好的标杆性道路工程。建设期间，顺利完成了双幅万余吨的跨京广铁路桥转体，克服了澴河汛期长、部门及地方协调难度大叠加等各种困难。长兴三路的建成标志着孝感市城区北外环的建成，打通了孝感城市“外环线”的“最后一公里”。

（撰稿：宋洪升、付亚强）

水　路

【概况】 2022年，孝感市紧紧围绕航道网络化、船舶标准化、安全常态化、发展绿色化、服务优质化的工作目标，迎难而上，狠抓落实，各项工作有序推进，取得了显著实效。全年完成建设投资3.06亿元，占年度计划的105%；完成水路货运量395万吨；船检完成产品

检验854台次，建造检验123艘，营运检验223艘；全省水运行业发展5项专项工作考核取得4个优秀1个良好的显著成绩，位居全省前列。

【多式联运线路培育】 不断优化物流运输组织方式，加快发展多式联运线路培育，成功培育一批如“孝感云梦—孝感汉川—江西九江”“孝感云梦—孝感汉川—江苏常熟”“汉川—阳逻港—泰州港”航线等“公转水”航线，“江苏连云港—武汉白沙洲阳逻—孝感汉川”等“水水中转”航线，“应城—武汉”集装箱铁水联运航线。

【项目谋划与建设】 针对港航工作实际情况，孝感市确立了孝感港航事业高质量发展的实施路径，重点是谋划港航建设新项目，全面开启水运建设新征程。一是加快推进汉江兴隆至蔡甸2000吨级航道工程、汉北河南垸至新沟段航道工程等在建、拟建项目。积极谋划推进沦河航道工程、汉北河南垸至天门城关航道工程开展前期工作。二是加快启动汉川港城关港区港城综合码头工程、汉川电厂四期改扩建配套码头工程、孝感港朱湖港区沦河综合码头工程、云梦盐化工园临港配套物流码头工程等重点项目。

【绿色港航建设】 孝感市积极部署长江高水平保护十大攻坚提升行动，聚焦打赢污染防治攻坚战，坚持压实企业主体责任，强化部门联动监管，加强属地政府统筹协调，在湖北省率先实现船舶污染物接收设施“全覆盖”、船舶垃圾“全接收”、油污水“零排放”、岸电“全普及”、电子联单“全闭环”，连续两年在全省污染防治专项考核中评定为“A”级，绿色港航发展迈上新台阶。建立全市船舶污染物联合监管与服务信息系统，督促全市5家水运企业、11家港口码头经营企业注册使用船e行系统，实现全覆盖。完成全市13艘1200总吨及以上船舶岸电系统受电设施和汉川市11处港口码头13个泊位岸电系统供电设施改造任务，靠港船舶全部免费使用岸电。全面完成船舶防止生活污水污染水域处理装置或储存设施设备改造任务。完成全市船舶污染物接收能力与到港船舶水污染物产生量评估工作，按时提交评估报告。2022年，共接收转运处置船舶垃圾0.37吨、生活污水23.69吨、含油污水1.72吨。

【中央环保督察问题“清零”】 2022年8月底，完成省生态环境厅汉江入河排污口“一口一策”整治清单中反馈的7个排污口问题整改。高效完成“船舶污染防治仍需加强”问题整改，全市船舶垃圾、生活污水、含油污水量做到了底数清、情况明、台账全。汉江汉川段11个码头与专业转运处置企业签订合同，及时对船舶含油污水、生活污水、生活垃圾收集转运，实现船舶含油污水、生活污水、生活垃圾转运处置率100%。长江大保护船舶污染防治标志性战役、船舶和港口污染突出问题整治成果得到全面巩固，长效机制建立健全，初步形成布局合理、衔接顺畅、运转高效、监管有力的船舶和港口污染治理格局。

【水上交通安全管理】 做好乡镇船舶管理人员和水运企业、船舶所有人（经营人）及水上水下作业人员的安全教育培训，渡船船员签订《渡船船员渡运承诺书》，明确乡镇人民政府履行乡镇船舶的安全管理主体责任及乡镇船舶县市、乡镇、村组、船主“四级”责任制。开展船舶碰撞桥梁隐患大治理。累计排查内河航道的各类桥梁共计35座，共排查整治航道安全风险隐患34项、桥区水域水上交通安全风险隐患32项、桥梁安全风险隐患116项，分别建立问题隐患和制度措施“两个清单”。目前35座桥梁标志标识已完成，汉江汉川段2座桥梁桥区水域划定工作已完成。开展水上涉客运输安全及“三无”船舶大检查。累计排查渡口57处，渡船71艘次，排查隐患27处。联合相关部门合力整治“三无”船舶，分类处置长期闲置、无人管理、所有人不明的船舶。截至年底，依法拆解“三无”船舶164艘。开展船舶载重线和货物装载专项检查活动。累计排查船舶100艘/次。全年全市航运、港口、渡口渡运和在建水运工程安全生产形势平稳，无上报事故发生。

【行业调查研究】 组织工作专班深入港口、码头、运输企业的走访服务对象、企业代表，对孝感水运地理区

位、基础设施、港口布局、运输市场等基本情况进行了全面的细致摸排、精细统计，掌握了真实情况，搞清楚了家底，并在此基础上形成《孝感市内河水运行业深度调研与发展趋势报告》。该报告符合孝感水运发展实际，形势研判深入，问题分析透彻，发展路径明确，具有较强的指导性、操作性，被孝感市政府《发展研究》专刊发表。

（撰稿：宋洪升、付亚强）

公共交通

【概况】 2022年，孝感市以主城区公交发展补短板三年行动为抓手，围绕线网提效工程、设施提档工程、智慧提能工程、服务提质工程和保障提升工程等"五大工程"，在公交优先发展上持续发力，成效逐步显现，公交服务质量稳步提升。

推进线网提效工程。2022年，新增主城区公交线路3条。优化调整公交线路4条，新增及优化营运里程70.5千米，消除堵点2处。新增8.5米纯电动城市客车60台，计划全年共新增90台纯电动城市客车。加快实施孝汉城际公交一体化，顺利开通汉川至蔡甸柏林、汉川至东西湖码头潭两条城际公交线路，正积极推进孝感至东西湖、孝感至黄陂、孝昌至黄陂三条城际公交线路开通。创新推出微循环、定制公交等多元化个性化的公交模式，先后开通孝南工业园高新园区定制公交4条，潮汐公交1条，西湖中学仙女湖分校公交专线2条，有效解决了远郊工业园区企业职工及周边群众出行需求。

推进设施提档工程。建成港湾式公交站台59座、直立式站台23座，更新公交站名牌66个、线路标识250处。

推进智慧提能工程。加快实施文化路、槐荫大道、乾坤大道、复兴大道、交通大道等城市主干道公交站台信息化改造。加快推进智慧交通平台建设，目前该平台已完成招投标，正在开工建设。

推进服务提质工程。农村客运发展稳中有进。全市所有建制村"村村通"客车保持率达100%，通村客运公交化率42%，较上年提高7%。城乡客运一体化有序推进。开通18路、20路公交线路，实现孝感城区周边乡镇公交全覆盖，打通城乡公交"最后一公里"，提升城乡基本公共服务均等化水平，为孝南区创建全域公交示范县奠定基础。建立乘客综合评价制度，聘请第三方专业机构对孝感城区公交服务满意度开展线上、线下综合测评，截至11月初，完成全市公共交通满意度调查近30万人次，满意率88%。同时，积极与人社部门对接，将社会保障卡加载交通出行功能，实现社会保障卡在公交出行方面应用。

推进保障提升工程。积极推进武汉城市圈公共交通一体化协同立法工作，《武汉城市圈公共交通一体化促进条例》即将颁布实施。积极协调市财政局加快推进《公交发展专项资金使用管理办法》报批工作，力争尽快出台。

【个性化出行服务】 孝感市创新推出微循环、定制公交、定制班线客运等多元化个性化运输模式，支持九州行公交集团加快孝感市高新区公交线网布局。开通潮汐公交和高新园区公交专线，有效缓解园区企业、员工和周边群众出行难问题。支持孝感市汽车客运集团开通孝感城区到武汉的定制客运班线，为市民提供更加个性化、高品质的城市公共交通出行服务。

【孝南区高新工业园定制公交专线开通】 6月23日，孝感市开通4条孝南区高新工业园定制公交专线，有效解决园区企业、职工和周边群众出行难问题。四条线路均采取单向发车模式，分别由汪窑、长征路、火车站、毛陈镇发车，7点钟发班，18时30分收班，1号线收班时间延长至20时20分，极大满足园区企业职

持续开展出租车市场联合整治行动

（市交通运输局 供图）

工的出行需求。

【公交发展资金池设立】 3月,孝感市政府办公室印发《孝感城区公共交通发展专项资金管理办法》(以下简称《办法》),为促进孝感城区补齐公共交通发展短板,加快城区公共交通与经济协调发展提供政策支撑和资金支持。《办法》明确由孝感市政府设立公共交通发展专项资金,资金由市本级、孝南区、市高新区、市临空经济区共同筹集。公交专项资金的设立,将为孝感城区实施公共交通优先发展战略提供持续稳定的资金保障。按照"一体发展、共同分担"原则,市本级按照上年度地方一般公共预算收入完成数的1%筹集专项资金。孝南区、市高新区、市临空经济区按照上年度地方一般公共预算收入完成数的0.5%筹集专项资金,并通过市本级年度结算上缴市财政局。测算2022年可筹集专项资金3100万元。《办法》同时对专项资金使用范围及标准、预算管理、绩效评价、监督管理等方面都进行了明确。《办法》的出台,将从根本上助推孝感城区公交发展补短板三年行动方案的顺利实施,真正为满足人民群众日益增长的美好出行需求提供有力的财力要素保障。

(撰稿:宋洪升、付亚强)

邮 政

【概况】 全年快递业务量保持50%以上的增幅,业务量连续3年稳居全省第2位,得到市委主要领导批示肯定,为经济社会发展作出了积极贡献。全市邮政行业业务总量累计完成29.5亿元,同比增长29.24%;行业业务收入累计完成26.24亿元,同比增长12.95%。其中,快递业务量累计完成2.31亿件,同比增长62.84%,增速排名全省第1;邮政寄递服务业务量累计完成8209.06万件,同比增长13.75%。快递业务收入累计完成14.26亿元,同比增长12.14%;邮政寄递服务业务收入累计完成1.15亿元,同比增长17.89%。全市各类邮政营业网点共有135个,建制村直接通邮率达100%;快递企业及网点1017个,同比新增8.19%。孝感市邮政分公司网路运营中心荣获"湖北省工人先锋号";三里棚女子投递班获评全省学雷锋活动示范点。

【农村寄递物流体系建设】 2022年,孝感市持续推进快递进村,农村寄递物流体系纳入乡村振兴战略实绩考核体系,推动市县级层面出台支持政策文件全覆盖。充分运用国家级、省级"电子商务进农村"示范项目建设成果,大力支持农村寄递物流基础设施改造提升。强化部门联动,整合交通、商务等部门力量,大力推广邮快合作等模式,推动政策协同、资源共享、优势互补,发展共同配送,织密织牢寄递服务网络。高标准完成安陆市打通农村寄递物流"最初一公里"和"最后一公里"全省试点工作,建成1个县级共同配送中心、13个乡镇寄递物流综合服务站、239个村级寄递物流服务点,实现寄递物流通村率100%。

【服务农产品产销一体化】 2022年,孝感市邮政管理部门以服务农民促进增收为目标,围绕孝感米酒、神丹皮蛋等特色农产品,积极培育快递服务现代农业示范项目6个。通过采取集中收寄、延长供应链、融合发展等模式,盘活农产品"产+销"一体化发展全链条,助力农产品上行,注入乡村振兴新动能。会同有关部门开展农村电商快递协同发展示范区和示范项目创建工作,积极参与地方电商协会组建,搭建快递电商合作平台。2022年,全市"邮政快递+米酒"年寄递量700万件、快递业务收入2600万元;"邮政快递+神丹皮蛋"年寄递量240万件、快递业务收入490万元。

【绿色邮政建设】 2022年,邮政管理部门贯彻落实《孝感市加快推进全市快递包装绿色转型实施方案》,实施行业绿色发展"9917"工程。持续开展行业培训宣传,将绿色邮政检查纳入日常监督必检内容,行政处罚1起。全市邮政业采购使用符合标准的包装材料比例、规范包装操作比例、电商快件不再二次包装比例均达到95%,可循环快递箱达到2.84万个,回收复用瓦楞纸箱300万个。

【快递员权益保障】 2022年,孝感市推动出台快递员优先参加工伤保险指导文件,新增享受优先参加工伤保险政策525人,全市企业工伤保险参保率达58%。指导邮政企业率先加入2022年度武汉城市圈职工重大疾病医疗互助体系,为1127名职工筑起一道"健康保障线"。持续开展关爱快递员"暖蜂行动",联合市总工会、团市委建立"爱心驿站"247处,慰问快递员100余人次。5名快递员获评"最美澴川骑手"、4名快递员获评"最美澴川骑手"提名奖,推荐6名快递从业人员申报快递工程专业技术人员职称。

【安全寄递管理】 2022年,孝感市推行上门揽收零散邮件快件开箱验视拍照记录,开展实名异常信息专项整治,实名收寄率稳定在99.8%以上,联合公安等部门开展邮政快递领域个人信息安全专项治理,严厉打击非法泄露、买卖寄递信息等行为。强化寄递渠道安全综合治理，扎实开展“互联网+寄递”禁毒、枪爆违法犯罪及“扫黄打非”、打击寄递涉烟违法等专项行动，联合市、区检察院开展寄递渠道安全检查，办理公安、烟草等部门移送的利用寄递渠道违法犯罪案件线索5件。开展行业安全生产大检查、邮件快件处理场所安全管理规范化提升行动，圆满完成党的二十大等重大活动期间寄递安保工作，安全生产专项整治三年行动顺利收官。

【邮政许可审批事项管理】 2022年，邮政管理部门认真开展“互联网+政务”工作，深化“放管服”改革。落实行政许可审批事项清单管理制度，邮政许可审批纳入政务服务综合窗口办理事项，两项政务办理业务事项纳入“高效办成一件事”事项清单。全市实现市县乡村四级政务服务大厅受理、“最多跑一次”承诺，许可事项网办率100%。全市“经营快递业务分支机构名录”邮件寄递落地启动，真正实现了从“最多跑一次”向“一次不用跑”的转变。

【无接触投递建设】 2022年，孝感市推动邮政业发展多项目标纳入《孝感市服务业发展“十四五”规划》，贯彻落实《市人民政府办公室关于推进电子商务与快递物流协同发展的实施意见》，联合孝感市住建局印发《关于在全市推广建设智能信包箱的通知》，稳步推进无接触投递，共建成智能快件柜174组、格口14931个。

【邮政市场监管】 2022年，孝感市加强邮政普遍服务监督，邮政营业场所“绿盾工程”视频联网率100%，综合运用“线上+线下”监管方式开展疫情防控和党的二十大等重要节点安全服务保障监督检查。依法开展行政审批和备案8份。持续巩固农村邮政局所整治成果，加强乡镇邮政服务专项检查，持续提升农村邮政服务规范化、标准化水平，全市建制村通邮率达100%，日均实地投递比例达99%。积极推进邮路汽车化，新增配农村投递汽车124台，农村投递汽车化率达82.1%。全力保障巡视巡察等专用信箱寄递服务，确保迅速、准确、安全、方便。加强机要通信检查，督导邮政企业高标准完成7处机要通信工作场所改造工程，夯实机要通信安全基础。持续开展快递市场秩序整顿，严肃整治未按名址投递快件、农村快递服务违规收费、超许可地域范围经营、暴力分拣等违法违规行为。全年共出动检查人员1131人次，检查企业及营业网点324个，排查安全隐患91处，下达责令改正通知书60份，行政约谈2家，立案查处29起。落实邮政业用品用具“双名录”监管，成功申报用品用具企业名录两批2家。

【“双十一”期间孝感快递业务量突破2600万件】 2022年“双十一”期间（11月1—16日），孝感快递企业业务量累计2634.5万件，同比增长17.6%，“双十一”期间业务量日峰值达180.3万件，是日常业务量的2.9倍，同比增长56.95%。其中收件量1611.3万件，同比增长28.3%；派件量1023.2万件，同比增长0.04%。

“双十一”期间，孝感邮政局对全市各快递企业加强数据监测、分析和评估，督导各寄递企业根据实际情况采取调整投递段道、增加班期、抽调车辆等措施，最大限度发挥末端网点和智能快件箱功用，增强应对旺季高峰压力的能力，保障每个节点平稳顺畅，使得发件速度更快更便捷，48小时发货及时率与72小时时限准时率均有所提升。

（撰稿：陈昭、饶从丽）

电 信

【概况】 2022年，孝感电信分公司坚持党建引领，大力拓展规模，强化战略执行，企业经营跨越式发展，通信基础建设工程共投资1.4亿元，其中无线网9000万元，建设5G宏站400个，4G宏站60个；有线接入网2700万元，建设FTTH端口1.93万，其他通信基础设施建设3000万。城市5G网络覆盖率达到100%，乡镇5G网络覆盖率超95.5%。

【运营业绩】 2022年，孝感电信分公司在农村乡镇、城市社区、城市商圈分类采取有效措施，聚焦触点、规模，推进战略落地执行。政企市场在云改数转、渠道协同、DICT方面快速接应，成立攻坚团队。年内，主营收入大幅增长，基础业务不断增长。主营收入同比增长11.1%，全面完成预算；基础业务规模不断扩大，2022年移动新增35.1万户，宽带新增8.82万户，iTV新增5.59万户。

【智慧消防建设】 2022年，孝感电信分公司打造智慧消防全产业链。孝感分公司积极响应《孝感市消防救援事业发展“十四五”规划》工作要求，通过孝感分公司主导，引入社会投资合作建设“智慧消防”平台，进一步提升孝感消防安全管理效能，增强火灾风险精准防控能力。已累计投资4000万元，完成智慧消防运营中心建设，并于2022年3月底正式投入运营。2022年年底，孝感分公司完成消防预警管理平台（一期）建设。

【智慧社区建设】 2022年，孝感电信分公司累计投资700万元，建成智慧社区200余个，覆盖15万户住户，为居民提供集小区门禁、社区监控、智能广播等于一体的智慧服务。

【数字乡村/镇建设】 2022年,数字乡村/镇建设,全面助力乡村振兴。公司履行央企担当,推进数字乡村/镇建设。截至2022年年底,孝感电信分公司以平安乡村创建为抓手,共建成6个万户县,千户镇覆盖率达40%、百户村覆盖率达20%;联网监控摄像头超过12万个,服务近11万户农村家庭。

【网络保障】 2022年,在市政府重大项目开工现场,孝感电信分公司先后为孝硚高速、楚能新能源锂电池产业园、临空光科技产业园等重大项目开工提供电信智慧方案。通过硬核科技和优质服务保障助力地方政府优化营商环境。圆满完成党的二十大通信保障任务,及时做好各级政府防汛抗旱通信需求支撑保障。

【助力企业数字化】 2022年,在提速降费方面,孝感电信分公司极响应国家对中小微企业宽带和互联网专线降费的号召,8月底至12月31日,对中小微企业客户使用的宽带、互联网专线接入费用给予10%优惠,办理后长期享用优惠。为中小企业提供千兆宽带、商务专线及互联网专线提速的同时,基于企业的行业特性和业务场景,融合云主机、云桌面、云存储等特色云产品,打造拎包入住标准化ICT解决方案,帮助中小企业提效降本,向数字化企业转型升级。

【反诈宣传】 2022年,孝感电信分公司在全市范围内推送各类反诈宣传公益短信10次,累计发送2000余万条。在全市二、三级营业厅定期开展厅店抖音号视频宣传、防诈骗微课堂讲座、厅内体验区循环播放反诈视频、电子屏循环播放反诈宣传图片等。年内,全市印制反诈宣传单页3万份、海报5000份、桌贴8000份、反诈宣传手册6000份。

(撰稿:钱明)

移　动

【概况】 2022年,中国移动通信集团湖北有限公司孝感分公司(简称孝感移动)围绕服务支撑"数智孝感"建设,助力数字经济发展,为孝感"主城崛起、两带协同、孝汉同城、多元支撑"区域发展布局,加快建设社会主义现代化强市,全力打造武汉城市圈副中心,服务孝感经济社会高质量发展贡献移动力量,实现运营收入16亿元,上缴税收5100万元,累计开通5G基站2560余座,5G信号已覆盖所有县城、所有乡镇镇区,移动电话用户数达到216万户。坚持以人民为中心的发展思想,落实"三全"服务责任体系,抓细抓实抓牢无线、家宽、资费三大服务质量提升,获中国通信企业协会授予的2022年度通信行业"质量信得过班组"荣誉称号。

【助力企业数字化转型升级】 2022年,孝感移动在全市范围内开展国有房屋租金减免工作。协同市政府、工商等部门,为中小微企业推出精品宽带、移动云、智能组网等产品,解决用户"云+网+应用"等一系列需求,推动中小微企业数字化转型升级,助力企业高质量发展。

【算力网络基础设施建设】 2022年,孝感移动落实国家"新基建"政策,加速5G新型基础设施建设投资及进度,中国移动通信集团湖北有限公司鄂北云数据中心顺利建成并投入运行,IDC机架207个,有力支撑孝感电子政务外网、临空区雪亮工程等信息化项目拓展。

【移动5G智慧电网建设】 2022年,孝感在5G应用电力行业上探索创新及项目落地,是实现湖北首个配网5G遥控送电的地市。该项目已服务70万家庭用电,每年为电力系统节约成本150万元。这一创新举措被《人民日报》、新华网等国家主流媒体报道。在中国信息通信研究

3月20日,杨店5G基站建设

(摄影:黄艺)

院、IMT—2020(5G)推进组联合主办的第四届“绽放杯”5G应用征集大赛上，“湖北移动5G智慧电网安全评测”项目荣获“优秀奖”。中国移动申报的“5G电力应用安全测评体系创新与标准化推广”项目荣获一等奖。

【孝感市智慧城市运营管理中心一体化建设项目中标】 8月12日，孝感移动成功中标并承建“孝感市智慧城市运营管理中心一体化建设项目”，践行央企责任、助力“数智孝感”建设。项目内容主要包括运营管理中心大楼的基础装饰装修、建筑智能化系统、城市大脑信息系统、城市小脑信息系统等。10月10日，孝感市委副书记、市长胡玖明带队到智慧城市运营管理中心调研，希望分公司加大投资力度，加快建设速度，确保项目高质量支付。

【5G+战略合作协议签订】 3月3日，孝感移动与湖北澴川国投集团签署5G+战略合作协议，双方将加强业务深度融合，根据需要共同搭建数智孝感应用展示平台，推进5G、云计算、大数据、物联网、人工智能、区块链等应用建设，加快实现“数智孝感”的创新示范应用。3月11日，孝感移动与孝感市税务局签订“5G+”战略合作协议。通过此次合作，孝感市税务局将充分利用移动公司5G、移动云、物联网等技术优势，推动“智慧税务”建设，打造全国税务系统“5G+智慧税务”示范样板，提高孝感税务现代化管理水平。

【助力孝感市成功申报农村黑臭水体治理试点城市评审与答辩会】 6月17日，孝感移动发挥企业优势，各部门通力合作、高效支撑，圆满完成孝感申报农村黑臭水体治理试点城市竞争性评审和全国线上公开答辩，助力孝感成功申报农村黑臭水体治理试点城市，得到市领导的高度评价。

【技术反制“电诈”】 2022年，孝感移动严格落实“断卡”行动及实名制入网要求，联合公安机关拍摄反电诈系列宣传片共11期，获市政府三次发函表扬；知行创新工作室运用“灵珑”反欺诈系统配合政府开展大数据打治电诈取得良好实效，被市政府授予“孝感市职工（劳模、工匠）创新工作室”荣誉称号。

【应急通信保障】 2022年，孝感移动圆满完成北京冬奥会、冬残奥会、全国“两会”、党的二十大等重要时期网络安全保障。圆满完成了疫情保障、楚能新能源项目开工、孝昌鄂北水利项目开工、农民丰收节、高校迎新、山林灭火应急联合演练、凤凰天仙城开业等大型应急通信保障7次，多次荣获市委、市政府的通报表彰。

（撰稿：付露）

联　通

【概况】 2022年，中国联通股份有限公司孝感分公司（简称孝感联通）加速推动数字化、网络化、智能化建设，着力提高核心竞争力和可持续发展能力，稳增长、优网络、抓改革、防风险，以新气象新作为推动高质量发展取得新成效。

【营销转型】 迭代优化“网格化”体系。善用大数据优势开展营销活动，遵循“网格化+大数据+铁脚板”工作路径，准确把握潜在客户需求，提升市场竞争力。创新营销模式。利用线上平台进行引流创造新型异业驻店/炒店营销模式，结合后疫情时代小城市特点开展营销。全年移动网登网用户数达78万人。

【创新业务增长】 创新业务项目签约同比提升36%。战略项目实现破局，大数据创新应用进一步提升，持续落实算网融合行动，项目融云率60%。强化中台能力，夯实一线运营支撑交付能力。双线交付时长平均缩短2天，资源核查时长平均缩短10小时，双线故障抢修平均缩短2小时。

【网络覆盖】 移网覆盖深化共建共享，5G中频覆盖基本实现乡镇以上连续覆盖。900兆低频打底网加速布局，2022年，移网行政村覆盖率达到98%，人口覆盖率达到99.5%；地停室分等重点场景的覆盖短板进一步补强。宽带覆盖进一步完善，宽带住宅覆盖率达到80.1%，千兆接入端口能力达到40万。

【服务体系建设】 按照强基固本和高品质服务战略指引，坚持标本兼治和外强竞合，全面推进大服务体系和数字化转型，落实“一线吹哨，部门报到”工作要求，强化专业间联动协同，压实专业责任，提升各触点服务能力。投诉率定同比压降11.69%，投诉问题满意率提升45.89%；工信部满意度测评85.21分，排名全省第五。

（撰稿：付志超）

无线电监测

【概况】 2022年，省无线电监测中心孝感监测站（以下简称孝感监测站）立足监测主业，切实维护空中电波秩序；履行技术支撑职能，配合做好台站管理，积极服务当地经济社会发展。

【台站管理】 2022年，孝感检测站接待设台用户2个，业余无线电爱好者4名，销售无线发射设备的商户1家，认真做好咨询事项的接待、答复及转办工作；根据省无线电中心安排，组织专班对孝感地区的4家用频单位进行了现场函告，协助完成频占费催缴工作；联合孝感市场监管局，在辖区内开展3次无线电发射设备销售市场清查活动，共走访商户19家，向商户宣传了无线电管理条例，对检查出存在问题的3家商户，由孝感市场监管局执法处理，对检查出销售无线电发射设备未经备案的2家商户，督促其迅速整改；完成频率和在用无线电台(站)以及无线电管理事中事后监管信息核查工作，共计核查辖区内一类站5个，二类站270个，三类站6个。核查仙桃市台站52个；成立专班开展5G宏基站核查工作，共计对1689个站的建站资料进行了复核，完成现场核查5G宏基站33个，保存基站设备、天线、GPS记录、现场频谱图等资料，超额完成任务，工作获省中心通报表彰。

【监测监听】 完成省无线电中心下达的各频段无线电监测固定监测和移动监测工作任务，做好监测记录，截至年底累计监测时长18673小时，发现有害干扰信号3个；全力开展干扰排查工作，持续高压打击治理“黑广播”“伪基站”以及“电诈”活动。全年共受理和排查无线电干扰投诉5起，其中涉“灰广播”投诉1起，5G基站干扰1起、协助孝感移动分公司解决移动基站干扰1起，卫星GPS信号干扰1起、数字无线电视干扰1起，查处“黑广播”发射设备3套；认真执行重大活动、重要时段24小时监测值班制度，在“两节”“两会”“十一”“二十大”等重要时间节点，对广播电视、航空、铁路、公众移动通信和驻孝部队等重点频段重要位置开展保护性监测，做好重要时间节点的无线电安全保障工作，有关工作受省无线电中心通报表彰；圆满完成各类考试无线电保障工作17次，出动考试保障人员73人次，共发现疑似无线电考试作弊信号19个，全部予以压制阻断；配合中心完成设备巡检5次，完成各类设备系统升级6次。发现和及时报告并配合修复各类设备软、硬件故障24次，配合做好“‘十四五’技术设施项目建设规划”和“滚动项目库”征求意见以及建设落实工作。

【专题宣传】 在世界无线电日、无线电管理宣传月，开展形式多样、特色鲜明的线上线下宣传活动，在办公区共悬挂宣传条幅8条，进社区设置宣传展板2次12块，移动营业厅电子大屏滚动播放宣传标语72小时，进社区组织开展无线电知识科普2次；利用“五城同创”志愿活动，在街头、包保路段发放宣传资料和宣传手册500册，对社会大众开展无线电管理法规和“伪基站”“黑广播”防范知识宣传。在为期一个月的打治电诈“反刷单”专项宣传工作中，表现突出，受到市政府通报表扬。

(撰稿：殷勇)

栏目编辑：秦荣

城市建设与管理

城市建设与管理

综　述

【概况】 2022年,孝感市城市建设管理工作紧紧围绕“增信心、防风险、稳增长、推改革”,咬定目标不放松,狠抓落实不懈怠,强力推动城建工作稳中有进、稳中向好,取得了优异成绩:海绵城市建设顺利通过国家三部委2021年度绩效评价;老旧小区改造开工率、完工率持续位居全省第一;项目开工数量、投资体量、建设质量创近年之最,完成市政基础设施投资187.53亿元,投资完成额全省第四。全市城乡建设工作不断推进,民生得到较好保障。

【老旧小区改造】 2022年,全市纳入中央补助支持项目共有240个小区,涉及房屋2364栋、40275户、面积426.48万平方米,计划投资额11.57亿元。截至年底,240个小区全部完工,开工率、完工率持续位居全省第一。

【市政基础设施建设】 2022年,紧紧围绕“增信心、防风险、稳增长、推改革”,市政基础设施投资提质增效,实现从2021年全省摆尾到2022年全省领先的蝶变跃升。谋划实施基础设施投资项目383个、总投资536亿元,已完成投资170亿元,投资完成额位居全省前列。牵头实施政府投资项目24个、总投资63亿元,项目开工数量、投资体量、建设质量创近年之最。

【排水防涝体系建设】 孝感市住建局牵头提请市委、市政府印发了《老澴河槐荫河水环境常态化管理方案》,市政府印发了《孝感城区2022年排水防涝联合应急方案》,谋划的一批提升城市排水防涝能力项目先后实施,健全完善“源头减排、管网排放、蓄排并举、超标应急”的城市排水防涝工程体系,城市排水防涝能力明显得到增强,有效维护了城市运行安全。

(撰稿:何俊龙、吴盼)

国土空间规划

【概况】 2022年,孝感市坚持以国土空间规划布局的有序促进发展的有序,推动经济社会发展战略与空间发展布局相适应、相统一;以流域综合治理和统筹发展规划为引领,明确并守住安全底线,统筹四化同步发展。编制孝感流域综合治理和统筹发展规划,孝感城区南部新城规划、南部区域交通规划,东部片区东站区城市设计、西片区城市设计,有序推进总规、控规、详规编制,加强重大规划研究和城市设计,提升城市规划水平。统筹推进乡村规划编制,发挥规划的指导作用,助力乡村振兴。加强规划的监督和实施,发挥国土空间规划委员会议事决策作用,提高重大规划事项决策效率。

【流域综合治理和统筹发展规划】 孝感市根据《市州流域综合治理和统筹发展规划指引》,对标省委要求和孝感发展定位,由市自然资源和规划局牵头编制《孝感市流域综合治理和统筹发展规划》,落实底线管控要求、细化发展指引、完善支撑体系,形成8大类89项指标。规划近期为2025年,展望2035年。规划坚持专家领衔、部门合作、科学决策的原则,严格按照研究谋划、大纲起草、修改完善和送审印发四个环节推进规划编制,2022年12月1日向省委书记王蒙徽作了专题汇报,规划大纲获得认可。

【国土空间总体规划】 深化市、县国土空间总体规划编制,完善规划文本,组织开展法定报批程序审批。孝感主城区规划定位为“两湖镶嵌、六水相依、双区相拥”Ⅱ型大城市,实现从“滨河城市”向“滨湖城市”跨越。完成全市“三区三线”划定,通过专题培训、现场指导、汇报沟通，并经自然资源部、省自然资源厅审核，于2022年11月正式启用“三区三线”划定成果，其中省自然资源厅下发孝感市耕地保有量567.14万亩，永久基本农田目标507.80万亩（永久基本农田占耕比为87.88%）；生态保护红线372.13平方千米（占全市总面积的4.18%）；城镇开发边界494.18平方千米。

【乡村规划】 制定《市自然资源和规划局关于开展2022年度“多规合一”实用性村庄规划编制工作的通知》《2022年度孝感市“多规合一”实用性村庄规划编制计划》，2022年，全市共完成“多规合一”实用性村庄规划编制80个。配合完成全市21个“功能镇区”示范创建镇“功能镇区”规划编制与评审。编制《孝感市功能镇区和村庄规划案例图集》《孝感市农村民居建筑设计图集》《孝感市村庄规划编制指导手册》和《孝感市乡村风貌指导手册》4本乡村规划工具书，指导开展村庄规划。

【自然资源信息化建设】 制定《孝感市自然资源和规划局信息化三年行动计划（2022—2024年）》，搭建信息化建设“四梁八柱”制度体系。推进新一代信息技术与自然资源管理深度融合，努力提升国土空间治理信息化水平。开展政务审批系统升级改造和“一码管地”信息化项目建设，主要业务系统上线运行。积极推进“国土调查云”平台运用，丰富拓展平台内容。完善国土空间规划“一张图”实施监督系统建设，通过功能初步评定；推进电子政务外网版“一张图”应用，提供项目策划生成技术审查等服务。

【重点规划研究】 落实汉孝同城、主城崛起战略，3月，市自然资源和规划局与武汉市自然资源和规划局签订《汉孝自然资源和规划同城化高质量发展战略合作框架协议》，推动规划同编、生态同保、要素共保等6项协议措施落实。落实主城“三区”协同发展行动纲要，开展市高新区、市临空区用地规划调整研究，初步成果通过专家评审。推进祝站片区空间利用，协同相关部门编制孝感市电力网络专项规划、孝感城区5G基站专项规划、孝感城区充电桩专项规划等；编制东城区、西城片区、奥体中心和高新区东部片区等地控制性详细规划；加强东站片区和南城片区城市设计；制定《孝感市中心城区海绵城市规划管理实施细则》，落实海绵城市建设规划管理要求。

（撰稿人：杨亮、王秀平、鲁强华、周文锦、谢冠雄、李文斌、刘琪、胡汉强、陈琼、李卫、刘斌辉、胡坚、宁永忠、王华）

海绵城市建设

【概况】 2022年，孝感市扎实推进海绵城市建设示范创建工作，锚定“一年打基础、两年见成效、三年创示范”创建目标，围绕“畅通道、扩调蓄、建泵站、织管网、治内涝、消污染、控源头、强管理”，强力推进总投资278.4亿元的78个海绵项目建设，不断完善海绵城市制度机制体系，顺利通过2022年度海绵城市绩效考核。东城生活区澴川路、新桥路、槐荫河、仙女湖路围合区域约4.8平方千米和老城区航空路、老澴河、长征路、文化路、学院路围合区域约3.5平方千米的两个精品示范片区成效初现。按照有效应对30年一遇降雨标准，“一点一策”整治孝感城区内涝积水点70个，新改建排涝泵站9个。2022年，成功经受6次强降雨考验，工作成效得到了部委领导和专家的认可和肯定。

【制度机制建设】 “领导小组、海绵办、海绵中心、中规院专家团队”的“3+1”组织架构和“领导小组一月一统筹、海绵办半月一调度、海绵中心一周一督办、专家团队常态指导”的工作机制，确保了海绵示范建设的整体性、系统性、协同性。先后出台《规划建设管理办法》《项目联合验

海绵城市示范城市

（市住建局 供图）

收实施方案》《建设管理实施细则》《海绵城市设计文件编制和技术审查要点》《规划管理实施细则》《海绵工程质量监督和专项验收工作通知》《海绵城市设计和施工技术要点》等系列文件，明确了涵盖项目规划、设计、施工、运维全过程的管控要求，形成闭环管理。

排水防涝机制扎实有力。2021年3月，完善并重新发布《排水防涝联合应急处理工作方案》，细化明确了责任分工、应急预警级别和响应要求、主要排涝设施调度方案、内涝积水点责任人等，扎实开展了联合实战演练，排涝应急管理机制在2022年有效运行，成功应对多次强降雨考验。

海绵城市立法加快推进。组建立法起草工作专班，4—9月，孝感市人大、市海绵办、市住建局多次组织外地调研、本地考察，共同研究立法工作思路及草案内容，形成了《孝感市海绵城市建设和管理条例草案》《条文说明》《起草说明》等成果文件。11月28日，草案报市政府常务会审议通过；12月14日，通过市人大一审。

【城市内涝治理】 槐荫河、老澴河、后湖渠陆续完成了治理，未来城区5条主要排涝通道将全面畅通。王母湖、仙女湖退垸还湖实施完成，航空、董湖、理丝公园等调蓄空间全面建成使用，雨水削峰调蓄能力明显增强。城西泵站扩容已完成，孝三、长兴泵站也基本建成，东闸、河口泵站正在加快实施，预计今年汛期前完工，即将全面补齐排涝缺口。随着槐荫大道、澴川路等现状路网管网更新改造、70个内涝积水点治理、老城区雨污分流、老旧小区改造等工作同步推进。所有老旧小区改造、新建建筑小区、公园绿地、市政

24小时不间断抢险排涝现场

（市城管执法委 供图）

道路均按照海绵城市要求设计和施工，雨水源头减排初见成效。此外，排水防涝工作管理水平进一步提升，摸清了内涝底数，建立了清晰台账，正在开展系统治理，全面完成了孝感城区排水管渠清淤，完善了排水防涝应急预案，充实了应急抢险设备物资，建成使用了排水防涝信息化平台，内涝治理工作经受住了2022年汛期强降雨的检验。

【城市水环境治理】 分期推进孝感市老城区35.8平方千米雨污分流，高标完成后湖片区改造，市高新区西区进度较快，长征玉泉王家湾片区正在实施，北京路以东片区正在开展前期工作，计划2023年基本完成。截至年底，主要内河和湖泊水质均达到IV类标准。

【雨水源头减排】 随着居住小区、公服建筑、市政道路、公园绿地、老旧小区改造等各类源头项目陆续完工，分散布局的海绵设施功能充分发挥，雨水源头减排效果逐步显现，并塑造了自然和谐的园林景观效果。

【两个精品示范片区建设】 孝感市东城生活区澴川路、新桥路、槐荫河、仙女湖路围合区域约4.8平方千米，以目标为导向，高标准推进海绵城市建设。望度山月、天纵御府等源头地块开发严格落实海绵城市要求，实现“源头减排”；澴川路、黄香路等严格雨污分流，高标准建设管网，加强“外排”，董湖公园兼顾周边雨水削峰调蓄，加强“内蓄”，实现“过程控制”；槐荫公园实施海绵化改造，解决内部和周边内涝问题，东闸泵站高标准扩容，确保片区雨水顺利外排，实现“末端治理”。老城区航空路、老澴河、长征路、文化路、学院路围合区域约3.5平方千米，以问题为导向，解决居民生活、出行、休闲娱乐等实际需求。实施老澴河修复、后湖公园、董永公园改造，以及市政道路绿化及街角公园建设，恢复“城市水生态”；协同推进老澴河拓宽、后湖渠节点改造、城西和河口泵站扩容、内涝积水点治理等，保障“城市水安全”；全面完成后湖片区雨污分流改造、老旧小区海绵化改造，改善“城市水环境”。

（撰稿：何俊龙、吴盼）

基础设施建设

【概况】 2022年，孝感市聚焦建设城区面积超100平方千米、人口超100万的“双百”城市，积极践行“紧凑城市、精明增长”的理念，坚持“精细、精致、精品”的城市项目建设导向，扎实开展城市更新行动，全力打造宜居韧性智慧城市。完成市政基础设施投资187.53亿元，投资完成额全省第四，项目开工数量、投资体量、建设质量创近年之最。

【项目建设】 2022年，孝感市聚焦孝汉同城、主城崛起，加大城市基础设施项目建设力度，不断补齐城市功能短板、提升城市品质品位。印发《孝感市适度超前开展基础设施建设投资指导手册》，总投资250.5亿元的155个项目申报列入省“十四五”人居项目库，34个重大项目按期列入全省“三区三线”调整清单。实施城建项目126个，总投资335.53亿元，建成通车道路7条、桥梁4座，新改建公园8个、“口袋公园”22个，新建停车场（楼）30个、新增泊位3924个，改造老旧小区240个、惠及居民40275户；孝感城区供水系统原水迁改工程、长征路中段改造、长征玉泉王家湾片区雨污分流改造等项目加快建设。老澴河、南部新城、邓家河、黄龙湖、奥体中心五大片区建设起势见效，策划实施建设项目49个、总投资363.83亿元。

【路网建设】 持续织密城市骨架路网，畅通城市交通循环，“双环十四射”交通格局不断完善。硚孝高速二期加快推进，府河桥南北两端成功贯通；孝感城区首座城市立交桥董永立交桥建成通车，孝汉“一小时通勤圈”和“一日生活圈”越织越密。澴川路、宝成南路桥、滚子河一桥、董永三路、长征路改造顺利完成，主城区交通内循环更加畅通。

【孝感城区首座城市立交桥——董永北路立交桥正式通车】 12月31日，孝感城区首座城市立交桥——董永北路立交桥正式通车，标志着孝感城区南北主轴实现了贯通。董永北路立交桥项目位于汉十高铁和京广铁路线交叉点东南方向，项目由一标段十字互通立交、二标段跨京广铁路桥、三标段跨黄孝路高架桥三个标段组成，全线共有桥梁8座，桥梁全长3308米。项目通车后，有助于解决107国道（孝感段）长期以来的拥堵问题，同时，连接起孝感城区北京路和澴川路，极大地缩短了孝感城区北向出城时间。董永北路立交桥全线通车后，还可以大大促进沿线土地开发和商业旅游，为孝感中心城区提速建设按下快进键，将对孝感高质量发展起到重要推动作用。

【孝云大道长兴三路正式通车】 12月31日，孝云大道长兴三路正式通车，标志着孝感城市外环路网实现了闭环。孝云大道长兴三路是城市快速路一级公路标准，主车道是双向六车道，辅道是双向四车道，有60米宽的路面，是孝感市建设标准最高、通行条件最好的一条道路。孝云大道长兴三路延伸工程是孝感市规划实施的“十三五”重点基础设施项目，总投资20.5亿元，全长15.456千米，起于孝南区上鲍家湾附近，接107国道孝感南段改建工程，终点位

董永北路立交桥项目

（市政府办公室 供图）

于云梦县伍洛镇熊家台以北，与新316国道对接。工程施工克服了跨铁路施工、澴河汛期时间长等困难，顺利完成了两幅1万多吨梁体跨京广铁路桥90度转体等多个节点工程，为工程如期通车打下坚实基础。通车后，孝感和云梦之间新增一条全程免费快速路，行车时间缩短了20分钟左右。同时，也打通了孝感城市“外环线”的“最后一公里”，形成全长约62.07千米的外环路网，有效分流各类车辆，缓解中心城区内部交通压力。项目建成后将形成云梦、孝感城区联片发展的局面，对打通孝感北部出口通道、完善孝感市综合交通运输体系快速融入武汉都市圈、促进孝感市的区域开发与经济发展具有重要的战略意义。

【城建档案服务】 全市全年共审查竣工档案项目86个、核发竣工档案合格证72个，整理各类档案2439卷，审核入库档案2034卷，数字化扫描档案8059卷。服务查档约91人次，调阅档案260余卷，为城市建设、工程备案、房产办理、资质年审、司法取证、房屋维修改造等方面及时提供相关凭据和依据。开辟工地讲堂，重点宣传讲解档案管理法律法规、建设工程档案的收集范围、保管期限、整理规则等业务知识，对后湖片区雨污分流改造项目、市妇幼保健院东城院区等82个市重点工程项目开展一对一的专项业务指导。

【地下管线测绘】 抓好地下管线补测补绘，以大院社区为试点区域，对小区和单位内部进行地下管线探测工作，对区域内排水、供电、燃气、给水、通信及照明等管类进行探测和测量，共完成50千米地下管线补测补绘，同时建立管线数据库及管理系统、编制综合地下管线图。

（撰稿：何俊龙、吴盼）

城市管理与综合执法

【概况】 2022年，孝感市从基础设施短板入手，从城市道路、供水保障、排水防涝、环境提升、老旧小区改造等方面着力，围绕提升城市功能，提高宜居水平，提升城市整体形象，加快推进美丽宜居城市建设。全市共建设停车泊位12620个，建设“口袋公园”36个，整治背街小巷32条，升级改造生活垃圾收集站点770个，四项实事全部超额完成省定目标任务，受到省厅通报表彰。凤凰台文化主题公园等5个“口袋公园”荣获全省“最美口袋公园”表彰，位居市州前列。2022年，孝感市城管执法委在全市年度目标考核85个单位中位居第九，市园林绿化服务中心荣获省第三届(荆门)园林博览会先进集体，市环境卫生服务中心、市园林绿化服务中心荣获2022年度孝感市“五城同创”先进集体，高红兵等20名党员干部受到住建部和省市表彰。

【城市环境治理】 狠抓违法建设整治。2022年，孝感市综合运用依法拆、专项治、有序导等手段，依法拆除了大东门商业城、槐荫大道、北京路、闵集社区等各类违建46000余平方米，整治旱厕385个，城区主干道沿线存量违建基本清零。

狠抓占道经营整治。加大巡查力度，清理占道经营、出店经营25000多次，取缔游摊游贩12000多次，设置临时便民疏导点22个，并坚持做好跟踪服务，增加了城市管理的温度。

狠抓立面空间整治。完成槐荫大道立面整治以及13个重要节点综合整治，全面改善了槐荫大道交通环境和市容市貌。投入500余万元对建设路进行综合改造，拆除交通大道、天仙路等主干道两侧楼顶、墙体广告100多处，城市天际线进一步干净。

狠抓停车秩序整治。成立专班开展路侧停车常态化巡查执法，张贴违停告知单15000份，劝离违停机动车、非机动车36000多台，处罚719台，拆除地锁、石球等路障400多个，车辆乱停乱靠行为得到有效遏制。

狠抓创园迎检整治。出台《孝感市国家园林城市复查迎检实施方

部门联动开展城市管理乱象集中整治行动

（市城管执法委 供图）

案》,及时整修城区公园绿地、绿化带和行道树,累计补植各类色块、植物5000平方米10余万株,补植草坪地被1万平方米。狠抓环境卫生整治。对城区主干道实行机非车道、人行道“三合一”清扫保洁,机械清扫率达90%。编印生活垃圾分类指导手册等3万余份,配备分类运输车辆143台,全市共创建生活垃圾分类示范社区53个,创建省级生活垃圾分类示范社区10个、省级公共机构生活垃圾分类示范点7个。全市生活垃圾回收利用率达30%以上,厨余垃圾分类收集量占生活垃圾清运总量的15%以上。

孝感市静脉产业园建设成果图

(市城管执法委 供图)

【城市安全运行】 强化市政设施维护。 完成了孝感城区交通大道、孝汉大道、城站路等道路维修4.8万平方米。制定《孝感市城镇车行道宽边防沉降检查井盖安装操作指南》《孝感市城镇道路、人行道(公园广场)雨箅及井盖设置安装指南》等标准,更换井盖、雨水箅子900余套。

强化燃气安全管理。 制定了《城镇燃气安全管理导则(试行)》《城镇燃气领域特种设备安全管理导则(试行)》,组织燃气安全检查50余次,日常巡查200余次,排查整治安全隐患980余处,约谈燃气企业24家,处罚金额136万余元,依法处理违法人员21人,2022年,全市城镇燃气管理无安全事故发生。

强化城市排水设施整治。完成城区管道清淤390千米和11个易涝点的排水设施改造,购置30多套“龙吸水”、强力泵等排涝应急设备并投入使用,打赢了“4·12”“4·24”“6·24”“7·4”“7·19”“7·20”等多场强降雨应对战,确保城区安全度汛,得到市领导高度肯定。

强化铁路沿线环境整治。在全省率先建立地铁联席会议制度,建立覆盖铁路沿线的路地四级“双段长”包保责任制,实行市、县、乡、村四级包保。在2022年全省铁路沿线整治工作会上作典型交流发言,省领导充分肯定孝感的经验做法。

【项目建设】 静脉产业园建设全省领先。焚烧发电厂累计处理生活垃圾114万余吨,发电近6亿瓦时;厨余废弃物及粪便处理厂、餐厨废弃物处理厂、市政污泥无害化处置厂、园区污水处理厂顺利竣工,园区公共配套项目、生态公园按时建成,飞灰填埋专区工程开工建设;新建垃圾中转站1座,升级改造中转站4座,垃圾收运处理设施体系基本建成。

市政管网普查完成阶段性任务。扎实推进地下市政基础设施普查试点任务,排查389条市政道路和街巷各类管线6100余千米,所有外业普查任务全部完成。

城市排水防涝项目进展顺利。城区排水管网、箱涵清疏工程项目已经完成,孝三路泵站建设项目、长兴泵站扩容改造工程基本完工,东闸泵站扩能工程正在抓紧实施。通过实施一批排水防涝项目的建设,有效增强了提排能力。

园林绿化项目建设提速。湖北省第三届园博会孝感展园项目顺利投入使用,孝感园荣获最美园中园(综合奖)荣耀金奖和四项单项银奖。全面启动董永公园、槐荫公园、后湖游乐园提质项目以及城际铁路桥下公园项目建设,建成了孝汉大道三角游园、琴堂公园等一批“口袋公园”,进一步拓展了城市绿化空间,提升了公园承载服务能力和城市绿化品质。

城区道路(临时)停车泊位特许经营项目二期全面启动。制定《孝感市城区道路(临时)停车泊位特许经营项目(二期)出让实施方案》,将37条次干道、14个公共停车场共3603个停车泊位纳入特许经营,市政府已授权开展招投标工作。

【信息平台建设】 “运管服”平台建设有序推进完成“12319”与“12345”并线运行,梳理城市管理事项清单,为“一网统管”平台提供处置流程模式;积极推行燃气风险管理场景、城管视频、排水防涝平台等相关数据与“城市大脑”对接,实现可视化呈现。

智慧城管平台运行效能大幅提升。完成与国家、省级平台单点登录及联网对接，将城区640台渣土运输车辆GPS数据及违停管理、排水防涝应用场景及时与省运管服平台对接。规范“孝感随手拍”微信公众号管理流程，将投诉举报奖励资金从每月3700元增加到14500元，每月奖励人数从30人逐步扩大到200人。2022年，平台受理立案派遣12万余件，结案11万余件，结案率91.42%，比上年度提高5个百分点。

建成城区排水防涝信息化平台。建成市排指监管端和微信小程序端应用系统，完成39处积水监测、25路视频监控、19处泵站水位监测、10处管网流量监测、5处雨量计以及相关警示标志建设，城区排涝数据资源平台全面建成，指挥调度系统进一步优化。

【城管体制改革】 深入推进执法力量下沉。推动出台《关于调整优化孝感市主城区城市管理综合执法运行机制的实施方案》，印发《孝感市城市管理执法委员会派驻人员管理办法(试行)》，“市级统筹、区级主责、街道主战”执法机制正式运行，主城区城市管理职能全部划转给孝南区负责管理，下沉132名执法人员到高新区3个办事处和临空区开展综合执法工作。同时，协调人社、财政等单位，较好解决了2018年体制改革时下划人员的社保、工资待遇等老大难问题。

顺利推进燃气改革。成立孝感市城镇燃气安全生产专业委员会，市城管执法委设立燃气管理科，成立孝感市燃气事业服务中心。各县(市、区)参照相应调整燃气管理机构，统一归口到城管部门，做到上下对口，有机构、有编制、有人员、有保障，燃气体制改革工作全省领先。

不断完善考核评估机制。制定年度城市综合管理工作要点，出台城市综合管理考核评估办法、城区和县(市)城市管理考核实施方案，落实“月检查、季暗访、半年通报、年度考核”制度。将城市综合管理纳入“五城同创”考核体系，实现市创建办、市综管办同频考核、联合通报、按月奖罚，推动了一批城市管理的短板问题得到有效解决。

(撰稿：秦云)

栏目编辑：秦荣

乡村振兴

乡村振兴

综　述

2022年，孝感市深入学习贯彻习近平总书记关于“三农”工作的重要论述和党的二十大精神，认真落实省委、省政府“三农”工作部署，以“功能镇区、和美乡村、实力产业”三项行动(简称“三项行动”)为总牵引，扎实推进巩固拓展脱贫攻坚成果同乡村振兴有效衔接，全面推进乡村振兴，加快建设现代农业强市。城乡进一步融合发展，农业产业化加快推进，乡村环境善治善美，农民获得感、幸福感、安全感不断提升。农民人均纯收入逐年增加，2022年，全市农村常住居民人均可支配收入首次突破2万元大关，达到20913元。2022年，全年规上农产品加工业产值1683亿元，增长14.2%。孝感市“三项行动”经验做法在《农民日报》、省委办公厅工作简报、省政府门户网站等广泛推介。全市乡村振兴“三项行动”连续两年作为省委对孝感市委特色目标考核项目，在2022年度考核中获得满分，获全省特色项目考核第一名。11月12—13日，中央农办副主任、国家乡村振兴局局长刘焕鑫到孝感调研，对全市“三项行动”成效给予高度评价。

(撰稿：唐建锋、李华雪)

巩固拓展脱贫攻坚成果

【概况】 2022年，孝感市聚焦“守底线、抓发展、促振兴”，紧盯“一坚决两高于两确保”目标任务，扎实推进巩固拓展脱贫攻坚成果同乡村振兴有效衔接。坚持“四级书记”抓巩固拓展脱贫攻坚成果促乡村振兴，建立市级领导“包县挂乡联村”乡村振兴联系点制度，优化干部结对帮扶，实现对脱贫户和监测对象帮扶全覆盖。过渡期严格落实“四个不摘”要求，保持现有帮扶政策和资金投入总体稳定，加强防止返贫监测帮扶，建立快速发现、快速响应、精准帮扶、动态管理工作机制，全市累计排查帮扶“三类人口”4203户、13103人，坚决守牢不发生规模性返贫的底线。6月28日，全省防返贫动态监测帮扶试点工作总结会在孝感召开；11月，大悟、孝昌代表湖北省接受国家巩固拓展脱贫成果后评估考核并顺利通过；在2022年度全省巩固脱贫成果后评估考核中，孝感市获评“综合评价好的市(州)”，2021年、2022年连续两年获得“综合评价好的市(州)”。

【防返贫监测与帮扶】 2022年，全市先后组织开展巩固“两不愁、三保障”成果排查和基础工作提升行动、2轮防返贫监测帮扶集中排查。监测方式上创新推行农户一码申报；监测程序上通过开通防返贫监测比对系统，在全省率先实现部门数据共享。2022年，全市新识别纳入监测帮扶“三类对象”1304户4237人，全部落实了针对性帮扶措施，做到应纳尽纳、应帮尽帮。进一步健全防返贫监测部门联动工作机制，积极探索创新，在全省率先建设开通防返贫监测比对系统，简化识别程序，健全信息员队伍，配齐市、县、乡、村四级信息员3068人。建立重点任务定期提示、日常评价、年度考核、期满考核相结合的驻村实绩考核体系，推动驻村帮扶提质提效。开展结对帮扶优化调整，全市29215名帮扶干部全覆盖结对帮扶110850户脱贫户及“三类对象”。分层分类培训，全市累计举办乡村振兴专题培训班1407期，共培训各级乡村振兴干部111859人次，实现乡村振兴干部培训全覆盖。

【脱贫群众增收】 聚焦稳岗就业，全市已外出务工脱贫人口136381人，占年度任务的103.03%，全面完成年度务工就业目标。强化产业帮扶，2022年度，中央衔接资金用于产业发展占比已达63.4%，重点支持联农带农富农产业发展，新增发放小额信贷资金1.77亿元。聚焦项目实施和资金支出，全年实施项目1125个，全市衔接资金拨付进度为98.99%，其中中央衔接资金拨付进度99.14%，超过全省平均水平。聚焦重点区域帮扶，孝南区和汉川市2个区域协作县(市、区)分别落实帮扶资金1100万元、620万元，较去年增长120%、24%。加强消费帮扶，全市1957个预算单位完成了2022年政府采购脱贫地区农副产品2037.6万元，占年度预留采购份额的158.19%。

【全省完善防止返贫动态监测和帮扶机制试点工作总结会在大悟召开】 6月28日，全省完善防止返贫动态监测和帮扶机制试点工作总结会在大悟县召开。与会人员先后参观了三里城镇三里村防止返贫动态监测和帮扶试点工作现场、三里城镇茶叶生态公园展厅、三里村兰草基地、悟峰山十八潭银河小镇鹿鸣湾特色文旅融合项目。宜昌市乡村振兴局、来凤县翔凤镇梅河村也在会上进行了经验交流；郧阳区、英山县、宣恩县、崇阳县、潜江市、兴山县、保康县、竹溪县、松滋市等试点工作县(市、区)乡村振兴局进行了交流研讨。省乡村振兴局发展中心相关人员、各试点县(市、区)乡村振兴局牵头试点工作的负责人和业务骨干、孝感市分管人员、孝感市乡村振兴局主要负责人和分管人员、孝感市各县(市、区)乡村振兴局局长、大悟县分管同志等70余人参加会议。

【安陆市纳入全省农村寄递物流试点县(市)】 7月，省邮政管理局、省乡村振兴局、省财政厅联合发文，公布全省12个打通农村寄递物流“最后一公里”和“最初一公里”试点县(市、区)，安陆市入选试点。试点时间从7月至9月，为期3个月。试点工作围绕解决群众“急难愁盼”的实际问题，通过构建开放惠民、集约共享、安全高效、双向畅通的县、乡、村三级农村寄递物流服务体系，推动试点地区进一步畅通农产品出村进城、消费品下乡进村双向流通渠道，全面推进乡村振兴。明确了村级寄递服务网点全覆盖、建设乡镇综合服务站、打造县级共配中心、优化末端配送渠道、加强规范化建设和助力农产品出村进城等六大任务。

（撰稿：唐建锋、李华雪）

功能镇区

【概况】 2022年，孝感市认真贯彻落实习近平总书记关于“特色小镇和小城镇建设大有可为”“建设宜居宜业和美乡村”等重要指示精神，以“功能镇区、和美乡村、实力产业”三项行动作为推进新型城镇化和乡村振兴的孝感方案，聚焦“七补齐”(补齐规划、公共环境、基础设施、公共服务、城镇风貌、产业发展、治理水平等方面短板)，滚动推进100个乡镇功能镇区建设和“擦亮小城镇”三年行动，高标打造“功能齐、环境优、秩序好、产业强、人文美”的精致小城镇。全市重点开展21个乡镇“功能镇区”示范创建，谋划项目384个，总投资20.86亿元，完工项目276个，完成投资约8.28亿元。高标完成省“擦亮小城镇”三年行动总体评价工作，孝南西河镇、应城汤池镇、云梦伍洛镇、安陆李店镇获得省“擦亮小城镇”建设美丽城镇发展引导资金共200万元，孝昌县获得“擦亮小城镇”建设美丽城镇整县推进发展引导资金100万元。全市乡镇污水治理工作在全省作经验交流，乡村建设评价工作在全省作典型发言，荣获全省“巡查履职成绩突出的河湖长联系单位”。

【规划编制】 组织专家编制完成《孝感市村庄规划编制指导手册》《孝感市乡村风貌指导手册》和《孝感市农村民居建筑设计图集》《孝感市功能镇区和村庄规划案例图集》等“两手册两图集”。实行“一镇一规划、一镇一方案”，完善“三项行动”规划、任务、负面三个清单，高质量编制100个功能镇区规划方案，组织实施44个示范创建镇规划。谋划基础设施、农贸市场、节点景观、休憩游园、特色街区、小镇客厅等功能镇区项目838个，规划总投资45.62亿元，

孝南区西河镇功能镇区建设

（市住建局 供图）

已完成投资20.07亿元。

【农文旅融合发展】 立足乡镇自然禀赋和区位优势，坚持宜工则工、宜农则农、宜游则游，打造一批以大悟新城、孝昌王店为代表的红色小镇，安陆烟店、应城田店为代表的文旅小镇，汉川马口、云梦倒店为代表的产业小镇，孝南杨店、安陆洑水为代表的商贸小镇等特色镇区，形成错位发展、特色鲜明的城镇发展新格局。应城市田店镇立足蒲骚文化起源地和丰富的水资源优势，统筹整合水系连通、和美乡村、污水处理等项目，以楚风蒲韵风格为主调，对接环市旅游公路“一线串珠”，打造应城西部农文旅养发展区的重要节点，实现了镇域面貌焕然一新、集镇功能全面提升、传统文化充分挖掘、群众幸福指数明显提升的目标。

【村镇基础设施和公共服务设施建设】 以解决办事、就医、入学、留守老人吃住、生活设施“五个不便利”为导向，推进基础设施和公共服务设施建设。道路交通设施方面，累计投入31.6亿元，新建“四好农村路”1021千米，改造危桥465座，建成“路长制”示范线21条(在建7条)、总里程610千米，有效串联11条农旅融合示范线、84个示范点。生产生活设施方面，投入17亿元、开工建设农村饮水安全提标升级项目12个，汉川市襄北水厂建设模式被水利部作为“两手发力”典型案例在全国宣传推广。云梦县获批全国农产品产地冷藏保鲜整县推进试点县，4个县市获批冷藏保鲜设施建设项目，共计1600万元。全市建设乡镇“五小”场所285处、周转房4035套，让乡镇干部安身安心安业。公共服务设施方面，投入1.27亿元，实施义务教育薄弱环节改善与能力提升项目119个、提升学校111所。完成普惠性民办幼儿园认定100所。投入2亿余元升级改造的113个乡镇卫生院，在疫情防控和疫苗接种工作中发挥了重要作用。安陆市率先开展全省农村寄递物流试点。

孝感市通过科学造林打造绿美澴川

(市自然资源和规划局 供图)

【乡镇综合执法改革】 2022年，孝感市在全省先行试点，组建49个乡镇综合执法中心，17个部门、326项执法权限下放委托乡镇，进一步提升功能镇区建设管理水平。孝感市在全省“擦亮小城镇”现场会上作典型发言，在住建部举办的小城镇人居环境整治培训班上作经验交流。17个乡镇名列全省美丽城镇示范乡镇，孝昌获评全省“擦亮小城镇”建设美丽城镇整县推进先进县。

【乡镇生活污水治理】 全市新改建96个污水处理项目全部转入商业化运营，建成主支管网1400余千米，服务人口近80万人，纳入省级考核的84座乡镇生活污水处理厂全年累计处理污水4325.21万吨，处理率超过80%，污泥规范处置率100%。推动乡镇生活污水厂向周边村庄延伸覆盖，新增覆盖户数3010户，新增受益人口1.08万人。督促各县(市、区)出台污水费征收办法及绩效考评文件，累计征收乡镇生活污水治理费2148.48万元。

(撰稿：唐建锋、李华雪)

和美乡村

【概况】 2022年，孝感市坚持党建引领，把群众发动起来、组织起来，通过“主意大家拿、办法大家想、事情大家做”，动员群众参与到谋划、建设、管理、评价、共享，共同建设宜居宜业和美乡村，让群众成为“共同缔造”的主导者、建设者、受益者。全市重点完成农村改厕、垃圾污水处理、饮水安全巩固提升、房前屋后环境整治、道路畅通、河沟渠塘疏浚清淤、公共服务设施建设、村庄绿化亮化等建设任务，通过深化和美乡村建设实施乡村振兴战略，推动城乡融合发展。

【基层党建】 发挥党建引领基层治理“孝感样板”作用，实施“红色头雁”工程，市、县两级轮训村“两委”干部11125人，实施党建引领基层治理示范带建设，建成示范点123个，“五问”支部巡整机制获中组部肯定。践行共建共治共享理念，扎实推进56个共同缔造试点村建设，孝昌青山村"共同缔造"获全省典型推介。孝南区朱湖农场三合新村以党建引领共同缔造和美乡村，通过推选村民担任"小六长"（湾长、路长、林长、园长、渠长、卫生片长），常态化开展清垃圾、改水改厕和治理房前屋后乱堆乱放、乱搭乱建、乱栽乱种等活动，实现"门前零堆放、环境零污染、安全零事故、邻里零纠纷、群众零上访"的"五零目标"。筑牢小微权力运行屏障，创建147个"清廉村居"示范点，云梦县创新小微权力"码上公示"的做法被全省推广。

【农村污染治理】 稳步推进农村改厕。高质量完成年度计划任务。充分尊重农民意愿，坚持进度服从质量，求好不求快，不搞"一刀切"，采取逐户登记、村收集、镇汇总、县锁定的方式，自下而上科学精准确定年度农村户厕建改计划任务，年度完成农村户厕改造12469户，争取中央奖补资金954万元。

积极推进农村生活污水治理。新改建污水处理项目96个，项目全部建成投产。污水厂总规模19.78万吨/日，污水处理覆盖总户数22.5万户，覆盖人口77万人。将3.9万处常有水的小微水体纳入河湖长制管理范畴，完成台账建设和"一长两员"公示，2022年，已投入1亿余元开展小微水体治理工作。

全面提升农村生活垃圾治理水平。形成了"村组保洁收集、乡镇清运压缩、县市转运处理"的链条式闭合管理体系。创建省级垃圾分类示范村35个，建成卫生填埋场7座，水泥窑协同预处理厂1座，医疗废物等有毒有害垃圾处理厂1座，所有垃圾处理场渗滤液得到处理。全市乡镇新建压缩式垃圾中转站117座，覆盖所有乡镇，垃圾收集、集并、转运设施设备基本满足需要，全市乡镇农村拥有清扫保洁清运人员1万余人。

【村庄清洁行动】 以"村庄清洁日"活动为抓手，开展了系列主题村庄清洁活动，重点将工作靶向由房前向屋后、村内向周边转移，由"面上"向"死角""难点""痛点"延伸，重点清除整治村庄乱搭乱建、违章广告、"三线"清理，并将村庄清洁行动常态化机制纳入和美乡村考核评价体系，发挥考核指挥棒作用。全年通过村庄清洁行动清运农村生活垃圾20多万吨，拆除私搭乱建、残垣断壁4000多处，消杀公厕10万多次，清掏粪污2.6万次、1.8万吨，清理疏浚河塘沟渠1万多处，开展清洁卫生宣传教育2万多次，参与人数达20万多人。

【绿色乡村建设】 超计划完成国土绿化15.7万亩，创建2个省级森林城镇、38个省级森林乡村。在全域国土绿化行动的基础上，扎实开展村庄绿化攻坚提升行动。充分利用农村水旁、路旁、村旁、宅旁"四旁"及其他公共区域见缝插绿、见隙补绿。2022年，共完成国土绿化15.7万亩，超年度计划5.9个百分点，其中村庄绿化3.16万亩。应城市被水利部、财政部评为水美乡村建设试点县优秀等级。大悟县荣获全省传统村落集中连片保护利用示范县。汉川市赵湾村入选2022年中国美丽休闲乡村名单。15个村获评省级美丽乡村典型示范村。

【农村危房改造】 强化低收入群体危房动态管理，动态新增危房改造计划275户，危房改造竣工率100%。持续加强图集推广及工匠培训，累计印发图集宣传资料11.83万份，农房安全"一张图"15.09万份，实现村庄全覆盖；组织农村建筑工匠培训45批次，培训2458人，农房建设质量不断提升。

【传统村落保护】 坚持传统村落保护"应保尽保"，制定印发《孝感市传统村落调查建档工作方案》，聘请专家团队开展全市全域性调查，积极申报中国传统村落名录，孝感市大悟县彭店乡红寨村、吕王镇董湾

2022年4月建成的朱湖主干渠绿道　（摄影：万清平）

村、三里城镇马鞍村、丰店镇唐店村入选第六批中国传统村落名录。截至目前，全市共15个传统村落列入国家级保护名录(其中大悟县11个、孝昌县3个、安陆市1个)。

【乡村建设试点示范】 2022年，孝感市围绕和美乡村建设，先后启动实施了美丽乡村示范片、平安乡村、清廉村居、绿色生态村、非物质文化遗产村、红色美丽村庄、美好环境与幸福生活共同缔造等各类试点创建300多个，共争取国家、省级支持资金3亿多元。在试点的示范带动下，全市策划推动了1500多个村级内建设项目，完成投资10多亿元。

【创新乡村治理】 孝感市把和美乡村建设与社会矛盾纠纷排查化解同步推进、同步落实。创建党建引领基层治理16条示范带、182个示范点，创建147个“清廉村居”示范点，“五问”支部巡整机制获中组部肯定。将“一居一警”“一村一辅警”工作科学对接“平安孝感”建设，通过线上搭建“警辅通”App，线下推进“汇研交办处”工作机制，2027名“村警”第一时间汇集信息、处置警情、化解矛盾、排除隐患，力保“小事不出村，大事不出镇”。制定完善《村规民约》，常态化开展“推进易风移俗 建设文明乡风”主题宣传教育活动，突出高价彩礼、大操大办等农村易风移俗重点领域专项治理，依托村级“一约四会”，形成“婚事新办、丧事简办、敬老孝亲、邻里和睦”新时代乡村文明新风尚，实现民事民议、民事民办、民事民管，形成完善的基层社会治理体系。开展了“一约四会”典型案例、“十星级文明户”“好媳妇”“好婆婆”“五好文明家庭”“最美家庭”“美丽庭院”评选和环境卫生“红黑榜”、积分兑换等活动，共表彰了8万多户典型农户、6000多名典型个人。其中，孝昌县龙泉村入选全国村级议事协商创新实验试点。云梦县清明河乡红星村入选湖北省“一约四会”典型案例获得省级表彰。120户获得孝感市“美丽庭院”表彰、10户获得孝感市“十佳美丽庭院”表彰。

【乡村建设资金保障】 孝感市加大部门项目统筹力度，优先将省涉农项目向“和美乡村”建设倾斜。加大债券申请力度，将更多的债券资金用于“和美乡村”建设。吸引社会资金投入，优化农村投资环境和涉农建设项目审批服务，探索推广App模式，引导更多社会资本投向和美乡村基础设施建设和公共服务体系建设。继续把公共基础设施建设的重点放在农村，着力推进往村覆盖、往户延伸。完善乡村水、电、路、气、邮政通信、广播电视、物流等基础设施。据不完全统计，2022年全市共投入“和美乡村”公共基础设施建设资金达40多亿元，其中“四好农村路”达166千米，总投资11.5亿元。

【美丽乡村建设督查考核】 2022年，孝感市美丽乡村建设协调小组办公室召开推进会4次，按照“发现问题—拍照上传—挂牌督办—整改反馈—验收销号”的工作流程开展现场督导17次，其中采取“四不两直”的方式明察暗访14次，印发问题通报14期，及时通报各地推进“和美乡村”建设情况，形成了常态化、长效化工作机制。

【长效管护机制建设】 孝感市统筹农村厕所、农村生活污水、垃圾运行管护，先后建立了全市农村生活污水处理设施运管、农村生活垃圾作业管理等长效机制，推广农村人居环境“积分制”，建立管护经费收缴配套制度等，明确农村人居环境基础设施管护主体和责任，建立有制度、有标准、有队伍、有经费、有监督的农村人居环境长效管护机制。推广保洁员与管护员“多员合一”，充分利用公益性岗位政策，健全管护队伍，优化管护岗位。

（撰稿：唐建锋、李华雪）

实力产业

【概况】 2022年，孝感市围绕壮大乡村实力产业，优化“5大农业生产

2022年9月，天屿湖成功创建AAAA级景区

（市文化和旅游局 供图）

功能区”“8大农业产业园区”“7大特色农业产业带”的“587”产业布局，重点打造“五个一”强链工程，即“一袋米、一头猪、一枚蛋、一杯茶、一篮菜”5个过百亿农业产业链。坚持推进乡村产业振兴和农业供给侧结构性改革，因地制宜发展特色产业，推动农村一、二、三产业融合发展，形成各具特色、错位发展的乡村产业布局。突出强链工程，强化农业企业培育、农业项目建设、农业品牌创建、农业科技支撑，加快国家和省级农村创新创业园区、农业产业化示范园区、农产品加工园区、现代农业产业园建设，提升全环节增值能力和农产品精深加工率，做强“实力产业”。

【农业产业化经营组织建设】 2022年，全市共有各类农业产业化组织近4万个，其中工商注册的涉农企业22101家，包括农产品加工企业3768家、基地型企业212家、专业市场近百个、规模以上农产品加工企业543家、市级及以上农业产业化重点龙头企业420家，其中国家级7家、省级101家（含国家级）、市级319家。2022年，实现农产品加工业产值1683亿元，占全省农产品加工业产值的十分之一以上，位居全省第三。农产品加工产值与农业总产值之比达到2.33:1，产值过10亿元企业达12家。

【产业集群发展】 全市已形成了孝南麻糖米酒产业集群、汉川食品产业集群、安陆食品机械产业集群。汉川、应城小龙虾纳入湖北小龙虾产业集群；汉川莲藕纳入湖北莲藕产业集群。

其中，麻糖米酒产业集群在产在销的企业有43家，农业产业化国家龙头企业有两家（湖北爽露爽食品股份有限公司和米婆婆生物科技股份有限公司）。2022年，产业综合产值已超60亿元。

汉川食品加工产业集群有规模以上工业企业61家，资产总额超80亿元，从业人员超2万人，在省内食品产业集群中仅次于武汉东西湖食品产业集群，位居全省第二，已形成了开发区食品饮料产业、城隍糖果产业、麻河莲藕制品、仙女山糕点、面粉制品，汈汊湖鱼类加工，里潭、垌冢等粮产区精米加工等六大区块。聚集了银鹭食品、达利食品、晋江福源等龙头企业，合兴包装、吉源制罐、友达胶带、捷达物流等配套企业。

安陆食品产业集群形成了以宝迪、禾丰、神丹、岑铭堂为龙头，以花中花米业、农腾饲料、潮汕食品等为支撑，以永祥、东方红、天星粮机为产业协作配套的优势产业集群，集群企业达60家，其中神丹公司成为国家同行业的领跑者，产品进入了家乐福、麦德龙、沃尔玛、中百等10000多家超市，市场占有率连续8年全国第一，销售网络覆盖全国。

【农业产业主体培育】 孝感市“5个1”工作推进机制，每条产业链由一名市级领导领衔、一个牵头单位负责、一个工作专班推进、一个专家团队支撑、一笔专项资金扶持。抓重点企业，通过兼并重组、股份合作、资产转让，支持优质稻米、茶叶、家禽等企业组建大型龙头企业集团和产业化联合体，每条产业链重点培育3家左右头部加工企业，拉动延伸产业链。支持行业领军企业（禾丰、神丹等）打造产业化联合体，骨干龙头企业（米婆婆、孝感红等）发展成细分领域的“小巨人”。抓培育壮大，年内新增省级农业产业化龙头企业18家、省级示范农民合作社17家、省级示范家庭农场10家，为69家省级龙头企业申报和拨付贷款贴息资金3251万元。抓农业招商，年内全市招引农业项目45个、签约金额300.43亿元、居全省第三位。孝南区引进占地面积8000亩的首衡城项目，建成后将成为华中地区最大的农产品商贸流通平台。市本级、孝南区、大悟县被表彰为2021年度全省农业招商引资先进单位。抓扶持奖补，市级增设2000万元“五个一”强链专项资金，通过“以奖代补”、贷款贴息、品牌创建推广等方式，扶持“五个一”产业链企业主体发展壮大。市委、市政府每年安排专项资金1000万元，支持乡村振兴“三项行动”。其中对20家“实力产业”示范企业，每家予以10万元奖励。市级对当年新认定国家级、省级农业产业化龙头企业分别奖励50万元、10万元，年内为新认定的18家省级农业产业化龙头奖补180万元。抓助企纾困，制定《农业产业化龙头企业纾困实施方案》，通过融资担保、贷款贴息、奖励补助等方式，联合相关部门，为378家市级及以上农业产业化重点龙头企业解决土地、融资、税收、消费税等方面问题252个，有力有效地增强了农业企业发展活力。抓联农带农，探索“支部+合作社+为农服务中心”“支部+合作社+种养大户”发展模式，发展特色产业，壮大集体经济，助力农民增收。全市特色产业和新型经营主体带动长期在家有劳动能力户数的比例达100%。大悟县金岭村探索党组织领导下的“人民公司+股份合作+自主经营”模式，村集体经济年收入可达1000万元，村民增收350万元。

【农产品品牌创建】 全市先后打造了孝感麻糖、孝感米酒、孝感香米、湖北名桃·七仙红桃、湖北名藕·楚荷香、应城糯稻、孝感红等多个有一定影响力和知名度的区域公共品牌；创建了“两品一标”企业88家、产品303个；培育了中华老字号2个

(孝感麻糖、云梦楚河鱼面)、中国驰名商标6个(神丹、龙王恨、康欣科技、孝感牌麻糖、米婆婆、爽露爽);涌现了“黄毛粘”、金果、稻鸭香米、汉川河蟹等网红农产品,在全国“社会扶贫网电商板块”上线53个扶贫农特商品。全市部分农产品已进入全国6000多家超市,有的产品远销海外。

【“一村一品”建设】 11月,云梦县下辛店镇白水湖村(藜蒿)、大悟县河口镇金墩村(抹茶)入选第十二批全国“一村一品”示范村镇。至此,孝感市全国“一村一品”示范村镇达到14个。近年来,孝感根据各地资源禀赋和发展基础,大力发展“一村一品”,将其作为振兴乡村产业的重要抓手。

(撰稿:唐建锋、李华雪)

健全机制保障

【概况】 2022年,孝感市坚持党委主抓、政府主导、农民主体、社会参与、市场配置,要素资源全保障、干部群众齐发力,凝聚乡村振兴强大合力。强化组织保障,成立由市委、市政府主要负责同志任组长的“三项行动”领导小组,统筹推进各项重点工作,强化市、县、乡、村四级书记抓“三项行动”促乡村振兴。强化要素保障,继续保持市、县两级财政衔接资金投入的总体稳定,发挥“政府+市场”“两只手”作用,强化“三资一促”,多渠道筹措资金。强化考评奖惩机制,用好“五化”管理平台,建立完善调研督办、拉练比评、中期评估、年度考核等系列机制,确保过程管控、在轨运行。

【健全组织机制】 市、县、乡、村四级书记抓“三项行动”促乡村振兴。年内,市委、市政府先后召开6次市委常委会会议、7次市政府常务会议,市委农村工作会议、8次专题会议,研究部署全市巩固拓展脱贫攻坚成果、推进乡村振兴工作。

【要素保障】 统筹抓好资金、土地、人才等要素保障,累计统筹整合中央和省项目资金、地方财政配套资金、发行债券、全域国土综合整治、提取土地出让金、农村产权制度改革红利、市场主体捐助、村组和农户自筹等资金80亿元,筑牢推进“三项行动”基础。创新政府和社会资本合作(PPP)模式,撬动社会资本进入,汉川市商务局、乡村振兴局联合汉江乡村投资集团,统筹指导25个乡镇精心包装项目299个,共131.86亿元,抱团招商,引进中交二航局、湖北联投、湖北辉宇等公司参与乡村振兴“三项行动”项目建设,破解融资难题。行政村“整村授信”实现全覆盖,授信农户数23.57万户、金额144.76亿元。保障乡村振兴用地3570.87亩。实施部、省全域国土综合整治项目试点10个,汉川市获批县域全域国土综合整治试点。

【“三项行动”“1+N”政策工作体系建立】 “1”就是《市委市政府关于开展“功能镇区、和美乡村、实力产业”三项行动全面推进乡村振兴加快农业农村现代化的实施意见》,“N”包括《三项行动实施方案》《关于培育支持龙头企业高质量发展、推进农业产业强链建设的意见》《乡村建设行动实施方案》等系列文件,进一步明确了政策标准,优化考评体系。

【考评奖惩机制建设】 每半年组织一次“三项行动”现场考评,看成效、查问题、强督办,对标补短、比拼赶超。统筹组织对2021年度“三项行动”创建项目“回头看”,树立建管并重、真抓实干的工作导向。将“三项行动”纳入县(市、区)“以奖代补”考核,与乡(镇、场)党政主职工作实绩考核挂钩。市委、市政府每年列支专项资金,对“三项行动”考评优秀的10个乡(镇、场)、30个村(社区)、20家示范企业予以奖补激励。树立实干实绩用人的导向,2021年建成的23个示范功能镇区的党政正职中,提拔重用19人。

(撰稿:唐建锋、李华雪)

栏目编辑:秦荣

科学技术

科学技术

综　述

【概况】 2022年,孝感市坚持把科技创新摆在全市高质量发展的核心位置,大力实施创新驱动发展战略,着力创建创新型城市。抢抓武汉"两个中心"建设机遇,紧扣都市圈重要节点城市定位,着力建体系、抓创建、育主体、筑平台、促转化,不断提高科技创新对经济高质量发展的支撑性和贡献度。全市申报高新技术企业326家,高新技术企业总数达到603家;科技型中小企业评价入库1505家;登记科技成果53项,推动重大科技成果转化136项,登记技术合同成交额97.01亿元;完成高新技术产业增加值491.6亿元;培育"瞪羚"企业22家,"瞪羚"企业总数达到39家。

【"百镇百站"三年行动计划启动】 11月15日,孝感市首家湖北科技特派员工作站在云梦县沙河乡湖北梦辰泽生态农业公司挂牌,该工作站由省级科技特派员程建平牵头,汇聚省农科院、湖北职业技术学院、市农科院、云梦农技推广中心等高校院所派出的省、市、县三级科技特派员16人进站服务。2022年,首批建成湖北省科技特派员工作站25家。

【创新环境优化】 落实惠企政策"免申即享",市级兑现奖补资金831万元,比上年增长118.7%,全市兑现科技奖补资金4600万元,惠及企业500余家。向金融部门推荐科技型企业95家,融资需求25亿元,已贷款和达成意向6亿元,利用科技创新再贷款8.2亿元。落实科技型企业税费减免政策,全市研发费加计扣除金额24.62亿元,减免税额6.15亿元;高新技术企业减免税额1.68亿元。组织企业申报国省科研项目77项,获批45项,获批资金3183万元。

(撰稿:吴俊)

创新体系建设

【概况】 孝感市委、市政府制定出台了《加强人才发展激励促进科技创新的若干措施》等4个文件,完善了孝感"1+4"科技政策体系,全年兑现科技政策奖补资金831万元。先后编制出台《孝感市科技创新"十四五"规划》《孝感市流域综合治理和统筹发展规划(科技创新部分)》,进一步明确了科技创新工作目标、思路和重点任务及举措。

技术人员正在开展水文勘测

(市水文局 供图)

【创新型城市创建】按照省、市工作目标，制定《孝感市创建创新型城市2022年工作要点》，市政府召开专题会议，对全年工作进行安排部署，对各项任务进行细化分解。同时，把创新型城市建设等5项重点工作列入市政府“五化”管理平台进行月度量化管理，加强统筹调度和督办，主动协调成员单位按照创建指标和任务，对标对表抓落实。应城市创建省级创新型县市通过了省评估，安陆市申报了省级创新型县市创建试点。

【创新主体培育】孝感市推动孝感高新区创建国家火炬高端装备特色产业基地，组织孝南区、应城市围绕纸卫产业、现代生物农业积极建设省级创新型产业集群。孝感高新区（应城）生物农业创新型产业集群成功获批国家级创新型产业集群。扎实开展高企培育行动，召开企业政策宣讲会10场次，培训企业400余家。开展新申报企业走访全覆盖，组织高企常态化申报，申报高新技术企业326家，同比增长48%，完成年度目标任务的116%；市级评审通过280家，预计今年全市高新技术企业数量将达到600家。科技型中小企业评价入库1505家，同比增长138%。培育“瞪羚”企业22家，“瞪羚”企业总数达到39家。高新技术产业实现增加值491.6亿元，同比增长13.5%，增幅高于全省平均水平3.4个百分点。

【创新平台建设】编制实施《国家农业科技园区核心区2022—2025年建设规划》，加快推进农业科技园区提能升级。2022年，新培育入园创新主体24家，新获批省级星创天地6家，新建市级星创天地55家。组织申报了省级产业技术研究院—湖北省现代生活卫生用纸（品）产业技术研究院、水生植物产业技术研究院。积极谋划建设香稻产业技术研究院、钒产业技术研究院、粮机产业技术研究院、纺织服装产业技术研究院、省级临床医学研究中心。已备案市级新型研发机构100家，全市创新平台总数突破400家。推动高新区东鲲孵化器、孝感双创服务中心分别创建国家级孵化器、国家级众创空间，新建省级孵化器1家，新认定市级孵化器2家、众创空间1家，全市孵化器、众创空间达到28家。

（撰稿：吴俊）

科研及成果转化

【孝汉科技同兴】与武汉市联动，协同推进“32232”科技合作专项工程，争取省和武汉市院士专家16名、“科技副总”14名、博士7名到孝感挂职、服务。主动对接光谷大走廊，深入推进汉孝科技同兴工作，推动高新区建设孝感（武汉）离岸科创中心，主动参与武汉都市圈产业分工布局和协同创新。与武汉新能源研究院对接，就科创平台、氢能产业链等形成合作意向。与东湖高新区对接，在科技招商、科创平台建设、人才技术和资本运作等方面建立合作机制。与武汉理工大学、武汉科技大学等高校对接，深化校地、校企合作。积极搭建科技成果转化服务平台，搭建企校产学研合作平台，常态化开展“联百校、转千果”科惠活动，征集企业技术合作需求105项，转化重大科技成果136项，登记技术合同成交额97.01亿元。

【产学研合作】组织企业与省内高校、科研院所对接活动20余场次，参加全省科技成果推介活动6场次，征集企业技术合作需求85项，达成科技成果意向42项。先后获批省级科技成果转化中试研究基地5家，新增市高新区、湖北工程学院技术合同登记站点，全市技术合同登记站点总数达到10个。加强中、省科技奖励申报组织工作，申报湖北省科学技术奖14项，获奖7项，其中省级科技进步一等奖1项。

（撰稿：吴俊）

水文科技

【概况】2022年，市水文局围绕服务防汛抗旱中心大局，服务地方最严水资源管理考核，聚焦水文测验能力提升，加快推进水文基础设施建设和科研项目。完成各水文断面预报方案修编，确保洪水预报合格率在85%以上；抓好水情信息报送，综合到报率达到98%以上；精准预报了府澴河流域“桃花汛”，汛期持续开展土壤墒情监测，及时发布旱情预报预警，共计发布枯水预警3次，撰写抗旱专报5期，做出旱情分析1期，为地方抗旱决策部署提供了有力的技术支持，开展全市洪水风险区划工作，编写了市本级与六个县（市、区）的洪水区划报告。

【水文勘测能力建设】2022年，孝感市正式启动“孝感市水文勘测工作三年行动方案”，为基层站配备先进仪器，加大流量施测密度，不断提升测报精度，对堰闸站各流态系数线校测，对测整方案进行完善、上报和下发；指导测站测验与资料整编工作，完成中小河流资料入库工作。发挥水资源监测检测技术支撑作用，为汉川市湖泊三退实施提供技术支持；按时完成地下水监测，26个监测站数据到报率和完整率均达到99%以上；持续开展省水利厅“安隔区间”水量不平衡课题研究,启动省中心汈汊湖区间径流还原基础课题调查研究。

【水文基础设施建设和科研项目建设】 2022年2月,市级水资源巡测基地动工建设,9月完成主体工程;投资30万元开展水利工程补短板,对3个水文(位)站进行水毁设施修复;推进4个重点科研项目,一个省级科研项目,两个水利厅重点项目,一个省中心重点项目,其中市水文局魏丹丹参与省级重点科研项目——“天空地网一体化的城市雨洪模型构建与应用”撰写两篇论文,并参加了IEEE国际地球科学与遥感线上研讨会,论文均被EI库收录。2022年,市水文局共发表论文12篇。全局共签订项目合同45个,合同金额1012.66万元,项目已进账额630万元,职工收入安全有保障。

(撰稿:刘宏)

地质科技

【地质矿产勘查】 2022年,湖北省地质局第六地质大队围绕孝感市高质量发展需求,开展省财政资金地质找矿项目,申报、承担省地勘基金项目4个、技术服务项目2个、省地质局部门预算项目1个,总费用1073.88万元。同时,做好资源能源保障,实施孝感地区钨、钼、铍、钒、地热、滑石矿等矿种实地核查。开展湖北省孝昌县四方山—黄陂区团山沟锰矿普查,提交中型锰矿床1处,锰矿石量203.5万吨。通过实施省地质局部门预算项目,推进了安陆烟棵冲钒矿、大悟芳畈铜矿深部找矿工作。开展孝感市地热资源勘查,临空经济区地热资源勘查工作初步圈定2处有良好找矿前景靶区;孝南区朱湖地热资源勘查取得深部找矿突破,探获1处中深层地热资源,水量39立方米/小时、井口出水水温46.5℃。

孝感市地质灾害防治综合演练

(省地质局第六地质大队 供图)

【地质环境监测保护】 2022年,省地质局第六地质大队开展孝感市地质灾害防治信息化平台建设,承担并完成孝感市地质灾害精细化气象风险预警项目和孝感市地质灾害防治技术会商中心建设项目,与孝感市自然资源和规划局共建“湖北省孝感市地质灾害防治技术会商中心”,已投入使用。履行防灾减灾职能,落实地质灾害防治“四位一体”网格化管理职责,派出技术人员1458人次,开展市级地质灾害防治综合演练1次,地灾巡排查856点处、应急调查8次、提交应急调查报告(处置方案)8份;在全市范围部署130处地质灾害监测点,累计发送预警消息177次,现场复核232人次,发布地质灾害气象风险预警工作提示7期。开展孝感区域地质环境监测工作,完成孝感五县(市、区)及本级地灾专项风险普查、应城市东马坊街道办事处盐矿地面塌陷应急调查与监测,申报2个重点集镇地质灾害调(勘)查项目。加强地灾防治技术能力建设,自然资源部批准发证湖北省地质局第六地质大队为地质灾害防治单位甲级资质证书(勘查、设计)。

【地质技术服务】 服务孝感市流域综合治理和统筹发展。承担《长江支流府澴河流域孝感段生态环境地质调查评价》项目,实施大悟、安陆、孝昌多处废弃矿山生态修复。服务城市地质安全。落实《孝感市城市总体规划(2013—2030年)》,开展孝感市东城新区多要素城市地质调查、孝感市临空经济区城市地质调查,助力孝感城区绿色、低碳、安全、智能、和谐发展;承担孝感城区城市市政基础设施普查和综合管理信息平台建设项目,完成云梦、大悟、孝南、高新区和临空区等多个县(市、区)遥感解译、云梦县城区地图编制、应城市排水管网地理信息系统建设,为建设新型智慧城市提供了有力技术支撑。服务生态安全保障。支撑服务孝感市及各县(市、区)生态环境保护工作,承担各县(市、区)垃圾场周边环境监测以及地表水、地下水水质监测、河流断面监测项目9个,环境影响评价项目6个,垃圾场隐患排查项目2个，矿山地质环境恢复治理以及国土空间修复方案编写项目8个。服务粮食安全。湖北省地质局第六地质大队入选第三次全国土壤普查外业采样名单，成为孝感市第三次土壤普查技术支撑单位，积极配合市、县政府做好土壤普查前期工作；申报、承担省地质部门预算项目“孝南区土壤质量调查”，通过查明硒等特色资源分布特征和土地地球化学质量生态现状，为孝南区优质土地资源利用、耕地资源保护与开发、守住生态和粮食安全底线提供了科学依据。完善整县推进全域地质技术服务。建实驻应城、孝昌整县推进地质技术服务工作站，在“自然资源+地质”“农业农村+地质”“生态环保+地质”“文化旅游+地质”等领域广泛合作，形成了多维度合作基础和多专业融合技术服务模式。做好地质科普宣传。湖北省地质局第六地质大队初步完成鄂东北地质科普基地设计方案，制作了矿产地质、城市地质、环境地质、旅游地质等方面的科普宣传片，正在筹建湖北（孝感）地质博物馆、打造市级科普宣传基地。

（撰稿：刘叶飞）

科研人才

【人才引育】 推进“千名科技特派员助力乡村振兴行动”，引进和选派省、市、县三级科技特派员943人。由孝感市推荐受聘的省级科技特派员、孝昌孟宗生态茶叶有限公司技术总监周金云，被省科技厅表彰为全省科技特派员先进个人。华中农业大学博士生导师、教授王树才等45名省级科技特派员，分别通过揭榜、委任或留任制的方式，与孝感市湖北神丹公司等45家农企签订技术服务协议。

【人才服务】 落实“澴创人才计划”，深入各县（市、区）有关企业，征集企业创新人才需求77项目，制定人才需求目录，推动计划实施。组织9家研发团队实力较强的企业申报省科技创新团队，3家企业进入路演答辩环节，1家企业获批省级创新团队。开展人才计划项目推荐申报、高端人才慰问、高端人才需求征集等工作，1家企业成功获批国家外专项目支持。深入开展人才服务月、科技活动周、科普讲解大赛等系列活动，大力发掘科普人才。

【孝感市首家湖北科技特派员工作站挂牌】 11月15日，孝感市首家湖北科技特派员工作站在云梦县沙河乡湖北梦辰泽生态农业股份有限公司挂牌。同时，全市7个县（市、区）首批共25家湖北科技特派员工作站也正式宣布成立。为深入推进创新驱动发展战略和乡村振兴战略，2022年以来，省科技厅启动了万名科技特派员助力乡村振兴行动，按照“人才下沉、科技支撑，供需对接、精细服务，乡镇主体、联动共建”的总体原则建设科技特派员工作站。以涉农乡镇（街道）为建设主体，11月份开始在部分县（市、区）试点，2025年底前实现全省所有涉农乡镇（街道）科技特派员工作站全覆盖。

湖北科技特派员（沙河乡）工作站由省级科技特派员程建平牵头，汇聚省农科院、湖北职业技术学院、市农科院、云梦农技推广中心等高校院所派出的省、市、县三级科技特派员16人进站服务，并成立了科创临时党支部，坚持以所在乡镇特色产业和农企关键技术需求为导向，打造“支部+科技特派员+产业+科技服务”的特色农业科技服务体系。

（撰稿：吴俊）

栏目编辑：裴再文

教育

教育

综述

【概况】　2022年，全市有各级各类学校1425所，在校生68.79万人，教职工数5.72万人（专任教师4.53万人）。其中，幼儿园713所，在园幼儿11.82万人；小学438所，在校生28.02万人；普通初中188所，在校生13.69万人；普通高中55所，在校生7.34万人；中等职业学校20所，在校生3.05万人。特殊教育学校7所，在校生909人；高校4所，在校生4.79万人。

全市学前教育三年毛入园率96.89%；小学入学率100%；九年义务教育巩固率99.18%；省级示范高中7所，市级示范高中21所，高中阶段毛入学率98.26%；残疾儿童少年九年义务教育入学率保持在96%以上。

【体制机制建设】　2022年，根据中共中央、省委关于新时代教育督导体制机制改革、加强学校体育美育工作、规范民办义务教育发展和市委、市政府有关重大决策部署，市教育局组织专班开展调研，报请市委、市政府先后出台关于全面落实新时代教育督导体制机制改革、加强和改进新时代学校体育美育工作的具体措施，以及进一步规范民办义务教育改革发展实施方案等。建立“双减”工作专门协调机制，出台校外培训项目分类鉴别指南、课后服务收费标准、学科类校外培训收费标准等系列配套政策。

【教育信息化建设】　2022年，市教育局实施人工智能、网络安全、中小学实验教学暨微视频制作等专项培训5期。完成孝感教育云平台扩容网络存储3次，容量4200G。完成疫情线上教学工作应急预演。申报设立省级劳动教育数字资源制作基地4所。3000余件作品参加省级“教育技术理论与实践”论文评选等活动。国家中小学智慧教育平台应用孝感团队获省级专家指导团队并推荐国家团队（全省3个）。2所学校入选

孝感市实验小学校园全貌

（市教育局 供图）

“信息化与基础教育均衡发展省部共建协同创新实验校”。教育装备工作在全省培训会上作典型发言。

【实施健康促进行动】 2022年,市教育局召开中小学健康促进行动研讨会3次,实施主题宣传6期,完成第二次基线监测2.4万条数据统计分析和报告撰写。制定综合防控儿童青少年近视光明行动落实方案,开展第4个近视防控宣传教育月活动和第27个“全国爱眼日”主题健康教育活动。组织350余人参加省第十六届运动会(中学组)比赛。先后举办“创卫”专题、校医(保健教师)、机关干部应急救护和核酸采样等培训。

【行政审批效能建设】 2022年,孝感市印制一次性告知书,明确设定依据、申请条件、所需材料、办结时限等,避免群众办事多头跑、反复跑、来回跑,在受理、审核、办结等环节,依法依规严格落实审批流程,提高政策执行力和审批效率。按要求设立“一窗通办”综合服务窗口,开通“一窗通办”受理办件工作。继续做好应届高校毕业生就业手续全过程“不见面”办理工作,实现网上全流程办理报到。规范干部学历更改认定工作,认定干部学历更改5434份,出具市属中职学历证明书163份。高中阶段教师资格认定920人。

【校园安全管理】 2022年,孝感市开展防欺凌、防电信诈骗、防溺水、食品安全、交通及校车安全等教育活动。举办安全专栏3000余期,开展安全演练活动4000余场次,参加学生达35万余人次。组织开展全市中小学幼儿园安全工作大检查、校园周边安全隐患集中排查整治等专项行动。开展食堂专项整治,印发《全市中小学校食堂服务保障学生不到位问题专项整治工作成效考评细则》,推进市、县、校三级联动,逐校落实问题排查整改。“互联网+明厨亮灶”建设1093所,覆盖率90.11%,建立校外供餐“白名单”制度。校安委组成8个督导组深入各地各校开展安全检查,发现问题隐患57个,下达整改督办单11份。对151所学校及幼儿园开展交叉检查,排查安全隐患320余个。坚持为考生服务,强化组织和防疫工作举措,组织高考、中考、教师资格考试、成人高考、研究生考试等15场考试,参考考生共计24.8万人,确保考生能考尽考,实现考试和防疫“双平安”。

【法治校园建设】 2022年,孝感市制定法治建设工作要点、法治宣传教育第八个五年规划(2021—2025年)及普法责任清单。全省“学法用法考试”参学率、及格率为100%。551所学校251722名学生参与全省网上“学宪法讲宪法”系列学习,参加人数全省第5位。开展“孝法有爱 护你未来”送法进校主题活动。完成第五届市级兼职督学和市级挂牌督学换届工作,对4个县(市、区)开展政府履行教育职责情况综合督导,对2个县市“万个公办幼儿园学位扩充”实事项目落实情况进行实地督查。组织2名行政执法人员参加全省行政执法资格考试,常态化推进“互联网+监管”工作。

【教育督导考核】 2022年,孝感市设置市、县督学责任区85个,启动第2轮县级政府履行教育职责评价。先后对学前教育发展、义务教育优质均衡发展、规范办学行为等工作进行专项督导检查,对发现的问题,实行销号管理,跟踪督办。市政府将教育高质量发展作为保障改善民生项目之一,纳入对县(市、区)“以奖代补”考核奖励工作方案,细化为5大类16项指标,分值占比15%,促进县(市、区)党委政府有效保障教育优先发展,实现教育高质量发展。

(撰稿:熊庆国)

学前教育

【扩充普惠教育资源】 2022年,孝感市全力推进“万个公办幼儿园学位扩充”事实项目。在2021年完成建设31所的基础上,2022年,继续建设29所。建立月通报制度,对项目进展滞后地区发督办函,并开展了4次实地督查,持续跟进项目进展情况,截至2022年年底,29个项目均已完工。2022年,全市争取中省学前教育专项资金9225万元,安排新建、改扩建公办园14个,总投资5179万元(其中中央资金4626万元、县级资金553万元)。安排公办园设施设备购置类项目67个,总投资4216万元。安排普惠性民办园扶持项目108个,总投资383万元。

【幼儿园普惠覆盖率】 2022年,市教育局督促指导各地按照《孝感市普惠性民办幼儿园认定管理办法》,加快普惠性民办幼儿园认定力度。2022年各地完成普惠性民办幼儿园认定(含复评)100所,其中新增认定普惠性民办幼儿园45所,新增普惠性学位8100个,学前教育普惠性幼儿园覆盖率较2021年提升11.17个百分点。

【规范办园】 2022年,市教育局印发《关于认真开展城镇小区配套幼儿园治理“回头看”工作的通知》,各地对纳入前期治理平台的93个小区配套幼儿园及核减的8个小区配套幼儿园治理情况开展“回头看”并填报清单。对2019年以来新建小区配套园相关情况逐一登记造册建立台账，抓紧推进项目建设，确保及时开园，做好人、财、物保障。

【提升保教质量】 2022年，孝感市开展第十一届全国学前教育宣传月活动。在市教育局官网开辟学前教育宣传月专栏，动员各地各园积极报送经验做法或典型案例。共收到各地各园上报案例40余篇，并择优上传到市级专栏同时推荐到省厅，市财贸幼儿园、安陆市实验幼儿园典型案例在省厅官网宣传。开展幼儿园自主游戏案例评比活动，各地逐级评选推荐18个案例至市级。市教育局组织专家团队线上评选打分，从18个案例中择优推荐7个优秀案例至省厅参赛。应城市沛思瑞丰幼儿园案例获省级三等奖，指导团队获“精心指导团队”称号。

（撰稿：熊庆国）

基础教育

【义务教育一体化发展】 2022年，全市争取“义务教育薄弱环节改善与能力提升”（2021—2022年）中省项目资金1.2573亿元，土建项目47个，涉及学校41所，设备购置项目72个，涉及学校70所，薄弱学校办学条件得到改善。印发孝感城区义务教育招生指引，指导各地坚持“公民同招”，规范民办义务教育发展，落实控辍保学，保障特殊群体入学。厘清孝南区和高新区职责，将随迁人员子女纳入政策招生范围。学区化集团化覆盖率达到91.81%。制定《孝感市关于推进县域教联体建设的实施方案》，探索“强校+弱校”集团化、“城区+农村”拉动式、“义教+幼教”辐射性等办学模式，成功申报省级教联体试点6个。组建“孝黄咸”三地中考协作体，细化具体要求，促进合作共赢。开展基础教育公办资源扩充情况调研和督查，做好基础教育公办资源摸底测算工作并形成工作报告。

【高中教育】 2022年，市教育局组建孝感市普通高中协作体和孝感市重点高中协作体两个平台，充分发挥平台在质量分析、教学管理、课程设置、复习计划等方面的沟通功能和协调作用。开展孝感市体育、艺术特色招生资格学校评估工作，认定湖北航天高中等8所学校具备体艺特色招生资格。加大消除普通高中大班额专项规划实施和督查力度，高中学校严格实行“三控制”（控制规模、控制班额、控制分差），全面消除56人及以上大班额，普通高中新入学年级班额不得超过55人。大力推进学生生涯规划教育，帮助学生合理确定选择高考科目。牵头成立全省16个地（市、州）组成的高中阶段学考联盟，高中质量稳步提升。

【教育公平】 2022年，孝感市研究制定《孝感市落实“十四五”特殊教育发展提升行动计划实施方案》，组织开展评估安置工作，适龄残疾儿童义务教育入学率97.85%以上。融合教育进一步推进，举办特殊教育教师基本功大赛，3名教师获省二等奖。组织开展融合教育案例评选，市特校案例获省一等奖，并被推荐到教育部。开展特殊教育课程研究实践，《培智教育“走班制”教学模式实践与探索》获省基础教育成果一等奖，并被推荐到教育部参评。全年全市资助各级各类学生22万余人次，资助资金2.2亿元，超额完成目标任务。

【校外培训治理】 2022年，市教育局印发校外培训项目分类鉴别指南，成立学科鉴定专家委员，出台学科类校外培训收费标准，对校外培训人员管理、材料管理、合同签订、资金监管明确具体要求，初步形成校外培训机构监管体系。全市学科类校外培训机构由168家压减至19家。已移交非学科类机构329家。全市共出动检查人员1198余人次，摸排机构470余家，反馈线索69条，查处隐形变异学科培训26次，下达

5月27日，孝感市黄香路小学学生在劳动基地开展实践活动

（市教育局 供图）

整改通知书78份，清退培训费用171.15万元。《中国教育报》《湖北日报》《孝感通讯》等介绍“双减”工作经验，校外培训治理工作在全省介绍经验。

【校内增效】 2022年，市教育局引导学校以校本选修课程和兴趣社团活动为基础，充分挖掘社会资源，开发有特色的课后服务课程。对各地课后服务开展情况进行专项督查，并对群众投诉反映强烈的大悟县城关中学、实验小学等进行了实地督查督促整改。开展优质作业设计展示交流活动，并将作业设计纳入“集体备课”督查中。开展教学成果奖申报工作。召开工作部署会和培训会，指导各地申报工作。全市向省厅推进教学成果10项，获省一等奖3项、二等奖4项。继续做好“基础教育精品课”遴选工作。在教科院和装备站的支持下，从各地各学校推荐的855节课例中遴选出245节推荐到省级参评，有213节获奖，其中获省一等奖69节。

【学生素质建设】 2022年，市教育局印发《“书香漫校园”——孝感市中小学校首届读书节活动》，开展阅读论坛、第二批“书香校园”“阅读之星”评选及征文、辩论赛、书写比赛等系列活动，培养中小学生良好的阅读习惯和写字习惯。评选孝亲敬老“小天使”10名和提名奖10名、“新时代好少年”10名。4名师生分别获全市家庭家教家风故事宣讲比赛一、二、三等奖。市委、市政府出台关于加强和改进新时代学校体育美育工作的具体措施，推进落实阳光体育锻炼1小时。精选13条研学旅行精品路线，3个基地、4个营地被省教育厅确定为第二批研学实践基地或营地，2个劳动教育基地被省教育厅确定为首批劳动教育实践基地。开展阳光心理课堂宣讲、“家爱学院”讲座，形成家校共育合力。

（撰稿：熊庆国）

7月，全市青少年阳光体育足球比赛举行

（市教育局 供图）

职业教育与成人教育

【项目建设】 2022年，上级下达孝感市中职奖补资金4239万元，改善9所公办学校办学条件。大力推介中央财政贴息贷款项目。针对我市中职学校教学设备不足、老化等问题，动员符合条件的中职学校积极申报设备购置与更新改造贷款贴息项目，目前4所中职已列入孝感市计划名单。对中职奖补资金项目按照“突出重点、专项资金投向”要求，严格把关资金用途，及时推动项目建设。

【资源整合】 2022年，市教育局组织专班赴黄冈、十堰、襄阳考察学习，会同孝南区向提出市委、市政府“3+3”职教资源整合建议。市委、市政府印发《孝感城区中等职业学校资源整合实施方案》，同步推进孝感城区中等职业学校资源整合与孝感市职业技术学校（集团）建设。3所学校已完成资产评估，孝感市职业技术学校（集团）已开工建设。

【“双优”创建】 2022年，市教育局大力开展“双优”创建。经省教育厅评审，确定4所中职学校立项建设省级优质中等职业学校、5个专业立项建设省级优质专业。大力推进学历和职业资格认证工作参与“1+X证书”试点中职学校10所，对接培训企业37家，申报试点项目49个，试点专业34个，培训学生1782人。开展中职教学诊改工作，指导各中职学校基于办学理念、教学工作、师资建设、需求方反馈等6个方面开展诊改，孝感工校已圆满接受省厅复核验收，其他3所试点学校正认真开展自查诊改工作，准备迎接省厅复核。

【职教专业调整】 2022年，孝感市认真落实教育部《职业教育提质培优行动计划（2020—2023年）》，加强中等职业教育专业建设供给侧改革，积极引导中职学校开设服务地方产业专业和战略性新兴产业专业，组织专家对拟新办专业师资配备、人才培养方案、实训场所、教学设施等进行现场评审和校长现场答辩。2022年，5所学校新设9个专业，包括化学工艺、茶叶生产与加工、电子商务等服务地方经济发展专业和工业机器人技术应用、新能源汽车运用与维修、婴幼儿托育等新兴产业专业。

【校企合作】 2022年，孝感市鼓励企业进校园，设立冠名订单班，共建生产型实习实训基地。安排中职教师有计划地到企业顶岗进修，了解新技术、新工艺，改进教学。全市18所中职学校实现产教深度融合学校12所，产教深度融合专业24个，共建实习实训基地13个，校企共建专业35个，校企合作企业145个，签订校企合作协议138份。孝感生物工程学校和京东合作，建成孝感京东产教融合示范基地，成为中国电子商会产教融合专业委员会副理事长单位。

【职业技能培训】 2022年，市教育局充分利用职校师资、设备和场地，采取集中办班、送训下乡、现场实训等多种形式，针对农民工、退役军人、“两后生”、再就业职工等群体，开展电工、焊工、叉车、家政等培训，培训学员4900多人。继续实施“一村多名中职生计划”，面向全市农村选拔应、往届初中毕业生接受中职教育，为农村特色产业发展、乡村振兴战略提供人才支持。2022年“一村多”已完成招生251人，计划实施以来共招生1457人。

（撰稿：熊庆国）

民办教育

【专项整治】 2022年，市政府、市委分别召开常务会议、市委常委会会议，传达贯彻上级文件和会议精神，听取相关情况汇报，制定《孝感市规范民办义务教育发展专项工作实施方案》。各县（市、区）党委、政府分别将专项整治工作纳入政府常务会议和党委常委会议事日程，党政主要负责人亲自进行调研和参与具体工作方案、措施的研究和制定。

【民办教育调查研究】 2022年，市教育局组织专班分赴7个县（市、区），摸清各地民办教育基本情况，听取当地教育部门关于规范民办义务教育专项工作安排部署。走访有关民办学校，了解学校发展情况，充分听取意见建议。市政府分管领导带领教育部门相关负责人进行实地调研，召开民办学校工作座谈会，对在调研过程中发现的问题及时进行反馈，做好风险评估，防止引发社会问题和舆情。

【规模调控】 2022年，孝感市通过“停、转、减、限、购”多种措施，调控民办学校在校生规模，停办2所，停招并拟停办1所、停招拟转型2所，全市民办学校在校生人数秋季学期较春季学期减少5791人，另政府购买学位5684个，在校生规模控制在19542人，占比4.69%，较春季学期下降2.81个百分点。全市18所民办义务教育学校党建工作全面开展，3所“公参民”学校全部规范后独立举办民办学校，1所不规范的学校修改了校名。

【规范办学行为】 2022年，孝感市规范民办学校招生和转学工作，坚决制止民办学校超计划招生和违规转学。发挥教育督导功能，将规范民办义务教育专项工作纳入对县（市、区）政府教育督导和年度目标考核内容，督导结果作为评价政府履行教育职责的重要内容。落实教育主体责任，规范“公参民”义务教育学校办学，对现有3所“公参民”义务教育学校租用（占用）公办学校场地、校舍、教育教学资源办学进行了规范，公办学校教师全部退出。

【民办学校年检】 2022年，孝感市根据《民办教育促进法》及相关法律法规，制定《民办高中阶段学校年检实施方案》，抽调专业人员组成10人年检专班，以工作全覆盖方式对全市18所民办高中、5所民办中职学校办学情况逐一进行现场年检，从党的建设、办学条件、依法治校、办学方向、办学行为、师生权益6个方面等事项开展现场复查，对发现的问题进行认真分析，印发整改督办通知书4份，下达学校整改通知书19份，根据年检整改情况确定合格学校16所，基本合格学校6所，不合格学校1所。

【民办义务教育监督监管】 2022年，孝感市坚持党的领导，切实加强民办义务教育学校党建工作，20所民办义务教育学校中已有19所建立了党组织并开展活动，1所学校已向当地市委教育党工委递交了成立党组织的申请，将党组织和党建全覆盖落到实处。充分发挥党组织的战斗堡垒作用，健全学校党组织参与决策和监督机制。督促各地加强对民办义务教育学校财务监管力度，建立民办义务教育学校教育教学常态化监督机制，有序开展质量监测。

（撰稿：熊庆国）

教育科学研究

【师德师能建设】 开展“立德树新风喜迎二十大”师德视频演讲比赛，收到参赛作品230余篇。全市共招聘教师1837人。制订人才服务月工作方案并积极组织实施。励耕计划资助204名困难教师。选派75名教师参与银龄讲学活动,大悟、孝昌选派60名城区教师到农村支教。继续与湖北黄冈师范学院合作,定向培养30名地方“优师计划”。第74期湖北省幼儿园园长任职资格培训22人,国培、省培共1343人参加3大类92个分项,93497人参加省、部级义务教育段课程标准培训。100名中小学校长参加第二届“槐荫教育校长论坛”,举办7期教育大讲堂,线上线下参与活动人数6万余人次。34人获评省十一届特级教师,2人入选为2022年“荆楚好老师”,5人荣获第四届“楚天园丁奖”,4人分别被评为湖北省农村先进教师和先进工作者。

【新高考政策研究】 新加强高考政策研究,积极落实复习备课,做好高考质量分析工作。组织召开全市2022年高中学校教育教学交流总结会,详细分析孝感市高考情况,提出2023年备考具体建议。组织全市高三3次统考工作,考后认真开展质量分析。制定普通高中教科研协作体工作指导方案,实现“1+7+4”和一般高中协作体互通。组织全市高中教学研讨会4次,参与高中协作体活动6次,分析存在的问题,并提出具体改进措施,跟踪督促各校总结提升。组织召开孝感市普通高中教科研协作体工作会议3次。

【联盟协作体合作交流】 深化孝感、黄冈、咸宁3市中考联盟协作体合作与交流,组织全市九年级上学期期末质量监测、4月调研考试工作和质量分析会。完成2022年初中学业水平考试命题审题、阅卷工作。做好2022年初中学业水平考试数据分析工作,形成质量分析报告,并及时向教育部全国初中学业水平考试评估平台和省教科院考试评估中心传送孝感市2022年中考各项评估数据和资料。

【教研改革】 制定基础教育教学创新实验项目及成果培育奖励方案、教研工作评估方案、普通高中教科研协作体工作指导方案等。组织开展“订单式”教学视导,以指导复习备考为重点,深入9所高中学校开展教学视导,听课评课160余节。以落实“双减”政策为重点,视导了9所学校,听课评课130余节。开展全市集体备课展示活动,深入学校查看集体备课现场。立项90项市级课题、14项省级课题(其中2项重点课题)。43项课题结题,其中3项省级课题结题。

【教研活动】 举办5个学科云教研活动,全市共计5.7万余人次参与各学科线上学习。组织开展全市作业设计评选活动,评选出优秀作业设计393篇,推选90件作品参加省级评选。组织开展阅读、写字书法、劳动教育和美育等课后服务成果展评活动,遴选基地学校36所,评选1739份作品,推选658份作品参加省级评选。组织中小学班主任基本功展评活动,线上线下万余名中小学班主任参加观摩学习。组织开展全市班主任和思政课基本功评审活动,18节课例参加省级评选。213节获省精品课例,位列全省第四。

(撰稿:熊庆国)

湖北工程学院

【概况】 湖北工程学院是首批湖北省2011计划高校,全国100所“十三五”产教融合发展工程应用型本科建设重点高校,是“互联网+中国制造2025”产教融合促进计划试点学院。学校连续7次被省委、省政府授予“最佳文明单位”,荣获第四届“全国文明单位”称号。入围“创建全国文明校园先进学校”名单。《湖北工程学院学报》“中华孝文化研究”入选教育部名栏建设工程。

学校坚持“应用型、地方性、综合性”的办学定位,坚持“建强工科、厚实农师、发展医科、多元协同”的学科发展思路,形成了工、理、农、文、经、教、管、法、艺多学科交叉融合、协调发展的学科建设布局。现有省级“十四五”高校优势特色学科群2个,省级重点学科5个,省楚天学者计划设岗学科12个,国家级特色品牌专业、一流专业7个,国家级精品课程、一流本科课程6门。

学校深入推进产教融合协同育人,推动应用型人才培养模式改革,对接服务湖北现代产业集群发展,打造现代产业学院。现建有省级实验教学示范中心4个、省级重点实验教学示范中心1个,省级虚拟仿真实验教学中心(实验室)3个。近几年获省级以上大学生创新创业训练计划项目359项,其中国家级项目89项;学生在国家级学科(科技)竞赛中获奖679项,学生考研上线率近20%;毕业生就业去向落实率保持在92%以上。

学校深入推进科技创新和服务地方,建有湖北省协同创新中心、新农村发展研究院、重点实验室、工程技术研究中心、知识产权运营中心等省市级平台19个。近几年获批各类纵向科研项目600余项,争取各类科研经费超过2亿元。

学校大力实施服务地方行动计划,与孝感市等地方政府开展校地合作共建,积极助推产业转型升级,每年百余名教授博士进企业、进乡村、进社区，助力企业上市、乡村振兴。孝感市出台《支持湖北工程学院加快建设国内一流大学的若干意见》，每年支持学校建设经费1000万元。学校坚持开放办学，加强国际合作与交流，与英美等国10余所大学建立校际交流合作关系。

【应用型人才培养】 坚持应用型办学定位，深化应用型人才培养改革，提升应用型人才培养能力。2022年，新增新能源材料与器件和智能制造工程两个专业。完成汉语言文学和思想政治教育专业师范类专业认证，小学教育、学前教育、美术学、思想政治教育等专业通过师范学生教师资格免试认定工作。获批4个省级一流本科专业，3个省级优秀基层教学组织。学校被列入国家智慧教学平台湖北省试点单位，获批省教育科学规划课题3项、省级一流本科课程13门。2022年，学校面向全国25个省（市、区）招生，共招收52个本科专业（含大类）3712人。2022届毕业生共有4727人，毕业生去向落实率为93%。学校大学生创新创业孵化基地已入驻项目合计31个，在校生创业人数达300余人。青年教师参与各级教育教学竞赛，获国家级奖项5项、省级奖项9项。学生获学科竞赛国家级奖项26项、省级奖项656项。

【学科建设与研究生教育】 坚持"建强工科、厚实农师、发展医科、多元协同"的学科发展定位。2022年，科学规范落实"双一流"经费政策执行，优化使用湖北省"双一流"建设经费670万元、湖北省高等学校优势特色学科群建设经费370万元、中央支持地方高校发展专项补助118万元，持续巩固学科建设基础，大力推进"生物质基功能材料"和"特色农业资源开发与高效利用"两个"十四五"湖北省高等学校优势特色学科群。建设乡村振兴规划与建设、智能信息处理与新一代信息技术两个校级优势特色学科群。重点支持24项校级学科优势特色方向（领域）立项建设。2022年，在农业（农艺与种业、资源利用与植物保护、农村发展）、电子信息（计算机技术、电子与通信工程）、材料与化工等领域开展联合研究生培养工作。学校现有硕士研究生导师资格55人，在籍研究生68人，2022年，毕业生18人，毕业去向落实率100%。2022年，联培研究生共发表SCI四区以上论文共14篇，其中一区4篇、二区4篇、三区2篇、四区3篇、核心1篇。

【科研与服务地方】 完善科研平台管理体制，科研工作取得新突破。省级科研平台全部纳入教学学院建设管理，新获批省教育厅优秀中青年科技创新团队2个。投入600多万元建设省级科技创新团队，1个湖北省高校人文社科研究基地通过验收，获批孝感市企校联合创新中心3家。获批省部级以上科研项目16项。获省部级以上科技成果奖3项。获省级人文社科奖2项。争取各类科技经费5800万元，发表高水平学术论文174篇，申请发明专利44项，科研成果转化56项。"服务孝感行动计划"深入推进，全面推进大学科技园建设。出台《湖北工程学院大学科技园管理办法（试行）》，致力于将大学科技园建成集科技孵化、科技创业、新型研发机构、科技成果转化、实训实培的综合科研平台。启动"新型建筑材料科技创新中心"等重点项目建设，引进企校联合创新中心相关企业10家，到账经费200多万元。争当服务地方发展排头兵。托管孝感市城市规划馆和科技馆工作顺利进行，多渠道调研企业需求，组织优势团队进行技术攻关，扎实推进科技成果转化，服务地方经济建设，签约横向科研项目150余项，到账经费1600多万元，比2021年增长10%。加强人文社科平台建设，构建地方特色新型智库，组建具有专业特色的研究中心7个，2个中心首批进入孝感市"澴川智库"。

【师资队伍建设】 坚持"一人一策、一事一议"柔性引进高层次人才。聘请"澴川学者"3人，引进湖北产业教授3人，引进外籍博士3人，全年引进博士48人。营造有利于优秀人才成长的制度环境，学术带头人和中青年学术骨干脱颖而出。2022年，新增"楚天学者"特聘教授1人，新增"享受湖北省政府专项津贴"1人，入选第二届孝感文化名家3人。启动春晖学者计划人才项目，首聘春晖学者75人。2022年，选派2名青年教师出国访学，2名青年教师参加博士后研究工作。14名青年教师考取博士研究生。完成定机构、定岗位、定职责"三定"工作，2022年职称评审工作顺利进行，晋升副高级以上职称28人、中级职称28人、初级职称16人。新增"双师双能型"教师176人，"双师双能型"教师占比达50.4%。制定了《湖北工程学院建立健全师德师风建设长效机制实施方案》，组织开展"从教30年"荣誉纪念活动，授予402名教师从教30年荣誉证书，逐步建立教育、宣传、考核、监督与奖惩相结合的师德师风建设工作长效机制。

【学生思想政治教育】 以"喜迎二十大，永远跟党走，奋进新征程"为主题组织开展系列校园文化活动，结合雷锋月、端午节、中秋节等重要节点开展主题教育。开展孝行月系列活动，组织开展大学生志愿者文化科技卫生"三下乡"、"青春献礼二

十大 强国有我新征程”线上党史知识竞答、下基层察民情解民忧暖民心和“百名辅导员访百家”系列活动。重视大学生心理健康教育。心理健康教育中心线上线下共接待咨询访谈879人次，邀请精神卫生专家来校坐诊24次。开展“心悦节”“光朋辈行”心理健康教育系列活动,印发《疫情防控心理自助手册》。开展心理健康教育专题讲座,对辅导员进行专题心理健康教育培训和“花艺舒压”心理辅导培训。征兵工作显成效。全年征兵计划指标46人,实际应征入伍79人,大幅超额完成征兵计划。在2022年湖北省高校辅导员素质能力大赛暨育人故事分享会中,学校辅导员吴俊成取得一等奖的佳绩并在全省辅导员大会上做现场分享。

【基建和后勤保障】 新建工程实验实训中心和美术楼投入使用。共青村地块场地平整项目、同大南学生公寓项目、实训中心北保障性租赁住房建设项目有序推进。改造装修16套人才公寓、维修改造61栋屋面防水、完成主校区870亩校园雨污分流工程,改造了朝阳小区。修订了《湖北工程学院校园维修工程管理办法》,校园基础设施建设水平和保障条件不断改善。

(撰稿:熊庆国)

栏目编辑:裴再文

文化·旅游·体育

文化·旅游·体育

综　述

【概况】 2022年,孝感市文化和旅游局坚持以文旅融合、文体强市、以文化人为工作目标,围绕文化事业提质增效、全域旅游纵深发展、文旅产业提档升级、品牌形象深化提升,聚力攻坚突破,促进了孝感文旅体事业繁荣发展。《大将军吴禄贞》获第十一届屈原文艺奖,云梦郑家湖考古项目先后被中国社科院、国家文物局评为“六大考古新发现”和“中国十大考古新发现”,市图书馆获评全国文化和旅游系统先进集体。天屿湖、爱漫文旅小镇成功创建AAAA级景区,北山红叶、盛世闻樱通过AAAA级景区创建景观质量评审,安陆市烟店镇获批全国乡村旅游重点镇,汉川田水湾沸腾码头、大悟福禄伴山露营基地入选2022年湖北省夜间消费集聚区。途居双峰山露营地获国家5星级汽车自驾运动营地授牌,新增AAA级景区5家、农旅养融合示范点10个、湖北乡村文化和旅游带头人3人。

【文体基础设施】 实施文化广场提档升级项目9个。应城、云梦、安陆3个县市应急广播工程建设项目完成,广电网络开通5G信号。建成省级新全民健身工程18个,安装、维修、更换健身器材391套(件),改造(维修)体育场馆设施3处,全市新增(改造)健身场地10平方米以上。

央视到云梦开展《寻古中国·云梦记》摄制调研活动

(摄影:肖元玲)

【文化惠民服务】“县聘乡用”政策全面落实,起草《关于推动孝感市公共文化服务高质量发展的实施意见》《孝感城市书房建设和运营管理办法》,编创电视剧《三孝巷》故事梗概、人物小传及分集大纲,获全省第三届社会文艺团队展演二等奖1个、三等奖2个。完成国民体质监测。

【丰富群众文化生活】 组织新春金秋演出季、红色文艺轻骑兵、文化进万家、欢乐下基层、送戏下乡、戏曲进校园等各类活动共8311场,放映农村公益电影3.1万场,举办首届万名司机讲家乡故事孝感选拔赛。围绕宣传贯彻二十大主题,策划开展云传唱活动,组织主题文艺宣讲活动8场。

【文化遗产保护】 新增“非遗”传承人省级1人、市级9人、中国传统村落4处。1人被评为优秀国家级传承人,5人被评为优秀省级传承人。老澴河码头获评省级文保单位。全市长江文物资源调查新发现文物59处,位列全省第二。开展“518国际博物馆日”和“文化和自然遗产日”宣传活动。

【旅游宣传推介】 在全市旅游发展大会上发布最新文旅宣传片，启动“六大”旅游品牌评选。孝感旅游年票使用范围从11家收费景区升级为武汉城市圈内78家。“孟宗故里 梦里花园”赏花之旅入选全国乡村旅游精品线路。

【体育强市建设】 出台《孝感市深化体教融合 促进青少年健康发展实施意见》，孝南区成功申报湖北省体教融合示范区，新组建2014足球精兵梯队。孝感运动员高锦康勇夺2022年世界射击锦标赛男子十米气手枪青年组金牌。分批次开展全民健身“五项五进”活动，培训各级公益性社会体育指导员2753名。

（撰稿：王昊）

公共文化

【概况】 2022年，市文旅局组织全市文化馆图书馆、专业院团、社会文艺团队等开展新春金秋演出季、红色文艺轻骑兵、文化进万家、戏曲进校园、送戏下乡等各类日常性活动8382场，线上线下惠及观众715.697万人次，其中戏曲进校园303场，专业院团演出781场。放映农村公益电影3.1万场。举办首届万名司机讲家乡故事孝感选拔赛，2名选手分别获得金牌和银牌“家乡宣传员”称号。围绕宣传贯彻二十大主题，策划开展云传唱活动，组织主题文艺宣讲活动8场。联合市教育局组织全市中小学参加湖北省第二十三届中小学生美术书法作品比赛，评选出240件作品报送省厅参赛，其中42件美术作品和38件书法作品获奖。举办“喜迎二十大 奋进新征程”暨“听党话、感党恩、跟党走”孝感市书法美术作品展，评选出入展作品80件，其中优秀作品20件。2022年，市图书馆荣获评“全国文旅系统先进单位”，获评社科普及省级示范基地称号，荣获湖北省图书馆学会授予的“全省图书馆数字化发展先进单位”一等奖。

【全民阅读活动】 2022年，以讲、阅、展、演、数、游等阅读推广形式，常年开展全民阅读文化活动。开展澴川文化大讲堂20场，主题展览48期（展厅线下展览8期、线上展览40期），科普手工课堂24期，绘本故事会66场（其中红色故事会15场），文心读书会18场（含家庭教育、阅读分享），节假日优秀电影展播15场，线上讲座及扫码看书55期，集体参观与阅读9次，“红色文艺轻骑兵”流动图书车进校园、文化服务进村庄、景区、军营、医院、福利院等51次。与中国图书馆学会联合开展4·23世界读书日“书籍，春风，还有你——给读者的一封邀请信”“年华易老，技·忆永存——第四届国家级非物质文化遗产代表性传承人记录工作成果展映月暨工作回顾展”主题活动，参与全国阅读推广活动部署，加强各地区图书馆联动，弘扬优秀传统文化。组织发动全市各基层馆积极参加湖北第七届长江读书节系列活动，全市各公共馆共开展各类文化活动800多场次，30多万人次参与，充分发挥了公共图书馆在全民阅读中的重要作用，较好地促进了孝感市全民阅读活动的深入开展。

【“喜迎二十大”主题文化活动】 2022年，市图书馆充分利用服务平台，设立专栏，积极开展党的二十大精神宣传。以“喜迎二十大、奋进新征程”为主题，积极举办系列宣传、解读、贯彻党的二十大精神的主题文化活动。通过举办讲座、展览、书目推荐、服务阵地宣传等工作，全年开展二十大主题文化活动近50场次。国庆节期间，在线上策划了17场精彩纷呈的阅读推广以及社科类宣传活动，约5000名读者们在“悦读”的过程中欢度祝国庆，为迎接党的二十大胜利召开营造浓厚氛围。

【公共图书馆总分馆建设】 2022年，市图书馆服务网点持续延伸，总分馆服务网络逐渐成型，成立巡检小组，每周定期到各服务网点进行技术维护和图书更新。已建成10座澴川书房，8个自助服务点，馆外流动服务点25个，推动15分钟阅读文化圈的构建。2022年，与孝感武警支队及某部队新建流通点2个；与市一医院开展共建，建成医学文献专业分馆，丰富了特色馆藏建设，促进图书馆专业化发展。

【公共图书馆评估定级】 2022年，市图书馆以第七次全国公共图书馆评估定级工作为契机，发挥“以评促建、以评促管、以评促效能”提升的作用，组织全市各基层馆参加全国、全省线上线下培训4次，组织全市各基层馆长和业务骨干召开评估定级工作专题会议和培训工作。根据评估工作安排和部署，于9月底前将评估3大类，66项1000余条指标数据录入“全国公共图书馆评估定级管理服务平台”，并进行纸质资料归档和总结。在保证各项工作正常开展的同时，组织指导县（市、区）图书馆填报网上平台数据，按时高标准完成了评估数据的上传，完成全市评估定级总结材料报送工作。

（撰稿：王昊）

文艺

【文艺活动】 2022年,孝感市联合举办“庆祝二十大 心中的歌儿唱给党”云传唱活动。围绕学习宣传贯彻党的二十大主题,创作了舞蹈《小井长歌》《红灯高照珊瑚岛》、歌曲《百年梦想》、音乐诗画《礼赞新时代十年》等作品。孝文化题材电视剧《三孝巷》已完成剧本第三稿故事梗概、人物小传、分集大纲,组织剧本专家审读评审会。起草《关于对大型原创音乐剧〈孝·感天地〉阶段性收尾工作的建议》,指导《孝·感天地》申报2023年国家艺术基金,完成最后一轮答辩。

【项目申报】 2022年,市文旅局组织全市各专业院团参加湖北省舞台艺术重点题材创作扶持工程2022年度项目申报,其中云梦县楚剧团大型楚剧《龚华铭》入选为重点题材创作一般项目。

【专业艺术人才培养】 2022年,市文旅局组织孝感市第一、二批美术人才开展乡村振兴等主题创作,其中孝感市2件作品入展省文旅厅举办的“喜迎二十大 壮美新画卷——乡村振兴·美丽乡村主题美术作品展”。组织指导我市中青年表演人才参加2022年湖北省中青年艺术表演人才大赛暨新人新作展演,其中1人进入决赛。

(撰稿:王昊)

文化遗产保护

【文化遗产保护机制建设】 2022年,古三军台桥、老码头项目完工,文昌阁主体工程封顶。坚持抓文物安全不放松,全市文物安全无事故发生。开展文物建筑火灾风险隐患排查整治。联合打击文物犯罪,破获云梦倒卖文物案件和应城盗掘文物案件。在全省率先出台《孝感市非遗代表性传承人绩效考核管理办法》,对全市市级以上非遗传承人实行考核,优秀的给予奖励,同时对市级传承人补贴标准由2000元提高到4000元。新增非遗传承人省级1人、市级9人、中国传统村落4处。秦礼刚被评为优秀国家级传承人,熊乃国等5人被评为优秀省级传承人。老码头获评省级文保单位。全市长江文物资源调查新发现文物59处,位列全省第二。做好孝感府澴河水利治理、汉孝直通道交通线、应城光伏发电项目、城区长征南路雨污分流工程等地方大型建设工程的文物考古调查。

【文化遗产保护宣传】 2022年,市文旅局组织全市开展了“5·18国际博物馆日”和“文化和自然遗产日”宣传活动。全市各地结合实际,开展了丰富多彩的宣传活动。市博物馆举办全国十大考古发现之一的云梦郑家湖出土文物图片展览,开展广大市民参与的文物复制品展览、手写竹简、手绘陶瓷等活动,还利用抖音、微信公众号等进行网上直播。

(撰稿:王昊)

大众传媒

【湖北日报孝感分社】 2022年,《湖北日报》孝感分社紧紧围绕孝感市委、市政府中心工作和发展大局,主动谋划,积极作为,深耕基层,不断创新,全年共在湖北日报报纸发稿305篇,在湖北日报新闻客户端发稿19153条。报道亮点迭出、精彩纷呈,为孝感经济社会发展营造了良好的舆论氛围,受到市委、市政府主要领导的充分肯定。打造全媒体传播新格局,在全省率先完成湖北日报新闻客户端汉川频道、应城频道试点工作,实现7个县(市、区)频道共建共享全覆盖;探索推进湖北日报客户端市州直频道建设,“孝感公安”“清廉孝感”“绿美孝感”频道完成上线。完成《孝感观察》改版,一期聚焦一个主题,与视频号“孝感试点”互动,提升传播率和影响力。融合传播,《千里追访安陆“麦客”》全媒体报道引发强烈反响,国内多个主流媒体迅速转发,短时间网上阅读量冲破100万+。该报道受到省委领导和中央网信办肯定表扬,中央网信办全网置顶推送。省委宣传部第73期新闻阅评称赞报道情节朴实,生动感人,堪称锤炼“脚力眼力脑力笔力”的成功之作。在孝感市召开的百名记者下基层动员会上,孝感分社就“追麦故事”作经验交流。华中科技大学新闻学院将该报道作为案例应用在课堂教学中。

【湖北广播电视台孝感融媒体记者站】 2022年,湖北广播电视台融媒体记者站克服疫情带来的不利因素的影响,正视广电行业持续下滑的严峻挑战,创新突破,扎实苦干,实现了开局漂亮、期中优异,全年“精彩”。孝感记者站牢牢把握正确的政治方向、舆论导向和价值取向,服务地方党委和政府的中心工作。同时,抓牢宣传这条业务线,积极融入孝感、扎根孝感,不断落实新要求、宣传新思想、打造新特色、实现新融合,在“力度上、维度上、深度上、高度上”大力度宣传孝感市深入推进“主城崛起、两带协同、孝汉同城、多元支撑”的区域发展布局。2022年,孝感记者站共在中央电视台各栏目发片

43 条，其中《新闻联播》3 条；湖北卫视《湖北新闻》发片 126 条；《长江新闻》《新闻 110》《垄上频道》等栏目一共 521 条；长江云新媒体发稿做到在省直驻孝媒体中第一时间首发。2022 年，孝感全力打造武汉城市圈副中心，争当全省高质量发展第二方阵排头兵。2022 年、孝感市委宣传部延续和记者站长效合作机制，开办每月两期的《直通孝感》栏目。

（撰稿：陈凯歌）

【孝感日报社】 2022 年，孝感日报社坚持思想引领，强化理论武装，深入学习贯彻党的二十大精神，着力营造浓厚氛围。聚焦宣传主责，加强新闻策划，着力讲好孝感故事，提升宣传质效。持续深化改革，推动提质增效，激发发展活力，融合转型效果进一步凸显，2022 年，孝感日报社“网络直播平台”项目入选中国报业媒体融合“用得好”案例库名录。

党的二十大宣传报道。坚持会前会中会后一体策划，会前，抽调骨干人员组建二十大全媒体报道专班，围绕全面加强党的领导、加快高质量发展、全面深化改革、生态文明建设、全面从严治党等重大主题，策划推出“奋进新征程 建功新时代”“喜迎二十大”“人民满意的公务员”等专栏，刊发系列专题报道 100 余篇。会议期间，推出《党的二十大特别报道》特刊 28 个，专题专栏 7 个，刊发稿件（图片）500 多篇（幅），全面反映大会动态、报告摘要及全市各界收看收听二十大召开的情况、各界热议等。大会闭幕后，围绕学习宣传贯彻党的二十大精神，统筹“深入学习贯彻党的二十大精神”主栏目，相继推出“奔跑新征程 建功新时代”“县（市区）市直部门访谈”“宣讲进行时”“新时代新征程新伟业”等专栏报道，为掀起学习宣传贯彻党的二十大精神热潮营造浓厚氛围。

重点专题报道。2022 年，孝感日报社围绕孝感高质量发展，开辟“奋进新征程 建功新时代”“奋进开门红 号角声声催征人”“三项行动促振兴”“当好店小二 优化软环境（用心用情 助企纾困）”“五城同创共建大美孝感”“五城同创曝光台”“下基层、察民情、解民忧、暖民心”“三学三立促发展”“美好环境与幸福生活共同缔造”等新闻专栏，推出“四看四比”“稳经济大盘”“改革进行时”“重点项目探访”“小巨人企业成长记”“试点进行时”等系列专题报道，推出“一名党员一杆旗”“人民满意的公务员”“‘烈火玫瑰’喻梅的故事”及全国全省五一劳模、荆楚楷模、孝感道德模范等 40 余篇先进典型报道。新媒体平台同步发力，1—12 月，《孝感日报》微信、微博推送内容 7000 余条，视频号、抖音号发布内容 1400 余条。其中，抖音号单条最高播放量 181 万，视频号单条最高播放量 88.5 万，微信公众号发布的两条疫情相关信息阅读量 10 万+。2022 年，共有 56 件作品获各级新闻奖。孝感日报社参与的全国地市党报发起组织的重大主题报道“百年奋斗路 百城访初心——庆祝中国共产党成立 100 周年”获第 32 届中国新闻奖二等奖，实现了中国新闻奖零的突破。

融合转型。孝感日报社强化移动优先，以绩效考核及流程管理制度为保障，促进采编人员角色转型、思维转变。强化头部效应，对新媒体矩阵进行运行分析研判，优化整合部分新媒体账号，做优做强“孝感日报”“槐荫论坛”微信公众号、视频号、抖音号等主打账号。强化上下游传播渠道畅通，加强与中省新媒体平台对接，积极扩大外宣影响力，2022 年，“学习强国”平台上稿 163 篇。强化直播、短视频运用，先后组织春风行动招聘、健康公益直播等直播活动 30 余场。围绕“两会”等重要节点，策划推出“记者出镜探会场”，取得良好社会反响。2022 年，孝感日报社“网络直播平台”项目入选中国报业媒体融合“用得好”案例库名录。

经营创收。成立经营管理委员会，健全了领导机构，推进了经营创收工作。在资源整合上，将日报新媒体合作业务、相关周刊归口政务

孝感晚报社记者在第三届荆楚乡村文化旅游节上开展直播

（孝感晚报社 供图）

服务中心统一运营管理，职能职责更加清晰。在经营方式上，加强服务对接，加强平台协作，提供打包式服务，拟定“一揽子”方案，既满足了客户需求，也提升了整体经营水平和全方位服务质量。

发行改革。按照先易后难、循序渐进的工作方式撤站交邮推动发行改革。2022年，顺利完成了孝昌、汉川、应城撤站交邮。至此，各县市站撤站全部完成，保留孝感城区中心站，已清算投递员43人，在清退过程中做到依法依规、合情合理，维护社会稳定。

（撰稿：张小兵）

【孝感广播电视台】2022年，孝感广播电视台始终坚持政治引领新闻宣传，坚守党管媒体原则，坚持以人民为中心，充分发挥主流媒体的舆论引导作用，围绕党的二十大、省第十二次党代会、乡村振兴“三项行动”、建市30周年100个重大项目、五城同创、助企纾困、“下基层、察民情、解民忧、暖民心”等重大活动主题谋篇布局，重大战略宣传有声有色。《孝感新闻》全年共播发新闻3600余条，孝感广播新闻全年内宣播发稿件7000余条，在中省主流媒体播发新闻914条。

党的二十大宣传报道。党的二十大胜利召开，孝感广播电视台精心部署，策划“喜迎二十大·奋进新征程”“喜迎二十大·非凡十年”“喜迎二十大·说说我们的好日子”“喜迎二十大·孝看新时代”“学习贯彻党的二十大精神”等一系列主题报道，全方位、大力度、多层面解读精髓要义，对全市各战线十年来发展成就进行深入采访并展播，充分展示孝感市在推进经济社会高质量发展上贯彻落实二十大精神的生动实践。

重大活动报道。孝感广播电视台牢牢把握“建设武汉都市圈重要节点城市”主题主线，广泛深入报道全市重点工程项目、乡村振兴、五城同创等市委中心工作，开设了“奔跑新征程 建功新时代”“建功先行区 打造武汉都市圈重要节点城市”“‘五城同创’共建大美孝感”“乡村振兴看孝感”“下基层 察民情 解民忧 暖民心”“共同缔造 共创美好”等系列报道专栏，录制访谈节目《“一把手”谈人才》，播发重大主题报道400余条，全面营造全市干群上下齐心、共谋发展的良好氛围，集中反映了全市过去一年来经济发展、社会进步、民生改善的新成绩新亮点。

外宣工作。在市委宣传部启动的百名记者下基层“蹲点采访”活动中，孝感广播电视台精心组织实施，开展全体记者参与的沉浸式、调研式采访活动。记者们走进基层、亲历一线，采写出一大批饱含温度暖人心的作品。《唐根根:奔跑在乡村振兴路上的“领头羊”》《聋哑夫妻:无声带货演绎自强人生》2篇作品连续2个季度上榜全省广播电视创新创优节目，不仅为台争得了荣誉，还争取了项目资金。《“龙”腾赛场“豪”取桂冠 孝感双骄载誉归来》《厉害了！“湖北造”为神舟十三号航天员保驾护航》双双荣获湖北新闻二等奖。广播节目制作部被湖北省人力资源和社会保障厅、省妇女联合会授予“2021年度湖北省三八红旗手集体”；5月，记者部荣获“2021年度全省广播电视系统青年文明号”。2022年，孝感广播电视台在中省主流媒体播发新闻914条，其中，在中央级媒体播发144条，含央视48条(《新闻联播》3条)、央广8条、“学习强国”平台发布新闻269条；在省级媒体湖北卫视播发115条、湖北广播220条。

媒体融合发展。2022年，孝感广播电视台始终坚持“移动优先、内容为王”理念，以短视频制作为着力点，以活动直播为优势手段，以各媒体平台为切入点，推动台内各媒体互相联手、互通信息、互借成果，放大媒体宣传效能。截至年底，“孝感广电”微信公众号“粉丝”量17.9万，“孝视新闻眼”新浪微博“粉丝”量10.1万，“云上孝感”App用户数8.9万，孝感广电抖音号持续增长，由2021年年初的17万增长至47.3万，“孝感广电”微信视频号地方影响力逐步增强，2022年，发布短视频649条。短视频发展迅猛引领媒体融合。将短视频作为媒体融合的重要突破口，聚焦本地重点、热点事件，《孝感市二季度重大项目集中开工，总投资1044.6亿元》浏览量达38.6万，短视频《上海中高风险地返云梦女子，故意逃避集中隔离，警方将依法严惩》浏览量达328.7万，《高考结束后，男孩镜头前大胆表白》浏览量高达423.8万。改编的清明防疫短视频歌曲《你莫回》转发量3.4万，浏览量达42.6万，为全市疫情防控宣传做出了广电贡献。仅“孝感广电”抖音号发布短视频就达830余条，浏览量100万+的短视频58条。精品创作擦亮广电品牌。2022年，纪录片工作室紧贴孝感市委、市政府中心工作、阶段性重大安排，以专题片、宣传片、PPT作品为着力点，精准把握政治高度、思想深度、画面精度，精心打磨出4部PPT作品、15部专题汇报片、3部大型宣传片。5月18日，制作的申办宣传片《孝感动天 精彩省运》在第17届省运会组委会现场发布，宣传片从不同角度精彩展现了孝感日新月异的城市面貌、体育精神、发展前景，受到与会人员的高度点赞，助力孝感市成功获得第十七届省运会承办权；精心筹备制作的第16届省运会闭幕式孝感宣传片《孝感三分钟》，定位精致策划、精湛制作、精美呈现、精品立足，创下该台单部最高价18万元纪录；反映孝感市秋冬农业开发(秋冬播)工作情况汇报片,在全省农村农业局线上会议中播出时,赢得了省、市领导的高度赞赏。技术技能创新助推媒体融合。针对差异化需求,孝感广播电视台深入研究新媒体各平台功能特性,不断尝试,推陈出新。2022年,孝感新闻网全新改版,新闻网全面平移至"云上孝感",完成了IPV6技术的改造;2月,交通音乐广播FM91.8正式启用"5G智慧电台智慧广播"系统,通过将人工智能技术主动抓取新闻资讯、天气路况等即时信息插播,实现"无人播音、无人值守"的节目编排,有效提升广播宣传的工作效率;6月,创新设计新媒体产品《孝感市电子创业地图》,实现多层展示、分层级进、法规解读和及时导航等功能的综合体验,得到客户的高度认可;9月27日,董永北路立交桥转体,新媒体部通过前期大量调研准备,最后采用慢直播的方式对两座桥梁转体进行网络直播,见证了孝感标志性时刻;党的二十大召开之际,该台首次推出"主播VR全景 孝看新时代"四条融媒体作品,作品融合VR、航拍、360全景展示、主播第一现场、电视新闻等方式,以最前沿的新媒体技术手段,展示进入新时代的孝感在经济社会发展方面的变化和成就。

网络直播。2022年,利用"云上孝感"和"现场云"、央视频、新浪直播间等平台,开展孝感市"百日千万网络招聘会"、"探秘智慧能源"中国石化开放日活动、"高考咨询会""第四届世界大健康博览会""孝感好物越拼越多"公益助企大型全媒体直播等政务、文化、商务等各类网络直播近90场。策划承办"国家安全大宣讲""传递书香·阅见未来"线上读书分享会、"爱心助考"公益活动、"最美快递小哥"网络评选等50余场活动。其中《直播"中国梦·劳动美"》观看人次和点赞均超11万;《直播|税润万家——税收政策进园区》观看人次8万人,互动留言4000多条;云传唱活动吸引了来自孝感市各市直单位的31支代表队、近1500名干部职工参加,活动采取线下录制、线上集中展播的形式进行,观看人次超37万,其中孝感广电视频号播放量15.3万,云上孝感App专题页面浏览量近10万。多形式活动的直播提升了媒体的公信力,亮出了孝感广电的媒体名片。

融媒体全景互动新闻演播室建设。2022年,由孝感广播电视台申报、总投资1529万元的"融媒体全景互动新闻演播室与全媒体新闻直播系统建设及高清化改造二期项目",正在施工建设。

该项目于2021年通过审批立项,包含建设一个适应融媒体时代的全景互动新闻演播室,改造建设一个网络直播演播室、高清全媒体新闻直播系统,以及高清化改造项目二期工程建设、一辆中型6讯道高清电视转播车集成建设。

(撰稿:张红梅)

【孝感市门户网站】 2022年,孝感市进一步加强门户网站管理建设与管理,孝感市门户网站办网水平和影响力显著提升:媒体融合宣传有声有色,政府网站及新媒体集约化运维安全平稳,部门综合管理规范有序,被省政府办公厅评为全省政府网站及政务新媒体绩效评估优秀等次,位列全省市州第5。负责运维孝感市门户网、孝感发布微博、"微孝天下"公众号、"孝感宣传"公众号、孝感发布抖音号、孝感发布头条号、孝感发布企鹅号、孝感发布百家号8个媒体矩阵,"粉丝"量达138万。2022年11月,"微孝天下"公众号被省委网信办评为全省走好网上群众路线"百佳新媒体账号"。

内容建设。2022年,孝感市门户网不断加强信息公开、网上办事、公众互动、政策解读、宣传推介等内容建设,开设资讯、书记市长专辑、专题、政府信息公开、互动、服务、数据、市情等8个一级栏目、48个二级栏目,发布政务信息18792条,信息公开46819条,政策解读46期,调查征集9期,市长信箱来信1169条,留言咨询2370条,网站访问量再创新高,访问人次达1184万,较去年同期增长36.3%。同时丰富宣传形式,开展图片、海报、短视频、文字多效叠加的形式,宣传取得实效。

主题宣传。2022年,孝感市门户网紧紧围绕党委政府中心工作以及重大会议、重大项目、重大活动等策划开设《建功先行区 打造武汉都市圈重要节点城市》《奋进开门红:号角声声催征人》《奋进新征程 建功新时代》《聚力改革攻坚 打造重要节点》《"三学三立"促发展》《深入学习贯彻党的二十大精神》等15个专题专栏,正面宣传气势磅礴。特别是聚焦党的二十大专题宣传浓墨重彩,推出"党的二十大特别报道"专题,集纳式宣传中央、省市重要文件精神,及时发布全市学习党的二十大报告精神等活动内容。对集约化平台政府网站统一组织更换"喜迎党的二十大"背景页面和中国政府网党的二十大专题链接,营造喜迎党的二十大良好氛围。围绕群众关切的社会热点问题,精心策划《说政事》《城市创建大家谈》等14期系列在线访谈节目,邀请部门主要领导或分管领导,围绕"三学三立促发展"工作主题,聚焦大家最关心的问题,为大家进行政策解读,答疑释惑,回应社会关切。

宣传形式创新。根据网络受众的关注点,孝感市门户网在视频宣传上实现很大突破,"微孝天下"视频号发布视频155条,阅读量超过310万;同时,开展文字、短视频、图片、海报等多效叠加的宣传形式,围绕全市重点宣传工作权威发声,2022年,推送信息2500余条,起到很好的宣传效果。例如,围绕疫情防控知识普及、政策宣传、五城同创等内容推出了多组原创海报,并转化为图文、短视频等新媒体推广。联合市消防救援支队拍摄制作《绽放》短视频参加"农行杯"青年创意短视频大赛,在参赛的74部作品中投票位列集体组第3,获得近4万票。新媒体平台全年共发布信息4800余条,处理舆情30余条,总阅读量超3000万,比去年增长15%。同时,在内容创作上走心走实、在重要节点上精心谋划,围绕学习宣传党的二十大胜利精神,制作《喜迎二十大 瞰孝感新图景》原创微视频在新媒体平台推送,阅读量超过4万。制作12期《学习金句》系列短视频,总阅读量超过15万。围绕新时代理论宣讲,制作2期《新时代 · 槐荫讲堂 三分钟讲理论》原创微视频,制作《政策大宣讲》系列短视频24个,总阅读量超30万。

运维保障。政府网站集约化平台于2018年建成,为全市77家政府和党群网站提供日常技术运维。为做好平台运行维护,建立了孝感市政府网站集约化平台《日常运维台账》《工作周报》《运维处理台账》等制度,对日常检查发现的问题专题报告。2022年,通过自查和第三方公司监测相结合的方式,排查错敏信息和个人隐私泄露信息3305条,处理入驻网站建设需求209个,处置泄密信息259394条。特别是党的二十大期间,对入驻集约化平台的45家政府网站每天进行错敏信息的全面检测扫描和查删,共排查错敏信息1433条、不良信息外链3条,及时督促相关单位处置监控报警和问题,确保了党的二十大期间网站安全运行。加强全市政务新媒体日常监管,对230家纳入湖北省政务新媒体备案平台管理的政务新媒体实时监测,做到零误差、零漏报,合格率保持在100%。2022年,孝感市政府网站集约化平台以市电子政务云计算中心(二期)硬件为支撑,以自动巡检与人工检查相结合的方式,开展了云主机自动巡检319次,人工检查46次,进行网站平台安全扫描6次,发现低危漏洞17个并全部整改完毕。同时,和市公安局网安部门、市政数局以及市电子政务云计算中心(二期)建立了联合处置机制,做好应急演练。

(撰稿:陈小军)

文化产业

【项目建设】 全年立项争资共18项4167万元,同比增长19.97%。全市在建项目82个,2022年,完成投资51.6亿元。古三军台桥、老码头项目完工,文昌阁主体工程封顶,槐荫体育公园(一期)建成开放,市本级的奥体中心,汉川、孝昌的图文博"三馆"、大悟、孝昌的体育馆等项目顺利推进。市文化中心保利大剧院、老澴河水上观光区间旅游项目试运营。

【文旅企业帮扶】 印发《孝感市支持文化旅游市场主体健康发展实施方案》,编印《文旅体行业助企纾困政策清单》。协调组织申报体育设备、文旅旅游设备购置与更新贷款贴息,4个项目纳入全国项目库名录,1个项目已获授信5000万元。"惠游湖北"已投放财政资金1000万元,"惠动湖北"累计投入财政资金644万元,累计核销率全省排名第4。

(撰稿:王昊)

文化市场管理

【概况】 组织开展全市剧本娱乐(剧本杀、密室逃脱)经营场所调查摸底。制定印发"未经许可经营旅行社业务""不合理低价游""打击整治养老诈骗""私设景点问题"等专项行动实施方案。制定实施文旅行业《推行柔性执法工作实施方案》《不予行政处罚事项清单》《从轻行政处罚事项清单》。制定实施局年度"双随机、一公开"和省级安排部署的"双随机、一公开"抽查计划,积极协调组织市场监管、卫生健康、消防救援等部门开展联合检查。积极在相关平台落实"双公示"工作。组队参加2022年全省星级饭店从业人员服务技能大赛。印发《关于落实进一步调整暂退旅游服务质量保证金相关政策的通知》,全市累计暂退质保金312万元、暂缓缴纳质保金40万元。落实市政府要求,与市财政局联合出台2022年旅行社奖补政策。完成全市星级饭店复核工作。

【行业行政审批】 制定局《推进政务服务"一窗通办"改革工作实施方案》,进一步深化行政审批事项"放管服"改革,变"部门摆摊"为"一窗通办",为企业和群众提供标准化、无差别的政务服务。围绕湖北政务服务网涉及本部门的审批事项,实施政务服务事项颗粒化梳理,对办件环节、办理时限、申报材料等关键要素进行全面精细的更新。完成全市政务服务"综合窗口"改革工作信息填报、受办分离操作指南编制工作。持续推进文化和旅游行业"证照分离"改革。在全市范围内办理旅行社、高危险性体育项目设立许可实行"告知承诺制",设立审批程序由原来受理、勘查、审核、审批、发证5个环节优化为“承诺即发证”1个环节。优化审批服务，减程序减材料，对歌舞（游艺）娱乐场所办理设立许可时，不再要求提交“消防批准文件或备案证明”“生态环境部门的批准文件或备案证明”；对工程投资额不超过30（含）万元或者建筑面积不超过300（含）平方米的互联网上网服务营业场所，在办理设立许可时，不再提交“消防安全检查合格证明”。

【行业安全管理】狠抓安全生产，修订《孝感市文化和旅游突发事件应急预案（试行）》，编制《孝感市文化和旅游安全管理规范（试行）》，顺利通过国务院安全生产考核巡查。坚决维护意识形态领域安全，组织专项集中整治行动全市共拆除收缴非法卫星地面接收设施10441台（套）。圆满完成二十大等重要保障期的广播电视安全播出任务。

（撰稿：王昊）

旅游业

【旅游品牌创建】天屿湖景区成功创建国家AAAA级旅游景区。安陆市烟店镇入选全国乡村旅游重点镇。北山红叶、盛世闻樱2家景区顺利通过国家AAAA级旅游景区创建景观质量评审。孝昌、孝南、安陆进入第二批省级全域旅游示范区创建名单。

【旅游宣传推介】在全市旅游发展大会上发布最新文旅宣传片，启动“六大”旅游品牌评选。孝感旅游年票使用范围从11家收费景区升级为武汉城市圈内78家。“孟宗故里 梦里花园”赏花之旅入选全国乡村旅游精品线路。在安陆市、大悟县召开全市旅游发展大会，发布最新文旅宣传片，启动“六大”旅游品牌评选。“孝感文旅”微信公众号共发“孝感文旅”抖音号发抖音200余条，观看人次200万人次；微信公众号刊发推文300期400条，观看人次400万人次；正式开通“孝感文旅”微信视频号。组团参加安徽省与湖北省在合肥市举办的省外宣传推介、昆明国际旅游展、省厅519中国旅游日启动仪式（宜昌）和湖北省园博会（荆门市）布展宣传等活动。2022年，全市旅游总人数达2922.58万人次，旅游综合收入达180.87亿元，分别同比增长1.67%、1.52%，均超2021年水平。

（撰稿：王昊）

体育事业

【概况】近年来，孝感市加快体育强市建设，抓好全民健身工程，打造“五项五进”品牌，实施全国社区足球场地建设试点，促进体育事业高质量发展和全民健康素质提升。2022年，孝感市分批次开展全民健身“五项五进”活动，举办2022赛季湖北省大众足球联赛（孝感赛区）暨孝感市足球联赛、第二届孝感市全民健身技能网络大赛暨第二届社区运动会线上比赛视频展播。培训各级公益性社会体育指导员2753名。出台《孝感市深化体教融合促进青少年健康发展实施意见》，孝南区成功申报湖北省体教融合示范区，新组建2014足球精兵梯队。运动员高锦康勇夺2022年世界射击锦标赛男子十米气手枪青年组金牌。夺得省十六运会金牌41枚、银牌53枚、铜牌50枚，总分1628分，社会俱乐部类、青少年类（含中学生组）和群众体育类分别暂列省运会金牌榜第7位、第8位、第8位。省十六运会群众体育类钓鱼比赛在孝感龙王恨钓鱼基地举行。

【体育强市建设】孝感运动员高锦康勇夺2022年世界射击锦标赛男子十米气手枪青年组金牌。夺得省十六运会金牌41枚、银牌53枚、铜牌50枚、总分1628分，社会俱乐部类、青少年类（含中学生组）和群众体育类分别暂列省运会金牌榜第7位、第8位、第8位。省十六运会群众体育类钓鱼比赛在孝感龙王恨钓鱼基地举行。分批次开展全民健身“五项五进”活动。举办2022赛季湖北省大众足球联赛（孝感赛区）暨孝感市足球联赛、第二届孝感市全民健身技能网络大赛暨第二届社区运动会线上比赛视频展播。培训各级公益性社会体育指导员2753名。出台《孝感市深化体教融合促进青少年健康发展实施意见》，孝南区成功申报湖北省体教融合示范区，新组建2014足球精兵梯队。

【场馆管理】2022年，孝感市持续推进场馆开放惠民生，彰显责任担当。场馆依规限流免费低收费对外开放。结合健身市民不断多元化的健身需求，开设了足球、篮球、羽毛球、乒乓球、网球、游泳等项目设施的免低开放和培训服务。每周累计开放时间不少于40小时，全年开放不少于330天，8月8日全民健身日、10月1日国庆节所有设施全天不低于8小时免费开放。日平均接待健身群众8000多人次，年培训体育爱好者30万人次，有效促进了我市全民健身事业的蓬勃发展。提升场馆社会服务功能，努力践行体育惠民政策。按照省体育局公共体育场馆管理智能信息化建设要求，投资25.8万元，升级完善场馆开放智能化系统。维修改造室外健身场地，投资40万元，对户外8块篮球场地的维修改造，提高了群众健身环境，提升了服务质量。

【承办体育比赛和公益活动】 2022年，受疫情形势影响，体育中心承办活动以室外健身场地为主，全年承办体育活动15次，各类公益培训活动8次。举办的活动主要有：市快乐体操骨干教练员（教师）培训班、中国足协D级教练员培训班（孝感站）、2022赛季湖北省大众足球联赛（孝感赛区）、2022年“奔跑吧少年”孝感市青少年阳光体育足球比赛、孝感市市场监管综合执法支队行政执法制式服装换装仪式、市公安局巡特警支队队员体能测试、康乐岛幼儿园庆祝“六一”儿童节、市消防支队体能测试、湖北省全民健身（科学健身指导）视频大赛、孝感市第三届社区足球联赛活动等。

【青少年体育后备人才培养】 2022年，孝感市加强青少年体育后备人才培养，积极备战参赛十六届省运会，持续抓好青少年足球“菁英计划”训练工作，积极组队参赛。U10足球精英梯队6名队员被选拔上参加湖北省男子足球优秀竞技后备人才“选

9月4日，“体操小将”赵佳怡获“韵味杭州”2022年全国体操锦标赛季军
（市教育局 供图）

星计划”训练营。在参加十六届省运会青少年足球比赛中，孝感分别获得U12、U13、U14年龄组亚军，总分9块金牌的好成绩。

【国民体质监测工作】 2022年，根据省体育局关于开展全省国民体质监测工作安排，市局要求体育中心及时组建国民体质监测队开展工作。工作队23人，历时30多天，到全市7个县（市、区）10多个乡、镇、村开展体质监测工作，圆满完成3359人的数据采集和监测工作任务。

【孝感奥体中心在王母湖畔开工建设】 6月6日，孝感奥体中心在王母湖畔开工建设，标志着孝感市在省第十七届运动会筹备工作上迈出了坚实步伐。孝感奥体中心集体育赛事举办、全民健身、演出会展等功能于一体，对提升城市功能品质、满足全民健身需求、推动孝感体育事业和体育产业高质量发展，都具有十分重要的意义。

（撰稿：王昊）

栏目编辑：裴再文

卫生健康

卫生健康

综　述

【概况】 2022年，孝感市卫生健康委认真贯彻落实中共中央国务院、省委、省政府和市委、市政府关于常态化疫情防控和卫生健康工作系列决策部署，始终坚持以人民为中心，全面履行疫情防控职责，持续深化医药卫生体制改革，稳步推进健康孝感建设，大力推动疾控体系改革和公共卫生体系建设，全市卫生健康事业持续健康发展。孝感市连续七届十四年被评为“全国无偿献血先进市”，孝感主城区通过省卫生城市复审。市卫生健康委获评全省平安医院建设活动表现突出先进集体、公共机构节水型单位，全市目标考核优胜单位、党风廉政建设优秀单位、平安建设优胜单位、信访工作目标管理考核优胜单位、法治建设绩效考核优胜单位、市直驻村工作考核优胜单位、市直城市综合管理考核第2名，招商引资考核位居前列。

【医药卫生体制改革】 推进公立医院综合改革，落实药品、耗材零差率；深化县域综合医药卫生体制改革，网格化组建医共体13个，实现乡镇卫生院(社区卫生服务中心、县域内其他医疗机构）全覆盖。推广“三明”医改经验在孝感落地见效，推动建立现代医院管理制度，参与公立医院医保支付方式改革，推动孝感市中心医院、安陆市普爱医院人事薪酬制度改革试点。加快分级诊疗制度建设，促进优质医疗资源下沉，提高县域住院就诊率和基层诊疗率，全市基层总诊疗量占比达到64%。依托孝感市中心医院、孝感市康复医院启动省级区域医疗中心建设。

【健康孝感建设】 持续实施“323”攻坚行动，推进重点癌症机会性筛查，高血压、糖尿病等高危因素和心脑血管疾病一体化筛查176.62万人；14家二级以上医院取得卒中中心认证，9家二级以上医院取得胸痛中心认证；建成乡镇卫生院（社区卫生服务中心）胸痛救治单元20家、基层卒中防治站31家。狠抓建设项目职业病防护“三同时”，开展重点行业危害专项治理，成功举办孝感市健康知识电视大赛，创成省级“健康企业”13家，评选表彰市级健康达人28人。巩固血吸虫病防治成果，落实艾滋病、结核病防控措施，实施严重精神障碍患者春季预防专项行动。开展爱国卫生月系列宣传活动，推进全民卫生大扫除、城乡环境大清理、病媒生物大防制、集贸市场大整治等专项行动，全市无烟党政机关建成率99.6%。推荐申报国家卫生乡镇5个、省级卫生乡镇7个，建设健康村198个、健康社区57个、健康机关142个、健康学校134个、健康促进医院62个、健康家庭2187个。

【项目建设】 抢抓公共卫生体系补短板建设三年行动机遇，大力推进公共卫生补短板项目建设。全市建设抗疫特别国债项目81个(总投资51.39亿元)，完工60个，补短板储备基建项目17个（总投资13.10亿元)，完工7个；梳理谋划公共卫生应急设施项目118个，规划总投资109亿元，拟争取资金49.8亿元，谋划疫情防控救治相关医疗卫生机构基础设施项目39个，规划总投资66.63亿元，拟申请中央预算内投资33.27亿元。市东城医院、市妇幼保健院(儿童医院)东城院区、市妇幼保健院(儿童医院)东城院区生殖医学中心、市疾病预防控制中心实验楼、市公共卫生防控救治信息化提升、市中心医院健康管理中心、航天医院门诊楼等7个市直项目列入庆祝建市30周年100个重大工程项目，总投资16.09亿元，其中争取抗疫特别国债资金3.05亿元，中央预算内资金1亿万元，专项债券4.33亿元。

【人口发展】 孝感市委、市政府出台《孝感市优化生育政策促进人口长期均衡发展的实施方案》，将组织实施好“三孩”生育政策、发展普惠托育服务纳入重大事项督查范围；6月28日，组织召开全市3岁以下婴幼儿照护服务工作现场推进会，加快推进普惠托育，设置托位13534个，3家机构申报创建省级示范性机构。加强全员人口数据库数据核查，共完成762649条信息的核查，审核核查率100%。开展计划生育党内法规和规范性文件专项清理，建议废止3个相关文件。

（撰稿：王钢）

疾病防控

【免疫规划】 2022年，共运转9轮免疫规划疫苗，下发免规疫苗30.9880万支，共完成免疫规划疫苗接种40.67万剂次。全市报告AEFI病例286例，其中一般反应281例，异常反应4例、待定1例。

【结核病防治】 印发《孝感市2022年结核病防治工作计划》，全年免费检查疑似患者11941人次，发现活动性肺结核病人1473例；发现耐药结核病19例，耐药患者纳入治疗率为82.61%；发现活动性肺结核患者1473例，其中新诊断病原学阳性患者856例；全市综合医疗机构报告肺结核病例2014例，总体到位1989例，总体到位率98.76%。全市活动性肺结核病患者成功治疗率为97.78%，痰培养检查率76.65%，病原学阳性耐药筛查率为97.41%。全市规范管理率96.26%。

【食品安全】 联合市经信局、商务局、教育局、市场监管局、发改委6部门下发《孝感市2022年食品安全风险监测方案》，各监测点通过网络报告系统共上报病例1882例，共发现7例沙门氏阳性菌株。全市146家医疗食源性疾病监测机构，上报食源性疾病暴发事件9起。

【院前急救】 2022年，“120”受理急救电话67365个，派出急救车辆12533车次，接诊10358人，收治10535人（其中车祸2229人），处置突发事件71起，救治急危重患者268人次。进行电话医学指导520余例，其中心肺复苏操作指导40余次。孝感主城区静默管理封控期间，派出急救车辆1526车次，接诊1358人，收治1365人（其中车祸60人），保障院前急救工作平稳运行。7个县市均已接入市急救中心全域紧急医学救援平台，各县（市）急救中心机构设置和人员编制均已批复。

【麻风病防治】 对汉川市、应城市、云梦县、孝昌县等部分乡镇存活麻风病人和家属、密切接触者400余人进行随访、体检，其中愈后监测病例随访257人，区域内密切接触者检查80人，现症病人检查率为100%，通过流调收治2名孝感双峰山病人入院休养。成功举办第69个“世界防治麻风病日”暨第35届“中国麻风节”活动。

【血吸虫病防治】 有序开展查灭螺，全市查螺9195万平方米，占年度任务的106%，查出有螺面积3675万平方米，未查出阳性螺面积；累计完成药物灭螺2210万平方米，占年度任务的138%；开展人群查病121907人次，其中询检90481人次，占年度任务的63%，血检30901人次，占年度任务的67%，粪检525人次，占年度任务的42%，人群治疗及扩大化疗5293人次，占年度任务的53%；免费救治晚血病人353人，占年度救治任务的92%，用去救治经费229.45万元。有效控制风险传播，全市设立流行因素监测点14个，共调查环境60处，查螺面积999万平方米，查出有螺环境38处，查出有螺面积470万平方米，捕获活螺1466只，未检测出感染性钉螺，监测到牛粪6份，检测结果为阴性；国家级风险监测村、市级风险监测、县级风险监测共调查环境277处，未发现感染性钉螺，采集野粪45份，检测结果均为阴性，277处环境全部为Ⅲ级风险环境。加强急感防控，疫区县（市、区）设立监督岗46个，监督员51人，共调查登记发热病人2220人，登记疫

4月6日，孝感市中心医院东城院区（平战结合的三甲综合性医院）喜封金顶
（市卫生健康委 供图）

水接触人员230人，给予预防服药125人。

【孝感市在公共场所投放首批AED】 11月22日，孝感市红十字会启动“救命神器”AED(自动体外除颤器)布放工作，首次在公共场所投放AED。首批7台AED已分别在市民之家、文化中心、广场街大院社区、湖北工程学院、湖北职业技术学院等公共场所安装完毕，填补了孝感公共场所AED急救空白，有效提升了社会救护能力。心脏骤停是危及生命的一大“杀手”，它的黄金抢救时间仅有4分钟。AED能够在最佳抢救时间内提高急救成功率，是心源性猝死现场救生的“救命神器”。本次我市投放的AED操作简单且内置引导语音提示。孝感市红十字系统计划在全市(含县(市、区))公共场所分批投放41台AED，为广大市民生命安全保驾护航。

(撰稿：王钢)

职业健康

【发展规划】 孝感市印发《职业病防治“十四五”规划》。将“十四五”职业病防治规划有关指标纳入市安委会对各县(市、区)政府考核指标体系。

【重点行业职业病危害专项治理】 制定孝感市工业企业职业病危害专项治理工作方案，各县(市、区)对辖区内近三年未开展定期检测、2021年新发职业病和开展定期检查存在尘毒噪超标的10人以上的企业开展摸底并建立工作台账，共摸底调查6849家企业，纳入专项治理711家企业。

【职业健康宣传】 扎实开展2022年《中华人民共和国职业病防治法》宣传周系列活动，举办全市健康知识电视大赛，采取多种方式向企业负责人和劳动者广泛宣传用人单位防治责任、劳动者职业健康权益，深入解读职业健康检查、职业病诊断鉴定等相关法律知识和政策规定。全市开展主题宣讲79场次、宣传咨询59场次、专题讲座(网络公开课)43场次，警示教育46场次，发短信30万条，印发宣传材料4.5万份。

(撰稿：王钢)

老龄健康

【惠老政策落实】 “银龄安康工程”顺利实施，2022年，全市各级政府共出资2355.3万元为943006名60岁以上老年人购买了老年人人身意外伤害保险。2022年，办理老年人优待证18386张，孝感城区办理公交敬老卡8763张，年审14415人，孝感城区老年人持敬老卡共刷卡2607809次。

【老年健康服务体系建设】 在全市开展老年健康服务体系县(市、区)试点、医养结合县(市、区)和单位试点、安宁疗护服务县(市、区)和单位试点、老年医疗护理服务县(市、区)和单位试点。开展老年友善医疗卫生机构创建，90家通过省级审核、公示，全市累计163家医疗机构通过省级审核，占比为95.3%。加快二级及以上公立综合性医院老年医学科、老年医院建设，23家市直和县(市、区)二级及以上公立综合性医院中，已设立老年医学科或康复科的有20家，设置比例达到86.9%。在全市范围内总结推广安宁疗护国家试点经验，各县(市、区)安宁疗护试点工作均已启动。会同民政、发改委等9部门印发《关于深入推进医养结合发展的实施方案》，对全市各级乡镇卫生院、社区卫生服务中心与辖区内公办养老院签订医养结合服务协议工作进行指导，汉川、大悟、孝昌已完成医疗机构与辖区内养老机构的签约。组织开展第一批全国医养结合示范县(市、区)和示范机构、湖北省医养结合示范机构构建工作，孝感市第一人民医院被确定为“湖北省安宁疗护专科护士培训基地”。

(撰稿：王钢)

妇幼保健

【概况】 以健康孝感行动为引领，持续优化核心健康指标，认真贯彻落实“两纲”和两个行动计划，以预防和减少孕产妇和婴儿死亡为核心，抓好母婴安全的“源头”管理，落实好妊娠风险防控，持续抓好孕产妇风险评估与分级管理，保障危重孕产妇、新生儿救治网络高效运转，全力维护妇女儿童健康。

【出生缺陷防治】 成立“孝感市出生缺陷防治管理中心”，制订下发2022年出生缺陷防控工作计划，成立妇幼健康行动专家指导组。全市共设置婚检医学检查机构8家，产前筛查机构18家，听力筛查机构19家，新心病筛查机构18家，产前诊断机构2家，新生儿疾病筛查中心1家，听力筛查诊断机构1家，耳聋基因诊断机构1家，串联质谱筛查检测机构1家。

【妇幼保健和计生技术服务】 健全母婴安全保障机制，强化母婴安全“源头”管理，实施“惠民”项目，构建“查—防—治—救”工作机制。成立孝感市出生缺陷防治管理中心，成立妇幼健康行动专家指导组，各地将落实出生缺陷防治工作纳入重要议事日程，健全产前筛查和产前诊断网络，落实出生缺陷早期筛查，为2.95万人开展免费婚前医学检查和孕前优生健康检查，为5.17万人开展产前和超声产前筛查，为1.94万人开展新生儿疾病筛查，2022年全市婴儿死亡率1.81‰，5岁以下儿童死亡率3.22‰，孕产妇死亡0例。依法规范执业行为，强化出生医学证明监管措施，加强关键点关键环节风险排查，不断强化出生医学证明的规范化管理。做好与省政务服务平台对接，积极推进出生医学证明线上业务办理，配合推进“出生一件事”多证联办。

（撰稿：王钢）

中医药

【中医药医疗服务能力建设】 20个中医重点专科接受省、县级中医医院省级中医重点专科现场复核，推荐应城市中医医院申报核定三级中医医院。推荐上报1个名医堂、1个国医堂、24个知名中医工作室。推进中医医院开展胸痛中心、卒中中心建设。做好2022—2024年省中医药科研项目申报。启动2022—2024创建周期全国基层中医药工作示范县申报。做好三级医院对口支援，孝感市中医医院对口支援孝昌县中医院，荆州市中医医院对口支援大悟县中医院。

【中医药文化宣传】 开展全市5·26“湖北中医药日”和《中医药法》宣传，采取义诊、滚动电子屏、宣传栏、健康宣教等多种形式，深入学校、社区、乡村等开展中医药健康教育，宣传普及中医药知识。成功举办全省中医药大赛之中医养生功法决赛，大悟县中医医院代表队荣获全省中医养生功法大赛一等奖。

【中医药人才培养】 开展中医药师承教育，汉川市中医院文荣群全国基层名老中医工作室通过验收，申报成功3个全国基层名老中医工作室建设项目，5个全国基层名老中医工作室项目在建。孝感市中医医院杨桂平、云梦县中医医院康旭卉等2人被确定为第七批全国老中医药专家学术继承指导老师，1人被确定为全国中医护理骨干培养对象。完成全市125个国医堂骨干人员培训工作，启动全市中医适宜技术培训。86人完成省中医医术确有专长人员医师资格考核网上报名，启动孝感市“西医学中医”培训。各县（市、区）部分医务人员参加湖北省中医药适宜技术线上视频培训班（其中中医医院18人、基层医疗机构181人），3名全国中药特色技术传承人才参加省结业考核。

5月23日，孝南区妇幼保健院在南城新院区开展孕妇瑜伽活动

（市卫生健康委 供图）

【中医药产业发展】 督促孝昌县等地完善中药资源普查补充资料，与市农业农村局联合申报推荐湖北华龙生物制药有限公司等6家企业为中药材产业链入库项目。与市农业农村局、市财政局联合申报推荐湖北华龙生物制药有限公司、湖北申道岐黄生物科技有限公司2家企业为2022年中药材产业链建设资金项目。

【中医药参与疫情防治】 根据新冠疫情防控形势和季节变化，组织中医药专家制定和调整孝感市中医药预防药方，7家中医医院积极选派中医药专家成立中医药专家组，对当地中医药使用情况进行巡查督导、指导。选派4名中医医师参加援沪工作。

（撰稿：王钢）

基层卫生

【人才队伍建设】 落实省委、省政府“万名大学生乡村医生”配备项目，2022年，通过应届高考已录取80人。依托湖北卫生人才培训考核平台，分层分级开展攻坚行动大培训。2022年，全市培训乡镇卫生院和社区卫生服务中心骨干人员25名，骨干全科医生21名，基层医疗卫生机构胸痛救治单元/卒中防治站医务人员140名。

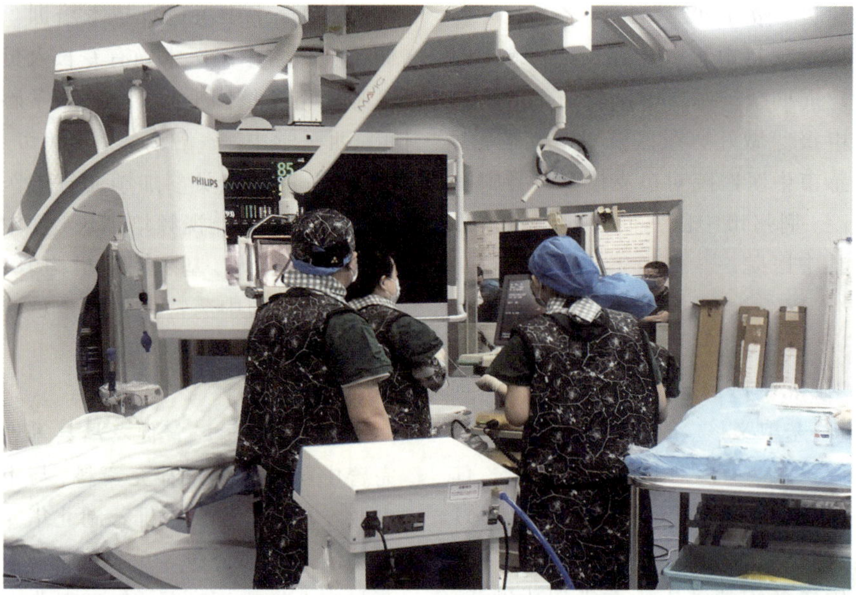

3月19日,大悟县人民医院介入中心开始进行介入手术。2022年,该院全年完成介入手术551台
(大悟县史志研究中心 供图)

【心脑血管疾病一体化防治】 制定《关于印发〈孝感市基层心脑血管疾病一体化防治工作方案〉的通知》,加快基层胸痛单元、卒中防治站建设,开展基层心脑血管疾病防治站建设,124家乡镇卫生院(社区卫生服务中心)全部完成胸痛救治单元注册,建成胸痛单元10家、卒中防治站2家。结合移动医疗卫生服务车、智能健康服务包、健康体检等手段,对35岁以上居民和慢病高危人群开展心脑血管疾病筛查,完成121.63万人次高血压、糖尿病等高危因素和心脑血管疾病患者筛查。

【基本公共卫生服务】 为常住人口提供14类基本公共卫生服务,人均基本公共卫生服务经费提高到84元。推进家庭医生签约服务,重点做好老年人、孕产妇、儿童以及高血压、糖尿病等人群的服务,引导家庭医生为签约居民提供可及、综合、连续、有效的医疗卫生与健康管理服务,提升签约服务绩效。全市居民电子健康档案建档率为94.72%,高血压患者规范管理率88.84%,2型糖尿病患者规范管理率87.16%。

【"优质服务基层行"活动】 持续开展"优质服务基层行"活动,举办孝感市"优质服务基层行"活动培训班。按照国家卫健委"优质服务基层行"评价标准及指南,开展自评、申报。3家社区卫生服务中心申请社区医院建设。支持基层医疗卫生机构开展康复、妇(保)科、儿(保)科、中医等专业的建设,6家基层医疗卫生机构特色科室建设项目通过验收。

(撰稿:王钢)

医政管理

【公立医院综合改革】 引导全市公立医院围绕党建引领、能力提升、结构优化、创新增效、文化聚力等方面推动高质量发展。推进公立医疗机构药品、耗材零差率,推动建立现代医院管理制度,完善公立医院章程,参与推动公立医院医保支付方式改革,继续推动孝感市中心医院、安陆市普爱医院开展人事薪酬制度改革试点。深化县域综合医药卫生体制改革,全面推开县域医共体建设,全市网格化组建医共体13个,成立理事会、监事会21个,成立内设管理机构53个,建成业务"中心"68个,覆盖乡镇卫生院(社区卫生服务中心、县域内其他医疗机构)123家,牵头医院与乡镇卫生院(社区卫生服务中心)实现信息联通122家。深入推进分级诊疗制度建设,提高县域内城乡医保住院就诊率、基层总诊疗量占比。推进医卫融合发展,全市县级以上医疗机构设置了公共卫生科。

【医疗质量和安全管理】 湖北航天医院、应城市人民医院、安陆市人民医院、大悟县人民医院等被省评定为三级综合医院。推动区域胸痛中心、卒中中心、创伤中心、高危孕产妇救治中心、高危儿童和新生儿救治中心建设,全市14家二级以上医院通过卒中中心认证,9家二级以上医院通过胸痛中心认证;实施脑卒中综合防控,深入做好健康宣教,持续开展高危人群筛查和干预,推广适宜技术,加强脑卒中急诊急救、规范实施治疗和康复随访,提升脑卒中防治效果,有效降低发病率及致残率。加强全市医疗质控体系建设和管理,建成市级医疗质量控制中心35个。加强院感管理,强化医疗废物管理,规范医疗废物回收、转运、登记等工作。进一步充实优质护理和专科护理内涵,全市100%县级以上公立医院、30%以上基本医疗机构开展了优质护理服务。

【"互联网+医疗健康"服务】 全市二级以上综合医院以电话、现场、网络等形式开展分时段预约诊疗;各县(市、区)第一人民医院、湖北航天医院与上级支援医院开展远程医疗协作;孝感市中心医院及孝南区、汉川市、应城市、云梦县、安陆市等医共体牵头医院与辖区部分基层医疗机构搭建远程医疗协作网。孝南区、汉川市、应城市、云梦县、安陆市、孝昌县等地开展医联体内电子健康档案和电子病历共享，全市二级以上医疗机构实现了同级医疗机构检查检验结果互认，全市县域医共体内检查检验结果互认。

【医疗机构用药质量安全管理】 推进医疗服务智能监管系统、药师审方、处方点评、县级临床药学质控站建设等工作，加强医疗机构药品储存、调剂和使用的管理，推动合理安全用药。加强特殊药品、抗菌药物合理使用监督管理，以“飞行”检查方式开展不定期检查，对全市120余家公立医院药品使用开展常态化监测。加强基本药物配备使用，开展基本药物制度补助项目绩效自评，健全完善管理制度，规范基药采购使用，落实各类补偿制度，创新绩效分配方式，巩固基本药物制度。开展公立医疗机构药品配备使用监测和短缺药监测、预警、上报。孝感市2家医院在全省药学服务技能大赛获第5名(二等奖)、第12名(三等奖)。

【省级区域医疗中心建设】 孝感市人民政府与省卫生健康委签定《委市共建省级区域医疗中心合作协议》，以孝感市中心医院为主体医院，建设呼吸、内分泌、心血管、肿瘤、妇产、儿科、传染病等专业省级区域医疗中心；以孝感市康复医院为主体医院，建设精神病专业省级区域医疗中心。相关医学专业制定建设方案计划，加大人、财、物投入，加快先进技术、设备的引进与应用，推进多学科联合诊疗 (MDT)、日间诊疗等服务模式，提升全市市域疑难危重病例诊疗能力和分级诊疗承接能力，降低患者外转率，推动区域医疗中心建设。

【临床重点专科建设】 2021年度全市获得省级(省县级)临床重点专科共26个，评审通过市级临床重点专科86个。2022年，全市30个临床科室申报创建省级临床重点专科，16个临床科室申报创建省县级临床重点专科，20家县级以上医疗机构109个临床科室申报了市级临床重点专科。

【清廉医院建设】 结合开展群众身边腐败、不合理医疗检查、欺诈骗保行为等专项整治行动，抓实清廉医院建设落实。制定《孝感市2022年清廉医院建设重点工作方案》，加强部门间协作，明确18项重点工作内容，确定全市24家医疗机构为2022年清廉医院示范创建单位。压实清廉医院建设主体责任，医疗机构对外公布投诉电话，设立举报箱，广泛开展多种形式的宣传，与医护人员签订清廉承诺书，开展清廉科室、清廉医师等创建活动。开展2022年不合理医疗检查专项整治、“三假专项整治工作，全市自查自纠问题237个，整改销号237个，累计组织检查15次，发现问题线索97个，查处腐败和作风问题数94个，组织处理94人。

【无偿献血工作】 做好无偿献血和血液保障工作，推进无偿献血招募工作，提高血站服务能力水平，提高血液信息化管理水平，加强血液安全管理。全市自愿无偿献血率、医疗机构成分用血率达到100%。

(撰稿：王钢)

栏目编辑：裴再文

社会民生

社会民生

收入消费

2022年，孝感市城镇常住居民人均可支配收入41596元，比上年增长6.9%；农村常住居民人均可支配收入20913元，增长8.1%。居民收入价格运行略有上涨。全年全市居民消费价格指数同比上涨1.6%。分类别看，八大类的商品价格指数呈“五升三降”的态势。其中，交通和通信、食品烟酒、教育文化和娱乐、其他用品和服务、生活用品及服务类商品价格环比分别上涨4.3%、3.1%、1.4%、1.3%、1.0%；医疗保健、居住、衣着类商品价格环分别下降0.3%、0.2%、0.1%。

（撰稿：潘鹏）

人口家庭

【概况】 2022年，全市公安机关户政管理部门始终秉持“便民、利民、惠民”宗旨和“服务优质、业务过硬、执法规范”理念，以“强基础、增能力、上台阶、创满意”为总体工作思路，积极创新户政管理机制，不断完善工作措施，强化工作职能，提高服务质量，立足本职，以人为本，努力提升户政管理能力和水平，取得明显成效。

【户政管理】 2022年，全市积极探索经常居住地落户制度，全面放开市域内城镇户口迁移政策，凭合法固定住所（含租赁）或合法稳定就业证明（件）登记户口，着力推动农村转移人口及其他常住人口落户城镇。大力推进以居住证为载体的基本公共服务全覆盖，将居住登记、居住证办理纳入年度治安工作要点，助推新型城镇化发展进程，实现户籍人口城镇化率明显提升。2022年，全市公安机关共办理农村转移人口及其他常住人口落户城镇4254人（其中农村人口迁移落户1588人，城镇人口迁移落户2666人）；共登记流动人口15115人，办理居住证1545张，签注908人，户籍人口城镇化率达38.8%，较2021年增加约5%。

【人口结构】 2022年，全市总户数为1626825户，总人口为5003017人，其中男性为2645576人，女性为2357441人；其中城镇人口1951403人，农村人口3051614人。全市户籍人口城镇化率为39.00%。全年出生人口2.6万人，出生率5.19‰，死亡人口3.19万人，死亡率6.35‰，人口自然增长率−1.16‰，迁入人口4898人，迁出人口33047人，人口机械负增长28149人。

【婚姻登记】 2022年6月1日，孝感市实现结婚登记“全市通办”。在孝南区婚姻登记处实施了婚姻家庭辅导服务项目，在多地筹备举办了“5·20”、七夕节集体婚礼和免费颁证等活动。部署实施婚俗改革试点工作，在孝南、汉川、应城、云梦4县（市、区）开展试点工作，应城市多部门联合出台了婚俗改革实施方案，指导各地区加大宣传引导力度，抵制天价彩礼、铺张浪费、低俗婚闹、随礼攀比等不正之风，推进社会风气好转。提升婚姻登记信息化建设水平，全面推行结婚登记在线受理审核、现场确认颁证业务，推进婚姻登记电子档案建设。

【计生管理】 孝感市委、市政府出台《孝感市优化生育政策促进人口长期均衡发展的实施方案》，将组织实施好“三孩”生育政策、发展普惠托育服务纳入重大事项督查范围；落实计划生育特殊家庭全方位帮扶，加快推进普惠托育，设置托位13534个，3家机构申报创建省级示范性机构。

【计生服务】 孝感市构建“查—防—治—救”机制，实施出生缺陷干预工程，全市孕产妇死亡率、婴儿死亡率均控制在较低水平。全市完成免费婚前医学检查人数 11238 人，完成免费孕前优生健康检查人数 18282 人；完成妇女“两癌”筛查 175073 人；为贫困地区 94963 名适龄儿童提供免费营养包，实现贫困地区全覆盖。成立孝感市出生缺陷防治管理中心，成立妇幼健康行动专家指导组，各地将落实出生缺陷防治工作纳入重要议事日程，健全产前筛查和产前诊断网络，落实出生缺陷早期筛查，为 2.95 万人开展免费婚前医学检查和孕前优生健康检查，为 5.17 万人开展产前和超声产前筛查，为 1.94 万人开展新生儿疾病筛查，2022 年全市婴儿死亡率 1.81‰，五岁以下儿童死亡率 3.22‰，孕产妇死亡 0 例。

【收养登记】 严格按照《中华人民共和国民法典》和《中国公民收养子女登记办法》，依法办理收养登记，开展收养评估，对申请人符合收养条件、提交材料齐全、程序合法的在规定时间内登记，2022 年，全市累计办理收养登记 31 件。

（撰稿：刘威、亢晓勤、安艳、娄志华、罗萍）

就业创业

【概况】 2022 年，全市城镇新增就业人数完成 63763 人，完成省任务 40000 人的 159.41%；城镇失业人员再就业人数 45178 人，完成年任务 13000 人的 347.52%；就业困难人员再就业人数 36184 人，完成年任务 6500 人的 556.68%；脱贫人口外出务工人数 136381 人，超过上年外出人数；全市新增返乡创业 4885 人，完成年任务 4100 人的 119.15%；“才聚荆楚”工程新增高校毕业生就业 8432 人，完成年任务 7200 的 117.11%；全市失业保险参保人数 262803 人，完成全年省任务 255000 人的 103.06%。城镇登记失业率为 3.07%，控制在省定 5.5% 以内。2022 年 2 月，孝感市劳动就业管理局被湖北省人民政府授予湖北省就业创业先进集体。

【就业服务】 结合常态化疫情防控需要，坚持线上与线下相结合，开展多形式的招聘活动，助力劳动者就业和企业用工。大力组织开展“春风行动”、“就业援助月”、专场招聘会、下乡赶集招聘、网络直播招聘等活动，搭建招工就业平台，实现就业与用工需求“无缝对接”。全年组织各类招聘活动 765 场，累计服务企业 1.64 万家，累计提供岗位信息 110.07 万个，达成就业意向 2.47 万人。持续推进“零工驿站”建设，全市已建成零工驿站 15 家，日均求职 959 人次，日均提供就业信息 216 条，完成与湖北零工驿站小程序对接 15 家，对接覆盖率 100%。

【创业支持】 推广应用孝感市创业担保贷款一站式服务平台，实现从“见面办”到“掌上办”的转变。积极组织开展第二批孝感市“返乡创业致富带头人”项目推荐申报，评选出 30 个优秀项目按每个项目 2 万元标准给予奖励扶持。推荐孝感人才创新创业超市、孝感卓越产业园等 4 家园区申报省级大学生创业孵化示范基地；华中模具城等 14 家园区和项目申报湖北省返乡创业示范园（项目），其中 2 家园区、8 个项目获评省级示范。着力打造充分就业社区，发挥先进社区的示范带头作用，56 家社区获评市级充分就业社区，30 家社区获评省级充分就业社区，3 家社区获评省级星级社区，1 家社区获评国家级充分就业社区。2022 年，全市新增返乡创业 4885 人，完成全年目标任务的 119.15%；全市创业担保贷款发放 3337 笔，87876.1 万元，同比增加 326%，其中市直同比增长 1206%；为 1953 名人员发放一次性创业补贴 969.6 万元；为市本级 4 家市级创业孵化示范基地入驻的 58 家企业发放场租、水电补贴 58.19 万元。

【重点人群就业帮扶】 及时对离校未就业大学生提供“1311 服务”，全市新增高校毕业生就业创业 8432 人，

2 月 10 日，孝感市举办“春风行动”暨退役军人招聘会
（市退役军人事务局 供图）

为实名登记求职小程序9733人开展点对点服务。切实保障失业人员生活，开发公益性岗位，促进就业困难人员就业，2022年，全市新开发公益性岗位安置就业困难人员1739人，为全市13420名公岗人员发放补贴5146万元。简化失业保险领取手续，确保离职人员符合申领失业保险待遇的应享尽享，着力做好困难群体保障。全市发放失业保险金20307人次，3142.21万元；全市代缴医疗保险费支出18191人次，722.94万元；全市发放失业补助金6414人次，308.52万元；为新增领取失业补助金人员发放价格临时补贴2207人次11.61万元。及时在多个媒体上刊发《关于启动市直2022年度灵活就业困难人员社会保险补贴申报工作的公告》《关于开展2022年度市直企业招用就业困难人员社会保险补贴申报工作的公告》，加大灵活就业困难人员社保补贴申领政策宣传。全市为困难就业群体发放社保补贴50221人，其中灵活就业人员45765人，企业4456人。

【职业技能培训】 结合市场需求和培训需要，印发《孝感市重点产业职业培训指导目录(2022版)》，在原有的81个专业基础上新增了38个专业并提高了补贴标准，平均提标60%，通过丰富职业培训内容，提高培训补贴标准，提升就业创业培训针对性和吸引力。广泛开展各类专业就业培训，全市开设特色技能培训专业21个，大悟汉绣、安陆保健按摩师、汉川焊工、应城插花员、孝南茶艺师等培训专业设置极具地方特色。2022年，全市完成补贴性就业创业培训18503人，其中就业培训11741人，岗前培训1224人，创业培训5538人；评价技能人才15169人，新增高技能人才4545人，1人荣获“湖北技能大师”称号、2人荣获“湖北省技术能手”称号。

【农民工工资支付保障】 落实保障农民工工资支付“五项制度”，开展了农民工工资支付保障制度全覆盖夏季专项行动，责令23个项目限期整改，处理4家，处罚1家单位。9月份印发《孝感市拖欠农民工工资约谈实施办法(试行)》，对未依法依规履行保障农民工工资支付工作职责或履行职责不到位的相关部门负责人，或未落实保障农民工工资支付主体责任的相关企业负责人实施约谈，强化警示作用。开展集中整治拖欠农民工工资问题专项行动，通过市政府门户网等多种媒介宣传集中整治专项行动情况。全市检查用人单位494个，涉及职工人数6.87万人，通过协调解决欠薪问题204件，立案8件，行政处罚2件，为822名农民工解决欠薪609.49万元，切实做到欠薪案件按期动态清零。全年为13275名农民工追发工资1.8亿元。

【劳动监察维权】 开展工时和休息休假权益维护工作专项行动，排查企业376家，发现违反国家工时、休息休假等劳动违法问题共计6起，已全部通过普法、约谈等方式督促企业改正；开展清理整顿人力资源市场秩序专项行动，全市劳动监察机构共计检查职业介绍机构69户，检查用人单位1549户，规范了我市人力资源市场秩序。全市人社部门发起“遵守人力资源市场规定情况”“遵守保障农民工工资支付规定情况”等“双随机、一公开”部门联合抽查活动11次，全市劳动监察机构共计检查市场主体92户。推进用人单位诚信建设，结合日常劳动监察开展2021年度用人单位诚信等级评价，对全市7727户用人单位建立企业守法诚信档案，评出A级单位1112户，B级单位5915户，C级单位12户。

（撰稿：谷鹏飞）

社会保险

【概况】 2022年，围绕扩面提标、助企纾困、改革惠民，减费降负，孝感市巩固提高社会保险统筹层次和参保覆盖率，各项社保待遇应提尽提、应发尽发。全市发放社保卡468万张，三项社保参保419万人，其中职工养老、失业、工伤保险参保分别达92.96万人、26.28万人、35.08万人。全市企业职工养老保险基金静态可支付12.5个月，其中市本级达47.6个月，为全省基金“蓄水池”做出贡献。

【全民参保】 全市参加职工基本养老保险92.96万人，完成年度计划87.28万人的106.51%，其中企业养老保险在职51.80万人，完成年度计划47.58万人的108.88%；机关事业单位养老保险15.2万人，其中在职9.2万人；工伤保险35.08万人，完成年度计划32.99万人的106.36%。市本级参加职工基本养老保险15.15万人，完成年度计划12.12万人的124.95%，其中企业养老保险在职10.88万人，完成年度计划8.06万人的134.92%；机关事业单位养老保险2.20万人，其中在职1.38万人；工伤保险8.51万人，完成年度计划8.5万人的105.05%。

【助企惠民】 减征失业保险、工伤保险费16815万元，缓缴养老、工伤、失业三险6214万元，“真金白银”支持企业稳岗渡过难关。从2022年7月起，按照省定新缴费基数标准调整，全市工伤保险共降费3772.68万元，惠及9013家单位。全市享受社保费阶段性缓缴困难企业293家，缓缴三项社保费6214.61万元。落实工伤保险市级统筹方案，协调市财政局将所需资金6327.5万元拨付至各县(市、区)财政专户。按规定办理退休手续的机关、企事业人员的普调工作，其中全市企业养老保险调待人数24.13万人，人均增资116.55元/月，增幅5.34%；全市新机关调待人数57705人，人均增资176.62元/月，较调待前人均养老金5108元/月，增幅3.49%。推进城乡居民养老保险待遇提标，孝感全域提标，全市居民养老保险待遇水平达到147.5元/月/人，步入全省第一方阵。

【社保改革】 完成了退休“中人”的新老办法待遇差补发工作；有效落实市直机关参公单位退休人员统筹待遇标准的测算、数据采集及发放工作；扎实开展2022年度地区指数测算、实施准备期结算、2022年工资基数重新申报工作及2023年工资基数申报工作；有序推进职业年金虚账做实和经办管理工作。做好全国统筹数据清理，整理省集中下发一人多编号数据35万条，对全市162个待遇项进行清理，涉及待遇项目共计17项，处理率100%；已全部完成38万条数据清理，保障全市有序上线国统系统。推进跨省部级转移接续平台的使用，全市应下载部级平台转移业务19361件，实下载19316件，下载率为99.77%；应审核业务19361件，实际审核19271件，审核率达到99.54%；其中审核通过9964件，社保转移接续更加便利化。

(撰稿：华海涛)

社会救助

【概况】 2022年，孝感市保障困难群众和特殊群体43.4万余人，年支出社会救助(补助)资金12.5亿元。其中，城市低保对象1.59万户2.59万人，年发低保金1.54亿元，月人均补助标准402元，较上年人均提高21元；农村低保对象7.8万户13.87万人，年发低保金5.4亿元，月人均补助标准279元，较上年人均提高26元；特困供养人员2.25万人，年发供养金3.13亿元，城市特困月人均供养标准1558元、农村特困月人均供养标准971元，较上年人均分别提高169元、21元；临时救助1.1万人次，年发临时救助金0.18亿元，人均救助标准1658元；孤儿(事实无人抚养儿童)1296人，年发养育费0.2亿元，社会散居孤儿月养育标准1400元，集中供养孤儿月养育标准2200元；享受困难残疾人生活补贴4.93万人，年发补贴资金0.42亿元，月人均补贴标准70元；享受残疾人护理补贴6.62万人，年发护理补贴0.79亿元，月人均补贴标准100元；享受高龄津贴11.91万人，年发放资金0.84亿元。

市救助管理站举行救助管理机构“开放日”活动

(市民政局 供图)

【救助体系建设】 9月8日，孝感市印发《贯彻落实鄂办发〔2021〕37号文件的若干措施》，为着力解决社会救助不平衡不充分问题，形成以基本生活救助为基础、以专项救助为支撑、以关爱帮扶为延伸、社会力量有效参与，更加统筹有效、梯度有序的城乡社会救助体系。夯实基本生活救助，完善低保制度和特困人员救助供养制度，将低保救助范围扩大至低保边缘家庭中的持有中华人民共和国残疾人证的一级、二级重度残疾人，三级智力和精神残疾人以及患有当地有关部门认定的重特大疾病的人员。将特困救助供养覆盖的未成年人年龄从16周岁延长至18周岁。健全专项社会救助，明确为社会救助对象提供法律援助服务、基本殡葬服务等救助帮扶。推进残疾儿童康复救助、重度残疾人护理补贴、孤儿基本生活保障、困难职工常态化帮扶。完善急难社会救助，分类明确临时救助的救助标准和方式，明确重大疫情等突发公共事件急难救助工作安排，必要时启动县级困难群众基本生活保障工作协调机构进行“一事一议”审批，逐步取消户籍地、居住地申请限制，困难群众可在急难发生地提出临时救助申请。

【落实兜底保障】 4月28日，孝感市政府办公室印发《关于调整公布2022年度全市社会救助和孤儿养育标准的通知》，调整公布孝感市2022年城乡低保、特困人员救助供养、孤儿养育和低保边缘家庭认定标准。城乡低保保障线标准分地区较上年分别提高30~60元、25~80元；城市特困人员供养标准分地区和自理能力情况，较上年分别提高60~300元；农村特困供养标准维持去年不变，县级特困供养机构和农村区域性特困供养机构内集中供养的农村特困人员，按城市特困供养标准予以保障；孤儿养育标准较上年提高100元。落实“单人户”保，将低收入家庭中的重病、重残人员单独纳入低保保障范围，全市单人户保43121。实施重点救助，对低保家庭中有困难的高龄老人、未成年人、重度残疾人和重病患者按不低于保障标准20%标准增发补助金，全市重点救助对象37232万人，城市对象月人均增发128元，农村对象月人均增发104元。开展低保助学，对应届高职高专、大学本科和研究生录取的低保家庭学子发放一次性助学金，全市资助低保家庭学子452人，发放助学资金135.2万元。提高临时救助时效，取消临时救助申请户籍地限制，由常住地、急难发生地实施临时救助，落实乡镇（街道）临时救助备用金制度，全市救助困难对象1.1万次，发放临时救助资金1824.19万元。对因疫情无法复工复岗未参保失业人员家庭出现生活困难的，及时开展临时救助，全市救助未参保失业人员125人次，发放临时救助资金35.1万元。实行特困供养县域统筹，全市同时供养城市和农村特困人员的32所供养机构全部按城市特困供养标准发放供养金，其中汉川市、大悟县农村福利院集中供养全部按照城市特困供养标准保障。

应城市城北街道办事处韩湾村幸福食堂

（市民政局 供图）

【优化救助服务】 将救助管理工作纳入了平安建设考核评价体系，召开了流浪乞讨人员救助管理工作联席会议。2022年，全市救助管理站共救助各类对象1453人次，切实做好“冬送温暖夏送清凉”专项救助活动，没有发生重大安全责任事故和侵犯受助人员合法权益事件。开展“大爱寻亲，温暖回家”主题活动，运用人脸识别、DNA比对等高科技手段查实5名长期滞留对象身份并护送其及时返乡。积极开展长期滞留人员安置工作，全市为27名长期滞留救助对象办理落户安置，7个县（市、区）全部实现了零滞留。严格执行救助管理机构疫情防控工作规范，全市救助管理站未发生聚集性疫情感染情况。

（撰稿：亢晓勤、安艳）

社会福利

【养老服务】 孝感市出台了《孝感市“一老一小”整体解决方案》《孝感市贯彻落实〈湖北省积极应对人口老龄化中长期规划〉实施方案》等政策性文件。推进特殊困难老年人家庭居家适老化改造，2022年，全市完成适老化改造任务1249户，超出省民政厅下达任务77户，完工率100%。完成6个街道（乡镇）养老服务综合体和16个农村老年人互助照料活动中心提档升级项目建设任务。探索开办农村“幸福食堂”，打造农村互助养老“幸福模式”，补齐农村养老服务短板，着力破解城乡空巢、独居、高龄老人的“吃饭难”问题。9月，孝感市民政局、市商务局、市市场监管局联合印发《孝感市老年助餐服务专项行动方案》，全市共兴办“老年食堂”32家。开展家庭养老床位建设试点，孝南区、应城市被列为全省家庭养老床位建设试点地区。11月，孝感市民政局组织全市207名养老护理员、消防安全员和失能老年人家庭成员开展培训。组织开展“荆楚最美养老护理员”评选推荐，市社会福利院张慧平被省委宣传部、省民政厅评为“荆楚最美养老护理员”提名人选。开展防范养老诈骗宣传进村、进社区、进机构“三进”活动，全市共对辖区内100家公办养老机构、44家民办养老机构、1431个农村老年人互助照料活动中心开展拉网式、全覆盖排查。

【儿童福利】 严格落实孤儿养育标准自然增长机制，提高孤儿养育标准，孤儿基本生活费月提高100元；将314名孤儿、982名事实无人抚养儿童纳入保障，全年累计发放孤儿(含事实无人抚养儿童)基本生活费2018万元。织密儿童关爱保护网，全市共配备乡镇(街道)儿童督导员163名、村(居)儿童主任2093名，覆盖率达100%。积极开展儿童督导员、村(居)儿童主任培训，实现培训全覆盖。孝感市民政局、市未成年人社会保护中心投入资金45万元，在市高新区诸赵社区为困境未成年人开展需求评估、心理辅导、学业辅导、政策宣传等专业社工服务。积极争取中国乡村发展基金会支持，在大悟县、孝昌县组织实施“童伴妈妈”项目。4月，孝感市民政局荣获“全省维护妇女儿童权益先进集体”称号。6月，全市民政系统广泛开展庆祝“六一”国际儿童节和未成年人保护宣传月活动，掀起了未成年人保护宣传热潮。6月，孝感市印发《关于调整孝感市未成年人保护工作领导小组的通知》，成立由市委副书记、政法委书记任组长，6名市领导任副组长、31个市直部门主要负责人为成员的未保工作领导小组。指导汉川市开展全国首批未成年人保护示范县(市、区)创建申报工作，并通过国务院未保办评估。强化安全风险防范，印发《孝感市未成年人文身专项治理行动方案》《关于进一步加强暑期未成年人防溺水工作的通知》，全面部署安排未成年人文身治理、暑期防溺水等专项行动，提高未成年人安全意识和自我防护能力。

【残疾人福利】 加强残疾人两项补贴同其他福利补贴政策的衔接，有效缓解残疾人特殊生活困难和长期照护困难。2022年，全市残疾人两项补贴制度已惠及困难残疾人4.93万人、重度残疾人6.62万人，年发放补贴金额约1.2亿元。继续开展残疾人两项补贴资格认定申请“跨省通办”业务，为残疾人异地申请提供便利。加强民政部门与残联、扶贫办等单位数据共享，每月对所有残疾人证、享受残疾人补贴人员、城乡低保数据、火化人员数据进行比对，确保实现应补尽补、应退尽退。

(撰稿：娄志华、罗萍)

住房保障

【概况】 2022年，孝感进一步健全完善多主体供给、多渠道保障、租购并举的住房制度，推动实现住房保障“应保尽保”。筹集公服人员保障性租赁住房2111套、分配1971套，孝感城区收购住房分配率、县市收购房源量均位列全省第3。超额完成保障性安居工程任务，新开工各类棚户区改造320套，开工率100%；基本建成棚户区改造项目5793套，完成率103%；发放住房租赁补贴2235户，完成率111.19%。

【公租房运营管理】 持续优化公租房申报、审核、分配、腾退全流程服务，稳步提升公租房运营规范化、精细化、信息化管理水平。扎实推进安防配套Ⅲ项目建设，分类实施小区门、单元门、入户门“三门”智能化管理，实现“以房管人，以人查房”良性互动。全力打造“公租房幸福小区”名片，高新嘉园公租房小区被省物业服务和管理协会评为湖北省“加强物业管理、共建美好家园”典型小区。

【房地产市场管理】 2022年，孝感市先后两次出台调控政策，全力推动房地产市场企稳回暖。支持居民刚性和改善性住房需求，实施契税、首套房、多孩家庭、引进人才四项购房补贴政策，孝感城区共办理购房补贴业务1999笔、补贴金额2109万元；着力降低开发成本助企纾困，新出让地块停止保障房配建，实施“净地”供应和“预公告”制度，降低企业拿地成本，合理确定商住用地商业配比，推行分期缴纳土地出让金、分期建设、分栋验收、交房即办证等创新举措，对38家信誉良好的房地产开发企业提前一个节点拨付商品房预售资金9.33亿元。组织开展“政银企”对接会，争取金融机构向房地产企业授信21.4亿元。强化预售资金监管，督促企业安装专用POS机，预售款直进监管户；对有风险苗头或投诉较多的项目，严格资金“直拨”管理，保证资金运行安全。

【防范化解行业风险】 坚持一手抓稳定，一手抓化解，压实各方责任，扎实推动润达·壹号广场、恒大城项目风险化解。“润达·壹号广场”项目已完成清产核资、工地清场、工程质量检测及造价审计等复工准备工作，待完成预重整后即可全面复工。恒大城项目方与总包方签订工程复工续建协议，签订保交楼总包合同并复工。

【住房公积金管理】 2022年，新增归集额、新增提取额、新增贷款额、增值收益四个核心指标均超额完成年度目标任务，增值收益率位居全省第一。全市新增缴存人数2万人，完成年度计划的154%；归集金额36.43亿元，同比增长5%，完成年度计划的113%；提取金额24亿元，同比增长9%；贷款发放11.71亿元，完成年度计划的117%；增值收益2.66亿元，同比增长5%，完成年度计划的147%。截至2022年12月底，全市公积金归集总额293.51亿元，归集余额140.47亿元，发放贷款总额141.59亿元，贷款余额76.27亿元，累计形成增值收益17.39亿，累计为政府提供廉租房（公共租赁住房）建设补充资金11.18亿。其中，市本级公积金归集新增人数0.66万人，新增缴存额12.31亿元，发放个人住房贷款4.84亿元。形成增值收益0.82亿元。2022年，为全市82家企业办理缓缴，缓缴人数1265人，金额668.38万元；为1267名缴存职工办理租房提取公积金业务，提取金额1452.56万元；受疫情影响不能正常偿还住房公积金贷款的借款人44人不做逾期处理、不计罚息、不作为逾期报送征信部门，涉及金额741万元。在全国地市州中第一家与招商银行合作开发贷款智能化审批项目，成功实现公积金贷款线上申请受理审批，申请人只需录入个人基本信息，即可实现婚姻、所购房屋等信息自动回填，自动计算可贷年限和金额，极大缩短到柜台办理业务的受理时间，实现“人治”向“智治”的转变，大数据利用水平在全国地市州中走在前列。

（撰稿：何俊龙、李巧玲）

退役军人事务

【概况】 2022年，全市退役军人工作按照市委、市政府和湖北省退役军人事务厅工作部署，坚持“两个服务”方针，统筹疫情防控和退役军人服务保障工作，实现了稳中有进、进中有优，确保了中心工作和业务工作两手抓、两促进，在全省退役军人系统考核中进入第一方阵。印发了《孝感市“十四五”退役军人服务和保障规划》《孝感市贯彻落实〈退役军人工作政策制度改革方案〉任务清单》；与武汉市退役军人事务局签订《关于推进退役军人服务保障汉孝同城化合作备忘录》，促进两地政策对接、业务融合、资源共享。

孝南区广场街文昌社区退役军人服务站工作人员上门为抗美援朝老英雄王清珍办理优待证
（市退役军人事务局 供图）

【就业创业与培训】 2022年，市退役军人事务局推荐孝感顺利特种养殖有限公司、舒氏集团有限公司等5家企业参加首届全国退役军人创业创新成果展交会，舒氏集团有限公司成功入选。广泛开展《决胜第二战场·孝感退役军人创业访谈录》宣传活动，展示退役军人创业创新精神风貌，征集访谈申请400多份，现场采访20余人，编撰文稿30余篇。引导退役军人返乡投身乡村振兴，创办绿色环保高科技企业17家。用好用足税费减免、财政贴息等优惠政策，为13家企业减免税费101.05万元。积极协调孝感市农商行，为退役军人发放“创业担保贷款”。坚持“市场导向、需求牵引”，开展退役士兵适应性培训557人，技能培训883人，举办线上线下招聘会250余场次，参与企业800多家，提供岗位2万余个，帮扶就业3578人，帮扶创业294家。

【优抚优待】 2022年，市退役军人事务局全面推进退役军人及其他优抚对象优待证申领发放工作，建档立卡率100%，优待证申领完成率96%，并在全省作经验交流。积极动员银行参与优待证申领工作，采取分片定点、邮寄送达、上门办理等方式为退役军人提供一站式服务。为41121名重点优抚对象发放抚恤补助经费2.7766亿元，为义务兵家庭发放优待金7013.65万元。为全市烈属、军属、退役军人送去新春对联和慰问信，为现役军人举行喜报送交仪式，送去立功奖励金120余万元。

【烈士纪念设施管护与褒扬纪念】 2022年，孝感市在烈士纪念日隆重举行烈士公祭活动。清明节期间,全市烈士陵园接待机关、团体、乡村、社区、学校、企事业单位6万余人次,网上祭扫18万余次。为党史学习教育、青少年爱国主义教育提供坚实阵地,共接待党史学习教育参观学习2600批次20余万人次。大力加强烈士纪念设施管护,按照“应迁尽迁、集中管护”的工作目标,投入资金1174.915万元,集中整修县级以下英雄烈士纪念设施1564处,集中迁移和安葬零散烈士墓122处(保护率达100%)。充分发挥信息技术作用,完成《湖北省烈士英名录》孝感卷1.52万名烈士校核工作,建立全市烈士纪念设施视频档案,精准采集信息数据101GB。

【服务保障】 2022年,市退役军人事务局着力推进145个服务对象在100~300人的村(社区)退役军人服务站开展三星级创建(示范创建达标率100%),建成五星级服务中心(站)20个、四星级92个、三星级542个。深入实施“兵支书”培养选拔工程,助力2152名退役军人“两委”成员扎根基层、为民服务。

【全国双拥模范城创建】 2022年,孝感市双拥工作领导小组调整为书记、市长“双组长制”,制定印发《孝感市创建全国双拥模范城三年行动方案(2022—2024年)》,明确创建“九连冠”的任务书、时间表、路线图。巩固发展军政军民团结,为驻军部队和孝感舰官兵送去价值近330万元的“八一”慰问物资,投入资金488.26万元,支持部队基础设施建设,投入94万元为部队安装空调280台,改善官兵生活环境;走访慰问孝感市边海防一线官兵家庭615户,列支5万元用于支持新疆生产建设兵团第五师九十团退役军人服务体系建设;完成汉川、孝昌2所“八一爱民学校”援建任务。

(撰稿:姚立)

公共服务

【供水】 水源。孝感城区共有两处水源:汉江和沦河。汉江为主供水源(取水点位于汉川市新河镇小河村汉江段),距城区34千米,取水能力23万吨/日,由1条DN1400~DN1600管道输水,水质常年稳定在Ⅱ类;沦河为备用水源(汉北河支流,取水点位于沦河立交桥上游段),距城区17.2千米,取水能力12.5万吨/日,由2条DN800管道输水,除特大干旱等少数特殊时段外,其水体水质一般介于Ⅱ~Ⅲ类。企业。孝感市自来水公司属国有中型供水企业,现有运行水厂2座,供水总规模25万吨/日,年供水总量8550万吨,供水主管网总长约880千米,供水范围覆盖孝感中心城区、高新区、临空经济区、孝南区部分乡镇及云梦县城区和乡镇,供水面积约80平方千米,服务人口近60万人。供水普及率100%。供水。2022年,全市全年产水总量约8550万吨,较上年增加393万吨,增长率4.8%;日均供水量达24.8万吨,最高日供水量29.6万吨;全年售水总量约7951万吨,全年供水保障率达到99.8%,出厂水水质综合合格率稳定在100%,各项生产指标全面优于行业标准。2022年,供水产销差率和管网漏损率进一步降低,将管网漏损率控制在7%左右,连续五年达到国务院“水十条”提出的控制在10%以内的目标,优于国标评定一级标准。

【供电】 2022年,全市发电装机容量635万千瓦,其中,火电装机规模388万千瓦,可再生能源装机规模247万千瓦(含新能源装机规模238万千瓦)。全市发电量达到212亿千瓦时,全社会用电量达到173亿千瓦时。2022年,孝感市供电可靠率达到99.887%,户均配变容量达到2.63千伏安。电网结构较为完善。全市现有110千伏及以上变电站108座,线路长度2896千米,容量1140.6万千伏安;220千伏变电站22座,容量580.3万千伏安;110千伏变电站86座,容量560.3万千伏安,基本形成了以220千伏电网为骨干、110千伏电网为支撑的网架结构。

【供气】 2022年,全市着力完善城乡天然气基础设施,加快实施城市燃气管网老化更新改造工程,积极推进“气化乡镇”工程,推动燃气管网设施向偏远和农村延伸,不断拓宽供气辐射范围,全面提升城乡居民供气水平。2022年,全市天然气消费量达到3.1亿立方米。天然气输运能力较强。全市现有天然气管网340千米,基本形成了以西气东输二线,省天然气公司孝大线、孝潜线,中燃振戎线为骨干的两横两纵天然气管网格局。

(撰稿:熊进、谢汝峰、潘少敏、但阳、熊健、王欣、张迪、李定珍、高波、曾星、安琦)

基层治理

【概况】 2022年,全市2015个村(社区)开展村(居)民委员会换届选举“回头看”工作,巩固换届选举工作成效。7月底,全市2018个村(社区)全面完成公共卫生委员会设立工作。全市2018个村(社区)健全议事规则,规范议事程序,重点指导全国村级议事协商创新实验试点孝昌县龙泉村开展村民议事协商活动。全市共105个村(社区)开展以落实村规民约为主要内容的积分制管理试点和议事协商活动试点。指导全市33个试点社区在社区党组织领导下，开展居民委员会、业主委员会、物业服务企业“三方联动”工作，开展专题调研，督促各地加强对街道、社区工作指导。

【示范社区建设】 在全市100个社区（村）开展示范社区（村）建设，从党建引领、社区疫情防控、环境整治、服务提升、平安建设等方面着手，建设“红色、洁美、孝亲、平安”新社区（村）。推荐先进典型，孝昌县王店镇新岗村获全国先进基层群众性自治组织，汉川市仙女山街道栾艳平获全国优秀城乡社区工作者荣誉称号；大悟县三里城镇风岭村等4个村（社区）被评为全国第九批“全国民主法治示范村（社区）；孝南区肖港镇金神村等9个村民委员会、孝南区广场街道三里社区等5个居民委员会、孝南区民政局基政股杨俊等7人分别被湖北省人民政府授予“百佳村民委员会”“百佳居民委员会”和社区建设先进工作者称号。孝南区成功入选省级基层治理创新实验区，全市共争取省级基层治理创新引导资金528万元。推荐4例运用共同缔造的理念和方法形成的城乡社区治理服务类典型案例，参加全省基层治理创新案例交流暨社区志愿服务项目展示大赛，其中孝昌县王店镇新岗村《十分钟服务承诺》被评为全省城乡社区治理十佳推广案例。

【能力培训和提升】 全市村（社区）综合服务设施覆盖率达到100%，数量2127个。8月，举办全市村（社区）主任示范培训班和村（社区）监督委员会主任示范培训班，培训村（社区）委员会主任158人、村监督委员会主任60人。做好城乡社区工作者选任聘用，全市共发布招聘岗位588个，已录用社区工作者531人，其中高校毕业生80人。建立社区工作者“岗在网格（小区）、重在服务、责在连心”机制，采取课堂理论教学、基地实践教学、网络视频教学多种培训形式，帮助社区工作者不断提升工作能力和服务水平，全年累计培训村（社区）干部（含社区工作者）12822人，实现了县级培训全覆盖。

【社会组织监督管理】 印发《孝感市民政局关于在全市性民办非企业单位开展非营利专项整治工作的通知》，对全市性民办非企业单位开展非营利性专项检查，对12项具体情形进行审计，下发整改通知书16份。印发《孝感市民政局关于开展2022年社会组织财务抽查审计工作的通知》，抽查审计社会组织45家，抽查比例达26%。依托湖北省“互联网+监管”双随机、一公开监管平台，抽查社会组织14家，抽查比例8%以上，抽查结果及时在孝感民政网公开公示。各县（市、区）均按照6%及以上的比例对社会组织开展了“双随机、一公开”检查。

社会组织行政执法。开展涉企违规收费整治联合检查工作，持续开展“僵尸型”社会组织清理整治和打击整治非法社会组织行动，对外公布涉嫌非法社会组织名单1批次1家，全市注销、撤销“僵尸型”社会组织101家，责令整改62家。市本级通报批评社会组织25家，纳入社会组织活动异常名录3批次27家，责令整改4家，停止活动社会组织2家，注销社会组织3家，撤销社会组织3家。

（撰稿：赵丽、邓丽曼、鲁致易）

栏目编辑：张可杰、刘希平

应急管理

应急管理

综　述

【概况】 2022年，孝感市委、市政府坚持人民至上、生命至上，统筹发展和安全，以做到“八个坚持”、提升“八大水平”为目标，不断完善应急管理各项工作措施和保障机制。截至2022年年底，全市共发生生产安全事故62起，死亡67人，受伤21人，同比分别下降39.8%、36.2%、46.2%；全市累计共排查企业15295家，查改隐患12227条，下达指令书3266份，约谈507家，查处违法违章案件63件，责令停产停业停止施工24家，依法取缔15家。通过规范管理、重点整治、大检查排查、挂牌督办等措施，全市安全生产和自然灾害形势总体稳定，圆满完成国务院安委会考核巡查，完成省安委会巡查整改，受到考核巡查组高度肯定。

【建立应急管理责任制】 市级领导政治责任。市委、市政府印发了《孝感市安全生产党政同责实施办法》《孝感市政府领导班子成员2022年度安全生产和消防重点工作任务清单》《关于进一步加强市政府领导安全生产责任的通知》，先后8次召开安委会全会、8次市委常委（扩大）会议、6次市政府常务（扩大）会议，研判安全生产形势，部署安全生产工作；市“四大家”领导积极践行“一线工作法”，执行“AB”角工作机制，分十组包保督导县（市、区）和市直“三区”，带队驻点开展安全生产专项督查；在重大节假日和重要时段，市领导带队参与安全生产大检查，先后60余次采取“四不两直”等方式明查暗访，在一线发现并解决问题。职能部门监管责任。健全安全生产20个专委会分线协调制度，坚持“管行业必须管安全、管业务必须管安全、管生产经营必须管安全、管合法必须管非法”，督促解决一批生产安全隐患。创新开展部门结对包保社区活动，组织107个市直单位结对包保主城区99个社区，专门督办社区疫情防控、安全生产、平安稳定等工作，常态化开展安全生产巡查，有效开展安全生产、防灾减灾等知识宣传、科普。生产单位主体责任。始终把落实企业主体责任作为关键环节，狠抓企业安全生产标准化创建、风险分级管控双重预防机制、全员安全生产责任制落实、安责险、高危行业工伤保险等五大基础

在市应急指挥中心开展应急指挥调度

（市应急管理局 供图）

性工作,加强企业规范化建设。

【应急管理体系建设】 完善应急联动机制。修订发布《孝感市突发事件总体应急预案》,全省首创建立“一种突发事件、一部专项应急预案、一个专项应急指挥部、一套指挥体系”的“四个一”工作体系;气象叫应机制与应急响应机制有效衔接,极端天气下市、县两级党政领导坐镇指挥部调度,临灾区域责任人员下沉一线提前转移群众,24小时滚动会商研判点对点同步发送短临信息,适时适势调整应急响应级别,及时优化完善应急机制和预案。完善应急队伍体系。建立完善以综合性消防救援队伍为主力军、专业应急队伍为骨干力量、基层救援队伍为先期处置重要力量、社会应急救援队伍为辅助力量、应急专家队伍为技术支持的应急队伍体系,市安委办发挥牵头抓总作用,实行“日调度”和“零报告”制度。完善应急保障体系。建成市级应急指挥中心信息化项目,制定孝感市“十四五”救灾物资储备方案;投资4857万元建设森林火灾应急能力建设项目,已按进度推进;投资2亿元建设孝感市应急物资装备储运中心主体工程已完成。

【安全生产整治】 以危化品、燃气、自建房专项整治为重点,结合安全生产专项整治三年行动巩固提升,开展安全生产大检查行动,坚持全领域查风险、全环节除隐患、全方位提升本质安全水平。督促检查、查险除患。落实“四不两直”监督检查闭环工作机制,做实问题隐患清单、分类交办清单、工作措施清单、线索移交清单、核查销号清单台账。深入开展各项专项整治,先后组织开展7个重点类别的专项整治和综合治理活动,督促整治了大批安全隐患问题。实行重大隐患挂牌督办,2022年,省安委办挂牌督办1处重大隐患整改到位;市本级共挂牌督办重大隐患12处,已基本整改到位;各专委会共挂牌督办22处,已按时序推进,加快整改。严格执法、依法“治安”。把“打非治违”作为安全生产工作的主抓手,实行“执法+普法”的工作模式,综合运用整顿关闭、监察执法、挂牌督办等手段,建立信息报送、跟踪督办、曝光通报、责任追究等机制,坚持营商环境和安全生产同优化。2022年以来,全市安全生产行政处罚立案113起,报送安全生产典型执法案例28个,执法质量和水平居全省第一方阵。

【自然灾害防治】 防汛抗旱。锚定“四不”(人员不伤亡、水库不垮坝、重要堤防不决口、重要基础设施不受冲击)目标,有力应对了府澴河流域罕见的“桃花汛”和9轮强降雨。面对总体降水偏少、旱情持续发展的严峻形势,强化旱情监测研判,及时启动抗旱Ⅳ级应急响应,做好抢墒播种和蓄水保水,累计投入抗旱资金2.45亿元,通过湖库涵闸泵站累计引调提水11.4亿立方米,实施人工增雨24次,累计浇灌农作物626万亩次。森林防灭火。建立森林防火网格化管理机制,紧盯国有林场、森林类型的自然公园等重点区域,进一步加强火源管控和日常巡护,全市在重点地段共设立检查站49处、防火哨所103处,安排人员24小时值班,2538名护林员持续巡逻,“防火码”实现地域全覆盖,确保火种不上山、火源不入林,重大节假日和重要敏感时段均未发生森林火灾。综合减灾。深入开展全市第一次全国自然灾害综合风险普查,孝感作为全省唯一的“一省一市”评估与区划试点,召开评估区划技术报告评审会,年底全面完成评估区划和成果应用工作;全市8个综合减灾示范社区已完成创建任务待省考评组检查验收;强化防震减灾工作,常态化开展地震台网运行维护,指导楚能新能源、孝感奥体中心、汉川电厂等重大项目开展地震安全性评价应用。灾后救助。强化冬春救助,坚持核定工作前置,一次性精准确定冬春救助对象,建立信息台账;加强大数据核查,确保救助资金切实惠及受灾群众。强化倒损房屋修缮重建,确保受灾群众安心入住、温暖过冬。

【宣传教育】 推进安全生产教育培训三年行动,全市组织开展“三项岗位人员”考试387场7543人,考核发证7153人。利用微信公众号、应急广播、短信等及时发布自然灾害预警信息、应急自救知识,提示各企业、各单位和广大群众,切实做好安全防范工作;依托“安全生产月”、“5·12”全国防灾减灾日宣传周、“7·28”唐山大地震纪念日、“10·13”国际减灾日等载体深入开展安全知识宣传活动,全市共开展防灾减灾集中宣传百余场次,发放宣传资料13万余份,发送公益短信28万余条,受益群众83万人次。

(撰稿:向静、张蝶、董铁军、陈锐、郑宽远、饶杨、唐波、乐义、胡刚、胡帅)

安全生产

【安全生产机制建设】 2022年,市委理论中心组集中学习习近平总书记关于安全生产和防灾减灾救灾重要指示精神,学习郑州“7·20”和随州柳林“8·12”暴雨灾害调查报告并开展专题研讨。贯彻落实国务院安委会十五条硬措施、省安委会20条铁办法,出台孝感市43条责任分解方案，领导干部带头履职尽责。市委、市政府先后召开35次会议研究部署安全生产和防灾减灾工作，66次采取“四不两直”等方式明查暗访。市“四大家”领导分组包保督导县（市、区）和市直“三区”，带队驻点开展安全生产专项督查。启动并完成全市安全生产有史以来第一次巡查。职能部门主动齐抓共管，将安全生产纳入各县（市、区）党委政府综合目标考核体系和“以奖代补”考核内容。健全安全生产20个专委会统分结合的协调联动制度，107个市直单位结对包保主城区99个社区安全生产和防灾减灾工作并取得明显成效。“三委三部六办”协调督办、合力形成明显提升，会同安委会成员单位严肃认真参与和迎接开展好省市县安全生产、消防和防灾减灾救灾各项年度目标考核工作。生产经营单位主体责任落实落细。广泛开展新《中华人民共和国安全生产法》《生产安全事故应急条例》学习宣传，狠抓企业安责险办理、安全生产标准化创建、安全风险分级管控和隐患排查治理双重预防机制、全员安全生产责任制等基础性工作，生产经营单位安全生产工作总体做到了有人管、有人抓、有人负责。

【安全生产双重预防体系建设】 2022年，市应急管理局制定并下发《孝感市危险化学品企业双重预防机制数字化建设方案》，全市42家化工企业全面运行双重预防机制数字化平台。组织开展建设运行推进情况专项检查，检查企业23家，查出各类问题151个，制发专项工作通报督促企业整改到位，开展危化品登记系统推广应用抽查核查工作，对全市97家系统登记的危化品企业信息进行全覆盖核查，对65家企业提出整改要求，相关企业均按期完成整改。全部非煤矿山生产建设企业均建立了风险分级管控和隐患排查治理双重预防机制。

【安全生产集中整治】 2022年，全市围绕安全生产专项整治三年行动“巩固提升年”行动，开展企业安全生产大检查、大排查。采取重要时段督办检查、重大隐患挂牌督办等措施，开展安全生产集中整治。

安全生产大排查。2022年，根据《关于开展安全生产专项整治三年行动“巩固提升年”行动的通知》要求，全市共排查企业7468家，排查隐患29959条，整改一般隐患28488条，行政处罚246家次，责令停产整顿128家，暂扣吊销证照13家，关闭取缔114家，罚款534.062万元，移送司法机关15人，约谈警示735家。

安全生产大检查。深刻汲取东航“3·21”“4·29”长沙楼房坍塌等事故，扎实开展安全生产大检查，围绕“四个全面开展”，明确检查范围及重点内容，把握“五个关键节点”，落实落细“三个清单”。全市共排查企业18016家，排查隐患16562条，已整改14863条，整改投入1231.23万元，下达指令书3565份，约谈577家，罚款264.9万元，查处违法违章案件64件，查处违法违章人员23人，责令停产停业停止施工25家，依法取缔15家。

重要时段督办检查。2022年，在重大节日和重大活动期间，制定安全生产防范措施。提请市领导带队开展安全生产检查，提示各督导组有针对性开展督导检查。各地各部门采取“四不两直”等方式开展督查暗访，截至年底，全市共派出2478组次，采取“四不两直”等方式检查企业（场所）8304家次，查改隐患5879条，实现重点时段零事故。

重大隐患挂牌督办。出台《孝感市安全生产重大事故隐患挂牌督办办法》，省、市、县三级共挂牌督办重大隐患62处，其中市级12处，专委会27处，县（市、区）23处，整改率100%，基本实现分级分类挂牌督办。市安委办一周一调度，一月一汇总，及时掌握整改进展情况，全程跟踪督办整改。

【非煤矿山安全监管】 2022年，在市、县两级非煤矿山监管部门围绕“非煤矿山领域零事故”的总目标，补短板、强弱项、固根基、抓“关键”，不断完善工作措施和保障机制，全市非煤矿山安全生产形势持续稳定。

非煤矿山基本情况。孝感市现有非煤矿山31座（不包括4座已闭库尾矿库），其中金属非金属矿山29座、在册尾矿库2座。金属非金属矿山按照开采方式分类，地下矿山18座（其中钻井水溶开采地下矿山8座）、露天矿山11座，分布在应城市15座、云梦县3座、安陆市2座、大悟县7、孝昌县2座。应城15座矿山中，9座地下石膏矿山只有1座技改（应城和兴石膏矿业有限公司鑫鑫石膏矿）、8座长期停产停建，1座地热开采长期停产，5座钻井水溶开采（采卤）正常生产（中盐长江盐化、双环科技、久大制盐、长舟盐化、广盐华源制盐）。云梦3座矿山中，2座钻井水溶开采（采卤）正常生产（中盐东兴云梦制盐、蓝天盐化），1座露天矿山长期停产正在进行闭坑。

安全生产大检查。2022年，全市共开展各类检查209矿次，查出各类问题隐患334条，其中重大隐患14条，已完成整改3条，11条按照制定方案正在整改中。实施行政处罚罚款5起，共计罚款37万元，分别为安陆局立案2起行政处罚7万元，大悟局2起分别对企业立案2次、个人立案1次共计行政处罚18万元；孝昌局1起分别对企业立案1次、个人立案1次共计罚款12万元；责令2家矿山企业停产停业整顿，责令停止作业1处，对长期停产矿山企业开展巡查52矿次。

“打非治违”。根据“打非治违”有关精神和市委主要领导的批示，市公安局、自然资源和规划局、应急管理局、水利和湖泊局通力合作，共办理涉及盗采矿产资源和矿山严重违法违规生产建设行为立案查处31起，没收违法所得15.55万元，行政经济罚款114万元。其中安陆局严重违法违规生产建设行为立案4起，实施经济处罚30万元。

尾矿库风险防范。市应急管理局指导孝昌县局完成了鑫龙铜业无主尾矿库的消库；联合市生态环境局组织开展了第二轮中央生态环境保护督察反馈问题整改（省序号37）与整改验收；大悟县3座无主尾矿库获得了省级风险监测专项资金的支持；杜绝了尾矿库安全环保事件。

风险防范能力建设。建立了非煤矿山包保联系机制，市常务副市长包保地下矿山和重点矿山企业；组织召开非煤矿山专委会联络员会议两次，重新调整并印发《关于调整孝感市非煤矿山安全生产专业委员会组成人员和职责的通知》（孝非煤安专〔2022〕4号），进一步明确了各非煤矿山安全生产专业委员会成员及职责。积极推动市级非煤矿山生产事故应急预案编制完成，开展风险分析，完成了《孝感市非煤矿山生产事故应急预案》的编制。应城市“线上、线下”两手抓，建立“线上”远程视频信息监控系统、“线下”由乡镇和应城应急局联合开展安全巡查，杜绝了长期停产停建矿山“偷采盗采”行为。云梦市主动服务，积极指导中盐东兴开展建设项目安全设施“三同时”工作和大山店建材安全有序闭坑退出。

开展“地毯式”排查。吸取内蒙古左旗一露天煤矿“2·22”坍塌事故教训，市委、市政府主要领导高度重视并作出批示，市安委办印发《关于开展全市非煤矿山“地毯式”隐患排查的紧急通知》（孝安办〔2023〕6号）部署全市非煤矿山“地毯式”隐患排查。各涉矿县市由县级领导带队，市安委会办公室市安办主任带队组成3个工作专班，开展明查暗访，确保“地毯式”隐患排查行动落实落地，共完成辖区31座矿山“地毯式”隐患排查。

【烟花爆竹安全监管】 2022年，孝感市把烟花爆竹安全监管作为公共安全治理的基础工作来抓，严格准入条件，坚持防治结合，努力提高烟花爆竹安全水平。截至年底，全市有烟花爆竹批发企业14家、零售店（点）1620家，全年无烟花爆竹领域安全事故发生。

建立长效监管机制。压实企业主体责任，持续开展烟花爆竹领域安全生产“四知卡”行动、安全生产班前会行动、安全生产“责任上肩”行动，并在“安全生产三年整治”行动过程中不断巩固，形成长效机制持续落实。

建立“两个清单”。指导监督批发企业结合企业和岗位实际，按照湖北省“两个清单”要求进行细化，制定符合企业实际的全员安全生产责任制，明确全体从业人员职责，制定相应考核奖惩机制，确保“两个清单”落到实处。

流向和质量管理。要求烟花爆竹批发企业严格做好烟花爆竹产品流向登记工作，做到购进产品登记手续齐全，销售产品登记记录可查，确保产品的可追溯性。要求批发企业及零售户销售产品应有符合国家有关规定的标志和流向登记标签。企业严格按照《烟花爆竹安全与质量》要求，购买和销售符合安全与质量标准的烟花爆竹产品，严禁销售超标违禁和“假大空”产品。

督导与检查。加大日常检查和

对烟花爆竹企业开展安全检查

（市应急管理局 供图）

专项检查力度，要求零售户购进的烟花爆竹必须存放在安全仓或满足安全条件的经营门店内，防止出店经营，防止出仓经营，防止超量储存。2022年，全市推广安全仓1219个，覆盖率为75.25%。其中应城、云梦、安陆、孝昌4个县市安全仓覆盖率达100%。强化指挥调度，建立全市烟花爆竹专项整治调度工作机制，定期调度辖区内烟花爆竹专项整治工作进展情况。市安委办成立7个督查组，对各县(市、区)烟花爆竹专项整治进展情况进行检查督办。

执法检查。制定《2022年上半年烟花爆竹经营安全专项检查工作方案》《全市烟花爆竹大检查实施方案》和《关于开展2022年下半年烟花爆竹生产经营安全执法检查工作的通知》等文件，市、县两级对烟花爆竹批发企业和零售店开展“全覆盖、拉网式”检查，切实消除一批安全隐患。2022年，孝感市、县两级应急管理部门共组织专项检查2258家(次)，排查安全隐患1696条，已全部整改到位，立案19件，取缔无证经营点12家，经济处罚12.75万元，收缴非法产品4871件，处罚涉案人员4人，有力推动了烟花爆竹安全形势稳定好转。

追责问责。2022年，对违规经营的2家烟花爆竹企业负责人进行约谈，同时分别处以3万元、1万元的罚款。对监管人员发现烟花爆竹非法违法案件未及时进行行政处罚的，对乡镇党员干部履职工作不力的，分别移交有关部门依规依纪处理，目前已对6名监管干部(3名科级干部、3名其他干部)和13名乡镇党员干部进行了工作约谈，进一步压紧压实工作责任。

【危化品安全监管】 2022年，全市危险化学品安全监督管理工作围绕推动安全生产专项整治三年行动圆满收官，扎实做好危险化学品安全风险集中治理，立足实际找路径，紧盯目标抓落实，稳步推进各项工作，确保了监管领域安全生产形势持续稳定向好。

制定实施方案。先后制发《孝感市危险化学品建设项目和化工园区(企业)安全风险防控整治提升实施方案》《孝感市危险化学品安全风险集中治理实施方案》以及《全市危险化学品安全风险集中治理和化工园区整治提升攻坚方案》，对治理重点工作任务进行细化分工，形成工作清单，确保有序推进。

安全风险整治。企业安全风险防范整治提升。全市80家化工企业对照《危险化学品企业安全风险防范整治检查表》进行了自查，共发现问题隐患589条，已全部完成整改；以属地为单位，对企业自查自改情况进行复查，新发现隐患22条，均已完成整改；经过对2019年以来未开展设计诊断复核的项目进行梳理，全市需开展设计诊断复核项目30个，涉及企业26家，所有企业均已按要求完成设计诊断。精细化工企业“四个清零”。全市纳入省级精细化工企业安全风险评估三年计划的6家企业均已按期完成反应风险评估工作，8家涉及硝化、氯化、氟化、重氮化、过氧化工艺的精细化工生产装置的企业已按要求完成反应风险评估工作，新建精细化工企业均已在进行安全审查前完成反应风险评估；16家需进行自动化改造企业已全部按期完成，11家涉及硝化、氯化、氟化、重氮化、过氧化工艺的企业已完成装置自动化程度符合性评估及改造工作；13家企业的不合规控制室已完成搬迁改造；涉及从业人员学历资质达标提升的495人均已按要求完成学历达标提升。高危细分领域专项治理。全市涉及高危细分领域专项整治的8家企业，均对照排查指南开展自查，制定隐患整改“一企一策”，共发现各类问题74条，均已完成整改。3月，应急管理部硝酸铵专项检查组对孝感市应城市新都化工有限责任公司开展检查，发现问题隐患8条，已按期完成整改。5月，应急管理部硝化企业专项检查组对孝感市新舟化工有限公司开展专项检查，发现问题隐患10条，已按期完成整改。老旧装置安全风险防控。全市需开展老旧装置安全风险整治企业4家，涉及老旧装置6台(套)，均已完成风险自评及深度评估，评估结果均为一般风险，相关装置信息已按要求录入信息系统，并制定设备健康管理档案。化工园区安全整治提升。通过上下联动、各级协同，齐力推进化工园区整治提升，确保全市四个化工园区于年底前达到一般安全风险等级(C级)。2022年，4个化工园区共投入20亿元资金建设各项保障要素，建成危化品专用停车场1个、封闭化卡口26个，新建成消防站3座，新建智能化管控平台4个，通过委托服务的方式建设实训基地4个。

检查督办。开展危险化学品重大危险源企业专项检查。襄阳专项检查组对孝感市重大危险源企业进行了第一轮专项检查，共发现问题隐患182条，其中重大隐患7条，均已完成整改。仙桃专项检查组对孝感市重大危险源企业开展了第二轮检查督导，共发现问题隐患158条，其中重大隐患2条，已全部完成整改。开展危险化学品领域安全生产大检查。在全市危化领域全面开展安全生产大检查，共派出检查人员374人，检查企业187家，排查隐患604条，下达责令整改指令书97份，已全部完成整改，累计投入整改资金30.54万元；对2家企业进行了约谈，罚款34.1万元，责令2家企业停产整改。开展危险化学品领域“过

筛子”检查。围绕第一轮重大危险源交叉检查隐患整改、设计诊断、精细化工企业“四个清零”、高危细分领域隐患排查、老旧装置安全风险防控等重点工作，成立2个检查组，对全市相关危险化学品企业开展“过筛子”检查督办，共检查企业66家，责令停产整改企业6家。

行政审批事项管理。2022年，依法依规开展危化领域行政审批工作，共办理危险化学品领域生产许可事项1件，经营许可事项117件，三级标准化确认事项13件，易制毒备案事项3件，对32个建设项目的安全审查、2个建设项目的安全设施设计变更进行了评审，其中，对1个不符合相关法律法规要求的建设项目不予许可。

【安全生产行政执法】严格落实行政执法“三项制度”。严格落实行政执法公示、执法全过程记录、重大执法决定法制审核制度，安全生产行政执法工作水平不断提升。统一全市应急管理系统执法办案模式，规范重点领域安全监管工作，全面提升执法案卷规范性。全面推行“执法+普法”模式。督促监管部门统一制订年度执法计划，建立落实情况月报告、季督办制度。采取“执法+普法”模式，持续加强执法监察力度，进一步强化警示震慑，提升企业安全意识。采取“执法+普法”模式，推动“新安法”有效落实。2022年，安全生产行政处罚立案137起，报送安全生产典型执法案例36个，执法质量和水平居全省第一方阵。全市共立案查处安全生产违法违规案件141起，处罚706.77万元，其中监督处罚123起，处罚259.05万元，事故处罚18起，处罚447.72万元。与2021年度相比较，监督处罚次数同比上升2%、处罚金额同比下降19.2%；事故处罚次数和金额同比分别上升12.5%、34%。其中，市本级立案12起，申请法院强制执行1起，累计处罚金56.1万元。

【安全生产教育培训】2022年，孝感市应急管理局共组织10491人参加安全生产类培训。其中，培训特种作业人员9610人、安管人员881人；考试人数9207人，其中特种作业人员合格人数8392人、安管人员815人；发证人数8719人，其中特种作业人员7982人、安管人员737人。组织开展工伤预防能力提升培训。联合市人社局制发《孝感市危险化学品企业工伤预防能力提升培训工程（2022—2024年）实施方案》，投入培训资金26.5万元，按期完成176人培训任务。搭建干部学习交流平台，开展“应急干部大讲堂”活动，启动“学法、考法、讲法、执法”专项活动。

（撰稿：向静、张蝶、董铁军、陈锐、郑宽远、饶杨、唐波、乐义、胡刚、胡帅）

检查企业安全生产

（市应急管理局 供图）

防灾减灾救灾

【风险监测和综合减灾】2022年，全市完成危化品一、二级重大危险源在线监测预警，实现三、四级重大危险源排查监测全覆盖。全市20家危化企业共34处重大危险源、14家烟花爆竹批发企业、2处非煤矿山尾矿库的相关风险感知数据、监控视频和三维摄影数据均已汇聚到省厅。应城市完成了本地危险化学品监测预警监控视频平台建设。通过“12379”平台等及时发布预警信息。依据“数智孝感”和“智慧应急”工作目标，2019年以来，全市应急部门累计投入6000多万元开展应急能力信息化项目建设。

【救灾保障】2022年，孝感市共发生了8次自然灾害，其中1次风雹灾害，6次洪涝灾害，1次旱灾，全市累计受灾人口544077人；农作物受灾面积50116公顷，成灾面积29446公顷，绝收面积4959顷；倒塌房屋18户47间，严重损房31户67间，一般损房142户246间；直接经济损失4.18亿元。

救灾保障机制建设。旱灾救灾。

孝感市根据灾情发展，及时启动抗旱Ⅳ级响应和灾害救助Ⅳ级响应，第一时间成立以县级领导担任组长的7个专班指导受灾地区及时查灾、核灾、救灾，做好灾情信息的及时上报。按照自然灾害灾情统计制度指导县（市、区）做好灾情统计上报工作，孝感市已累计上报灾害信息报告28期，县（市、区）受灾地区成立20多个救灾工作专班分赴旱灾区指导农业救灾抗旱工作，确保群众正常生活生产和社会稳定。冬春救助。召开全市冬春救助工作视频会，传达应急管理部、省应急管理厅冬春救助工作会议精神及工作要求，成立由市应急管理局领导班子任组长的工作专班赴各县（市、区）就冬春需救助摸底工作开展督导，指导各地严格按照申报程序，精准确定救助对象，扎实做好冬春救助需求核定工作，并指导各县（市、区）根据不同的灾害损失和受灾困难群众不同的救助需求制定了相应的救助政策；为推进冬春需救助摸底工作，市应急管理局坚持每周一调度，通报各地工作进展情况，对工作进度较为滞后的县（市、区）点对点指导督办，确保按时完成工作任务；各县（市、区）认真按照《受灾人员冬春生活需救助人口一览表》中的指标，在一个月的时间里，迅速开展组织入户调查摸底、个人申报、村级评议公示、乡级审核、县级核定工作。因灾倒损房恢复重建工作已纳入省政府考核指标。

资金与物资保障。全市累计投入抗旱救灾资金1.62亿元，组织4万余人参加救灾救援工作，累计解决因旱饮水困难需救助人口54259人，有效抗击了旱情。同时，省财政厅、省应急管理厅支持解决自然灾害救灾资金850万元。冬春救助方面，市级层面的救助需求人数171650人，省财政厅、省应急管理厅支持解决自然灾害救灾资金4134万元。积极推进因灾倒损房屋恢复重建工作。截至10月30日，全市需重建房屋14户45间，需修缮97户160间，已完成全部重建修缮工作，完工率100%。做好各县（市、区）、市直三区防疫应急物资保障工作，新冠疫情期间，共支援各地帐篷200顶、折叠床1900床、棉被4990床、床单1000床、防护口罩2000个、消毒液2桶。

救灾保障能力建设。完成“十四五”救灾物资储备方案，建成统一领导、分级管理、规模适度、种类齐全、布局合理、多元协同、反应迅速、智能高效的全过程多层次救灾物资保障体系，自然灾害救灾物资保障能力显著增强。

【防汛抗旱】 2022年，孝感市以防洪安全、城乡抗旱供水安全、粮食安全为目标，围绕补短板、强基础、提能力，全力做好防汛抗旱工作，有效应对了暴雨洪水袭击和高温干旱考验。特别是面对历史最强高温和严重的伏秋连旱，全市党群众志成城抗大旱、抗长旱，全市未发生大规模人畜饮水困难，未发生大面积农作物绝收，最大限度减少了灾害损失，保障了经济社会大局安全稳定。

汛情、旱情基本情况。汛期降水偏少，梅雨强度偏弱，8月、9月基本无降水，江河湖库汛情总体平稳。8—9月，持续高温少雨，为历史同期最少降水，出现历史最强高温过程，造成严重伏秋连旱。8月中旬后期开始全市出现不同程度气象干旱；9月全市气象干旱进一步发展，旱情范围和程度明显升级，综合强度不断加强，于9月26日升级到特旱等级。该次干旱过程与高温叠加，蒸发量大、土壤失墒快，骤发性特征明显，加之长江上游和汉汉上游来水偏少，对城乡生活、农业生产和生态系统造成了较大影响。干旱直接影响汉川汉南片区近30万亩农田及水产养殖用水。孝南、孝昌、应城、安陆、云梦等地23条河流干涸、8座小水库水位低至死水位以下。8月下旬旱情最重时，在田作物受旱面积达51万亩，占在田作物面积10%，中稻、花生、玉米、大豆、蔬菜、茶叶、果树不同程度受灾。截至9月30日，全市累计受灾人口40.6万人，因旱需生活救助人口9.4万人，因旱饮水困难需救助人口5.4万人，饮水困难大牲畜1884头，农作物累计受旱面积85万亩，绝收1.85万亩，直接经济损失3.4亿元。

完善工作机制。4月下旬召开全市防汛抗旱工作会，明确2022年防汛抗旱工作的总体目标，并对全年防汛抗旱工作进行安排部署。市防办围绕工程隐患排查、防汛责任人更新、应急物资补充、抢险救援队伍统计、预案修订完善等工作，细致组织，狠抓督办落实。5月下旬开始，在各地、各部门自查自检的基础上，由市“四大家”领导带队分赴县（市、区）开展督导检查，压紧压实防汛责任。汛前完成了市、县两级防指人员调整；协调荆门、随州两地，完成徐家河、郑家河水库防汛指挥部人员调整；更新了重点水利工程防汛、山洪灾害防御及城区排水防涝等责任人，及时进行公示，接受社会监督。协调组织集中学习《河南郑州“7·20”特大暴雨灾害调查报告》，深刻吸取教训，认真查漏补缺。

防洪工程建设。加快在建防洪工程进度，汛前完成解放山水库除险加固、汉江下游堤防除险加固一期工程（汉川段）、临空区府河童家湖堤防除险加固等工程水下主体工程建设任务，以及孝感市城区供水保障工程（二期）穿汉北河堤防堤身恢复，确保工程达到安全度汛要求。

隐患排查督办。全市共排查较大隐患103处，完成14座大中型骨干泵站试车试水、46处水毁工程修复，排查地灾隐患点416处，督促11处涉河在建工程制定应急度汛预案。完成30处山洪监测站点设备检修维护、41处地质灾害隐患点自动监测设备安装，以及城区8条主干道、4条箱涵、3条截污干管清疏。对25个重点问题持续跟踪督办，督促整改；对10个防汛抗旱突出问题进行挂牌督办；市"四大家"领导带队赴包保责任区域开展检查督导12次。

应急队伍建设。对预备役民兵和驻军、消防救援力量、群众性力量、专业抢险力量、社会性救援队伍进行了统计摸底，落实防汛救援队伍140支、人员7850人。落实防汛劳力71000人。组织本辖区4支常备力量前置备勤，做好抢险救援准备。加强城市应急保障队伍建设，成立60人的应急队伍，抢修人员、服务人员、机械设备24小时待命，坚决做到城区范围内半小时到场止水、小修不过夜、响应全天候。

防汛抗旱物资储备。通过实物储备、协议代储等方式，全市共储备各类物资价值1.2亿元。其中，砂石料10.1万立方米，编织袋285.7万条、彩条布17.8万平方米、桩木1633立方米、钢管55吨、铁丝23吨、大功率龙吸水泵车2台、移动排水泵车5台、水面救援机器人15套、救生舟(艇)33艘、各型抽水泵480余套，以及各类应急照明灯具1600余套、救生衣11000余件。

应急响应与值守。全力做好极端天气及应急响应期值班，加强与气象、水文、水利、城管、住建等部门信息联动，做好汛期信息收集报送。5月1日以来连续报送水雨情日报150余期，编制梅雨期、高温期信息日报28期，完成蓄水统计7期。适时适度提升防汛应急响应级别，精准研判，根据气象暴雨红色预警信息，于6月27日、7月20日先后启动防汛Ⅳ级应急响应2次，做到响应前置，组织应急力量值班备勤。全市累计投入抗旱资金2.1亿元，劳力23.2万人次，灌溉农田面积626万亩次。

保障城乡生活用水。加强应急期城市集中供水管理，城区日供水量最高达28.6万吨，创近三年新高；应城市强化供水应急处置，及时启动应急预案，于8月25日启用短港水库备用水源为城区供水，日均供水9万立方米。因地制宜保障农村饮水安全，从根本上解决祝站镇6个区域群众用水水压不足的问题，惠及农村居民1331户、用水企业28家。汉川市对汉江沿线36处取水浮船及时调整下移，采取延伸取水管道、降深扩宽取水口等措施，保障取水畅通；对以地下水为水源的水厂，通过新打机井6口，加大取水量，解决乡镇高峰用水水量不足的问题；新增6处加压泵站，解决3个乡镇6000余人供水水压低的问题；应急改造管网1300米，解决2个乡镇600余人尾端水压小的问题。孝昌县加强供水管网巡查，严厉打击非法盗水灌田、浇菜地等现象，查出并修复管网漏点6处，阻止非法盗水事件30余起，收缴盗水管网800余米，有效提高供水安全系数，保障了用水户饮水安全。孝南区针对西河镇韩桥水库取水水量不足的问题，紧急预判分析，提前由新铺镇向西河镇调城区自来水，保障了供水秩序稳定和安全。

【自然灾害综合风险普查】 2022年，开展灾害风险普查工作，完成项目预算编制、预算评审、招标代理等工作。根据省普查办下发的《历史评估成果报告》，组织各县(市、区)普查办对《历史评估成果报告》开展复核确认工作。交通部门、住建部门均已完成孝感市承灾体数据汇交；应急部门已线上汇交至省普查办，国普办已完成历史灾害评估；自然资源和规划部门已线下汇交至省普查办；地震部门已线下汇交至省普查办，已线上汇交给中国地震局；气象部门已汇交到中国气象局，系统中已能看到大风数据；水利部门已完成线下汇交；林业部门已完成省级汇交。积极协调保障普查经费。目前市直6家单位(自然资源和规

孝南区朋兴乡农民抽水抗旱

(市水利和湖泊局 供图)

划局、林业局、水利和湖泊局、气象局、交通局、住建局)均提交了申请拨付风险普查资金的函及相关文件,各单位数据汇交等情况已经过第三方公司进行了评审。

【防震抗震】 2022年,全市完成2021年地震信息节点评比上报工作、孝感市地震台建台申请报告和台站选址勘查工作。上报全市地震烈度台故障及摸底情况报告、全市防震减灾协调议事机构、2021年地震和宣传年报、孝感机场选址。拟订并印发孝感市2022年防震减灾工作重点、完善孝感市抗震救灾指挥部运行机;完成全市落实国务院抗震救灾指挥部关于完善体制机制等情况报告。完成《湖北省孝感市公共信用信息目录(2021年版)市级平台地震事项确认》;每日上报地震信息节点运行情况、每周上报地震宏观异常报告;完成地震"互联网+监管事"项认领和信息录入工作。

【森林防火】 2022年,孝感市委、市政府把抓森林防灭火工作与履行"林长制"结合起来,落实包片联县责任,严格敏感时段管理,带头开展森林防灭火检查督办。应急、公安、林业、气象等单位建立了紧密协作机制,实现信息共享、定期会商、联防联动。财政、农业农村、交通运输、教育、融媒体等森防指成员单位,立足部门职能,为森林防火提供要素支撑。开展"互联网+森林防火督查系统"注册,系统注册率100%,重点火险区填报率100%。加强"防火码"应用,"防火码"实现地域全覆盖,场景应用率100%、卡口启用率100%。通过出动宣传车、悬挂横幅、标语、短信提醒等多种方式,在重点路口、重点地段,针对特殊人群加强野外安全用火知识宣传。

隐患排查。针对孝感山地林区及电网设备分布特点及输、配电线路穿越山林占比较高的问题,定期开展"清树障、除缺陷、防山火"专项活动,提前制定严密的清障方案,明确清障责任人,对输、配电线路进行拉网式巡视和清障,职能部门定期督导线路树障清理情况,严格按照树障清理考核规定进行现场验收和定期通报。针对清明前后部分客户烧纸祭祖和秋收时节农户田间地头烧荒易造成输、配电线路跳闸和森林火灾问题,加大对所辖输、配电线路的巡视力度,尤其是加大山林附近电力线下违章堆放麦秆、垃圾易燃物等隐患的排查治理力度,及时消除安全隐患。全年检查498次,发现问题159个,整改问题159个,立案37起,约谈28人,行政拘留12人,行政处罚1.05万元。

火源管控。大悟、孝昌、安陆、双峰根据当地森林火险情况适时发布禁火令。防火关键时期,严禁一切野外用火,实行全面封山,严禁烧地边、野炊、吸烟、上坟烧纸等一切野外违法用火行为;对必需的野外生产用火,实行严格的管理和控制。严格重点人员管理,对容易引发火情的("痴、呆、憨、傻"等)重点人群登记造册、不留死角,实现监护人员和管理责任全覆盖,严防玩火、失火引发森林火灾;充分发挥护林员的"岗哨"作用,加强管理,明确责任,划定区域,督促护林员开展常态化野外巡逻并增加巡逻密度,切实做到早发现、早处置。严格重点部位管理。全市在重点地段共设立检查站49处、防火哨所103处,安排人员24小时值班,对进山车辆和人员进行严格检查,杜绝火种进山入林。组织2538名护林员(其中生态护林员1950名、公益性岗位护林员350名、兼职护林员238名)开展护林防火,严控国有林场、森林公园、自然保护地等重点区域内上坟烧纸、林内吸烟、农事用火等重点火源。

建立群防群治机制。通过召开精准扶贫屋场院子会,营造森林防火浓厚氛围,力求"护林防火,人人有责"家喻户晓、人人皆知。建立了县、乡、村、组、湾五级山头包保巡护责任人台账,督促各乡镇(区)严格落实巡护包保责任制,县领导包保到乡镇,乡镇包保到村,村包保到组、组包湾,护林员包山头、地块,织密织牢森林防火责任网,确保防火责任进村入户,到岗到人,确保山有人看、林有人护、火有人管、责有人担。

(撰稿:向静、张蝶、董铁军、陈锐、郑宽远、饶杨、唐波、乐义、胡刚、胡帅)

消　防

【概况】 2022年,孝感消防支队在市委、市政府的坚强领导下,以习近平新时代中国特色社会主义思想和授旗训词精神为引领,以"防风险、保稳定、走前列"为总目标,以平安护航党的二十大为主线,全面完成各项重点工作目标,在保持"两个稳定"的基础上,高质量迎接国务院安全生产和消防工作综合检查,统筹完成全省正规化管理、防控"小火亡人"、一体化值班值守和辅助决策4个试点课题研究。支队和应城市东大街消防救援站被中央团委评定为一星级青年文明号,2个集体、4名个人获评省级以上表彰,21名个人受到市级表彰,114人获记功嘉奖,队伍形象进一步提升。截至年底,全市共接警出动7353起,其中火灾2176起,抢救被困人员178人,疏散366人,未发生较大和有影响的火灾事故。

【消防基础建设】 孝感消防支队着力夯实救援基础保障,强化"中心+辐射”队站布防模式，统筹推进市消防训练基地和18个站点建设，建成投用4大8小12个队站，投用队站总数达23个，初步构建点多面广的快速响应救援网络。编制出台《消防装备建设发展“十四五”规划》，投入5000万元购置远程供水系统、方舱卫星通信指挥车等各类车辆22台，装备器材6500余件(套)，逐步形成功能完备、体系完善的车辆装备配备新格局。

【消防接警救援】 孝感消防支队紧盯孝感灾情特点，围绕“一短三快”(接处警时间短、出动到场快、战斗展开快、救人灭火快)初战机制改革和“五大五小”(高低大化、厂房仓库，民房、门店、作坊、道路交通事故、高空救援)作战训练改革，建设智能接处警系统，建实建强攻坚控火、抢险救人、危化品处置、洪涝灾害救援等6类专业队伍，开展大跨度大空间火灾、危化品处置等5次跨区域实战演练，全面提升实战能力。提请孝感市政府出台《灭火与消防应急救援联动工作机制》和《重大火灾事故应急预案》，建成消防搜救犬基地和“119”“120”联勤联动站，下发《多种形式消防队伍联勤联训联调联战工作方案》，全市94支政府(企业)专职队、1600多家微型消防站纳入集中统一调度，高效整合救援力量。

【消防安全专项整治】 以消防安全专项整治三年行动为主轴，紧盯“传统业态风险”和“混合新业态风险”，统筹推进自建房、高层建筑、厂房仓库等14类专项治理，围绕生活用纸、盐化工等7大产业集群和11个重点行业，推行消防安全标准化管理和标识化建设，建立储能电站、涉疫场所、新能源车辆等新领域新业态风险研判和防控长效管理机制，安全生产十五条硬措施进一步落实。连续3年开展经营门店专项整治，实施“示范先行、劝导告知、强力执法、整体带动”，有效治理8.2万余家，全市经营门店火灾同比三年前下降75%。建立全域全行业消防安全隐患清单和整改清单动态清零机制，清零各类隐患3.1万余处，大幅压降致灾风险。着力提升全场景要素本质消防安全，监督员“一对一”包保老旧小区改造，联合住建、文旅部门摸排传统村落和异迁点消防安全短板，夯实属地志愿消防力量，人居环境消防安全管理机制持续优化。

【“所队合一”建设】 全面推进“所队合一”(消防救援所、政府专职消防队)建设，实现全市乡镇专职队全覆盖，新建并实体化运行24个“所队合一”消防救援所和2个消防治理中心，拉动多种形式消防队伍1611次，开展重点人群入户宣传和看护，末端消防安全管理抓得更实。

【优化消防营商环境】 制定“我为群众办事”优化监督执法服务工作清单，出台便民服务七项措施。与住建部门联合设立受理窗口，实现公众聚集场所投入使用、营业前消防安全检查与住建部门消防竣工验收一并受理、并联检查。规范实行消防“双随机、一公开”监管，对消防安全风险较小、自主管理较好的企业减少消防监督检查频次，做到无事不扰。2022年，共受理办理消防事务群众1236人，接待群众132人，办理告知承诺制5家，减免行政处罚11家，“码上回访”956人，预约培训企业员工9772人次，受理群众服务热线285次。重点跟进服务重大项目，部署开展“百员进千企”助企纾困暨消防安全大检查服务实践活动，动员队伍当好企业“六员”(宣传员、联络员、诊断员、指导员、服务员和调研员)，对关系国计民生、城市生命线和政府确定的重大工程，成立专班、提前介入、积极沟通，保证项目与安全同步跟进。2022年共服务重点项目、企业1600余场次，跟踪办理开业前消防安检36家，调研走访企业953家，赠送灭火设施器材2000余件。

【消防宣传】 依托15个消防科普教育基地和3个主题公园，采取“走出去、请进来”和“线上、线下”的形式普及消防常识。创新消防宣传“三进三入”(进村入户、进屏入网、进群入民)工作机制，利用农村小喇叭、广告屏、出租车、公交线路等刊播消防安全提示信息，打通消防宣传“最后一公里”。

(撰稿：熊成虎)

应急救援

【应急值守】 加强应急值班值守，严格落实领导带班和24小时值班制度，按要求将值班信息上传国家、省系统并及时提示值班人员到岗到位。截至年底，各级值班抽查中系统内没有被通报的情况发生。加强信息报送，提高信息报送质量，及时如实报告突发事件信息，重要时间节点执行日报告、零报告制度。2022年，上报突发事件信息6起。

【应急救援体系工程建设】 化工园区整治提升工程。实施危险化学品安全生产重点建设项目，应城、云梦4个园区立足实际积极行动，按照“五明确”的要求，制定整改工作方案，逐项抓落实。健全完善园区管理机构，设立园区管委会和应急办，通过调动、聘用和面向社会招考等方式，为园区配备满足监管需要的专业人员40人。对4个化工园区及周边居

水上应急救援

（市应急管理局 供图）

民2278户实施搬迁，对194户经营门店进行专项整治，完成关闭，投资1.2亿元新建消气防站3个、危化品专用停车场1个，对现有智能化管控平台进行升级改造，运用物理隔离和电子监控相结合的方式实现园区封闭化管理；投入1200万元统一采购应急救援物资装备，同时健全应急救援联动机制，定期开展应急演练，进一步提升化工园区应急救援能力。全市4个化工园区安全风险均达到C级（一般安全风险）。森林火灾应急能力提升工程。实施湖北省孝感市森林火灾应急能力建设项目。投资4000余万元，建成孝感市应急管理局森林防灭火指挥中心、森林防灭火融合通讯系统；安陆市营房、森林防灭火设备采购已完成；大悟县营房、应急指挥中心建设已完成；双峰山森林防灭火视频监控系统、森林防灭火设备采购已完成。双峰山、孝昌县营房建设已动工。项目建成后，将有效提升孝感市森林防灭火整体能力。重点企业在线监测项目工程。完成全市危化品一、二级重大危险源在线监测预警，2022年，实现了三、四级全覆盖。孝感市20家危化企业共34处重大危险源、14家烟花爆竹批发企业、2处非煤矿山尾矿库的相关风险感知数据、监控视频和三维摄影数据均已汇聚到省厅。应城市完成了本地危险化学品监测预警监控视频平台建设。通过“12379”平台等及时发布预警信息。依托“数智孝感”等平台，累计投入6000多万元开展应急能力信息化项目建设。孝感市应急指挥中心信息化项目工程。争取市本级财政投入580万元，实施孝感市应急指挥中心信息化项目，建设应急指挥中心指挥大厅及值班室，包括网络系统、显示系统、音视频系统、融合通信系统和配套装修等，2022年11月15日项目通过了竣工验收。孝感市大悟、安陆、云梦、孝昌、应城等地均分别完成了指挥中心信息化建设。

【应急救援能力建设】 完善应急联动机制。修订发布《孝感市突发事件总体应急预案》，全省率先建立“一种突发事件、一部专项应急预案、一个专项应急指挥部、一套指挥体系”的工作体系，50个专项预案已全部修订完成。气象叫应机制与应急响应机制有效衔接，极端天气下市、县两级党政领导坐镇指挥部调度，临灾区域责任人员下沉一线提前转移群众，24小时滚动会商研判点对点同步发送短临信息，适时适势提高应急响应级别，每次应急响应过程完成后及时复盘优化完善应急机制和预案。不断增强应急工作的超前性、主动性、有序性、有效性。完善应急队伍体系。建立完善以综合性消防救援队伍为主力军、专业应急队伍为骨干力量、基层救援队伍为先期处置重要力量、社会应急救援队伍为辅助力量、应急专家队伍为技术支持的应急队伍体系。新增社会应急救援队伍3支100余人，新增专业化救援队伍7支80余人，投入200余万元培训各类应急救援人员4000余人次，培训考核“三项岗位人员”8410人。完善应急保障体系。建成市级应急指挥中心信息化项目；制定孝感市“十四五”救灾物资储备方案；投资4857万元的孝感市森林火灾应急能力建设项目按进度推进；投资2亿元的孝感市应急物资装备储运中心主体工程已完成。推进安全生产教育培训三年行动，全市组织开展“三项岗位人员”考试387场7543人，考核发证7153人。依托“安全生产月”“5·12”防灾减灾日，安全生产“五进”及新媒体等载体，开展集中宣传百余场次，发放宣传资料13万余份，发送公益短信28万余条，受益群众83万人次。

（撰稿：向静、张蝶、董铁军、陈锐、郑宽远、饶杨、唐波、乐义、胡刚、胡帅）

栏目编辑：秦荣

生态环境建设

生态环境建设

综　述

【概况】 2022年，孝感市生态环境局坚持“生态优先、绿色发展”的理念，持续深入打好污染防治攻坚战，围绕环境质量改善、监管方式改革和经济社会发展，建机制、强管控、抓整改、促改革、严纪律、重担当，全力以赴推动以高品质生态环境促进高质量发展，建设天蓝、地绿、水清的美丽孝感。截至2022年年底，全市13个国控断面水质、23个省控断面、33个市控断面、10个县级及以上集中式饮用水水源地水质达标率均为100%，国控断面优良率为100%，超过省定92.3%的年度目标，省控断面优良率为95.7%，超过省定78.3%的年度目标；$PM_{2.5}$平均浓度41微克/立方米，优良率80.8%，重污染天5天，全面完成省定目标任务；农村生活污水治理率达到36.02%，受污染耕地安全利用率稳定在90%以上，重点建设用地安全利用得到有效保障。2022年，颁布实施《孝感市创建国家生态文明建设示范市规划（修编）（2021—2027年）》，印发年度实施方案，政策体系不断完善。孝感市、安陆市、应城市、云梦县、汉川市获得省级命名，双峰山实践创新基地成功通过省级第六批国家生态文明建设示范区和“两山”实践创新基地预审，全市新增7个乡镇、36个村获得“省级生态乡镇”和“省级生态村”称号。

【水生态环境保护考评】 2022年，孝感市生态环境局紧盯高锰酸盐指数、氨氮、总磷3类重点污染物因子，以水质断面达标、优良断面同比变化、重点污染物浓度浮动为3大要素，综合月度考核、年度考核、日常工作3项考核方式，合理确定权重，科学制定计算公式，量化考核指标，制发《孝感市县（市、区）、市直“三区”水生态环境保护工作考核评估办法（试行）》。在新的考评办法驱动下，推进重点流域精准治污、入湖排污口整治、工业企业水污染治理三“治”发力，水质日常监管、项目实施监管、饮水安全监管三“管”齐下，水质预警监控、部门联防联控、枯水期污水处理厂提标管控三“控”结合，做好从源头到末端全过程水污染防治。将汉江、府澴河2个二级流域片区进一步细分为7个三级流域片区、15个四级流域片区，确定正负清单，推动上下游、左右岸、干支流协同治理；全市6个重点流域、4个重

环保人员开展河流风险点位巡查采测

（市生态环境局 供图）

要湖泊共排查出风险断面9个，细化治污措施15条；105个省控重点湖泊排污口整治任务已完成85个；7个省级及以上工业聚集区污水处理厂全部安装在线监控设施并联网，基本实现稳定达标排放；争取到2批次共10256万元中央水污染防治资金支持；12个县级以上、65个“千吨万人”、28个“百吨千人”共105个集中式饮用水水源地全部划定饮用水水源保护区；妥善处置了余家坡总磷超标、府河解放山水库上游(随州段)水华等水环境异常情况。2个国控断面(河口大桥、蔡河村)、3个省控断面(汈汊湖汉川湖心、天鹅镇、北门港)、1个市控断面(城关三桥)水质类别较去年提升；我局申报的“水环境质量达标率项目”作为2022年度全市及时奖励4个单列项目之一，争取到4个奖励名额，属争取奖励名额最多的单列项目。

【大气污染防治】 2022年，孝感市完善了《孝感市县(市、区)、市直“三区”大气污染防治工作考核评估办法(试行)》，对县(市、区)工作开展情况进行量化考核，倒逼责任落实、制度落实、工作落实。成立以市委常委、分管副市长为指挥长，市政府相关职能部门主要负责人为成员的大气污染防治攻坚指挥部，下设挥发性有机物管控、移动源污染管控等8个工作专班，以“1+8”联合管控模式推动持续开展“挥发性有机物、扬尘、餐饮油烟、移动源、汽车维修喷漆、露天焚烧”6大专项治理行动。针对工业企业氮氧化物和挥发性有机物重点污染因子开展走航监测230余次，检查了全市118家加油站油气回收设施运行情况；每日对扬尘污染进行巡查检查，移交4个项目工地扬尘管控问题至市纪委监委，市政府专题召开3次会议约谈管控不力的孝南、高新、临空、住建、城管、交通相关责任人；联合孝南分局、孝南城管开展夜市餐饮排查，制作2期专题片曝光餐饮油烟污染现象；联合交警、交通部门，抽测柴油货车260台，处罚超标车38台，查处应城、大悟、汉川各1家检测站违法违规行为，摸排登记并上牌非道路移动机械11280台，尾气抽测2884台；摸排检查汽车喷涂门店71家；紧盯重要节点加强秸秆禁烧宣传引导和巡查管控，采取无人机巡查、蓝天卫士平台监控、日常巡查检查及时发现火点、黑斑，快速反应、及时处置，对秸秆禁烧监管不严、履职不力的严肃追责，向纪委监委移交秸秆禁烧问题线索19件，采取工作约谈、通报批评、诫勉谈话等形式处理处分乡镇、村干部189人(其中党政主职5人、班子成员13人)，罚款222800元，实施行政拘留35人。

【土壤污染防治】 2022年，孝感市通过定期调度、下达督办函、交叉评估、帮扶指导、现场核查、验收评估6大举措，全力保障土壤环境安全。完成28宗地块土壤污染状况调查，动态更新已建立的疑似污染地块名单及污染地块名录，完成纳入省级风险管控名录中3宗污染地块的风险管控和修复治理，完成24家省级土壤污染重点监管单位风险隐患排查，同时进一步提高标准，建立涵盖57家单位的市级重点监管单位名录，同步开展风险隐患排查；结合乡镇污水管网延伸、美丽乡村建设、厕所革命、共同缔造等活动持续推进农村人居环境整治提升工作，全年共完成64个行政村综合环境整治，超省定目标6个，孝感成功入选全国农村黑臭水体治理试点城市，获中央奖补资金2亿元，成功申报2个省级、10个市级“禽蛋产业链”奖补资金项目；完善现有危险废物收集储运和处置体系，对全市19家危险废物经营单位，55家重点产废单位开展检查评估，累计出动执法人员204人次，检查医疗机构、集中隔离点121家，发现督促问题整改12个，孝感入选小微企业危险废物收集试点城市，成功申报2家试点申请意向企业；完成3个重点考核尾矿库汛期隐患排查整治和污染治理成效自评估，深化磷石膏信息化监管平台应用，加强辖区内产生磷石膏企业和相关综合利用企业的日常环境监管，稳定提升全市磷石膏综合利用率；完成12个乡镇集中式地下水型饮用水水源保护区划定和标识牌设立，应城市龚集地下水饮用水水源地水质超标问题整改完成，配合省厅完成“双源”调查评估。

【监测能力建设】 2022年，孝感市启动细颗粒物与臭氧协同控制监测网络能力建设，完成非甲烷总烃自动监测项目建设；市、县两级配备四类常规应急监测仪器设备31套；在市区12个功能区声环境监测点位安装自动监测设备，完成施工条件、点位规范性现场勘察；督办国控、省控生态环境质量自动监测站点正常运行；定期调度长江经济带绿色发展专项环境监测能力建设项目二期42座水站建设情况，完成验收4座(孝昌3座，大悟1座)，汉川小河国控水质自动监测站在生态部批复时限内完成搬迁和验收工作；按规定频次完成大气、水、土壤等重点监测任务；健全污染源监测信息联网，每月通报各地重点排污单位自行监测完成率，倒逼监测责任压实。截至2022年年底，孝感市重点排污单位自行监测率84.25%，全省排名第二。

【生态环境执法】 2022年，孝感市把生态环境执法作为深入打好污染防治攻坚战、推进生态文明建设的利刃，全年组织召开执法专题会、调度会8次，印发年度执法工作要点、生态环境执法暨大练兵工作项目清单和年度执法工作计划，列出了3大方面19条任务、22项33条重点项目清单和6大类13项专项执法行动，以思路引领工作推进、以目标推动执行落实。全面实行“双随机、一公开”制度，制定印发现场执法检查规则，做到规范执法、公正执法、文明执法。2022年，全市共立案179件，下达处罚决定93件，拟罚款956.3377万元，适用《中华人民共和国环境保护法》及“四个配套”办法49件。2022年，我市打击危险废物违法犯罪、环境执法宣传等4项工作夺得重点项目考评“红旗项目”，在全省生态环境执法视频调度培训会上作典型交流发言2次。

2022年，孝感市加快推进长江（汉江）入河排污口溯源整治工作，召开6次会议专题研究，下发《关于深化长江（汉江）入河排污口溯源整治具体举措的通知》，印发《孝感市长江入河排污口整治进展半月通报》4期，出动执法车辆78台次、执法人员202人次开展整治“回头看”“乡乡行”，奋力冲刺年度考评“优秀”目标。754个整治任务累计完成713个，完成率94.56%，由全省第12位上升至前5位。

【环境信访矛盾化解】 2022年，孝感市开展积案化解和重复信访治理，省级交办积案5件已全部化解，孝感市主动化解9件。开展信访件办理情况“回头看”，对2016年以来接收的涉及生态环境领域所有信访举报件进行全面起底清仓。开展矛盾纠纷排查专项行动，坚持信访事项日结不过夜、接访不关门、守门能止访，集中治理信访问题11件。实行“12369”热线与“12345”热线双号并行，打造“智慧信访”平台。联合市财政局出台《孝感市生态环境违法行为有奖举报奖励办法（试行）》，充分发动群众参与生态环境保护工作。每日收集涉生态环保网络舆情信息并及时处置，编制网络舆情429期。每月分析举报情况进行，已完成8期信访分析月报和1期半年专项分析。

【生态环境应急响应】 2022年，孝感市在全省率先出台《孝感市生态环境局关于成立安全生产工作领导小组和落实安全生产“一岗双责”的通知》，成立安全生产工作领导小组和安全生产专项整治工作专班，对涉环境安全重点监管18个领域进行责任分解。组建了应急队伍，建立县（市、区）突发环境事件信息报告制度。重大节假日期间开展隐患检查，共检查工业园区污水处理设施、危废产生、经营、处置单位、饮用水水源地、涉核技术利用单位、信访矛盾等点位1050个，发现问题隐患208个，移送有关部门线索17条。深入开展危险废物专项整治三年行动和核与辐射安全隐患排查三年行动，全市共排查重点点位2010个，发现问题隐患184个，已完成整改184个，下达整改通知书65份，罚款123.52万元。与武汉、荆门、天门、随州、黄冈、河南信阳市局开展跨流域上下游突发水环境污染事件联防联控协议，启动实施“一河一策一图”突发水污染事件应急响应方案编制工作。开展核与辐射安全隐患排查，共发现问题隐患39个，全部完成整改。对前期检查发现问题的17家重点风险企业开展“回头看”，对市直、应城、云梦重点使用放射性同位素和Ⅱ类射线装置以上（含）辐射单位开展专项检查；对孝感市中心医院核医学科使用非密封放射性物质碘-131工作场所情况进行督办；督促、协助汉光科技完成放射性废物送贮收贮。

【环保督察】 截至2022年底，各级历次环保督察反馈问题已整改完成180个。磷石膏综合利用率提前完成年度目标任务。协调督促黄麦岭公司投入8000多万元实施15项工程开展环境问题整治。督促汉川、云梦、应城、安陆等地规范垃圾填埋场管理，累计处理垃圾渗滤液100.4万方。历次环保督察交办信访件共745件，已办结744件、办结率99.9%，2022年办结51件，含元华船厂、福甯采石场等一批“久拖不决”信访件。

【环保机制体制建设】 2022年，孝感市生态环境局聚焦关键领域，制定管用举措，以生态环境领域改革创新提效能、增动力、添活力、优服务，着力提升治理能力现代化水平。推进排污权试点改革。按照市委、市政府部署事项，积极争取省生态环境厅支持，以澴川国投子公司（湖北方舟自然资源有限公司）为储备机构，积极组建交易平台。印发《孝感市深化排污权交易改革试点总体实施方案》《孝感市排污权储备和出让管理办法》。完成孝感市首批纳入重新核定对象的210家重点企业事业单位实地核查，摸排出闲置排污权2.44万吨，完成三批共5228.55吨排污权收储。服务企业做好排污权交易保障工作，加强排污权交易“二级市场”建设，共成交83笔，累计交易4080.51万元，调配各类污染物总量指标9018.75吨，其中，完成3笔二级市场交易。重点调剂解决了湖北祉星纸业有限公司449万元都浆纸一体化项目、孝感楚能新能源创新科技有限公司孝感楚能新能源150GWh锂离子电池高端智能制造项目、国能长源汉川四期扩建工程7号机组、汉川市静脉产业园一期项目、湖北中源楚城再生资源循环利用项目总量指标来源属地保障难的问题。优化流域生态补偿机制。原府、澴河流域生态补偿方案按照“十四五”国家、省地表水考核相关技术规范和断面设置要求，部分断面选取、监测因子、达标类别已不适用，考虑到两条流域主要污染物因子基本一致，2022年，对方案进行整合优化，通过调整考核因子、优化考核断面、扩大资金池、加大奖惩力度等措施，进一步发挥生态补偿的杠杆效应和以补促治作用。市政府每年专项列支600万元生态补偿资金，6个县(市、区)年初分别缴纳400万元水质保证金，形成3000万元资金池，按月监测计算、按年兑现奖补，水质达标未出现扣减获得相应奖补，水质累计每提高一个类别，奖励资金达100万元，充分调动了地方政府保护水生态环境的积极性，推动各地合力加强考核断面水质管控，实现水源受益区与水源保护区共建共享、合作共赢。2022年度，府、澴河流域累计扣减水质保证金185万元，累计奖励金额460万元。深化监测机构改革。按照片区的模式推进监测机构运行，2022年，孝感市第一、二、三、四环境监测站均已办理事业单位法人证书且完成挂牌，生态环境监测事业开启新征程。创新优化营商环境举措。主动对接服务工业企业“疫后重振”；围绕重大项目建设，协调解决项目环评审批存在的突出问题和制约因素；进一步委托下放环评审批权限，将孝南区辖区内应由市局审批的建设项目环境影响评价文件审批权限全面委托分局实施；将全市51家企业纳入2022年生态环境监督正面清单名录，开辟服务“绿色通道”；实行审慎包容监管，对主动消除或者减轻违法行为后果的，依照法定程序从轻或者减轻处罚，2022年共发放督促问题整改提醒函14份、责令改正书61份，开具“免罚单”18份。

(撰稿：焦琛)

环境质量监测

【监测点位】 空气质量监测点位。2022年，孝感市市区环境空气质量采用地面自动监测系统进行监测，监测点位有：孝感文化路站、孝感东城区站、孝昌县开发区站、孝昌县桃源路站、安陆市涢水路站、安陆市府东南路站、应城市家和小区站、云梦县龙岗路站、大悟县前进大道站、汉川市滨湖大道站、云梦县凤栖路站，其中云梦县凤栖路站为2022年孝感市新增市区省控点位；监测频率为每天24小时自动连续监测。

降水监测点位。孝感市区降水监测点位3个，分别为：孝感市监测站、丰山背景点、大悟县监测站。

降尘监测点位。2022年，孝感市降尘监测点位共1个，每月监测一次，每次采样周期30天±2天。

地表水监测点位。孝感市共监测8条主要河流，分别是汉江、府河、澴河、汉北河、大富水、竹竿河、滠水、漳水。孝感市共监测3个主要湖泊，分别是汈汊湖、东西汊湖、仙女湖。

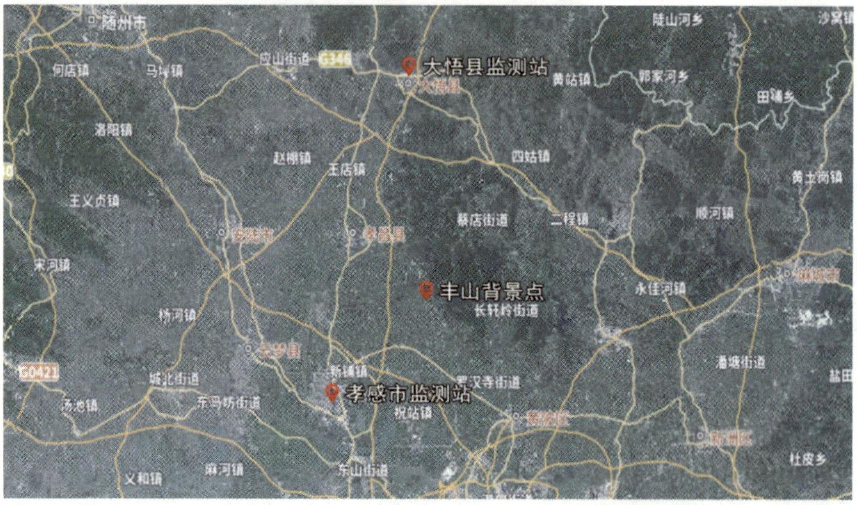

图10 孝感市降水监测点位

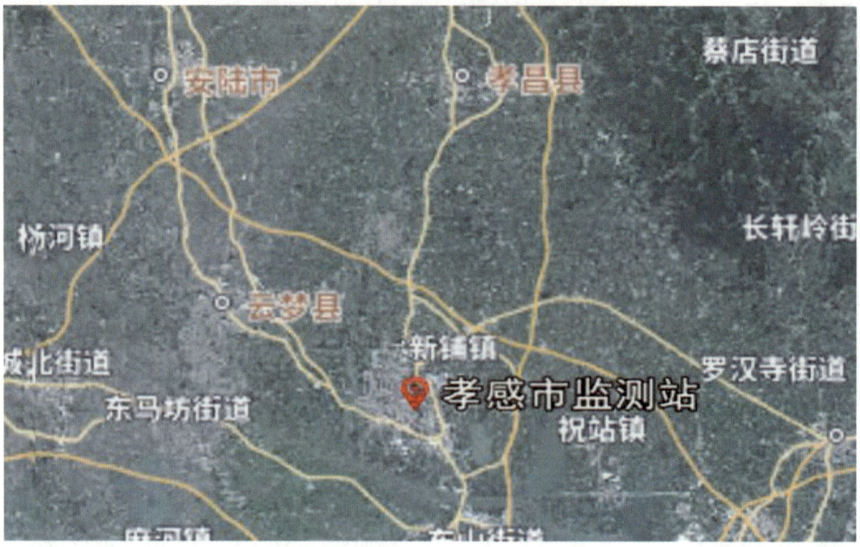

图11 孝感市降尘监测点位

表 17

孝感市主要河流监测点位与监测项目表

河流名称	点位数	监测时间	监测分析项目
汉江	2	国家、省采测分离断面每月监测一次,全年共 12 次	《地表水环境质量标准》(GB3838-2002)表 1 的 25 项的基本项目
府河	4		
澴河	5		
汉北河	2		
大富水	2		
竹竿河	1		
滠水	3		
漳水	1		

表 18

孝感市主要湖库监测点位与监测项目表

监测点位	点位数	监测时间	监测分析项目
汈汊湖	5	每月监测一次,全年共 12 次	《地表水环境质量标准》湖库增加总氮、透明度、叶绿素 a 和水位(除去流量)共 28 项
东西汊湖	3		
仙女湖	3		

表 19

2022 年孝感市主要饮用水水源地供水量统计表

城市名称	水源地名称
孝感市	孝感三水厂水源地
汉川市	汉川市城区二水厂饮用水水源地
汉川市	汉川市城区三水厂饮用水水源地
应城市	汉江分水水源地
应城市	短港水库饮用水水源地
安陆市	解放山水库水源地
孝昌县	孝昌县金盆水库饮用水水源地
云梦县	云梦县城区饮用水水源地
大悟县	大悟界牌水库水源地
大悟县	姚河水库水源地

饮用水水源地监测点位。孝感市所辖的 7 个县(市、区)共有 10 个集中式饮用水水源地，其中 1 个地级以上城市集中式生活饮用水水源地,9 个县级城镇集中式生活饮用水水源地。孝感市 1 个重点城市集中式饮用水水源地由孝感生态环境中心每个月进行一次采样监测,9 个区县集中式饮用水水源地由县级监测

站每个季度进行一次采样监测。

区域噪声监测点位。2022年,孝感市区(区功能区划范围)共165个区域环境噪声测点。区域环境噪声监测频次为每年监测1次,于3—5月进行,每个五年规划的第三年,在昼间监测的同时,进行1次夜间监测。2022年度为第二年,不进行区域噪声的夜间监测。孝感市区道路交通噪声测点共51个。道路交通噪声监测频次为每年监测1次,于3—5月进行。每个五年规划的第三年,在昼间监测的同时,进行1次夜间监测。2022年度为第二年,不进行道路噪声的夜间监测。孝感市区共12个功能区噪声点位,功能区噪声监测频次为每季度监测1次,其中1类区3个、2类区4个、3类区2个、4类区3个。

【空气质量】 2022年,孝感市区环境空气质量年评价,未达到《环境空气质量标准》(GB3095—2012)二级标准。孝感市区空气质量年评价除细颗粒物六项指标全部达到《环境空气质量标准》(GB3095—2012)二级标准。日评价优良天数295天,较上年减少14天,优良率80.8%,较上年减少3.9个百分点,主要污染物为细颗粒物(数据以市区国控点位计)。孝感市县级城市环境空气质量较上年出现不同程度的改善,孝感市县级城市环境空气质量年评价达到GB3095—2012二级标准,除细颗粒物外,其余指标均达到二级标准。孝感市乡镇环境空气质量较上年出现不同程度改善。

市区空气质量。2022年,孝感市区环境空气质量年评价除细颗粒物外指标均达到GB3095—2012二级标准。2022年,2个空气自动监测站各项指标监测结果显示,二氧化硫、一氧化碳监测结果最优,年评价和日评价均达到GB3095—2012二级标准;臭氧未评价达到二级标准,日评价达标率在92.05%以上;二氧化氮年评价均达到二级标准,日评价达标率在98.63%以上,细颗粒物年评价未达到二级标准,日评价达标率在85.21%以上,细颗粒物的最大超标倍数均在2.6倍以上,可吸入颗粒物年评价未达到二级标准,日评价达标率在95.62%以上,可吸入颗粒物的最大超标倍数均在2.067倍以上,由此反映出个别重污染天气时,细颗粒物和可吸入颗粒物的浓度仍处于较高水平;臭氧年评价均达到二级标准,日评价达标率在92.05%以上。

表20 孝感市区环境空气监测数据统计表 **单位(ug/m³,CO除外)**

测点	项目指标	二氧化硫	二氧化氮	可吸入颗粒物	细颗粒物	一氧化碳(mg/m³)	臭氧
孝感文化路站	年均值*	6	23	67	42	1.2	155
	超标倍数	—	—	—	1.2	—	—
	日均值范围	1~25	3~87	11~319	2~195	0.3~1.8	15~227
	最大超标倍数	/	1.0875	2.127	2.6	/	1.419
	达标率(%)	100	99.7	95.07	89.86	100	92.05
孝感东城区站	年均值*	7	22	70	39	1.2	155
	超标倍数	—	—	—	1.11	—	—
	日均值范围	2~17	4~160	9~310	4~202	0.3~1.8	16~240
	最大超标倍数	—	2	2.067	2.693	—	1.5
	达标率(%)	100	98.63	95.62	85.21	—	93.42

*注:一氧化碳年度统计24小时平均第95百分位数,臭氧年度统计日最大8小时滑动平均值的第90百分位数。

孝感市区单项质量指数中二氧化硫、二氧化氮、可吸入颗粒物、细颗粒物、一氧化碳、臭氧分别为0.1、0.55、0.97、1.14、0.3、0.97,主要污染物为细颗粒物。市区各测点综合指数按照由大到小排列,为细颗粒物、臭氧、可吸入颗粒物、二氧化氮、一氧化碳、二氧化硫。

表 21

2022 年孝感市区环境空气综合评价表

点位名称	I SO_2	I NO_2	I PM_{10}	I $PM_{2.5}$	I CO	I O_3	I	主要污染物
孝感文化路站	0.1	0.58	0.96	1.2	0.3	0.97	4.11	$PM_{2.5}$
孝感东城区站	0.12	0.55	1	1.11	0.3	0.97	4.05	$PM_{2.5}$
孝感市均值	0.1	0.55	0.96	1.17	0.3	0.96	4.06	$PM_{2.5}$

2022 年，孝感市区环境空气主要污染物为细颗粒物，六项污染物浓度除一氧化碳外同比全部恶化。其中，二氧化硫年均值 6ug/m³，二氧化氮年均值 22ug/m³，可吸入颗粒物年均值 68ug/m³，细颗粒物年均值 41ug/m³，一氧化碳 24 小时平均第 95 百分位数 1.2mg/m³，臭氧日最大 8 小时滑动平均值的第 90 百分位数 155ug/m³。

表 22

2022 年孝感市区环境空气质量

单位（ug/m³，CO 除外）

项目	二氧化硫	二氧化氮	可吸入颗粒	细颗粒	一氧化碳（mg/m³）	臭氧
评价时间	年平均	年平均	年平均	年平均	24 小时平均值的第 95 百分位数	日最大 8 小时滑动平均值的第 90 百分位数
监测结果	7	22	67	41	1.2	154
GB3095－2012 二级标准	60	40	75	35	4	160

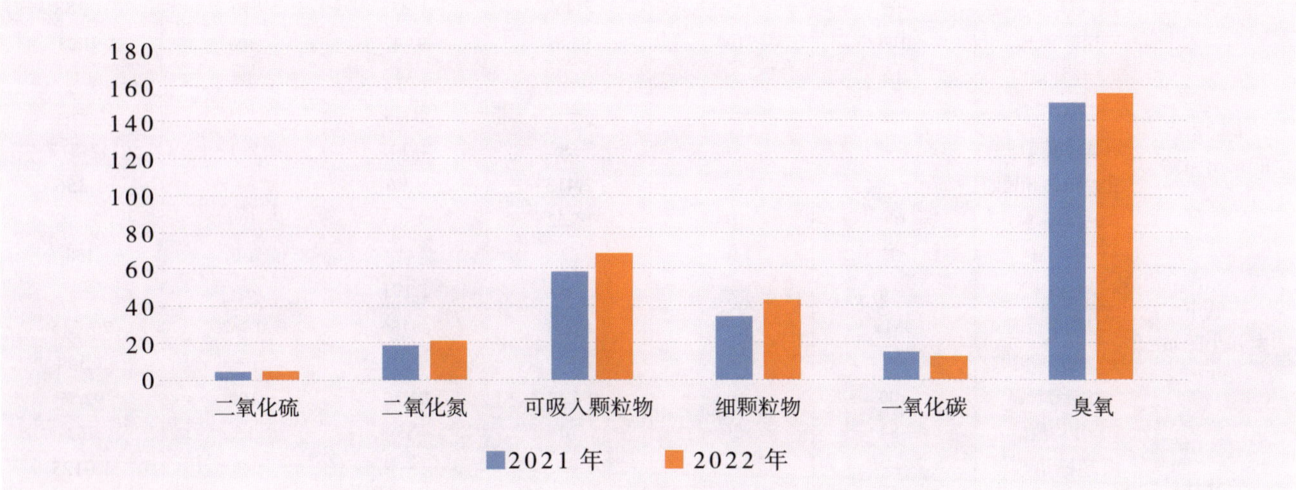

图 12　2021 年、2022 年 6 项指标对比图

表 23

2021 年、2022 年孝感市区环境空气质量

单位（ug/m³，CO 除外）

项目	二氧化硫	二氧化氮	可吸入颗粒	细颗粒	一氧化碳（mg/m³）	臭氧
评价时间	年平均	年平均	年平均	年平均	24 小时平均第 95 百分位数	日最大 8 小时滑动平均值的第 90 百分位数
2021 年监测结果	7	20	58	33	1.4	150
2022 年监测结果	7	22	67	41	1.2	154
GB3095－2012 二级标准	60	40	75	35	4	160

县级城市空气质量。2022年，孝感市县级城市环境空气质量年评价未达到GB3095—2012二级标准。孝感县级城市环境空气质量日评价，二氧化硫、一氧化碳全部达到二级标准，可吸入颗粒物达标率91.78%以上，细颗粒物达标率91.23%以上，臭氧达标率87.40%以上，二氧化氮达标率99.45%以上。

孝感市县级城市综合指数按照由大到小排列，为汉川市、安陆市、云梦县、应城市、大悟县、孝昌县。其中，汉川主要污染物为可吸入颗粒物，安陆市主要污染物为细颗粒物，云梦县主要污染物为臭氧，应城市主要污染物为细颗粒物，大悟县主要污染物为细颗粒物，孝昌县主要污染物为臭氧。

表24　　孝感县级城市环境空气监测数据统计表　　单位(ug/m³，CO除外)

测点	项目指标	二氧化硫	二氧化氮	可吸入颗粒物	细颗粒物	一氧化碳（mg / m3）	臭氧
孝昌县开发区站	年均值*	7	13	59	34	1.1	163
	超标倍数	—	—	—	—	—	1.019
	日均值范围	6~17	2~43	7~307	6~108	0.2~1.5	13~225
	最大超标倍数	—	—	2.046	1.44	—	1.406
	达标率(%)	100	100	96.44	95.34	—	89.04
孝昌县桃源路站	年均值*	5	13	55	34	0.9	171
	超标倍数	—	—	—	—	—	1.075
	日均值范围	3~14	2~52	2~298	3~114	0.1~1.3	13~233
	最大超标倍数	—	—	1.987	1.52	—	1.456
	达标率(%)	100	100	97.53	95.62	100	87.40
安陆市涢水路站	年均值*	10	18	64	36	1.6	159
	超标倍数	—	—	—	1.03	—	—
	日均值范围	4~91	4~54	6~370	4~145	0.2~2.2	20~222
	最大超标倍数	—	—	2.467	1.933	—	1.388
	达标率(%)	100	100	95.61	93.42	100	91.23
安陆市府东南路站	年均值*	10	21	66	39	1.2	148
	超标倍数	—	—	—	1.14	—	—
	日均值范围	6~43	4~65	7~362	4~147	0.2~1.8	17~217
	最大超标倍数	—	—	2.413	1.96	—	1.356
	达标率(%)	100	100	95.62	92.60	100	95.34
应城市家和小区站	年均值*	7	16	63	41	1.0	158
	超标倍数	—	—	—	1.171	—	—
	日均值范围	4~19	4~50	8~391	4~186	0.2~2	20~215
	最大超标倍数	—	—	2.607	2.48	—	1.344
	达标率(%)	100	100	96.44	91.78	100	92.55
云梦县龙岗路站	年均值*	8	20	70	35	1.1	162
	超标倍数	—	—	—	—	—	1.0125
	日均值范围	3~73	2~20	6~351	2~178	0.2~1.5	18~236
	最大超标倍数	—	—	2.34	2.373	—	1.475
	达标率(%)	100	100	94.79	91.23	100	89.31
大悟县前进大道站	年均值*	3	22	62	37	0.9	143
	超标倍数	—	—	—	1.057	—	—
	日均值范围	1~17	4~62	21~228	12~122	0.1~1.4	13~194
	最大超标倍数	—	—	1.52	1.627	—	1.2125
	达标率(%)	100	100	98.08	96.16	100	95.62
汉川市滨湖大道站	年均值*	6	21	78	37	1.3	161
	超标倍数		—	1.114	1.057	—	1.006
	日均值范围	3~5	3~92	2~404	3~163	0.3~1.6	14~240
	最大超标倍数	—	1.15	2.693	2.173	—	1.5
	达标率(%)	100	99.45	91.78	93.70	100	89.86

表 25

2022 年孝感市县级城市环境空气综合评价表

点位名称	I SO2	I NO2	I PM10	I PM2.5	I CO	I O3	I	主要污染物
孝昌县开发区站	0.12	0.32	0.84	0.97	0.28	1.02	3.55	O3
孝昌县桃源路站	0.08	0.32	0.79	0.97	0.22	1.07	3.45	O3
安陆市涢水路站	0.17	0.45	0.91	1.03	0.4	0.99	3.95	$PM_{2.5}$
安陆市府东南路站	0.17	0.52	0.94	1.11	0.3	0.92	3.96	$PM_{2.5}$
应城市家和小区站	0.12	0.4	0.90	1.17	0.25	0.99	3.83	$PM_{2.5}$
云梦县龙岗路站	0.13	0.5	1	1	0.28	1.01	3.92	O3
大悟县前进大道站	0.05	0.55	0.89	1.06	0.22	0.89	3.66	$PM_{2.5}$
汉川市滨湖大道站	0.1	0.52	1.11	1.06	0.32	1.01	4.12	PM_{10}

2022 年，孝感市 6 个县级城市环境空气质量六项监测指标中，二氧化氮除汉川市同比恶化外，其他 5 个县市同比均持平或改善；可吸入颗粒物除汉川市同比恶化外，其他 5 个县市同比均改善；细颗粒物除应城市同比恶化外，其他 5 个县市同比均改善；二氧化硫、一氧化碳 6 个县市同比全部出现不同程度的改善，臭氧 6 个县市同比全部出现不同程度的恶化。综上，孝感市县级城市环境空气质量除应城市、汉川市外其余 4 个城市较上年改善程度明显。

【酸沉降】“十三五”以来，孝感市区降水pH值呈稳定状态，市区无酸性降水。2022 年，孝感市区降水 pH 年均值为 7.31，较上年 6.74 略高，pH监测范围在 6.48~9.72，酸雨频率为 0。降水离子总浓度为 88μeq/L，较上年 125μeq/L 下降 29%。2022 年，市区降水中硫酸根离子为主要阴离子。各离子浓度较上年均有不同程度下降。降水离子组分中，硫酸根离子为主要阴离子。县级城市降水 pH 年均值范围在 6.13~7.70，酸雨样品数为 0，县级城市无酸性降水。

市区降水。2022 年，市区 3 个测点总采水量 1494mm，共收集降水样品 44 个，其中酸雨样品（pH≤5.6）0 个，酸雨频率为 0%。2022 年，市区降水 pH 年均值 7.31，较上年(6.74)）偏高，监测范围在 6.48~9.72，pH单次最小测值出现在 10 月 5 日的大悟县监测站。降水 pH 月均值全年变化大体呈上升趋势，10 月最高为 8.9；1 月最低为 6.48。降水离子总浓度为 88μeq/L，较上年 125(μeq/L)下降 29%。

表 26

2022 年市区降水 pH 值监测结果统计表

统计量	样品总数	采水量	pH	pH	酸雨样品数	酸雨	pH
点位	（个）	（mm）	最小值	最大值	（个）	频率(%)	年均值
大悟县监测站	13	507	6.13	7.68	0	0	6.93
丰山背景点	11	215	6.2	7.7	0	0	6.48
孝感市监测站	20	772	6.48	9.72	0	0	7.31
市区总计	44	1494	6.13	9.72	0	0	6.91

表 27

2022 年市区降水 pH 月均值统计结果表

月份市区	1 月	2 月	3 月	4 月	5 月	6 月	7 月	8 月	9 月	10 月	11 月	12 月
	6.82		6.84	6.84	7.21	7.11	7			6.76	8.24	

"十三五"以来孝感市区降水pH值变化呈整体平稳趋势,但2022年全年降水稀少,导致pH规律发生变化。

县级城市降水。2022年县级城市pH年均值范围在6.13~7.70,酸雨样品数为0,县级城市无酸性降水

表28

2022年各县级城市降水监测结果统计表

区域	样品数	酸雨样品数	pH 值范围	酸雨 pH 值	降水 pH 均值
大悟	13	0	0 6.13−7.68	无	6.93
孝昌	11	0	6.20−7.70	无	6.48

【降尘】2022年,孝感市1个测点共收集降尘样品12个,全市降尘年均值7.7t/km^2·月,较上年上升7.3%。全市月均变化范围在4.2~11t/km^2·月,最高浓度月份为9月,最低浓度月份为1月。

表29

2022年孝感市降尘月均值统计结果

月份	月均值(t/km^2·月)	月份	月均值(t/km^2·月)
1	4.2	7	8.8
2	5.1	8	8.7
3	4.5	9	9.5
4	6.6	10	9.3
5	7.3	11	10
6	7.4	12	11

【地表水】 2022年,孝感市各条河流水质为优。8条主要河流水质以Ⅰ~Ⅲ类水质为主,Ⅰ~Ⅲ类水质比例为100%。20个监测断面中Ⅱ类7个,Ⅲ类13个,无劣Ⅴ类水质。与上年比较,Ⅰ~Ⅲ类水质比例增加了5.3%。2022年,湖库水质为良好。与上年比较,各水库水质无明显变化,各湖泊呈中营养或轻度富营养状态。孝感市纳入水质达标评价的8条河流和3个湖泊的24个国省控断面全部达到标准。

河流水质。2022年参与评价的8条河流20个断面中,有20个断面达到Ⅲ类标准,达到Ⅲ类标准的比例为100%。没有出现超标项目。府河:2022年水质为优,与上年比较,水质无明显变化;4个例行监测断面中,参与评价的4个断面中,Ⅰ~Ⅲ类水质比例为100%,较上年无明显变化。澴河:2022年澴河整体水质为优,与上年比较,水质无明显变化;5个断面中,Ⅱ类1个,Ⅲ类4个,Ⅰ~Ⅲ类水质比例为100%,较上年无明显变化。汉江:2022年汉江水质为优,与上年比较,水质无明显变化;监测的2个断面中,Ⅱ类2个,Ⅰ~Ⅲ类水质比例为100%,较上年无明显变化。大富水:2022年大富水水质为优,与上年比较,水质明显好转;1个例行监测断面中,参与评价的1个断面中Ⅲ类1个,Ⅰ~Ⅲ类水质比例为100%,较上年水质明显好转。竹竿河:2022年竹竿水质为优,与上年比较,水质无明显变化;1个断面中Ⅱ类水质断面1个,Ⅰ~Ⅲ类水质比例为100%。滠水:2022年滠水水质为优,与上年比较,水质无明显变化;3个例行监测断面中,参与评价的3个断面中Ⅱ类水质断面2个,Ⅲ类1个,Ⅰ~Ⅲ类水质比例为100%。汉北河:2022年汉北河水质为优,与上年比较,水质无明显变化;2个例行监测断面中,参与评价的2个断面中Ⅲ类水质断面2个,Ⅰ~Ⅲ类水质比例为100%。漳水:2022年漳水水质为优,与上年比较,水质无明显变化;1个例行监测断面中,参与评价的1个断面中Ⅲ类水质断面1个,Ⅰ~Ⅲ类水质比例为100%,较上年水质明显好转。

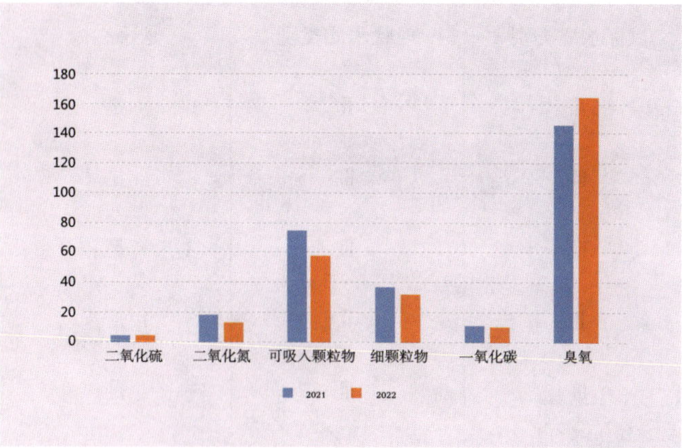

图 13　孝昌县 2021 年、2022 年 6 项指标对比图

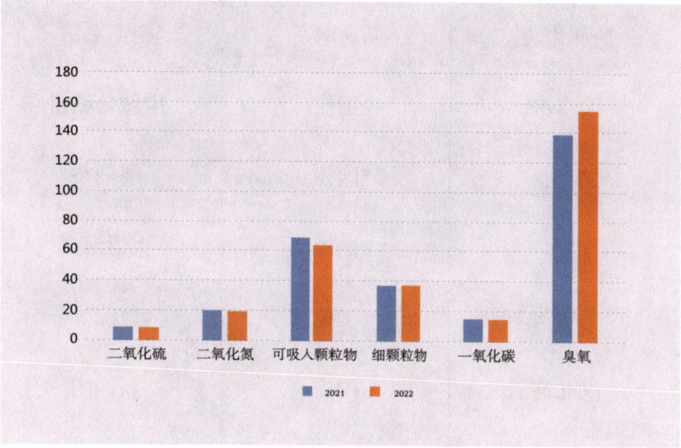

图 14　安陆市 2021 年、2022 年 6 项指标对比图

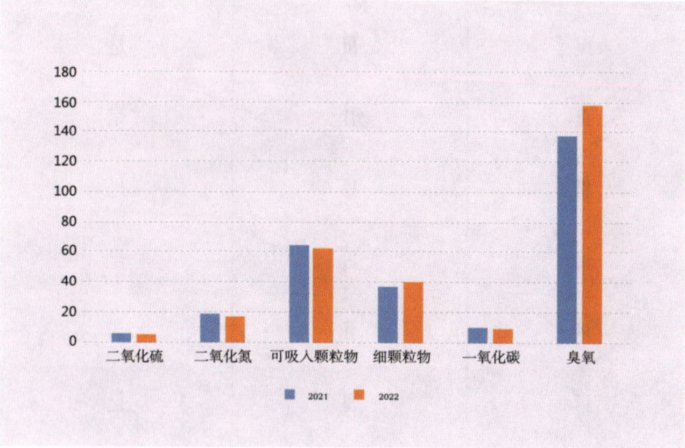

图 15　应城市 2021 年、2022 年 6 项指标对比图

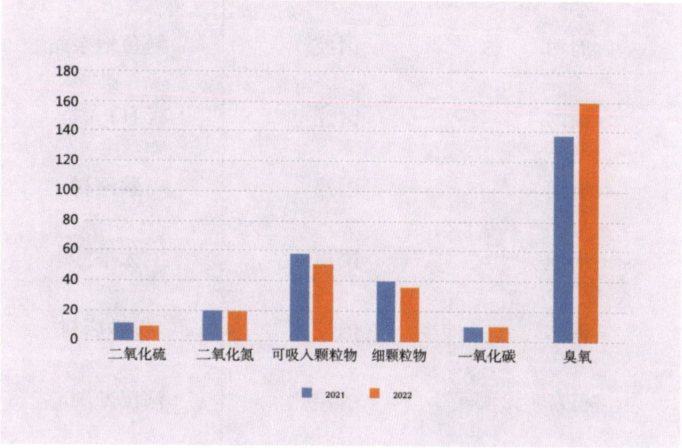

图 16　云梦县 2021 年、2022 年 6 项指标对比图

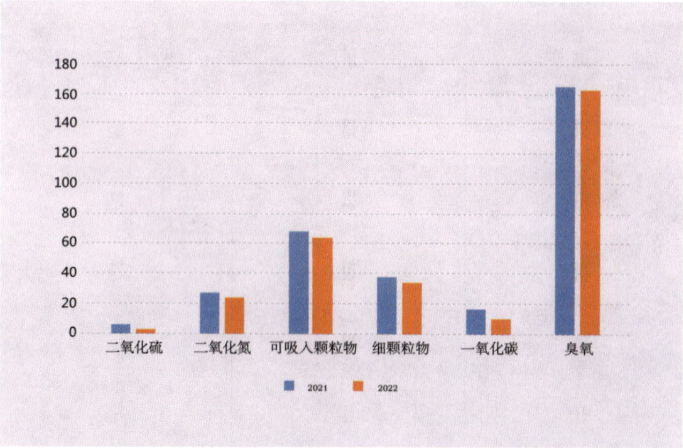

图 17　大悟县 2021 年、2022 年 6 项指标对比图

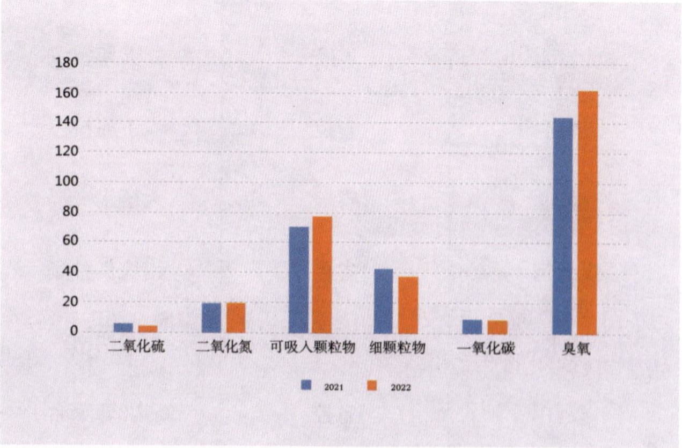

图 18　汉川市 2021 年、2022 年 6 项指标对比图

所属河流	断面级别	断面名称	目标水质类别	现状水质类别	是否达标
大富水	国控	应城公路桥	Ⅱ	Ⅱ	是
府河	国控	隔蒲桥	Ⅲ	Ⅲ	是
滠水	国控	大悟河口	Ⅲ	Ⅲ	是
竹竿河	国控	宣化北岗	Ⅱ	Ⅱ	是
汉北河	国控	新沟闸	Ⅲ	Ⅲ	是
汉江	国控	小河	Ⅱ	Ⅱ	是
澴河	国控	万安闸	Ⅲ	Ⅲ	是
澴河	国控	余家坡	Ⅲ	Ⅲ	是
府河	国控	鲢鱼地泵站	Ⅳ	Ⅲ	是
澴河	国控	河口大桥	Ⅲ	Ⅱ	是
府河	国控	蔡河村	Ⅲ	Ⅲ	是
府河	国控	太平沙	Ⅲ	Ⅲ	是
滠水	国控	蜘蛛店村	Ⅲ	Ⅱ	是
汈汊湖	省控	汈汊湖湖心	Ⅲ	Ⅲ	是
仙女湖	省控	仙女湖湖心	Ⅳ	Ⅲ	是
东西汊湖	省控	汉川湖心	Ⅳ	Ⅳ	是
东西汊湖	省控	应城湖心	Ⅳ	Ⅳ	是
大富水	省控	天鹅镇	Ⅲ	Ⅲ	是
澴河	省控	丁河桥	Ⅲ	Ⅲ	是
澴河	省控	大悟水文局	Ⅲ	Ⅲ	是
汉北河	省控	南垸良种场	Ⅲ	Ⅲ	是
漳水	省控	清明河	Ⅲ	Ⅲ	是
汉江	省控	新沟(郭家台)	Ⅱ	Ⅱ	是
滠水	省控	河口(北门港)	Ⅲ	Ⅱ	是

湖泊水质。2022年,汈汊湖水质与上年比较明显好转,其他各湖泊水质无明显变化。汈汊湖湖心、东西汊湖应城湖心均呈中营养状态,仙女湖湖心、东西汊湖汉川湖心均呈轻度富营养状态。

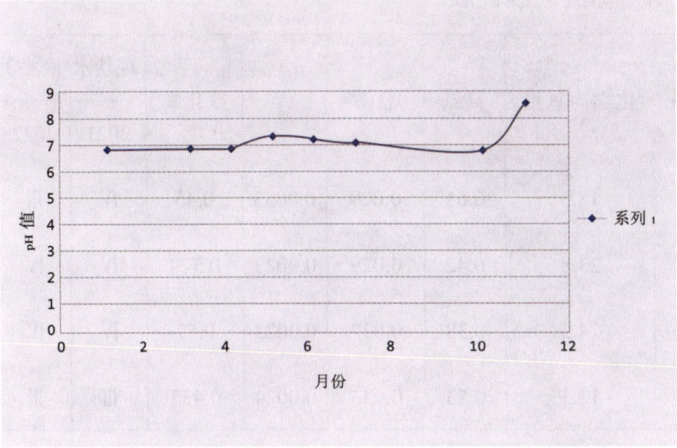

图 19　市区各月份 pH 月均值变化曲线

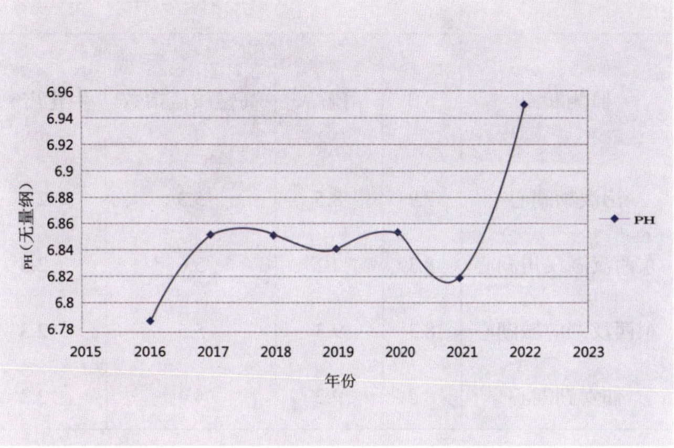

图 20　“十三五”以来孝感市区降水 pH 值变化图

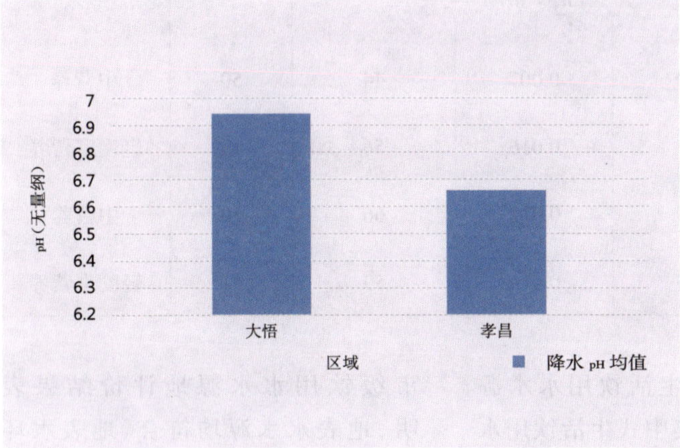

图 21　各县级城市降水 pH 年均值比较

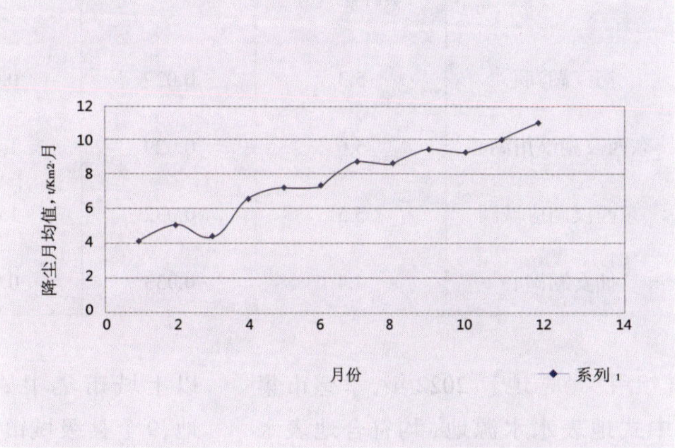

图 22　2022 年孝感市降尘月际变化曲线

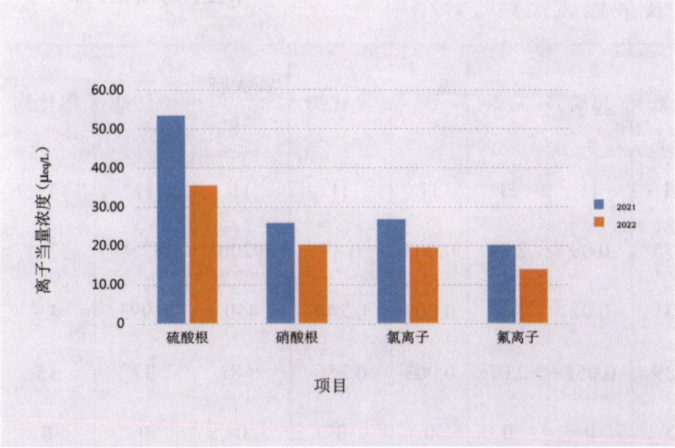

图23 2022年市区降水中各离子浓度及上年比较图

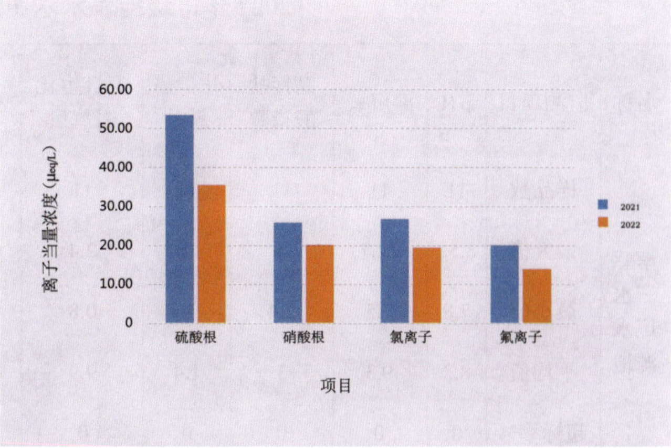

图24 2022年市区降水中各阴/阳离子占总阴/阳离子比例及与上年比较图

表 31

2022 年水库主要监测指标结果统计表

监测断面	pH	溶解氧	高锰酸盐指数	生化需氧量	化学需氧量	氨氮	总磷	锌	氟化物	现状水质(类)	
										2021	2022
汈汉湖湖心	7.9	8.5	5.3	2.1	18.3	0.61	0.029	0.0053	0.45	Ⅳ	Ⅲ
东西汉湖汉川湖心	8.3	10	5.6	2.3	23.8	0.42	0.029	0.0023	0.574	Ⅳ	Ⅳ
东西汉湖应城湖心	8.3	9.3	5.5	2.3	24.3	0.38	0.032	0.0023	0.57	Ⅳ	Ⅳ
仙女湖湖心	8.2	9.2	4.4	2.2	17.3	0.53	0.033	0.0024	0.433	Ⅲ	Ⅲ

表 32

2022 年水库营养状态指数结果

水库名称	高锰酸盐指数(mg / l)	总氮(mg / l)	总磷(mg / l)	叶绿素a(mg / m3)	透明度(m)	TLI(Σ)	营养状态
汈汉湖湖心	5.3	0.029	0.99	0.007	44	50	中营养
东西汉湖汉川湖心	5.6	0.029	1.07	0.016	56	52	轻度富营养
东西汉湖应城湖	5.5	0.032	1.09	0.012	66	50	中营养
仙女湖湖心	4.4	0.033	0.95	0.016	53	51	轻度富营养

【饮用水水源地】 2022 年,孝感市集中式地表水水源地,均符合地表水饮用水源水质标准。孝感市所辖的 7 个县(市、区)共有 10 个集中式饮用水源地见表 3—30,其中 1 个地级以上城市集中式生活饮用水水源地,9 个县级城镇集中式生活饮用水水源地。

市级饮用水水源地。孝感市级 2022 年饮用水水源地有 1 处。市级饮用水水源地评价结果表明,地表水水源均符合《地表水环境质量标准》中Ⅲ类标准;与上年度比较,孝感三水厂饮用水源地总体上水质保持良好。

表 33

2022 年市级地表水水源地主要监测指标统计结果

单位:mg/l(pH 除外)

名称	监测项目	pH	溶解氧	高锰盐酸指数	化学需氧量	五日生化需氧量	氨氮	总磷	总氮	铜	氟化物	粪大肠菌群	硫酸盐	氯化物
孝感三水厂水源地	样品数	11	11	11	11	11	11	11	11	11	11	11	11	11
	最大值	8.51	12.7	4	14	2.4	0.75	0.09	2.83	0.003	0.47	9200	57.9	20
	最小值	7.8	7.5	2.4	4	0.8	0.31	0.02	1.31	0.003	0.244	450	0.993	4.9
	平均值	8.2	9.3	3	1.4	9.9	0.39	0.051	2.07	0.003	0.356	3681	37	15
	超标率%	0	0	0	0	0	0	0	0	0	0	0	0	0
(GB3838––2002)Ⅲ类标准		6–9	5	6	20	4	1	0.2	1.0	1	1	10000	250	250

县级饮用水水源地。孝感市县级饮用水源地共有9处，2022年孝感市城市集中式饮用水水源水质总达标率为100%。

表34 孝感市城市集中饮用水水源水质总达标率为100% 单位：mg/l(pH除外)

城市	水源地名称	2021 年达标率(%)	水质超标项目/超标率
汉川市	汉川市城区二水厂饮用水水源地	100	–
汉川市	汉川市城区二水厂饮用水水源地	100	–
应城市	应城汉江分水水源地	100	–
应城市	短港水库饮用水水源地	100	–
安陆市	解放山水库水源地	100	–
孝昌县	孝昌县金盆水库饮用水水源地	100	–
云梦县	云梦县城区饮用水水源地	100	–
大悟县	大悟界牌水库水源地	100	–
大悟县	姚河水库水源地	100	–

【声环境】 孝感市的噪声污染是以交通、生活噪声为主的混合型污染，主要由生活噪声、道路交通噪声和工业噪声汇成。2022年，孝感市区区域环境噪声昼间等效声级较2021年变差，属于城市区域噪声质量等级中的较差等级。孝感市区道路交通噪声比2021年67.6dB(A)略有降低，属于道路交通噪声质量好等级；车流量加权平均值为961辆/小时，比2021年（辆/小时）减少了90辆/小时。孝感市区功能区噪声除1类区夜间均值超标外，其他各功能区昼、夜监测均值均符合国家标准。孝感县级城市区域环境噪声昼间均值52.7dB(A)，低于二级昼间标准55dB(A)，属于较好级别；孝感各县级城市功能区噪声年均值，昼夜变化均不明显，与2021年相比，声环质量保持稳定。2022年除1类区夜间均值超标，其他各类功能区均值均符合国家标准。

市区区域环境噪声。2022年，市区区域环境噪声等效声级昼间为60.1dB(A)，属于城市区域环境噪声质量等级中的较差等级，较2021年变差。市区区域环境噪声共监测165个网格，各网格在对应的噪声功能区中，2类区、3类区存在超标。2022年孝感市区区域噪声覆盖面积主要集中在55.1~60.0dB（A）和60.1~65.0dB(A)这两个等效声级段下，分别为21.24平方千米和18.36平方千米，占声级覆盖面积的35.8%和30.9%；声级覆盖人口分别为18.4万人和14.4万人，占网格总人口的37.6%和29.4%。2022年，市区区域环境噪声的主要来源为社会生活和交通的噪声。社会生活噪声源中，一些居民小区没有规范的停车场，大量停放楼前空地，汽车的发动、停靠和鸣笛，是造成局部区域噪声监测值升高的主要原因。2022年，孝感市区道路交通噪声主要来源于陆路交通。噪声监测平均值昼间为66.3dB(A)，道路交通噪声质量等级为好。2022年各功能区昼、夜监测值，除1类区夜间超标外其他均符合国家标准。2022年，孝感市区道路交通噪声质量属于“好”等级。孝感最近几年随着经济的增长，私家车大量增长，孝感市区车多路窄，在监测过程中，受车辆行驶过程中噪声和鸣笛的影响，造成部分路段监测值升高。2022年，孝感市功能区噪声，由于新功能区划的实施，建成区面积增大，以及市区0类区的取消，2022年除1类区夜间均值外，其他各功能区昼、夜监测值均达标。

表35 区域声环境质量总体水平等级划分 单位：dB(A)

质量等级	一级	二级	三级	四级	五级
昼间平均等效声级	≤50.0	50.1~55.0	55.1~60.0	60.1~65.0	＞65.0

表 36

2022 年孝感市区区域环境噪声统计表

单位:dB(A)

年度	网格大小(m×m)	网格总数(个)	市区平均(昼间)	质量等级
2021	600×600	165	59.7	一般
2022	600×600	165	60.1	较差

表 37

2022 年孝感市区区域环境噪声超标情况

区域类型	网格数(个)	超标网格数(个)	超标率(%)
		昼间	昼间
1 类区	0	0	0
2 类区	125	59	47.2
3 类区	36	11	30.6
4 类区	4	0	0

表 38

区域噪声暴露在不同等效声级下的面积和人口分布状况

声级范围	45.1	50.1	55.1	60.1	65.1	70.1
(dB(A))	−50.0	−55.0	−60.0	−65.0	−70.0	−75.0
声级覆盖面积(平方千米)	1.44	7.2	21.24	18.36	9.72	1.44
占总网格面积的比例(%)	2.4	12.1	35.8	30.9	16.4	2.4
声级覆盖人口(万人)	0.9	4.5	18.4	14.4	9.2	1.5
约占网格总人口的比例(%)	1.8	9.2	37.6	29.4	18.8	3.1

表 39

道路交通噪声强度等级划分

单位:dB(A)

等级	一级	二级	三级	四级	五级
昼间平均等效声级	≤68.0	68.1~70.0	70.1~72.0	72.1~74.0	>74.0

表 40

2022 年孝感市区道路交通噪声统计表

单位:dB(A)

时间	监测总点位(个)	总路长(km)	平均路宽(m)	车流量(小时)	平均等效声级 dB(A)	质量等级
2021 年	46	63.1	27.7	1051	67.6	好
2022 年	51	72.5	27	961	66.3	好

表 41　孝感市区 2022 年功能区噪声按功能区类型统计表　单位:dB(A)

功能区类型	1 类区		2 类区		3 类区		4(a)类区		4(b)类区	
昼/夜	Ld	Ln	Ld	Ln	Ld	Ld	Ld	Ln	Ld	Ln
2021	54	48	58	48	53	48	60	52	66	56
2022	51	47	56	46	53	46	59	53	58	52
标准	55	45	60	50	65	55	70	55	70	60

县级城市声环境质量。2022 年，孝感县级城市区域环境噪声昼间均值 52.7dB(A)，低于二级昼间标准 55dB(A)，按照《声环境监测技术规范城市声环境常规监测》的区域环境噪声评价等级划分要求，属于较好级别。孝感县级城市道路交通噪声加权平均值均低于 65.7dB(A)，按照《声环境监测技术规范城市声环境常规监测》的道路噪声评价等级划分要求，其中最高为 69.1dB(A)，最低为 63.4dB(A)。除汉川市县级城市道路交通噪声评价级别为“较好”，其他各县级城市道路交通噪声评价级别均为“好”。2022 年，孝感各县级城市功能区噪声年均值，昼夜变化均不明显，与 2021 年相比，声环境质量保持稳定。2022 年，除 1 类区夜间均值超标，其他各类功能区均值均未超标。

表 42　2021—2022 年孝感县级城市区域环境噪声监测结果　单位:dB(A)

区域	网格大小(米×米)	网格总数(个)	2021 年	2022 年
			昼	昼
孝昌县	500×500	109	53.5	51.1
大悟县	700×700	103	48.4	48.5
云梦县	650×650	109	56.3	56.0
应城市	600×600	102	52.4	56.3
安陆市	900×900	110	52.6	51.6
汉川市	800×800	101	53.1	52.8
均值	700×700	106	52.8	52.7

表 43　2021—2022 年孝感县级城市道路交通噪声统计表　单位:dB(A)

区域	路长(Km)	路宽(m)	2021 年	2022 年
孝昌县	108	27.9	62.5	63.4
大悟县	53.2	19	62.8	63.8
云梦县	61.1	40.6	66.2	63.9
应城市	97.9	33.3	56.6	66.2
安陆市	87.3	15.9	64.3	66.7
汉川市	101	38.4	69.8	69.1
均值	84.75	30	63.6	65.7

表 44

2021—2022 年孝感县级市功能区噪声结果统计表

区域	统计年度	1 类区		2 类区		3 类区		4 类 a 区		4 类 b 区	
		Ld	Ln	Ld	Ld	Ld	Ln	Ld	Ln	Ld	Ln
孝昌县	2021	52	46	56	48	57	49	65	59	63	58
	2022	50	41	54	44	58	50	58	50	60	54
大悟县	2021	57	46	59	46	53	46	64	50	51	48
	2022	58	46	62	49	54	44	66	50	54	44
云梦县	2021	53	46	54	47	56	46	60	47	58	48
	2022	52	48	56	54	57	52	56	51	50	42
应城市	2021	58	49	60	54	55	51	62	61	62	56
	2022	50	43	55	46	56	49	59	50	53	47
安陆市	2021	53	50	50	44	54	49	54	47	55	50
	2022	54	50	54	46	56	48	52	44	52	45
汉川市	2021	55	46	57	49	57	50	60	51	—	—
	2022	53	47	58	52	56	49	61	56	—	—
2021 年均值		55	47	56	48	56	48	61	53	58	52
2022 年均值		53	46	56	48	56	49	59	50	54	46
标准		55	45	60	50	65	55	70	55	70	60

自然环境生态保护

【概况】 2022 年,孝感市坚持以改善水、大气、土壤生态环境质量为核心,细化考评办法、优化工作机制、强化保障措施,持续深入打好蓝天、碧水、净土保卫战,以高水平生态环境保护推动高质量发展。截至 2022 年年底,全市 13 个国控断面水质、23 个省控断面、33 个市控断面、10 个县级及以上集中式饮用水水源地水质达标率均为 100%,国控断面优良率为 100%,超过省定 92.3%的年度目标,省控断面优良率为 95.7%,超过省定 78.3%的年度目标;$PM_{2.5}$ 平均浓度 41 微克/立方米,优良率 80.8%,重污染天 5 天,全面完成省定目标任务;农村生活污水治理率达到 36.02%,受污染耕地安全利用率稳定在 90%以上,重点建设用地安全利用得到有效保障。

【水生态环境保护】 紧盯高锰酸盐指数、氨氮、总磷 3 类重点污染物因子,以水质断面达标、优良断面同比变化、重点污染物浓度浮动为 3 大要素,综合月度考核、年度考核、日常工作 3 项考核方式,合理确定权重,科学制定计算公式,量化考核指标,制发《孝感市县(市、区)、市直"三区"水生态环境保护工作考核评估办法(试行)》。在新的考评办法驱动下,推进重点流域精准治污、入湖排污口整治、工业企业水污染治理"三治"发力,水质日常监管、项目实施监管、饮水安全监管"三管"

1 月 14 日,跨流域上下游突发水环境污染事件联防联控协议签订活动在汉川市举行 (市生态环境局 供图)

齐下，水质预警监控、部门联防联控、枯水期污水处理厂提标管控三“控”结合，做好从源头到末端全过程水污染防治。将汉江、府澴河2个二级流域片区进一步细分为7个三级流域片区、15个四级流域片区，确定正负清单，推动上下游、左右岸、干支流协同治理；全市6个重点流域、4个重要湖泊共排查出风险断面9个，细化治污措施15条；105个省控重点湖泊排污口整治任务已完成85个；7个省级及以上工业聚集区污水处理厂全部安装在线监控设施并联网，基本实现稳定达标排放；争取到2批次共10256万元中央水污染防治资金支持；12个县级以上、65个“千吨万人”、28个“百吨千人”共105个集中式饮用水水源地全部划定饮用水水源保护区；妥善处置了余家坡总磷超标、府河解放山水库上游（随州段）水华等水环境异常情况。2个国控断面（河口大桥、蔡河村）、3个省控断面（汈汊湖汉川湖心、天鹅镇、北门港）、1个市控断面（城关三桥）水质类别较去年提升；市生态环境局申报的“水环境质量达标率项目”作为2022年度全市及时奖励4个单列项目之一，争取到4个奖励名额，属争取奖励名额最多的单列项目。

【大气环境保护】 完善了《孝感市县（市、区）、市直“三区”大气污染防治工作考核评估办法（试行）》，对县（市、区）工作开展情况进行量化考核，倒逼责任落实、制度落实、工作落实。成立以市委常委、分管副市长为指挥长，市政府相关职能部门主要负责人为成员的大气污染防治攻坚指挥部，下设挥发性有机物管控、移动源污染管控等8个工作专班，以“1+8”联合管控模式推动持续开展“挥发性有机物、扬尘、餐饮油烟、移动源、汽车维修喷漆、露天焚烧”6大专项治理行动。针对工业企业氮氧化物和挥发性有机物重点污染因子开展走航监测230余次，检查了全市118家加油站油气回收设施运行情况；每日对扬尘污染进行巡查检查，移交4个项目工地扬尘管控问题至市纪委监委，市政府专题召开3次会议约谈管控不力的孝南、高新、临空、住建、城管、交通相关责任人；联合孝南分局、孝南城管开展夜市餐饮排查，制作2期专题片曝光餐饮油烟污染现象；联合交警、交通部门，抽测柴油货车260台，处罚超标车38台，查处应城、大悟、汉川各1家检测站违法违规行为，摸排登记并上牌非道路移动机械11280台，尾气抽测2884台；摸排检查汽车喷涂门店71家；紧盯重要节点加强秸秆禁烧宣传引导和巡查管控，采取无人机巡查、蓝天卫士平台监控、日常巡查检查及时发现火点、黑斑，快速反应、及时处置，对秸秆禁烧监管不严、履职不力的严肃追责，向纪委监委移交秸秆禁烧问题线索19件，采取工作约谈、通报批评、诫勉谈话等形式处理处分乡镇、村干部189人（其中党政主职5人、班子成员13人），罚款222800元，实施行政拘留35人。

【土壤生态环境保护】 围绕土壤污染、固体废物、农业农村、地下水4项污染防治工作，聚焦重点建设用地准入管理、省级下达农村环境综合整治和黑臭水体治理目标任务、危险废物规范化环境管理评估、重点考核尾矿库、农村地下型饮用水水源地规范化管理5项重点工作，通过定期调度、下达督办函、交叉评估、帮扶指导、现场核查、验收评估6大举措，全力保障土壤环境安全。完成28宗地块土壤污染状况调查，动态更新已建立的疑似污染地块名单及污染地块名录，完成纳入省级风险管控名录中3宗污染地块的风险管控和修复治理，完成24家省级土壤污染重点监管单位风险隐患排查，同时进一步提高标准，建立涵盖57家单位的市级重点监管单位名录，同步开展风险隐患排查；结合乡镇污水管网延伸、美丽乡村建设、厕所革命、共同缔造等活动持续推进农村人居环境整治提升工作，全年共完成64个行政村综合环境整治，超省定目标6个，孝感成功入选全国农村黑臭水体治理试点城市，获中央奖补资金2亿元，成功申报2个省级、10个市级“禽蛋产业链”奖补资金项目；完善现有危险废物收集储运和处置体系，对全市19家危险废物经营单位，55家重点产废单位开展检查评估，累计出动执法人员204人次，检查医疗机构、集中隔离点121家，发现督促问题整改12个，孝感入选小微企业危险废物收集试点城市，成功申报2家试点申请意向企业；完成3个重点考核尾矿库汛期隐患排查整治和污染治理成效自评估，深化磷石膏信息化监管平台应用，加强辖区内产生磷石膏企业和相关综合利用企业的日常环境监管，稳定提升全市磷石膏综合利用率；完成12个乡镇集中式地下水型饮用水水源保护区划定和标识牌设立，应城市龚集地下水饮用水水源地水质超标问题整改完成，配合省厅完成“双源”调查评估。

【森林资源保护】 全力保护好公益林和天然林，实际采伐3.43万立方米，占采伐限额指标的11%，追加林地项目172个，追加指标面积299.92公顷。推进森林督查涉林问题整改，2022年案件发生数、涉林违法面积、查处违法案件数分别是37起、32.7公顷、30起，分别同比下降50%、12.6%、81%，违法案件数和违法面积实现了双下降。启用森林防火综合应用平台,利用卫星热点监控,做好森林火警、火情预警,共监控火源热点信息40宗,其中森林火情4宗,森林火灾受害面积仅1.5公顷,成功守住了不发生重特大森林火灾的底线。落实林业有害生物防治,2022年,全市各类林业有害生物实际发生面积30.96万亩,成灾面积3.19万亩,成灾率为8.92‰,远低于省局下达的成灾率指标。全市累计完成枯死松树清理19.4万株,完成病枯死松木清理工作任务,有效遏制疫情蔓延趋势。开展“互联网+义务植树”活动掀起全民植树热潮,全年完成国土绿化15.9万亩,超年度计划5.9个百分点,同比增加0.57万亩。

【自然保护地保护】 优化完善自然地保护体系,将原有的5个类型32个自然保护地整合优化为18个自然公园。全面贯彻落实《中华人民共和国湿地保护法》,制定孝感市贯彻落实工作方案,湿地有效保护面积15.58万亩,湿地保护率达79.5%,应城老观湖、汉川汈汊湖国家湿地公园通过国家验收。谋划孝感市王母湖、仙女湖生态文旅片区开发项目,完成王母湖、仙女湖基础数据测量,技术设计书顺利通过评审。积极与黄冈市对接,共同组织申报全国重要生态系统保护和修复重大工程项目(大别山——黄山水土保持与生态修复)。开展打击整治野生动植物非法交易专项行动,全年收容救护野生动物36起。

【矿山生态恢复】 编制《孝感市矿山地质环境恢复治理和生态修复规划(2021—2025年)》及《年度实施方案》,大力开展历史遗留矿山生态修复。全市已完成历史遗留废弃矿山工程治理82个,修复面积503.62公顷;已自然恢复33个,恢复面积166.92公顷。印发《关于开展尾矿库闭库后土地复垦方案审查和验收督办工作的通知》,监督指导矿山企业履行矿山地质环境恢复治理责任,孝昌县鑫龙铜业有限责任公司尾矿库、湖北省黄麦岭磷化工有限责任公司磷酸磷铵厂磷石膏库、大悟县白云金矿尾矿库等5家尾矿库启动土地复垦工作。开展矿山地质环境恢复治理备用金返还工作,共退还备用金50户,金额4843.26万元。开展“绿色矿山”创建,积极配合省厅开展绿色矿山“回头看”矿山实地核查工作,全面掌握辖区内47家矿山的绿色矿山建设基本情况,完成6家全国库和省库级绿色矿山实地核查。

【孝感市朱湖湿地生态修复】 朱湖国家湿地公园水域辽阔,仅府河、沦河生态保育区水域面积就达50416亩。2022年,孝感市对朱湖湿地加大生态修复和保护力度,形成了湿地公园生态立体、生物多样、水质净化、调节小气候的生态环境,成为朱湖湿地水生植物、底栖生物、鱼类和水鸟理想的栖息地。同时,抢抓全国全域国土综合整治的机遇,对湿地公园进行整体提升;完成湿地大湖、圩田、湿地汉川渠,以及S112公路延伸线、21千米绿道、4000米渠道等建设,贯通水系、路网、林网,湿地生态环境、景观形态、基础设施得到较大程度的提档升级。

朱湖湿地已成为动植物生长栖息的天堂,有野生植物76科178属225种,野生动物44目46科267种,其中鸟类194种,占我国鸟类总数量的14%。朱湖湿地常年栖息着各种野生鸟类10万多只。2022年,监测到遗鸥、青头潜鸭、黑鹳、黑脸琵鹭、黄嘴白鹭等国家一级保护动物5种,比2021年增加3种;鹗鹰、雀鹰、红隼、鸿雁、灰雁、白额雁、白琵鹭、小天鹅、鸳鸯等国家二级保护动物20多种,赤麻鸭、斑嘴鸭、绿头鸭、红头潜鸭、反嘴鹬、红脚鹬、白腰草鹬、黑翅长脚鹬、扇尾沙椎、凤头麦鸡、红嘴鸥、白骨顶、白颈鸦、獾等省级重点保护动物60多种。

土地资源保护

【土壤生态环境管理】 2022年,孝感市农村生活污水治理率达36.02%,受污染耕地安全利用率稳定在90%以上,重点建设用地安全利用得到有效保障。完成28宗地块土壤污染状况调查,动态更新已建立的疑似污染地块名单及污染地块名录,完成纳入省级风险管控名录中3宗污染地块的风险管控和修复治理,完成24家省级土壤污染重点监管单位风险隐患排查,同时进一步提高标准,建立涵盖57家单位的市级重点监管单位名录,同步开展风险隐患排查。完成12个乡镇集中式地下水饮用水水源保护区划定和标识牌设立,应城市龚集地下水饮用水源地水质超标问题整改完成,配合省厅完成“双源”调查评估。

【国土空间生态保护修复规划过审】 5月,孝感市自然资源和规划局在武汉组织召开《孝感市国土空间生态保护修复规划(2021—2035年)》(以下简称《规划》)专家评审会,来自华中农业大学、湖北省空间规划研究院、湖北省地质局、孝感市水利和湖泊局的专家对《规划》进行评审。《规划》范围包括孝感市行政辖区内7个县(市、区),阶段目标分别为近期(2025年)、中期(2030年)和远期(2035年),全面梳理孝感市生态资源本底,科学确立国土空间生态保护修复目标,构建市域生态保护修复格局,划分国土空间生态保护修复分区，提出国土空间生态保护修复重点区域并部署重点工程，筑牢生态安全基础，支撑孝感市经济社会绿色高质量、科学可持续发展。与会专家对《规划》进行了点评并一致认为，《规划》成果调查充分、技术路线可行、内容完整，提出的生态修复布局、重点修复区域、主要任务和重点工程布局，符合国家、省相关规划和政策要求，同意通过审查。

7月19日，孝感市自然资源和规划局组织召开县(市、区)国土空间生态保护修复规划文本评审会，7个县(市、区)生态保护修复规划全部通过市级评审。

【开展全国“土地日”宣传活动】 6月25日是第32个全国“土地日”，宣传主题是“节约集约用地 严守耕地红线”。6月23日，孝感市自然资源和规划局在孝感城区文化东路设置宣传咨询台，开展全国“土地日”现场宣传活动。在活动现场，工作人员向群众宣讲自然资源法律法规知识，发放《永久基本农田特殊保护知识》《全国土地日知识》《反洗钱知识》《守住钱袋子护好幸福家知识》宣传手册。结合下基层察民情解民忧暖民心活动，听取群众意见建议，与群众互动交流耕地保护、规划管理、不动产登记等政策。活动共发放宣传手册150余份，接受群众咨询宣讲64人次。

(撰稿：焦琛)

矿产资源保护

【矿产资源规划制定】 2022年10月，孝感市政府正式批复实施《孝感市矿产资源总体规划》(以下简称《规划》)，通过科学规划，进一步优化勘查开采布局、推进资源综合高效利用，为全市“十四五”经济社会高质量发展提供资源保障。

《规划》聚焦解决矿产资源安全保障、资源合理配置、综合勘查开发、绿色循环发展、管理制度改革等重大问题，以提升矿产资源保障能力、有效控制矿产资源开采总量、优化资源开发利用布局与结构、提高矿产资源节约集约利用效率、推进绿色矿业发展、实施安全发展战略、建立健全矿产资源管理体制和运行机制为目标，统筹部署矿产资源勘查，大力实施矿业转型升级与绿色矿业发展，全面构建矿产资源勘查开发与保护新格局，更好服务经济社会发展，促进生态文明建设。

《规划》对探矿权、采矿权、勘查开采准入管理、生态文明建设、最低开采规模进行了明确，要求进一步强化矿产资源集约化、规模化、绿色化开发。到2025年，全市矿山总数控制在51宗以内，大中型矿山占比力争到45%以上，矿山最低服务年限不低于5年，最低开采规模严格执行国家等有关标准，磷矿矿石年开采总量执行省级分配指标。

围绕目标和总体布局，《规划》还设置了4类10项助力矿业高质量发展，破解资源环境瓶颈制约，确保各项目标任务落地的重大工程，并要求坚持绿色勘查、绿色开发，营造天蓝、地绿、水净的矿山环境，实现资源开发、生态保护、社会效益有机统一。

【矿产资源勘查】 2022年，孝感市获批省地勘基金项目2个(孝南区松柏地热资源预可行性勘查、孝昌马家黄天然矿泉水资源勘查)、经费共计400万元。引导地方财政出资开展矿产勘查，应城市局争取应城市财政资金352.8万元实施长江井田新区勘探项目，孝昌县争取孝昌县财政资金282.7万元实施周巷镇雨山矿区建筑用大理岩矿详查项目；积极支持双峰山管委会以地方财政出资方式对辖区内地热资源开展可行性勘查。

【建筑石料供应】 2022年，孝感市继续加大建筑石料采矿权投放力度，完成安陆市朱家大冲矿区石灰岩矿采矿权挂牌出让，成交价2000万元；经孝昌县政府申请、孝感市政府批准，启动孝昌县雨山矿区雨山矿段“净矿”出让工作。指导在产建筑石料矿山企业规范开采，全市3家在产建筑石料矿山企业开采量达600万吨。

【矿业权管理与矿产资源保护监督】 2022年，孝感市完成27家矿山开发统计数据和45家矿山储量统计数据的审查上报；组织专家对13份矿山储量年报、1份矿产资源储量勘查报告、1份矿产资源开发利用与生态复绿方案进行审查(备案)。开展绿色矿山创建，积极配合省厅开展绿色矿山“回头看”矿山实地核查工作，完成6家全国库和省库级绿色矿山实地核查；开展绿色矿山现状调查工作，全面掌握辖区内47家矿山的绿色矿山建设基本情况，实时掌握绿色矿山建设动态，促进绿色矿山达标率逐年提升。完成全市矿业权人公示探矿权3宗、采矿权28宗，公示率达100%；组织技术支撑单位对8宗采矿权开采信息公示和4宗储量年报开展实地核查工作，并对核查结果网上公示。

【自然资源执法】 2022年，孝感市严格履行自然资源扫黑除恶成员单位和行业监管两个责任，落实行业领域突出问题专项整治，认真开展常态化开展扫黑除恶斗争工作。印发《关于严肃查处矿产资源违法行为的通知》《关于征集全市矿产资源领域违法开采利用涉黑涉恶和线索的通告》,设立举报电话和电子邮箱,通过媒体、通信、网络等渠道开展政策宣传,畅通渠道接受线索举报,完成省“扫黑除恶”督导组到开展行业整治检查和市扫黑办回复问题线索1件。积极开展反有组织犯罪法宣传活动。

(撰稿:杨亮、王秀平、鲁强华、周文锦、谢冠雄、李文斌、刘琪、胡汉强、陈琼、李卫、刘斌辉、胡坚、宁永忠、王华)

森林防火

【火灾监测预警】 2022年,孝感市进一步加强森林防火工作,尤其做好中秋、国庆“两节”期间森林防火工作,有效防范和坚决遏制森林火灾事故发生。2022年4月,孝感市自然资源和规划局多措并举筑牢清明节期间森林防火墙。开展暗访督查。清明节假期间,市自然资源和规划局成立两个督办组,采取“四不两直”的形式分别到云梦县清明河乡、胡金店镇,应城市三合镇、有名店林场、伍山林场,安陆市陈店乡、洑水镇,孝昌县邹岗镇、周巷镇,孝南区肖港镇、朋兴乡等地暗访森林防火工作。4月5日,市自然资源和规划局主要负责人到双峰山旅游度假区检查森林防火人员在岗情况、防火物资储备及防火宣传情况。强化火源管控。清明节假期间,全市49处检查站、103处防火哨所严把“入口关”,1950名生态护林员全部到岗巡山护林,66处防火码全部启用,严控火种进山入林。市自然资源和规划局联合省森林防火巡护站组织20架次无人机分别对安陆市白兆山林场、接官乡,孝昌县观音湖、陆山林场,双峰山旅游度假区,孝南区肖港镇、杨店镇、天紫湖等重点区域进行无人机巡护。加强监测预警。清明节假期间,强化林火监测预警,实行林火监测、视频监控、无人机巡护,护林员巡山等“天空地人”四位一体,确保森林资源安全。

【火灾风险普查】 2022年8月,孝感市完成森林火灾风险普查工作,是全省13个市州中第一家启动普查动员培训工作的市。这次森林火灾风险普查于2021年8月6日启动,主要工作任务为风险要素调查与风险评估与区划。通过组织开展全市森林火灾风险普查,孝感市摸清了全市森林火灾风险隐患底数,查明了重点区域抗灾能力,客观认识了全市森林火灾风险水平,为有效开展森林火灾防治和应急管理工作、切实保障社会经济可持续发展提供权威的森林火灾风险信息及科学决策依据。孝感市自然资源和规划局、大悟县林业局、孝昌县林业局分别获评2021年省森林火灾风险普查工作市州、县(市、区)林业先进单位称号,市自然资源和规划局森林防火和绿化造林科祝智鹏获评先进个人。2022年,大悟县宣化店镇、云梦县清明河乡2个乡镇和孝南区杨店镇双凤村等20个村分别获评“湖北省森林城镇”和“湖北省森林乡村”称号。

【野生动物保护】 2022年11月,孝感市孝南区自然资源和规划局干部刘胜勇荣获湖北省保护野生动物宣传月活动先进个人。每年11月是候鸟大规模迁飞的季节,也是法定的“保护野生动物宣传月”。孝感市全面贯彻生态文明建设理念,做实做深保护野生动物宣传月活动,通过组织开展内容丰富、形式多样的科普和法律法规宣传活动,极大地提高了社会公众对野生动植物的保护意识,有力营造出全民保护野生动物,维护生物多样性的良好社会氛围。

(撰稿:杨亮、王秀平、鲁强华、周文锦、谢冠雄、李文斌、刘琪、胡汉强、陈琼、李卫、刘斌辉、胡坚、宁永忠、王华)

污染防治

【概况】 2022年,针对多因素叠加导致可能出现的轻—中度污染,孝感市生态环境部门始终坚持以人民为中心的工作理念,将重污染天气应对作为减缓污染程度、保障人民群众身体健康的重要举措,锚定科学、精准管控,用心、用力、用情坚决打好重污染天气消除战役。

【企业污染源在线监控】 2022年,孝感市依托全市污染源在线监控系统,安排专人值守,对34家重点涉气排污单位进行实时监控和监测数据分析研判,对发现在线数据异常以及废气排放量不降反增现象,第一时间通过工作群,将相关信息派发至属地生态环境执法人员,第一时间组织开展现场核查监管,确保限产措施落实到位,大气污染物达标排放。同时,市生态环境部门创新监管方式,在污染天气应急管控期间,进一步加强移动源污染防治。依托4套固定遥感监测设备和54套黑烟抓拍设备对全市机动车实行全方位监测监管,通过分析研判,精准识别尾气超标车辆路段,加密现场检查频次,形成严查严管高压态势。开展学习培训,提升在线监控设施管理水平和生态环境执法人员业务能力及服务水平。同时指导企业严格按照规定的项目、频次,及时开展手工及自动监测设施比对监测,按照污染源在线监控设施运行标准进行日常运维管理，明确企业主体责任，严把污染源在线监控设施运维关，确保监控设施正常运行，数据真实有效，为深入打好污染防治攻坚战提供有力科技支撑。

【固体废物与化学品环境管理】 2022年，孝感市完善现有危险废物收集储运和处置体系，对全市19家危险废物经营单位、55家重点产废单位开展检查评估，累计出动执法人员204人次检查医疗机构，发现督促问题整改12个，推进全市医疗废物转运体系建设，加快孝感市应城市医疗废物集中处置中心、孝感市医疗废物处置及资源循环利用中心、全市医废转运体系建设进程，每月调度项目进展完成情况，下发督办函。孝感入选小微企业危险废物收集试点城市，成功申报2家试点申请意向企业；完成3个重点考核尾矿库汛期隐患排查整治和污染治理成效自评估，深化磷石膏信息化监管平台应用，加强辖区内产生磷石膏企业和相关综合利用企业的日常环境监管，稳定提升全市磷石膏综合利用率。

【辐射安全监督】 2022年，孝感市依法依规完成了辐射类项目环境影响评价报告的审批和备案的审核工作。2022年，共审批辐射类建设项目环境影响评价文件18个，辐射许可证核发129个，其中新申请通过12个、重新申请通过96个、变更申请通过13个、延续申请通过8个。开展核与辐射安全隐患排查。对17家重点风险企业开展“回头看”，逐一制定整改措施，严格落实企业主体责任，加快推进问题整改。针对孝感方德泡棉制品有限公司危险废物、危化品仓库未采取防渗措施等问题，要求企业限期整改。对应城市、云梦县使用Ⅳ、Ⅴ放射源单位和重点射线装置利用单位进行了安全隐患排查，对排查出的问题下达了整改督办通知，相关单位已完成整改。

（撰稿：焦琛）

节能减排

【排污权交易改革】 2022年，孝感市印发《孝感市深化排污权交易改革试点总体实施方案》《孝感市排污权储备和出让管理办法》，成立市排污权储备和出让中心，依托澴川国投全资子公司承担全市排污权储备机构职能，标志该市在排污权收储改革、完善生态产品价值实现链方面取得突破性进展，属全省首创。按照管理办法，分三批共收储各类排污权总量5228.55吨。加强排污权交易“二级市场”建设，共成交83笔，累计交易4080.51万元，调配各类污染物总量指标9018.75吨，其中，完成3笔二级市场交易，成功调剂解决了湖北祉星纸业、汉川电厂四期、楚能新能源等一批重大项目总量指标问题。

【环境影响评价与排污许可】 2022年，孝感市生态环境局完成12个规划环境影响报告书审查；审批建设项目环评122个，其中，报告书57个、报告表65个。制定了《孝感市排污许可提质增效工作方案（2022—2024年）》和《孝感市排污许可提质增效2022年度实施方案》，全市应提交2021年度执行报告企业893家，提交率100%；执行报告规范性应审核157个，实际审核完成157个，完成率100%；全市共计需核查排污许可证质量370个，实际核查完成370个，完成率为100%，圆满完成“双百任务”。

【环评审批】 2022年，孝感市生态环境局采取网上受理等创新方式，积极推进专家函审，大幅度压缩审批时间，最大限度做到“网上办”和“不见面”审批。实施容缺审批，对申报材料存在非原则性问题，短期内能迅速补正的，可先行受理，对有危险废物处置、废水纳管等要求的，可由建设单位承诺在项目投产前落实相关协议。政务服务水平进一步提升，2022年2月20日，孝感市生态环境局驻市民之家环保窗口被评为2021年度政务服务“先进单位”。2022年度环保窗口被评为“红旗窗口”。网上办件按时办结，无一逾期。自孝感市民之家大厅开展“五比五赛”活动以来，每月均得满分。

【建设项目环评管理】 2022年，孝感市进一步简化建设项目环评管理，对《建设项目环境影响分类管理名录（2021年版）》中未作规定的建设项目，不纳入建设项目环评管理，确保名录之外“无审批”。如云梦垃圾填埋厂封厂项目免于办理环评手续；槐荫大道改造工程等项目免于办理环评手续；无输变电工程与项目环评进行“打捆”审批类项目。

（撰稿：焦琛）

环境监督管理

【环保督察问题整改】 2022年，孝感市委、市政府主要领导亲自研究、亲自部署、亲自督办，“四大家”领导齐抓共管、划片包保、领衔督办环保督察问题整改工作，高位推动构建“大环保”工作格局。截至2022年底，孝感市完成环保督察反馈问题整改180个，745件交办信访件全部办结。其中，中央第二轮督察需在2022年验收的11个整改问题，已全

12月1日,孝感市第一环境监测站举行挂牌仪式
（市生态环境局 供图）

部上报申请验收。磷石膏综合利用率提前完成年度目标任务,元华船厂、福甯采石场厂等一批“久拖不决”信访件办结。

【人大专题执法检查】 2022年,孝感市人大常委会把环境保护法、长江保护法、环保督察问题整改等落实情况纳入执法检查范围,市人大常委会主任亲自部署安排,组织7个小组到各地开展督办,深入查找问题和不足,支持政府及相关部门改进工作。

【联合督办】 2022年6月、8月,孝感市整改工作专班两次联合市纪委监委、市委督查室、市政府督查室在全市范围内对环保督察反馈问题整改、深入打好污染防治攻坚、长江大保护攻坚提升行动等工作开展情况进行督办,梳理问题清单,推进重点问题整改见行见效。市纪委下发《关于汉川市委推进中央、省级生态环保督察反馈问题整改不力的通报》《关于中央环保督察曝光汉川、云梦、安陆等地垃圾填埋场相关问题的通报》,并约谈属地主要负责人,强化警示震慑,切实提升督察整改工作的严肃性。

【生态环境监测】 2022年,孝感市制定下发《2022年孝感市生态环境监测要点》和《2022年孝感市生态环境监测方案》,编制发布《孝感市2021年生态环境质量报告》。启动细颗粒物与臭氧协同控制监测网络能力建设,非甲烷总烃自动监测已联网运行;市、县两级配备四类常规应急监测仪器设备31套;市区12个功能区声环境监测点位完成布设评审;长江经济带绿色发展专项环境监测能力建设项目二期42座水站完成建设14座;重点排污单位自行监测率99.67%,全省排名第一。明确孝感市第一、二、三、四环境监测站牵头负责人、片区负责人,四个环境监测站均已办理事业单位法人证书且完成挂牌,生态环境监测事业开启新征程。

【生态环境执法】 2022年,孝感市生态环境执法工作共在全省作典型交流发言2次,打击危险废物违法犯罪、环境执法宣传等4项工作夺得了全省重点项目考评“红旗项目”;孝南区查处的“以逃避监管的方式排放水污染物案”入选全省“十大优秀执法案例”,3人入选全省“十大优秀执法人物”候选人,1件新闻作品入选全省“十大优秀执法新闻”候选作品;孝感市生态环境执法年度综合考评位列全省第7,实现了历史性突破。2022年,全市共立案179件,下达处罚决定93件,罚款956.3377万元,轻微违法不予处罚案件18件,四个配套办法案件49件。

孝感市“人防+技防”助力精准执法。2022年,孝感市组织开展学习整训和执法大练兵知识竞赛,“练内功、提能力”“抓执法、强案卷”。在2022年全省生态环境执法大练兵技能比武活动中,孝感市荣获了“优秀组织奖”,1人荣获了“个人二等奖”。启动实施了秸秆禁烧无人机巡飞、执法监督性监测、污染源自动监控平台运维、自动监控设施监督检查技术服务及部分重点排污单位用电监控设施建设等项目。

【化解信访矛盾】 2022年,孝感市生态环境局制定领导干部接访制度、2022年领导包案安排和“一案四交”办法,形成承办、协办、督办全工作链条,带头接访下访、化解信访矛盾。截至2022年年底,省级交办积案5件已全部化解,孝感市主动化解9件。开展信访件办理情况“回头看”,对2016年以来接收的涉及生态环境领域所有信访举报件进行全面起底清仓。实行“12369”热线与“12345”热线双号并行，打造“智慧信访”平台。联合孝感市财政局出台《孝感市生态环境违法行为有奖举报奖励办法（试行）》，充分发动群众参与生态环境保护工作。每日收集涉生态环保网络舆情信息并及时处置，编制网络舆情429期。每月分析举报情况，完成8期信访分析月报和1期半年专项分析，供市、县主要领导参阅。“孝感市四个坚持抓好生态环境信访工作”经验先后被省生态环境厅推介、《中国环境报》专版宣传。

【应急处置】 2022年，孝感市在全省率先出台《孝感市生态环境局关于成立安全生产工作领导小组和落实安全生产“一岗双责”的通知》，对涉环境安全重点监管18个领域进行责任分解，成立安全生产工作领导小组和安全生产专项整治工作专班，组建了应急队伍，建立县（市、区）突发环境事件信息报告制度。严格实行领导带班和24小时专人值班制度，不断加强重大节假日、重大活动期间的监测预警、信息研判和突发环境信息收集。重大节假日期间开展隐患检查，共检查工业园区污水处理设施、危废产生、经营、处置单位、饮用水水源地、涉核技术利用单位、信访矛盾等点位1050个，发现问题隐患208个，移送有关部门线索17条。深入开展危险废物专项整治三年行动和核与辐射安全隐患排查三年行动，全市共排查重点点位2010个，发现问题隐患184个，已完成整改184个，下达整改通知书65份，罚款123.52万元。与武汉、荆门、天门、随州、黄冈、河南信阳签订跨流域上下游突发水环境污染事件联防联控协议，启动实施“一河一策一图”突发水污染事件应急响应方案编制工作。

【孝感市第一环境监测站正式挂牌】 12月1日，孝感市第一环境监测站正式挂牌。孝感市第一环境监测站挂牌，是全市生态环境监测机构垂改的一项重要成果，标志着市区一体生态环境监测事业开启新的征程。改革后，孝感市第一环境监测站为孝感市生态环境局直属事业单位，主要承担市直“三区”、孝南区的生态环境质量监测；环境执法监测；污染源普查与监督；突发环境事件应急监测；周边地区跨区域应急监测合作；指导区域重点排污单位规范环境自行监测；生态环境监测宣教及培训等。

（撰稿：焦琛）

栏目编辑：秦荣

县（市、区）概况

县(市、区)概况

孝南区

【概况】 2022年,孝南区辖8个镇、4个街道、2个乡、2个办事处及1个省级开发区。全区共有172个行政村、76个社区。全区总面积1020平方千米,年末耕地总面积4.65万公顷,其中常用耕地面积3.41万公顷。据公安部门统计。2022年,全区年末总人口79.14万人,比上年减少1972人。其中,男性人口41.1万人,占总人口比重为51.9%;年内出生人口4456人,人口出生率5.63‰;死亡人口3334人,人口死亡率4.21‰。(人口数据为公安年报数)

【经济发展】 全区实现地区生产总值380.66亿元(现价),按可比口径计算,增长4.5%。其中,第一产业增加值45.25亿元,增长3.4%;第二产业增加值116亿元,增长8.1%;第三产业增加值219.4亿元,增长2.9%。三次产业结构由2021年的12.2∶28.6∶59.2调整为11.9∶30.5∶57.6。居民消费价格指数同比上涨1.6%。

农业。全年实现农林牧渔业总产值84.39亿元(现价),同比增长5.3%。实现农林牧渔业增加值50.25亿元,按可比价格计算,比上年增长4.2%。全年农作物种植面积6.8万公顷,同比增长1.5%。其中,粮食面积3.41万公顷,增长0.03%;棉花面积0.17万公顷,增长4.2%;油料面积1.78万公顷,增长4.0%;蔬菜面积1.44万公顷,增长2.1%。全年生猪出栏24.61万头,同比增长5.5%;大牲畜出栏5556头,同比增长4.8%;家禽出笼854.87万只,同比增长1.2%;生猪存栏12.04万头,同比增长1.7%;各类肉产量3.16万吨,同比增长5.1%;禽蛋产量2.67万吨,同比增长7.3%。全年水产品产量7.35万吨,增长3.2%;淡水养殖面积1.02万公顷。

工业。全年实现全部工业增加值90.23亿元,按可比口径计算,增长7.4%。规模以上工业企业增加值同比增长10.2%。全区规模以上工业企业193家,完成工业总产值348.85亿元,同比增长12.6%。全年规模以上工业企业实现主营业务收入293.8亿元,同比增长9.2%。实现利润总额12.6亿元,同比下降24.6%(注:工业数据为月报数)。

建筑业。全区资质以上建筑业企业121家,实现建筑业产值148.50亿元,同比增长9.6%。全年房屋施工面积253.2万平方米,同比下降10.9%。其中,新开工面积60.6万平方米,同比下降43.5%;房屋竣工面积35.7万平方米,同比上升4.1%。房地产开发投资71.72亿元,下降2.9%。按产业划分,第一产业完成投资0.95亿元;第二产业完成投资60.68亿元,同比增长38.6%;第三产业完成投资177.68亿元,同比增长12.2%。全年商品房销售面积61.23万平方米,同比下降20.5%。其中,商品住宅销售面积60.56万平方米,同比下降17.6%;全年商品房销售额34.28亿元,同比下降32.9%,其中住宅销售额33.39亿元,同比下降30.3%。

商贸服务业。全区实现社会消费品零售总额191.74亿元,同比增长3.8%。按限额分,限额以上单位零售额122.98亿元,同比增长21.5%;限额以下单位零售额68.75亿元,同比下降17.6%。全年外贸进出口总额4.43亿元,同比增长31.9%。其中,外贸出口2.3亿美元,同比增长46.3%;进口2.13亿美元,同比增长19.1%。外商直接投资(FDI)2517万美元,同比增长52.5%。全区年末市辖区银行业金融机构本外币各项存款余额1122.96亿元,同比增长9.1%;各项贷款余额777.92亿元,同比增长7.0%。

固定资产投资。全年完成固定资产投资(不含农户)239.31亿元,增长18.4%。其中,5000万元以上项目完成投资149.46亿元,增长23.7%;5000万元以下项目完成投资18.13亿元,增长近1.41倍。

财政收入与支出。全区地方财

政总收入36.57亿元，同比增长6.7%。地方一般公共预算收入23.12亿元，可比增长19.3%(剔除增值税额抵退税因素)。地方一般公共预算收入中税收收入19.8亿元，可比增长21.9%，税收收入占地方一般公共预算收入的比重为85.6%，比上年提高0.8个百分点。全年完成地方一般公共预算支出55.81亿元，同比下降4.7%。完成民生类支出46.08亿元，占全部支出的82.6%。其中，教育支出10.75亿元；科学技术支出1.82亿元；卫生健康支出6.01亿元；城乡社区支出3.28亿元。

【生态建设】 全年共完成环评审批108家，通过环保验收的企业有57家，新建“环评”和“三同时”执行率均达到100%。工业废水排放达标率达到100%，工业固体废物综合利用率达到90.4%，主要污染物总量减排完成率100%。全年$PM_{2.5}$平均浓度41微克/立方米，空气质量优良率80.8%。全年立案查处环境违法案件15起。

【社会事业】 交通。全区公路通车里程3105千米，其中高等级公路56千米，一级公路151千米，二级公路218千米，三级公路77千米，四级公路2104千米，等外公路499千米。农村通公路行政村比重、行政村公路通畅率均达到100%。

用电。全区售电量(不含城区、下同)212826万千瓦时，同比增长7.9%。其中，大工业用电130768万千瓦时，同比增长1.2%；农业生产用电4107万千瓦时，同比增长30.5%；居民生活用电48498万千瓦时，同比增长26.5%；非居民用电4514万千瓦时，同比增长19.81%。

科学技术。全年完成重大科技成果转化27项；申报高新技术企业59家，获批44家；规模以上高新技术企业98家。全年技术合同登记交易额达14.7亿元。全年高新技术增加值增长45.36%。

教育。全区共有幼儿园138所，在园幼儿24299人；普通小学53所，招生10304人，在校生59189人，毕业生8363人；初中24所，初中招生8446人，在校生24746人，毕业生6707人；普通高中5所，招生2434人，在校生7591人，毕业生2390人。

10月4日，孝感城区后湖公园地下停车场建设现场

(摄影：李文勇)

高中阶段教育毛入学率99.3%，九年义务教育完成率100%。全区公共图书馆、博物馆各1个。全年放映电影4751场，观影145.3万人次。全年共接待游客825万人次，旅游综合收入60.26亿元。孝南区培养输送射击选手代表中国队获得埃及开罗世界射击锦标赛男子10米气手枪(青年组)世界冠军。孝南区选手分别在省运会、省射击锦标赛等比赛中，共获得8金3银3铜的好成绩。

卫生。全区共有卫生机构37个(不含村卫生室、诊所)，其中医院11个，卫生院12个，疾控中心、妇幼保健院各1个。全区共有卫生工作人员4817人，其中卫生技术人员3874人。新生儿死亡率0.75‰，5岁以下儿童死亡率2.26‰。

【人民生活】 全区城镇新增就业11209人，失业人员再就业8036人，城镇登记失业率控制在3.64%。参加城乡居民养老保险40.04万人，参加城乡居民基本医疗保险61.4万人。社会保险待遇及时足额发放率、社会保险待遇社会化发放率均达到100%。居民最低生活保障已保人数26198人，其中城镇居民城市最低生活保障人数6791人。全区城镇常住居民人均可支配收入44687元，同比增长7.2%。全区农村常住居民人均可支配收入24191元，同比增长8.2%。

【孝南获评“中国生活卫生用纸(品)产业之都”称号】 3月17日，经中国轻工业联合会会长办公会审定，同意授予孝南区“中国生活卫生用纸(品)产业之都”称号。2021年6月，孝南区向中国轻工业联合会提出授名申请；2022年1月，中国轻工业联合会与中国造纸学会共同组织专家组对孝南区纸卫品产业进行了实地考评，并通过专家组考评。孝南区以生活卫生用纸(品)产业闻名全国，纸卫品产业历经20多年的培育发展，吸引链、发展链、动力链效应加速放大，集聚效应不断显现，现有纸卫品生产企业60家（规模以上22家），销售收入达130亿元，占全区规模工业销售收入的50%，从业人员7400人，占全区规模工业人员数的42.2%；知名品牌不断汇聚，全国排位前四的金红叶、恒安、维达、中顺等生活用纸企业齐聚孝南，培育了“心相印”“维达”“清风”“洁柔”等25个知名品牌。

【国家高新技术企业突破百家】 12月，孝南区的金红叶纸业（湖北）有限公司等41家企业被认定为国家级高新技术企业。孝南区有效期内国家高新技术企业达到104家。为加快培育高新技术企业，从2022年起，孝南区委区政府对首次认定的国家高新技术企业一次性奖励25万元，重新认定的高新技术企业一次性奖励10万元，高新技术企业所得税减免40%等。同时，为强化高新技术企业认定工作的组织领导，建立了由区科技、税务、财政、知识产权等部门组成的工作服务专班，重点开展高新技术企业的培育、辅导、服务工作，全年组织线上线下高新技术企业政策宣讲会15次。

（撰稿：鲁米娜）

汉川市

【概况】 汉川市辖2个街道办事处、1个经济开发区（新河镇）、6个乡、13个镇、4个国营农（养殖）场。全市面积1663平方千米。年末全市户籍总人口（公安局户籍人口）1034981人，其中女性480728人，非农业户籍人口321782人。年末总户数322272户。年内出生人口4831人，人口出生率4.67‰；年内死亡人口7819人，死亡率7.55‰；迁入846人，迁出7161人，暂住人口12818人。年平均人口1039597人，人口自然增长率−2.88‰。0~18岁人口177833人，19~35岁人口198010人，36~59岁人口378657人，60岁及以上人口225849人。60岁及以上人口占总人口比重为21.82%。年末全市常住人口88.54万人，其中城镇人口55.14万人，城镇化率达到62.28%。

【经济发展】 初步核算，2022年全市地区生产总值为820.47亿元，按可比价格计算，比上年增长5.9%。其中，第一产业增加值86.82亿元，增长3.1%；第二产业增加值445.31亿元，增长9.4%；第三产业增加值288.34亿元，增长1.7%。三次产业结构比为10.6∶54.3∶35.1。全年人均地区生产总值为92604元，比上年增长6.9%。

农业。全年全市农林牧渔业现价总产值为167.75亿元，可比增长4.4%；实现增加值（含农业服务业）99.29亿元，可比增长4.3%。种植业、林业、畜牧业、渔业产值分别为61.41亿元、3.19亿元、43.17亿元、39.69亿元，可比增长分别为2.3%、10.7%、3.0%、5.7%。全市粮食播种面积124.36万亩，增加0.02万亩，全年粮食总产52.31万吨，降低0.5%。棉花种植面积3.32万亩，减少0.14万亩，棉花总产0.23万吨，降低4.2%。油料作物种植面积22.24万亩，增加2.05万亩；全年油料总产4.05万吨，增产0.57万吨，增幅16.4%。蔬菜面积44.66万亩，比上年增长3.0%，总产116.12万吨，增长2.8%。生猪出栏60.23万头，增长6.0%；家禽出笼2984.96万只，增长2.9%；禽蛋产量3.4万吨，增长7.3%。全年水产品产量16.24万吨，增长4.0%。年末全市拥有农业机械总动力88.37万千瓦；全市拥有大中型拖拉机4058台、联合收割机3525台。化肥施用量（折纯）3.93万吨。

工业。年末全市规模以上工业企业有477家，全年共完成总产值1868.03亿元，同比增长18.4%。其中，轻工业产值1433.72亿元，增长20.1%；重工业产值434.31亿元，增长12.9%。规模以上工业增加值增长13.3%。从经济类型看，全市国有企业产值0.45亿元，增长2.4%；有限责任公司产值1804.56亿元，增长18.6%；外商及港澳台投资企业产值27.76亿元，增长11.8%；其他经济类型企业完成产值35.26亿元，增长3.3%。从“5+5”产业链看，纺织服装业产值865.39亿元，增长20.8%；食品加工业产值206.59亿元，增长19.2%；包装印刷业产值117.08亿元，增长14.5%；金属制品业产值190.32亿元，增长16.4%；电力能源业产值103.99亿元，增长30.6%；光通信业产值94.46亿元，增长18.7%；泛家居业产值112.19亿元，增长8.4%；智能装备业产值46.74亿元，增长8.3%；生物医药业产值35.70亿元，增长19.8%；新材料业产值95.55亿元，增长9.8%。全年规模以上工业企业主营业务收入1756.03亿元，增长17.3%；利润总额69.26亿元，增长29.4%。高新技术产业增加值（现价）为185.18亿元，占GDP的比重为22.57%。

建筑业。年末全市具有资质等级的建筑企业33家，全年实现总产值28.34亿元，同比增长16.6%。

商贸服务业。全年全市社会消费品零售总额274.91亿元，同比增长3.1%，其中限额以上企业（单位）消费品零售额67.12亿元，增长3.2%。按经营地分，城镇消费品零售额62.7亿元，增长3.9%，乡村消费品零售额4.4亿元，下降6.3%。按消费类型分，商品零售额45.7亿元，同比下降1.4%，餐饮收入21.4亿元，同比增长14.6%。全年进出口总额73085万美元，比上年增长15.0%。其中，出口

72065万美元,增长15.0%;进口1020万美元,增长18.1%。招商引资额(含省内资金)为665亿元;实际利用外资5891万美元。

固定资产投资。全年全市固定资产投资额(不含农户)比上年增长18.5%。其中,工业投资同比增长21.8%,工业技改投资同比增长11.5%,房地产投资同比增长7.7%,500万元以上项目完成投资同比增长19.6%。分产业看,第一产业完成投资同比下降13.9%,第二产业完成投资同比增长21.8%,第三产业完成投资同比增长14.5%。全年全市商品房销售面积43.5万平方米,比上年下降12%;商品房销售额25.5亿元,下降8.5%。

财政收入与支出。全年全市完成财政总收入43.24亿元,剔除增值税留抵退税因素,可比增长19.0%。其中,地方一般公共预算收入27.67亿元,可比增长17.7%。在地方一般公共预算收入中,税收收入22.36亿元,可比增长18.6%,占地方一般公共预算收入比重为80.8%。财政支出72.47亿元,同比下降2.5%。

金融。年末全市金融机构各项存款余额618.69亿元,增长14.8%,其中居民储蓄存款余额481.79亿元,增长19.2%。全年各项贷款余额为342.59亿元,增长12.8%。全年市财产保险公司和人寿保险公司合计保费收入40785万元,已决赔款15585万元。

【城乡建设】 全年市政建设总投资23149万元,维护建设资金支出157.57万元,建设美化城区人行道新增9200米。城区建成区面积28平方千米。全市25个乡镇共实施"功能镇区"建设项目102个,完成投资6.39亿元,马口镇、沉湖镇、麻河镇、南河乡、中洲农场5个乡镇申报省级"擦亮小城镇"示范乡镇。

【生态建设】 全年环保总投资达9.97亿元。工业废水排放达标率97.8%,工业烟尘排放达标率99.6%,工业固体废物综合利用率99.9%。全年完成人工造林面积1019公顷。年末森林面积8558公顷,森林覆盖率5.16%。全年空气质量优良天数比率为79.8%,地表水达到或好于Ⅲ类水体比例为80%。

【社会事业】 交通。全年全市交通设施投资12.56亿元,改建、新建公路里程136.28千米。年末公路通车里程4519.2千米,其中高速公路76.3千米。农村通公路行政村比例达到100%。年末全市出租汽车拥有量360辆,公共汽车拥有量188辆。

邮政。全年电信业务总量4.55亿元,同比增长4.3%;邮政业务总量2.21亿元,增长12.4%。全年报纸发行数2.32万份,杂志期发数0.66万份;邮寄函件160万件。

通信。年末固定电话用户数为4.48万户,增长7.7%,其中城镇2.05万户,农村2.44万户。移动电话用户70.80万户。互联网用户67.49万户,其中固定宽带用户24.01万户,移动宽带用户41.48万户。

科学技术。年末全市拥有各类专业技术人员38993人,其中中级职称以上11579人。拥有科技馆2座,科研院所3家;科学技术支出24642万元。新增专利授权数1167项。现有高新技术企业114家,高新技术产品(项目)222个。

教育。全年全市学校总数167所,其中中等职业学校1所,普通中学53所,小学113所。在校学生总数116225人,其中义务教育学校在校学生83935人,高中在校学生7991人,学前在园幼儿24299人。在编教职工5757人,离退休教职工3704人,专任教师数6955人。全市幼儿园161所,在园幼儿24247人。学龄儿童入学率100%,九年义务教育完成率99.47%。

文化和旅游。年末全市拥有文化馆1个,博物馆1个,剧场影剧院1个,公共图书馆1个,城市书房4个。全年组织各种专场文艺演出29场,观众2.7万人次;组织艺术展览4次,观众0.6万人次。拥有广播电台1座,电视台(站)1座。广播电视人口综合覆盖率达100%,全市有线电视入户数20.7万户,其中有线电视使用户数为7.2万户。全年共发行各类图书352.52万册,公共图书馆藏书量24.8万册。全市拥有A级景区4家,省级度假区1家,文物保护单位68家,星级"农家乐"7家,农旅养融合示范点5家,旅行社(含分社、门市部)15家。全年旅游接待人数320万人次,比上年增长21.0%。旅游经济收入21.1亿元,增长29.1%;其中乡村旅游经济收入6.3亿元,占比30%

卫生。全市共有执业医师1498人,执业助理医师366人,注册护士2791人;医疗卫生机构床位5926张,其中医院3246张。全年普查血吸虫人数11.65万人次,其中患病人数248人;灭螺面积1792.9万平方米。农村改水累计受益率79.6%。

体育。 全市共有体育馆1个,社会体育指导站38个。全年全市运动员在大型比赛获奖22人次。全年共举办运动会32场次,参与人数1.2万人次。

【人民生活】 全年全市城镇常住居民人均可支配收入42512元,同比增长6.9%;农村常住居民人均可支配收入24128元,同比增长8.2%。全年开展转业、转岗培训433人、就业前培训5307人;实现下岗职工当年再就业2312人,新增就业人数9047人,城镇登记失业率3.8%。年末全市城乡居民社会养老保险参保人数

49.01 万人;城镇职工基本养老保险人数 21.37 万人。参加医疗保险 84.25 万人,其中城镇职工 5.40 万人,城乡居民 78.85 万人。参加工伤保险 5.73 万人。参加失业保险 4.6 万人,发放失业保险金 294.48 万元。民政事业费支出 24372.6 万元,其中城镇最低生活保障支出 4662.86 万元。享受社会救济对象人数 37578 人,其中城镇居民最低生活保障 6375 人。各类收养性单位 23 家,社区服务机构总数 420 个。

(汉川市史志研究中心 供稿)

应城市

【概况】 应城市辖 5 个街道办事处、10 个镇、1 个良种场、1 个经济开发区。土地面积 1103.38 平方千米。2022 年年末,全市户籍总人口 61.76 万人。全年出生人口 2338 人,出生率 3.85‰;死亡人口 5372 人,死亡率 8.70‰;人口自然增长率−5.12‰。

【经济发展】 2022 年,全市实现地区生产总值 470.71 亿元,比上年增长 5.2%(按 2020 年不变价计算,下同)。其中,第一产业实现增加值 68.18 亿元,增长 4.0%;第二产业实现增加值 205.56 亿元,增长 9.0%;第三产业实现增加值 196.98 亿元,增长 1.9%。三次产业结构由上年的 14.9∶41.7∶43.4 调整为 14.5∶43.7∶41.8。

农业。全市实现农林牧渔业增加值 71.00 亿元,可比增长 4.4%。实现农林牧渔业总产值 118.50 亿元,比上年增长 4.5 %。其中,农业产值 43.98 亿元,林业产值 0.72 亿元,牧业产值 31.80 亿元,渔业产值 33.90 亿元,农林牧渔服务业产值 8.10 亿元。年末耕地面积 97.28 万亩,造林面积 36968 亩,粮食种植面积 77.99 万亩。全年粮食产量 35.06 万吨,比上年下降 0.5%;棉花产量 0.055 万吨,下降 6.8%;油料产量 4.69 万吨,增长 29.2%;蔬菜产量 68.30 万吨,增长 2.9%;水果产量 1.43 万吨,增长 0.7%;茶叶产量 412 吨,与上年持平;水产品产量 7.10 万吨,下降 9.8%。生猪出栏 42.30 万头,比上年增长 5.7%;家禽出笼 1575.58 万只,增长 1.4%。

工业。全年实现工业增加值 189.54 亿元,比上年增长 7.9%。全市 161 家规模以上工业企业增加值比上年增长 10.9%。全年完成规模以上工业总产值 727.02 亿元,增长 13.6%。其中驻应中省属工业企业实现总产值 57.28 亿元,增长 21.2%;市直工业实现总产值 65.79 亿元,增长 3.2%;开发区工业实现总产值 32.59 亿元,下降 17.8%;办事处和镇办工业实现总产值 571.36 亿元,增长 17.5%。规模以上工业企业电力消耗 26.99 亿千瓦时,比上年增长 5.7%。2022 年规模以上工业主要产品产量为:农用氮、磷、钾化学肥料 100.4 万吨,纯碱 174.3 万吨,涂料 15.8 万吨,塑料制品 3.0 万吨,原盐 404.4 万吨,人造板 3.8 万立方米,家具 50.2 万件,合成氨 72.0 万吨,大米 63.2 万吨,服装 215.0 万件,精制食用植物油 1.9 万吨,饲料 3.9 万吨,氮肥(折含氮 100%)100.4 万吨。全市规模以上工业企业实现营业收入 684.89 亿元,比上年增长 29.1%;实现利润 36.29 亿元,增长 48.1%。营业收入过 5 亿元企业 45 家,过 10 亿元企业 12 家。全市规模以上工业企业经济效益综合指数 628.91。

建筑业。全市实现建筑业增加值 16.02 亿元,比上年增长 24.2%。全市具有资质等级的建筑企业 22 家,实现建筑业企业总产值 17.86 亿元,增长 56.8%。

商贸服务业。全市实现社会消费品零售总额 195.50 亿元,比上年增长 3.7%。分行业看,批发业完成 94.2 亿元,增长 32.2%;零售业完成 16.8 亿元,增长 15.8%;住宿业完成 5.4 亿元,增长 31.2%;餐饮业完成 8 亿元,增长 13.3%。分城乡看,城镇实现零售总额 26.1 亿元,增长 19.6%;乡村实现销售额 2.5 亿元,增长 14.3%。全年全市外贸进出口总额 1.8 亿美元,比上年增长 29.7%。其中,外贸出口 1.78 亿美元,增长 30%;进口 0.02 亿美元。全年实际利用外资 2133 万美元,增长 213.3%。

固定资产投资。全市完成固定资产投资总额比上年增长 17.2%(不含农户),其中房地产开发投资额增长 9.3%。按产业划分,第一产业投资额增长 34.9%,第二产业投资额增长 6.7%,第三产业投资额增长 33.5%。基础设施投资额增长 88.8%,民间投资额增长 0.8%。

财政收入与支出。全市实现财政总收入 28.95 亿元,比上年增长 12.9%,其中税收收入 26.65 亿元,增长 14.9%。一般公共预算收入 16.78 亿元,增长 8.5%,其中税收收入 14.48 亿元,增长 11.4%;各项税收占地方一般预算收入比重达到 86.3%。一般预算支出 48.20 亿元,增长 4.3%。年末金融机构各项存款余额 417.95 亿元,比年初增加 44.77 亿元。其中,居民储蓄存款余额 346.75 亿元,比年初增加 50.89 亿元;金融机构各项贷款余额 234.64 亿元,比年初增加 28.9 亿元。全年保险行业实现保费收入 28877 万元。其中,人身险保费收入 16530 万元,增长 0.6%;财产险保费收入 12347 万元,下降 9.7%。赔款支出总额 6919 万元,赔付率 56.0%。

【科学技术】 全年全市实现高新技术产业增加值 92.94 亿元,比上年增长 20.6%。新申报高新技术企业 32 家,其中新增高新技术企业 19 家,国家级高新技术企业达到 63 家。

【生态建设】 全市全年$PM_{2.5}$浓度40微克/立方米，PM_{10}浓度65微克/立方米，优良天数比率为82.6%。全市2个国控断面、3个省控断面、2个市控断面水质及2个县级、10个乡镇饮用水水源地水质达标率均达到100%。全年平均气温18.0℃，极端最高气温38.9℃，极端最低气温-5.9℃。最大日降雨量63.8毫米，全年平均日照时数196小时。

【社会事业】 交通。全市公路客运周转量7428.92万人千米，货运周转量37083.00万吨千米。年末全市公路总里程(等级公路)2327.57千米，其中高速公路67.44千米。

邮政与通信。全市邮政业务营业收入12572万元，比上年增长15.7%。全市通信营业收入26989万元，增长4.4%。移动电话用户40.49万户，增长11.0%；互联网宽带用户14.21万户，增长10.1%；固定电话用户20756户，增长46.0%。

文旅。全市名胜风景区和文物保护区33个。全市国内旅游人数518万人次，比上年增长18.6%；实现国内旅游综合收入27.8亿元，增长11.7%。汤池游客接待量52万人次，增长8.3%；汤池温泉旅游总收入7600万元，增长5.6%。

教育。全年教育经费支出69020万元，比上年增长0.6%。全市教职工人数4403人，其中专任教师3862人。全市幼儿园51所，在园儿童11112人；普通小学43所，专任教师1781人，招生3957人，在校学生25244人，毕业生4240人；普通初中21所，专任教师1355人，招生4168人，在校学生12673人，毕业生3466人；普通高中3所，专任教师618人，招生2213人，在校学生6333人，毕业生2137人。中等职业教育招生424人，在校学生1533人，毕业生549人。义务教育普及程度100%，完成率98.8%。初中毕业生升学率99.3%。2022年高考，全市过特招线(一本线)467人，比2020年增加90人，比2021年增加40人。

文化。全市有图书馆1个，公共藏书14万册，电子图书8万册，全年接待读者20万人次，外借图书9.5万册。举办“城市书屋”揭牌启动仪式，蒲阳大道分馆、海山小区分馆、家和小区分馆、新华书店分馆等4座城市书房正式对外开放。市广场舞协会、市蒲骚文体活动服务中心荣获“全省百佳社会文艺团队”称号。市东马坊街道办事处综合文化站站长龚保宗入选“2022年度湖北乡村文化和旅游带头人”名单(全省40名)，并获得省文旅厅项目资助(全省20名)。

体育。全市有体育馆1个，体育场地1323个。全年举办大型群众文体活动7次、体育赛事1次。2022年8月，应城市体操代表队代表孝感市参加了湖北省青少年儿童体操锦标赛，应城籍运动员张语艺获得女子7岁组平衡木第一名、跳马第二名、高低杠第三名、自由操第三名、个人全能第三名。2022年8月，应城市围棋代表队代表孝感参加了湖北省第十六届运动会社会俱乐部类围棋比赛，获得全民团体赛第一名。

卫生。全市共有医疗卫生机构51个(不含村卫生室)。其中，医院7家，乡镇卫生院15个，中心卫生院3个，个体门诊20个，其他专业公共医疗机构6个。共有医疗卫生机构床位数3267张，病床周转次数30.6次，其中医院床位数3035张。卫生技术人员3472人，其中执业(助理)医师1228人，注册护士1413人，卫生防疫人员212人。

【人民生活】 全市城镇常住居民人均可支配收入43505元，比上年增加2966元，增长7.3%；农村常住居民人均可支配收入24952元，比上年增加1837元，增长7.9%。全年全市城镇新增就业9503人，城镇登记失业率3.11%。城镇职工基本养老保险参保63710人，城乡居民养老保险参保312325人，城镇失业保险参保30990人，工伤保险参保41124人。城镇职工基本医疗保险参保54392人，城乡居民医疗保险参保458157人，生育保险参保31937人。

年末全市各类市场主体43623户，居孝感市第6位，比上年增长32.4%；注册资本总额581.51亿元，增长40.4%。全年完成定期检验电梯568台、叉车165台、大型游乐设施4台、锅炉26台、压力容器760台、起重机械128台、压力管道10.2千米，下达安全监察指令书115份。查办民生领域各类违法案件239件。受理信访、咨询、投诉、举报案件1023件，调处率100%，为消费者挽回经济损失284.3万元。

(撰稿：夏容)

云梦县

【概况】 云梦县位于江汉平原东北部。南北间距52.8千米，东西间距19.8千米。辖9个镇、3个乡、1个省级经济开发区、2个社区居民委员会、171个行政村，全县总面积604平方千米。陆地面积37973公顷，占总面积的80.5%，水域及水利设施用地面积11802公顷，占总面积的19.5%；是湖北省面积最小的县，人均土地0.1公顷。截至2022年年末，全县户籍总人口55.34万人，其中城镇人口15.66万人，农业人口39.67万人。全县常住人口为42.55万人，城镇化率58.07%。

【经济发展】 2022年，全县完成生产

总值245.86亿元，按可比价格计算增长4.5%。其中，第一产业完成增加值50.57亿元，增长3.6%；第二产业完成增加值87.54亿元，增长7.3%；第三产业完成增加值107.75亿元，增长2.7%。三次产业结构由上年的20.92∶34.35∶44.73调整为20.57∶35.61∶43.83。在第三产业中，交通运输、仓储及邮电业下降3.0%，批发和零售业增长2.2%，住宿和餐饮业增长0.2%，金融业增长10.3%，房地产业下降0.7%，其他服务业增长3.5%。全年实现财政总收入20.95亿元，比上年增长6.7%。一般公共预算收入13.58亿元，可比增长18.0%，其中税收收入11.09亿元，同比增长8.4%、可比增长22.2%。一般公共预算支出37.24亿元，增长4.3%。

农业。2022年，云梦县实现农业总产值87.41亿元，按可比价格计算，比上年增长4.1%；实现农林牧渔业及农林牧渔业辅助性活动增加值52.88亿元，按可比价格计算，比上年增长4.0%。全年粮食种植面积为39.07千公顷，比上年增长0.02%；蔬菜种植面积20.45千公顷，增长0.4%；油料种植面积10.81千公顷，增长7.3%；棉花种植面积1.36千公顷，下降9.3%。全年粮食总产量24.64万吨，比上年下降0.5%；蔬菜总产量94.70万吨，增长0.9%；油料总产量3.04万吨，增长9.6%；棉花总产量0.13万吨，下降8.0%；全年生猪出栏27.38万头，增长5.9%；家禽出笼775.37万只，增长3.2%；禽蛋产量6.16万吨，增长7.5%；水产品产量5.62万吨，增长2.1%。

工业。2022年，全县拥有规模以上工业企业126家，规模以上工业增加值比上年增长10.2%。全县规模以上工业完成总产值262.05亿元，比上年增长11.1%。实现销售收入209.94亿元，增长26.3%；利润总额6.15亿元，增长49.9%。工业总产值中农产品加工业产值83.96亿元。全县规模以上工业总产值中，按隶属关系分：中省工业产值3.21亿元，增长42.1%；县直工业产值7.35亿元，下降3.3%；开发区工业产值162.59亿元，增长55.4%；乡镇工业产值251.49亿元，增长11.2%。全县具有总承包和专业承包建筑资质的法人企业完成总产值比上年增长17.9%。

商贸服务业。全年实现社会消费品零售总额147.50亿元，增长3.8%。其中，限额以上单位实现零售额18.45亿元，增长34.5%，占12.5%；限额以下实现129.05亿元，增长0.6%，占87.5%。全年外贸进出口总额52633.90万美元，增长19.3%。其中，外贸出口48898.27万美元，增长15.8%；进口3735.63万美元，增长97.5%。外商直接投资531万美元，增长131.9%。年末全县金融机构各项存款余额336.17亿元，增长17.04%。其中，储蓄存款余额280.43亿元，增长17.35%；金融机构各项贷款余额150.90亿元，增长22.32%。其中，短期贷款25.41亿元，中长期贷款105.12亿元。

固定资产投资。全县固定资产投资比上年增长17.2%。全县第一、二、三产业投资速度分别为-34.2%、37.0%、8.3%，第一、二、三产业完成投资占总量百分比为4.7∶50.9∶44.4。全县商品房销售面积比上年下降2.0%；商品房销售额比上年增长1.5%。

【科学技术】 年末全县共有53家高新技术企业。全年实现高新技术产业增加值25.75亿元，占GDP比重为10.5%。

【生态建设】 2022年，云梦县国控府河隔蒲桥、省控漳水清明河和市控朱前村、雷福闸、道桥下5个考核断面水质均累计达标，优良水体达到80%（其中雷福闸断面由Ⅳ类提升至Ⅲ类），目标完成比例133%，超额完成市定年度目标任务获奖补资金85万元；桂花潭备用饮用水水源地水质100%达标；农村生活污水治理率为51.1%，较上年提升了13.8个百分点。PM_{10}平均浓度70毫克/立方米、$PM_{2.5}$平均浓度35毫克/立方米、优良天数比例78.6%，全面完成市定年度目标任务。完成46个村的农村环境综合整治任务，12条农村黑臭水体治理项目争得全国试点推进，动态更新疑似污染地块清单，重点推进土壤污染状况调查，土壤环境质量可控可靠。

【社会事业】 交通。截至2022年年末，全县公路总里程1769.60千米、路网密度0.03千米/百平方千米，其中高速公路18.11千米、一级公路52.45千米、二级公路116.87千米、三级公路78.33千米、四级公路1503.844千米；内河航道总里程78.50千米、港口1个、生产性码头泊位2个、渡口15个；客运站8个，其中一级客运站1个、四级客运站1个、五级客运站6个。

教育。2022年，全县财政教育支出62860万元，比上年增长1053万元，增长1.7%。年末全县共有幼儿园77所，在园幼儿11770人；普通小学46所，在校生29101人；普通初中21所，在校生14311人；普通高中4所，在校生7166人；职业中学2所，在校生1578人；特殊教育学校1所，在校生68人。

文体。2022年，全县拥有艺术表演团体1个，全年表演场次60场；文化馆（站）14个，博物馆1个，公共图书馆1个，藏书35万册（含电子书）；体育馆（场）1处，举办各类运动会9次，参加人数1500人，向省、市输送运动员6人。

卫生。全县年末拥有卫生医疗

机构24个，全部卫生人员3571人，其中执业医师1045人，平均每千人口执业医师2.5人。全县医疗机构病床数2791张，平均每千人口拥有医疗卫生机构床位数6.6张。

【人民生活】 全县城镇居民人均可支配收入42459元，同比增长7%；农村居民人均可支配收入24406元，同比增长8%。全县参保人数45.46万人，其中职工参保3.71万人、城乡居民缴费41.75万人，参保率稳定在95%以上。

安陆市

【概况】 安陆市辖9个镇、4个乡、2个街道、1个省级开发区。全市总面积1352.8平方千米，耕地面积6.05万公顷。年末，全市总户数19.59万户，户籍总人口59.58万人，其中城镇13.29万人，男性30.80万人。全市常住人口48.86万人，常住人口城镇化率58.04%。全年出生人口2531人（男性1344人、女性1187人），人口出生率5.17‰。

【经济发展】 全年实现地区生产总值311.19亿元，按可比价格计算，同比增长5.6（下同）。其中，第一产业增加值47.33亿元，增长3.3%；第二产业增加值117.69亿元，增长9.6%；第三产业增加值146.17亿元，增长3.3%。三次产业结构由上年的15.8：36.6：47.6调整为15.2：37.8：47.0。

农业。全市“3+6”特色农业产业链提质增效。新增五言陆色、亿人农业、旺鑫生态3家省级农业产业化龙头企业，神丹、北农大、大北农、傲农分别入选国家畜禽种业企业补短板阵型、强优势阵型，安陆蛋禽科技小院入选首批国家支持建设行列。安陆入选第三批国家农业绿色发展先行区试点县、全国农业社会化服务创新试点县。2022年9月30日，全省秋冬农业生产电视电话会议推介安陆经验。全市全年实现农林牧渔业现价总产值88.74亿元（含农林牧渔服务业），增长5.1%。其中，农业产值34.26亿元，增长8.3%；林业产值3.31亿元，增长10.1%；牧业产值33.74亿元，下降2.6%；渔业产值8.99亿元，增长14.8%；农林牧渔服务业产值8.43亿元，增长15.16%。全年农林牧渔业现价增加值51.13亿元，增长4%。全年粮食种植面积64.21千公顷，增长0.01%；油料种植面积12.43千公顷，增长9.37%；蔬菜种植面积11.23千公顷，增长2.6%；棉花种植面积1.37千公顷，增长1.06%。全年粮食总产量43.91万吨，下降0.61%；棉花产量960吨，增长1.5%；油料产量2.96万吨，增长11.1%；蔬菜产量34.16万吨，增长4.34%。全年生猪出栏75.53万头，增长2.02%。年末，生猪存栏39.23万头，增长1.81%。全年肉猪产量5.76万吨，增长2.0%；禽蛋产量3.6万吨，增长7.35%；水产品产量2.93万吨，增长3.54%。持续巩固拓展脱贫攻坚成果，2022年年后，评估顺利通过省考核验收。

工业。优化营商环境，“执行一站式办理”“智能化、要素化纳税申报模式”“优化协同高效职能体系改革”等3个改革事项获全省通报表扬。落实“五化管理”（工作目标化、目标项目化、项目工程化、工程责任化、履责考核序位化），16个亿元以上工业项目当年开工当年投产；净增“四上”企业63家，其中规上工业企业25家。新增科技型企业50家、高新技术企业10家、专精特新“小巨人”企业19家、单项冠军企业2家。全市骨干产业支撑更牢，中科铜箔投资12亿元完成5、6、7期扩能；金禄电子投资5.85亿元完成二期项目扩能。“午时”品牌在2022年“我喜爱的湖北品牌”电视大赛55个品牌中获第6名，获金奖。全市110家规模以上工业企业全年实现总产值200.87亿元，增长12.4%。七大支柱产业产值181.91亿元，增长13.0%。其中，医药食品产业70.86亿元，增长17.6%；金属制品产业57.66亿元，增长20.1%；粮油机械产业5.03亿元，下降12.4%；建材加工产业16.39亿元，下降10.4%；光电子信息产业25.41亿元，增长20.5%；汽

安陆市洑水镇供销社工作人员在金店村开展代育秧、送秧苗到地头、代插秧服务
（摄影：胡人仁）

车零部件产业2.88亿元,下降23.8%;新材料产业3.67亿元,下降3.5%。全年规模以上农产品加工业产值79.4亿元,增长15.6%,其中农产品加工园区产值67.38亿元,增长14.7%。全年规模以上工业增加值增长13.6%,工业企业产销率93%。全市27个工业行业大类有18个行业增加值保持增长,其中非金属矿采选业、有色金属冶炼和压延加工业、木材加工业、食品制造业分别增长129.9%、92.8%、77.3%、53.2%。截至2022年年末,全市共有资质以上建筑业企业28家,实现总产值30.59亿元,增长28.1%;房屋施工面积153.4万平方米,增长18.2%。其中,新开工面积54.6万平方米,增长4.0%;竣工产值20.3亿元,增长35.3%。

商贸服务业。安陆市制定实施"四上"企业纳统激励"十条"、市场主体培育"二十条",全年新增市场主体9158户,全市市场主体发展到40876户,增长22.14%。其中新增企业1132户。在全省县级层面率先发放4轮消费券600万元,带动消费6805.8万元;举办乡村振兴直播电商节,活动期间综合销售额达1700万元。全年全市社会消费品零售总额149.01亿元,增长3.7%。其中,限上批发业销售额16.30亿元,增长36.9%;限上零售业销售额9.86亿元,增长18.4%;限上住宿业营业额0.70亿元,增长36.4%;限上餐饮业营业额1.10亿元,增长24.3%。全年外贸出口总额10.85亿元,增长16.8%;实际利用外资1800万美元。

固定资产投资。全年固定资产投资总额(不含农户)增长17.4%。其中,500万~5000万元项目投资额增长63.1%,5000万元以上项目投资额增长11.3%,房地产项目投资额增长13.1%。分产业看,第一产业投资下降35.2%,第二产业投资增长35.1%,第三产业投资增长12.9%。全市工业投资和技改投资分别增长35.1%、28.2%。

财政收入与支出。全年完成财政总收入19.29亿元,增长8.8%。地方公共财政预算收入12.12亿元,可比增长15.7%。其中税收收入9.60亿元,可比增长18.1%。年末,全市金融机构人民币各项存款余额419.03亿元,比年初增加47.1亿元,比年初增长12.66%。其中,储蓄存款余额359.54亿元,比年初增加53.11亿元,比年初增长17.33%。全市金融机构人民币各项贷款余额240.56亿元,比年初增加32.33亿元,比年初增长15.52%。成功创建全省金融服务乡村振兴共建创新示范区,跻身全省金融信用县市20强。

【科学技术】 全市拥有国家级创新密集区2个,国家级重点实验室1个,省级工程技术研究中心4个,省级企业技术中心4个,校企共建研发中心2个,省级基础条件平台1个,省级星创天地4个,省级企校联合创新中心2个,省级乡村振兴科技创新示范基地2个,国际合作示范基地1个,入库国家科技型中小企业120家。全年研究与试验发展经费支出4.54亿元,转化科技成果16项,完成技术合同登记12.01亿元。全市高新技术企业55家,实现高新技术产业增加值26.91亿元。安陆连续7年获评湖北省科技创新优秀单位,被命名为第二批全国科普示范县(市)。神丹食品获评国家知识产权示范企业,中科铜箔获评国家知识产权优势企业。

【社会事业】 交通。全市公路线路总里程2534.6千米,其中高速公路2条64.1千米,国道1条23.8千米,省道5条191.1千米,县道14条225.3千米,乡道84条433.8千米,村道1596.6千米。境内有铁路线路2条,总里程54.5千米(汉丹铁路24.9千米、汉十高速铁路29.6千米)。全年实现客运量208万人,客运周转量5906万人千米。全年实现邮政业务总收入12716万元,增长12.42%。

教育。涢东学校南校区投入使用,安陆市获批国家智慧教育平台整县试点。年末,全市拥有中小学校168所(含幼儿园),教职工6315人,专任教师5068人,招生18708人,毕业18495人,在校学生70220人。全市学龄儿童入学率100%,九年义务教育完成率100%,初中毕业生升学率95.8%,高中阶段教育毛入学率92.5%,高考本科上线率62.58%。年末,全市有公共图书馆1个(总藏书24万册,其中电子书藏量9.1万册),博物馆3个(含李白纪念馆),文化馆1个,乡镇综合文化站16个;全市"三馆一站"覆盖率100%,基层文体广场面积达到158.14万平方米。年末,全市有广播电视台1座,广播综合覆盖率100%,电视综合覆盖率100%。年末,全市有体育民非组织2个、多功能运动场17个、村级(社区)文体广场313处。全市体育场地面积124.29万平方米,人均体育场地面积2.54平方米,全市体育健身器材覆盖率100%。

文旅。2022年,安陆市列支专项资金800万元推出"惠游安陆""感恩回馈老三厂"活动,投资2.8亿元打造百公里赵钱旅游公路"路长制"示范线。安陆市获批省级全域旅游示范区创建单位,烟店镇获评全国第二批乡村旅游重点镇、湖北旅游名镇,盛世闻樱景区通过AAAA级景区景观价值评审,钱冲古银杏国家森林公园、朱桥牡丹园创成AAA级景区,安陆李白文化旅游区被省侨联授予全省首批华侨国际文化交流基地。年末,全市有AAAA级景区1个,AAA级景区3个,省级旅游名村2个(碧山村、钱冲村);有旅行社(含门市部)2家,星级酒店3家,共有接待床位356张。全年接待旅游人数502万人次,增长56%;创旅游综合收入32.8亿元,增长44%。

卫生。全市有各类医疗卫生机构268个(含村卫生室、诊所),其中医院24个(市直医院4个、卫生院13个、社区卫生服务中心2个、民营医院5个),专科疾病防治所1个,疾病预防控制中心1个,卫生监督局1个。全市共有卫生技术人员3139人,其中执业医师和执业助理医师1296人、注册护士1536人。医院、卫生院共有床位3266张,其中乡镇卫生院床位761张。全年医疗机构总诊疗307.33万人次,其中医院84.41万人次(民营医院5.96万人次)、基层医疗机构222.92万人次;出院7.63万人,其中医院5.28万人(民营医院0.53万人)、基层医疗机构2.35万人。全年国家免疫规划疫苗接种率达95%以上。普爱医院获评三级综合医院,市中医院、市妇幼保健院获评二级甲等医院。在全省县(市、区)率先出台"三孩"奖励扶持政策。

【城乡建设】 开发西城新区,累计完成投资37亿元,核心区征地拆迁签订协议2181户、倒房1573户、安置600户,完成率分别为96%、69%、22.4%。投资22.4亿元的金秋大道南北延、涢水路南北延、新316国道市政化改造、城南大道等8条市政道路工程陆续开工,投资1.46亿元的51个老旧小区5012户改造任务全面完成。金元口袋公园获评全省"最美口袋公园"。南城太白大道片区更新改造工程完成第一批项目融资4.8亿元,正在完善金沟、刘庙安置区一期、四里安置区二期还建区规划设计。推进乡村振兴"三项行动",投资6.2亿元的4个乡镇一期、3个乡镇二期功能镇区完成年度清单任务;投资5.68亿元的环白兆山美丽乡村示范片区、投资7.9亿元的木梓乡全域国土综合整治两个省级试点项目启动建设;投资7500万元新打造17个"和美乡村"示范村;10个"美好环境与幸福生活共同缔造"示范村(社区)通过省考核验收,安陆被孝感市评为示范县市;雷公镇横冲村、烟店镇余寨村、王义贞镇朱桥村入选全省美丽乡村典型示范村。

【生态环境建设】 安陆市全面落实林长制、河(库)长制,获评省级森林城市、省级生态文明建设示范县市、全省"河湖长制宣传及河湖社会共治成效明显地区"、"河湖长履职担当成绩突出地区"。年末,全市森林面积26294.33公顷,森林覆盖率19.44%;森林蓄积量178.9万立方米。年末,全市建成区面积20.07平方千米,建成区绿化覆盖面积917.12公顷,绿地面积823.41公顷,其中公园绿地272.85公顷;建成区绿化覆盖率45.7%,绿地率41.03%,人均公园绿地面积13.78平方米。

年末,全市在运营城市工业污水处理厂1个,日处理能力1.5万立方米,污水处理率100%;在运营城市生活污水处理厂1个,日处理能力6万立方米,污水处理率94%。有水质自动监测站4个,环境空气质量自动监测站2个(其中大气复合污染自动监测站1个)。全市城市生活垃圾无害化处理率100%。全市3个地表水监测断面水质达标率100%,环境空气质量优良天数比例84.3%,PM_{10}平均浓度63微克/立方米,$PM_{2.5}$平均浓度37微克/立方米。

【人民生活】 2022年,全市城镇常住居民人均可支配收入41580元,增长7.4%;农村常住居民人均可支配收入20949元,增长8%。

就业。制定出台"人才新政18条"、外地来安就业创业就学人员安居办法。全年新增城镇就业7683人,城镇失业再就业8082人,就业困难人员再就业5888人,城镇登记失业率2.88%;新增高校毕业生创业就业806人,新增返乡创业616人。

社会保障。全市社会保险参保103.13万人次。其中,参加城镇职工基本养老保险9.25万人,参加城乡居民基本养老保险36.5万人,参加基本医疗保险51.17万人(职工参保45824人、居民参保465846人),参加失业保险2.55万人,参加工伤保险3.66万人。年末,全市社保卡持卡57.43万人,其中电子社保卡22.92万人。全年共发放企业养老金2.69万人76717万元,发放城乡居民养老保险金9.91万人18431万元,社会化发放率100%;全年受理农民工工资拖欠案473件,处理各类劳动人事争议案件98件,仲裁办案时效内结案率100%。年末,全市有社会福利机构23所。其中,城市社会福利院1所、民办社会养老服务机构7所、公建民营1所、农村福利院14所。总床位4580张,年供养1521人;有农村互助式养老活动中心162所,城市社区居家养老服务中心35所。年末,全市城市低保对象1275户1716人,全年发放保障金984.9万元;农村低保对象8674户15068人,全年发放保障金5937.5万元。城市特困供养对象83人,全年发放供养金184万元;农村特困供养对象2934人,全年发放供养金3904.7万元。临时救助困难群众456人,发放救助金194.5万元。全年资助困难优抚对象806人次,发放救助金63.2万元。

大悟县

【概况】大悟县辖3个乡、14个镇和3个区(经济开发区、高铁经济试验区、悟峰山生态文化旅游度假区),有17个城镇居民委员会和265个村民委员会。土地面积1982.34平方千米。2022年年末,全县总户数18.62万户,总人口60.46万人,其中城镇人口19.60万人,男性32.34万人。全年出生3593人,死亡4707人,人口自然增长率—1.84‰;迁入475人,迁出4158人。

【经济发展】全年实现地区生产总值213.72亿元(现价,下同),增长4.8%(增长速度按2020年不变价计算,同上年相比,下同)。其中,第一产业完成增加值52.37亿元,增长3.9%;第二产业完成增加值49.13亿元,增长7.6%;第三产业完成增加值112.22亿元,增长4.0%。三次产业占比由上年的25.4∶21.7∶52.9调整为24.5∶23.0∶52.5。在第三产业中,交通运输仓储和邮政业增长1.9%,批发和零售业增长1.6%,住宿和餐饮业增长0.5%,金融业增长9.3%,房地产业增长0.4%,其他服务业增长5.6%。全县人均生产总值为44853元,增长9.1%。全年完成财政收入20.64亿元,增长6.4%,其中公共预算收入10.97亿元,增长6.5%。在公共预算收入中,税收收入8.34亿元,增长3.5%。全年累计财政支出45.05亿元,增长10.3%。

农业。全年全县实现农林牧渔业总产值90.31亿元,增长5.2%;实现增加值53.58亿元,增长5.5%。农作物总播种面积8.75万公顷,增长5.6%。其中,粮食种植面积4.34万公顷,增长7.9%;油料种植面积2.59万公顷,增长5.8%。全年粮食产量29.70万吨,下降0.6%;棉花产量257吨,增长2.4%;油料产量6.64万吨,增长6.1%;蔬菜产量33.54万吨,增长2.4%;水果产量1.50万吨,增长3.2%。全县山场总面积11.72万公顷,有林地面积10.77万公顷。年末茶园面积1.46万公顷,年内新增茶园面积0.11万公顷,采摘面积1.20万公顷。板栗面积5.02万公顷,油茶面积0.97万公顷。茶叶产量0.76万吨,增长6.6%;板栗产量4.14万吨,增长2.0%;油桐籽产量0.29万吨,增长11.3%;乌桕产量1.14万吨,增长14.8%;白果产量0.12万吨,增长16.9%;油茶籽产量2.20万吨,增长51.1%。全年生猪出栏30.51万头,增长5.6%;牛出栏1.61万头,增长3.2%;羊出栏5.24万只,增长8.7%;家禽出笼453.11万只,增长2.0%。禽蛋产量2.21万吨,增长7.2%;水产品产量2.81万吨,增长6.5%。

工业。全部工业完成增加值39.92亿元,增长8.1%。规模以上工业企业63家,完成工业总产值122.09亿元,增长36.4%;完成规上工业增加值25.64亿元,增长13.0%。实现营业收入100.88亿元,增长29.8%。实现利税总额9.75亿元,下降1.4%。其中,利润总额5.14亿元,下降23.8%;税金总额4.61亿元,增长46.8%;产品销售率为94.1%。全部建筑业完成增加值9.21亿元,增长5.1%。其中,资质以上建筑业企业42家,完成建筑业总产值33.64亿元,增长10.5%。

商贸服务业。全年实现社会消费品零售总额119.12亿元,增长4.0%。其中,限额以上批发零售业企业完成零售额28.75亿元,增长31.2%;限额以上住宿餐饮业企业完成零售额2.90亿元,增长43.0%。全年外贸出口1.60亿美元,增长52.9%。年末金融机构人民币各项存款余额317.49亿元,比年初增加44.38亿元,增长16.3%;其中住户存款余额278.34亿元,比年初增加38.62亿元,增长16.1%。金融机构人民币各项贷款余额179.45亿元,比年初增加28.95亿元,增长19.2%。

固定资产投资。全社会固定资产投资增长16.9%。其中,工业投资增长7.8%,工业技改投资下降16.5%,民间投资下降9.1%,500万元以上固定资产投资增长31.7%;完成房地产开发投资12.1亿元,下降26.6%。

【科技创新】全县高新技术产业企业43家,其中,高新技术企业20家。建立2022—2025年高新技术企业后备库,在库企业39家。完成科技型中小企业评价100家,培育科技型企业26家,转化重大科技成果12项,登记科技成果3项,技术合同交易额达9.37亿元;新申报获批"星创天地"省级1家、市级6家。选派省"三区人才"11人,推荐省、市、县三级科技特派员107人。组织京华彩印、悦尔牡丹等企业申报2022年度省级高新技术领域重点研发、农业领域平台支撑项目2项,争取企业项目资金100万元。

【城乡建设】连片改造4个社区的29个老旧小区;新建改造城乡污水收集主支管网29.2千米;对76个行政村单独建设污水处理装置及配套污水管网160余千米,全县实现生活污水处理设施全覆盖。实施"功能镇区"项目297个;完成乡镇"五小"项目17个;改造危房39户,投入资金2657万元;完成自建房23.87万栋信息排查录入,初判隐患自建房3.20万栋,完成安全鉴定2.88万栋,采取工程措施整治532栋,采取管控措施1946栋。

【生态建设】大悟县"三大河流"重点地表水断面落实预警监测机制,上级考核断面累计达标率为100%,

城区集中式饮用水水源水质达标率为100%。全县环境空气质量优良率91.2%。完成农村环境整治行政村121个,有省级生态乡镇7个、省级生态村56个。

【社会事业】 交通。全县公路通车里程4439千米。其中,高速公路96千米,国道49千米,省道267千米,县道275千米,乡道438千米,村道3302千米,专用公路12千米。有一级客运站1个,二级客运站1个,公交公司1个。8家客运公司共有营运客车417台;2家出租车公司共有出租车200台。新能源公交线路16条,新能源公交运营车82台。建成港湾式候车亭57个。完成交通固定资产投资4.02亿元。完成武大高速公路投资25.2亿元。完成县乡道改造17.03千米;延伸乡村公路42千米;升级农村公路118.16千米;完成公路危桥改造119座;完成路长制示范线24千米。

教育。全县有各级各类学校176所。其中,高中7所(完全中学1所),中职1所,初中17所,九年一贯制学校7所,小学71所(教学点81所),幼儿园72所,特教学校1所。全县各级各类在校学生76107人,其中高中生9874人,中职生2558人,初中生17804人,小学生33126人,幼儿12699人,特教学生46人。

文化和旅游。全县有线电视用户17.9万户,卫星用户5.2万户,无线用户46.2万户;电视综合覆盖率99%,广播综合覆盖率100%;农村电影放映4317场次,观众35余万人次。开设《乡村振兴》《喜迎二十大系列栏目》等20个专栏。有新媒体平台11个,其中,"云上大悟"App推送信息7042条,微信公众号编发880条,同步推送各类短视频610个。建立直播带货平台,开展直播打卡、线上带货活动42场。接待游客514.6万人次,旅游收入29.8亿元。创建国家AAAA级景区2个。下乡演出220场。其中送戏下乡120场、红色文艺轻骑兵20场,送戏曲进校园80场。完成17个乡镇总分馆制建设。丰店镇唐店村、吕王镇董湾村、彭店乡红寨村、三里城镇马鞍村4个村成功入选第六批"中国传统村落"。全县体育场地120.5万平方米,人均2.48平方米。开展"清源2022""净网2022"专项行动,检查出版物经营场所32家次,收缴非法出版物630本。开展校外培训机构排查9次,查处违法违规机构30家。

卫生。全县医疗卫生机构314家,其中,二级医疗机构6家,专业公共卫生机构3家,三级综合医院2家,专科医院1家,乡镇卫生院15家,社区卫生服务中心3家,卫生所5家,社区卫生服务站2家,医务室10家,村卫生室259家。全县执业(助理)医师982人,执业护士1351人。完成护士首次注册38人,完成执业护士延续注册150人。卫生医疗机构床位数4320张。

【人民生活】 全县城镇常住居民人均可支配收入36180元,增长6.7%;农村常住居民人均可支配收入15447元,增长8.3%。梳理18项惠企利民政策"清单",惠及全县600余家企业。为541家县内企业减免失业保险、工伤保险费634万元。缓缴6家单位养老保险费69.2万元。

就业。通过"免申即享"模式发放稳岗补贴85家239.75万元,稳定岗位5260个。撬动外出务工人员返乡就业创业892人;举办线上(下)招聘会35场次,72家企业提供岗位6500余个,服务求职对象8900余人,实现企业用工2387人。全年城镇新增就业8609人、下岗失业人员再就业2176人;开展技能培训3202人次;发放创业担保贷款9286万元,扶持创业517人,带动就业1551人;全县脱贫人口、监测户外出就业45936人,同比增长1886人。认定就业帮扶车间126家,吸纳脱贫人口、监测对象就业1638人。开发乡村公益性岗位6358个,兜底安置脱贫人员就业5697人。

社会保障。全县"五险种"参保329361人次,征收基金5.4亿元。企业退休人员月人均增资109.97元,惠及28315人;城乡居民基础养老金县级提标13元/人/月;代缴"四类困难人员"17052人。受理举报投诉案件173件,为1733名农民工追回工资2009万元;受理劳动人事争议案件140件。全县社会福利机构21个,床位数3131张。发放城市低保对象1849户3397人,低保金1884.1万元;发放农村低保对象14991户27707人低保金10229.7万元。发放农村特困("五保")5762人供养金7823.8万元;发放城市特困("五保")76人,供养金189.8万元;发放孤儿救助对象57人,基本生活费120.6万元。发放无人抚养儿童148人,基本生活费244.2万元。落实残疾人"两项补贴"17227人(其中困难残疾8115人、重度残疾9112人),发放"两项补贴"1806.6万元;发放42名"20世纪60"年代精减退职老职工40%生活费6.7万元。办理结婚登记2258对、离婚登记691对,申请登记结婚1334对;补领结婚证715对,补领离婚证61对。

孝昌县

【概况】 2022年,孝昌县辖12个乡镇和1个省管经济开发区、1个国家AAAA级生态旅游区。全县共有189个村、30个社区。全县土地面积

1191.48平方千米，占全市土地面积的13.4%、全省国土面积的0.64%。2022年年末，孝昌县总户数214826户，户籍人口653097人。全年出生3776人(男性2077人、女性1699人)。

【经济发展】 全年，全县地区生产总值184.67亿元，同比上年增长4.7%。其中，第一产业增加值46.64亿元，增长3.4%；第二产业增加值53.09亿元，增长10%；第三产业增加值84.94亿元，增长2.4%。三次产业结构由上年的25.9∶27.2∶46.9调整为25.3∶28.7∶46.0。第一产业比重下降0.6个百分点，第二产业比重上升1.5个百分点，第三产业比重下降0.9个百分点。

农业。全年，全县农林牧渔业增加值49.65亿元，比上年增长3.9%。粮食总产量25.24万吨，连续10年稳定在5亿斤以上。油料、蔬菜及园林水果产量分别为5.66万吨、50.43万吨、8.33万吨，分别增长9.06%、3.55%和4.27%。生猪出栏38.42万头，增长1.99%，家禽出笼655.55万只，增长1.81%，水产品产量2.44万吨，增长4.20%。

工业。全年，全县规模以上工业企业58家，全年共完成规模工业总产值149.95亿元，比上年增长36.5%；实现规上工业增加值27.50亿元，增长16.6%。实现工业销售产值150.37亿元，增长36%；工业产品销售率为100.27%，比上年提升0.4个百分点。

商贸服务业。全年，全县社会消费品零售总额108.07亿元，比上年增长3.9%。分地域看，城镇区域实现社会消费品零售总额82.18亿元，增长3.8%，乡村区域实现社会消费品零售总额25.89亿元，增长4.4%，乡村区域消费增速高于城镇0.6个百分点；分行业看，批发和零售业实现销售总额95.30亿元，增长4.3%，住宿和餐饮业实现营业额12.77亿元，增长1.3%。

固定资产投资。全年，全县固定资产投资完成73.53亿元，比上年增长16.8%。其中，5000万元以上固定资产投资完成46.74亿元，增长22.8%；5000万元以下固定资产投资完成14.24亿元，增长50%；房地产开发投资完成12.55亿元，下降18.4%。工业投资完成26.05亿元，增长46.2%；工业技改投资完成4.58亿元，增长16.4%。

财政税务。全年，全县一般公共预算收入完成10.75亿元，占调整预算的92%，增长2.1%，剔除留抵退税可比增长14.7%。其中，税收收入9.3亿元，增长5.2%；非税收入1.45亿元，下降14.2%。税收收入占一般公共预算收入的比重为86.5%，较上年提高2.6个百分点。全县一般公共预算支出完成43.16亿元，占调整预算的102.7%。

金融。全年，全县金融机构各项存款余额273.2亿元，比年初增加30.42亿元，比上年同期多增18.63亿元，增幅12.53%；贷款余额164.48亿元，比年初增加32.75亿元，比上年同期多增12.49亿元，增幅24.9%，位居全市第1；存量贷存比60.2%，位居全市第2；增量存贷比107.7%，位居全市第1。全县普惠小微企业贷款余额35.21亿元，比年初增加6.14亿元，增幅21.14%，高于三类县市(区)平均水平2.04个百分点；涉农贷款余额99.24亿元，比年初增加16.17亿元，增幅19.46%，高于三类县市(区)平均水平1.66个百分点；科创贷款余额2.09亿元，比年初增加0.56亿元，增幅36.37%，高于三类县市(区)平均水平9.27个百分点；金融保险业完成保费收入3.14万元。全年遴选10家企业进入信用培植平台开展信用培植，推动10家企业获得新增贷款5534万元。共走访普惠型小微企业9792次，为328户中小微企业贷款24.23亿元，新增首贷户823户，发放贷款4.93亿元。

【乡村振兴】 截至年末，全县累计确定“三类对象”960户3177人(边缘易致贫户507户1626人，脱贫不稳定户352户1185人，突发严重困难户101户366人)，已消除750户2432人返贫致贫风险。严格控辍保学“双线”包保机制，落实各类学生资助资金2776.583万元3.7万人次。落实医保帮扶政策1.23亿元5.4万人次。落实危房改造资金165万元66户。坚持扩面提标强化兜底保障，全年新增农村低保943人、特困供养97人、孤儿和事实无人抚养儿童28人、困难残疾人生活补贴312人，重度残疾人护理补贴815人，实施临时救助1762人次。实施就业帮扶，衔接资金支持产业发展6294万元，占比达到58.5%；组织全县5.5万名脱贫劳动力外出务工；拨付交通补贴2271人87.33万元；提供保洁员、护林员等公益性岗位3363个。实施消费帮扶，全县832平台认定扶贫产品供应商44家，上线扶贫产品860个，累计销售额3158.09万元。

【生态建设】 2022年，全县环境质量不断提升。澴河孝昌段国控断面万安闸、省控断面丁河桥均达规划地表水Ⅲ类标准，达标率为100%；城市集中式饮用水水源地水质达到Ⅱ类优良水质标准，达标率为100%。全县全年$PM_{2.5}$浓度为34微克/立方米，全市排名第一；PM_{10}浓度为55微克/立方米，全市排名第一；空气质量优良天数比例为82.2%，全市排名第四。全县受污染耕地安全利用率稳定在90%以上，重点建设用地安全利用率达到100%，危险废物安全处置率达到100%，全县未发生重大土壤污染环境事故。

【社会事业】 交通。2022年年底,全县公路里程3930.4千米,路网密度329千米/百平方千米,其中高速公路62.5千米。一级公路116.9千米,二级公路189.4千米,三级公路131.6千米,四级公路3430千米。二级客运站1个、五级客运站5个,候车亭共85个。2022年,已完成五级客运站改扩建1个、新建五级客运站1个,新建候车亭39个。共有农村客运班线15条,日均300班次,农村班车245辆,所有行政村通达了客运班车,通达率为100%。

教育。2022年,全县有各级各类学校71所,其中高中4所,中职1所,特校1所,九年一贯制学校15所,十二年一贯制学校1所,初中13所,小学36所。中小学生58749人,其中小学生31622人,初中生15577人,普通高中生8883人,中职生2667人。教师3465人,其中小学教师1660人,初中教师1029人,普通高中教师566人,中职教师122人,公办幼儿园教师88人。幼儿园83所,其中公办28所,民办55所,在园幼儿12904人,在园教职工2103人。

卫生。2022年,全县有医疗卫生机构357家。其中,县直医疗机构(二级医疗机构)3家(县第一人民医院、县妇幼保健院、县中医医院),乡镇卫生院(一级医疗机构)12家,专业公共卫生机构1家(县疾控中心),社区卫生服务中心、服务站7个,村卫生室、卫生所、医务室309个,门诊部、诊所18个,民营医疗机构6家,新增"120"救援中心1个。全县共有医疗卫生人员3175人。其中,卫生技术人员2455人;执业(助理)医师1021人,每千人口执业(助理)医师数2.21人;注册护士1193人,每千人口注册护士2.47人;共开放床位2515张,每千人拥有床位数5.28张。

【人民生活】 全年,全县城镇常住居民人均可支配收入36207元,比上年同期增长6.6%;农村常住居民人均可支配收入15090元,增长8.4%,位列全市第1,比全市平均增幅高0.3个百分点,比全省平均增幅高0.5个百分点。

劳动就业。全年,城镇新增就业4892人,完成目标任务的108.71%;困难群体就业3246人,完成目标任务的405.75%,城镇登记失业率控制在3.3%的较低水平。为县域169家企业发放稳定就业岗位补贴172.24万元,稳定就业岗位5113个;为36家留工企业发放留工补助34.6万元,涉及企业职工692人。为10家扩岗企业扩岗15人,发放扩岗补贴1.5万元。组织"点对点"企业招聘达69场次,吸引返乡务工人员、高校毕业生等群体达成就业意向3500余人。开发公益性岗位2409个,发放补贴2600万元;社会保险补贴2000人,发放补贴600万元;企业一次性吸纳脱贫劳动力就业637人,发放补贴127.4万元。发放创业担保贷款9001万元,惠及创业者500余人,带动就业2048人;为114名创业人员发放创业补贴52.2万元。

社会保障。全年,全县社保参保总人数达到近48万人,创历史新高。其中,企业职工养老保险参保24829人,完成目标任务的118.23%,实现全国统筹。机关事业单位养老保险参保9646人,城乡居民养老保险参保381822人,工伤保险参保30612人,完成目标任务的113.38%;失业保险参保12797人,完成目标任务的101.16%。社会保障卡持卡57.27万人,完成目标任务的101.81%,电子社保卡覆盖率54.19%,完成目标任务的117.8%。积极落实提标政策,企业职工、机关事业单位退休人员和60周岁以上城乡居民享受养老待遇分别实现18连增、7连增、2连增,新增社保待遇进卡率达到99.7%。为全县44家企业支出稳岗返还资金35.9867万元,涉及企业职工3666人。为464家企业下调工伤保险基准费率50%,为10家企业缓缴养老、工伤、失业保险费366.81万元、16万元、4.08万元。为17622名困难群体代缴城乡居民养老保险176.22万元,代缴率和待遇发放率达100%。围绕基金违规参保、重复领取、死亡冒领等问题,持续开展"1+5"专项行动,追回基金45万余元,全年未发现重大基金风险。

(撰稿:晏志顺)

栏目编辑:秦荣

人物

人 物

荣立二等功以上奖励的退役军人简介

姓名	性别	出生年月	户籍地	接收地	受奖名称	受奖时间	受奖原因或简要事迹
张建成	男	1975.2	孝南区	孝南区	国家二级英模、全国抗洪模范	1998	1998年,参加抗洪抢险,被军委空军授予“抗洪勇士”荣誉称号(国家二级英模),被四总部表彰为“抗洪抢险先进个人”,并在人民大会堂受到了江泽民主席等党和国家领导人的亲切接见
贾兴山	男	1959.12	孝南区	孝南区	一等功	1996	在抗洪救灾中因表现特别突出,荣立个人一等功
李太峰	男	1971.8	孝南区	孝南区	一等功	2008	抗震救灾期间获一等功、三等功4次,获“中国青年五四奖章”荣誉称号
马发轩	男	1928.4	孝南区	孝南区	一等功	1950	在伟大的人民解放战争中,参加解放中南全境
聂红卫	男	1958.3	孝南区	孝南区	一等功	1979	参加对越自卫反击战争。在攻打二号高地战斗中,歼灭敌人3名、夺取敌工事2个,身负重伤依然坚持战斗
聂仁斌	男	1962.12	孝南区	孝南区	一等功	1986	参加中越边境战争(两山战役),击毙敌军3人,抓获俘虏1人
杨福召	男	1958.10	孝南区	孝南区	一等功	1979	参加对越自卫反击战,在双腿炸伤的情况下,毙敌2名,出色完成战斗任务
张安林	男	1962.7	孝南区	孝南区	一等功	1985	参加中越边境战争(两山战役),作为侦察兵击毙敌军6人,抓获俘虏5人
刘汉桥	男	1954.10	孝南区	孝南区	一等功	1988	1986年12月至1988年6月,在参加中越边境战争中,多次冒着敌人的炮火,行驶百万千米完成向一线阵地输送弹药任务
陈长明	男	1958.8	汉川市	汉川市	一等功	1987	因工作表现特别突出,荣立一等功
李英豪	男	1956.1	应城市	应城市	一等功	1978	在抗洪抢险中表现特别突出
卢 斌	男	1976.6	应城市	应城市	一等功	1995	解救人质,保护人民生命财产安全
朱传志	男	1925.10	安陆市	安陆市	一大功 二小功	1950	参加1948年解放应城战役,炮破城墙,功绩卓著,被记一大功、二小功各1次
刘鲲鹏	男	1968.2	大悟县	大悟县	一等功	1988	1986年12月至1988年6月,参加中越边境战争老山地区防御作战,英勇战斗,光荣负伤
高俊山	男	1957.8	大悟县	大悟县	一等功	1979	参加对越自卫反击战,英勇顽强,战绩突出,荣立一等功
谢祖国	男	1948.4	大悟县	大悟县	一等功	1970	在国防施工中发扬一不怕苦,二不怕死的革命精神,表现突出,荣立一等功
屠孝生	男	1933.4	孝昌县	孝昌县	一等功	1958	在修建国防工程中表现特别突出
徐 立	男	1991.5	孝昌县	孝昌县	一等功	2012	在云南昭通参加“9·7”抗震救灾荣立一等功
高占春	男	1931.2	高新区	高新区	一等功	1949	在天津战役中功绩突出,记一等功

续表 1

姓名	性别	出生年月	户籍地	接收地	受奖名称	受奖时间	受奖原因或简要事迹
刘　涛	男	1988.3	孝南区	孝南区	二等功	2020	2020 年,在飞行训练中功绩突出
翟启碧	男	1983.10	孝南区	孝南区	二等功	2008	2008 年 5 月 14 日至 22 日,参加执行汶川地震救灾,搜索北川小学震区有无生命迹象并找出遇难人员的遗体。同年,参与奥运会安保,表现特别突出
魏　康	男	1994.12	孝南区	孝南区	二等功	2015	2015 年,执行"629－17"国防工程施工任务,在山体滑坡险情面前果断处置,成功规避人员和装备重大事故
郑新华	男	1968.10	孝南区	孝南区	二等功	1989	1988 年,编写宣传新闻报道 100 余篇,工作成绩突出
张士亮	男	1934.8	孝南区	孝南区	二等功	1959	1959 年,在山东施工中,工作突出
曾木新	男	1956.10	孝南区	孝南区	二等功	1979	参加对越自卫反击战,表现特别突出
黄玉阶	男	1941.2	孝南区	孝南区	二等功	1959	1959 年,在辽宁盖县国防施工中表现特别突出
魏友清	男	1972.5	孝南区	孝南区	二等功	1993	1993 年,在山东潍坊参加部队组织的专业技能比武获奖,平时表现突出
董文标	男	1981.3	孝南区	孝南区	二等功	2007	2007 年,在广东惠州公交车上见义勇为以一敌四,勇擒小偷,表现特别突出
吴跃华	男	1950.8	孝南区	孝南区	二等功	1971	1971 年,在执行任务中,营救战友 4 人
陈伯逸	男	1937	孝南区	孝南区	二等功	1984	安全飞行 3000 小时
冯　伟	男	1933.6	孝南区	孝南区	二等功	1954	1953 年,参加抗美援朝金城阻击战,在作战中表现特别突出
王彩训	男	1955.1	孝南区	孝南区	二等功	1992	1992 年,在比武竞赛中获得 3 项第一
张新民	男	1957.7	孝南区	孝南区	二等功	1979	参加对越自卫反击战,表现特别突出
钱玉国	男	1965.6	孝南区	孝南区	二等功	1996	担任连队主官期间敬业奉献意识强,工作成绩突出
周汝汉	男	1937.11	孝南区	孝南区	二等功	1986	安全飞行 3000 小时
姚红宝	男	1971.5	孝南区	孝南区	二等功	1998	1998 年,在汉川抗洪抢险中不顾自身安危多次冲入废墟抢救人员和财产,表现特别突出
沈远东	男	1971.6	孝南区	孝南区	二等功	2003	2003 年,在重大飞行保障任务重中,表现特别突出
胡宇海	男	1957.10	孝南区	孝南区	二等功	1994	1994 年,在军工厂因技术攻坚成绩突出
张继东	男	1957.12	孝南区	孝南区	二等功	1979	参加对越自卫反击战,任排雷班副班长,英勇阻击,不怕牺牲,保护了弹药车的安全

续表 2

姓名	性别	出生年月	户籍地	接收地	受奖名称	受奖时间	受奖原因或简要事迹
郑　湖	男	1970.5	孝南区	孝南区	二等功	2006	在重大飞行保障任务中表现特别突出
徐五毛	男	1957.9	孝南区	孝南区	二等功	1979	参加对越自卫反击战,任班长,作战英勇顽强,表现特别优异
张圣明	男	1970.9	孝南区	孝南区	二等功	1989	1989 年,在执行北京戒严任务中,完成通信任务表现特别突出
汤光禄	男	1965.10	孝南区	孝南区	二等功	1990	1990 年 1 月,参加济南军区学习雷锋标兵演讲比赛获得一等奖。1989 年,在中国国家广播出版社出版著作《常用英语词义的由来》
袁欣和	男	1943.1	孝南区	孝南区	二等功	1998	参加航空飞行任务 3000 小时无事故
孙增华	男	1940.9	孝南区	孝南区	二等功	1986	参加航空飞行任务 3000 小时无事故
刘道远	男	1963.12	孝南区	孝南区	二等功	1991	工作成绩突出被评为基层优秀连长
刘冰华	男	1973.3	孝南区	孝南区	二等功	1991	1991 年 12 月,在邯郸市国棉三厂救火中表现特别突出
黄四海	男	1974.11	孝南区	孝南区	二等功	1994	1994 年参加 41 集团军军事射击比赛,表现特别突出
潘冬林	男	1956.8	孝南区	孝南区	二等功	1979	参加对越自卫反击战,表现特别突出
黄新云	男	1957.3	孝南区	孝南区	二等功	1979	参加对越自卫反击战,表现特别突出
张　勇	男	1974.1	孝南区	孝南区	二等功	1998	1998 年,参加抗洪斗争,表现特别突出
李新华	男	1951.11	孝南区	孝南区	二等功	1971	1970 年,在部队五七国防施工中,为了抢救 15 名战士的生命,奋不顾身,身体致残。多次受到连营嘉奖
余银洲	男	1952.6	孝南区	孝南区	二等功	1975	1975 年 8 月 5 日,泌阳县板桥公社遭严重水灾,身为班长,带领三名战士,奋勇跳进洪水中,先后两次救出 15 名群众
沈炼刚	男	1981.11	孝南区	孝南区	二等功	2016	参与迎外军事表演千余场次,被北京戍区评为首届“十大忠诚卫士”
罗祝华	男	1972.10	孝南区	孝南区	二等功	1998	在 1998 年抗洪抢险救灾中表现特别突出
韩　方	男	1976.9	孝南区	孝南区	二等功	1996	在 1996 年度全旅组织的汽车兵比武大赛中,表现特别突出取得比赛第一名
闻　睿	男	1975.8	孝南区	孝南区	二等功	2008	在长期保障飞行安全工作中表现特别突出
邓腊田	男	1955.1	孝南区	孝南区	二等功	1985	参加中越边境战争老山战役,表现特别突出
沈远界	男	1940.11	孝南区	孝南区	二等功	1960	工作表现特别突出

续表 3

姓名	性别	出生年月	户籍地	接收地	受奖名称	受奖时间	受奖原因或简要事迹
王志太	男	1956.10	孝南区	孝南区	二等功	1992	在日常军事训练中表现特别突出
程保发	男	1968.4	孝南区	孝南区	二等功	1986	1986 年,在河北怀来县酒厂扑灭火灾,表现特别突出
孙咏堂	男	1957.12	孝南区	孝南区	二等功	1979	参加对越自卫反击战,作战英勇
徐胜华	男	1960.4	孝南区	孝南区	二等功	1984	参加中越边境战争,作战英勇
杨玉广	男	1973.4	孝南区	孝南区	二等功	2003	2003 年,被中国人民解放军总参谋部评为全军红旗手驾驶员
胡安全	男	1964.4	孝南区	孝南区	二等功	1998	1998 年,参加湖北抗洪救灾,表现特别突出
张安林	男	1962.7	孝南区	孝南区	二等功	1989	在执行北京戒严期间表现特别突出
王怡安	男	1957.9	孝南区	孝南区	二等功	1979	参加中越边境战争奇兵袭孤山战斗,担任尖兵,完成任务出色
黄胜波	男	1980.12	孝南区	孝南区	二等功	2004	2004 年 4 月,参加军区在河北宣化部队信息化建设集训保障任务,表现特别突出
王新虎	男	1976.6	孝南区	孝南区	二等功	1997	多次参加各项急、难、险、重任务,出色完成任务,在"西—兰—括"光缆施工中表现特别突出
张光阳	男	1974.5	孝南区	孝南区	二等功	2008	多次参加重大任务,圆满完成2008年军事技术保障专业比武 4 个专业的训练与管理工作,军事比武成绩优异,先后多次被评为优秀士兵、优秀学员、优秀共产党员,一次被评为优秀机关干部
张文华	男	1982.9	孝南区	孝南区	二等功	2007	2007 年 7 月,在广州军区士官比武竞赛中取得司务长专业第四名的好成绩,被表彰为军区士官标兵,先后被评为优秀士兵、优秀学员并多次受嘉奖
黄　凡	男	1986.1	孝南区	孝南区	二等功	2009	2009 年,在新疆反恐维稳任务中表现特别出色。
张向东	男	1969.7	汉川市	汉川市	二等功	1990	在执行北京戒严任务中,功绩突出,老山防御作战表现突出
张火清	男	1966.12	汉川市	汉川市	二等功	1987	在 1987 年扑灭大兴安岭地区特大森林火灾斗争中表现特别突出
杨爱武	男	1972.7	汉川市	汉川市	二等功	1990	在参加亚运会体操训练 300 多天时间里,在中越边境战争中,圆满地完成了训练任务
熊当归	男	1963.11	汉川市	汉川市	二等功	1986	参加中越边境战争"405"高地出击拔点作战,带领后勤战线人员与敌浴血奋战,身迎敌人炮火冲上高地主峰运送弹药给养,在往返途中抢下两名伤员,出色地完成战斗任务
李著明	男	1963.1	汉川市	汉川市	二等功	1985	参加中越边境战争老山、者阴山战役,出色完成各项任务,为前线防御战斗作出较大贡献
罗国旗	男	1970.8	汉川市	汉川市	二等功	1990	出色地完成上级交给的教练、运输、执勤等各项工作任务,为汽训队建设做出突出贡献,被评为"优秀班长"
龚继才	男	1948.12	汉川市	汉川市	二等功	1984	工作表现特别突出

续表 4

姓名	性别	出生年月	户籍地	接收地	受奖名称	受奖时间	受奖原因或简要事迹
胡建刚	男	1971.10	汉川市	汉川市	二等功		驻地发生百年未遇的洪涝灾害后,在患病尚未恢复的情况下,勇敢地奔赴抗洪抢险第一线,连续五天五夜战斗在一线,冒着生命危险救出五名落水灾民,为保护人民群众的生命与财产做出了贡献
丁国雄	男	1967.10	汉川市	汉川市	二等功	1989	在赴京执行戒严任务中,功绩突出
黄同山	男	1954.5	汉川市	汉川市	二等功	1979	参加对越自卫反击战表现特别突出
刘开怀	男	1964.7	汉川市	汉川市	二等功	1994	连续留队超期服役,表现特别突出
姚亚博	男	1990.8	汉川市	汉川市	二等功	2009	出色完成阅兵保障任务,表现特别突出
程体华	男	1956.2	汉川市	汉川市	二等功	1996	工作表现特别突出
胡国红	男	1969.5	汉川市	汉川市	二等功	1989	完成任务出色,成绩突出
熊承新	男	1964.11	汉川市	汉川市	二等功	1993	1993 年 12 月 30 日,在湖北省汉川县汉江渡口,奋不顾身抢救遇险群众
范国雄	男	1968.11	汉川市	汉川市	二等功	1989	工作表现特别突出
高书红	男	1968.10	汉川市	汉川市	二等功	1988	参加中越边境战争老山战役,一直坚守在最前沿阵地,在坚守阵地 172 天里,击退敌人偷袭、骚扰、渗透共五十余次,抗住越军 5000 余发炮弹的轰击,圆满完成上级交给的任务
陈　沫	男	1969.3	汉川市	汉川市	二等功	1992	工作成绩突出
杨祖宏	男	1967.5	汉川市	汉川市	二等功	1991	参加中越边境战争、执行北京戒严等重大任务,表现特别突出
李洪树	男	1953.8	汉川市	汉川市	二等功	1985	工作表现特别突出
刘志平	男	1969.3	武汉市	汉川市	二等功	1988	工作表现特别突出
张柏勋	男	1955.7	汉川市	汉川市	二等功	1979	参加对越自卫反击战,表现勇敢,出色完成各项任务
邓世雄	男	1963.9	汉川市	汉川市	二等功		参加中越边境战争老山战役表现特别突出
林关顺	男	1974.2	汉川市	汉川市	二等功	1992	工作成绩突出
叶自斌	男	1943.4	汉川市	汉川市	二等功	1979	参加对越自卫反击战,表现英勇顽强,不怕牺牲,冒着枪林弹雨抢救战友
刘济华	男	1960.6	汉川市	汉川市	二等功	1986	参加中越边境战争,多次冒着敌人的炮火抢救伤员
黎　星	男	1968.9	汉川市	汉川市	二等功		工作表现特别突出

续表 5

姓名	性别	出生年月	户籍地	接收地	受奖名称	受奖时间	受奖原因或简要事迹
肖　飞	男	1962.2	应城市	应城市	二等功	1985	在对越自卫反击战中抓获战俘 1 人
魏牧草	男	1962.8	应城市	应城市	二等功	1984	在对越自卫反击战中作战勇敢表现突出
周继平	男	1967.7	应城市	应城市	二等功	1991	全军装备大检查比武获第一名
程新权	男	1968.9	应城市	应城市	二等功	1989	参加核爆三号行动,作战勇敢表现突出
雷继中	男	1962.11	应城市	应城市	二等功	1985	在“两山”侦察作战中,作战勇敢表现突出
周木华	男	1956.9	应城市	应城市	二等功	1998	在 1998 年吉林抗洪抢险中贡献突出
余志明	男	1972.2	应城市	应城市	二等功	1993	军事比武获得全军第一名
季　涛	男	1978.10	应城市	应城市	二等功	1998	在 1998 年吉林抗洪抢险中贡献突出
胡应杰	男	1969.3	应城市	应城市	二等功	2004	不怕牺牲圆满完成任务
余先坤	男	1972.9	应城市	应城市	二等功	2003	工作成绩突出
郑建民	男	1977.5	应城市	应城市	二等功	1996	在抗洪抢险中表现特别突出
陈水清	男	1940.6	应城市	应城市	二等功	1959	在山东军事演习任务中表现突出
曹金梅	男	1959.9	应城市	应城市	二等功	1979	在对越自卫反击战中表现突出
杨絮芹	男	1965.3	应城市	应城市	二等功	1979	在“两山”防守战中表现突出
柳勇斌	男	1985.10	应城市	应城市	二等功	2006	在军区练兵比武中获得多项第一
袁俊林	男	1959.11	应城市	应城市	二等功	1979	参加对越自卫反击战,英勇杀敌
卢志涛	男	1966.3	应城市	应城市	二等功	1990	工作表现特别突出
陈传发	男	1959.12	应城市	应城市	二等功	1982	保护军用被服,与盗窃分子殊死搏斗
周志宏	男	1973.2	应城市	应城市	二等功	1992	全军综合性军事大赛成绩突出
肖海波	男	1976.11	应城市	应城市	二等功	1996	1995 年 9 月,抓捕越狱冲监逃犯 2 名

续表 6

姓名	性别	出生年月	户籍地	接收地	受奖名称	受奖时间	受奖原因或简要事迹
杨雄英	男	1969.1	应城市	应城市	二等功	1993	在边界勘测工作中表现突出
饶帮林	男	1959.11	应城市	应城市	二等功	1979	参加越自卫反击战，表现突出
徐旭军	男	1971.5	应城市	应城市	二等功	1995	北京军区后勤部仓库检查评比被评为红旗仓库
朱　刚	男	1977.3	应城市	应城市	二等功	1997	军区大比武中成绩突出
周先明	男	1966.3	应城市	应城市	二等功	1989	参加中越边境战争，屡立战功
曹杏平	男	1971.7	应城市	应城市	二等功	1991	参加全军射击大比武获得第二名
余爱明	男	1979.1	应城市	应城市	二等功	2001	参加大比武成绩突出
何忠平	男	1962.11	应城市	应城市	二等功	1987	参加全师练兵比武多项取得全师第一
李桂林	男	1953.7	云梦县	云梦县	二等功	1979	参加对越自卫反击战，担任师前指通信联络，独立连续电台值班九昼夜，收发电及时全份无差错，准确传达首长指示，圆满完成上级交给的任务
盛　明	男	1963.9	云梦县	云梦县	二等功	1985	参加中越边境战争，带领全班多次出色完成战斗任务。特别是在遭遇战中，带领全班先敌开火，取得了战斗的主动权
程德林	男	1958.1	云梦县	云梦县	二等功	1987	参加中越边境战争，起模范带头作用，成绩显著
方金生	男	1959.6	云梦县	云梦县	二等功	1979	参加对越自卫反击战，在配合四连攻打12号高地的战斗中，充分发挥了重火器的威力，支援了步兵尖刀分队的战斗，保障了战斗全胜
刘水生	男	1958.11	云梦县	云梦县	二等功	1979	参加对越自卫反击战，为了掩护步兵冲击，冒着敌人的机枪扫射，摧毁了敌据点，为步兵打开了通路，出色地完成了战斗任务
陈传明	男	1972.7	云梦县	云梦县	二等功	2016	工作成绩突出
孙伍和	男	1968.9	云梦县	云梦县	二等功	1990	在执行北京戒严任务中，在头部受伤、人员车辆安全受到严重威胁的情况下，临危不惧，保护了人、车安全，圆满完成任务
张三来	男	1969.8	云梦县	云梦县	二等功	1990	在执行北京戒严任务中，担任集团军作训处摄像员，工作细致，拍摄了许多珍贵的资料，并冒着被暴徒围攻殴打的危险，机智勇敢地寻找失散官兵，受到了集团军首长和机关的高度评价
李兴德	男	1968.1	云梦县	云梦县	二等功	1991	1991年7月12日，阳高县境内黑水河河堤两处出现重大险情。积极主动带领全班抢修堤坝，排除险情，带班巡逻护坝6昼夜，保住了堤坝安全
周小波	男	1972.11	云梦县	云梦县	二等功	1993	在军事训练大比武中取得了共同科目个人第二名的好成绩
万汉林	男	1972.11	云梦县	云梦县	二等功	1991	多次参加上级组织的比武和考核，取得了优异成绩
张国民	男	1973.1	云梦县	云梦县	二等功	1996	坚持以雷锋为榜样，在平凡的岗位上干出了不平凡的业绩，三次受嘉奖，两次被评为优秀士兵、优秀党员和学雷锋先进个人

续表 7

姓名	性别	出生年月	户籍地	接收地	受奖名称	受奖时间	受奖原因或简要事迹
帅春锋	男	1976.1	云梦县	云梦县	二等功	1996	积极配合公安干警查获一起武装贩毒案件,缴获海洛因17433克,毒资人民币4190元,法制手枪一支,子弹9发
陈红亮	男	1975.4	云梦县	云梦县	二等功	1998	参加集团军通信尖子集训和军区组织的"通信新装备新技术"竞赛,取得了较好的训练成果,夺取了竞赛团体总分第一名,无线电话务专业,专项通话第一名
李三平	男	1968.5	云梦县	云梦县	二等功	1989	工作表现特别突出
尹华明	男	1970.2	云梦县	云梦县	二等功	1992	在国防施工中,个人模范带头作用好,不怕艰难困苦,不怕流血牺牲,是连队有名的"铁人",带领全班完成任务突出
刘小平	男	1972.4	云梦县	云梦县	二等功	1993	在集团军组织的后勤军事大比武中,夺得了集团军汽车驾驶第一名的好成绩
张小华	男	1963.9	云梦县	云梦县	二等功	1988	在1988年全师军械仪器检修中,圆满完成总后军械部下达的军械装备普查任务,在上级业务部门验收中受到好评
金 锋	男	1980.12	安陆市	安陆市	二等功	2000	2000年,在广州军区科技练兵大比武中发挥个人军事技能,为部队争取了荣誉
张成绍	男	1954.9	安陆市	安陆市	二等功	1980	工作成绩显著
张意昌	男	1971.9	安陆市	安陆市	二等功	1997	连续三年带出三个先进集体;连续三年被评为优秀士兵、红旗驾驶员,连续三年带出了四名驾驶员;培养了三名班副,一名班长,为部队的建设做出了贡献
周子文	男	1963.4	安陆市	安陆市	二等功	1985	在工程施工中,不怕苦不怕累,经常带病坚持作业
严茂华	男	1968.6	安陆市	安陆市	二等功	1992	政治立场坚定,工作任劳任怨
邓以舟	男	1960.2	安陆市	安陆市	二等功	1984	刻苦学习,大搞科学种菜,为连队发展作出突出贡献
巫 威	男	1987.11	安陆市	安陆市	二等功	2008	在汶川地震抗震救灾中,表现特别突出
仰 晶	男	1982.3	安陆市	安陆市	二等功	2011	2011年5月,在信息办工作期间,屡次攻克技术难题,工作特别突出
姚 立	男	1984.7	安陆市	孝感市	二等功	2012	在政治工作中作出重要贡献
朱朝武	男	1955.10	安陆市	安陆市	二等功	1976	在唐山抗震救灾中多次冲入废墟抢救人员和财产,表现特别突出
周三华	男	1971.10	安陆市	安陆市	二等功	1991	1991年,在集团军组织的汽车修理大比武中取得第一
金良友	男	1968.11	安陆市	安陆市	二等功	1992	1992年,在当炊事班长期间把后勤保障工作做得有声有色,在集团军和旅组织的后勤尖子比武中两次获得第一名
陈高群	男	1968.2	安陆市	安陆市	二等功	1994	1994年,勇救跌入水井的孩童,浸泡在水中托举孩童近30分钟
张云平	男	1965.2	安陆市	安陆市	二等功	1997	瞄准未来军事斗争的新情况、新课题,深入学习、大胆研究军事高科技知识,为推动部队建设作出突出贡献
熊爱民	男	1972.5	安陆市	安陆市	二等功	1992	在1992年师党史知识竞赛中成绩突出

续表 8

姓名	性别	出生年月	户籍地	接收地	受奖名称	受奖时间	受奖原因或简要事迹
杨金泉	男	1939.2	安陆市	安陆市	二等功	1959	在正规化现代化建设中多次建言献策被上级认可
殷道志	男	1940.6	安陆市	安陆市	二等功	1965	在越南安沛地区防空作战中表现英勇
费祖禄	男	1971.9	安陆市	安陆市	二等功	1993	1993 年 3 月，在执行抓捕杀人犯任务中，将持械歹徒制服，表现英勇，贡献突出
刘显德	男	1973.2	安陆市	安陆市	二等功	1994	1994 年，在军分区组织的摩托车穿越障碍比武中勇夺第一名
姚旭东	男	1971.10	安陆市	安陆市	二等功	1993	在“强国利剑”演习中，表现优异
梁永章	男	1972.5	安陆市	安陆市	二等功	1992	1992 年，在军区打字比赛比武中获得小组第二、个人第一、决赛总积分第一名，表现特别突出
殷　勇	男	1971.1	安陆市	安陆市	二等功	1996	1996 年，从军校毕业去部队报到途中，乘坐的公交车不慎侧翻坠入河中，车上共有老人妇女儿童等 17 人。生死一线之际，殷勇临危不惧，奋力砸开玻璃，不顾天气寒冷多次往返车中，将被困老人、孩童依次救出，保护了群众的生命和财产安全
吴林桥	男	1980.4	安陆市	安陆市	二等功	2005	2005 年 6 月 18 日，在扑救随州市曾都区北郊七里塔香菇封料加工厂仓库火灾中，英勇负伤
余祥林	男	1956.7	安陆市	安陆市	二等功	1979	1979 年，在新疆修筑独库公路中，工作表现特别突出
叶　鹏	男	1989.5	安陆市	安陆市	二等功	2008	2008 年，在汶川特大地震抗震救灾中，表现特别突出
秦应科	男	1957.12	安陆市	安陆市	二等功	1979	1979 年，在对越自卫反击战中，保证了通信联络畅通无阻，表现突出
汪　行	男	1995.12	大悟县	大悟县	二等功	2018	在云南临沧市边防缉毒中查获毒品十余公斤，表现突出
杜家根	男	1961.4	大悟县	大悟县	二等功	1986	在对越自卫反击战中英勇顽强，战绩突出
李功权	男	1976.12	大悟县	大悟县	二等功	1989	参加中越边境战争老山地区防御作战，英勇顽强
颜泽军	男	1968.7	大悟县	大悟县	二等功	1991	1991 年 12 月，参加中越边境战争老山地区防御作战，表现突出
张春林	男	1961.6	大悟县	大悟县	二等功	1985	1985 年 5 月至 1986 年 6 月，参加中越边境战争老山地区防御作战中，表现突出
李欣海	男	1968.2	大悟县	大悟县	二等功	1991	参加中越边境战争对越防御作战，作战勇敢
李光学	男	1969.6	大悟县	大悟县	二等功	1990	在 1990 年军事大比武中，获得第三名
徐立平	男	1968.3	大悟县	大悟县	二等功	1991	在军区比武竞赛中，获得第一名
黎峰松	男	1970.8	大悟县	大悟县	二等功	1990	在 1990 年军事大比武中，获坦克专业第一名

续表 9

姓名	性别	出生年月	户籍地	接收地	受奖名称	受奖时间	受奖原因或简要事迹
宁贤金	男	1967.9	大悟县	大悟县	二等功	1989	执行北京戒严任务，表现突出
田贞和	男	1962.6	大悟县	大悟县	二等功	1989	执行北京戒严任务，表现突出
张业广	男	1968.3	大悟县	大悟县	二等功	1992	在集团军组织的军事比武中，夺得无线电专业第二名
黄峰峰	男	1969.12	大悟县	大悟县	二等功	1990	在集团军后勤专业比武中，获得综合第二名
雷　蕾	女	1971.8	大悟县	大悟县	二等功	1991	在部队组织的话务员业务比赛中，获得第一名
王　发	男	1971.4	大悟县	大悟县	二等功	1992	1992 年，参加 12 次军事考核，综合成绩第二名
陈财元	男	1972.8	大悟县	大悟县	二等功	1990	在出车执行任务途中，挺身而出抢救交通事故中受伤的群众
徐　敏	男	1981.10	大悟县	大悟县	二等功	2002	2002 年，军队车库着火，抢救军用物资表现特别突出
李大伟	男	1969.9	大悟县	大悟县	二等功	1990	在参加军区比武竞赛中，表现特别突出
殷仁权	男	1972.5	大悟县	大悟县	二等功	1993	在执行“十四大”北京安保工作期间，发现可疑人员持有烈性炸药，及时制止，表现特别突出
徐　彬	男	1977.2	大悟县	大悟县	二等功	1998	在 1998 年哈尔滨抗洪抢险中，表现特别突出
颜新明	男	1970.2	大悟县	大悟县	二等功	1992	在 1992 年辽宁省抗洪抢险中，表现特别突出
张业典	男	1968.9	大悟县	大悟县	二等功	1989	参加中越边境战争老山地区防御作战，表现特别突出
张国喜	男	1968.7	大悟县	大悟县	二等功	1987	在 1987 年武汉长江游轮爆炸抢险中，表现特别突出
朱明宏	男	1968.10	大悟县	大悟县	二等功	1992	在集团军组织的比武中，获得第一名
高贵宝	男	1981.8	大悟县	大悟县	二等功	2006	在参加军区比武中，成绩优异
彭　磊	男	1984.5	大悟县	大悟县	二等功	2011	工作表现特别突出
王利群	男	1986.6	大悟县	大悟县	二等功	2011	2011 年，参加第二炮兵组织的“1123”演训任务，表现特别突出
张友德	男	1979.12	大悟县	大悟县	二等功	1998	1998 年 8 月，参加陇海铁路泥石流抗洪抢险救灾，为铁路建设做出了重大贡献，挽回了 3 人生命
潘　伟	男	1995.9	大悟县	大悟县	二等功	2018	2018 年 1 月，在执行边防缉毒任务中，查获毒品净重 19.356 公斤

续表 10

姓名	性别	出生年月	户籍地	接收地	受奖名称	受奖时间	受奖原因或简要事迹
胡延国	男	1958.5	大悟县	大悟县	二等功	1979	参加对越自卫反击战,不怕牺牲,勇敢顽强,表现优秀
胡乐新		1965.3	大悟县	大悟县	二等功	1986	元宵节在家休假期间,抢救被鞭炮炸伤的儿童
颜新明		1970.2	大悟县	大悟县	二等功	1992	参加 1992 年辽河油田抗洪抢险任务,表现突出
汪　洋		1983.5	大悟县	大悟县	二等功	2007	在新疆军区组织的比武竞赛中获得第一名
刘从勋	男	1932.3	孝昌县	孝昌县	二等功	1954	参加抗美援朝战争,表现英勇
刘建锋	男	1956.10	孝昌县	孝昌县	二等功	1979	参加对越自卫反击战冲锋在前,排长受伤后,主动带领全排战士出色地完成了战斗任务
邱春平	男	1978.1	孝昌县	孝昌县	二等功	2009	在 2009 年新疆“七五”事件中,新闻报道工作成绩突出,完成执勤任务出色
李华林	男	1977.10	孝昌县	孝昌县	二等功	2000	带兵优秀,在抗洪救灾中表现出色
董水平	男	1963.8	孝昌县	孝昌县	二等功	1984	工作成绩突出
娄吉安	男	1954.12	孝昌县	孝昌县	二等功	1979	始终以雷锋为榜样,被评为雷锋式干部光荣称号
赵　瑶	男	1988.4	孝昌县	孝昌县	二等功	2008	2008 年,在汶川特大地震抗震救灾中,有重要贡献
何忠平	男	1962.11	应城市	孝昌县	二等功	1987	参加华北军事大演习和大阅兵、全师军械员大比武,成绩优异。曾帮助一高考落榜自杀未遂青年自学成才成为一名乡镇干部,该事迹登报后引起了强烈反响;曾参与破获系列盗窃团伙案件,挽回巨额经济损失
蔡保川	男	1976.5	孝昌县	孝昌县	二等功	2004	工作成绩突出
朱光军	男	1966.1	孝昌县	孝昌县	二等功	1997	工作成绩突出
丁福成	男	1956.10	孝昌县	孝昌县	二等功	1979	参加对越自卫反击战,表现突出
陈发清	男	1959.1	孝昌县	孝昌县	二等功	1979	参加对越自卫反击战,表现突出
杨　方	男	1972.9	孝昌县	孝昌县	二等功	1993	在部队微机比武中,表现突出
魏新潮	男	1974.1	孝昌县	孝昌县	二等功	1993	保障“北国利剑”军事演习工作,组织指挥全班战士方法得当

续表 11

姓名	性别	出生年月	户籍地	接收地	受奖名称	受奖时间	受奖原因或简要事迹
晏华桥	男	1968.7	孝昌县	孝昌县	二等功	1990	服役期间表现优秀
熊汉昭	男	1972.9	孝昌县	孝昌县	二等功	1993	服役期间表现优秀
张桂明	男	1959.1	孝昌县	孝昌县	二等功	1984	参加对越自卫反击战,表现突出
柳晓肆	男	1979.7	孝昌县	孝昌县	二等功	1997	1995 年至 1997 年工作期间，先后保障了几次大型军事会议和演习,工作成绩突出
左恒赢	男	1993.7	孝昌县	孝昌县	二等功	2013	工作表现特别突出
陈红兵	男	1967.7	高新区	高新区	二等功	1979	参加对越自卫反击战

（市退役军人事务局 供稿）

先进模范人物

全国五一劳动奖章获得者

杨　晶　维达护理用品(中国)有限公司

全国特级优秀人民警察

管庆凌　孝感市公安局巡特警支队安检排爆大队副大队长

全国优秀人民警察

蒋红艳　孝感市公安局交警支队直属一大队副大队长兼女子中队中队长

樊艳芳　应城市公安局刑侦大队技术中队副中队长、警务技术三级主管

第十三届全国五好家庭

范小俊　五好家庭

熊　熠　五好家庭

2022年全国最美家庭

刘持明　最美家庭

杨先国　最美家庭

2022年第二季度"中国好人榜"

夏　凡　国网孝感供电公司团委书记

全国绿化先进工作者

刘华清　孝南区自然资源和规划局党组成员、副局长

2021年全国文化科技卫生"三下乡"活动服务标兵

王记安　孝感市农科院高级农艺师

中国红十字会"会员之星"

王　伟　湖北航天高级中学教师

全国青少年普法教育先进个人

陈光德　安陆市关工委副主任

叶梅青　孝南区人民法院关工委副主任

褚腊香　应城市人民法院关工委常务副主任

被省委、省政府记一等功

李金峰　汉川市人民政府机关党组成员、政府办公室副主任

罗志光　汉川市新堰镇党委书记员

姜长海　安陆市发展和改革局党组成员、副局长兼能源办公室主任

被省委、省政府授予第四届湖北省"人民满意的公务员"称号

陈　猛　孝感市住房和城乡建设局城市建设科科长

操双新　应城市水利和湖泊局河道湖泊股(河湖长制工作股)股长

龙琴兰　孝昌县人力资源和社会保　障局三级主任科员

邹少锋　孝昌县花园镇社会事务办公室主任兼乡村振兴办公室主任

2022年湖北省"青年拔尖人才培养计划"入选人员

程　琪　湖北"七仙红"林果农民专业合作社联合社理事长

荆楚楷模

仰媛媛　安棉公司工人

湖北五一劳动奖章获得者

李华斌　湖北福星新材料科技有限公司车间主任

廖艳红　安陆市金威保安服务有限公司办公室主任

游书升　湖北中都集团有限公司董事长

湖北青年五四奖章获得者

刘　阳　汉川市青年志愿者协会副会长
唐根根　孝昌县根根种养殖专业合作社负责人

湖北省三八红旗手标兵

刘建波　航天三江万峰公司电装车间表贴组组长

湖北省三八红旗手

李从秀　安陆市水利局幸福水库管理处职工
魏　琼　湖北祥源新材科技股份有限公司总经理
栾小彩　云梦县公安局行政审批科科长
吴红波　大悟县妇联副主席
黄　静　孝感市直属机关幼儿园教师
毛　绘　应城市人民检察院第一检察部主任
鲁若曦　湖北职业技术学院讲师

2019-2021年湖北省女职工建功立业先进个人

游　盼　安陆市第一高级中学副校长
周　浩　湖北省朗诵艺术家协会孝感工作部主任

2022年“湖北向上向善好青年”

张文旭　湖北工程学院文学与新闻传播学院教师
程　琪　湖北七仙红林果农民专业合作社联合社理事长
朱　君　湖北三江航天红阳机电有限公司复材技术分中心副主任
姜　芹　安陆市陈店乡人民政府乡村振兴办主任
王　宗　国网孝感供电公司项目管理中心挂职主任助理

全省社区建设先进工作者

杨　俊　孝南区民政局基层政权建设和社区治理股负责人
舒幼春　云梦县清明河乡民政办公室主任
万树文　应城市民政局基层政权和区划地名股负责人
万家付　安陆市府城街道肖台社区党委书记、居委会主任
王以果　安陆市烟店镇烟店村党支部书记、村委会主任
林　超　汉川市民政局城乡社区治理股股长
龙　敏　孝感高新区孝天办事处中兴社区专职工作人员

附录

附 录

市县领导成员

（以 2022 年 12 月 31 日在职为准）

中共孝感市委
及其工作部门领导成员

中共孝感市委员会

书　记　吴海涛

副书记　胡玖明　隋春龙

常　委　吴海涛　胡玖明　隋春龙　江　浩　杭　莺（女）　余德芳　程　涛　刘红兵　吴　琼　刘　敏（女）　贺卫东

市委秘书长、副秘书长

秘书长　余德芳

副秘书长　龚　勋　周开岑　熊道勋　朱　斌

市委办公室

副主任　乔从友　王　菡　陆国雄　盛文昌

市委保密委员会

专职副主任　熊道勋

市委组织部

部　长　杭　莺

副部长　文益博　肖　扬　方向伟　李安明

部务委员　周冠城

市委宣传部

部　长　吴　琼

副部长　傅晓波　胡光辉　董想明　彭爱平

网信办副主任　余志斌

市社会科学界联合会

主　席　傅晓波

副主席　张　莉

市委统一战线工作部

部　长　贺卫东

副部长　盛　夏　刘世琴　卢红霞　易　萍　刘志生

市民族宗教事务委员会

主　任　卢红霞

副主任　葛本彪

市委政法委

书　记　隋春龙

副书记　罗剑锋　汪兴田　郑伯云　汪望勋　万鸿青

政法委委员、政治部主任　杨泽堂

市委政策研究室

主　任　刘金安

副主任　唐　菲　贺小东

市委外事工作委员会办公室

主　任　张　骅

副主任　戴晓清　徐亚洲

市委机构编制委员会办公室

主　任　胡　杨

副主任　刘敬章　王志田　吕芬芳

市委直属机关工作委员会

书　记　李显忠

副书记　向济强　彭艳霞

市信访局

局　长　周开岑

副局长　林　琳　彭用军

市委机要和保密局

局　长　王毅斌

副局长　夏伟明　乔敬奎　徐　波

总工程师　何　斌

市委老干部工作局

局　长　肖　扬

副局长　王　红

离退休干部工作委员会专职副书记　严中明

市委党校（市行政学院、市社会主义学院）

市委党校第一校长　吴海涛

市委党校校长、市行政学院院长　杭　莺

市社会主义学院院长　贺卫东

党委书记、常务副校（院）长　杨介文

副校（院）长　曹　勤　高晓胜　鲁以雄

孝感日报社
社　长　湛卫锋
总编辑　胡　剑
副总编辑　刘雪原　张德平
副社长　彭刚红

市史志研究中心
主　任　郭保东
副主任　胡雪城
总编辑　胡翔华

市档案馆
馆　长　徐　军
副馆长　张心泉

孝感广播电视台
台　长　徐高峰
总编辑　鲁汉平
副台长　钟长革　鲁红平
副总编辑　冷海涛
总工程师　周泽波

市委网信办
副主任　余志斌

市门户网站管理中心
主　任　严　琼

孝感市人大常委会及其工作机构领导成员

孝感市人大常委会
主　任　邓道伟
副主任　张志敏　杨军安　叶　华　李晚霞(女)　李先乔　邹建宏

市人大常委会秘书长、副秘书长
秘书长　胡明刚
副秘书长　李高林　胡燕侠　黄文辉　刘　伟

市人大常委会办公室
副主任　蒋　焱　熊大校

孝感市人民政府及其工作部门领导成员

孝感市人民政府
市　长　胡玖明
副市长　刘　敏(女)　程　涛　吴　婕(女)　郭　斌　帅　逊　石必成　黄建军

市人民政府秘书长、副秘书长
秘书长　董明炜
副秘书长　朱圣华　黄　炜　林成儒　乐卫国　李振文　艾继武　蒋　伟

市人民政府办公室
副主任　张　琳　吴正悝　鲁　俊

市发展和改革委员会
主　任　翁　晔

市发展和改革委员会党组书记、二级巡视员
副主任　万火清　王耀芳　吴廷武　聂　丹
总经济师　涂江波

市教育局
党组书记　张忠胜
局　长　管志刚
副局长　王建军　殷世德　丁　萌　伍红斌

市科学技术局
局　长　杨炎峰
副局长　熊村清　李家舜　傅思源　鲁晓丽

市经济和信息化局
局　长　刘自海
副局长　叶剑刚　邱　鹏　陶武辉　李　卿
总经济师　杨　杰
总工程师　李　军

市公安局
局　长　郭　斌
副局长　童　巍　罗水华　赵海涛　张劲松　涂　磊
政治部主任　周爱萍

市民政局
局　长　邹巧琳
副局长　郑文革　张志耕　王　军　陈　露

市司法局
局　长　陈　显
副局长　张海宏　马安家　付军良　陈远杰
政治(警务)部主任　胡志春

市财政
局　长　程　军
副局长　罗培平　谭永茂　方良才　张胜杰　胡志高
总会计师　周　毅

市人力资源和社会保障局
局　长　谢东安
副局长　汪书清　张晓云　罗冬堂　田晓军
总会计师　杜　文

市自然资源和规划局
局　长　吴　鹏
副局长　罗志文　陈兴民　鲁　潘　胡　华　祝斌乔　廖　武
总工程师　吕　宏
总规划师　陈　强
专职副总督察　胡昌劼

市生态环境局
局　长　汪　飞
副局长　昌国平　鄢启明　艾　俊　余梦平
总工程师　周伊兰

市住房和城乡建设局
局　长　程培毅
副局长　杨迎春

纪检组长 黄凤高
副局长 黄红平 周 雄
周文波
总工程师 谢青云

市交通运输局
局 长 王广刚
副局长 朱光辉 左振中
王亚锋 毛宁波

市水利和湖泊局
局 长 袁长祥
副局长 张汉明 汪胜安
曾凤祺 曾令高
总工程师 许方盛

市农业农村局
局 长 林小冰
副局长 钟 喆 陈汉熙
杨厚爽 张建波
钟 犇 郭少明
总农艺师 乐华章
总经济师 潘立军

市商务局
局 长 余小丽
副局长 唐安琼 汪玉平
张方欣

市文化和旅游局
局 长 胡 飞
副局长 周 谦 谢军甫
喻修银 吴健涛
总规划师 沈凌云
总工程师 周 宏

市卫生健康委员会
党组书记 黄 骏
主 任 蔡凤珍
副主任 郭 洪 吕彦平
杨银生 郑佑保
蔡全民

市退役军人事务局
局 长 刘茂洲
副局长 胡春明 胡昌茂
万玉龙

市应急管理局
局 长 胡征国
副局长 主 力 张敬文
余海泉 张守权
政治部主任 艾红春
总工程师 夏水广

市审计局
局 长 金正谋
副局长 高红艳 王嘉清

市城市管理执法委员会
主 任 叶 雄
副主任 柯军平 官建军
廖振文
总工程师 罗中锋

市人民政府国有资产监督管理委员会
主 任 刘晓钊
副主任 童 蓉 隗 锋
总经济师 江学谦

市市场监督管理局
局 长 殷 实
副局长 彭兆军 周志文
王清平 付红武
张 燕

孝感市市场监管综合执法支队
支队长 李 庆
政 委 左春丽

市统计局
局 长 张 晓
副局长 胡启明 付文广
总统计师 聂新林

市医疗保障局
局 长 孙家明
副局长 梅郁芬 魏其义

市人民防空办公室
主 任 杨国元
副主任 陈晓军 常 青

市人民政府研究室
主 任 刘祖怡
副主任 章志海

市乡村振兴局
局 长 谈树亮
副局长 汪学军 蔡国平
何 煦

市地方金融工作局
局 长 邓 俭
副局长 肖波清

市政务服务和大数据管理局
局 长 刘代菊
副局长 李继才 李建红
梁 军
总工程师 杨家宏

市招商局(市委军民融合发展委员会办公室)
局 长(主任) 熊建平
副局长(副主任) 史江勇
王 筠 李亚清

市机关事务服务中心
主 任 韩照方
副主任 黄 琼 陈 波

孝感住房公积金中心
主 任
朱光洪
副主任 张 蕾 陆艾华

市农业科学院
党组书记 刘华林
副院长 刘红平

市农业技术推广中心
主 任 丁志强
副主任 钟 犇 郭少明
王文丰
总农艺师 汤向红

市公共检验检测中心
主 任 李继才
副主任 徐亚洲 王艳树

市供销合作社联合社
主 任 朱进军
副主任 韩文彬 梁红清

湖北澴川国有资本投资运营(集团)有限公司

总经理　陈　倩
副总经理　严书高
专职副书记　丁燕英
纪委书记　陈平学
副总经理　盛汉平　易锦文　蔡　君
总经济师　李　峻
财务总监　林　涛
总工程师　孙国荣

湖北政和基金投资管理有限公司

董事长、总经理　黄　炜
副总经理　刘方平　刘功新　郭　振

市人民政府驻北京联络处

副主任　文　俊　陆学胜　张家旺

市人民政府驻武汉办事处

主　任　贺子安
副主任　吴旺华　牛为民

政协孝感市委员会及其工作机构领导成员

政协孝感市委员会

政协主席　张汉平
副主席　谢新才　陈鸿杰　戴杰群　陈　实(女)　于　斌(女)　冯雨民　胡建国　邱显春

市政协秘书长、副秘书长

秘书长　包大斌
副秘书长　黄长辉　武斌洲　张丽萍　胡文涛

市政协办公室

主　任　包大斌
副主任　周孟浩

中共孝感市纪律检查委员会孝感市监察委员会领导成员

书　记　江　浩
副书记　黄　晶　郭振兴　饶章威
常　委　王　志　李万斌　周远鑫　滕亚斌　王奎三
监委委员　李慧芬　易卫斌

市委巡察工作领导小组办公室

主　任　王　志
副主任　胡咏英　江　华
市委巡察组

孝感市中级人民法院孝感市人民检察院领导成员

市中级人民法院

院　长　肖保国
副院长　王　洁　罗锦骏　许志耕　郭先文　李雪飞
政治部主任　吴克松
审判委员会专职委员　周新平　刘爱国

市人民检察院

检察长　匡茂华
副检察长　叶　蕾　周　伦　胡泽英
政治部主任　李汉文

孝感市民主党派领导成员

中国民主同盟孝感市委员会

主　委　李晚霞
专职副主委　熊秀红(副县级)

中国民主建国会孝感市委员会

主　委　蔡凤珍
专职副主委　戴琴荣

中国国民党革命委员会孝感市委员会

主　委　冯雨民
专职副主委　车宇慧

中国农工民主党孝感市委员会

主　委　戴杰群
专职副主委　张　兵

市总工会

主　席　贺卫东
常务副主席　田洪年
副主席　李朝霞　祝月华　魏　了

共青团孝感市委

书　记　陈　祥
副书记　叶　刚　陈志明

市妇女联合会

主　席　蔡桂红
副主席　韩彩玲　袁　晴

市文学艺术界联合会

主　席　王顺利
副主席　沈腊梅

市科学技术协会

主　席　陈　实
党组书记　周敦清
副主席　郑俊杰　吕　青

市工商业联合会(总商会)

主席(会长)　陈鸿杰
副主席(副会长)　刘世琴　屠　文　刘永红　王向东

市残疾人联合会

理事长　朱丽玲
副理事长　李　建　熊　娟

市归国华侨联合会

主　席　陈　娟
副主席　陈霜红

市红十字会

党组书记　胡新平
副会长　彭丹丹

孝感高新技术产业开发区、市临空经济区、市双峰山旅游度假区领导成员

孝感高新技术产业开发区

工委书记　贺卫东

管委会主任 舒 俊
纪工委书记 张文平
管委会副主任 王 飞 陈小平
李海蓉 黄 海
熊德龙

市临空经济区
工委书记 邱显春
管委会主任 马 跃
纪工委书记 段鹍鹏
管委会副主任 尚洪涛 张 华
连 莲 杨玫芳

市双峰山旅游度假区
工委书记、管委会主任 郑 杰
管委会副主任 吴兰君 彭新明
项 敏

部分中省垂直管理单位领导成员

湖北工程学院
党委书记、校长 潘慧明
党委副书记 陈 伟
副校长 覃彩芹 丁远坤
李 渺

人行孝感市中心支行
行 长 冯爱林
副行长 刘洪军 宋 翔
纪委书记 罗建新

孝感银保监分局
局 长 彭劲进
副局长 何汉雄
纪委书记 张 玉
副局长 肖卫平

中国农业银行股份有限公司孝感分行
行 长 （缺）
副行长 柴小华
纪委书记 赵 刚
副行长 罗 勇 郭 琴

中国建设银行股份有限公司孝感分行
行 长 王 兵
副行长 郑建明
副行长、工会主席 彭小红
纪检组长 朱世明
副行长 刘 坚

中国农业发展银行孝感分行
行 长 周治刚
副行长 吴春光 樊 宇
汪 沉

湖北孝感农村商业银行股份有限公司
董事长 李 诚
行 长 余 杰
纪委书记、监事长 李 嵘
副行长 王世彦 王平涛
张从涛 姚远定

孝感消防救援支队
支队长 李黎兵
政治委员 陶茂村
副支队长 喻 梅 王劲峰
李雪峰
副政委 彭 强
政治部主任 兰志华

市无线电监测站
站 长 王忠俭

市烟草专卖局
局 长（经理）（缺）
副局长（副经理） 张南方
叶景军 骆向前
王宝山

市供电公司
总经理 曾小平
副总经理 张 宁
纪委书记、工会主席 杜 峰
副总经理、总工程师 王成智
副总经理 马先俊
总会计师 赵 沛
副总经理 徐泉山

省地质局第六地质大队
党委书记 周文平
队 长 朱建东
纪委书记 龙桃成
副队长 付胜波 郭培国
师苏昌 魏灵巧
总工程 师苏昌

市邮政管理局
局 长 杨正合
副局长、纪检组长 胡祥祯
副局长 吴 伟

移动孝感分公司
总经理 胡 春
副总经理 许 莉 黎 红
郭兆虎

联通孝感分公司
总经理 吴倬旻
副总经理 李朝晖 王 峻
谭家军
纪检组组长 田兴雷

中石化孝感分公司
经 理 谭炳峰
副经理、工会主席 朱文帜
副经理 李如实
纪委书记 周菊芳

湖北日报社孝感分社
社 长 陶忠辉

湖北广电台驻孝记者站
站 长 罗 峰

孝感市所辖县（市、区）领导成员

孝南区
区委书记 夏齐勇
副 书 记 张全民 沈小博
常 委 夏齐勇 张全民
沈小博 李 三（女）
周显甫 邱成凯
胡忠文 殷进东
蔡 辉 刘俊军
吴华国
陈余芳（挂职）
人大常委会主任 姚惠萍（女）
副 主 任 洪少清 秦俊英
张德儒 周炎春
宋园堂（无党派）
区 长 张全民
常务副区长 殷进东
副 区 长 吴华国
陈余芳（挂职）
赵红芬（女）（无党派）
刘永新
石 钧（挂职）
侯昱峰 阚 巍
郭红燕（女）
政协主席 陈义华

副主席　宋志刚　李玲玉(女)
胡长家(无党派)
沈秋菊(女)(无党派)

汉川市

市委书记　黄建军
副书记　戴少平　胡　涛
常　委　黄建军　戴少平
胡　涛　邢梁钧
胡华文　赵岳军
谢栋梁　冯汉金
肖艳霞(女)　鞠鹏程
黄　敏(女)
人大常委会主任　黄汉桥
副主任　陈国姣(女)(无党派)
周忠厚　漆兆华
孙向阳　李学文
市　长　戴少平
副市长　肖艳霞(女)　鞠鹏程
熊淑红(女)(无党派)
朱书景(挂职)
袁　冲
黄国华　余志平
阮国器
政协主席　曾耀华
副主席　方　兵　张念恩
段利华(无党派)
乔云植(女)(无党派)

应城市

市委书记　徐长斌
副书记　胡光怀　鲁　瑛(女)
常　委　徐长斌　胡光怀
鲁　瑛(女)　王　磊
王　辉　李艳霞(女)
郭殿明　孙志刚
周冬凌　徐安平
沈　渊
人大常委会主任　李碧华
副主任　丁阳春　樊　超
许继国　周新源
普　伟
胡　娟(女)(无党派)
市　长　胡光怀
副市长　王　磊　周冬凌
胡　慧　王　涛
吴新洲(民革)
盛必胜　褚亚敏(女)
唐　军(挂职)
刘　丹(女)(挂职)
政协主席　陈晓明
副主席　程三荣(女)(无党派)
程想法　许　明
邓　涛(无党派)

云梦县

县委书记　高文峰
副书记　方　超　尹　亮
常　委　高文峰　方　超
尹　亮　詹建军
李国强　胡海波
毛石峰　刘　勤(女)
李霏菲　向文轩
龚华雄
人大常委会主任　栾　玲(女)
副主任　柯　晔
江爱武(女)(无党派)
万献忠　祝　捷
石燕桃(女)　黄新民
县　长　方　超
副县长　詹建军　龚华雄
汪文伟　李　伟
吴险峰　万清平
许　露(女)(无党派)
汪建宏(挂职)
张　磊(挂职)
政协主席　杨红成
副主席　孙秀丽(女)(九三学社)
田绪海　汪　强
陈　飞(无党派)

安陆市

市委书记　李先乔
副书记　黄国威(土家族)
罗明海
常　委　李先乔
黄国威(土家族)
罗明海　袁江涛
周国红　蔡建奇
王　甜(女)　柳　斌
董　庭　徐保成
李延舜
大会常务委员会主任　徐小林
副主任　陈　鹏(无党派)
费智秀(女)
池青峰　梅剑波
周红兵　陈建明
市　长　黄国威(土家族)
副市长　董　庭　徐保成
金福银(民盟)　徐祎霞(女)
李晓鹰(挂职)
田文涛
时运泰　曾　光
张近芳(女)(挂职)
政协主席　罗　旋
副主席　鲍　力(女)(民建,蒙古族)
杨伦鉴　辛卫东
刘海波(无党派)

大悟县

县委书记　余海群
副书记　鲍克明　夏　军
常　委　余海群　鲍克明
夏　军　叶华敏(女)
文　凡　易学文
刘　志　郑艳田
李戈亮　杜　荣
丁辉锋
人大常委会主任　程文正
副主任　殷　茵(女)(无党派)
徐　佩　徐　辉
刘从明　杨　宏
周保国
县　长　鲍克明
副县长　文　凡　杜　荣
谭彦伟(女)(挂职)
陈　亮　刘海华
詹立早　明　娟(女)
胡　泊(挂职)
李　强(挂职)
政协主席　刘圣堂
副主席　李　进(女)(无党派,壮族)
姚百林(无党派)
华玉祥　喻　容

孝昌县

县委书记　胡　斌
副书记　李惠芬(女)　洪　鹏
常　委　胡　斌　李惠芬(女)
洪　鹏　余亮明
汪长春　王益贤
李玉平　王　荣
李志平　陈少忠

吴明智

人大常委会主任 蔡传杰

副主任 邹松明 卢丽娟(女)

沈保东(无党派)

张贵平 易 昕

鲁 军

县 长 李惠芬(女)(民革)

副县长 李志平 吴明智

张 璟(女) 赵 冰

黄艳红(女) 殷国武

杨金波

雷 松(挂职)

李海钰(挂职)

连子康(挂职)

政协主席 陈 兴

副主席 程敏珍(女)(无党派)

李琼玲(民建)

万 骏 宁国平

企事业单位2022年工作简介

孝感市中心医院

2022年，孝感市中心医院不断强化"一个引领、守住三个底线、紧紧围绕四项建设"，在"六个持续"推进上提质转向，圆满完成年度目标任务。全年门诊量118.5万(含体检8.3万人次)，出院病人约7万人次，手术4.1万多台次，平均住院日7.9天。医院总收入11.61亿元，医疗设备资产总价值7.95亿元。该院2021年度三级公立医院绩效考核等级为B++，全国排名459，较2020年提升94名。

学科建设。持续完善学科三级体系网络，加强骨科专业的亚专科分设，加大对儿科、呼吸与危重症医学科、儿科、健康体检、生育门诊、神经内科等亚专科扶持力度，拓展儿童成长、儿童心理发展、成人慢病管理、成人健康管理、产前诊断、老年帕金森等专科发展。重点申报呼吸、内分泌、心血管、肿瘤、妇产、儿科、传染病等专业区域中心建设协议，启动胸痛中心再认证工作，优化胸痛中心管理全流程，卒中患者急诊静脉溶栓DNT时间缩短至10分钟，急性胸痛患者DTB时间缩短至15分钟。制定人才引进管理制度，招聘安置"211"、"985"高校17名硕士研究生和1名博士研究生，以及60名普通硕士研究生、66名临床医技和护理本科生，做好省第十一批"博士服务团"武汉同济医院李勇博士到岗安置；发放91名研究生安家费276万元，完成23名中层干部职务调整，提拔3名正科级干部、13名副科级干部。东城院区主体结构已封顶，各楼体二次结构施工均已完成；新改造的健康体检中心正式启用，业务面积扩大了约2000平方米；完成医技楼四层六层、儿童保健门诊、医学装备部办公楼(原洗衣房)、高压氧舱屋面、液态氧站等改造工程。

就医服务。 医疗管理持续提高。构建以病历和病案首页数据为导向的质量与安全质控目标监测体系，落实医疗核心制度执行的全流程管理，调整医院年度重点监测指标及月度质控指标并落实监测；完成院级和各专业委员会指标的制定和委员会换届工作，推进合理用药信息系统应用，形成事前拦—分析监测—反馈的合理用药闭环管理机制；推行单病种和临床路径管理，重建临床路径框架体系，增加到479个病种，覆盖率增长到50.55%；建立MDT准备阶段标准化流程，明确MDT实施类型以及职责；调整医院"323"攻坚行动组织架构，推进心脑血管一体化筛查工作，10家基层胸痛救治单位、30家脑卒中防治站通过评审；推广手术科室医疗意外保险。完成2021—2022年度优势专科创建汇报答辩总结，申报护理新业务新技术33项、省市级护理继教项目18项，启动11个护理示范病房创建；举办了第四期危重症护理能力提升班，培训学员100余名；推进术后病人快速康复护理服务。组织61次院级培训和51个临床医技科室院感暴发演练，参与各县市防控督查937次，完成环境卫生学监测等采样任务3800余次，举办首届感染控制案例比赛，成立医院公共卫生管理委员会，定期组织开展公共卫生督导巡查，完成院内35例流行病学调查工作以及法定传染病、食源性疾病、重症肺炎上报；开展辐射安全工作督查5次，召开放射(辐射)防护工作会议3期，完成了院内多个项目预评价和环境影响评价工作。完成体检单位339家，体检人数8.4万人，同比增长10.06%；开展慢病管理随访，总人数约1.06万人次；建立职工保健门诊，服务职工2000余人次；新增城市医联体医院2家、组建专科联盟9个、签订产前筛查协议23家、消毒供应协议6家；实施医联体基层医院对口支援，派驻6名临床专家到6家基层医院定点帮扶；与省级医院建立心血管内科、消化内科、胸心外科、妇产科、眼科5个专科联盟，签订3家胸痛联盟及卒中联盟协议。推进"智慧医疗"，开通微信公众号"掌上医院"；完善各项便民措施，设置专用便利通道，做好各类人群就诊宣传与指引；开展特色专家门诊及多学科综合门诊，如药学门诊、儿童学习障碍门诊、儿童生长门诊、儿科保健门诊等；推进专科门诊和无假日门诊工作，28个临床科室开设了普诊，周末专家门诊专业数量增至49个。完成HIS系统多项改造升级，实现读卡、结算、结算撤销及对账功能等；推广电子病历，通过电子病历四级评审，升级更新移动护理、护理文书、护理管理系统功能，建成线上预约、挂号、缴费等功能，完成仁济院区CT设备、DR设备、超声设备系统软件接入。

运营管理。成立运营管理委员会，依据国家绩效考核目标制定工作方案，促进“三降一控”；统筹推进DIP付费改革，启用DIP、医保智能监管、RBRVS+DIP绩效等系统；调整绩效工资分配方案，提高四级手术、新技术、新业务绩效补偿，全年绩效工资增长22.2%。开展经济管理年活动及政府采购管理三年行动，严控东城院区和高额医疗设备购置贷款及专项债券的资金预算和支付，各类重点项目款均建立专账。6次动态调整药品、耗材、诊疗项目，开展打击欺诈骗保专项行动和骨科高值耗材及血液透析专项整治。调整耗材价格项目1777条，新增物价841项，申请145项医疗服务价格项目。完成27个基建工程及项目结算审计，送审额2382.1万元，审结额2179.5万元，核减额202.6万元，综合核减率8.51%；完成疑难重症楼工程结算审计，送审额2622.77万元，审结额1991.21万元，核减额631.56万元，核减率24.08%；完成医院营养食堂、职工食堂等业务审计5项。完成111项2.99亿元招标采购，完善医用耗材管理委员会职能和医疗设备采购流程，改进新增医用耗材遴选、论证制度，停用大部分止血防粘连及敷料类耗材，参与医用耗材集中带量采购，全年医用耗材年采购量2.6亿元，在增加床位的情况下，耗材费用较上年节约2600万元，降价幅度约8%。

科教工作。申报立项并完成3个省级科研项目，以及19项省联合基金科研项目结题；医院伦理委员会委员接受了药物临床实验质量管理规范培训并获得结业证书；完成继续教育项目47项，其中国家、省级项目31个，国家、省级项目完成率达100%。制定住院医师规范化规培绩效工资发放指导方案，修订规培待遇的暂行规定，招录住培学员88名，住培结业考核首考通过率82.71%、医师资格考试首考通过率88.24%。修订卫技外出进修管理办法，外出进修67人，外来进修62人，武科大学硕士研究生导师申报46人，完成锦医大、武科大55名硕士研究生开题报告和学位论文答辩，接收武科大2022级37名硕士研究生。

孝感市妇幼保健院

2022年，市妇幼保健院开展清廉建设，制定下发《孝感市妇幼保健院推进清廉医院建设重点工作方案》，大力倡导和践行廉洁从医的良好风气。全面梳理医院职权目录、廉洁风险点，制定管理制度和防范措施。开展中层干部、重点岗位廉政谈话会，96名中层干部签订《廉洁自律承诺书》。规范医药代表接待管理办法。制定《孝感市妇幼保健院招标投标管理办法》，明确招标程序，规范招采行为。开展不合理医疗检查专项治理，发现问题114条，全部整改到位，取消不合理收费项目2个。

医疗服务。加强全院职工的质量意识，持续推进“优质服务”，不断健全质量体系建设，强化核心制度执行，有力促进了医疗、护理、感染控制等管理水平全面提升。推进核心制度落实，开展医疗质量监测、预警、分析、考核、评估以及反馈工作，持续改进计划和实施方案；推进临床路径管理，全年全院临床路径管理病种29种，1971个病例按临床路径要求管理。全面落实“五制”护理，护理责任制落实率100%，跟医查房制（危重患者）落实率80%，床边工作制落实率100%，临床导师制落实率70%，授权管理制执行率100%。认真落实《医院感染管理办法》，切实抓好科室消毒隔离技术操作、无菌技术操作及检查考核，临床科室及时认真填写和上报科室院感病例，做好院感病例的监测与分析。推进药品带量采购，药品网上采购率达96.97%。国家基本药物配备占比43%，销售额占比32.7%；基药配备使用比64%，药占比19.8%。

妇幼健康。2022年，全市产妇20229人，辖区活产数20436人，婴儿死亡率1.81‰，5岁以下儿童死亡率3.22‰，孕产妇死亡0例，均优于全省平均水平。为贫困地区94963名适龄儿童提供免费营养包，实现贫困地区全覆盖。全年完成免费婚前医学检查1.1万人、免费孕前优生健康检查1.8万人，产前筛查1.7万人，超声产前筛查3.5万人，产前诊断137人，新生儿疾病筛查1.9万人，听力筛查1.9万人。

湖北省产业技术研究院

湖北省产业技术研究院是面向全盐产业，解决盐产业技术发展需求、提升盐产业技术创新能力和技术水平的行业公益性研究机构。研发团队人员现有52名，其中院士1名，教授级高工1名，博士5名，国家人才计划学者1名，硕士8名，本科19名。研究院与武汉轻工大学、天津科技大学、西华大学和中科院海洋所等高校和科研院所形成了稳定的合作和协作关系。2022年，该研究院通过行业调研、市场调研、企业意向开发问卷及走访等方式，选取了行业关键共性技术“多相无机盐共结晶技术”“氯化钠在日化产品中的功能性应用”及“海藻中有机碘的提取和生产工艺研究”等3个方向作为主要研究方向，相关技术转的产品共计12个，为相关应企业增加直接营业收入约2033万元。

研究院为解决盐产业技术发展需求、提升盐产业技术创新能力和技术水平，研究院开发的新产品共9个、新工艺2个、新技术4个，参与制定行业标准1个、制定企业标准3个。成果转化9项。建设运营湖北省盐产业成果转化中试基地1个。为三家企业牵线搭桥促成技术转化3项。

盐产业技术研究院设计孵化企业计2家,2家企业2022年度营业收入共计9201.5万元。

研究院积极盐产业相关企业提高公共技术服务,2022年提供技术咨询、食盐检测、培训等技术服务1000多人次。大型科学仪器及设备设施对外开放共享1次,着力解决湖北省盐行业企业运营中的实际困难,为加快行业企业高质量发展提供技术保障。

孝感市体育学校

2022年,孝感市体育学校严格按训练计划抓好日常训练工作,注重抓好日常训练管理,做好各项目运动员的跟踪培养,尤其是做好输送到省体校、省专业队队员集训情况跟踪;注重抓好训练质量的提高,加大"天天练、周周查"工作督导力度;进一步完善三个体育项目(篮球、柔道、排球)基地建设工作,落实考评体系内容,完成基地项目达标任务。完成湖北省第十六届运动会各项目比赛任务获得田径:全国U18田径锦标赛2金(湖北省第十六届运动会因疫情延期);男篮:湖北省第十六届运动会U15五人制第七名、U18三人制第三名。U16三人制第五名、社会俱乐部五人制U12第四名(U17五人组因疫情延期);女篮:湖北省第十六届运动会U15五人制第五名、U18三人制第五名、U16三人制第四名;拳击:湖北省第十六届运动会1金5银6铜、俱乐部组1金1银3铜;柔道:湖北省第十六届运动会4金1银8铜;举重:湖北省第十六届运动会1金1铜、全国U系列冠军赛第四名;滑板:湖北省第十六届运动会社会俱乐部组1金;滑雪:湖北省第十六届运动会社会俱乐部组1铜;小轮车:湖北省第十六届运动会社会俱乐部组1银;攀岩:湖北省第十六届运动会社会俱乐部组1金;划艇:湖北省第十六届运动会3金1银1铜;皮艇:湖北省第十六届运动会1银1铜;棒垒球:湖北省第十六届运动会社会俱乐部组U18第三名;游泳:湖北省第十六届运动会社会俱乐部组1银(体校组延期);排球:湖北省第十六届运动会社会俱乐部组女子第五名、沙排第五名(体校组延期);艺术体操:湖北省第十六届运动会社会俱乐部组1金。

艺术教学。2022年,已开设唱腔、基本功、毯子功、京胡、司鼓、钢琴、声乐舞蹈、视唱练耳和基本乐理、戏曲欣赏等课程,共有6名主课楚剧专业教师开展教学,其中外聘男生身段、把子功专业教师1名。折子戏教学主要围绕两个折子戏(庵堂认母、赶会)开展以戏促功,并加强学生唱腔、表演及身段训练;声腔课程初级阶段达到会念"道白",所有学生学习迓腔,了解迓腔调式及基本规律;戏曲身训、舞蹈课程主要练习学生软开、腰、腿柔韧性练习;声乐课程学习基本的咬字、吐字、气息和发声与楚剧唱腔课程结合训练;视唱练耳课程在上学期达到所有学生能识谱,会基本节奏型。组织了省委宣传部、省电视台戏曲进校园栏目组线上拍摄宣传工作。

文化教学。抓常规管理,提升教学成绩。一是制定义务教育学段学年教学计划,制定中职段课程规划,并落实课程授课进度,确保授课计划的严谨、规范。二是做好教学常规的指导工作,督导教师的备、教、辅、改、考等工作,教学课件要符合体育艺术学校学生特点,作业布置符合中小学生减负要求,作业批改要有记录,作业检查要有反馈。三是落实每学期期中、期末测试,做好成绩质量分析,有评价、反思记录,针对厌学、弃学现象,积极寻找办法,力求有较大的变化。四是制定并落实疫情防控要求,加强家校互动,完善网课各教学环节,有效推进网课教学正常进行,加强线上、线下管理,网课教学督导管理,确保网课教学科学合理、有序进行。倡导读写活动,5月28日开展"新征程 不忘初心"——第四届校园书法比赛,广大师生积极参与;开展"读文明经典,诵红色文化"、"朝读经典"读书活动等,激发学生对红色文化、传统文化的喜爱。

安全管理。立足立德树人根本任务、明确每月至少三次的各类主题班会。丰富校园文化活动内容,提升学生综合素养,开展"心理教师与你相约"活动,舒缓学生不良情绪,倡导健康生活状态;邀请城东派出所民警进校宣讲法律教育活动,增强学生法律意识;组织各班开展"唱首红歌给党听"合唱比赛活动。积极改变活动形式,针对不聚集的实际情况,在各班组织观看《开学第一课》、"珍爱生命、严防溺水"专题节目、《资助育人,大国工匠进校园》活动、"同上一堂思政大课"、防电诈"星空班会"体验学习、创建卫生城市视频学习等线上课堂。

孝感市体育中心

2022年,孝感市体育中心依规限流免费低收费对外开放,结合健身市民不断多元化的健身需求,开设了足球、篮球、羽毛球、乒乓球、网球、游泳等项目设施的免低开放和培训服务。每周累计开放时间不少于40小时,全年开放不少于330天,8月8日全民健身日、10月1日国庆节所有设施全天不低于8小时免费开放。日平均接待健身群众

8000多人次，年培训体育爱好者30万人次，有效促进了我市全民健身事业的蓬勃发展。

场馆建设与维护。按照省体育局公共体育场馆管理智能信息化建设要求，投资25.8万元，升级完善场馆开放智能化系统。维修改造室外健身场地，投资40万元，对户外8片篮球场地的维修改造，改善了群众健身环境，提升了服务质量。

体育比赛和公益活动开展。受疫情形势影响，2022年，体育中心承办活动以室外健身场地为主，全年承办了体育活动15次，各类公益培训活动8次，如市快乐体操骨干教练员(教师)培训班、中国足协D级教练员培训班(孝感站)、2022赛季湖北省大众足球联赛(孝感赛区)、2022年"奔跑吧少年"孝感市青少年阳光体育足球比赛、孝感市市场监管综合执法支队行政执法制式服装换装仪式、市公安局巡特警支队队员体能测试、康乐岛幼儿园庆祝"六一儿童节"、市消防支队体能测试、湖北省全民健身(科学健身指导)视频大赛、孝感市第三届社区足球联赛活动等。

青少年体育后备人才培养。持续抓好青少年足球"菁英计划"训练工作，积极组队参赛。2022年，U10足球精英梯队6名队员被选拔上参加湖北省男子足球优秀竞技后备人才"选星计划"训练营。在参加十六届省运会青少年足球比赛中，组经过刻苦训练、积极备战、顽强拼搏，分别获得U12、U13、U14年龄组亚军，总分积9块金牌的好成绩。

全市国民体质监测。根据省体育局关于开展全省国民体质监测工作安排，体育中心及时组建国民体质监测队开展工作。工作队23人，克服炎热天气，历时30多天，到全市7个县(市、区)、10多个乡、镇、村开展体质监测工作，圆满完成3359人的数据采集和监测工作任务。

孝感市图书馆

2022年，准确把握工作重心，积极创新服务方式，开展阅读推广活动，全方位地为广大市民营造良好的阅读学习氛围，为孝感打造武汉都市圈重要节点城市，建设书香孝感营造浓厚文化氛围和强大精神力量，充分发挥图书馆在公共文化服务体系建设中的重要作用。全年共接待读者444126人次，图书流通288200册次，电子图书下载93967次，新办证读者3760人，持证读者总量超4.8万人，采编新书9196种17990册。开展送文化进基层活动捐书10次，5738册，码洋120556.86元。开展各类阅读推广活动269场，其中线上活动138场，线下活动131场。上传信用孝感数据289339万条，微信公众号回复6745条，接听电话咨询743次。电视新闻报道我馆工作和文化活动10次，各类报纸报道我馆工作和文化活动38篇，向局机关网站报送稿件248篇，图书馆网站上稿270篇，图书馆微信公众号推送文化服务信息48期230篇，微信平台关注读者达40110人。同时制作抖音小视频120期，通过新媒体宣传图书馆各项工作，取得较好的社会效果。孝感市图书馆再次获评"全国文旅系统先进单位"、社科普及省级示范基地称号、"全省图书馆数字化发展先进单位"一等奖。

开展"二十大"主题文化活动。2022年，市图书馆充分利用服务平台，设立专栏，积极开展党的二十大精神宣传。以"喜迎二十大 奋进新征程"为主题，积极举办系列宣传、解读、贯彻党的二十大精神的主题文化活动。通过举办讲座、展览、书目推荐、服务阵地宣传等工作，全年开展二十大主题文化活动近50场次，特别是在国庆假期，虽因为本轮疫情防控闭馆，但仍在线上策划了17场精彩纷呈庆祝国庆的阅读推广以及社科类宣传活动，约5000名市民读者们在"悦读"的过程中欢度国庆，为迎接党的二十大胜利召开营造浓厚氛围。

参加第七次全国公共图书馆评估定级。以第七次全国公共图书馆评估定级工作为契机，发挥"以评促建、以评促管、以评促效能"提升的作用，组织全市各基层馆参加全国、全省线上线下培训4次，组织全市各基层馆长和业务骨干召开评估定级工作专题会议和培训工作。根据评估工作安排和部署，于9月底前将评估3大类，66项1000余条指标数据录入"全国公共图书馆评估定级管理服务平台"，并进行纸质资料归档和总结。在保证各项工作正常开展的同时，在上级规定的时间节点内，组织指导各馆顺利填报了网上平台数据，按时高标准完成了评估数据的上传，完成全市评估定级总结材料报送工作。

参加首届湖北省"万名司机讲家乡故事大赛"活动。组织全市各基层馆开展首届湖北省"万名司机讲家乡故事大赛"活动，通过专家评审、层层选拔，培训选送2名选手代表孝感市参加全省决赛，安陆叶志明荣获金牌"家乡宣传员"称号，汉川梁亮荣获银牌"家乡宣传员"称号。

开展系列读书活动。与中国图书馆学会联合开展4·23世界读书日"书籍，春风，还有你——给读者的一封邀请信""年华易老，技·忆永存——第四届国家级非物质文化遗产代表性传承人记录工作成果展映月暨工作回顾展"主题活动，参与全国阅读推广活动部署，加强各地区图书馆联动，弘扬优秀传统文化。组织发动全市各基层馆积极参加湖北第七届长江读书节系列活动，全市各公共馆共开展各类文化活动

800多场次，30多万人次参与，充分发挥了公共图书馆在全民阅读中的重要作用，较好地促进了孝感市全民阅读活动的深入开展。

文化活动开展。以讲、阅、展、演、数、游等阅读推广形式，常年开展各类文化活动。澴川文化大讲堂20场，主题展览48期（展厅线下展览8期，线上展览40期），科普手工课堂24期，绘本故事会66场（其中红色故事会15场），文心读书会18场（含家庭教育、阅读分享），节假日优秀电影展播15场，线上讲座及扫码看书55期，集体参观与阅读9次，“红色文艺轻骑兵”流动图书车进校园、文化服务进村庄、景区、军营、医院、福利院等51次。努力以丰富多彩、形式多样的文化活动，满足群众日益增长的文化需要。

举办“品味诗词之美 赓续文化血脉”首届孝感诗词大会。在4·23世界读书日期间开展了“诗藏华夏 词贯古今”线上诗词大会，吸引了孝感地区诗词爱好者踊跃参赛。在此基础上，举办线下复赛决赛，在年节之际，以诗词唤起传统文化风潮，为孝感年味增添一丝风雅。

图书馆网点建设。大力推进公共图书馆总分馆建设，服务网点持续延伸，总分馆服务网络逐渐成型。巡检小组每周定期到各服务网点进行技术维护和图书更新。截至年底，已建成10座澴川书房，8个自助服务点，馆外流动服务点25个，大力推动了“15分钟阅读文化圈”的构建。2022年，与孝感武警支队及某部队新建流通点2个，还与市一医院开展共建，建成医学文献专业分馆，丰富了特色馆藏建设，促进图书馆专业化发展。

智慧化服务场景建设。智慧报告厅改造优化完成，配置活动预约、核销、现场直播系统，搭建直播平台，已实现微信平台直播等功能。完成网借平台的各项建设工作并开展相关服务。前期已完成网借平台部分硬件部署，已试运行。在数字资源建设方面，申报的国图公开课项目获得审批通过，邀请各方面的专业老师录课，内容以孝感地方特色文化为主，通过讲好孝感地方故事，传播孝感特色风情，让更多人感受孝文化魅力，已完成审核验收工作。

场馆改造。2022年，完成三楼读者活动场地改造工作，用以开展文心读书会、家长成长课堂等活动；进行地方特藏书库的装修改造工作，完成报告厅改造工作。完成新馆设备升级，首先在新馆实现了社保卡“一卡通”办证借阅服务，推进社保卡服务整合，进一步满足市民多元化、便捷化的公共文化服务需求。

孝感市博物馆

2022年，孝感市博物馆依照市文化和旅游局的总体部署和安排要求，严守底线、群策群力，对照全年工作目标和重点工作内容，圆满完成各项工作。孝感市博物馆讲解员获全市“国家安全大宣讲”演讲比赛一等奖，获湖北省文博系统“奋进新征程 · 建功新时代”演讲大赛三等奖；“小小讲解员暨小小志愿者”项目获评全省优秀志愿服务项目，张明同志荣获“全省文物工作先进个人”表彰。由孝感市博物馆编纂的《孝感文化遗产集萃 马口窑——汉川马口窑址群考古工作报告》一书印刷出版，配合编纂完成《湖北省博物馆年鉴》《湖北省文物年鉴》，《湖北孝感城隍潭码头遗址》一文在《大众考古》发表；6篇专业论文入选湖北省博物馆协会学术研讨会论文集。

考古与文物保护。2022年，孝感市博物馆克服疫情影响，于12月完成大悟城关镇付家湾石室墓的抢救性清理工作并完成相关报告。在考古勘探与调查方面，已调查完成孝感市奥体中心项目建设用地、硚孝高速西延线工程，G347云梦联合桥至护子潭大桥段改扩建工程、大悟黑沟抽水蓄能电站工程、湖北应城300MW级压缩空气储能电站示范工程、应城陈河镇200MW农光互补光伏发电工程、应城华润龙湖风电场等项目的文物调查和考古勘探，并已编写完成相关文物保护方案及项目报告，顺利得到批复，推动了地方项目建设。组织实施的全市长江文物资源调查项目工作进度、《孝感市长江文物资源调查工作报告》等均获省文旅厅肯定。此外，配合开展了老码头和古三军台桥项目，配合完成应城市公安局和应城市文旅局出具文物盗掘现场鉴定意见，为织牢织密文物安全网做出了努力。

博物馆展陈与交流。市博物馆为打造安全、科学的临展区，改善观赏环境，在三楼临展区域斥资30万元实施置办文物柜、设置放映厅等项目改造与提升手段，按临时展览需求规范化建设临展厅。2022年，孝感市博物馆共计举办临时展览5次，其中在本馆内举办展览4次，“走出去”1次。尤其是《“秦楚和鸣——郑家湖墓地”图片特展》一经推出，得到了观众的广泛好评，该展览也被黄石市博物馆引进。临展累计服务观众10余万人次，服务未成年人0.5万余人次，配套开展的线上宣讲也得到好评。

孝文化文物征集。联合省文物信息交流中心，完成《埋儿奉母》盘金彩绣、三蓝绣《二十四孝》挽袖等8件孝文化藏品的征集工作，进一步丰富了孝感市博物馆孝文化藏品数量，让孝文化的主题展览内涵更加丰富，区域更加广泛。

社会宣教活动。市博物馆全年共计举办社教活动61场，其中线下26场，线上35场，接待参观团体60

个。累计服务观众10余万人次,服务未成年人7000余人次。共发布15次系列活动推文,抖音宣传83条,政务信息报送131条。共推出《孝谈文物》《传统文化小课堂》《文物防疫小课堂》《文物小课堂》等四个云社教课堂。共开展1次视频征集大赛、4次研学活动5次系列直播活动,其中"文博助力·孝礼传情——迎接二十大"系列活动之礼仪培训讲座单场直播观看量近8000人次。市博物馆为迎接第46个国际博物馆日推出的主题活动,由参与发掘郑家湖考古项目的孝感市博物馆考古队员线下讲解《秦楚和鸣——郑家湖墓地图片展》,博物馆讲解员线上直播,展示文物复制件,感受编钟、铜爵、提梁卣、木牍等文物中蕴含的源远流长的荆楚文明;并在手工文创区,推出手写竹简、手绘瓷瓶等互动活动,体验秦文字、探寻瓷韵。此活动由《孝感日报》《孝感晚报》与槐荫论坛视频号为国际博物馆日进行预热宣传,孝感市电视台与《孝感晚报》跟踪报道。原创短视频《三分钟讲政策——三分钟带你了解博物馆免费开放》和孝感博物馆形象宣传片上线。

孝感市群众艺术馆

线上线下活动。2022年,孝感市群艺馆承办孝感市学习贯彻党的十九届六中全会精神文艺宣讲大赛;积极筹办第八届民间文艺展演、四季村晚、三八妇联等各项活动。成功举办了吾悦杯孝感市首届少儿声乐大赛、庆"七一"送欢乐文化惠民演出。组织节目报送第三届全省文艺团队展演、湖北省金蕾杯少儿才艺展演。开展荆楚"红色文艺轻骑兵"系列活动、"献礼二十大 楚韵颂党恩"送文化进万家专场文艺演出网络直播线下活动共三场、"喜迎二十大 奋进新征程"庆"七一"送欢乐文化惠民演出录播活动线下共四场。全年免费开放接待人数约12000人,累计开放时间约300天。

展览及培训工作。2022孝感市庆"三八"女子美术优秀作品展,收集全市女子书画作品100件,线上线下同步展览入围及优秀作品30天。组织开展"喜迎二十大·奋进新征程"暨"听党话、感党恩、跟党走"孝感市书法美术作品展、丝韵丹青·巾帼墨香孝感市庆"三八"女子书法展、《弘扬优秀家风·传承孝德文化》老年书画作品展。报送湖北省第二十三届中小学生美术书法作品比赛活动。面向低收入家庭举办少儿非洲鼓培训班等。

文化传承保护。2022年,对71名国家级、省级、市级代表性传承人传承活动进行考核,考核结果为优秀的代表性传承人有26名(国家级2人、省级12人、市级12人)。为国家级非遗代表性项目楚剧申请资金50万元;申报国家级非遗项目保护资金楚剧100万元,已通过国家非遗司初审。楚剧专项保护资金发放共计50万元,囊括孝南区、云梦县、大悟县、安陆县、应城市。

数字文化建设见成效。2022年1月1日孝感市群众艺术馆数字文化馆平台正式上线,建设以汇资讯、看直播、享活动、学才艺、订场馆、读好书、赶大集、逛非遗八大功能为核心的全民艺术普及云服务体系。孝感市数字文化馆全年发布新闻动态199条,通知公告10条,信息公开11条。

才艺公益培训。推出全民艺术普及系列公益课程,着眼于群众参与性较强实用性较高的优质群文资源,如声乐、器乐、美术、书法、舞蹈等门类录制,课程共有7位业务水平精湛的群文业余骨干参加,教学时长10小时,直录播4场。并提供在线培训、课程点播、在线直播、互动交流等服务,在国家公共文化云平台、孝感市数字文化馆播出,实现数据共享,群众可24小时随时上线观看学习,9月27日经湖北省文化和旅游厅组织的专家组验收得到一致好评。

经济社会统计资料

附表 1

国民经济主要指标

	单位	2022 年	同比±%
地区生产总值	亿元	2776.97	5.2
第一产业	亿元	398.00	3.5
第二产业	亿元	1151.82	9.0
第三产业	亿元	1227.16	2.4
固定资产投资	亿元		18.3
社会消费品零售额	亿元	1241.05	3.6
规模以上工业增加值	亿元		11.9
高新技术产业增加值	亿元	491.60	21.0
外贸出口	亿元	148.50	29.1
外商直接投资(FDI)	万美元	16359	16.4
财政总收入	亿元	227.37	2.5
#地方一般公共预算收入	亿元	137.21	11.3
地方一般公共预算支出	亿元	428.35	5.7
金融机构存款余额	亿元	3506.16	12.5
金融机构贷款余额	亿元	2090.53	13.0
城镇常住居民人均可支配收入	元	41596	6.9
农村常住居民人均可支配收入	元	20913	8.1
居民消费价格指数	%	1016	1.6
商品零售价格指数	%	102.7	2.7
主要农产品产量:粮食	万吨	234.80	−0.6
棉花	万吨	0.78	−2.0
油料	万吨	31.03	9.0
水产品	万吨	45.22	4.5
生猪出栏	万头	299.45	4.2

附表 2

国民经济和社会发展基本情况

	单位	2022 年	2021 年
土地面积	平方千米	8904.55	8904.45
常住人口	万人	418.58	419.13
年底总人口	万人	500.30	503.64
年底总户数	万户	162.68	163.27
地区生产总值	亿元	2776.97	2565.82
第一产业	亿元	398.00	379.57
第二产业	亿元	1151.82	1023.35
#工业	亿元	1055.33	938.76
第三产业	亿元	1227.16	1162.91
人均地区生产总值	元	66299	60556
地区生产总值指数	上年=100	105.20	113.40
第一产业	上年=100	103.50	108.73
第二产业	上年=100	109.00	115.55
#工业	上年=100	108.70	116.17
第三产业	上年=100	102.40	113.20
人均地区生产总值指数	上年=100	109.50	117.90
就业人员	万人	268.70	273.40
城镇登记失业率	%	3.07	3.35
城镇单位就业人数	万人	84.83	84.64
城镇私营单位就业人数	万人	46.29	46.24
城镇单位在岗职工平均工资	元	65284	62473
商品房销售额	亿元	137.45	174.69
#住宅	亿元	133.18	168.25
商品房销售面积	万平方米	265.71	321.28
#住宅	万平方米	259.72	314.01
商品房空置面积	万平方米	97.04	79.81
#住宅	万平方米	73.89	63.50
货物进出口总额	亿元	173.80	135.00
进口额	亿元	25.30	20.00
出口额	亿元	148.50	115.00
外商直接投资实际使用额	万美元	16359	
地方一般公共预算收入	亿元	137.21	134.77
#税收收入	亿元	112.23	106.24
#国内增值税	亿元	57.15	54.69
企业所得税	亿元	11.01	10.65
个人所得税	亿元	3.36	3.73
地方一般公共预算支出	亿元	428.35	405.58
#教育	亿元	62.40	60.21
社会保障和就业	亿元	63.57	56.81
卫生健康	亿元	47.45	48.80
农林水事务	亿元	57.13	56.83
住房保障	亿元	8.00	12.32

续附表 2

	单位	2022 年	2021 年
农村常住居民人均可支配收入	元	20913	19346
农村居民人均消费支出	元	16897	15602
#食品消费支出	元	6326	5913
城镇居民人均可支配收入	元	41596	38911
城镇居民人均消费支出	元	28935	28395
#食品消费支出	元	10769	10584
乡村户数	万户		104.70
常用耕地面积	千公顷	400.79	400.94
农业机械总动力	万千瓦	298.44	288.59
化肥施用量	万吨	16.89	17.15
农村用电量	亿千瓦小时		18.04
有效灌溉面积	千公顷		296.83
农作物总播种面积	千公顷	615.59	605.99
#粮食作物	千公顷	353.53	353.4
粮食产量	万吨	234.80	236.14
棉花产量	万吨	0.78	0.80
油料产量	万吨	30.97	28.47
蔬菜产量	万吨	471.66	460.76
水果产量	万吨	51.85	51.78
肉类产量	万吨	36.24	35.2
禽蛋产量	万吨	28.97	27.25
水产品产量	万吨	44.82	43.28
规模以上工业企业单位数	个	1411	1227
规模以上工业企业资产总计	亿元	2312.47	1873.54
规模以上工业企业负债合计	亿元	1109.35	936.80
规模以上工业企业所有者权益	亿元	1203.12	936.74
规模以上工业企业主营业务收入	亿元	3001.81	3036.04
规模以上工业企业营业成本	亿元	2558.42	2539.57
规模以上工业企业利润总额	亿元	154.09	155.36
规模以上工业企业本年应交增值税	亿元	89.06	73.93
建筑业企业单位数	个	317	243
建筑业总产值	亿元	453.06	400.51
房屋施工面积	万平方米	1180.85	1364.13
房屋竣工面积	万平方米	173.52	246.80
公路里程	千米	18357	18074
#等级公路	千米	17882	17599
民用汽车拥有量	辆	387708	358432
#私人汽车	辆	360504	332131
邮政业务总量	亿元	29.50	22.82
电信业务收入	亿元	30.38	28.52
固定电话用户	万户	23.04	25.90
移动电话用户	万户	382.72	369.56
互联网宽带接入用户数	万户	127.55	115.33

续附表 2

	单位	2022 年	2021 年
社会消费品零售总额	亿元	1241.05	1197.60
批发和零售业商品销售额	亿元	781.11	447.76
住宿和餐饮业营业额	亿元	18.39	13.72
国内旅游人数	万人次	2925.27	2862.63
国内旅游收入	亿元	181.05	176.45
星级饭店数	个	12	13
金融机构本外币存款	亿元	3506.16	3117.01
#住户存款	亿元	2773.63	2355.86
金融机构本外币贷款	亿元	2090.53	1850.50
#短期贷款	亿元	189.38	161.01
中长期贷款	亿元	617.70	573.52
幼儿园数	所	713	696
在园儿童数	万人	11.82	12.25
普通小学学校数	所	438	448
普通小学专任教师数	人	13826	14074
普通小学招生数	万人	4.43	4.66
普通小学在校学生数	万人	28.02	28.24
普通小学毕业生数	万人	4.68	4.67
初中学校数	所	188	186
初中专任教师数	人	13342	13126
初中招生数	万人	4.59	4.67
初中在校学生数	万人	13.69	13.13
初中毕业生数	万人	4.05	3.88
普通高中学校数	所	55	56
普通高中专任教师数	人	6631	6278
普通高中招生数	万人	2.59	2.36
普通高中在校学生数	万人	7.34	6.95
普通高中毕业生数	万人	2.19	2.13
普通高等学校数	所	3	3
普通高等学校专任教师数	人	2055	1879
普通高等学校招生数	万人	1.26	1.26
普通高等学校在校学生数	万人	4.16	4.17
普通高等学校毕业生数	万人	1.29	1.12
公共图书馆	个	8	8
卫生机构数	个	494	506
#医院	个	78	81
卫生机构床位数	张	29733	28696
#医院	张	20178	19781
卫生机构人员数	人	35831	36433
#卫生技术人员	人	28218	28565
#执业(助理)医师	人	9851	10134
注册护师、护士	人	12409	12579

附表 3

按县(市、区)分列的地区生产总值

单位:亿元

	按当年价格计算			
	地区生产总值	第一产业	第二产业	第三产业
孝感市	2776.97	398.00	1151.82	1227.16
#主城区	530.34	46.09	193.50	290.76
孝南区	380.66	45.25	116.00	219.40
孝昌县	184.67	46.64	53.09	84.94
大悟县	213.72	52.37	49.13	112.22
云梦县	245.86	50.57	87.54	107.75
应城市	470.71	68.18	205.56	196.98
安陆市	311.19	47.33	117.69	146.17
汉川市	820.47	86.82	445.31	288.34

附表 4

按县(市、区)分列的地区生产总值指数

上年=100;单位:%

	按2020年不变价格计算			
	地区生产总值	第一产业	第二产业	第三产业
孝感市	105.2	103.5	109.0	102.4
#主城区	1046	103.7	108.7	102.4
孝南区	104.5	103.4	108.1	102.9
孝昌县	104.7	103.4	110.0	102.4
大悟县	104.8	103.9	107.6	104.0
云梦县	104.5	103.6	107.3	102.7
应城市	1057	104.0	109.0	101.9
安陆市	105.6	103.3	109.6	1033
汉川市	105.9	103.1	109.4	101.7

附表 5

单位从业人员、在岗职工和工资情况

单位:人、万元、元

	单位年末从业人员	在岗职工年末人数	年平均从业人员数	年平均在岗职工数	从业人员工资总额	在岗职工工资总额	从业人员平均工资	在岗职工平均工资
孝感市	848317	821090	838368	803862	5396826	5247933	64373	65284
孝南区	168092	157029	160596	152048	1004733	967418	62563	63626
孝昌县	41295	40247	41564	39859	242148	237354	58259	59548
大悟县	65054	57408	65197	55971	390878	340111	59953	60766
云梦县	83724	81481	82706	78624	488631	471317	59080	59946
应城市	91628	90889	90771	88490	550232	543777	60618	61451
安陆市	92601	92683	92434	90656	553029	549427	59830	60606
汉川市	179837	180143	177287	177379	1124013	1140242	6340	64283
市　直	126086	121210	127813	120835	1043162	998287	81616	82616

附表 6

国有单位从业人员、在岗职工和工资情况

单位:人、万元、元

	单位年末从业人员	在岗职工年末人数	年平均从业人员数	年平均在岗职工数	从业人员工资总额	在岗职工工资总额	从业人员平均工资	在岗职工平均工资
孝感市	173296	163449	170124	161729	1594158	1551205	93706	95914
孝南区	30569	30048	30115	29543	264355	264540	87782	89544
孝昌县	13765	13835	13635	13699	106532	109711	78131	80087
大悟县	22155	15719	21211	16101	184268	144234	86874	89581
云梦县	15323	14620	15193	14473	113252	110791	74542	76550
应城市	22592	21995	22159	21572	216839	214797	97856	99572
安陆市	2482	24554	24499	24428	194684	201582	79466	82521
汉川市	23945	23854	23553	23428	240874	245176	102269	104651
市　直	20126	18824	19759	18485	273354	260374	138344	140857

附表 7

常住居民人均可支配收入

	2017 年	增幅(±%)	2018 年	增幅(±%)	2019 年	增幅(±%)	2020 年	增幅(±%)	2021 年	增幅(±%)	2022 年	增幅(±%)
全体居民人均可支配收入	22256	8.5	24070	8.2	26312	9.3						
其中,工资性收入	11424	8.5	12380	8.4	13558	9.5						
经营净收入	4614	8.5	4983	8.0	5422	8.8						
财产净收入	1208	8.6	1309	8.4	1455	11.2						
转移净收入	5010	8.3	5398	7.7	5877	8.9						
城镇常住居民人均可支配收入	30264	8.3	32685	8.0	35695	9.2	35374	-0.9	38911	10.0	41596	6.9
其中,工资性收入	18577	8.5	20101	8.2	21970	9.3	21509	-2.1	23753	10.4	25549	7.6
经营净收入	3217	8.0	3465	7.7	3766	8.7	3472	-7.8	3854	11.0	4025	4.4
财产净收入	2179	8.5	2353	8.0	2606	10.8	2682	2.9	2945	9.8	3155	7.1
转移净收入	6291	7.9	6766	7.6	7353	8.7	7711	4.9	8359	8.4	8867	6.1
农村常住居民人均可支配收入	14744	8.8	15988	8.4	17510	9.5	17090	-2.9	19346	13.2	20913	8.1
其中,工资性收入	4714	8.7	5136	9.0	5665	10.3	5471	-3.4	6358	16.2	6878	8.2
经营净收入	5924	8.8	6407	8.2	6976	8.9	6794	-2.6	7560	11.3	8170	8.1
财产净收入	297	9.2	330	11.1	376	13.9	376	0.0	429	14.1	468	9.1
转移净收入	3809	8.8	4115	8.0	4497	9.2	4449	-1.0	4999	12.4	5397	8.0

附表 8

各县(市、区)城镇常住居民收支情况(2022 年)

	孝感市	孝南区	孝昌县	大悟县	云梦县	应城市	安陆市	汉川市
可支配收入	41596	44687	36207	36180	42459	43505	41580	42512
工资性收入	25549	31354	21848	22956	23872	25316	25168	26393
经营净收入	4025	5239	2658	4994	6283	2956	2857	5004
财产净收入	3155	2318	2997	1583	2562	5873	2388	4309
转移净收入	8867	5776	8704	6647	9742	9360	1117	6806
生活消费支出	28935	31042	26220	26375	27378	28347	26570	27669
食品烟酒	10769	11460	10176	10234	10345	10816	10102	10294
衣着	2923	3174	2874	2656	2879	2873	2763	2987
居住	3587	3809	2932	3362	3073	3414	2995	4093
生活用品及服务	2428	2360	2285	2675	2297	2352	2526	2751
交通通信	3020	3216	2967	2124	2724	2815	3346	2325
教育文化娱乐	3518	3986	2894	3225	3542	3404	2915	2884
医疗保健	2024	2082	1683	1697	2058	1894	1458	1864
其他用品及服务	666	955	409	402	460	779	465	471

附表 9

集体单位从业人员、在岗职工和工资情况

单位：人、万元、元

	单位年末从业人员	在岗职工年末人数	年平均从业人员数	年平均在岗职工数	从业人员工资总额	在岗职工工资总额	从业人员平均工资	在岗职工平均工资
孝感市	8415	8128	7997	7828	49228	49178	61558	62823
孝南区	181	175	163	135	596	521	36564	38593
孝昌县	66	66	66	66	147	151	22273	22879
大悟县	1057	987	935	911	4209	4165	45016	45719
云梦县	6404	6217	6202	6109	40933	41063	66000	67217
应城市	377	369	339	334	1528	1528	45074	45749
安陆市	128	121	108	92	66	602	61204	65435
汉川市	157	148	139	136	701	693	50432	50956
市　直	45	45	45	45	453	455	100667	101111

附表 10

其他单位从业人员、在岗职工和工资情况

单位：人、万元、元

	单位年末从业人员	在岗职工年末人数	年平均从业人员数	年平均在岗职工数	从业人员工资总额	在岗职工工资总额	从业人员平均工资	在岗职工平均工资
孝感市	203659	173576	197242	180458	1390217	1314693	70483	72853
孝南区	52959	40705	47489	40658	309688	271543	65213	66787
孝昌县	11923	10126	10955	9129	73236	62982	66852	6899
大悟县	20019	18080	22293	17759	138328	111017	62050	62513
云梦县	17132	14259	16343	15041	100087	96166	61242	63936
应城市	11890	9494	11091	9987	62918	57236	56729	57311
安陆市	11660	10977	11126	10823	62042	64227	55763	59343
汉川市	26827	28033	27001	27040	188598	194985	69849	72110
市　直	51249	41902	50944	50021	455320	456537	89377	91269

附表 11

单位:万元

农林牧渔业总产值

	按2022年现价计算	按可比价计算
农林牧渔业总产值	7223129	7151072
一、农业产值	3009641	2914678
1.粮食	661267	632172
2.棉 花	21107	21395
3.油 料	203394	185857
4.麻类	32	32
5.糖料	1017	1003
6 .烟 叶		
7.中草药	33005	37186
8.蔬菜	1693752	1651744
9.食用菌	14064	13969
10.花卉	578	571
11.盆景园艺	16045	15638
12.水果(含果用瓜)	174563	169823
13.食用坚果	40982	38621
14.茶及饮料原料	146663	143508
15.香料原料	520	510
16.其他农作物	2652	2649
二、林业产值	255207	256835
三、牧业产值	1974802	2106780
四、渔业产值	1341535	1246891
五、农林牧渔服务业产值	641944	625888
在总产值中		
粮棉油产值	885768	839424
多种经营产值	6337361	6311648

附表 12

规模以上工业企业主要产品产量

名 称	计量单位	产品产量	名 称	计量单位	产品产量
铁矿石原矿	万吨	17.1	纱	万吨	109.5
锰矿石成品矿	万吨	0.4	棉纱	万吨	6.9
石灰石	万吨	492	棉混纺纱	万吨	1.2
建筑用天然石料	万立方米	29.1	化学纤维纱	万吨	101.4
原盐	万吨	566.4	布	亿米	1.8
小麦粉	万吨		其中,棉布	亿米	0.4
大米	万吨	0.2	棉混纺布	亿米	0.3
饲料	万吨	178.3	化学纤维短纤布	亿米	1.1
其中,配合饲料	万吨	128.7	印染布	亿米	0.1
混合饲料	万吨	90.6	化纤长丝机织物	万米	40466.0
精制食用植物油	万吨	15.3	非织造布(无纺布)	万吨	6.1
鲜、冷藏肉	万吨	5.9	口罩	万个(只)	6550.0
熟肉制品	万吨	5.9	服装	万件	13392.3
冷冻蔬菜	万吨	1.2	梭织服装	万件	12137.5
焙烤松脆食品	万吨	0.3	针织服装	万件	1254.8
糖果	万吨	9.9	皮革服装	万件	0.4
方便面	万吨	30.9	手提包(袋)、背包	万个	650.0
食用盐	万吨	0.8	天然毛皮服装	万件	109.7
饲料添加剂	万吨	28.1	鞋	万双	427.3
饮料酒	万千升	0.2	皮革鞋靴	万双	203.7
其中,白酒(折 65 度,商品量)	万千升	11.8	胶鞋	万双	223.6
啤酒	万千升	0.1	人造板	万立方米	249.5
果酒及配制酒	万千升	4.2	其中,胶合板	万立方米	229.9
饮料	万吨	2.3	纤维板	万立方米	19.7
果汁和蔬菜汁类饮料	万吨	76.7	人造板表面装饰板	万立方米	105.2
蛋白饮料	万吨	0.6	实木木地板	万立方米	1.0
精制茶	万吨	0.3	复合木地板	万立方米	1361.4

续附表 12

名 称	计量单位	产品产量	名 称	计量单位	产品产量
家具	万件	180.8	塑料制品	万吨	60.8
其中,木质家具	万件	174.5	其中,塑料薄膜	万吨	5.8
金属家具	万件	2.8	其中,农用薄膜	万吨	3.5
纸制品	万吨	293.3	泡沫塑料	万吨	2.6
其中,瓦楞纸箱	万吨	84.1	日用塑料制品	万吨	7.7
卫生用纸制品	万吨	67.5	硅酸盐水泥熟料	万吨	116.7
单色印刷品	万令	115.0	其中,窑外分解窑水泥熟料	万吨	116.7
多色印刷品	万对开色令	259.6	水泥	万吨	251.9
硫酸(折 100%)	万吨	33.8	其中,强度等级 42.5 水泥(含 R 型)	万吨	
烧碱(折 100%)	万吨	9.5	商品混凝土	万立方米	114.0
纯碱(碳酸钠)	万吨	174.3	水泥混凝土排水管	千米	734.0
合成氨(无水氨)	万吨	72.0	水泥混凝土压力管	千米	509.9
农用氮、磷、钾化学肥料(折纯)	万吨	115.4	水泥混凝土电杆	万根	3.0
氮肥(折含氮 100%)	万吨	100.4	预应力混凝土桩	万米	1.2
磷肥(折五氧化二磷 100%)	万吨	15.1	石膏板	万平方米	479.8
磷酸一铵(实物量)	万吨	7.2	砖	亿块	2237.7
磷酸二铵(实物量)	万吨	13.7	瓦	亿片	1.5
涂料	万吨	19.0	天然大理石建筑板材	万平方米	2.1
合成纤维单体	万吨	21.8	天然花岗石建筑板材	万平方米	6.0
化学试剂	万吨	12.8	沥青和改性沥青防水卷材	万平方米	18.4
表面活性剂	吨	5260.0	平板玻璃	万重量箱	459.0
多晶硅	万千克	2.4	夹层玻璃	万平方米	0.1
化学药品原药	万吨	0.4	中空玻璃	万平方米	22.9
中成药	万吨	6.3	日用玻璃制品	万吨	25.3
兽用药品	万吨	3.9	耐火材料制品	万吨	3.7
化学纤维	万吨	6.6	石墨及碳素制品	万吨	0.6
合成纤维	万吨	6.6	粗钢	万吨	1.3
涤纶纤维	万吨	4.0	丙纶纤维	万吨	2.7

续附表 12

名 称	计量单位	产品产量	名 称	计量单位	产品产量
钢材	万吨	12.8	医疗仪器设备及器械	台	321884.0
中小型型钢	万吨	2.2	环境污染防治专用设备	台(套)	243.0
钢筋	万吨	9.0	大气污染防治设备	台(套)	228.0
涂层板(带)	万吨	0.4	水质污染防治设备	台(套)	15.0
焊接钢管	万吨	1.1	电动机	万千瓦	87.0
十种有色金属	万吨	7.1	交流电动机	万千瓦	87.0
精炼铜(电解铜)	万吨	7.1	高压开关板	面	642.0
铜材	万吨	33.8	低压开关板	万面	0.2
铝材	万吨	5.5	安全、自动化监控设备	万台(套)	0.7
钢结构	万吨	12.3	通信及电子网络用电缆	万对千米	14.7
金属门窗及类似制品	万吨	5.6	电力电缆	万千米	61.3
金属集装箱	万立方米	6.0	光缆	万芯千米	26.8
金属包装容器	吨	12860.6	绝缘制品	吨	25253.5
钢丝	万吨	14.0	锂离子电池	万只	0.8
钢丝绳	万吨	1.6	家用冷柜(家用冷冻箱)	万台	6.7
钢绞线	万吨	0.1	电光源	万只	2.0
不锈钢日用制品	万吨	0.1	灯具及照明装置	万套(台个)	1387.1
铸铁件	万吨	4.1	显示器	万台	0.3
铸钢件	万吨	0.1	移动通信手持机(手机)	万台	7.2
锻件	万吨	0.2	光电子器件	亿只	7.8
金属切削机床	万台	0.1	其中:发光二极管(LED 管)	亿只	6.4
减速机	万台	0.1	电子元件	亿只	10.1
风机	万台	0.9	印制电路板	万平方米	236.4
金属紧固件	万吨	1.3	表	万只	96.0
混凝土机械	台	298.0	光学仪器	万台(个)	4.1
模具	万套	6.6	自来水生产量	亿立方米	1.5
农产品加工专用设备	万台	0.6			

附表 13

500 万项目加房地产固定资产投资完成情况

指标名称	固定资产投资增幅(%)	民间投资增幅(%)	指标名称	固定资产投资增幅(%)	民间投资增幅(%)
一、计划投资			设备工器具购置	22.1	22.6
1.计划总投资	14.4	10.5	其中,购置旧设备	−33.2	−38.4
其中,本年新开工项目	59.7	56.7	其他费用	−5.7	−9.0
2.自开始建设累计完成投资	9.2	9.5	其中,房屋建筑物购置费	41.1	−88.4
二、自年初累计完成投资	14.4	5.0	其中,建设用地费	−6.7	−5.5
其中:新开工项目完成投资	28.9	20.1	4.按国民经济行业分		
其中,国有经济控股	51.9	15.9	(一)农、林、牧、渔业	2.6	−10.4
其中,基础设施投资	45.5	14.4	农业	64.0	62.6
1.按登记注册类型分			林业	19.8	9.9
内资企业	15.7	4.7	畜牧业	−40.6	−40.6
国有企业	24.6		渔业	407.9	407.9
股份合作企业	−100.0	−100.0	农、林、牧、渔服务业	214.1	452.9
联营企业	−96.9	−96.9	(二)采矿业	−64.2	−62.7
集体联营企业	−98.8	−98.8	非金属矿采选业	−64.2	−62.7
有限责任公司	45.3	20.6	(三)制造业	16.6	20.8
国有独资公司	169.0		农副食品加工业	16.6	14.4
其他有限责任公司	31.5	20.6	食品制造业	−21.8	−18.6
股份有限公司	83.8	15.3	酒、饮料和精制茶制造业	12.3	28.4
私营企业	0.6	0.6	纺织业	−21.6	−29.2
私营独资企业	97.4	97.4	纺织服装、服饰业	−59.3	−59.3
私营合伙企业	15.6	15.6	皮革、毛皮、羽毛及其制品和制鞋业	6.9	4.7
私营有限责任公司	−0.2	−0.2	木材加工及木、竹、藤、棕、草制品业	230.5	230.5
私营股份有限公司	−2.7	−2.7	家具制造业	54.8	54.8
其他企业	25.8	25.8	造纸和纸制品业	98.8	290.1
港、澳、台商投资企业	−11.3	3.6	印刷业和记录媒介复制业	15.9	−8.2
合资经营企业(港或澳、台资)	−62.0	−83	文教、工美、体育和娱乐用品制造业	−212	21.2
港、澳、台商独资经营企业	−10.8		石油加工、炼焦及和核燃料加工业	21.5	21.5
港、澳、台商投资股份有限公司	−50.6	−50.6	化学原料及化学制品制造业	4.3	15.0
外商投资企业	−23.0		医药制造业	−29.3	−34.6
中外合资经营企业	−37.6		橡胶和塑料制品业	−19.8	−18
外资企业	−15.2		非金属矿物制品业	36.7	32.1
外商投资股份有限公司	−100.0		黑色金属冶炼及压延加工业	−20.6	20.6
个体经营	67.7	67.7	有色金属冶炼及压延加工业	92.9	92.9
个体户	294.0	29.4	金属制品业	23.9	27.0
2.按建设性质分			通用设备制造业	3.0	7.1
(1)新建	22.3	10.9	专用设备制造业	31.4	29.5
(2)改建	20.1	0.6	汽车制造业	36.1	41.6
(3)改建和技术改造	5.4	6.0	电气机械和器材制造业	137	158.0
3.按构成分			计算机、通信和其他电子设备制造业	50.9	69.0
建筑安装工程	15.0	2.5	其他制造业	−100.0	−100.0

续附表 13

指标名称	固定资产投资 增幅（%）	民间投资增幅（%）	指标名称	固定资产投资 增幅（%）	民间投资增幅（%）
废弃资源综合利用业	67.7	67.7	教育	0.8	36.2
(四)电力、燃气及水的生产和供应业	81.3	36.9	(十七)卫生和社会工作	-26.7	-18.6
电力、热力生产和供应业	91.7	34.5	卫生	-282	17.5
燃气生产和供应业	-51.3	1.1	社会工作	-9.5	-44.1
水的生产和供应业	99.7	209.0	(十八)文化、体育和娱乐业	70.8	71.7
(五)建筑业			文化艺术业	1823.3	2069.1
(六)批发和零售业	-3.7	-5.7	体育	8.1	
批发业	6.4	6.4	娱乐业	53.1	49.8
零售业	-34.5	-47.5	(十九)公共管理、社会保障和社会组织	509.0	20.3
(七)交通运输、仓储和邮政业	19.2	-11.7	国家机构	45.5	27.2
铁路运输业	6079.0	-100.0	群众团体、社会团体和其他成员组织	-100.0	-100.0
道路运输业	1.1	-12.2	三、新增固定资产	8.5	1.3
仓储业	-23.0	-20.0	四、项目个数		
邮政业	537.0	537.0	1.施工项目个数	31.6	33.1
(八)住宿和餐饮业	-47.1	-63.2	其中，本年新开工	31.1	25.3
住宿业	-26.6	-49.0	2.本年投产项目个数	29.5	33.6
餐饮业	-100.0	-100.0	五、本年资金来源合计	6.0	0.4
(九)信息传输、软件和信息技术服务业	-18.3		1.上年末结余资金	-20.8	-13.2
电信、广播电视和卫星传输服务业	-198		2.本年资金来源小计	8.6	1.7
互联网和相关服务业	85.4		(1)国家预算内资金	19.8	-55.4
(十)金融业	241.2		其中，中央预算资金	-89.8	-100.0
货币金融业	241.2		(2)国内贷款	-18.7	-15.7
(十一)房地产业	-14.5	-185.0	(3)债券		
其他房地产业	-27.8	-562.0	(4)利用外资	-51.7	1017.0
(十二)租赁和商务服务业	-55.9		(5)自筹资金	11.4	3.3
商务服务业	-58		(6)其他资金来源	3.6	6.1
(十三)科学研究和技术服务业	82.6		六、各项应付款合计	-45.0	-47.2
研究和试验发展	-100.0		其中，工程款	-23.0	-24.7
专业技术服务业	28.3		七、结构性投资		
科技推广和应用服务业	226.1	138.3	1.工业	22.8	20.7
(十四)水利、环境和公共设施管理业	74.2	29.9	2.工业技改	10.2	9.4
水利管理业	-25.8		其中，制造业技改投资	8.5	11.8
生态保护和环境治理业	-75.8	-93.0	3.高技术制造业	79.2	86.7
公共设施管理业	124.0	89.6	4.高技术服务业	-20.1	17.7
土地管理业	4403.0		5.社会领域	16.0	54.8
(十五)居民服务和其他服务业	214.3	295.0	6.装备制造业	48.2	54.8
居民服务业	161.1	186.4	7.消费品制造业	2.9	5.8
(十六)教育	0.8	36.2	8.高耗能制造业	18.3	24.7

附表 14

按地区分社会消费品零售总额

	零售总额	城镇	#城区	乡村
2011年	494.27	389.87	289.91	104.40
2012年	576.62	458.07	356.18	118.55
2013年	659.22	522.99	407.29	136.23
2014年	728.20	578.97	473.18	149.23
2015年	836.10	664.36	540.06	171.74
2016年	929.39	703.64	540.20	225.75
2017年	1030.35	781.42	601.31	248.93
2018年	1148.46	869.27	673.16	279.19
2019年	1278.66	966.63	752.03	312.03
2020年	981.24	739.75	576.56	241.48
2021年	1197.60	911.97	714.44	285.63
2022年	1241.05	943.82	741.28	297.23

注：1.2010年贸易统计方法制度改革，报表内“市、县、县以下”统计分组改为“城镇、乡村，城镇 列其中，城区”；2. 依据全国第四次经济普查结果，对2011—2019年社零总额及分组数据进行修订。

附表 15

县市区社会消费品零售总额

	全市	孝南	孝昌	大悟
2011年	494.27	68.88	37.67	44.09
2012年	576.62	80.42	44.05	51.16
2013年	659.22	92.19	50.08	58.31
2014年	728.20	104.33	56.75	65.34
2015年	836.10	126.98	68.90	78.13
2016年	929.39	141.70	77.54	87.17
2017年	1030.35	158.94	86.88	97.13
2018年	1148.46	178.19	97.50	108.20
2019年	1278.66	197.01	109.01	121.03
2020年	981.24	150.73	85.07	93.75
2021年	1197.60	184.72	103.96	114.52
2022年	1241.05	191.74	108.07	119.12

	云梦	应城	安陆	汉川	市本级
2011年	60.98	78.52	60.38	115.93	27.82
2012年	71.26	91.32	70.09	134.58	33.74
2013年	80.94	104.18	79.72	153.36	40.44
2014年	90.22	115.85	88.87	170.96	35.88
2015年	101.08	129.88	99.45	191.60	40.08
2016年	112.75	144.42	110.58	211.66	43.57
2017年	124.21	160.09	122.57	233.15	47.38
2018年	138.45	178.88	136.24	258.41	52.59
2019年	154.90	199.64	153.04	285.68	58.35
2020年	117.46	153.97	117.71	218.48	44.08
2021年	142.04	188.50	143.70	266.76	53.40
2022年	147.50	195.50	149.01	274.91	55.20

注：依据全国第四次经济普查结果，对2011—2019年社零总额及分县市区数据进行修订。

附表 16

公路状况

单位：千米

	总计	一级	二级	三级	四级
合 计	17881	445	1416	863	15157
市辖区	84	59	25		
孝南区	2432	92	193	77	2069
孝昌县	2499	54	188	103	2153
大悟县	3433	31	283	251	2868
云梦县	1745	52	117	78	1497
应城市	2246	33	140	148	1925
安陆市	2471	41	257	85	2088
汉川市	2973	83	213	120	2557

	总计	有铺装路面里程			简易铺装路面（次高级）	未铺装路面（中级、低级、无路面）	有铺装、简易铺装路面铺装率
		合计	沥青混凝土	水泥混凝土			
合 计	17881	16705	2236	14469	906	270	98.5
市辖区	84	84	74	10			100.0
孝南区	2432	2277	213	2064	106	49	98.0
孝昌县	2499	2485	541	1944		14	99.4
大悟县	3433	3019	515	2504	345	69	98.0
云梦县	1745	1505	177	1328	234	6	99.6
应城市	2246	2150	136	2014	31	65	97.1
安陆市	2471	2377	383	1994	25	68	97.3
汉川市	624	458	197	261	166		100.0

	晴雨通车里程	绿化里程	养护里程	已实施 GBM 里程	已实施文明路里程
合 计	17883	3349	17883	569	355
市辖区	84	80	84	64	64
孝南区	2432	321	2432	63	63
孝昌县	2499	1117	2499	157	124
大悟县	3433	669	3433	70	
云梦县	1745	277	1745	56	34
应城市	2246	258	2246	51	43
安陆市	2471	264	2471	44	27
汉川市	2973	363	2973	64	

注：部分线路升级改造后等级提升，由低等级升级到高等级。

附表 17

财政收支情况

单位:万元、%

县市区	财政总收入			地方一般公共预算收入			一般公共预算支出		
	2022 年	2021 年	增幅	2022 年	2021 年	增幅	2022 年	2021 年	增幅
孝感市	2273714	2217292	2.5	1372140	1347721	1.8	4283481	4052985	5.7
孝南区	365712	342626	6.7	231243	210037	10.1	558012	585945	-4.8
孝昌县	186266	179020	4.0	107474	105281	2.1	431622	442849	-2.5
大悟县	206402	194009	6.4	109736	103036	6.5	450513	408391	10.3
云梦县	209452	196270	6.7	135831	127205	6.8	372372	356913	4.3
应城市	279922	255269	9.7	167772	154649	8.5	481984	462042	4.3
安陆市	192908	177365	8.8	121209	115324	5.1	435140	438205	-0.7
汉川市	432444	412961	4.7	276669	256630	7.8	724732	743087	-2.5
市本级	400610	459774	-12.9	222206	275559	-19.4	829106	615553	34.7